Diego Jourdan Pereira

# THE BIG BOOK OF BRAIN-BOOSTING PIX-CROSS PUZZLES

## Use Numbers, Clues, and Logic to Reveal Hidden Pictures!

**500 PICTURE PUZZLES**



RACEHORSE PUBLISHING

10 9 8 7 6 5 4 3 2 1

Cover and interior design by Diego Jourdan Pereira

Mechanical design by Kai Texel



Print ISBN: 978-1-63158-588-3

Printed in the United States of America

# CONTENTS

INTRODUCTION
V
PUZZLES
001
SOLUTIONS
501
ACKNOWLEDGMENTS
585
ABOUT THE AUTHOR
585

| | 18 2 1 1 1 1 | 16 1 2 2 1 1 | 11 2 1 2 2 7 | 6 2 1 2 2 1 5 3 | 4 2 1 2 2 1 12 | 2 2 1 2 1 2 5 5 | 9 2 10 3 | 2 4 6 4 | 1 7 4 2 6 | 1 3 5 3 10 | 3 2 5 6 2 | 2 2 2 8 2 | 3 3 1 2 1 2 4 | 1 2 2 1 3 2 2 | 1 3 1 4 2 1 | 1 3 3 1 2 1 | 4 7 1 3 | 5 6 1 3 | 8 3 6 | 1 1 8 8 4 | 1 7 4 3 | 2 1 24 | 1 1 2 22 | 1 2 2 1 5 8 4 | 1 1 2 2 20 | 1 1 2 2 1 8 9 | 2 2 2 1 12 5 | 2 2 2 2 1 1 11 2 | 5 2 1 2 1 5 8 | 8 1 1 2 1 7 4 |
|---|---|---|---|---|---|---|---|---|---|---|---|---|---|---|---|---|---|---|---|---|---|---|---|---|---|---|---|---|---|---|
| 6 3 2 2 5 3 | | | | | | | | | | | | | | | | | | | | | | | | | | | | | | |
| 8 3 7 4 | | | | | | | | | | | | | | | | | | | | | | | | | | | | | | |
| 5 1 7 3 4 2 | | | | | | | | | | | | | | | | | | | | | | | | | | | | | | |
| 7 3 3 8 3 | | | | | | | | | | | | | | | | | | | | | | | | | | | | | | |
| 4 2 2 2 2 1 6 | | | | | | | | | | | | | | | | | | | | | | | | | | | | | | |
| 5 1 1 2 3 5 1 | | | | | | | | | | | | | | | | | | | | | | | | | | | | | | |
| 3 3 1 5 6 3 | | | | | | | | | | | | | | | | | | | | | | | | | | | | | | |
| 4 1 3 2 1 4 6 | | | | | | | | | | | | | | | | | | | | | | | | | | | | | | |
| 7 5 1 9 | | | | | | | | | | | | | | | | | | | | | | | | | | | | | | |
| 3 3 1 1 2 4 3 | | | | | | | | | | | | | | | | | | | | | | | | | | | | | | |
| 5 1 2 2 3 1 7 | | | | | | | | | | | | | | | | | | | | | | | | | | | | | | |
| 2 4 3 4 6 2 | | | | | | | | | | | | | | | | | | | | | | | | | | | | | | |
| 4 3 6 1 10 | | | | | | | | | | | | | | | | | | | | | | | | | | | | | | |
| 6 1 1 3 2 7 1 | | | | | | | | | | | | | | | | | | | | | | | | | | | | | | |
| 2 3 1 2 6 10 | | | | | | | | | | | | | | | | | | | | | | | | | | | | | | |
| 4 4 1 2 2 3 | | | | | | | | | | | | | | | | | | | | | | | | | | | | | | |
| 1 5 1 1 1 9 | | | | | | | | | | | | | | | | | | | | | | | | | | | | | | |
| 3 5 1 1 8 | | | | | | | | | | | | | | | | | | | | | | | | | | | | | | |
| 7 2 1 9 | | | | | | | | | | | | | | | | | | | | | | | | | | | | | | |
| 2 4 3 1 9 | | | | | | | | | | | | | | | | | | | | | | | | | | | | | | |
| 8 5 1 4 4 | | | | | | | | | | | | | | | | | | | | | | | | | | | | | | |
| 3 1 4 2 2 7 1 | | | | | | | | | | | | | | | | | | | | | | | | | | | | | | |
| 2 4 3 1 1 2 9 | | | | | | | | | | | | | | | | | | | | | | | | | | | | | | |
| 6 3 1 1 1 10 | | | | | | | | | | | | | | | | | | | | | | | | | | | | | | |
| 1 4 3 1 1 1 3 2 3 | | | | | | | | | | | | | | | | | | | | | | | | | | | | | | |
| 2 2 3 2 3 9 | | | | | | | | | | | | | | | | | | | | | | | | | | | | | | |
| 1 4 3 1 1 2 9 | | | | | | | | | | | | | | | | | | | | | | | | | | | | | | |
| 4 2 1 1 2 1 6 2 | | | | | | | | | | | | | | | | | | | | | | | | | | | | | | |
| 1 3 1 2 2 1 1 1 9 | | | | | | | | | | | | | | | | | | | | | | | | | | | | | | |
| 1 1 1 1 2 1 1 2 6 | | | | | | | | | | | | | | | | | | | | | | | | | | | | | | |

See page VI.

# INTRODUCTION

"The art of simplicity is a puzzle of complexity."
—Douglas Horton (1891-1968)

No human invention is so good it can't be improved upon, and the Japanese are masters of doing exactly that with pretty much everything ever invented in the West. Puzzles, of course, are no exception.

On May 10, 1988, Tesuya Nishio (b.1954) came up with Japanese Crosswords, a logic puzzle aiming at reconstructing binary images from limited sets of numbers. Ishida called his invention ***O'Ekaki*** ("Paint by Number"), and left it unregistered for the world to experiment on, and perfect it. The West, in particular, was quick to trademark it under different names (Griddlers, Nonograms, Hanjie, Picross, Crucipixels, and many, many more!), none of which sat well with me, coming up with Pix-Cross as a kindly, better sounding compromise.

Just as with my previous volume, ***The Big Book of Brain-Boosting Puzzles***, all levels are marked with black chevrons at the bottom of each page, from the easiest to the devilishly insane. Those of you familiar with this type of puzzle won't have any trouble waltzing your way through the easy ones, but as progress is made, higher level Pix-Cross will get ever more challenging.

The uninitiated, however, should know solving takes examining each line or column separately to establish which squares need to be filled (ideally with a lead pencil, so it may be erased if needed) or left blank. Numbers describe the vertical or horizontal groups of painted squares, while number separations indicate blanks between groups, all pointing to the sequence of each group of "outs" (filled squares), but not the start-to-finish location of each, which is meant for the solver to figure out—that's where the fun is!

| | 0 | 0 | 0 | 10 | 10 | 10 | 10 | 0 | 0 | 0 |
|---|---|---|---|---|---|---|---|---|---|---|
| 4 | | | | | | | | | | |
| 4 | | | | | | | | | | |
| 4 | | | | | | | | | | |
| 4 | | | | | | | | | | |
| 4 | | | | | | | | | | |
| 4 | | | | | | | | | | |
| 4 | | | | | | | | | | |
| 4 | | | | | | | | | | |
| 4 | | | | | | | | | | |
| 4 | | | | | | | | | | |

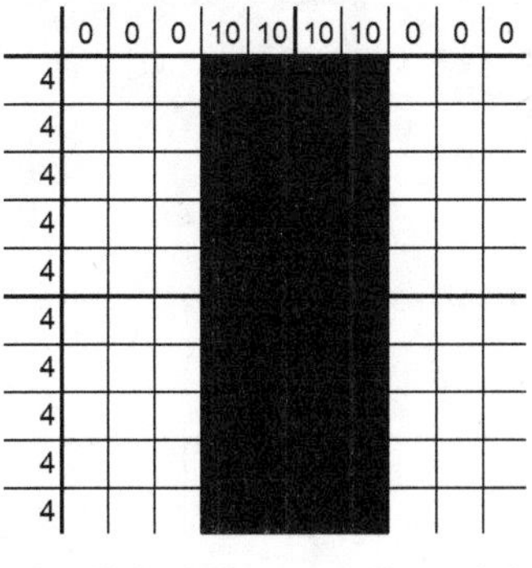


I hope those who stick with it to the very end, will find the revealing of the final picture as rewarding as it was for me to make them. Enjoy!

—Diego Jourdan Pereira

**To my mother, Guadalupe, who instilled in me her love of art and books.**

| | 9 | 10 | 7 1 | 7 1 | 10 | 2 2 | 2 2 | 3 2 | 3 1 | 5 2 | 4 2 | 2 2 | 2 3 2 | 7 2 | 3 2 2 | 2 2 | 2 4 | 2 7 | 1 5 | 6 |
|---|---|---|---|---|---|---|---|---|---|---|---|---|---|---|---|---|---|---|---|---|
| 3 | | | | | | | | | | | | | | | | | | | | |
| 5 | | | | | | | | | | | | | | | | | | | | |
| 2 2 | | | | | | | | | | | | | | | | | | | | |
| 2 2 | | | | | | | | | | | | | | | | | | | | |
| 2 2 | | | | | | | | | | | | | | | | | | | | |
| 3 2 | | | | | | | | | | | | | | | | | | | | |
| 2 6 | | | | | | | | | | | | | | | | | | | | |
| 2 8 | | | | | | | | | | | | | | | | | | | | |
| 6 1 | | | | | | | | | | | | | | | | | | | | |
| 6 1 | | | | | | | | | | | | | | | | | | | | |
| 5 1 | | | | | | | | | | | | | | | | | | | | |
| 5 3 | | | | | | | | | | | | | | | | | | | | |
| 5 3 | | | | | | | | | | | | | | | | | | | | |
| 5 2 | | | | | | | | | | | | | | | | | | | | |
| 5 2 | | | | | | | | | | | | | | | | | | | | |
| 2 1 3 | | | | | | | | | | | | | | | | | | | | |
| 2 2 2 | | | | | | | | | | | | | | | | | | | | |
| 8 2 | | | | | | | | | | | | | | | | | | | | |
| 11 | | | | | | | | | | | | | | | | | | | | |
| 7 | | | | | | | | | | | | | | | | | | | | |

| | 2 | 2 | 6 4 | 2 2 4 | 2 3 4 | 3 2 3 4 | 3 1 9 | 1 2 1 | 2 1 1 | 1 2 2 1 1 | 1 1 1 1 1 | 1 1 1 | 1 1 1 | 2 2 1 1 | 1 1 3 1 | 2 2 6 1 | 1 1 3 4 | 2 3 | 2 2 | 6 |
|---|---|---|---|---|---|---|---|---|---|---|---|---|---|---|---|---|---|---|---|---|
| 0 | | | | | | | | | | | | | | | | | | | | |
| 0 | | | | | | | | | | | | | | | | | | | | |
| 6 | | | | | | | | | | | | | | | | | | | | |
| 3 3 | | | | | | | | | | | | | | | | | | | | |
| 2 2 2 | | | | | | | | | | | | | | | | | | | | |
| 3 1 1 | | | | | | | | | | | | | | | | | | | | |
| 3 2 2 | | | | | | | | | | | | | | | | | | | | |
| 1 1 1 | | | | | | | | | | | | | | | | | | | | |
| 1 2 2 2 1 | | | | | | | | | | | | | | | | | | | | |
| 1 1 1 1 1 | | | | | | | | | | | | | | | | | | | | |
| 1 1 | | | | | | | | | | | | | | | | | | | | |
| 1 10 1 | | | | | | | | | | | | | | | | | | | | |
| 6 6 | | | | | | | | | | | | | | | | | | | | |
| 5 6 | | | | | | | | | | | | | | | | | | | | |
| 3 3 | | | | | | | | | | | | | | | | | | | | |
| 1 1 | | | | | | | | | | | | | | | | | | | | |
| 5 2 | | | | | | | | | | | | | | | | | | | | |
| 7 1 | | | | | | | | | | | | | | | | | | | | |
| 7 1 | | | | | | | | | | | | | | | | | | | | |
| 15 | | | | | | | | | | | | | | | | | | | | |

| | 0 | 2 | 6 2 | 6 3 | 6 5 | 6 11 | 4 12 | 4 13 | 19 | 4 15 | 4 15 | 13 5 | 4 9 1 | 4 11 | 6 11 | 6 5 | 6 4 | 6 2 | 2 | 0 |
|---|---|---|---|---|---|---|---|---|---|---|---|---|---|---|---|---|---|---|---|---|
| 16 | | | | | | | | | | | | | | | | | | | | |
| 16 | | | | | | | | | | | | | | | | | | | | |
| 16 | | | | | | | | | | | | | | | | | | | | |
| 16 | | | | | | | | | | | | | | | | | | | | |
| 5 1 1 5 | | | | | | | | | | | | | | | | | | | | |
| 5 6 5 | | | | | | | | | | | | | | | | | | | | |
| 8 | | | | | | | | | | | | | | | | | | | | |
| 10 | | | | | | | | | | | | | | | | | | | | |
| 10 | | | | | | | | | | | | | | | | | | | | |
| 10 | | | | | | | | | | | | | | | | | | | | |
| 10 | | | | | | | | | | | | | | | | | | | | |
| 10 | | | | | | | | | | | | | | | | | | | | |
| 10 | | | | | | | | | | | | | | | | | | | | |
| 7 4 | | | | | | | | | | | | | | | | | | | | |
| 9 4 | | | | | | | | | | | | | | | | | | | | |
| 10 5 | | | | | | | | | | | | | | | | | | | | |
| 10 5 | | | | | | | | | | | | | | | | | | | | |
| 9 3 | | | | | | | | | | | | | | | | | | | | |
| 4 | | | | | | | | | | | | | | | | | | | | |
| 2 | | | | | | | | | | | | | | | | | | | | |

| | 7 | 2 1 2 1 | 2 1 3 2 | 2 3 3 1 | 2 3 1 3 | 1 1 1 5 | 1 3 3 1 | 1 3 2 1 1 | 1 1 1 1 4 | 1 3 4 | 1 3 1 1 1 | 3 1 1 3 2 | 1 3 3 2 | 5 1 1 2 | 5 3 2 | 2 2 3 2 | 6 1 4 | 1 2 2 2 | 2 | 1 |
|---|---|---|---|---|---|---|---|---|---|---|---|---|---|---|---|---|---|---|---|---|
| 1 | | | | | | | | | | | | | | | | | | | | |
| 4 | | | | | | | | | | | | | | | | | | | | |
| 6 4 | | | | | | | | | | | | | | | | | | | | |
| 2 7 | | | | | | | | | | | | | | | | | | | | |
| 2 2 3 1 | | | | | | | | | | | | | | | | | | | | |
| 2 4 2 3 | | | | | | | | | | | | | | | | | | | | |
| 2 2 2 2 | | | | | | | | | | | | | | | | | | | | |
| 1 4 2 | | | | | | | | | | | | | | | | | | | | |
| 1 2 2 2 2 | | | | | | | | | | | | | | | | | | | | |
| 1 4 1 4 2 | | | | | | | | | | | | | | | | | | | | |
| 1 2 1 2 1 | | | | | | | | | | | | | | | | | | | | |
| 1 2 1 | | | | | | | | | | | | | | | | | | | | |
| 1 2 1 2 1 | | | | | | | | | | | | | | | | | | | | |
| 5 1 4 1 | | | | | | | | | | | | | | | | | | | | |
| 1 2 1 2 2 | | | | | | | | | | | | | | | | | | | | |
| 1 2 2 4 | | | | | | | | | | | | | | | | | | | | |
| 2 2 4 2 1 | | | | | | | | | | | | | | | | | | | | |
| 4 2 2 | | | | | | | | | | | | | | | | | | | | |
| 1 8 | | | | | | | | | | | | | | | | | | | | |
| 1 | | | | | | | | | | | | | | | | | | | | |

004

| | 12 | 1 10 1 | 2 8 2 | 3 6 3 | 4 4 4 | 5 2 5 | 6 6 | 7 7 | 8 6 | 9 5 | 9 5 | 8 6 | 7 7 | 6 6 | 5 2 5 | 4 4 4 | 3 6 3 | 2 8 2 | 1 10 1 | 12 |
|---|---|---|---|---|---|---|---|---|---|---|---|---|---|---|---|---|---|---|---|---|
| 0 | | | | | | | | | | | | | | | | | | | | |
| 0 | | | | | | | | | | | | | | | | | | | | |
| 0 | | | | | | | | | | | | | | | | | | | | |
| 18 | | | | | | | | | | | | | | | | | | | | |
| 1 16 1 | | | | | | | | | | | | | | | | | | | | |
| 2 14 2 | | | | | | | | | | | | | | | | | | | | |
| 3 12 3 | | | | | | | | | | | | | | | | | | | | |
| 4 10 4 | | | | | | | | | | | | | | | | | | | | |
| 5 8 5 | | | | | | | | | | | | | | | | | | | | |
| 6 6 6 | | | | | | | | | | | | | | | | | | | | |
| 6 4 6 | | | | | | | | | | | | | | | | | | | | |
| 5 1 2 1 5 | | | | | | | | | | | | | | | | | | | | |
| 4 3 3 4 | | | | | | | | | | | | | | | | | | | | |
| 3 10 3 | | | | | | | | | | | | | | | | | | | | |
| 2 12 2 | | | | | | | | | | | | | | | | | | | | |
| 1 14 1 | | | | | | | | | | | | | | | | | | | | |
| 16 | | | | | | | | | | | | | | | | | | | | |
| 18 | | | | | | | | | | | | | | | | | | | | |
| 0 | | | | | | | | | | | | | | | | | | | | |
| 0 | | | | | | | | | | | | | | | | | | | | |

Column clues (left to right, top to bottom):

- 2
- 2
- 11
- 1 3
- 1 3 3
- 1 1 1 3
- 2 1 3
- 2 2 1 3
- 12 1 1 3
- 1 1 1 1 1 3
- 1 1 1 1 1 3
- 12 1 1 3
- 2 2 1 3
- 2 6
- 1 1 2 3
- 1 3 5
- 2 3
- 11
- 0
- 0

Row clues (top to bottom):

- 4
- 1 1
- 4
- 1 1
- 1 1
- 1 1
- 1 1
- 1 1
- 6 6
- 1 3 3 2
- 1 1 1 1 1 1
- 1 1 6 1 1
- 1 1 1 1 1 1 1
- 3 1 4 1 1
- 2 2 2 1
- 1 9 1
- 1 1 1 1
- 16
- 16
- 16

006

Column clues (left to right):

| Column | 1 | 2 | 3 | 4 | 5 | 6 | 7 | 8 | 9 | 10 | 11 | 12 | 13 | 14 | 15 | 16 | 17 | 18 | 19 | 20 |
|---|---|---|---|---|---|---|---|---|---|---|---|---|---|---|---|---|---|---|---|---|
| Clue | 0 | 0 | 0 | 0 | 5 | 3 1 | 2 5 | 2 1 4 | 1 3 1 4 | 1 1 1 1 5 | 1 1 1 1 5 | 1 3 1 4 | 2 1 4 | 2 4 | 3 1 | 5 | 0 | 0 | 0 | 0 |


| Row | Clue |
|---|---|
| 1 | 6 |
| 2 | 2 2 |
| 3 | 2 2 |
| 4 | 1 1 |
| 5 | 2 2 |
| 6 | 1 1 |
| 7 | 1 1 |
| 8 | 1 1 |
| 9 | 1 1 1 1 1 1 |
| 10 | 10 |
| 11 | 1 1 1 1 |
| 12 | 2 2 2 |
| 13 | 3 2 |
| 14 | 1 2 1 |
| 15 | 2 2 |
| 16 | 4 |
| 17 | 4 |
| 18 | 4 |
| 19 | 2 |
| 20 | 2 |

| | 0 | 2 | 1 2 | 1 1 | 1 1 6 | 1 3 2 | 4 2 | 3 6 | 4 8 | 1 3 9 | 7 10 | 3 15 | 3 15 | 7 11 | 1 3 8 | 4 5 | 3 1 | 1 | 0 | 0 |
|---|---|---|---|---|---|---|---|---|---|---|---|---|---|---|---|---|---|---|---|---|
| 1 1 | | | | | | | | | | | | | | | | | | | | |
| 2 4 2 | | | | | | | | | | | | | | | | | | | | |
| 10 | | | | | | | | | | | | | | | | | | | | |
| 1 4 1 | | | | | | | | | | | | | | | | | | | | |
| 3 3 | | | | | | | | | | | | | | | | | | | | |
| 6 | | | | | | | | | | | | | | | | | | | | |
| 4 6 | | | | | | | | | | | | | | | | | | | | |
| 1 1 4 | | | | | | | | | | | | | | | | | | | | |
| 2 1 1 2 | | | | | | | | | | | | | | | | | | | | |
| 2 1 3 | | | | | | | | | | | | | | | | | | | | |
| 2 4 | | | | | | | | | | | | | | | | | | | | |
| 1 5 | | | | | | | | | | | | | | | | | | | | |
| 2 7 | | | | | | | | | | | | | | | | | | | | |
| 1 7 | | | | | | | | | | | | | | | | | | | | |
| 1 8 | | | | | | | | | | | | | | | | | | | | |
| 1 9 | | | | | | | | | | | | | | | | | | | | |
| 1 9 | | | | | | | | | | | | | | | | | | | | |
| 2 9 | | | | | | | | | | | | | | | | | | | | |
| 11 | | | | | | | | | | | | | | | | | | | | |
| 12 | | | | | | | | | | | | | | | | | | | | |

| | 8 | 5 | 8 | 4 1 | 3 4 1 | 4 3 1 | 5 4 2 | 7 5 3 | 9 4 4 | 20 | 20 | 8 4 4 | 7 5 3 | 5 4 2 | 4 3 1 | 3 4 | 3 | 0 | 0 | 0 |
|---|---|---|---|---|---|---|---|---|---|---|---|---|---|---|---|---|---|---|---|---|
| 6 | | | | | | | | | | | | | | | | | | | | |
| 8 | | | | | | | | | | | | | | | | | | | | |
| 10 | | | | | | | | | | | | | | | | | | | | |
| 12 | | | | | | | | | | | | | | | | | | | | |
| 12 | | | | | | | | | | | | | | | | | | | | |
| 14 | | | | | | | | | | | | | | | | | | | | |
| 1 6 1 | | | | | | | | | | | | | | | | | | | | |
| 2 4 2 | | | | | | | | | | | | | | | | | | | | |
| 2 3 1 | | | | | | | | | | | | | | | | | | | | |
| 2 2 2 | | | | | | | | | | | | | | | | | | | | |
| 4 2 4 | | | | | | | | | | | | | | | | | | | | |
| 10 | | | | | | | | | | | | | | | | | | | | |
| 1 1 8 | | | | | | | | | | | | | | | | | | | | |
| 1 1 8 | | | | | | | | | | | | | | | | | | | | |
| 1 1 6 | | | | | | | | | | | | | | | | | | | | |
| 3 2 | | | | | | | | | | | | | | | | | | | | |
| 5 4 | | | | | | | | | | | | | | | | | | | | |
| 3 6 | | | | | | | | | | | | | | | | | | | | |
| 3 8 | | | | | | | | | | | | | | | | | | | | |
| 3 10 | | | | | | | | | | | | | | | | | | | | |

| | 0 | 0 | 0 | 0 | 2<br>4<br>1 | 7<br>2 | 1<br>5 | 5<br>4<br>4 | 1<br>17 | 5<br>6 | 5<br>6 | 1<br>17 | 5<br>4<br>4 | 1<br>5 | 7<br>2 | 2<br>4<br>1 | 0 | 0 | 0 | 0 |
|---|---|---|---|---|---|---|---|---|---|---|---|---|---|---|---|---|---|---|---|---|
| 2 | | | | | | | | | | | | | | | | | | | | |
| 4 | | | | | | | | | | | | | | | | | | | | |
| 2 | | | | | | | | | | | | | | | | | | | | |
| 4 | | | | | | | | | | | | | | | | | | | | |
| 4 | | | | | | | | | | | | | | | | | | | | |
| 2 2 2 2 | | | | | | | | | | | | | | | | | | | | |
| 2 6 2 | | | | | | | | | | | | | | | | | | | | |
| 10 | | | | | | | | | | | | | | | | | | | | |
| 2 6 2 | | | | | | | | | | | | | | | | | | | | |
| 2 6 2 | | | | | | | | | | | | | | | | | | | | |
| 2 4 2 | | | | | | | | | | | | | | | | | | | | |
| 2 6 2 | | | | | | | | | | | | | | | | | | | | |
| 2 2 | | | | | | | | | | | | | | | | | | | | |
| 2 2 | | | | | | | | | | | | | | | | | | | | |
| 2 2 | | | | | | | | | | | | | | | | | | | | |
| 1 1 1 1 | | | | | | | | | | | | | | | | | | | | |
| 3 3 | | | | | | | | | | | | | | | | | | | | |
| 3 3 | | | | | | | | | | | | | | | | | | | | |
| 4 4 | | | | | | | | | | | | | | | | | | | | |
| 5 5 | | | | | | | | | | | | | | | | | | | | |

| | 1 | 1 | 1 | 1 | 3 1 4 | 2 1 5 1 | 1 3 6 | 4 7 | 1 5 8 | 6 7 | 6 7 | 1 5 8 | 4 7 | 1 3 6 | 2 1 5 1 | 3 1 4 | 1 | 1 | 1 | 1 |
|---|---|---|---|---|---|---|---|---|---|---|---|---|---|---|---|---|---|---|---|---|
| 1 1 | | | | | | | | | | | | | | | | | | | | |
| 1 1 1 1 | | | | | | | | | | | | | | | | | | | | |
| 1 2 1 | | | | | | | | | | | | | | | | | | | | |
| 1 4 1 | | | | | | | | | | | | | | | | | | | | |
| 1 6 1 | | | | | | | | | | | | | | | | | | | | |
| 12 | | | | | | | | | | | | | | | | | | | | |
| 8 | | | | | | | | | | | | | | | | | | | | |
| 8 | | | | | | | | | | | | | | | | | | | | |
| 0 | | | | | | | | | | | | | | | | | | | | |
| 6 6 | | | | | | | | | | | | | | | | | | | | |
| 1 10 1 | | | | | | | | | | | | | | | | | | | | |
| 1 10 1 | | | | | | | | | | | | | | | | | | | | |
| 1 10 1 | | | | | | | | | | | | | | | | | | | | |
| 10 | | | | | | | | | | | | | | | | | | | | |
| 8 | | | | | | | | | | | | | | | | | | | | |
| 1 6 1 | | | | | | | | | | | | | | | | | | | | |
| 1 4 1 | | | | | | | | | | | | | | | | | | | | |
| 1 1 | | | | | | | | | | | | | | | | | | | | |
| 1 1 | | | | | | | | | | | | | | | | | | | | |
| 1 1 | | | | | | | | | | | | | | | | | | | | |

| | 4 | 4 3 2 1 | 1 5 2 2 | 6 4 2 | 2 2 9 | 3 1 5 1 | 3 9 1 | 3 1 3 1 1 | 4 4 1 1 | 5 2 1 | 5 2 1 | 4 4 1 1 | 3 1 3 1 1 | 3 8 1 | 3 1 5 1 | 2 2 7 | 6 6 | 1 5 2 3 | 4 3 2 2 | 4 1 |
|---|---|---|---|---|---|---|---|---|---|---|---|---|---|---|---|---|---|---|---|---|
| 0 | | | | | | | | | | | | | | | | | | | | |
| 0 | | | | | | | | | | | | | | | | | | | | |
| 4 4 | | | | | | | | | | | | | | | | | | | | |
| 1 4 4 1 | | | | | | | | | | | | | | | | | | | | |
| 3 10 3 | | | | | | | | | | | | | | | | | | | | |
| 18 | | | | | | | | | | | | | | | | | | | | |
| 3 6 3 | | | | | | | | | | | | | | | | | | | | |
| 2 4 2 | | | | | | | | | | | | | | | | | | | | |
| 1 1 2 1 1 | | | | | | | | | | | | | | | | | | | | |
| 1 5 5 1 | | | | | | | | | | | | | | | | | | | | |
| 1 1 1 1 1 1 1 1 | | | | | | | | | | | | | | | | | | | | |
| 2 6 6 2 | | | | | | | | | | | | | | | | | | | | |
| 1 6 6 1 | | | | | | | | | | | | | | | | | | | | |
| 8 8 | | | | | | | | | | | | | | | | | | | | |
| 7 2 7 | | | | | | | | | | | | | | | | | | | | |
| 3 4 4 | | | | | | | | | | | | | | | | | | | | |
| 1 2 1 2 | | | | | | | | | | | | | | | | | | | | |
| 2 4 1 | | | | | | | | | | | | | | | | | | | | |
| 2 1 1 2 | | | | | | | | | | | | | | | | | | | | |
| 2 1 1 1 1 2 | | | | | | | | | | | | | | | | | | | | |

| | 12 | 14 | 2 3 3 | 3 1 2 3 2 | 3 1 2 1 1 2 | 3 1 2 3 2 | 2 3 3 | 15 | 3 9 | 4 10 | 2 2 2 | 1 3 10 | 1 2 2 2 | 1 3 10 | 1 3 2 2 | 5 10 | 3 2 2 | 3 10 | 2 9 | 12 |
|---|---|---|---|---|---|---|---|---|---|---|---|---|---|---|---|---|---|---|---|---|
| 1 | | | | | | | | | | | | | | | | | | | | |
| 1 | | | | | | | | | | | | | | | | | | | | |
| 1 | | | | | | | | | | | | | | | | | | | | |
| 1 | | | | | | | | | | | | | | | | | | | | |
| 1 | | | | | | | | | | | | | | | | | | | | |
| 3 3 3 | | | | | | | | | | | | | | | | | | | | |
| 18 | | | | | | | | | | | | | | | | | | | | |
| 20 | | | | | | | | | | | | | | | | | | | | |
| 2 1 1 1 1 1 1 1 | | | | | | | | | | | | | | | | | | | | |
| 2 3 1 1 | | | | | | | | | | | | | | | | | | | | |
| 2 1 1 1 1 1 1 1 | | | | | | | | | | | | | | | | | | | | |
| 20 | | | | | | | | | | | | | | | | | | | | |
| 20 | | | | | | | | | | | | | | | | | | | | |
| 3 4 1 1 1 3 | | | | | | | | | | | | | | | | | | | | |
| 2 3 3 1 1 1 3 | | | | | | | | | | | | | | | | | | | | |
| 2 1 1 3 1 1 1 3 | | | | | | | | | | | | | | | | | | | | |
| 2 3 3 1 1 1 3 | | | | | | | | | | | | | | | | | | | | |
| 3 4 1 1 1 3 | | | | | | | | | | | | | | | | | | | | |
| 20 | | | | | | | | | | | | | | | | | | | | |
| 18 | | | | | | | | | | | | | | | | | | | | |

| | 4 | 3 2 | 5 2 1 | 7 2 2 | 3 10 1 | 3 10 1 | 9 8 | 5 2 7 2 | 3 2 9 | 3 2 9 | 5 2 7 2 | 9 7 | 3 10 | 3 10 | 7 3 | 5 3 | 3 3 | 1 | 5 | 7 |
|---|---|---|---|---|---|---|---|---|---|---|---|---|---|---|---|---|---|---|---|---|
| 4 4 | | | | | | | | | | | | | | | | | | | | |
| 6 6 | | | | | | | | | | | | | | | | | | | | |
| 16 | | | | | | | | | | | | | | | | | | | | |
| 3 6 3 | | | | | | | | | | | | | | | | | | | | |
| 3 6 3 | | | | | | | | | | | | | | | | | | | | |
| 6 6 | | | | | | | | | | | | | | | | | | | | |
| 4 4 | | | | | | | | | | | | | | | | | | | | |
| 1 10 | | | | | | | | | | | | | | | | | | | | |
| 14 1 | | | | | | | | | | | | | | | | | | | | |
| 6 2 2 | | | | | | | | | | | | | | | | | | | | |
| 1 13 2 | | | | | | | | | | | | | | | | | | | | |
| 16 | | | | | | | | | | | | | | | | | | | | |
| 13 2 | | | | | | | | | | | | | | | | | | | | |
| 10 2 | | | | | | | | | | | | | | | | | | | | |
| 10 1 | | | | | | | | | | | | | | | | | | | | |
| 6 | | | | | | | | | | | | | | | | | | | | |
| 6 | | | | | | | | | | | | | | | | | | | | |
| 2 2 | | | | | | | | | | | | | | | | | | | | |
| 2 4 | | | | | | | | | | | | | | | | | | | | |
| 2 1 1 | | | | | | | | | | | | | | | | | | | | |

| Column | Clues |
|---|---|
| 1 | 4 2 |
| 2 | 1 1 1 3 |
| 3 | 1 3 1 2 |
| 4 | 2 2 1 2 |
| 5 | 2 1 1 1 1 1 2 |
| 6 | 1 1 1 1 1 1 2 1 |
| 7 | 1 1 1 1 1 1 1 1 2 |
| 8 | 2 1 1 1 1 1 1 1 1 |
| 9 | 1 2 1 1 1 1 1 1 1 |
| 10 | 5 1 3 3 1 |
| 11 | 5 1 3 3 1 |
| 12 | 1 2 1 1 1 1 1 1 1 |
| 13 | 2 1 1 1 1 1 1 1 1 |
| 14 | 1 1 1 1 1 1 1 1 2 |
| 15 | 1 1 1 1 1 1 2 1 |
| 16 | 2 1 1 1 1 1 2 |
| 17 | 2 2 1 2 |
| 18 | 1 3 1 2 |
| 19 | 1 1 1 4 |
| 20 | 4 2 |

| Row | Clues |
|---|---|
| 1 | 6 |
| 2 | 4 2 4 |
| 3 | 2 4 2 |
| 4 | 2 8 2 |
| 5 | 1 1 2 1 1 |
| 6 | 0 |
| 7 | 1 14 1 |
| 8 | 1 1 1 1 |
| 9 | 1 1 12 1 1 |
| 10 | 1 1 2 1 1 |
| 11 | 3 12 3 |
| 12 | 0 |
| 13 | 20 |
| 14 | 2 2 2 |
| 15 | 1 12 1 |
| 16 | 1 1 1 2 |
| 17 | 2 1 1 2 |
| 18 | 2 2 2 2 |
| 19 | 3 3 |
| 20 | 8 |

| | | | | | | | | | | | | | | | | | | | | |
|---|---|---|---|---|---|---|---|---|---|---|---|---|---|---|---|---|---|---|---|---|
| | 3 | 4 3 | 8 1 | 2 1 3 | 3 1 1 1 1 | 2 1 4 3 | 1 1 1 1 1 1 | 2 1 1 3 | 2 3 1 2 1 1 1 | 16 3 | 16 3 | 2 3 1 2 1 1 1 | 2 1 1 3 | 1 1 1 1 1 1 | 2 1 4 3 | 3 1 1 1 1 | 2 1 3 | 8 1 | 4 3 | 3 |
| 2 | | | | | | | | | | | | | | | | | | | | |
| 4 | | | | | | | | | | | | | | | | | | | | |
| 4 | | | | | | | | | | | | | | | | | | | | |
| 2 | | | | | | | | | | | | | | | | | | | | |
| 4 | | | | | | | | | | | | | | | | | | | | |
| 4 | | | | | | | | | | | | | | | | | | | | |
| 6 | | | | | | | | | | | | | | | | | | | | |
| 3 2 3 | | | | | | | | | | | | | | | | | | | | |
| 2 2 2 | | | | | | | | | | | | | | | | | | | | |
| 2 2 2 | | | | | | | | | | | | | | | | | | | | |
| 1 16 1 | | | | | | | | | | | | | | | | | | | | |
| 3 2 3 | | | | | | | | | | | | | | | | | | | | |
| 3 1 4 1 3 | | | | | | | | | | | | | | | | | | | | |
| 2 3 4 3 2 | | | | | | | | | | | | | | | | | | | | |
| 2 1 2 1 2 | | | | | | | | | | | | | | | | | | | | |
| 16 | | | | | | | | | | | | | | | | | | | | |
| 1 1 | | | | | | | | | | | | | | | | | | | | |
| 18 | | | | | | | | | | | | | | | | | | | | |
| 1 1 1 1 2 1 1 1 1 | | | | | | | | | | | | | | | | | | | | |
| 18 | | | | | | | | | | | | | | | | | | | | |

| | 1 | 5 2 1 | 1 9 1 | 5 9 | 1 4 2 | 1 3 1 | 1 3 2 2 | 1 3 1 5 | 2 3 5 | 1 5 1 4 | 1 4 4 2 | 2 4 1 6 | 5 9 | 3 3 5 | 1 3 | 2 3 | 1 3 | 1 3 | 2 2 | 2 1 |
|---|---|---|---|---|---|---|---|---|---|---|---|---|---|---|---|---|---|---|---|---|
| 8 | | | | | | | | | | | | | | | | | | | | |
| 1 1 2 | | | | | | | | | | | | | | | | | | | | |
| 2 2 2 2 | | | | | | | | | | | | | | | | | | | | |
| 1 11 | | | | | | | | | | | | | | | | | | | | |
| 13 | | | | | | | | | | | | | | | | | | | | |
| 5 5 | | | | | | | | | | | | | | | | | | | | |
| 2 1 1 1 1 | | | | | | | | | | | | | | | | | | | | |
| 3 | | | | | | | | | | | | | | | | | | | | |
| 3 2 | | | | | | | | | | | | | | | | | | | | |
| 4 2 | | | | | | | | | | | | | | | | | | | | |
| 3 4 1 1 | | | | | | | | | | | | | | | | | | | | |
| 2 5 4 | | | | | | | | | | | | | | | | | | | | |
| 2 3 2 1 | | | | | | | | | | | | | | | | | | | | |
| 1 3 2 1 | | | | | | | | | | | | | | | | | | | | |
| 1 4 3 1 | | | | | | | | | | | | | | | | | | | | |
| 2 1 4 1 | | | | | | | | | | | | | | | | | | | | |
| 2 6 2 | | | | | | | | | | | | | | | | | | | | |
| 7 1 | | | | | | | | | | | | | | | | | | | | |
| 8 | | | | | | | | | | | | | | | | | | | | |
| 1 4 | | | | | | | | | | | | | | | | | | | | |

| Column | Clue |
|---|---|
| 1 | 3 3 |
| 2 | 1 5 |
| 3 | 1 4 1 |
| 4 | 4 3 |
| 5 | 12 |
| 6 | 11 |
| 7 | 2 3 6 |
| 8 | 2 1 4 |
| 9 | 1 1 1 3 |
| 10 | 2 1 1 2 1 1 |
| 11 | 2 1 3 1 |
| 12 | 2 1 1 2 1 1 |
| 13 | 2 1 1 2 |
| 14 | 3 1 2 |
| 15 | 2 3 4 |
| 16 | 10 1 |
| 17 | 4 6 |
| 18 | 2 2 5 |
| 19 | 4 4 |
| 20 | 3 2 |

| Row | Clue |
|---|---|
| 1 | 0 |
| 2 | 0 |
| 3 | 0 |
| 4 | 0 |
| 5 | 1 4 |
| 6 | 2 6 |
| 7 | 1 1 1 1 |
| 8 | 1 2 1 1 2 |
| 9 | 3 3 3 |
| 10 | 6 5 3 |
| 11 | 7 6 |
| 12 | 16 2 |
| 13 | 4 3 2 3 |
| 14 | 2 1 4 |
| 15 | 3 1 1 3 |
| 16 | 5 7 |
| 17 | 16 |
| 18 | 6 5 |
| 19 | 5 4 |
| 20 | 1 1 1 1 1 1 |

| | 2 | 2 | 3 | 2 2 | 2 2 | 1 7 | 3 1 1 2 | 1 1 1 1 2 | 3 1 1 2 | 1 6 | 1 2 | 3 3 | 10 1 | 9 1 | 7 1 | 4 1 | 2 1 | 4 | 3 | 2 |
|---|---|---|---|---|---|---|---|---|---|---|---|---|---|---|---|---|---|---|---|---|
| 0 | | | | | | | | | | | | | | | | | | | | |
| 0 | | | | | | | | | | | | | | | | | | | | |
| 2 | | | | | | | | | | | | | | | | | | | | |
| 3 | | | | | | | | | | | | | | | | | | | | |
| 5 | | | | | | | | | | | | | | | | | | | | |
| 6 | | | | | | | | | | | | | | | | | | | | |
| 5 4 2 | | | | | | | | | | | | | | | | | | | | |
| 1 1 1 1 6 3 | | | | | | | | | | | | | | | | | | | | |
| 2 6 4 3 | | | | | | | | | | | | | | | | | | | | |
| 3 1 1 4 1 | | | | | | | | | | | | | | | | | | | | |
| 1 5 2 1 | | | | | | | | | | | | | | | | | | | | |
| 1 1 1 1 1 | | | | | | | | | | | | | | | | | | | | |
| 1 5 1 1 | | | | | | | | | | | | | | | | | | | | |
| 3 4 | | | | | | | | | | | | | | | | | | | | |
| 8 | | | | | | | | | | | | | | | | | | | | |
| 3 | | | | | | | | | | | | | | | | | | | | |
| 0 | | | | | | | | | | | | | | | | | | | | |
| 0 | | | | | | | | | | | | | | | | | | | | |
| 0 | | | | | | | | | | | | | | | | | | | | |
| 0 | | | | | | | | | | | | | | | | | | | | |

| | | | | | | | | | | | | | | | | | | | | |
|---|---|---|---|---|---|---|---|---|---|---|---|---|---|---|---|---|---|---|---|---|
| | 3 | 4 | 5 | 5 | 5 | 2 5 | 5 5 | 5 5 | 5 5 | 5 5 | 5 5 | 5 5 | 10 | 9 | 7 | 13 | 13 | 14 | 13 | 8 |
| 8 | | | | | | | | | | | | | | | | | | | | |
| 13 | | | | | | | | | | | | | | | | | | | | |
| 14 | | | | | | | | | | | | | | | | | | | | |
| 13 | | | | | | | | | | | | | | | | | | | | |
| 13 | | | | | | | | | | | | | | | | | | | | |
| 7 | | | | | | | | | | | | | | | | | | | | |
| 9 | | | | | | | | | | | | | | | | | | | | |
| 10 | | | | | | | | | | | | | | | | | | | | |
| 5 5 | | | | | | | | | | | | | | | | | | | | |
| 5 5 | | | | | | | | | | | | | | | | | | | | |
| 5 5 | | | | | | | | | | | | | | | | | | | | |
| 5 5 | | | | | | | | | | | | | | | | | | | | |
| 5 5 | | | | | | | | | | | | | | | | | | | | |
| 5 5 | | | | | | | | | | | | | | | | | | | | |
| 5 2 | | | | | | | | | | | | | | | | | | | | |
| 5 | | | | | | | | | | | | | | | | | | | | |
| 5 | | | | | | | | | | | | | | | | | | | | |
| 5 | | | | | | | | | | | | | | | | | | | | |
| 4 | | | | | | | | | | | | | | | | | | | | |
| 3 | | | | | | | | | | | | | | | | | | | | |

| Column | 1 | 2 | 3 | 4 | 5 | 6 | 7 | 8 | 9 | 10 | 11 | 12 | 13 | 14 | 15 | 16 | 17 | 18 | 19 | 20 |
|---|---|---|---|---|---|---|---|---|---|---|---|---|---|---|---|---|---|---|---|---|
| Clue | 1 | 1 2 | 1 1 | 2 1 | 1 1 | 1 2 | 2 1 5 | 1 1 1 2 | 2 1 4 2 | 1 1 5 2 | 4 6 2 | 5 1 4 | 2 1 2 | 8 2 | 2 1 2 | 7 4 | 2 1 1 2 | 8 2 | 1 2 | 5 |

| Row | Clue |
|---|---|
| 1 | 3 |
| 2 | 4 |
| 3 | 3 |
| 4 | 2 3 |
| 5 | 5 4 |
| 6 | 11 |
| 7 | 2 4 |
| 8 | 1 1 3 |
| 9 | 1 1 1 1 |
| 10 | 1 1 1 |
| 11 | 1 1 1 |
| 12 | 14 |
| 13 | 1 3 1 1 |
| 14 | 1 3 1 1 |
| 15 | 1 3 1 1 |
| 16 | 2 2 1 2 |
| 17 | 2 2 1 2 |
| 18 | 2 1 3 |
| 19 | 8 |
| 20 | 6 |

| | 3 | 3 | 3 | 3 | 4 | 4 1 | 5 2 | 5 3 | 17 | 20 | 20 | 17 | 5 3 | 5 2 | 5 1 | 4 | 3 | 3 | 3 | 3 |
|---|---|---|---|---|---|---|---|---|---|---|---|---|---|---|---|---|---|---|---|---|
| 2 | | | | | | | | | | | | | | | | | | | | |
| 2 | | | | | | | | | | | | | | | | | | | | |
| 4 | | | | | | | | | | | | | | | | | | | | |
| 4 | | | | | | | | | | | | | | | | | | | | |
| 4 | | | | | | | | | | | | | | | | | | | | |
| 4 | | | | | | | | | | | | | | | | | | | | |
| 4 | | | | | | | | | | | | | | | | | | | | |
| 4 | | | | | | | | | | | | | | | | | | | | |
| 6 | | | | | | | | | | | | | | | | | | | | |
| 9 | | | | | | | | | | | | | | | | | | | | |
| 12 | | | | | | | | | | | | | | | | | | | | |
| 16 | | | | | | | | | | | | | | | | | | | | |
| 20 | | | | | | | | | | | | | | | | | | | | |
| 7 4 7 | | | | | | | | | | | | | | | | | | | | |
| 2 4 2 | | | | | | | | | | | | | | | | | | | | |
| 4 | | | | | | | | | | | | | | | | | | | | |
| 4 | | | | | | | | | | | | | | | | | | | | |
| 6 | | | | | | | | | | | | | | | | | | | | |
| 8 | | | | | | | | | | | | | | | | | | | | |
| 3 2 3 | | | | | | | | | | | | | | | | | | | | |

| | 0 | 4 3 | 6 5 | 12 | 11 | 10 | 6 3 | 6 4 | 2 5 6 | 4 2 3 7 | 4 2 2 5 | 4 4 2 | 2 4 | 3 | 2 | 2 | 4 | 4 | 2 | 0 |
|---|---|---|---|---|---|---|---|---|---|---|---|---|---|---|---|---|---|---|---|---|
| 3 | | | | | | | | | | | | | | | | | | | | |
| 5 | | | | | | | | | | | | | | | | | | | | |
| 5 | | | | | | | | | | | | | | | | | | | | |
| 3 | | | | | | | | | | | | | | | | | | | | |
| 2 | | | | | | | | | | | | | | | | | | | | |
| 5 | | | | | | | | | | | | | | | | | | | | |
| 7 2 | | | | | | | | | | | | | | | | | | | | |
| 6 3 4 | | | | | | | | | | | | | | | | | | | | |
| 8 3 4 | | | | | | | | | | | | | | | | | | | | |
| 14 2 | | | | | | | | | | | | | | | | | | | | |
| 5 6 | | | | | | | | | | | | | | | | | | | | |
| 7 | | | | | | | | | | | | | | | | | | | | |
| 8 | | | | | | | | | | | | | | | | | | | | |
| 8 | | | | | | | | | | | | | | | | | | | | |
| 3 3 | | | | | | | | | | | | | | | | | | | | |
| 3 3 | | | | | | | | | | | | | | | | | | | | |
| 3 3 | | | | | | | | | | | | | | | | | | | | |
| 3 3 | | | | | | | | | | | | | | | | | | | | |
| 3 3 | | | | | | | | | | | | | | | | | | | | |
| 2 3 | | | | | | | | | | | | | | | | | | | | |

| | 3 | 4 | 4 1 3 | 2 3 | 2 3 | 2 3 | 2 3 | 2 2 2 | 4 2 2 | 1 17 | 1 17 | 4 2 2 | 2 2 2 | 2 3 | 2 3 | 2 3 | 2 3 | 4 1 3 | 4 | 3 |
|---|---|---|---|---|---|---|---|---|---|---|---|---|---|---|---|---|---|---|---|---|
| 4 | | | | | | | | | | | | | | | | | | | | |
| 2 2 | | | | | | | | | | | | | | | | | | | | |
| 2 2 | | | | | | | | | | | | | | | | | | | | |
| 4 | | | | | | | | | | | | | | | | | | | | |
| 1 2 1 | | | | | | | | | | | | | | | | | | | | |
| 16 | | | | | | | | | | | | | | | | | | | | |
| 16 | | | | | | | | | | | | | | | | | | | | |
| 1 2 1 | | | | | | | | | | | | | | | | | | | | |
| 2 | | | | | | | | | | | | | | | | | | | | |
| 2 | | | | | | | | | | | | | | | | | | | | |
| 3 2 3 | | | | | | | | | | | | | | | | | | | | |
| 2 2 2 | | | | | | | | | | | | | | | | | | | | |
| 3 2 3 | | | | | | | | | | | | | | | | | | | | |
| 3 2 3 | | | | | | | | | | | | | | | | | | | | |
| 3 2 3 | | | | | | | | | | | | | | | | | | | | |
| 3 2 3 | | | | | | | | | | | | | | | | | | | | |
| 3 2 3 | | | | | | | | | | | | | | | | | | | | |
| 10 | | | | | | | | | | | | | | | | | | | | |
| 8 | | | | | | | | | | | | | | | | | | | | |
| 2 | | | | | | | | | | | | | | | | | | | | |

| | 2 | 12 | 12 | 18 | 18 | 18 | 17 | 2 | 2 | 2 | 2 | 2 | 2 | 17 | 18 | 18 | 18 | 12 | 12 | 2 |
|---|---|---|---|---|---|---|---|---|---|---|---|---|---|---|---|---|---|---|---|---|
| 0 | | | | | | | | | | | | | | | | | | | | |
| 3 3 | | | | | | | | | | | | | | | | | | | | |
| 4 4 | | | | | | | | | | | | | | | | | | | | |
| 4 4 | | | | | | | | | | | | | | | | | | | | |
| 6 6 | | | | | | | | | | | | | | | | | | | | |
| 6 6 | | | | | | | | | | | | | | | | | | | | |
| 6 6 | | | | | | | | | | | | | | | | | | | | |
| 6 6 | | | | | | | | | | | | | | | | | | | | |
| 6 6 | | | | | | | | | | | | | | | | | | | | |
| 20 | | | | | | | | | | | | | | | | | | | | |
| 20 | | | | | | | | | | | | | | | | | | | | |
| 6 6 | | | | | | | | | | | | | | | | | | | | |
| 6 6 | | | | | | | | | | | | | | | | | | | | |
| 6 6 | | | | | | | | | | | | | | | | | | | | |
| 6 6 | | | | | | | | | | | | | | | | | | | | |
| 6 6 | | | | | | | | | | | | | | | | | | | | |
| 4 4 | | | | | | | | | | | | | | | | | | | | |
| 4 4 | | | | | | | | | | | | | | | | | | | | |
| 4 4 | | | | | | | | | | | | | | | | | | | | |
| 0 | | | | | | | | | | | | | | | | | | | | |

| | | | | | | | | | | | | | | | | | | | | |
|---|---|---|---|---|---|---|---|---|---|---|---|---|---|---|---|---|---|---|---|---|
| | 1 | 3 | 1 3 | 2 4 | 1 1 3 1 | 2 1 5 | 1 2 2 | 1 2 2 | 1 2 1 | 1 3 2 | 2 4 2 | 1 7 | 2 7 | 1 8 | 1 4 | 2 1 | 1 2 | 3 | 2 | 1 |
| 0 | | | | | | | | | | | | | | | | | | | | |
| 0 | | | | | | | | | | | | | | | | | | | | |
| 1 | | | | | | | | | | | | | | | | | | | | |
| 5 | | | | | | | | | | | | | | | | | | | | |
| 1 1 3 | | | | | | | | | | | | | | | | | | | | |
| 1 1 3 | | | | | | | | | | | | | | | | | | | | |
| 1 2 3 | | | | | | | | | | | | | | | | | | | | |
| 1 2 4 | | | | | | | | | | | | | | | | | | | | |
| 2 2 3 | | | | | | | | | | | | | | | | | | | | |
| 1 3 3 | | | | | | | | | | | | | | | | | | | | |
| 1 3 3 | | | | | | | | | | | | | | | | | | | | |
| 2 8 | | | | | | | | | | | | | | | | | | | | |
| 1 5 | | | | | | | | | | | | | | | | | | | | |
| 2 4 | | | | | | | | | | | | | | | | | | | | |
| 1 6 | | | | | | | | | | | | | | | | | | | | |
| 1 7 | | | | | | | | | | | | | | | | | | | | |
| 3 3 | | | | | | | | | | | | | | | | | | | | |
| 2 2 | | | | | | | | | | | | | | | | | | | | |
| 1 1 | | | | | | | | | | | | | | | | | | | | |
| 0 | | | | | | | | | | | | | | | | | | | | |

| | 2 | 2 | 2<br>2 | 7<br>2 | 10<br>2 | 3<br>2<br>4 | 2<br>2<br>3 | 2<br>2<br>2 | 2<br>2<br>2 | 20 | 20 | 2<br>2<br>2 | 2<br>2<br>2 | 2<br>2<br>3 | 3<br>2<br>4 | 10<br>2 | 7<br>2 | 2<br>2 | 2 | 2 |
|---|---|---|---|---|---|---|---|---|---|---|---|---|---|---|---|---|---|---|---|---|
| 6 | | | | | | | | | | | | | | | | | | | | |
| 10 | | | | | | | | | | | | | | | | | | | | |
| 3 2 3 | | | | | | | | | | | | | | | | | | | | |
| 2 2 2 | | | | | | | | | | | | | | | | | | | | |
| 2 2 2 | | | | | | | | | | | | | | | | | | | | |
| 2 2 2 | | | | | | | | | | | | | | | | | | | | |
| 16 | | | | | | | | | | | | | | | | | | | | |
| 16 | | | | | | | | | | | | | | | | | | | | |
| 2 2 2 | | | | | | | | | | | | | | | | | | | | |
| 2 2 2 | | | | | | | | | | | | | | | | | | | | |
| 2 2 2 | | | | | | | | | | | | | | | | | | | | |
| 2 2 2 | | | | | | | | | | | | | | | | | | | | |
| 2 2 2 | | | | | | | | | | | | | | | | | | | | |
| 20 | | | | | | | | | | | | | | | | | | | | |
| 20 | | | | | | | | | | | | | | | | | | | | |
| 2 | | | | | | | | | | | | | | | | | | | | |
| 2 | | | | | | | | | | | | | | | | | | | | |
| 2 | | | | | | | | | | | | | | | | | | | | |
| 2 | | | | | | | | | | | | | | | | | | | | |
| 2 | | | | | | | | | | | | | | | | | | | | |

| | 0 | 0 | 0 | 4 3 | 6 5 | 8 5 | 2 6 2 | 1 5 1 | 20 | 2 6 2 | 2 6 2 | 20 | 1 6 1 | 1 3 6 2 | 5 10 | 4 8 | 7 | 4 | 0 | 0 |
|---|---|---|---|---|---|---|---|---|---|---|---|---|---|---|---|---|---|---|---|---|
| 4 | | | | | | | | | | | | | | | | | | | | |
| 9 | | | | | | | | | | | | | | | | | | | | |
| 2 1 1 2 | | | | | | | | | | | | | | | | | | | | |
| 2 1 1 3 | | | | | | | | | | | | | | | | | | | | |
| 3 1 1 3 | | | | | | | | | | | | | | | | | | | | |
| 4 1 1 3 | | | | | | | | | | | | | | | | | | | | |
| 7 1 | | | | | | | | | | | | | | | | | | | | |
| 9 | | | | | | | | | | | | | | | | | | | | |
| 9 | | | | | | | | | | | | | | | | | | | | |
| 10 | | | | | | | | | | | | | | | | | | | | |
| 11 | | | | | | | | | | | | | | | | | | | | |
| 10 | | | | | | | | | | | | | | | | | | | | |
| 1 8 | | | | | | | | | | | | | | | | | | | | |
| 3 1 7 | | | | | | | | | | | | | | | | | | | | |
| 3 1 1 5 | | | | | | | | | | | | | | | | | | | | |
| 3 1 1 3 | | | | | | | | | | | | | | | | | | | | |
| 2 1 1 3 | | | | | | | | | | | | | | | | | | | | |
| 3 1 1 3 | | | | | | | | | | | | | | | | | | | | |
| 9 | | | | | | | | | | | | | | | | | | | | |
| 4 | | | | | | | | | | | | | | | | | | | | |

| | 0 | 0 | 0 | 13 | 2 1 4 | 1 6 1 | 1 1 1 | 9 2 | 1 2 1 1 | 7 1 1 | 1 5 1 | 7 1 1 | 1 6 2 | 4 1 1 | 1 4 1 | 2 1 4 | 13 | 0 | 0 | 0 |
|---|---|---|---|---|---|---|---|---|---|---|---|---|---|---|---|---|---|---|---|---|
| 3 | | | | | | | | | | | | | | | | | | | | |
| 2 3 2 1 | | | | | | | | | | | | | | | | | | | | |
| 1 2 1 1 1 1 | | | | | | | | | | | | | | | | | | | | |
| 1 1 1 1 1 1 2 | | | | | | | | | | | | | | | | | | | | |
| 1 1 1 1 1 1 1 | | | | | | | | | | | | | | | | | | | | |
| 1 1 1 1 4 1 | | | | | | | | | | | | | | | | | | | | |
| 1 1 1 4 1 1 | | | | | | | | | | | | | | | | | | | | |
| 3 2 1 1 3 | | | | | | | | | | | | | | | | | | | | |
| 1 1 2 1 1 1 1 | | | | | | | | | | | | | | | | | | | | |
| 1 2 1 2 1 | | | | | | | | | | | | | | | | | | | | |
| 1 5 1 | | | | | | | | | | | | | | | | | | | | |
| 1 1 | | | | | | | | | | | | | | | | | | | | |
| 1 1 | | | | | | | | | | | | | | | | | | | | |
| 1 1 | | | | | | | | | | | | | | | | | | | | |
| 1 1 | | | | | | | | | | | | | | | | | | | | |
| 1 1 | | | | | | | | | | | | | | | | | | | | |
| 1 1 | | | | | | | | | | | | | | | | | | | | |
| 1 1 | | | | | | | | | | | | | | | | | | | | |
| 1 6 1 | | | | | | | | | | | | | | | | | | | | |
| 4 4 | | | | | | | | | | | | | | | | | | | | |

Column clues (left to right):

| | | | | | | | | | | | | | | | | | | | |
|---|---|---|---|---|---|---|---|---|---|---|---|---|---|---|---|---|---|---|---|
| 3 4 | 2 7 | 3 1 1 2 | 4 1 1 1 | 2 2 4 2 | 1 3 2 2 | 7 2 2 | 3 3 3 1 | 3 1 1 2 2 1 1 | 1 2 2 2 3 | 2 2 3 3 | 2 1 1 2 1 1 | 3 2 1 2 1 | 1 2 1 2 2 | 1 3 1 3 2 | 5 3 1 | 4 3 1 | 4 1 2 | 4 1 2 | 5 |

Row clues (top to bottom):

3
1 2
2 1
2 1
13
3 1 2 1 2
2 1 1 1 2
4 1 3
2 4 7
1 3 3 2
2 2 3 2
4 12
2 1 2 2 1
6 2 6
2 2 2 1 1
2 3 2 2
2 1 2 2
4 6 4
3 2 2
8

| | 3 | 2 1 | 1 1 | 1 1 | 8 1 | 6 1 | 8 1 | 9 1 | 11 1 | 14 | 14 | 14 | 14 | 14 | 13 | 12 2 | 10 1 1 | 8 1 1 | 4 2 | 0 |
|---|---|---|---|---|---|---|---|---|---|---|---|---|---|---|---|---|---|---|---|---|
| 6 | | | | | | | | | | | | | | | | | | | | |
| 8 | | | | | | | | | | | | | | | | | | | | |
| 11 | | | | | | | | | | | | | | | | | | | | |
| 12 | | | | | | | | | | | | | | | | | | | | |
| 13 | | | | | | | | | | | | | | | | | | | | |
| 15 | | | | | | | | | | | | | | | | | | | | |
| 15 | | | | | | | | | | | | | | | | | | | | |
| 15 | | | | | | | | | | | | | | | | | | | | |
| 15 | | | | | | | | | | | | | | | | | | | | |
| 14 | | | | | | | | | | | | | | | | | | | | |
| 1 11 | | | | | | | | | | | | | | | | | | | | |
| 1 9 | | | | | | | | | | | | | | | | | | | | |
| 1 7 | | | | | | | | | | | | | | | | | | | | |
| 1 7 | | | | | | | | | | | | | | | | | | | | |
| 2 1 | | | | | | | | | | | | | | | | | | | | |
| 2 1 2 | | | | | | | | | | | | | | | | | | | | |
| 1 1 1 1 | | | | | | | | | | | | | | | | | | | | |
| 1 1 1 1 | | | | | | | | | | | | | | | | | | | | |
| 2 2 | | | | | | | | | | | | | | | | | | | | |
| 0 | | | | | | | | | | | | | | | | | | | | |

| | 0 | 0 | 0 | 1 1 1 | 2 2 2 | 18 | 19 | 19 | 4 4 4 2 | 3 2 2 1 | 3 2 2 1 | 4 4 4 2 | 19 | 19 | 18 | 2 2 2 | 1 1 1 | 0 | 0 | 0 |
|---|---|---|---|---|---|---|---|---|---|---|---|---|---|---|---|---|---|---|---|---|
| 4 | | | | | | | | | | | | | | | | | | | | |
| 8 | | | | | | | | | | | | | | | | | | | | |
| 10 | | | | | | | | | | | | | | | | | | | | |
| 6 6 | | | | | | | | | | | | | | | | | | | | |
| 4 4 | | | | | | | | | | | | | | | | | | | | |
| 3 3 | | | | | | | | | | | | | | | | | | | | |
| 4 4 | | | | | | | | | | | | | | | | | | | | |
| 10 | | | | | | | | | | | | | | | | | | | | |
| 10 | | | | | | | | | | | | | | | | | | | | |
| 6 6 | | | | | | | | | | | | | | | | | | | | |
| 4 4 | | | | | | | | | | | | | | | | | | | | |
| 3 3 | | | | | | | | | | | | | | | | | | | | |
| 4 4 | | | | | | | | | | | | | | | | | | | | |
| 10 | | | | | | | | | | | | | | | | | | | | |
| 10 | | | | | | | | | | | | | | | | | | | | |
| 6 6 | | | | | | | | | | | | | | | | | | | | |
| 4 4 | | | | | | | | | | | | | | | | | | | | |
| 3 3 | | | | | | | | | | | | | | | | | | | | |
| 4 4 | | | | | | | | | | | | | | | | | | | | |
| 10 | | | | | | | | | | | | | | | | | | | | |

| | 3 | 2 | 1 2 | 2 2 | 4 2 | 4 2 2 | 3 3 2 | 4 4 3 | 9 4 | 2 5 8 | 2 7 | 2 2 3 | 4 1 4 2 | 2 2 5 3 | 2 3 2 | 3 2 3 | 3 1 4 | 2 2 4 | 2 5 | 6 |
|---|---|---|---|---|---|---|---|---|---|---|---|---|---|---|---|---|---|---|---|---|
| 1 | | | | | | | | | | | | | | | | | | | | |
| 3 | | | | | | | | | | | | | | | | | | | | |
| 1 3 1 | | | | | | | | | | | | | | | | | | | | |
| 3 2 1 3 | | | | | | | | | | | | | | | | | | | | |
| 5 2 5 | | | | | | | | | | | | | | | | | | | | |
| 8 5 | | | | | | | | | | | | | | | | | | | | |
| 3 3 | | | | | | | | | | | | | | | | | | | | |
| 1 2 5 | | | | | | | | | | | | | | | | | | | | |
| 2 4 2 | | | | | | | | | | | | | | | | | | | | |
| 3 3 1 | | | | | | | | | | | | | | | | | | | | |
| 4 3 1 | | | | | | | | | | | | | | | | | | | | |
| 9 1 | | | | | | | | | | | | | | | | | | | | |
| 6 2 | | | | | | | | | | | | | | | | | | | | |
| 1 2 2 | | | | | | | | | | | | | | | | | | | | |
| 1 2 1 3 | | | | | | | | | | | | | | | | | | | | |
| 2 2 2 4 | | | | | | | | | | | | | | | | | | | | |
| 2 3 6 | | | | | | | | | | | | | | | | | | | | |
| 2 4 5 | | | | | | | | | | | | | | | | | | | | |
| 7 2 | | | | | | | | | | | | | | | | | | | | |
| 5 | | | | | | | | | | | | | | | | | | | | |

| Column | Clue |
|---|---|
| 1 | 1 9 |
| 2 | 2 12 |
| 3 | 2 7 |
| 4 | 4 |
| 5 | 1 6 4 |
| 6 | 2 9 3 |
| 7 | 1 10 4 1 |
| 8 | 5 3 2 |
| 9 | 3 2 3 |
| 10 | 1 6 3 3 1 2 |
| 11 | 2 8 3 3 2 1 |
| 12 | 1 2 5 3 2 4 |
| 13 | 3 3 2 6 |
| 14 | 1 3 3 5 |
| 15 | 2 22 4 |
| 16 | 2 22 4 |
| 17 | 1 3 3 5 |
| 18 | 3 3 2 6 |
| 19 | 1 2 5 3 2 4 |
| 20 | 2 8 2 3 2 1 |
| 21 | 1 7 3 3 1 2 |
| 22 | 3 2 3 |
| 23 | 5 3 2 |
| 24 | 1 11 3 1 |
| 25 | 2 9 3 |
| 26 | 1 6 3 |
| 27 | 4 |
| 28 | 1 7 |
| 29 | 2 12 |
| 30 | 1 10 |


| Row | Clue |
|---|---|
| 1 | 1 1 1 2 1 1 1 |
| 2 | 2 3 3 2 3 3 2 |
| 3 | 0 |
| 4 | 3 3 3 4 3 3 3 |
| 5 | 3 3 3 2 3 3 2 |
| 6 | 2 3 2 2 2 3 2 |
| 7 | 2 3 2 2 2 3 2 |
| 8 | 2 3 3 2 3 3 2 |
| 9 | 2 3 3 2 3 3 2 |
| 10 | 3 2 1 1 2 3 |
| 11 | 3 3 10 3 3 |
| 12 | 3 3 8 3 3 |
| 13 | 2 3 2 3 3 |
| 14 | 3 4 2 4 3 |
| 15 | 4 16 3 |
| 16 | 3 12 3 |
| 17 | 4 8 3 |
| 18 | 4 2 4 |
| 19 | 6 4 6 |
| 20 | 18 |
| 21 | 12 |
| 22 | 2 |
| 23 | 2 |
| 24 | 2 |
| 25 | 1 2 1 |
| 26 | 3 3 |
| 27 | 12 |
| 28 | 2 10 2 |
| 29 | 4 8 4 |
| 30 | 3 6 3 |

| | 2 | 2 | 2 | 2 | 2 2 2 | 3 8 3 | 20 | 7 7 | 5 5 | 4 4 | 3 3 | 3 3 | 3 3 | 2 2 | 7 7 | 7 7 | 2 2 | 3 3 | 3 3 | 3 3 | 4 4 | 5 5 | 7 7 | 20 | 3 8 3 | 2 2 2 | 2 | 2 | 2 | 2 |
|---|---|---|---|---|---|---|---|---|---|---|---|---|---|---|---|---|---|---|---|---|---|---|---|---|---|---|---|---|---|---|
| 2 | | | | | | | | | | | | | | | | | | | | | | | | | | | | | | |
| 2 | | | | | | | | | | | | | | | | | | | | | | | | | | | | | | |
| 2 | | | | | | | | | | | | | | | | | | | | | | | | | | | | | | |
| 2 | | | | | | | | | | | | | | | | | | | | | | | | | | | | | | |
| 2 2 2 | | | | | | | | | | | | | | | | | | | | | | | | | | | | | | |
| 3 8 3 | | | | | | | | | | | | | | | | | | | | | | | | | | | | | | |
| 20 | | | | | | | | | | | | | | | | | | | | | | | | | | | | | | |
| 7 7 | | | | | | | | | | | | | | | | | | | | | | | | | | | | | | |
| 5 5 | | | | | | | | | | | | | | | | | | | | | | | | | | | | | | |
| 4 4 | | | | | | | | | | | | | | | | | | | | | | | | | | | | | | |
| 3 3 | | | | | | | | | | | | | | | | | | | | | | | | | | | | | | |
| 3 3 | | | | | | | | | | | | | | | | | | | | | | | | | | | | | | |
| 3 3 | | | | | | | | | | | | | | | | | | | | | | | | | | | | | | |
| 2 2 | | | | | | | | | | | | | | | | | | | | | | | | | | | | | | |
| 7 7 | | | | | | | | | | | | | | | | | | | | | | | | | | | | | | |
| 7 7 | | | | | | | | | | | | | | | | | | | | | | | | | | | | | | |
| 2 2 | | | | | | | | | | | | | | | | | | | | | | | | | | | | | | |
| 3 3 | | | | | | | | | | | | | | | | | | | | | | | | | | | | | | |
| 3 3 | | | | | | | | | | | | | | | | | | | | | | | | | | | | | | |
| 3 3 | | | | | | | | | | | | | | | | | | | | | | | | | | | | | | |
| 4 4 | | | | | | | | | | | | | | | | | | | | | | | | | | | | | | |
| 5 5 | | | | | | | | | | | | | | | | | | | | | | | | | | | | | | |
| 7 7 | | | | | | | | | | | | | | | | | | | | | | | | | | | | | | |
| 20 | | | | | | | | | | | | | | | | | | | | | | | | | | | | | | |
| 3 8 3 | | | | | | | | | | | | | | | | | | | | | | | | | | | | | | |
| 2 2 2 | | | | | | | | | | | | | | | | | | | | | | | | | | | | | | |
| 2 | | | | | | | | | | | | | | | | | | | | | | | | | | | | | | |
| 2 | | | | | | | | | | | | | | | | | | | | | | | | | | | | | | |
| 2 | | | | | | | | | | | | | | | | | | | | | | | | | | | | | | |
| 2 | | | | | | | | | | | | | | | | | | | | | | | | | | | | | | |

| | 0 | 0 | 5 | 8 | 11 | 13 | 14 | 15 | 16 | 17<br>1 | 18<br>1 | 19<br>3 | 19<br>5 | 29 | 30 | 30 | 29 | 19<br>5 | 19<br>3 | 18<br>1 | 17<br>1 | 16 | 15 | 14 | 13 | 11 | 8 | 5 | 0 | 0 |
|---|---|---|---|---|---|---|---|---|---|---|---|---|---|---|---|---|---|---|---|---|---|---|---|---|---|---|---|---|---|---|
| 2 | | | | | | | | | | | | | | | | | | | | | | | | | | | | | | |
| 4 | | | | | | | | | | | | | | | | | | | | | | | | | | | | | | |
| 6 | | | | | | | | | | | | | | | | | | | | | | | | | | | | | | |
| 8 | | | | | | | | | | | | | | | | | | | | | | | | | | | | | | |
| 10 | | | | | | | | | | | | | | | | | | | | | | | | | | | | | | |
| 12 | | | | | | | | | | | | | | | | | | | | | | | | | | | | | | |
| 14 | | | | | | | | | | | | | | | | | | | | | | | | | | | | | | |
| 16 | | | | | | | | | | | | | | | | | | | | | | | | | | | | | | |
| 18 | | | | | | | | | | | | | | | | | | | | | | | | | | | | | | |
| 20 | | | | | | | | | | | | | | | | | | | | | | | | | | | | | | |
| 22 | | | | | | | | | | | | | | | | | | | | | | | | | | | | | | |
| 22 | | | | | | | | | | | | | | | | | | | | | | | | | | | | | | |
| 24 | | | | | | | | | | | | | | | | | | | | | | | | | | | | | | |
| 24 | | | | | | | | | | | | | | | | | | | | | | | | | | | | | | |
| 26 | | | | | | | | | | | | | | | | | | | | | | | | | | | | | | |
| 26 | | | | | | | | | | | | | | | | | | | | | | | | | | | | | | |
| 26 | | | | | | | | | | | | | | | | | | | | | | | | | | | | | | |
| 26 | | | | | | | | | | | | | | | | | | | | | | | | | | | | | | |
| 26 | | | | | | | | | | | | | | | | | | | | | | | | | | | | | | |
| 24 | | | | | | | | | | | | | | | | | | | | | | | | | | | | | | |
| 22 | | | | | | | | | | | | | | | | | | | | | | | | | | | | | | |
| 7 4 7 | | | | | | | | | | | | | | | | | | | | | | | | | | | | | | |
| 4 | | | | | | | | | | | | | | | | | | | | | | | | | | | | | | |
| 4 | | | | | | | | | | | | | | | | | | | | | | | | | | | | | | |
| 4 | | | | | | | | | | | | | | | | | | | | | | | | | | | | | | |
| 6 | | | | | | | | | | | | | | | | | | | | | | | | | | | | | | |
| 6 | | | | | | | | | | | | | | | | | | | | | | | | | | | | | | |
| 8 | | | | | | | | | | | | | | | | | | | | | | | | | | | | | | |
| 8 | | | | | | | | | | | | | | | | | | | | | | | | | | | | | | |
| 12 | | | | | | | | | | | | | | | | | | | | | | | | | | | | | | |

| Column | Clue |
|---|---|
| 1 | 0 |
| 2 | 0 |
| 3 | 0 |
| 4 | 1 |
| 5 | 2 1 8 |
| 6 | 3 2 2 3 |
| 7 | 1 1 6 1 3 |
| 8 | 2 1 4 2 2 |
| 9 | 3 2 3 2 2 |
| 10 | 1 2 2 2 1 2 |
| 11 | 2 4 2 1 1 2 |
| 12 | 2 2 2 2 1 1 |
| 13 | 2 1 2 2 |
| 14 | 2 1 2 |
| 15 | 1 2 1 1 |
| 16 | 3 3 2 1 2 2 |
| 17 | 2 3 2 1 2 |
| 18 | 6 1 1 |
| 19 | 1 2 1 2 |
| 20 | 2 1 2 1 2 2 |
| 21 | 1 2 1 2 2 |
| 22 | 1 3 |
| 23 | 3 3 |
| 24 | 4 5 |
| 25 | 7 |
| 26 | 0 |
| 27 | 0 |
| 28 | 0 |
| 29 | 0 |
| 30 | 0 |

| Row | Clue |
|---|---|
| 1 | 5 1 |
| 2 | 2 2 2 |
| 3 | 2 2 3 |
| 4 | 2 2 1 1 |
| 5 | 6 1 3 4 |
| 6 | 2 3 2 1 |
| 7 | 2 2 2 1 |
| 8 | 2 7 |
| 9 | 12 3 |
| 10 | 7 1 |
| 11 | 3 1 2 |
| 12 | 2 2 2 1 |
| 13 | 2 1 2 1 |
| 14 | 1 2 1 2 |
| 15 | 1 1 1 |
| 16 | 1 2 1 |
| 17 | 1 1 1 1 |
| 18 | 1 2 1 |
| 19 | 2 1 2 1 |
| 20 | 2 2 1 2 |
| 21 | 2 1 |
| 22 | 1 2 1 |
| 23 | 2 1 2 1 |
| 24 | 2 1 2 |
| 25 | 2 1 1 |
| 26 | 2 2 2 |
| 27 | 3 1 |
| 28 | 2 2 |
| 29 | 4 3 |
| 30 | 5 |

Column clues (top to bottom, columns 1–30):

| Column | Clue |
|---|---|
| 1 | 6 |
| 2 | 2 1 5 |
| 3 | 1 2 3 |
| 4 | 1 3 2 |
| 5 | 5 2 |
| 6 | 6 2 |
| 7 | 2 1 1 |
| 8 | 1 2 1 |
| 9 | 1 2 2 |
| 10 | 2 2 2 |
| 11 | 1 1 2 |
| 12 | 1 1 1 |
| 13 | 1 1 1 |
| 14 | 1 1 1 |
| 15 | 1 1 1 |
| 16 | 1 1 1 |
| 17 | 1 1 1 |
| 18 | 1 1 1 |
| 19 | 1 1 1 |
| 20 | 2 2 2 |
| 21 | 1 2 2 |
| 22 | 2 2 1 |
| 23 | 2 2 1 |
| 24 | 6 1 |
| 25 | 5 2 |
| 26 | 1 3 1 |
| 27 | 1 3 5 |
| 28 | 1 2 4 |
| 29 | 4 2 |
| 30 | 6 |

Row clues (rows 1–30):

| Row | Clue |
|---|---|
| 1 | 0 |
| 2 | 0 |
| 3 | 0 |
| 4 | 0 |
| 5 | 0 |
| 6 | 11 |
| 7 | 2 3 |
| 8 | 2 2 |
| 9 | 2 2 |
| 10 | 5 4 |
| 11 | 2 2 2 2 |
| 12 | 1 4 4 2 |
| 13 | 6 7 |
| 14 | 1 7 11 |
| 15 | 1 16 1 |
| 16 | 2 1 |
| 17 | 1 2 |
| 18 | 1 2 |
| 19 | 1 2 |
| 20 | 2 2 |
| 21 | 1 2 |
| 22 | 2 1 |
| 23 | 3 3 |
| 24 | 7 6 |
| 25 | 13 |
| 26 | 0 |
| 27 | 0 |
| 28 | 0 |
| 29 | 0 |
| 30 | 0 |

**Column clues (left to right, each read top to bottom):**

1. 0
2. 0
3. 0
4. 0
5. 0
6. 0
7. 0
8. 5 2
9. 6 2
10. 2 1
11. 2 12 3
12. 20 1 4
13. 3 4 3 3 1 4
14. 1 4 1 13 1 4
15. 6 2 3 2
16. 6 2 6
17. 1 4 1 9 3 1 4
18. 3 4 7 1 4
19. 16 3 1 4
20. 2 12 3
21. 2 1
22. 6 2
23. 5 2
24. 0
25. 0
26. 0
27. 0
28. 0
29. 0
30. 0

**Row clues (top to bottom):**

1. 1 1
2. 0
3. 1 1
4. 8
5. 8
6. 8
7. 3 2 3
8. 3 2 3
9. 8
10. 2 2
11. 1 10 1
12. 2 10 2
13. 5 1 1 5
14. 2 2 1 1 2 2
15. 2 2 1 1 2 2
16. 2 2 1 1 2 2
17. 10
18. 2 10 2
19. 2 10 2
20. 2 1 1 1 1
21. 10
22. 10
23. 3 3
24. 0
25. 3 3
26. 0
27. 3 3
28. 4 4
29. 4 4
30. 4 4

Column clues (left to right):

2 1 | 1 2 | 2 2 | 2 3 | 2 2 | 5 | 6 | 6 | 8 | 8 | 9 | 9 | 9 | 10 | 12 | 16 1 | 19 | 13 2 | 14 1 | 17 1 1 | 20 1 | 16 2 | 14 1 | 2 11 1 | 13 1 | 10 | 3 | 2 | 2 | 1

Row clues (top to bottom):

0
0
2
7
2 6
7
6
7
9
10
11
13
16
17
17
17
17
20
22
1 17
18
6 3 3
4 3 2
2 2
2 1
2 1
1 6
2
1 3
0

Column clues (left to right):

1. 1
2. 1
3. 1
4. 3 1
5. 4 1
6. 4 1
7. 6 1
8. 6 1 1
9. 7 2 1
10. 18 1
11. 3 2 2
12. 4 4
13. 6 3
14. 2 4 2
15. 3 3 2
16. 4 3 2
17. 2 2 2 3
18. 5 3 4
19. 8 2 2
20. 2 17 1
21. 1 6 1
22. 6 1
23. 6 1
24. 6 1
25. 4 1
26. 1
27. 1
28. 1
29. 1
30. 1

Row clues (top to bottom):

1. 4
2. 6
3. 4 2
4. 1 5
5. 3 5
6. 5 1
7. 9
8. 10
9. 2 3
10. 2 2
11. 3 3
12. 4 4
13. 4 5
14. 5 5
15. 6 5
16. 6 1 4
17. 4 1 1 3
18. 2 1 1 2
19. 1 1 1 1
20. 1 1
21. 1 1
22. 1 1
23. 1 1
24. 2 1
25. 4 2
26. 2 2
27. 2 2
28. 9
29. 30
30. 0

Column clues (left to right):

| Column | Clue |
|---|---|
| 1 | 12 |
| 2 | 2 2 2 |
| 3 | 1 6 |
| 4 | 10 5 |
| 5 | 13 5 |
| 6 | 24 |
| 7 | 27 |
| 8 | 30 |
| 9 | 30 |
| 10 | 5 23 |
| 11 | 6 13 |
| 12 | 4 2 12 |
| 13 | 6 2 11 |
| 14 | 1 2 3 10 |
| 15 | 1 2 5 4 |
| 16 | 1 2 4 2 |
| 17 | 1 2 2 1 |
| 18 | 1 2 1 1 2 |
| 19 | 1 2 1 3 |
| 20 | 1 3 1 2 |
| 21 | 2 2 2 3 |
| 22 | 4 11 |
| 23 | 6 11 |
| 24 | 3 2 12 |
| 25 | 4 13 |
| 26 | 26 |
| 27 | 20 |
| 28 | 14 |
| 29 | 10 |
| 30 | 5 |

| Row | Clue |
|---|---|
| 1 | 13 |
| 2 | 6 1 2 |
| 3 | 7 5 |
| 4 | 9 5 |
| 5 | 7 2 2 2 |
| 6 | 6 3 5 |
| 7 | 7 1 2 1 |
| 8 | 1 7 1 |
| 9 | 2 7 1 |
| 10 | 1 7 2 |
| 11 | 1 7 2 |
| 12 | 1 7 2 |
| 13 | 1 7 2 2 2 |
| 14 | 1 7 3 3 2 |
| 15 | 1 7 2 2 2 |
| 16 | 1 6 3 |
| 17 | 1 6 4 |
| 18 | 1 6 3 6 |
| 19 | 1 7 3 8 |
| 20 | 2 8 10 |
| 21 | 2 10 11 |
| 22 | 2 14 9 |
| 23 | 15 9 |
| 24 | 14 9 |
| 25 | 17 8 |
| 26 | 13 1 8 |
| 27 | 11 12 |
| 28 | 10 11 |
| 29 | 10 8 |
| 30 | 8 |

| | | | | | | | | | | | | | | | | | | | | | | | | | | | | | | |
|---|---|---|---|---|---|---|---|---|---|---|---|---|---|---|---|---|---|---|---|---|---|---|---|---|---|---|---|---|---|---|
| | 3 1 | 4 1 | 5 6 1 | 4 6 1 | 5 6 1 | 5 5 1 | 1 9 2 | 14 3 | 13 3 | 24 | 1 1 6 10 | 2 7 11 | 3 16 4 | 3 6 5 3 | 3 14 3 | 12 3 2 | 10 2 | 9 1 | 13 1 | 10 1 | 8 1 | 11 1 | 4 7 1 | 3 12 1 | 3 9 1 | 3 1 | 4 1 | 4 1 | 3 1 | 3 1 |
| 1 | | | | | | | | | | | | | | | | | | | | | | | | | | | | | | |
| 1 | | | | | | | | | | | | | | | | | | | | | | | | | | | | | | |
| 1 2 | | | | | | | | | | | | | | | | | | | | | | | | | | | | | | |
| 1 6 2 6 | | | | | | | | | | | | | | | | | | | | | | | | | | | | | | |
| 2 10 8 | | | | | | | | | | | | | | | | | | | | | | | | | | | | | | |
| 2 18 | | | | | | | | | | | | | | | | | | | | | | | | | | | | | | |
| 3 8 4 | | | | | | | | | | | | | | | | | | | | | | | | | | | | | | |
| 4 3 9 1 | | | | | | | | | | | | | | | | | | | | | | | | | | | | | | |
| 10 10 | | | | | | | | | | | | | | | | | | | | | | | | | | | | | | |
| 9 11 | | | | | | | | | | | | | | | | | | | | | | | | | | | | | | |
| 24 | | | | | | | | | | | | | | | | | | | | | | | | | | | | | | |
| 3 20 | | | | | | | | | | | | | | | | | | | | | | | | | | | | | | |
| 1 13 5 | | | | | | | | | | | | | | | | | | | | | | | | | | | | | | |
| 8 2 4 | | | | | | | | | | | | | | | | | | | | | | | | | | | | | | |
| 9 2 4 | | | | | | | | | | | | | | | | | | | | | | | | | | | | | | |
| 12 3 | | | | | | | | | | | | | | | | | | | | | | | | | | | | | | |
| 7 4 2 | | | | | | | | | | | | | | | | | | | | | | | | | | | | | | |
| 4 1 3 2 | | | | | | | | | | | | | | | | | | | | | | | | | | | | | | |
| 3 1 3 2 | | | | | | | | | | | | | | | | | | | | | | | | | | | | | | |
| 3 1 5 2 | | | | | | | | | | | | | | | | | | | | | | | | | | | | | | |
| 2 4 2 2 | | | | | | | | | | | | | | | | | | | | | | | | | | | | | | |
| 1 4 1 1 | | | | | | | | | | | | | | | | | | | | | | | | | | | | | | |
| 1 4 | | | | | | | | | | | | | | | | | | | | | | | | | | | | | | |
| 4 | | | | | | | | | | | | | | | | | | | | | | | | | | | | | | |
| 3 | | | | | | | | | | | | | | | | | | | | | | | | | | | | | | |
| 3 | | | | | | | | | | | | | | | | | | | | | | | | | | | | | | |
| 4 | | | | | | | | | | | | | | | | | | | | | | | | | | | | | | |
| 8 | | | | | | | | | | | | | | | | | | | | | | | | | | | | | | |
| 11 | | | | | | | | | | | | | | | | | | | | | | | | | | | | | | |
| 30 | | | | | | | | | | | | | | | | | | | | | | | | | | | | | | |

| | 5 | 5 | 8 | 8 | 11 | 3 11 | 26 | 27 | 28 | 15 11 | 15 8 | 11 4 1 6 | 11 3 2 5 | 11 3 2 4 | 11 2 2 2 3 | 11 1 2 3 | 11 1 2 3 | 11 1 2 3 | 10 3 1 2 | 10 3 1 2 | 10 1 2 1 2 | 10 1 1 4 | 9 2 4 3 1 | 12 2 4 | 13 3 | 2 | 2 | 1 | 1 | 1 |
|---|---|---|---|---|---|---|---|---|---|---|---|---|---|---|---|---|---|---|---|---|---|---|---|---|---|---|---|---|---|---|
| 12 | | | | | | | | | | | | | | | | | | | | | | | | | | | | | | |
| 14 | | | | | | | | | | | | | | | | | | | | | | | | | | | | | | |
| 16 | | | | | | | | | | | | | | | | | | | | | | | | | | | | | | |
| 17 | | | | | | | | | | | | | | | | | | | | | | | | | | | | | | |
| 18 | | | | | | | | | | | | | | | | | | | | | | | | | | | | | | |
| 19 | | | | | | | | | | | | | | | | | | | | | | | | | | | | | | |
| 20 | | | | | | | | | | | | | | | | | | | | | | | | | | | | | | |
| 20 | | | | | | | | | | | | | | | | | | | | | | | | | | | | | | |
| 20 | | | | | | | | | | | | | | | | | | | | | | | | | | | | | | |
| 19 | | | | | | | | | | | | | | | | | | | | | | | | | | | | | | |
| 12 2 | | | | | | | | | | | | | | | | | | | | | | | | | | | | | | |
| 5 2 | | | | | | | | | | | | | | | | | | | | | | | | | | | | | | |
| 7 3 2 | | | | | | | | | | | | | | | | | | | | | | | | | | | | | | |
| 8 2 2 | | | | | | | | | | | | | | | | | | | | | | | | | | | | | | |
| 9 5 1 | | | | | | | | | | | | | | | | | | | | | | | | | | | | | | |
| 4 1 2 1 1 1 1 | | | | | | | | | | | | | | | | | | | | | | | | | | | | | | |
| 3 1 | | | | | | | | | | | | | | | | | | | | | | | | | | | | | | |
| 3 1 | | | | | | | | | | | | | | | | | | | | | | | | | | | | | | |
| 3 1 1 | | | | | | | | | | | | | | | | | | | | | | | | | | | | | | |
| 6 1 1 1 | | | | | | | | | | | | | | | | | | | | | | | | | | | | | | |
| 6 2 1 | | | | | | | | | | | | | | | | | | | | | | | | | | | | | | |
| 6 3 1 1 | | | | | | | | | | | | | | | | | | | | | | | | | | | | | | |
| 9 8 1 | | | | | | | | | | | | | | | | | | | | | | | | | | | | | | |
| 9 4 1 | | | | | | | | | | | | | | | | | | | | | | | | | | | | | | |
| 10 1 | | | | | | | | | | | | | | | | | | | | | | | | | | | | | | |
| 13 3 | | | | | | | | | | | | | | | | | | | | | | | | | | | | | | |
| 14 5 | | | | | | | | | | | | | | | | | | | | | | | | | | | | | | |
| 20 4 | | | | | | | | | | | | | | | | | | | | | | | | | | | | | | |
| 19 4 | | | | | | | | | | | | | | | | | | | | | | | | | | | | | | |
| 18 8 | | | | | | | | | | | | | | | | | | | | | | | | | | | | | | |

Column clues (left to right, each read top to bottom):

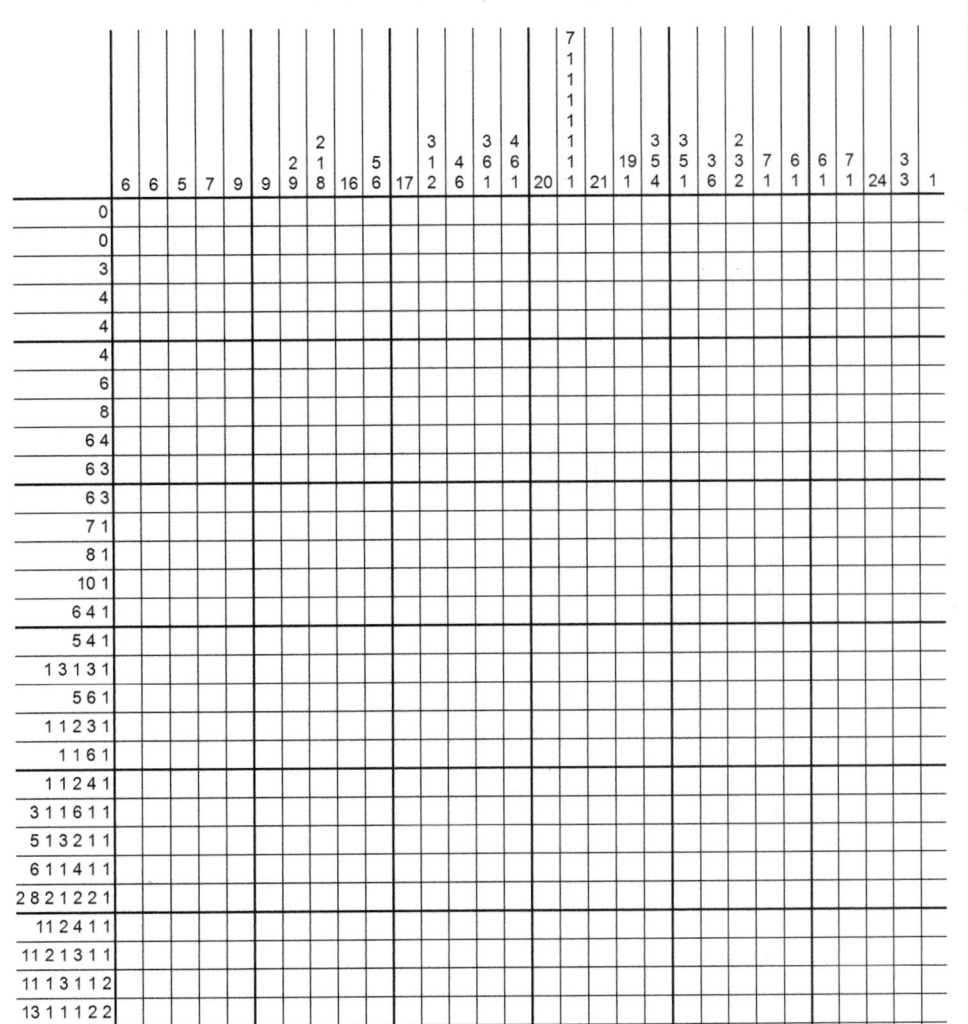

6 | 6 | 5 | 7 | 9 | 9 | 2 9 | 2 1 8 | 16 | 5 6 | 17 | 3 1 2 | 4 6 | 3 6 1 | 4 6 1 | 20 | 7 1 1 1 1 1 1 1 | 21 | 19 1 | 3 5 4 | 3 5 1 | 3 6 | 2 3 2 | 7 1 | 6 1 | 6 1 | 7 1 | 24 | 3 3 | 1

Row clues (top to bottom):

0
0
3
4
4
4
6
8
6 4
6 3
6 3
7 1
8 1
10 1
6 4 1
5 4 1
1 3 1 3 1
5 6 1
1 1 2 3 1
1 1 6 1
1 1 2 4 1
3 1 1 6 1 1
5 1 3 2 1 1
6 1 1 4 1 1
2 8 2 1 2 2 1
11 2 4 1 1
11 2 1 3 1 1
11 1 3 1 1 2
13 1 1 1 2 2
30

| Column | Clue |
|---|---|
| 1 | 0 |
| 2 | 0 |
| 3 | 0 |
| 4 | 0 |
| 5 | 0 |
| 6 | 0 |
| 7 | 3 |
| 8 | 12 1 |
| 9 | 11 1 4 |
| 10 | 5 3 3 |
| 11 | 2 8 4 2 |
| 12 | 1 3 4 2 3 2 |
| 13 | 1 12 6 5 1 |
| 14 | 2 9 3 10 1 |
| 15 | 2 9 2 10 1 |
| 16 | 2 9 2 10 1 |
| 17 | 2 9 3 10 1 |
| 18 | 1 12 6 5 1 |
| 19 | 1 3 4 2 3 2 |
| 20 | 2 8 4 2 |
| 21 | 4 3 3 |
| 22 | 11 1 4 |
| 23 | 12 1 |
| 24 | 3 |
| 25 | 0 |
| 26 | 0 |
| 27 | 0 |
| 28 | 0 |
| 29 | 0 |
| 30 | 0 |


| Row | Clue |
|---|---|
| 1 | 8 |
| 2 | 4 |
| 3 | 1 1 |
| 4 | 6 |
| 5 | 10 |
| 6 | 12 |
| 7 | 2 8 2 |
| 8 | 2 6 2 |
| 9 | 2 6 2 |
| 10 | 2 6 1 |
| 11 | 1 8 1 |
| 12 | 1 8 1 |
| 13 | 2 3 3 2 |
| 14 | 2 3 2 3 2 |
| 15 | 2 1 4 1 2 |
| 16 | 2 1 1 1 1 2 |
| 17 | 2 1 2 2 1 2 |
| 18 | 1 1 1 1 1 1 |
| 19 | 1 1 6 1 1 |
| 20 | 1 10 1 |
| 21 | 2 8 2 |
| 22 | 2 6 2 |
| 23 | 2 4 2 |
| 24 | 4 6 4 |
| 25 | 12 |
| 26 | 12 |
| 27 | 1 10 1 |
| 28 | 2 6 2 |
| 29 | 4 4 |
| 30 | 16 |

| | 12 9 | 10 7 | 9 5 | 8 4 | 7 1 3 | 7 1 3 | 6 3 3 2 | 6 5 3 1 | 6 4 3 1 | 6 3 3 1 | 6 2 2 | 6 1 2 | 1 4 4 | 3 2 4 | 1 2 2 | 2 2 2 | 3 1 2 4 | 6 4 | 6 1 2 | 6 2 2 | 6 3 3 1 | 6 4 3 1 | 6 4 3 1 | 6 3 3 2 | 7 1 2 | 7 1 3 | 8 4 | 9 5 | 10 7 | 12 9 |
|---|---|---|---|---|---|---|---|---|---|---|---|---|---|---|---|---|---|---|---|---|---|---|---|---|---|---|---|---|---|---|
| 13 16 | | | | | | | | | | | | | | | | | | | | | | | | | | | | | | |
| 12 15 | | | | | | | | | | | | | | | | | | | | | | | | | | | | | | |
| 13 14 | | | | | | | | | | | | | | | | | | | | | | | | | | | | | | |
| 14 13 | | | | | | | | | | | | | | | | | | | | | | | | | | | | | | |
| 14 13 | | | | | | | | | | | | | | | | | | | | | | | | | | | | | | |
| 14 14 | | | | | | | | | | | | | | | | | | | | | | | | | | | | | | |
| 6 6 | | | | | | | | | | | | | | | | | | | | | | | | | | | | | | |
| 4 4 | | | | | | | | | | | | | | | | | | | | | | | | | | | | | | |
| 3 3 | | | | | | | | | | | | | | | | | | | | | | | | | | | | | | |
| 2 2 | | | | | | | | | | | | | | | | | | | | | | | | | | | | | | |
| 1 1 | | | | | | | | | | | | | | | | | | | | | | | | | | | | | | |
| 1 1 1 1 | | | | | | | | | | | | | | | | | | | | | | | | | | | | | | |
| 3 3 | | | | | | | | | | | | | | | | | | | | | | | | | | | | | | |
| 4 4 | | | | | | | | | | | | | | | | | | | | | | | | | | | | | | |
| 6 6 | | | | | | | | | | | | | | | | | | | | | | | | | | | | | | |
| 4 3 | | | | | | | | | | | | | | | | | | | | | | | | | | | | | | |
| 0 | | | | | | | | | | | | | | | | | | | | | | | | | | | | | | |
| 2 | | | | | | | | | | | | | | | | | | | | | | | | | | | | | | |
| 4 | | | | | | | | | | | | | | | | | | | | | | | | | | | | | | |
| 1 1 1 1 | | | | | | | | | | | | | | | | | | | | | | | | | | | | | | |
| 2 2 | | | | | | | | | | | | | | | | | | | | | | | | | | | | | | |
| 1 3 3 1 | | | | | | | | | | | | | | | | | | | | | | | | | | | | | | |
| 1 4 6 4 1 | | | | | | | | | | | | | | | | | | | | | | | | | | | | | | |
| 2 4 6 4 2 | | | | | | | | | | | | | | | | | | | | | | | | | | | | | | |
| 2 5 5 2 | | | | | | | | | | | | | | | | | | | | | | | | | | | | | | |
| 3 3 3 3 | | | | | | | | | | | | | | | | | | | | | | | | | | | | | | |
| 4 4 | | | | | | | | | | | | | | | | | | | | | | | | | | | | | | |
| 6 5 | | | | | | | | | | | | | | | | | | | | | | | | | | | | | | |
| 7 7 | | | | | | | | | | | | | | | | | | | | | | | | | | | | | | |
| 10 10 | | | | | | | | | | | | | | | | | | | | | | | | | | | | | | |

| Column | Clue |
|---|---|
| 1 | 1 1 |
| 2 | 1 1 3 |
| 3 | 1 1 3 |
| 4 | 1 6 |
| 5 | 1 8 1 |
| 6 | 1 9 1 1 |
| 7 | 11 3 |
| 8 | 11 2 1 |
| 9 | 11 3 |
| 10 | 10 5 |
| 11 | 9 3 |
| 12 | 12 |
| 13 | 12 |
| 14 | 11 |
| 15 | 11 |
| 16 | 9 |
| 17 | 8 |
| 18 | 7 |
| 19 | 7 |
| 20 | 7 |
| 21 | 8 |
| 22 | 9 |
| 23 | 10 |
| 24 | 8 1 |
| 25 | 7 2 |
| 26 | 6 1 |
| 27 | 2 5 1 |
| 28 | 1 6 |
| 29 | 2 4 |
| 30 | 5 |

| Row | Clue |
|---|---|
| 1 | 0 |
| 2 | 0 |
| 3 | 1 |
| 4 | 1 1 |
| 5 | 2 1 1 2 |
| 6 | 1 1 1 1 2 |
| 7 | 2 5 2 1 |
| 8 | 8 2 3 |
| 9 | 9 7 |
| 10 | 9 8 |
| 11 | 10 8 |
| 12 | 12 8 |
| 13 | 12 8 |
| 14 | 12 7 |
| 15 | 19 |
| 16 | 18 |
| 17 | 16 1 |
| 18 | 18 |
| 19 | 12 1 |
| 20 | 10 |
| 21 | 12 |
| 22 | 11 |
| 23 | 1 2 |
| 24 | 1 1 1 |
| 25 | 0 |
| 26 | 0 |
| 27 | 0 |
| 28 | 0 |
| 29 | 0 |
| 30 | 0 |

| Column | 1 | 2 | 3 | 4 | 5 | 6 | 7 | 8 | 9 | 10 | 11 | 12 | 13 | 14 | 15 | 16 | 17 | 18 | 19 | 20 | 21 | 22 | 23 | 24 | 25 | 26 | 27 | 28 | 29 | 30 |
|---|---|---|---|---|---|---|---|---|---|---|---|---|---|---|---|---|---|---|---|---|---|---|---|---|---|---|---|---|---|---|
| Clue | 2 | 2 | 2 | 2 | 8 | 3 2 | 2 1 | 1 2 | 1 1 | 1 1 | 1 2 | 2 1 | 3 2 | 8 | 2 | 2 | 2 | 2 | 2 | 3 | 6 | 2 2 | 2 2 | 2 2 | 3 3 | 18 | 2 2 | 3 2 | 2 2 | 18 |

| Row | Clue |
|---|---|
| 1 | 0 |
| 2 | 0 |
| 3 | 0 |
| 4 | 0 |
| 5 | 0 |
| 6 | 0 |
| 7 | 1 1 |
| 8 | 2 3 |
| 9 | 6 |
| 10 | 5 1 |
| 11 | 2 1 1 |
| 12 | 2 1 1 |
| 13 | 2 1 1 |
| 14 | 2 1 1 |
| 15 | 21 1 1 |
| 16 | 7 10 1 1 |
| 17 | 2 2 1 1 1 |
| 18 | 1 1 2 1 1 |
| 19 | 1 1 2 1 1 |
| 20 | 1 1 2 1 1 |
| 21 | 1 1 4 1 |
| 22 | 2 2 6 |
| 23 | 3 3 2 3 |
| 24 | 4 1 1 |
| 25 | 0 |
| 26 | 0 |
| 27 | 0 |
| 28 | 0 |
| 29 | 0 |
| 30 | 0 |

| | | | | | | | | | | | | | | | | | | | | | | | | | | | | | |
|---|---|---|---|---|---|---|---|---|---|---|---|---|---|---|---|---|---|---|---|---|---|---|---|---|---|---|---|---|---|
| | | | | | | | | | 15 | 15 | 14 | 14 | 13 | 11 | 5 | | | | | 1 | 2 | | | | | | | | |
| | | | | | | 2 | 2 | 1 | 2 | 3 | 2 | 1 | 1 | 2 | 2 | 2 | 2 | 2 | 2 | 2 | 2 | | | | | | | | |
| | | | | | 3 | 8 | 13 | 15 | 4 | 5 | 1 | 2 | 2 | 2 | 2 | 2 | 2 | 2 | 2 | 3 | 2 | 2 | | | | | | | |
| 0 | 0 | 0 | 0 | 10 | 2 | 1 | 3 | 3 | 1 | 3 | 10 | 9 | 9 | 8 | 8 | 8 | 8 | 8 | 8 | 3 | 1 | 6 | 5 | 4 | 0 | 0 | 0 | 0 | 0 |

| |
|---|
| 6 |
| 2 5 |
| 2 7 |
| 1 8 |
| 2 9 |
| 1 10 |
| 1 10 |
| 1 10 |
| 1 10 |
| 1 9 |
| 1 9 |
| 1 9 |
| 1 9 |
| 2 7 |
| 1 4 6 |
| 3 12 |
| 4 4 |
| 1 2 2 |
| 1 4 3 |
| 3 13 |
| 4 10 |
| 6 1 |
| 14 |
| 13 |
| 11 |
| 9 |
| 9 |
| 11 |
| 11 |
| 13 |

| | | | | | | | | | | | | | | | | | | | | | | | | | | | | | |
|---|---|---|---|---|---|---|---|---|---|---|---|---|---|---|---|---|---|---|---|---|---|---|---|---|---|---|---|---|---|
| | | | | | | | | | | | | | | | | | | | 3 | | | | | | | | | | |
| | | | | | | | | | | 2 | 3 | 4 | 5 | 6 | 5 | 4 | 4 | 3 | 5 | 3 | | | | | | | | | |
| | | 5 | 5 | 5 | 6 | 7 | 8 | 8 | 10 | 8 | 7 | 7 | 6 | 5 | 5 | 4 | 5 | 5 | 2 | 9 | 3 | 3 | 3 | | | | | | |
| 9 | 12 | 5 | 5 | 4 | 4 | 4 | 4 | 4 | 4 | 4 | 4 | 3 | 3 | 4 | 3 | 3 | 3 | 2 | 2 | 2 | 12 | 11 | 10 | 13 | 11 | 10 | 9 | 7 | 5 |

| | |
|---|---|
| 5 | |
| 10 | |
| 11 | |
| 9 3 | |
| 10 3 | |
| 3 6 3 | |
| 2 5 3 | |
| 2 5 3 | |
| 2 4 3 | |
| 2 4 4 | |
| 2 4 3 | |
| 3 4 3 | |
| 3 4 4 | |
| 3 4 4 | |
| 3 4 5 | |
| 3 6 4 | |
| 3 6 4 | |
| 4 8 3 | |
| 4 13 | |
| 4 11 | |
| 4 11 | |
| 4 11 | |
| 4 10 | |
| 4 11 | |
| 5 11 | |
| 5 10 | |
| 5 8 | |
| 11 | |
| 7 | |
| 0 | |

| | 2 | 3 | 4 | 5 | 5 1 | 6 3 | 1 9 | 2 6 | 4 3 | 3 3 | 4 4 | 8 3 | 8 3 | 1 7 4 1 | 12 8 | 12 8 | 1 7 4 1 | 8 3 | 8 3 | 4 4 | 3 3 | 4 3 | 2 6 | 1 9 | 6 3 | 5 1 | 5 | 4 | 3 | 2 |
|---|---|---|---|---|---|---|---|---|---|---|---|---|---|---|---|---|---|---|---|---|---|---|---|---|---|---|---|---|---|---|
| 0 | | | | | | | | | | | | | | | | | | | | | | | | | | | | | | |
| 0 | | | | | | | | | | | | | | | | | | | | | | | | | | | | | | |
| 4 | | | | | | | | | | | | | | | | | | | | | | | | | | | | | | |
| 2 | | | | | | | | | | | | | | | | | | | | | | | | | | | | | | |
| 2 | | | | | | | | | | | | | | | | | | | | | | | | | | | | | | |
| 2 | | | | | | | | | | | | | | | | | | | | | | | | | | | | | | |
| 2 | | | | | | | | | | | | | | | | | | | | | | | | | | | | | | |
| 2 | | | | | | | | | | | | | | | | | | | | | | | | | | | | | | |
| 2 | | | | | | | | | | | | | | | | | | | | | | | | | | | | | | |
| 8 | | | | | | | | | | | | | | | | | | | | | | | | | | | | | | |
| 10 | | | | | | | | | | | | | | | | | | | | | | | | | | | | | | |
| 12 | | | | | | | | | | | | | | | | | | | | | | | | | | | | | | |
| 14 | | | | | | | | | | | | | | | | | | | | | | | | | | | | | | |
| 18 | | | | | | | | | | | | | | | | | | | | | | | | | | | | | | |
| 3 2 3 3 2 3 | | | | | | | | | | | | | | | | | | | | | | | | | | | | | | |
| 6 1 3 3 1 6 | | | | | | | | | | | | | | | | | | | | | | | | | | | | | | |
| 8 2 2 8 | | | | | | | | | | | | | | | | | | | | | | | | | | | | | | |
| 11 4 11 | | | | | | | | | | | | | | | | | | | | | | | | | | | | | | |
| 26 | | | | | | | | | | | | | | | | | | | | | | | | | | | | | | |
| 20 | | | | | | | | | | | | | | | | | | | | | | | | | | | | | | |
| 2 10 2 | | | | | | | | | | | | | | | | | | | | | | | | | | | | | | |
| 3 2 3 | | | | | | | | | | | | | | | | | | | | | | | | | | | | | | |
| 2 2 2 | | | | | | | | | | | | | | | | | | | | | | | | | | | | | | |
| 3 2 3 | | | | | | | | | | | | | | | | | | | | | | | | | | | | | | |
| 4 | | | | | | | | | | | | | | | | | | | | | | | | | | | | | | |
| 0 | | | | | | | | | | | | | | | | | | | | | | | | | | | | | | |
| 0 | | | | | | | | | | | | | | | | | | | | | | | | | | | | | | |
| 0 | | | | | | | | | | | | | | | | | | | | | | | | | | | | | | |
| 0 | | | | | | | | | | | | | | | | | | | | | | | | | | | | | | |
| 0 | | | | | | | | | | | | | | | | | | | | | | | | | | | | | | |

| Column | Clue |
|---|---|
| 1 | 0 |
| 2 | 0 |
| 3 | 0 |
| 4 | 0 |
| 5 | 0 |
| 6 | 0 |
| 7 | 0 |
| 8 | 0 |
| 9 | 1 2 8 |
| 10 | 1 2 2 3 1 3 |
| 11 | 2 1 4 1 1 1 1 1 1 1 1 |
| 12 | 4 2 5 1 2 2 |
| 13 | 2 1 1 1 1 1 1 1 1 |
| 14 | 2 2 2 1 1 1 1 1 1 1 1 2 |
| 15 | 14 1 1 1 |
| 16 | 14 1 1 1 |
| 17 | 2 2 2 1 1 1 1 1 1 1 1 2 |
| 18 | 2 1 1 1 1 1 1 1 1 |
| 19 | 4 2 5 1 2 2 |
| 20 | 2 1 4 1 1 1 1 1 1 1 1 |
| 21 | 1 2 2 3 1 1 3 |
| 22 | 1 2 8 |
| 23 | 0 |
| 24 | 0 |
| 25 | 0 |
| 26 | 0 |
| 27 | 0 |
| 28 | 0 |
| 29 | 0 |
| 30 | 0 |

| Row | Clue |
|---|---|
| 1 | 2 |
| 2 | 2 |
| 3 | 2 |
| 4 | 12 |
| 5 | 10 |
| 6 | 1 2 1 |
| 7 | 12 |
| 8 | 2 4 2 |
| 9 | 2 2 2 |
| 10 | 10 |
| 11 | 3 4 3 |
| 12 | 4 2 4 |
| 13 | 8 |
| 14 | 1 2 1 |
| 15 | 2 1 1 2 |
| 16 | 1 2 2 1 |
| 17 | 2 1 1 2 |
| 18 | 2 2 2 |
| 19 | 1 1 1 1 1 1 |
| 20 | 1 2 2 1 |
| 21 | 1 1 1 1 1 1 |
| 22 | 2 2 2 |
| 23 | 1 2 1 1 2 1 |
| 24 | 1 2 2 2 |
| 25 | 1 1 1 1 1 1 |
| 26 | 1 2 1 |
| 27 | 2 1 1 2 |
| 28 | 1 2 2 1 |
| 29 | 2 1 1 2 |
| 30 | 6 |

Column clues (left to right):

1. 4
2. 6 2 2
3. 2 6 6 2
4. 3 7 2 2
5. 4 8 1
6. 4 9 2
7. 15 4 1
8. 13 1 1 1
9. 13 1 1 1
10. 13 1 1 1
11. 13 1 1 1
12. 12 1 1 1
13. 12 1 2 1
14. 3 9 3 3
15. 3 15
16. 3 14
17. 3 13
18. 3 3 4
19. 3 5 1
20. 8 1
21. 4 3 1
22. 8 2
23. 8 4
24. 6 5
25. 6 1 4
26. 4 1
27. 3 1
28. 2 1
29. 5
30. 2

Row clues (top to bottom):

1. 5
2. 8
3. 8
4. 15
5. 17
6. 19
7. 8 7
8. 9 9
9. 16 8
10. 26
11. 22 2
12. 14 5 1
13. 15 1
14. 15 1
15. 5 7 1
16. 4 5 2
17. 3 4 2
18. 2 4 5
19. 1 11 4
20. 2 1 4 3
21. 2 1 4 2
22. 2 1 2 1
23. 2 1 1
24. 1 5
25. 2 2
26. 2 2
27. 1 7 1
28. 1 3 2
29. 4
30. 2

| | 5 | 6 | 7 | 8 | 3 9 | 2 2 9 | 1 2 13 | 1 15 1 | 18 2 | 18 3 | 19 3 | 5 14 | 4 1 8 | 5 2 1 7 | 5 1 1 1 7 | 6 1 7 | 4 1 1 1 7 | 4 2 1 8 | 6 1 14 | 8 16 | 29 | 11 1 15 | 30 | 30 | 30 | 9 12 | 7 1 6 | 2 1 3 | 1 | 0 |
|---|---|---|---|---|---|---|---|---|---|---|---|---|---|---|---|---|---|---|---|---|---|---|---|---|---|---|---|---|---|---|
| 7 | | | | | | | | | | | | | | | | | | | | | | | | | | | | | | |
| 8 | | | | | | | | | | | | | | | | | | | | | | | | | | | | | | |
| 7 | | | | | | | | | | | | | | | | | | | | | | | | | | | | | | |
| 7 | | | | | | | | | | | | | | | | | | | | | | | | | | | | | | |
| 8 | | | | | | | | | | | | | | | | | | | | | | | | | | | | | | |
| 10 | | | | | | | | | | | | | | | | | | | | | | | | | | | | | | |
| 3 9 | | | | | | | | | | | | | | | | | | | | | | | | | | | | | | |
| 16 | | | | | | | | | | | | | | | | | | | | | | | | | | | | | | |
| 17 | | | | | | | | | | | | | | | | | | | | | | | | | | | | | | |
| 17 | | | | | | | | | | | | | | | | | | | | | | | | | | | | | | |
| 19 | | | | | | | | | | | | | | | | | | | | | | | | | | | | | | |
| 1 4 1 2 3 | | | | | | | | | | | | | | | | | | | | | | | | | | | | | | |
| 3 3 3 3 1 3 | | | | | | | | | | | | | | | | | | | | | | | | | | | | | | |
| 1 5 1 1 5 | | | | | | | | | | | | | | | | | | | | | | | | | | | | | | |
| 1 4 2 3 | | | | | | | | | | | | | | | | | | | | | | | | | | | | | | |
| 1 4 6 | | | | | | | | | | | | | | | | | | | | | | | | | | | | | | |
| 7 1 1 7 | | | | | | | | | | | | | | | | | | | | | | | | | | | | | | |
| 6 7 | | | | | | | | | | | | | | | | | | | | | | | | | | | | | | |
| 6 8 | | | | | | | | | | | | | | | | | | | | | | | | | | | | | | |
| 6 1 9 | | | | | | | | | | | | | | | | | | | | | | | | | | | | | | |
| 6 3 9 | | | | | | | | | | | | | | | | | | | | | | | | | | | | | | |
| 8 8 | | | | | | | | | | | | | | | | | | | | | | | | | | | | | | |
| 10 9 | | | | | | | | | | | | | | | | | | | | | | | | | | | | | | |
| 24 | | | | | | | | | | | | | | | | | | | | | | | | | | | | | | |
| 26 | | | | | | | | | | | | | | | | | | | | | | | | | | | | | | |
| 27 | | | | | | | | | | | | | | | | | | | | | | | | | | | | | | |
| 9 16 | | | | | | | | | | | | | | | | | | | | | | | | | | | | | | |
| 8 19 | | | | | | | | | | | | | | | | | | | | | | | | | | | | | | |
| 7 20 | | | | | | | | | | | | | | | | | | | | | | | | | | | | | | |
| 6 22 | | | | | | | | | | | | | | | | | | | | | | | | | | | | | | |

| | 1 | 2 | 2 | 2<br>1 | 2<br>3 | 2<br>5 | 2<br>6 | 9<br>7 | 4<br>20 | 8<br>6<br>12 | 9<br>3<br>1<br>9 | 11<br>4<br>10 | 9<br>2<br>10<br>4 | 9<br>2<br>3<br>4<br>5 | 9<br>2<br>2<br>2<br>1<br>2 | 1<br>2<br>2<br>3<br>1<br>1<br>1 | 1<br>1<br>2<br>3<br>1<br>2<br>2 | 1<br>1<br>2<br>1<br>7 | 5<br>2<br>4<br>8 | 1<br>1<br>2<br>3<br>13 | 1<br>3<br>17 | 8<br>5<br>2<br>8 | 3<br>7 | 3<br>7 | 3<br>5 | 3<br>4 | 2<br>3 | 2<br>2 | 1<br>1 | 0 |
|---|---|---|---|---|---|---|---|---|---|---|---|---|---|---|---|---|---|---|---|---|---|---|---|---|---|---|---|---|---|---|
| 0 | | | | | | | | | | | | | | | | | | | | | | | | | | | | | | |
| 8 | | | | | | | | | | | | | | | | | | | | | | | | | | | | | | |
| 6 3 | | | | | | | | | | | | | | | | | | | | | | | | | | | | | | |
| 6 1 1 | | | | | | | | | | | | | | | | | | | | | | | | | | | | | | |
| 6 1 1 | | | | | | | | | | | | | | | | | | | | | | | | | | | | | | |
| 7 1 1 | | | | | | | | | | | | | | | | | | | | | | | | | | | | | | |
| 7 1 1 | | | | | | | | | | | | | | | | | | | | | | | | | | | | | | |
| 7 1 | | | | | | | | | | | | | | | | | | | | | | | | | | | | | | |
| 2 8 1 | | | | | | | | | | | | | | | | | | | | | | | | | | | | | | |
| 5 8 2 | | | | | | | | | | | | | | | | | | | | | | | | | | | | | | |
| 7 2 4 | | | | | | | | | | | | | | | | | | | | | | | | | | | | | | |
| 4 10 4 | | | | | | | | | | | | | | | | | | | | | | | | | | | | | | |
| 4 5 7 | | | | | | | | | | | | | | | | | | | | | | | | | | | | | | |
| 5 12 | | | | | | | | | | | | | | | | | | | | | | | | | | | | | | |
| 15 | | | | | | | | | | | | | | | | | | | | | | | | | | | | | | |
| 3 6 4 | | | | | | | | | | | | | | | | | | | | | | | | | | | | | | |
| 7 4 2 | | | | | | | | | | | | | | | | | | | | | | | | | | | | | | |
| 2 1 2 | | | | | | | | | | | | | | | | | | | | | | | | | | | | | | |
| 3 1 3 | | | | | | | | | | | | | | | | | | | | | | | | | | | | | | |
| 2 2 2 3 | | | | | | | | | | | | | | | | | | | | | | | | | | | | | | |
| 7 1 2 | | | | | | | | | | | | | | | | | | | | | | | | | | | | | | |
| 6 2 | | | | | | | | | | | | | | | | | | | | | | | | | | | | | | |
| 7 4 | | | | | | | | | | | | | | | | | | | | | | | | | | | | | | |
| 7 7 | | | | | | | | | | | | | | | | | | | | | | | | | | | | | | |
| 6 8 | | | | | | | | | | | | | | | | | | | | | | | | | | | | | | |
| 20 | | | | | | | | | | | | | | | | | | | | | | | | | | | | | | |
| 10 9 | | | | | | | | | | | | | | | | | | | | | | | | | | | | | | |
| 10 10 | | | | | | | | | | | | | | | | | | | | | | | | | | | | | | |
| 10 12 | | | | | | | | | | | | | | | | | | | | | | | | | | | | | | |
| 7 1 14 | | | | | | | | | | | | | | | | | | | | | | | | | | | | | | |

| Column | Clue |
|---|---|
| 1 | 7 |
| 2 | 11 2 |
| 3 | 1 11 4 |
| 4 | 3 11 4 |
| 5 | 4 11 5 |
| 6 | 5 11 6 |
| 7 | 7 9 8 |
| 8 | 7 9 8 |
| 9 | 9 8 8 |
| 10 | 9 8 7 1 |
| 11 | 9 7 8 1 |
| 12 | 11 6 8 2 |
| 13 | 1 9 6 7 3 |
| 14 | 1 10 4 8 3 |
| 15 | 2 9 4 7 4 |
| 16 | 3 8 2 7 5 |
| 17 | 5 6 7 6 |
| 18 | 7 7 7 |
| 19 | 14 6 8 |
| 20 | 14 4 9 |
| 21 | 14 2 9 |
| 22 | 14 11 |
| 23 | 1 8 1 10 |
| 24 | 1 5 2 3 |
| 25 | 14 4 1 |
| 26 | 13 1 5 |
| 27 | 10 3 4 |
| 28 | 8 5 3 |
| 29 | 6 6 |
| 30 | 2 5 |

| Row | Clue |
|---|---|
| 1 | 8 |
| 2 | 4 8 |
| 3 | 8 8 |
| 4 | 10 6 2 |
| 5 | 11 7 2 |
| 6 | 13 6 3 |
| 7 | 14 6 4 |
| 8 | 14 5 4 |
| 9 | 2 11 5 5 |
| 10 | 5 9 5 5 |
| 11 | 7 6 5 5 |
| 12 | 11 4 5 6 |
| 13 | 13 2 4 7 |
| 14 | 15 4 6 |
| 15 | 16 3 4 1 |
| 16 | 16 2 3 3 |
| 17 | 15 5 4 3 |
| 18 | 13 6 4 |
| 19 | 9 7 3 5 |
| 20 | 3 10 3 3 |
| 21 | 2 13 3 2 1 |
| 22 | 17 4 4 |
| 23 | 15 5 4 |
| 24 | 14 6 4 |
| 25 | 12 8 2 |
| 26 | 10 9 |
| 27 | 7 11 |
| 28 | 3 11 |
| 29 | 13 |
| 30 | 9 |

| | | | | | | | | | | | | | | | | | | | | | | | | | | | | | |
|---|---|---|---|---|---|---|---|---|---|---|---|---|---|---|---|---|---|---|---|---|---|---|---|---|---|---|---|---|---|
| 0 | 0 | 5 | 6 | 7 | 6 5 | 10 4 | 15 4 | 3 9 2 4 | 3 3 3 3 4 | 4 1 7 4 | 3 10 3 4 | 8 1 1 4 4 | 1 2 1 3 1 2 4 | 1 3 1 2 3 1 1 4 | 1 3 1 2 1 3 4 | 1 2 1 2 1 2 2 1 2 | 12 1 1 1 2 | 3 4 5 1 2 | 1 5 4 1 3 | 2 12 3 | 1 3 3 4 | 10 8 | 4 6 | 1 5 | 1 5 | 6 | 5 | 0 | 0 |

| |
|---|
| 2 |
| 1 1 |
| 1 1 |
| 6 |
| 8 |
| 2 2 2 |
| 3 3 |
| 1 2 1 |
| 2 2 |
| 13 |
| 5 3 2 2 |
| 5 2 1 |
| 1 2 2 1 |
| 3 1 1 1 1 |
| 4 1 1 1 2 1 |
| 6 2 2 1 |
| 3 4 1 2 1 |
| 3 2 1 2 1 |
| 8 1 5 |
| 6 1 1 4 |
| 6 1 1 6 |
| 4 3 1 3 1 |
| 3 4 1 5 1 |
| 10 8 1 |
| 2 3 3 4 1 |
| 4 3 6 |
| 15 7 |
| 15 9 |
| 14 11 |
| 14 11 |

| | | | | | | | | | | | | | | | | | | | | | | | | | | | | | |
|---|---|---|---|---|---|---|---|---|---|---|---|---|---|---|---|---|---|---|---|---|---|---|---|---|---|---|---|---|---|
| 4 | 4 | 4 | 5 | 5 5 | 12 6 | 9 5 7 | 11 5 3 | 20 1 1 | 22 3 | 23 3 | 6 15 3 | 7 3 9 2 | 6 3 10 1 | 6 3 11 | 6 2 8 | 5 2 1 6 | 6 3 3 1 5 | 6 3 3 1 4 | 5 2 1 3 1 | 6 2 1 2 2 | 7 2 1 1 3 | 7 3 3 | 3 6 1 | 2 | 2 | 2 | 1 | 1 | 1 |

| |
|---|
| 10 |
| 12 |
| 14 |
| 14 |
| 16 |
| 9 2 4 |
| 7 3 |
| 5 1 |
| 6 1 |
| 6 1 |
| 7 1 |
| 8 1 |
| 15 4 |
| 15 4 |
| 11 2 1 |
| 1 5 |
| 2 4 |
| 2 5 2 |
| 9 4 |
| 10 3 |
| 9 |
| 8 4 1 |
| 9 |
| 1 8 |
| 2 7 |
| 4 11 |
| 7 2 8 |
| 8 3 7 2 |
| 8 4 5 3 3 |
| 9 8 11 |

Column clues (left to right):

| Column | Clue |
|---|---|
| 1 | 1 15 |
| 2 | 2 15 |
| 3 | 1 2 13 |
| 4 | 2 1 8 2 |
| 5 | 2 1 9 |
| 6 | 2 12 |
| 7 | 2 13 |
| 8 | 2 4 9 |
| 9 | 3 6 8 |
| 10 | 2 5 9 |
| 11 | 8 12 |
| 12 | 2 1 14 |
| 13 | 2 21 |
| 14 | 1 10 11 |
| 15 | 11 10 |
| 16 | 11 10 |
| 17 | 12 2 9 |
| 18 | 8 3 3 9 |
| 19 | 17 12 |
| 20 | 2 7 3 12 |
| 21 | 2 5 3 2 5 |
| 22 | 2 3 3 6 |
| 23 | 2 3 1 1 5 |
| 24 | 3 4 5 |
| 25 | 3 4 6 |
| 26 | 4 12 |
| 27 | 18 |
| 28 | 16 |
| 29 | 10 |
| 30 | 0 |


| Row | Clue |
|---|---|
| 1 | 2 11 |
| 2 | 2 12 |
| 3 | 2 5 5 |
| 4 | 2 6 3 |
| 5 | 11 3 |
| 6 | 1 1 7 3 |
| 7 | 2 1 8 3 |
| 8 | 2 2 9 3 |
| 9 | 2 3 5 5 3 |
| 10 | 2 3 17 |
| 11 | 2 2 3 18 |
| 12 | 3 3 4 5 6 |
| 13 | 3 5 2 6 |
| 14 | 4 3 1 4 |
| 15 | 5 4 5 3 |
| 16 | 3 9 8 3 |
| 17 | 2 12 5 3 |
| 18 | 16 2 4 |
| 19 | 16 2 3 |
| 20 | 17 2 3 |
| 21 | 20 4 |
| 22 | 21 3 |
| 23 | 21 3 |
| 24 | 8 10 2 |
| 25 | 7 8 2 |
| 26 | 3 2 6 |
| 27 | 3 6 |
| 28 | 3 6 |
| 29 | 4 5 |
| 30 | 4 4 |

| | 2 4 | 7 5 | 17 | 21 | 24 | 6 2 15 | 5 2 14 | 4 5 13 | 4 2 1 11 | 5 3 1 1 7 | 6 2 1 1 6 | 5 5 2 5 | 4 1 4 2 1 4 | 2 1 4 3 1 4 | 1 4 5 2 1 4 | 5 6 2 1 4 | 6 3 3 2 5 | 5 4 2 1 6 | 4 1 2 1 2 1 7 | 6 1 3 1 1 11 | 7 3 1 14 | 8 5 13 | 8 3 13 | 11 14 | 27 | 26 | 25 | 21 | 5 7 | 5 |
|---|---|---|---|---|---|---|---|---|---|---|---|---|---|---|---|---|---|---|---|---|---|---|---|---|---|---|---|---|---|---|
| 13 | | | | | | | | | | | | | | | | | | | | | | | | | | | | | | |
| 6 8 | | | | | | | | | | | | | | | | | | | | | | | | | | | | | | |
| 6 10 | | | | | | | | | | | | | | | | | | | | | | | | | | | | | | |
| 7 11 | | | | | | | | | | | | | | | | | | | | | | | | | | | | | | |
| 7 5 7 | | | | | | | | | | | | | | | | | | | | | | | | | | | | | | |
| 4 1 1 1 1 9 | | | | | | | | | | | | | | | | | | | | | | | | | | | | | | |
| 3 7 | | | | | | | | | | | | | | | | | | | | | | | | | | | | | | |
| 4 1 6 | | | | | | | | | | | | | | | | | | | | | | | | | | | | | | |
| 3 1 1 1 6 | | | | | | | | | | | | | | | | | | | | | | | | | | | | | | |
| 3 15 5 | | | | | | | | | | | | | | | | | | | | | | | | | | | | | | |
| 3 21 | | | | | | | | | | | | | | | | | | | | | | | | | | | | | | |
| 6 1 7 1 7 | | | | | | | | | | | | | | | | | | | | | | | | | | | | | | |
| 6 2 2 1 7 | | | | | | | | | | | | | | | | | | | | | | | | | | | | | | |
| 4 5 2 4 4 | | | | | | | | | | | | | | | | | | | | | | | | | | | | | | |
| 4 2 2 5 | | | | | | | | | | | | | | | | | | | | | | | | | | | | | | |
| 5 7 5 | | | | | | | | | | | | | | | | | | | | | | | | | | | | | | |
| 7 4 3 6 | | | | | | | | | | | | | | | | | | | | | | | | | | | | | | |
| 8 9 | | | | | | | | | | | | | | | | | | | | | | | | | | | | | | |
| 7 9 | | | | | | | | | | | | | | | | | | | | | | | | | | | | | | |
| 8 6 9 | | | | | | | | | | | | | | | | | | | | | | | | | | | | | | |
| 10 12 | | | | | | | | | | | | | | | | | | | | | | | | | | | | | | |
| 9 10 | | | | | | | | | | | | | | | | | | | | | | | | | | | | | | |
| 9 11 | | | | | | | | | | | | | | | | | | | | | | | | | | | | | | |
| 10 12 | | | | | | | | | | | | | | | | | | | | | | | | | | | | | | |
| 11 13 | | | | | | | | | | | | | | | | | | | | | | | | | | | | | | |
| 11 14 | | | | | | | | | | | | | | | | | | | | | | | | | | | | | | |
| 28 | | | | | | | | | | | | | | | | | | | | | | | | | | | | | | |
| 26 | | | | | | | | | | | | | | | | | | | | | | | | | | | | | | |
| 24 | | | | | | | | | | | | | | | | | | | | | | | | | | | | | | |
| 22 | | | | | | | | | | | | | | | | | | | | | | | | | | | | | | |

| Column | Clue (top to bottom) |
|---|---|
| 1 | 6 7 |
| 2 | 12 7 |
| 3 | 16 8 |
| 4 | 27 |
| 5 | 3 3 9 |
| 6 | 3 1 1 7 |
| 7 | 3 1 1 6 |
| 8 | 4 1 3 5 |
| 9 | 3 1 1 1 5 |
| 10 | 4 2 1 1 3 |
| 11 | 4 2 1 2 3 |
| 12 | 4 2 2 1 1 2 |
| 13 | 3 2 1 1 1 2 |
| 14 | 3 4 1 1 2 2 |
| 15 | 3 1 1 2 1 2 |
| 16 | 2 1 2 2 1 1 |
| 17 | 2 1 1 3 1 1 |
| 18 | 2 1 1 1 3 1 1 |
| 19 | 1 3 2 1 2 1 1 |
| 20 | 2 2 1 1 1 1 1 |
| 21 | 1 2 1 1 2 |
| 22 | 11 1 2 |
| 23 | 3 1 2 |
| 24 | 1 1 2 |
| 25 | 2 2 |
| 26 | 1 3 |
| 27 | 1 4 |
| 28 | 2 5 |
| 29 | 2 6 |
| 30 | 12 |

| Row | Clue |
|---|---|
| 1 | 6 |
| 2 | 11 |
| 3 | 15 |
| 4 | 9 2 |
| 5 | 6 1 |
| 6 | 3 1 |
| 7 | 2 1 |
| 8 | 3 9 |
| 9 | 3 4 4 |
| 10 | 3 6 2 1 |
| 11 | 3 2 1 1 1 |
| 12 | 3 1 2 2 2 |
| 13 | 4 1 1 1 2 |
| 14 | 5 1 3 |
| 15 | 5 3 1 3 |
| 16 | 4 1 2 4 4 1 1 |
| 17 | 4 2 3 1 1 |
| 18 | 4 1 4 2 1 |
| 19 | 4 3 8 2 |
| 20 | 2 4 2 1 |
| 21 | 1 1 |
| 22 | 2 1 1 1 |
| 23 | 3 3 1 |
| 24 | 6 1 |
| 25 | 7 2 |
| 26 | 9 3 |
| 27 | 9 4 |
| 28 | 11 5 |
| 29 | 15 10 |
| 30 | 30 |

| Column | Clues |
|---|---|
| 1 | 1 |
| 2 | 2 |
| 3 | 2 |
| 4 | 2 |
| 5 | 2 |
| 6 | 2 |
| 7 | 11 2 |
| 8 | 5 5 2 |
| 9 | 3 6 2 |
| 10 | 5 6 2 |
| 11 | 2 2 7 2 |
| 12 | 5 7 2 |
| 13 | 4 9 3 |
| 14 | 1 3 10 3 |
| 15 | 1 8 5 4 4 |
| 16 | 1 2 9 6 2 |
| 17 | 1 3 9 5 2 |
| 18 | 1 2 10 3 3 |
| 19 | 1 2 10 1 1 1 |
| 20 | 1 2 9 4 1 |
| 21 | 1 2 8 4 1 |
| 22 | 4 6 3 1 |
| 23 | 3 4 3 |
| 24 | 3 1 4 |
| 25 | 1 1 6 |
| 26 | 3 6 |
| 27 | 1 5 |
| 28 | 3 |
| 29 | 2 |
| 30 | 1 |

| Row | Clues |
|---|---|
| 1 | 12 |
| 2 | 1 3 2 |
| 3 | 4 7 |
| 4 | 6 6 |
| 5 | 3 8 |
| 6 | 10 |
| 7 | 2 3 1 |
| 8 | 2 1 |
| 9 | 2 1 |
| 10 | 1 1 |
| 11 | 1 1 |
| 12 | 1 2 |
| 13 | 1 3 |
| 14 | 1 5 |
| 15 | 2 7 |
| 16 | 3 9 |
| 17 | 15 |
| 18 | 15 |
| 19 | 7 7 |
| 20 | 6 8 |
| 21 | 7 7 |
| 22 | 7 7 |
| 23 | 7 5 |
| 24 | 6 1 |
| 25 | 11 |
| 26 | 3 8 |
| 27 | 3 8 |
| 28 | 3 4 5 |
| 29 | 17 5 |
| 30 | 22 5 |

Columns:

2 | 3 | 5 | 5 | 4 | 3 4 | 2 5 | 2 6 | 9 | 10 | 9 | 4 | 2 6 | 2 8 | 30 | 13 6 | 2 8 1 | 2 6 1 | 4 3 | 9 | 10 | 9 | 2 6 | 2 5 | 3 4 | 4 | 5 | 5 | 3 | 2

Rows:

2
2
4
12
6 2 6
7 4 7
3 4 4 4 3
3 4 6 4 3
3 5 6 5 3
3 5 6 5 3
3 6 6 6 3
3 6 6 6 3
3 5 6 5 3
1 1 1 1 1
1
1
1
1
1
1
1
1
1
1
2
2
2
2 1
2 1
5

| Column | Clues |
|---|---|
| 1 | 8 |
| 2 | 2 4 3 1 |
| 3 | 2 3 2 3 1 |
| 4 | 2 3 1 10 |
| 5 | 2 2 12 |
| 6 | 3 15 |
| 7 | 3 17 |
| 8 | 21 1 |
| 9 | 6 4 10 1 |
| 10 | 3 2 5 11 |
| 11 | 3 3 2 2 11 |
| 12 | 3 3 4 12 |
| 13 | 2 4 4 3 6 |
| 14 | 2 5 4 3 5 |
| 15 | 8 1 4 4 |
| 16 | 8 1 4 4 |
| 17 | 8 4 3 5 |
| 18 | 7 4 3 6 |
| 19 | 6 4 12 |
| 20 | 7 5 12 |
| 21 | 5 5 11 |
| 22 | 5 4 10 1 |
| 23 | 21 1 |
| 24 | 2 17 |
| 25 | 3 15 |
| 26 | 2 2 12 |
| 27 | 2 3 1 9 |
| 28 | 3 3 2 3 1 |
| 29 | 8 4 1 |
| 30 | 8 |

| Row | Clues |
|---|---|
| 1 | 4 |
| 2 | 7 |
| 3 | 3 6 |
| 4 | 1 3 7 1 |
| 5 | 1 3 9 1 |
| 6 | 1 2 11 2 |
| 7 | 2 2 13 3 |
| 8 | 3 17 3 |
| 9 | 1 2 5 5 4 |
| 10 | 2 2 3 3 2 2 |
| 11 | 3 2 1 1 2 3 |
| 12 | 3 1 1 4 1 1 3 |
| 13 | 5 7 7 5 |
| 14 | 2 8 8 2 |
| 15 | 5 3 9 |
| 16 | 8 8 |
| 17 | 5 2 2 2 5 |
| 18 | 4 6 4 |
| 19 | 6 9 6 |
| 20 | 27 |
| 21 | 11 11 |
| 22 | 1 9 9 1 |
| 23 | 11 11 |
| 24 | 10 10 |
| 25 | 12 12 |
| 26 | 11 11 |
| 27 | 25 |
| 28 | 5 14 3 |
| 29 | 2 12 2 |
| 30 | 18 |

| Column | Clues |
|---|---|
| 1 | 5 6 |
| 2 | 3 6 |
| 3 | 3 7 |
| 4 | 2 8 1 |
| 5 | 8 2 |
| 6 | 1 4 |
| 7 | 1 |
| 8 | 1 |
| 9 | 2 5 |
| 10 | 4 3 7 |
| 11 | 8 10 |
| 12 | 21 |
| 13 | 6 3 10 |
| 14 | 6 2 11 |
| 15 | 6 3 8 1 |
| 16 | 6 1 9 3 |
| 17 | 6 2 1 7 |
| 18 | 6 1 1 6 |
| 19 | 6 1 1 1 5 |
| 20 | 6 3 1 1 |
| 21 | 4 2 3 1 |
| 22 | 13 1 1 |
| 23 | 3 2 2 |
| 24 | 2 1 |
| 25 | 6 |
| 26 | 8 |
| 27 | 1 7 2 |
| 28 | 2 9 |
| 29 | 2 8 |
| 30 | 3 7 |

| Row | Clues |
|---|---|
| 1 | 0 |
| 2 | 8 |
| 3 | 10 |
| 4 | 12 |
| 5 | 12 |
| 6 | 12 |
| 7 | 11 1 |
| 8 | 3 1 |
| 9 | 3 1 |
| 10 | 6 3 |
| 11 | 1 7 5 |
| 12 | 2 2 1 1 1 2 |
| 13 | 3 2 |
| 14 | 3 2 1 |
| 15 | 4 1 |
| 16 | 1 5 4 1 |
| 17 | 4 6 1 1 |
| 18 | 16 1 |
| 19 | 3 1 15 5 |
| 20 | 1 2 11 4 3 |
| 21 | 4 11 4 1 |
| 22 | 5 10 4 |
| 23 | 6 8 5 |
| 24 | 6 6 6 |
| 25 | 5 4 6 |
| 26 | 4 5 |
| 27 | 4 1 4 |
| 28 | 1 1 1 3 |
| 29 | 1 1 2 4 |
| 30 | 2 1 2 4 |

| Column | Clue |
|---|---|
| 1 | 4 |
| 2 | 4 |
| 3 | 1 4 |
| 4 | 1 4 3 |
| 5 | 1 4 1 1 |
| 6 | 1 5 1 2 |
| 7 | 1 5 1 1 1 |
| 8 | 1 9 2 |
| 9 | 1 9 2 |
| 10 | 1 12 |
| 11 | 1 12 |
| 12 | 1 13 |
| 13 | 1 10 2 |
| 14 | 1 10 1 |
| 15 | 1 9 1 1 |
| 16 | 1 1 3 2 |
| 17 | 1 2 4 2 |
| 18 | 1 1 4 2 |
| 19 | 1 2 2 3 3 |
| 20 | 1 1 5 1 2 |
| 21 | 1 1 5 1 2 |
| 22 | 3 5 4 |
| 23 | 2 5 |
| 24 | 2 5 |
| 25 | 1 3 |
| 26 | 1 3 |
| 27 | 1 2 |
| 28 | 1 2 |
| 29 | 1 2 |
| 30 | 3 |

| Row | Clue |
|---|---|
| 1 | 0 |
| 2 | 0 |
| 3 | 0 |
| 4 | 0 |
| 5 | 0 |
| 6 | 6 |
| 7 | 3 3 |
| 8 | 2 3 |
| 9 | 3 3 |
| 10 | 5 3 |
| 11 | 8 3 |
| 12 | 9 4 1 |
| 13 | 11 3 3 |
| 14 | 12 2 |
| 15 | 10 5 1 |
| 16 | 8 8 1 |
| 17 | 8 12 |
| 18 | 9 1 10 |
| 19 | 1 8 8 |
| 20 | 1 11 |
| 21 | 1 1 13 |
| 22 | 1 9 1 |
| 23 | 3 5 2 |
| 24 | 3 1 1 4 |
| 25 | 2 3 |
| 26 | 7 |
| 27 | 2 |
| 28 | 0 |
| 29 | 0 |
| 30 | 0 |

| Column | 1 | 2 | 3 | 4 | 5 | 6 | 7 | 8 | 9 | 10 | 11 | 12 | 13 | 14 | 15 | 16 | 17 | 18 | 19 | 20 | 21 | 22 | 23 | 24 | 25 | 26 | 27 | 28 | 29 | 30 |
|---|---|---|---|---|---|---|---|---|---|---|---|---|---|---|---|---|---|---|---|---|---|---|---|---|---|---|---|---|---|---|
| Clue | 7 | 9 | 2 1 2 3 | 3 2 7 | 3 2 5 5 | 5 2 11 | 4 2 4 8 | 3 2 1 3 8 | 21 | 11 6 | 10 | 2 6 | 2 6 | 2 5 | 1 5 | 7 | 1 5 | 7 | 5 | 5 | 7 | 7 | 0 | 1 1 1 | 1 1 1 | 1 1 1 | 1 1 1 | 1 1 1 | 1 1 1 | 1 1 1 |

| Row | Clue |
|---|---|
| 1 | 0 |
| 2 | 0 |
| 3 | 0 |
| 4 | 0 |
| 5 | 0 |
| 6 | 0 |
| 7 | 5 |
| 8 | 8 |
| 9 | 13 |
| 10 | 2 1 2 10 2 |
| 11 | 3 2 4 1 5 1 1 1 1 |
| 12 | 2 2 16 1 1 1 |
| 13 | 4 2 14 1 1 1 1 |
| 14 | 3 2 15 1 1 1 |
| 15 | 2 2 1 14 1 1 1 1 |
| 16 | 18 2 1 1 1 |
| 17 | 12 |
| 18 | 9 |
| 19 | 1 1 1 |
| 20 | 6 |
| 21 | 6 |
| 22 | 6 |
| 23 | 6 |
| 24 | 6 |
| 25 | 5 |
| 26 | 5 |
| 27 | 4 |
| 28 | 0 |
| 29 | 0 |
| 30 | 0 |

| Column | Clues |
|---|---|
| 1 | 2 |
| 2 | 4 |
| 3 | 1 3 |
| 4 | 4 1 4 |
| 5 | 1 6 2 2 |
| 6 | 1 2 1 1 |
| 7 | 1 1 2 2 |
| 8 | 1 2 1 3 |
| 9 | 1 1 5 |
| 10 | 1 1 5 |
| 11 | 1 11 4 |
| 12 | 4 1 4 |
| 13 | 1 7 1 3 |
| 14 | 6 4 1 2 |
| 15 | 1 5 10 |
| 16 | 1 4 2 1 |
| 17 | 1 2 2 2 |
| 18 | 1 2 1 1 |
| 19 | 1 1 2 3 |
| 20 | 2 2 1 3 2 |
| 21 | 3 3 2 |
| 22 | 1 3 |
| 23 | 1 5 |
| 24 | 1 6 |
| 25 | 1 2 3 |
| 26 | 1 2 1 |
| 27 | 1 3 1 |
| 28 | 9 |
| 29 | 8 |
| 30 | 3 |

| Row | Clues |
|---|---|
| 1 | 0 |
| 2 | 0 |
| 3 | 0 |
| 4 | 3 |
| 5 | 1 1 |
| 6 | 1 2 |
| 7 | 1 1 |
| 8 | 3 3 |
| 9 | 8 7 1 |
| 10 | 1 7 2 |
| 11 | 1 6 2 |
| 12 | 2 2 5 3 |
| 13 | 2 2 1 1 1 3 3 |
| 14 | 4 1 2 1 2 4 |
| 15 | 2 1 2 1 1 4 |
| 16 | 1 1 3 1 2 5 |
| 17 | 1 1 4 2 2 2 |
| 18 | 1 1 1 3 1 2 |
| 19 | 1 1 1 1 3 2 |
| 20 | 1 1 1 1 1 6 |
| 21 | 2 2 2 1 4 |
| 22 | 7 1 5 |
| 23 | 4 4 1 3 |
| 24 | 2 5 1 |
| 25 | 2 8 |
| 26 | 10 |
| 27 | 6 |
| 28 | 0 |
| 29 | 0 |
| 30 | 0 |

| Column | Clues |
|---|---|
| 1 | 4 2 |
| 2 | 3 1 2 |
| 3 | 2 1 1 2 2 |
| 4 | 3 4 2 2 |
| 5 | 4 6 1 3 |
| 6 | 1 13 3 |
| 7 | 5 10 6 |
| 8 | 2 2 11 1 1 |
| 9 | 20 1 |
| 10 | 6 4 1 1 |
| 11 | 4 3 4 1 |
| 12 | 3 3 2 1 2 |
| 13 | 3 7 1 2 |
| 14 | 3 7 2 2 |
| 15 | 2 4 7 2 |
| 16 | 3 10 2 |
| 17 | 5 9 2 |
| 18 | 7 6 2 |
| 19 | 2 3 1 7 2 |
| 20 | 2 1 4 9 |
| 21 | 3 5 1 4 |
| 22 | 1 3 1 2 3 |
| 23 | 3 3 2 2 |
| 24 | 3 6 1 |
| 25 | 3 2 2 1 |
| 26 | 4 3 2 |
| 27 | 5 3 |
| 28 | 12 |
| 29 | 10 1 |
| 30 | 7 1 |

| Row | Clues |
|---|---|
| 1 | 0 |
| 2 | 0 |
| 3 | 0 |
| 4 | 0 |
| 5 | 2 |
| 6 | 3 |
| 7 | 1 1 |
| 8 | 4 3 |
| 9 | 6 5 |
| 10 | 1 10 2 |
| 11 | 4 13 |
| 12 | 12 4 |
| 13 | 8 1 4 |
| 14 | 4 2 1 7 |
| 15 | 5 4 9 |
| 16 | 13 10 |
| 17 | 11 3 1 4 |
| 18 | 17 1 1 4 |
| 19 | 1 6 8 3 4 |
| 20 | 8 9 4 3 |
| 21 | 2 2 2 3 6 1 3 3 |
| 22 | 1 2 4 2 6 3 1 3 |
| 23 | 7 1 1 4 2 3 3 |
| 24 | 1 1 9 3 2 3 |
| 25 | 5 3 3 |
| 26 | 7 12 3 |
| 27 | 30 |
| 28 | 0 |
| 29 | 0 |
| 30 | 0 |

| Column | Clue |
|---|---|
| 1 | 3 12 |
| 2 | 4 13 |
| 3 | 8 1 10 |
| 4 | 9 4 8 |
| 5 | 9 2 6 |
| 6 | 12 2 3 |
| 7 | 8 4 2 2 1 |
| 8 | 8 4 1 2 6 |
| 9 | 8 3 2 3 4 |
| 10 | 9 2 1 1 1 5 |
| 11 | 9 3 1 9 |
| 12 | 8 4 2 8 |
| 13 | 12 8 |
| 14 | 7 8 |
| 15 | 5 7 |
| 16 | 5 7 |
| 17 | 7 8 |
| 18 | 11 6 |
| 19 | 9 7 2 |
| 20 | 4 4 5 3 |
| 21 | 4 1 1 1 4 5 |
| 22 | 4 1 1 1 8 |
| 23 | 5 2 8 2 |
| 24 | 5 4 6 3 |
| 25 | 5 4 5 5 |
| 26 | 9 5 6 |
| 27 | 15 7 |
| 28 | 11 9 |
| 29 | 9 8 |
| 30 | 5 7 |

| Row | Clue |
|---|---|
| 1 | 6 |
| 2 | 8 |
| 3 | 9 |
| 4 | 9 |
| 5 | 10 |
| 6 | 11 3 |
| 7 | 14 7 |
| 8 | 15 10 |
| 9 | 6 19 |
| 10 | 8 17 |
| 11 | 2 14 5 |
| 12 | 1 14 5 |
| 13 | 2 2 4 5 7 |
| 14 | 1 2 14 |
| 15 | 1 2 1 4 8 |
| 16 | 1 1 1 3 2 3 |
| 17 | 1 1 1 1 1 2 3 |
| 18 | 1 1 1 1 3 |
| 19 | 2 2 1 5 3 |
| 20 | 2 5 2 5 |
| 21 | 3 3 9 |
| 22 | 3 3 11 |
| 23 | 4 2 5 10 2 |
| 24 | 4 2 10 5 4 |
| 25 | 5 1 10 3 5 |
| 26 | 5 1 9 3 6 |
| 27 | 5 2 8 2 6 |
| 28 | 6 2 7 3 7 |
| 29 | 6 1 7 3 8 |
| 30 | 7 1 7 3 8 |

| Column | Clue |
|---|---|
| 1 | 0 |
| 2 | 6 |
| 3 | 11 |
| 4 | 16 |
| 5 | 19 |
| 6 | 22 1 |
| 7 | 7 6 9 |
| 8 | 7 5 2 8 |
| 9 | 5 6 7 |
| 10 | 4 6 1 1 6 |
| 11 | 3 5 6 |
| 12 | 3 6 6 |
| 13 | 2 2 3 8 |
| 14 | 2 2 4 7 |
| 15 | 2 7 2 2 |
| 16 | 2 7 2 |
| 17 | 2 7 3 |
| 18 | 3 7 3 |
| 19 | 3 6 3 |
| 20 | 3 3 4 |
| 21 | 1 5 1 1 5 |
| 22 | 7 2 1 6 |
| 23 | 1 6 4 1 7 |
| 24 | 1 9 2 8 |
| 25 | 3 9 9 |
| 26 | 6 9 |
| 27 | 4 10 |
| 28 | 14 |
| 29 | 7 |
| 30 | 6 |

| Row | Clue |
|---|---|
| 1 | 12 |
| 2 | 13 |
| 3 | 6 3 |
| 4 | 5 2 |
| 5 | 5 2 |
| 6 | 5 2 1 |
| 7 | 5 4 1 |
| 8 | 5 9 |
| 9 | 5 12 |
| 10 | 5 7 4 |
| 11 | 5 2 5 4 |
| 12 | 5 2 6 3 |
| 13 | 5 9 3 |
| 14 | 7 9 5 |
| 15 | 15 7 |
| 16 | 10 5 |
| 17 | 8 2 4 |
| 18 | 8 1 5 |
| 19 | 4 2 3 1 |
| 20 | 3 2 1 |
| 21 | 5 1 2 |
| 22 | 3 4 |
| 23 | 4 1 1 5 |
| 24 | 4 3 10 |
| 25 | 25 |
| 26 | 8 15 |
| 27 | 8 14 |
| 28 | 8 10 |
| 29 | 10 9 |
| 30 | 8 8 |

Column clues (left to right):

| Column | Clue |
| --- | --- |
| 1 | 10 1 |
| 2 | 2 1 3 1 |
| 3 | 4 4 3 1 |
| 4 | 9 7 1 |
| 5 | 6 11 1 |
| 6 | 8 7 1 |
| 7 | 9 9 1 |
| 8 | 7 6 5 1 |
| 9 | 8 1 3 6 |
| 10 | 8 3 4 1 |
| 11 | 8 4 3 |
| 12 | 7 2 1 2 |
| 13 | 7 2 1 2 3 |
| 14 | 7 2 2 3 |
| 15 | 7 1 2 1 |
| 16 | 7 1 2 2 1 1 |
| 17 | 7 3 1 4 |
| 18 | 8 2 5 |
| 19 | 8 3 6 |
| 20 | 8 1 1 1 3 |
| 21 | 10 3 6 1 |
| 22 | 17 2 1 |
| 23 | 20 1 |
| 24 | 14 1 1 |
| 25 | 11 3 1 |
| 26 | 9 4 1 |
| 27 | 7 4 1 |
| 28 | 5 4 1 |
| 29 | 5 1 2 |
| 30 | 1 |


| Row | Clue |
| --- | --- |
| 1 | 23 |
| 2 | 25 |
| 3 | 27 |
| 4 | 28 |
| 5 | 1 27 |
| 6 | 1 26 |
| 7 | 2 1 24 |
| 8 | 1 2 2 3 10 1 |
| 9 | 1 2 1 6 1 |
| 10 | 1 1 1 1 5 3 |
| 11 | 1 1 1 1 4 2 |
| 12 | 2 2 1 3 3 |
| 13 | 5 2 4 2 |
| 14 | 11 6 1 |
| 15 | 6 4 4 3 2 |
| 16 | 4 4 3 2 1 |
| 17 | 4 1 1 2 1 |
| 18 | 4 1 1 2 |
| 19 | 5 3 |
| 20 | 5 2 1 4 |
| 21 | 2 3 1 |
| 22 | 1 1 |
| 23 | 1 6 1 |
| 24 | 1 4 1 |
| 25 | 2 1 |
| 26 | 3 2 |
| 27 | 12 |
| 28 | 10 9 |
| 29 | 3 1 2 4 4 |
| 30 | 1 1 4 2 |

| Column | 1 | 2 | 3 | 4 | 5 | 6 | 7 | 8 | 9 | 10 | 11 | 12 | 13 | 14 | 15 | 16 | 17 | 18 | 19 | 20 | 21 | 22 | 23 | 24 | 25 | 26 | 27 | 28 | 29 | 30 |
|---|---|---|---|---|---|---|---|---|---|---|---|---|---|---|---|---|---|---|---|---|---|---|---|---|---|---|---|---|---|---|
| Clue | 2 | 2 2 | 2 1 | 1 3 | 1 7 3 | 5 5 9 | 2 2 1 4 1 | 2 4 3 | 1 4 1 3 | 2 2 10 | 2 6 4 | 2 3 2 | 1 2 1 | 1 3 | 2 1 3 | 4 5 3 4 | 3 4 7 | 6 3 3 2 | 14 1 | 1 10 | 2 1 6 | 7 1 4 2 | 3 4 3 1 4 | 1 4 2 6 1 | 14 3 | 3 1 4 | 3 | 2 | 0 | 0 |

| Row | Clue |
|---|---|
| 1 | 7 |
| 2 | 5 3 4 |
| 3 | 2 2 7 |
| 4 | 2 2 1 1 2 |
| 5 | 1 3 1 2 |
| 6 | 2 3 1 2 |
| 7 | 2 2 2 2 |
| 8 | 1 1 3 1 1 |
| 9 | 1 1 1 3 1 2 |
| 10 | 1 2 2 6 2 |
| 11 | 2 2 1 2 2 |
| 12 | 1 1 3 1 3 2 |
| 13 | 1 2 4 2 3 2 |
| 14 | 2 2 5 3 3 |
| 15 | 1 1 1 9 5 |
| 16 | 1 1 3 2 1 5 |
| 17 | 1 2 2 1 5 |
| 18 | 1 3 2 3 3 |
| 19 | 1 3 2 3 2 |
| 20 | 1 1 1 2 1 2 |
| 21 | 1 3 2 3 2 |
| 22 | 2 1 1 1 1 |
| 23 | 2 2 1 1 2 |
| 24 | 1 2 2 1 |
| 25 | 1 2 1 2 |
| 26 | 2 3 1 3 |
| 27 | 2 1 |
| 28 | 2 1 |
| 29 | 2 2 |
| 30 | 3 |

| Column | Clue |
|---|---|
| 1 | 6 |
| 2 | 7 |
| 3 | 7 |
| 4 | 3 7 |
| 5 | 4 8 |
| 6 | 5 8 |
| 7 | 5 9 |
| 8 | 24 |
| 9 | 19 4 |
| 10 | 12 7 1 |
| 11 | 13 9 1 |
| 12 | 22 7 |
| 13 | 11 7 2 6 |
| 14 | 12 2 4 |
| 15 | 2 9 1 4 |
| 16 | 1 5 2 3 1 1 1 |
| 17 | 1 5 5 1 2 1 |
| 18 | 1 11 1 2 |
| 19 | 1 5 3 4 |
| 20 | 1 5 3 10 |
| 21 | 1 9 3 8 |
| 22 | 2 5 5 7 |
| 23 | 13 7 |
| 24 | 3 6 |
| 25 | 3 5 |
| 26 | 2 5 |
| 27 | 2 4 |
| 28 | 4 |
| 29 | 4 |
| 30 | 3 |

| Row | Clue |
|---|---|
| 1 | 9 |
| 2 | 5 1 |
| 3 | 4 1 |
| 4 | 5 1 |
| 5 | 9 1 |
| 6 | 3 12 1 |
| 7 | 20 |
| 8 | 20 |
| 9 | 19 |
| 10 | 10 6 |
| 11 | 12 3 |
| 12 | 5 8 1 |
| 13 | 6 1 7 |
| 14 | 6 10 |
| 15 | 3 2 3 6 |
| 16 | 2 2 1 6 |
| 17 | 2 2 2 |
| 18 | 2 3 1 |
| 19 | 2 3 1 |
| 20 | 5 1 |
| 21 | 9 1 |
| 22 | 8 1 1 |
| 23 | 7 2 |
| 24 | 11 2 4 |
| 25 | 17 5 |
| 26 | 8 6 7 |
| 27 | 9 4 11 |
| 28 | 9 4 12 |
| 29 | 10 2 1 13 |
| 30 | 9 3 14 |

| | | | | | | | | | | | | | | | | | | | | | | | | | | | | | |
|---|---|---|---|---|---|---|---|---|---|---|---|---|---|---|---|---|---|---|---|---|---|---|---|---|---|---|---|---|---|
| 15 | 3 11 | 1 14 | 1 6 4 3 | 1 4 7 | 1 4 7 | 2 5 8 | 1 14 | 1 15 | 1 2 14 | 1 1 1 3 9 | 1 1 1 3 3 4 | 1 1 1 8 4 | 1 2 15 | 1 15 | 1 2 10 1 | 1 1 12 | 1 1 1 5 6 | 2 1 1 4 6 1 | 1 1 1 4 8 | 1 1 4 9 | 1 14 | 1 14 | 2 9 3 | 1 9 4 | 1 14 | 1 3 9 | 5 9 | 10 3 | 8 3 |

| |
|---|
| 0 |
| 0 |
| 0 |
| 8 |
| 3 2 |
| 3 3 3 |
| 2 1 1 1 |
| 2 1 1 3 1 |
| 4 3 1 1 1 |
| 9 3 2 |
| 1 13 1 |
| 20 2 |
| 25 2 |
| 4 4 3 14 |
| 3 3 18 |
| 4 12 10 |
| 17 5 2 |
| 18 6 2 |
| 11 17 |
| 3 7 17 |
| 30 |
| 23 4 |
| 20 3 |
| 8 10 |
| 2 10 |
| 1 12 |
| 6 |
| 1 |
| 0 |
| 0 |

| Column | Clues |
|---|---|
| 1 | 0 |
| 2 | 0 |
| 3 | 0 |
| 4 | 3 |
| 5 | 2 3 3 |
| 6 | 6 2 3 2 |
| 7 | 8 12 3 1 |
| 8 | 1 9 12 2 1 |
| 9 | 12 12 2 1 |
| 10 | 1 9 12 2 1 |
| 11 | 8 12 3 1 |
| 12 | 6 2 3 2 |
| 13 | 2 3 3 |
| 14 | 3 |
| 15 | 0 |
| 16 | 2 |
| 17 | 4 2 2 1 |
| 18 | 5 5 4 2 |
| 19 | 6 7 4 1 |
| 20 | 6 9 3 1 |
| 21 | 6 10 3 1 |
| 22 | 2 4 10 3 1 |
| 23 | 8 11 3 1 |
| 24 | 19 3 1 |
| 25 | 16 4 1 |
| 26 | 6 5 4 2 |
| 27 | 2 2 1 |
| 28 | 0 |
| 29 | 0 |
| 30 | 0 |

| Row | Clues |
|---|---|
| 1 | 1 |
| 2 | 3 |
| 3 | 1 |
| 4 | 5 |
| 5 | 9 1 |
| 6 | 9 2 |
| 7 | 7 3 |
| 8 | 7 5 |
| 9 | 7 2 4 |
| 10 | 7 8 |
| 11 | 5 9 |
| 12 | 3 10 |
| 13 | 1 1 7 3 |
| 14 | 5 5 4 |
| 15 | 5 3 5 |
| 16 | 5 6 |
| 17 | 5 7 |
| 18 | 5 9 |
| 19 | 5 9 |
| 20 | 5 9 |
| 21 | 5 9 |
| 22 | 7 9 |
| 23 | 7 1 7 1 |
| 24 | 1 5 1 2 5 2 |
| 25 | 2 3 2 2 2 |
| 26 | 3 3 11 |
| 27 | 1 7 1 11 |
| 28 | 2 5 2 7 |
| 29 | 3 3 2 2 |
| 30 | 9 9 |

| Column | 1 | 2 | 3 | 4 | 5 | 6 | 7 | 8 | 9 | 10 | 11 | 12 | 13 | 14 | 15 | 16 | 17 | 18 | 19 | 20 | 21 | 22 | 23 | 24 | 25 | 26 | 27 | 28 | 29 | 30 |
|---|---|---|---|---|---|---|---|---|---|---|---|---|---|---|---|---|---|---|---|---|---|---|---|---|---|---|---|---|---|---|
| Clues | 3 | 3 | 4 | 4 4 | 4 3 2 1 | 3 4 3 | 3 4 2 | 2 3 3 3 | 2 8 2 2 | 2 4 2 4 3 2 | 2 4 2 5 3 2 | 2 3 1 3 1 4 7 | 1 4 2 2 1 1 4 5 | 2 2 1 1 2 1 1 1 4 3 | 2 2 2 1 1 4 1 1 4 | 1 4 1 1 1 6 1 6 | 1 4 12 1 1 6 | 1 4 9 3 1 1 4 | 1 12 6 1 1 | 1 11 7 1 | 1 1 1 4 7 | 5 2 5 | 5 3 3 | 2 3 2 2 | 3 2 2 2 | 1 1 5 1 | 5 1 | 2 | 0 | 0 |

| Row | Clues |
|---|---|
| 1 | 9 |
| 2 | 4 3 |
| 3 | 3 2 7 |
| 4 | 3 6 1 2 1 1 |
| 5 | 2 16 |
| 6 | 2 4 5 2 2 |
| 7 | 2 6 3 1 3 |
| 8 | 2 3 3 3 3 |
| 9 | 2 6 5 2 |
| 10 | 1 2 9 1 1 |
| 11 | 1 5 10 |
| 12 | 2 12 4 |
| 13 | 1 1 3 4 |
| 14 | 1 3 5 |
| 15 | 2 11 |
| 16 | 2 2 5 |
| 17 | 3 9 |
| 18 | 2 2 2 |
| 19 | 3 7 |
| 20 | 2 2 2 |
| 21 | 2 8 |
| 22 | 2 2 2 |
| 23 | 2 8 |
| 24 | 3 3 3 |
| 25 | 2 7 |
| 26 | 2 3 3 |
| 27 | 6 2 7 |
| 28 | 8 3 3 3 |
| 29 | 4 9 9 |
| 30 | 3 7 2 6 |

Column clues (left to right, each read top to bottom):

| | | | | | | | | | | | | | | | | | | | | | | | | | | | | | |
|---|---|---|---|---|---|---|---|---|---|---|---|---|---|---|---|---|---|---|---|---|---|---|---|---|---|---|---|---|---|
| 1 | 1 | 1 | 1 | 2 | 2 | 3 | 3 | 3 | 3 | 4 | 5 4 | 2 2 16 | 1 3 1 1 4 4 | 1 16 1 5 1 | 1 14 2 1 5 | 1 3 1 1 4 4 | 2 2 16 | 5 4 | 4 | 3 | 3 | 3 | 3 | 2 | 2 | 1 | 1 | 1 | 1 |

Row clues (top to bottom):

6
2 2
1 1
1 1
1 4 1
8
6
2
4
2
4
2
8
10
10
12
3 1 2 1 3
3 1 2 1 3
3 1 1 1 3
3 1 2 1 3
3 1 1 1 3
3 1 1 1 3
1 1 1 1 1
1 1 1 1 1
6
6
6
6
1
1

| Column | Clue |
|---|---|
| 1 | 5 4 |
| 2 | 14 |
| 3 | 12 1 |
| 4 | 15 1 |
| 5 | 17 1 |
| 6 | 20 1 |
| 7 | 23 |
| 8 | 21 2 |
| 9 | 21 1 |
| 10 | 23 1 |
| 11 | 21 2 |
| 12 | 19 2 |
| 13 | 19 1 |
| 14 | 20 2 |
| 15 | 5 12 1 |
| 16 | 7 13 2 |
| 17 | 8 17 |
| 18 | 4 6 2 |
| 19 | 3 1 4 1 |
| 20 | 2 3 2 3 1 |
| 21 | 2 1 1 4 2 |
| 22 | 2 2 1 1 13 |
| 23 | 2 1 1 8 2 |
| 24 | 3 1 1 8 1 |
| 25 | 2 1 1 1 8 2 |
| 26 | 3 2 1 13 |
| 27 | 4 1 15 |
| 28 | 7 1 1 7 |
| 29 | 3 2 2 |
| 30 | 3 |


| Row | Clue |
|---|---|
| 1 | 11 |
| 2 | 12 |
| 3 | 6 1 2 |
| 4 | 6 2 |
| 5 | 6 2 |
| 6 | 8 3 6 |
| 7 | 7 2 1 2 1 2 |
| 8 | 8 1 1 2 |
| 9 | 9 1 1 1 |
| 10 | 9 1 |
| 11 | 11 1 |
| 12 | 12 2 2 |
| 13 | 14 2 1 |
| 14 | 15 9 |
| 15 | 16 1 |
| 16 | 26 |
| 17 | 26 |
| 18 | 26 |
| 19 | 18 7 |
| 20 | 17 6 |
| 21 | 17 6 |
| 22 | 17 7 |
| 23 | 12 2 7 |
| 24 | 10 1 1 3 |
| 25 | 10 1 1 3 |
| 26 | 11 1 1 3 |
| 27 | 10 1 1 3 |
| 28 | 2 3 1 1 1 1 1 1 3 |
| 29 | 2 2 2 1 3 1 1 1 1 |
| 30 | 11 1 1 4 1 1 1 |

| | 1 3 | 2 3 | 1 4 | 3 3 1 3 | 10 1 2 1 2 | 11 1 3 2 1 | 29 | 13 14 | 12 11 3 | 14 10 2 | 6 2 1 4 5 1 | 6 2 2 2 2 4 | 6 1 2 4 2 4 | 5 3 2 1 2 4 | 5 3 1 1 1 2 3 | 5 1 1 1 3 | 5 1 1 3 | 5 2 3 | 5 2 2 1 4 | 4 2 2 5 | 4 3 1 4 | 4 1 2 3 4 | 5 1 1 2 1 1 | 14 2 2 2 | 10 6 1 | 7 1 | 1 | 1 | 1 | 2 |
|---|---|---|---|---|---|---|---|---|---|---|---|---|---|---|---|---|---|---|---|---|---|---|---|---|---|---|---|---|---|---|
| 20 | | | | | | | | | | | | | | | | | | | | | | | | | | | | | | |
| 20 | | | | | | | | | | | | | | | | | | | | | | | | | | | | | | |
| 21 | | | | | | | | | | | | | | | | | | | | | | | | | | | | | | |
| 22 | | | | | | | | | | | | | | | | | | | | | | | | | | | | | | |
| 15 4 | | | | | | | | | | | | | | | | | | | | | | | | | | | | | | |
| 9 3 | | | | | | | | | | | | | | | | | | | | | | | | | | | | | | |
| 7 3 | | | | | | | | | | | | | | | | | | | | | | | | | | | | | | |
| 7 2 | | | | | | | | | | | | | | | | | | | | | | | | | | | | | | |
| 7 2 | | | | | | | | | | | | | | | | | | | | | | | | | | | | | | |
| 8 2 | | | | | | | | | | | | | | | | | | | | | | | | | | | | | | |
| 10 3 | | | | | | | | | | | | | | | | | | | | | | | | | | | | | | |
| 6 2 2 1 | | | | | | | | | | | | | | | | | | | | | | | | | | | | | | |
| 4 6 7 | | | | | | | | | | | | | | | | | | | | | | | | | | | | | | |
| 1 1 1 2 1 1 2 2 | | | | | | | | | | | | | | | | | | | | | | | | | | | | | | |
| 2 1 1 | | | | | | | | | | | | | | | | | | | | | | | | | | | | | | |
| 1 1 1 1 1 | | | | | | | | | | | | | | | | | | | | | | | | | | | | | | |
| 1 3 1 1 | | | | | | | | | | | | | | | | | | | | | | | | | | | | | | |
| 1 8 1 1 | | | | | | | | | | | | | | | | | | | | | | | | | | | | | | |
| 15 1 | | | | | | | | | | | | | | | | | | | | | | | | | | | | | | |
| 5 1 1 1 1 | | | | | | | | | | | | | | | | | | | | | | | | | | | | | | |
| 7 1 1 1 | | | | | | | | | | | | | | | | | | | | | | | | | | | | | | |
| 6 6 2 | | | | | | | | | | | | | | | | | | | | | | | | | | | | | | |
| 1 5 1 1 | | | | | | | | | | | | | | | | | | | | | | | | | | | | | | |
| 1 5 3 4 | | | | | | | | | | | | | | | | | | | | | | | | | | | | | | |
| 2 5 2 1 3 | | | | | | | | | | | | | | | | | | | | | | | | | | | | | | |
| 1 7 2 2 | | | | | | | | | | | | | | | | | | | | | | | | | | | | | | |
| 1 3 5 4 2 | | | | | | | | | | | | | | | | | | | | | | | | | | | | | | |
| 4 3 10 2 1 | | | | | | | | | | | | | | | | | | | | | | | | | | | | | | |
| 5 4 9 1 1 | | | | | | | | | | | | | | | | | | | | | | | | | | | | | | |
| 6 4 8 1 1 | | | | | | | | | | | | | | | | | | | | | | | | | | | | | | |

Column clues (left to right):

| | 1 | 2 | 3 | 4 | 5 | 6 | 7 | 8 | 9 | 10 | 11 | 12 | 13 | 14 | 15 | 16 | 17 | 18 | 19 | 20 | 21 | 22 | 23 | 24 | 25 | 26 | 27 | 28 | 29 | 30 |
|---|---|---|---|---|---|---|---|---|---|---|---|---|---|---|---|---|---|---|---|---|---|---|---|---|---|---|---|---|---|---|
| Clue | 7 1 | 2 2 2 | 2 1 1 1 | 1 1 1 1 | 1 1 1 1 | 1 1 1 1 | 1 1 1 1 | 1 2 | 1 1 1 | 1 1 1 | 1 2 | 1 1 2 | 2 1 1 | 4 2 1 2 | 2 2 1 2 | 1 1 1 | 2 1 1 | 2 1 1 1 | 2 3 | 1 2 | 3 | 1 1 | 2 | 2 1 | 1 | 2 1 1 | 1 1 | 2 1 1 | 1 1 | 1 1 |


| Row | Clue |
|---|---|
| 1 | 0 |
| 2 | 0 |
| 3 | 0 |
| 4 | 2 |
| 5 | 3 |
| 6 | 1 2 1 |
| 7 | 1 2 2 |
| 8 | 1 1 1 1 |
| 9 | 1 1 1 1 |
| 10 | 1 1 1 1 1 |
| 11 | 1 1 1 1 1 1 |
| 12 | 1 2 1 1 1 1 |
| 13 | 1 1 1 1 1 1 1 |
| 14 | 1 1 1 2 1 1 1 |
| 15 | 1 2 1 1 1 1 2 |
| 16 | 1 1 1 1 1 |
| 17 | 2 1 5 2 |
| 18 | 2 2 1 1 |
| 19 | 1 1 1 1 |
| 20 | 3 1 1 |
| 21 | 1 1 1 |
| 22 | 1 1 1 2 |
| 23 | 1 1 7 |
| 24 | 1 2 2 |
| 25 | 0 |
| 26 | 0 |
| 27 | 0 |
| 28 | 0 |
| 29 | 0 |
| 30 | 0 |

| Column | Clue |
|---|---|
| 1 | 0 |
| 2 | 0 |
| 3 | 0 |
| 4 | 0 |
| 5 | 3 |
| 6 | 7 |
| 7 | 6 3 |
| 8 | 3 7 4 |
| 9 | 7 6 2 4 |
| 10 | 1 14 2 4 |
| 11 | 1 9 2 5 |
| 12 | 2 1 5 1 7 |
| 13 | 3 1 5 8 |
| 14 | 3 11 |
| 15 | 1 9 |
| 16 | 1 2 7 |
| 17 | 1 1 2 7 |
| 18 | 1 2 4 1 4 |
| 19 | 1 3 2 1 3 |
| 20 | 1 5 1 2 |
| 21 | 1 4 1 2 |
| 22 | 3 2 1 2 |
| 23 | 2 1 2 |
| 24 | 2 1 2 |
| 25 | 3 3 |
| 26 | 2 |
| 27 | 0 |
| 28 | 0 |
| 29 | 0 |
| 30 | 0 |

| Row | Clue |
|---|---|
| 1 | 3 |
| 2 | 2 1 |
| 3 | 2 1 |
| 4 | 3 1 |
| 5 | 2 1 |
| 6 | 2 1 |
| 7 | 3 1 4 |
| 8 | 2 4 1 |
| 9 | 5 1 |
| 10 | 2 1 |
| 11 | 3 2 1 |
| 12 | 6 1 3 1 |
| 13 | 7 5 1 |
| 14 | 9 2 1 |
| 15 | 9 2 2 1 |
| 16 | 6 2 2 2 1 |
| 17 | 3 2 2 2 2 1 |
| 18 | 1 2 1 2 2 1 |
| 19 | 2 2 1 1 3 |
| 20 | 2 1 3 1 1 |
| 21 | 2 4 2 1 |
| 22 | 2 6 2 1 |
| 23 | 11 1 |
| 24 | 9 1 |
| 25 | 9 1 |
| 26 | 9 1 |
| 27 | 7 1 |
| 28 | 5 1 |
| 29 | 5 |
| 30 | 2 |

Column clues (left to right):

| | | | | | | | | | | | | | | | | | | | | | | | | | | | | | |
|---|---|---|---|---|---|---|---|---|---|---|---|---|---|---|---|---|---|---|---|---|---|---|---|---|---|---|---|---|---|
| 6 2 3 | 8 5 3 | 16 4 | 1 1 1 1 8 4 | 1 1 1 1 8 4 | 1 1 1 1 1 7 3 | 13 1 3 | 9 3 | 12 2 | 9 1 1 | 7 | 7 | 1 1 1 1 | 7 | 0 | 6 | 6 | 6 | 0 | 5 | 5 | 5 | 3 | 1 | 0 | 1 | 0 | 1 | 0 | 1 |

Row clues (top to bottom):

| |
|---|
| 0 |
| 0 |
| 0 |
| 0 |
| 0 |
| 8 |
| 2 8 |
| 12 1 3 3 |
| 3 8 3 4 |
| 12 1 3 5 1 1 1 |
| 3 8 3 4 |
| 12 1 3 3 |
| 3 8 3 |
| 9 |
| 3 1 1 |
| 5 1 |
| 5 2 |
| 6 |
| 5 |
| 5 |
| 6 |
| 2 2 |
| 3 |
| 8 |
| 9 |
| 10 |
| 0 |
| 0 |
| 0 |
| 0 |

Column clues:

| Col | 1 | 2 | 3 | 4 | 5 | 6 | 7 | 8 | 9 | 10 | 11 | 12 | 13 | 14 | 15 | 16 | 17 | 18 | 19 | 20 | 21 | 22 | 23 | 24 | 25 | 26 | 27 | 28 | 29 | 30 |
|---|---|---|---|---|---|---|---|---|---|---|---|---|---|---|---|---|---|---|---|---|---|---|---|---|---|---|---|---|---|---|
| Clue | 3 | 4 | 2 5 | 4 6 | 6 6 | 7 6 | 8 5 | 8 4 | 8 3 | 8 3 | 9 4 | 10 4 | 4 6 4 | 3 6 4 | 2 6 4 | 1 6 5 | 6 5 | 1 6 5 | 1 6 5 | 2 10 | 2 9 | 3 8 | 4 6 | 5 7 | 6 10 | 22 | 15 6 | 12 5 | 8 4 | 3 |

Row clues:

| Row | Clue |
|---|---|
| 1 | 0 |
| 2 | 1 |
| 3 | 2 |
| 4 | 2 |
| 5 | 3 |
| 6 | 8 3 |
| 7 | 8 4 |
| 8 | 8 4 |
| 9 | 8 4 |
| 10 | 8 4 |
| 11 | 10 4 |
| 12 | 12 4 |
| 13 | 13 4 |
| 14 | 5 6 4 |
| 15 | 3 6 4 |
| 16 | 6 4 |
| 17 | 6 4 |
| 18 | 6 4 |
| 19 | 6 5 |
| 20 | 6 5 |
| 21 | 11 |
| 22 | 4 10 |
| 23 | 7 8 |
| 24 | 22 |
| 25 | 5 17 |
| 26 | 5 17 |
| 27 | 6 10 6 |
| 28 | 6 4 6 |
| 29 | 5 5 |
| 30 | 4 4 |

| | | | | | | | | | | | | | | | | | | | | | | | | | | | | | |
|---|---|---|---|---|---|---|---|---|---|---|---|---|---|---|---|---|---|---|---|---|---|---|---|---|---|---|---|---|---|
| | | | | | | | | | | | | | | | | 3 | | | | | | | | | | | | | |
| | | | | | | | | 6 | 5 | 5 | 4 | 3 | 3 | 3 | 3 | 2 | 4 | | | | | | | 5 | 4 | 3 | 4 | 5 | |
| 22 | 21 | 21 | 20 | 20 | 19 | 18 | 17 | 7 | 7 | 5 | 4 | 4 | 5 | 4 | 4 | 2 | 3 | 4 | 5 | 6 | 6 | 7 | 9 | 6 | 5 | 4 | 5 | 6 | 13 |
| 4 | 5 | 6 | 6 | 7 | 7 | 8 | 7 | 6 | 6 | 7 | 7 | 8 | 8 | 9 | 10 | 11 | 12 | 17 | 17 | 16 | 15 | 14 | 14 | 14 | 14 | 14 | 14 | 14 | 14 |

30
30
30
12 9 3
11 6 2
9 4 1
8 3 2 1
8 5 2 2
8 7 3 3
16 6
14 6
12 6
11 6
10 2
10 5
10 6
8 13
7 12
6 13
5 14
3 15
1 16
1 18
4 20
28
29
30
30
30
30

**Column clues (left to right):**

| Column | Clue |
|---|---|
| 1 | 0 |
| 2 | 0 |
| 3 | 0 |
| 4 | 0 |
| 5 | 1 |
| 6 | 3 |
| 7 | 2 |
| 8 | 2 4 |
| 9 | 6 3 2 3 |
| 10 | 1 1 6 1 6 |
| 11 | 2 1 8 2 1 2 |
| 12 | 3 4 4 1 2 1 |
| 13 | 1 1 3 5 2 1 1 |
| 14 | 2 1 4 7 1 |
| 15 | 8 1 2 1 7 |
| 16 | 1 1 2 1 1 1 2 4 |
| 17 | 1 1 1 2 2 1 1 1 |
| 18 | 1 1 1 7 1 2 1 |
| 19 | 1 1 3 2 8 1 1 |
| 20 | 1 1 1 3 2 4 2 |
| 21 | 2 2 2 2 1 7 |
| 22 | 4 1 1 1 1 1 3 |
| 23 | 2 3 1 1 1 1 |
| 24 | 3 1 2 1 1 |
| 25 | 6 2 |
| 26 | 5 |
| 27 | 0 |
| 28 | 0 |
| 29 | 0 |
| 30 | 0 |

**Row clues (top to bottom):**

| Row | Clue |
|---|---|
| 1 | 3 |
| 2 | 2 2 |
| 3 | 4 8 |
| 4 | 1 1 1 2 |
| 5 | 2 2 2 1 |
| 6 | 1 1 1 2 2 |
| 7 | 1 2 2 1 |
| 8 | 1 7 1 1 |
| 9 | 3 6 2 |
| 10 | 7 1 1 1 |
| 11 | 4 7 |
| 12 | 5 2 2 |
| 13 | 4 1 6 |
| 14 | 3 2 2 1 |
| 15 | 6 1 1 1 |
| 16 | 2 2 3 2 1 |
| 17 | 1 1 6 2 |
| 18 | 2 2 1 2 2 |
| 19 | 2 1 1 3 2 |
| 20 | 2 2 1 1 1 |
| 21 | 2 3 2 1 1 |
| 22 | 1 6 1 1 |
| 23 | 1 1 2 3 2 |
| 24 | 1 2 1 6 |
| 25 | 2 2 1 1 2 |
| 26 | 6 2 1 1 |
| 27 | 2 2 1 1 |
| 28 | 7 1 1 |
| 29 | 2 2 |
| 30 | 4 |

| | 0 | 4 | 5 2 | 3 1 | 3 1 | 3 5 1 | 2 12 | 2 1 5 1 3 | 1 2 5 2 1 3 | 1 7 1 1 4 | 1 2 3 1 3 1 2 | 1 1 2 2 10 1 2 | 1 1 4 18 1 | 1 1 4 2 2 10 1 | 1 1 2 2 1 2 1 2 | 1 1 2 1 1 1 1 | 1 3 1 1 1 1 | 1 1 2 1 1 1 1 | 1 1 1 2 1 1 1 2 | 1 3 4 1 1 4 1 | 3 3 5 6 2 1 | 1 1 11 1 1 | 1 3 2 3 | 1 1 1 1 | 1 1 1 2 | 3 5 | 4 | 0 | 0 | 0 |
|---|---|---|---|---|---|---|---|---|---|---|---|---|---|---|---|---|---|---|---|---|---|---|---|---|---|---|---|---|---|---|
| 11 | | | | | | | | | | | | | | | | | | | | | | | | | | | | | | |
| 1 2 | | | | | | | | | | | | | | | | | | | | | | | | | | | | | | |
| 1 2 1 2 | | | | | | | | | | | | | | | | | | | | | | | | | | | | | | |
| 1 3 1 1 2 | | | | | | | | | | | | | | | | | | | | | | | | | | | | | | |
| 1 3 2 1 2 | | | | | | | | | | | | | | | | | | | | | | | | | | | | | | |
| 1 3 4 1 1 | | | | | | | | | | | | | | | | | | | | | | | | | | | | | | |
| 1 1 4 2 1 | | | | | | | | | | | | | | | | | | | | | | | | | | | | | | |
| 1 3 2 6 | | | | | | | | | | | | | | | | | | | | | | | | | | | | | | |
| 1 4 2 4 | | | | | | | | | | | | | | | | | | | | | | | | | | | | | | |
| 1 7 1 1 | | | | | | | | | | | | | | | | | | | | | | | | | | | | | | |
| 1 2 2 2 1 | | | | | | | | | | | | | | | | | | | | | | | | | | | | | | |
| 1 2 1 1 1 | | | | | | | | | | | | | | | | | | | | | | | | | | | | | | |
| 1 2 2 2 1 | | | | | | | | | | | | | | | | | | | | | | | | | | | | | | |
| 1 17 1 | | | | | | | | | | | | | | | | | | | | | | | | | | | | | | |
| 1 3 3 6 | | | | | | | | | | | | | | | | | | | | | | | | | | | | | | |
| 1 2 2 2 1 | | | | | | | | | | | | | | | | | | | | | | | | | | | | | | |
| 1 2 2 1 1 | | | | | | | | | | | | | | | | | | | | | | | | | | | | | | |
| 1 2 2 1 1 | | | | | | | | | | | | | | | | | | | | | | | | | | | | | | |
| 1 2 4 2 2 | | | | | | | | | | | | | | | | | | | | | | | | | | | | | | |
| 1 21 | | | | | | | | | | | | | | | | | | | | | | | | | | | | | | |
| 1 1 5 3 1 | | | | | | | | | | | | | | | | | | | | | | | | | | | | | | |
| 1 2 3 2 1 | | | | | | | | | | | | | | | | | | | | | | | | | | | | | | |
| 2 1 2 2 2 1 | | | | | | | | | | | | | | | | | | | | | | | | | | | | | | |
| 2 2 2 1 1 | | | | | | | | | | | | | | | | | | | | | | | | | | | | | | |
| 2 2 1 1 | | | | | | | | | | | | | | | | | | | | | | | | | | | | | | |
| 16 | | | | | | | | | | | | | | | | | | | | | | | | | | | | | | |
| 2 2 2 1 | | | | | | | | | | | | | | | | | | | | | | | | | | | | | | |
| 2 1 1 1 | | | | | | | | | | | | | | | | | | | | | | | | | | | | | | |
| 3 1 1 1 | | | | | | | | | | | | | | | | | | | | | | | | | | | | | | |
| 10 | | | | | | | | | | | | | | | | | | | | | | | | | | | | | | |

Column clues (top to bottom, left to right):

| Column | Clues |
|---|---|
| 1 | 1 |
| 2 | 1 2 |
| 3 | 2 2 1 2 |
| 4 | 2 3 2 2 2 |
| 5 | 3 2 2 2 2 |
| 6 | 3 2 |
| 7 | 3 2 |
| 8 | 2 5 2 |
| 9 | 3 4 3 |
| 10 | 3 6 1 4 |
| 11 | 4 1 2 2 2 |
| 12 | 3 1 2 |
| 13 | 2 1 1 |
| 14 | 1 2 1 |
| 15 | 1 4 4 |
| 16 | 4 1 3 4 |
| 17 | 4 2 4 |
| 18 | 2 5 2 |
| 19 | 2 1 4 |
| 20 | 2 5 4 |
| 21 | 2 1 1 2 2 |
| 22 | 2 2 2 1 |
| 23 | 2 6 2 |
| 24 | 4 2 3 |
| 25 | 2 3 |
| 26 | 3 2 2 |
| 27 | 3 2 2 2 3 |
| 28 | 3 3 2 2 2 |
| 29 | 2 2 1 1 2 |
| 30 | 1 2 |


| Row | Clues |
|---|---|
| 1 | 0 |
| 2 | 0 |
| 3 | 0 |
| 4 | 1 |
| 5 | 2 2 2 2 |
| 6 | 3 2 2 2 3 |
| 7 | 3 3 2 2 3 |
| 8 | 3 3 1 3 |
| 9 | 2 2 3 2 |
| 10 | 2 2 2 2 |
| 11 | 3 10 2 3 |
| 12 | 2 2 2 1 2 |
| 13 | 2 1 |
| 14 | 3 3 2 2 |
| 15 | 5 1 2 1 1 4 4 |
| 16 | 4 5 1 2 |
| 17 | 2 2 4 1 2 2 |
| 18 | 3 2 1 4 2 2 3 |
| 19 | 1 5 7 |
| 20 | 2 2 2 |
| 21 | 4 3 |
| 22 | 4 2 4 |
| 23 | 2 2 1 2 2 2 |
| 24 | 2 2 3 3 |
| 25 | 3 2 2 3 |
| 26 | 2 2 3 2 |
| 27 | 1 2 |
| 28 | 0 |
| 29 | 0 |
| 30 | 0 |

Column clues (left to right, each read top to bottom):

| | | | | | | | | | | | | | | | | | | | | | | | | | | | | | |
|---|---|---|---|---|---|---|---|---|---|---|---|---|---|---|---|---|---|---|---|---|---|---|---|---|---|---|---|---|---|
| 21 3 | 22 4 | 22 5 | 23 6 | 18 11 | 13 4 9 | 5 2 1 3 8 | 5 4 5 8 | 5 1 1 4 7 | 5 3 2 11 | 5 2 14 | 5 2 3 11 | 4 3 12 | 4 2 3 12 | 4 2 1 1 2 2 9 | 5 4 2 2 8 | 9 1 2 1 4 | 10 4 2 | 11 10 3 | 24 3 | 22 3 | 21 3 | 17 1 3 1 | 14 4 2 | 4 2 3 | 2 3 | 2 5 | 1 3 2 | 8 | 1 1 4 |

Row clues (top to bottom):

20
21
22
23
12 9
6 8
6 8
8 10
10 12
6 1 2 1 1 8
11 3 7
6 6
6 1 5
5 1 1 5
5 2 5
6 5 6
8 8 6
8 3 1 6
4 4 1 4 5
5 10 5
5 7 4
5 8 5
5 15 5
16 4 1
16 3 3
15 3 3
15 3 5
16 4 3 2
16 4 7
15 3 3 4

**Column clues (left to right, top to bottom):**

1. 4
2. 1 1
3. 1 2
4. 3 4
5. 4 7
6. 4 7
7. 8 8
8. 9 9
9. 3 22
10. 6 22
11. 7 5 12
12. 7 6 9 3
13. 7 14 3 2
14. 7 8 5 4
15. 8 3 1 1 3 2
16. 8 3 1 1 1 2 3
17. 8 4 1 1 4
18. 9 4 2 4
19. 9 4 2 5
20. 9 3 2 3 1
21. 8 2 4 1
22. 6 1 9 1 3
23. 4 4 2 3 4
24. 5 5 2 3
25. 6 2 3
26. 6 2 2
27. 4 1 2
28. 3 1 1
29. 2 2
30. 1

**Row clues (top to bottom):**

1. 12
2. 13
3. 14
4. 14
5. 16
6. 16
7. 13 1
8. 7 8 1
9. 11 3 1
10. 14 2
11. 25
12. 23
13. 8 4 7
14. 4 3 1 2 6
15. 4 2 1 3
16. 3 2 2
17. 2 2 2
18. 2 3 1 1
19. 7 1
20. 6 1 1
21. 8 1
22. 7 2
23. 6 5
24. 8 2 2
25. 15 1 3
26. 9 4 2 2
27. 11 3 4 1 4
28. 1 9 1 4 4 2
29. 1 9 5 7
30. 1 9 13

| | 1 1 1 3 3 | 1 1 1 1 4 | 1 1 1 1 3 | 1 3 2 | 6 6 3 | 3 2 3 1 8 | 13 4 4 | 2 7 1 2 3 | 2 3 1 1 2 2 | 2 7 2 1 2 4 1 | 1 2 4 1 2 3 1 | 1 2 4 3 1 2 3 1 | 1 1 6 2 1 6 1 | 1 2 7 6 2 3 1 | 1 2 7 10 3 1 | 1 2 7 14 1 | 1 2 7 10 3 1 | 1 1 6 10 3 1 | 2 2 4 10 4 1 | 1 2 10 3 1 | 12 8 2 2 | 19 2 3 | 17 1 4 | 10 4 5 | 1 2 3 1 8 | 1 1 6 10 | 1 1 1 1 4 3 | 1 1 1 1 1 2 | 1 1 3 | 2 5 |
|---|---|---|---|---|---|---|---|---|---|---|---|---|---|---|---|---|---|---|---|---|---|---|---|---|---|---|---|---|---|---|
| 1 7 1 1 | | | | | | | | | | | | | | | | | | | | | | | | | | | | | | |
| 1 3 3 2 | | | | | | | | | | | | | | | | | | | | | | | | | | | | | | |
| 2 2 2 2 | | | | | | | | | | | | | | | | | | | | | | | | | | | | | | |
| 1 1 3 4 3 1 | | | | | | | | | | | | | | | | | | | | | | | | | | | | | | |
| 2 2 8 3 1 1 | | | | | | | | | | | | | | | | | | | | | | | | | | | | | | |
| 1 2 6 1 | | | | | | | | | | | | | | | | | | | | | | | | | | | | | | |
| 2 2 4 6 | | | | | | | | | | | | | | | | | | | | | | | | | | | | | | |
| 1 3 1 6 6 | | | | | | | | | | | | | | | | | | | | | | | | | | | | | | |
| 1 1 1 1 8 4 1 | | | | | | | | | | | | | | | | | | | | | | | | | | | | | | |
| 1 1 1 1 8 4 1 | | | | | | | | | | | | | | | | | | | | | | | | | | | | | | |
| 1 1 1 8 4 1 | | | | | | | | | | | | | | | | | | | | | | | | | | | | | | |
| 1 1 1 8 4 1 | | | | | | | | | | | | | | | | | | | | | | | | | | | | | | |
| 3 2 6 7 | | | | | | | | | | | | | | | | | | | | | | | | | | | | | | |
| 4 2 2 4 | | | | | | | | | | | | | | | | | | | | | | | | | | | | | | |
| 20 | | | | | | | | | | | | | | | | | | | | | | | | | | | | | | |
| 16 1 | | | | | | | | | | | | | | | | | | | | | | | | | | | | | | |
| 1 1 10 1 1 | | | | | | | | | | | | | | | | | | | | | | | | | | | | | | |
| 2 11 1 | | | | | | | | | | | | | | | | | | | | | | | | | | | | | | |
| 18 | | | | | | | | | | | | | | | | | | | | | | | | | | | | | | |
| 3 12 | | | | | | | | | | | | | | | | | | | | | | | | | | | | | | |
| 2 1 3 8 1 2 | | | | | | | | | | | | | | | | | | | | | | | | | | | | | | |
| 2 3 7 2 | | | | | | | | | | | | | | | | | | | | | | | | | | | | | | |
| 5 1 8 1 6 | | | | | | | | | | | | | | | | | | | | | | | | | | | | | | |
| 1 2 6 3 1 | | | | | | | | | | | | | | | | | | | | | | | | | | | | | | |
| 1 2 1 1 1 1 1 1 2 | | | | | | | | | | | | | | | | | | | | | | | | | | | | | | |
| 1 2 15 3 1 | | | | | | | | | | | | | | | | | | | | | | | | | | | | | | |
| 1 2 13 4 1 | | | | | | | | | | | | | | | | | | | | | | | | | | | | | | |
| 3 4 11 6 2 | | | | | | | | | | | | | | | | | | | | | | | | | | | | | | |
| 9 10 | | | | | | | | | | | | | | | | | | | | | | | | | | | | | | |
| 30 | | | | | | | | | | | | | | | | | | | | | | | | | | | | | | |

| Column | Clues |
|---|---|
| 1 | 2 4 2 |
| 2 | 4 1 1 4 |
| 3 | 3 1 1 1 1 3 |
| 4 | 2 1 1 1 1 3 |
| 5 | 2 2 1 1 1 1 2 2 |
| 6 | 2 4 3 3 3 2 |
| 7 | 2 2 2 1 1 1 1 4 1 |
| 8 | 1 1 2 1 1 1 1 2 2 2 |
| 9 | 2 3 2 1 4 1 2 3 2 |
| 10 | 1 3 2 1 4 1 2 3 1 |
| 11 | 2 2 1 1 2 1 |
| 12 | 10 3 4 10 |
| 13 | 1 2 |
| 14 | 7 2 8 2 7 |
| 15 | 7 6 1 |
| 16 | 7 6 1 |
| 17 | 7 2 8 2 7 |
| 18 | 1 2 |
| 19 | 10 3 4 10 |
| 20 | 2 2 1 1 2 1 |
| 21 | 1 3 2 1 4 1 2 3 2 |
| 22 | 2 3 2 1 4 1 2 3 2 |
| 23 | 1 1 2 1 1 1 1 2 2 2 |
| 24 | 2 2 2 1 1 1 1 4 1 |
| 25 | 2 4 3 3 3 2 |
| 26 | 2 2 1 1 1 1 2 2 |
| 27 | 2 1 1 1 1 3 |
| 28 | 3 1 1 1 1 2 |
| 29 | 4 1 1 4 |
| 30 | 2 4 2 |

| Row | Clues |
|---|---|
| 1 | 2 1 1 2 |
| 2 | 4 1 1 4 |
| 3 | 3 1 1 1 1 3 |
| 4 | 2 1 1 1 1 2 |
| 5 | 2 2 1 1 1 1 2 2 |
| 6 | 2 4 1 4 1 4 2 |
| 7 | 2 2 2 1 4 1 2 2 2 |
| 8 | 1 1 1 2 1 1 1 |
| 9 | 2 8 4 8 2 |
| 10 | 1 8 4 8 1 |
| 11 | 2 2 2 |
| 12 | 12 4 12 |
| 13 | 1 1 1 1 1 1 |
| 14 | 10 3 3 10 |
| 15 | 1 2 1 1 2 1 |
| 16 | 1 2 3 3 2 1 |
| 17 | 10 3 3 10 |
| 18 | 1 1 1 1 1 1 |
| 19 | 12 4 12 |
| 20 | 2 2 2 |
| 21 | 1 8 4 8 1 |
| 22 | 2 8 4 8 2 |
| 23 | 2 2 1 2 1 2 2 |
| 24 | 2 4 1 4 1 4 1 |
| 25 | 2 3 1 1 1 1 3 2 |
| 26 | 2 2 1 1 1 1 2 2 |
| 27 | 3 1 1 1 1 3 |
| 28 | 2 1 1 1 1 3 |
| 29 | 4 1 1 4 |
| 30 | 1 4 1 |

| | 11 | 3<br>3 | 2<br>12 | 1<br>1<br>13 | 1<br>4<br>3 | 2<br>3<br>1 | 6<br>1 | 6<br>5<br>2 | 1<br>12<br>1<br>1 | 1<br>7<br>4<br>1 | 1<br>3<br>2<br>5<br>1<br>1 | 3<br>1<br>2<br>2<br>3<br>3 | 2<br>1<br>1<br>2<br>5<br>1 | 1<br>1<br>1<br>8 | 2<br>1<br>1<br>2<br>5 | 1<br>1<br>3<br>3<br>5 | 1<br>4<br>2<br>1<br>5 | 1<br>1<br>5<br>2<br>5 | 1<br>2<br>1<br>6 | 2<br>1<br>3<br>9 | 1<br>1<br>1<br>1<br>3<br>2 | 2<br>1<br>2<br>3<br>5<br>2 | 1<br>1<br>1<br>2<br>6<br>2 | 1<br>2<br>1<br>1<br>8<br>2 | 4<br>3<br>6<br>1<br>2 | 7<br>5<br>1<br>1 | 2<br>1<br>1<br>2 | 3<br>5<br>2 | 3<br>2 | 7 |
|---|---|---|---|---|---|---|---|---|---|---|---|---|---|---|---|---|---|---|---|---|---|---|---|---|---|---|---|---|---|---|
| 0 | | | | | | | | | | | | | | | | | | | | | | | | | | | | | | |
| 0 | | | | | | | | | | | | | | | | | | | | | | | | | | | | | | |
| 0 | | | | | | | | | | | | | | | | | | | | | | | | | | | | | | |
| 3 | | | | | | | | | | | | | | | | | | | | | | | | | | | | | | |
| 1 2 | | | | | | | | | | | | | | | | | | | | | | | | | | | | | | |
| 14 | | | | | | | | | | | | | | | | | | | | | | | | | | | | | | |
| 7 1 3 | | | | | | | | | | | | | | | | | | | | | | | | | | | | | | |
| 9 1 1 3 | | | | | | | | | | | | | | | | | | | | | | | | | | | | | | |
| 2 4 1 2 1 | | | | | | | | | | | | | | | | | | | | | | | | | | | | | | |
| 2 1 13 3 | | | | | | | | | | | | | | | | | | | | | | | | | | | | | | |
| 2 3 3 11 | | | | | | | | | | | | | | | | | | | | | | | | | | | | | | |
| 1 4 2 9 2 | | | | | | | | | | | | | | | | | | | | | | | | | | | | | | |
| 1 3 1 2 1 3 1 | | | | | | | | | | | | | | | | | | | | | | | | | | | | | | |
| 1 3 2 1 1 2 5 | | | | | | | | | | | | | | | | | | | | | | | | | | | | | | |
| 1 2 2 3 3 4 | | | | | | | | | | | | | | | | | | | | | | | | | | | | | | |
| 1 2 2 2 3 8 | | | | | | | | | | | | | | | | | | | | | | | | | | | | | | |
| 1 2 4 2 3 3 2 | | | | | | | | | | | | | | | | | | | | | | | | | | | | | | |
| 1 2 1 1 4 5 2 1 2 | | | | | | | | | | | | | | | | | | | | | | | | | | | | | | |
| 1 2 2 6 2 4 1 1 | | | | | | | | | | | | | | | | | | | | | | | | | | | | | | |
| 4 1 9 5 1 1 | | | | | | | | | | | | | | | | | | | | | | | | | | | | | | |
| 3 1 8 5 1 1 | | | | | | | | | | | | | | | | | | | | | | | | | | | | | | |
| 3 1 7 5 1 1 | | | | | | | | | | | | | | | | | | | | | | | | | | | | | | |
| 3 3 5 5 1 1 | | | | | | | | | | | | | | | | | | | | | | | | | | | | | | |
| 2 5 3 3 1 2 | | | | | | | | | | | | | | | | | | | | | | | | | | | | | | |
| 4 3 3 2 | | | | | | | | | | | | | | | | | | | | | | | | | | | | | | |
| 4 2 | | | | | | | | | | | | | | | | | | | | | | | | | | | | | | |
| 6 | | | | | | | | | | | | | | | | | | | | | | | | | | | | | | |
| 2 | | | | | | | | | | | | | | | | | | | | | | | | | | | | | | |
| 0 | | | | | | | | | | | | | | | | | | | | | | | | | | | | | | |
| 0 | | | | | | | | | | | | | | | | | | | | | | | | | | | | | | |

Column clues (left to right):

| Column | Clue |
|---|---|
| 1 | 8 1 |
| 2 | 13 2 |
| 3 | 16 6 |
| 4 | 21 3 |
| 5 | 19 2 |
| 6 | 19 3 |
| 7 | 21 2 |
| 8 | 5 8 3 3 |
| 9 | 4 7 1 2 |
| 10 | 2 6 2 |
| 11 | 3 3 2 |
| 12 | 2 4 2 1 2 |
| 13 | 1 6 1 2 3 |
| 14 | 2 5 1 3 2 |
| 15 | 1 6 1 1 1 1 1 |
| 16 | 2 5 1 3 2 1 |
| 17 | 3 4 1 2 2 1 |
| 18 | 2 6 1 1 1 1 |
| 19 | 3 4 1 1 1 1 |
| 20 | 2 5 1 1 1 1 |
| 21 | 3 5 1 2 1 |
| 22 | 2 7 1 1 1 |
| 23 | 3 7 2 1 |
| 24 | 4 5 2 1 2 |
| 25 | 3 11 2 |
| 26 | 4 9 3 |
| 27 | 5 13 |
| 28 | 6 9 |
| 29 | 13 |
| 30 | 6 |


| Row | Clue |
|---|---|
| 1 | 24 |
| 2 | 9 1 13 |
| 3 | 7 1 1 1 1 6 |
| 4 | 7 1 1 1 4 |
| 5 | 7 1 5 1 1 1 3 |
| 6 | 6 15 1 2 |
| 7 | 26 2 |
| 8 | 27 1 |
| 9 | 10 18 |
| 10 | 10 1 10 |
| 11 | 9 5 9 |
| 12 | 9 1 1 6 |
| 13 | 8 6 7 |
| 14 | 8 2 3 8 |
| 15 | 6 3 2 5 |
| 16 | 6 2 3 |
| 17 | 6 2 |
| 18 | 5 1 |
| 19 | 5 1 |
| 20 | 1 2 1 1 |
| 21 | 1 3 2 1 |
| 22 | 1 1 |
| 23 | 1 2 3 1 2 |
| 24 | 1 2 1 2 |
| 25 | 1 5 1 |
| 26 | 3 1 |
| 27 | 6 1 2 1 |
| 28 | 5 1 1 |
| 29 | 9 1 |
| 30 | 12 |

| Column | Clue |
|---|---|
| 1 | 1 5 1 |
| 2 | 8 1 |
| 3 | 2 1 1 |
| 4 | 2 1 1 |
| 5 | 2 2 1 |
| 6 | 6 1 3 1 |
| 7 | 4 4 2 1 2 2 2 |
| 8 | 3 2 6 1 3 3 |
| 9 | 4 2 7 1 |
| 10 | 3 2 1 4 4 |
| 11 | 3 2 2 3 5 |
| 12 | 3 2 4 2 1 5 |
| 13 | 3 2 3 3 1 4 |
| 14 | 10 1 2 3 |
| 15 | 5 3 2 1 3 2 |
| 16 | 2 5 4 2 |
| 17 | 2 6 5 1 |
| 18 | 1 6 7 |
| 19 | 7 6 |
| 20 | 2 6 |
| 21 | 2 3 5 |
| 22 | 2 3 1 5 |
| 23 | 2 3 1 |
| 24 | 5 2 1 |
| 25 | 3 1 1 |
| 26 | 2 1 |
| 27 | 2 1 1 |
| 28 | 4 1 |
| 29 | 3 1 |
| 30 | 5 |


| Row | Clue |
|---|---|
| 1 | 4 |
| 2 | 7 |
| 3 | 9 |
| 4 | 4 3 |
| 5 | 2 2 |
| 6 | 1 2 |
| 7 | 4 5 |
| 8 | 10 |
| 9 | 1 1 1 |
| 10 | 2 1 4 |
| 11 | 1 13 |
| 12 | 2 4 5 |
| 13 | 7 4 2 |
| 14 | 9 5 1 |
| 15 | 4 4 6 2 |
| 16 | 2 2 4 3 |
| 17 | 2 2 7 4 |
| 18 | 1 1 6 2 1 2 |
| 19 | 2 2 4 2 2 |
| 20 | 2 4 2 2 2 |
| 21 | 3 6 2 3 |
| 22 | 2 1 1 2 1 |
| 23 | 1 2 1 4 1 |
| 24 | 1 7 1 |
| 25 | 1 9 1 |
| 26 | 2 1 1 9 2 |
| 27 | 3 1 2 13 |
| 28 | 1 3 6 |
| 29 | 1 5 3 1 |
| 30 | 1 7 1 |

| Column | Clue |
|---|---|
| 1 | 5 |
| 2 | 1 5 3 |
| 3 | 1 8 2 1 |
| 4 | 13 3 2 |
| 5 | 5 4 4 3 |
| 6 | 12 |
| 7 | 10 |
| 8 | 2 8 1 |
| 9 | 7 6 2 |
| 10 | 9 5 2 |
| 11 | 12 11 |
| 12 | 23 |
| 13 | 21 |
| 14 | 12 7 |
| 15 | 19 |
| 16 | 19 |
| 17 | 20 |
| 18 | 12 7 |
| 19 | 21 |
| 20 | 12 10 |
| 21 | 10 5 6 |
| 22 | 7 6 4 |
| 23 | 2 8 1 |
| 24 | 10 |
| 25 | 10 |
| 26 | 4 8 2 |
| 27 | 7 4 3 2 |
| 28 | 1 10 2 2 |
| 29 | 1 6 3 1 |
| 30 | 1 5 |

| Row | Clue |
|---|---|
| 1 | 0 |
| 2 | 0 |
| 3 | 0 |
| 4 | 6 |
| 5 | 1 10 1 |
| 6 | 3 12 4 |
| 7 | 2 14 2 |
| 8 | 2 14 2 |
| 9 | 2 16 3 |
| 10 | 3 16 2 |
| 11 | 2 14 3 |
| 12 | 3 14 3 |
| 13 | 3 14 2 |
| 14 | 3 12 2 |
| 15 | 3 11 2 |
| 16 | 4 3 3 2 3 |
| 17 | 4 8 3 |
| 18 | 1 25 1 |
| 19 | 1 23 1 |
| 20 | 1 21 1 |
| 21 | 2 22 2 |
| 22 | 30 |
| 23 | 8 4 4 8 |
| 24 | 5 3 3 5 |
| 25 | 3 2 3 3 |
| 26 | 2 2 2 2 |
| 27 | 3 2 3 3 |
| 28 | 2 2 2 2 |
| 29 | 2 2 2 2 |
| 30 | 2 2 2 2 |

Column clues (left to right, each read top to bottom):

0
2
2
2 2 2
3 9 3
2 13 2
19
5 2 5
4 2 5
6 2 6
7 2 3 4
4 3 2 3 3
4 8 3
3 8 4
12 13
12 13
3 8 4
4 8 3
4 3 2 3 3
7 2 3 4
6 2 6
4 2 5
5 2 5
19
2 13 2
3 10 3
2 3 2
2
2
0

Row clues (top to bottom):

0
2
2
2
2 8 2
3 12 3
22
7 2 7
5 2 5
6 2 6
3 3 2 3 4
3 10 3
3 8 3
3 2 2 3
13 13
13 13
3 2 2 4
3 8 3
3 10 3
4 3 2 3 4
6 2 6
5 2 5
5 2 5
18
3 14 3
3 10 3
2 4 2
2
2
2

**Column clues** (left to right, top to bottom within each column):

| Column | Clue |
|---|---|
| 1 | 1 1 |
| 2 | 1 2 1 |
| 3 | 2 1 1 |
| 4 | 1 1 1 |
| 5 | 6 2 1 2 |
| 6 | 8 5 |
| 7 | 15 |
| 8 | 7 7 |
| 9 | 7 7 |
| 10 | 7 11 |
| 11 | 2 3 6 6 |
| 12 | 1 2 10 2 |
| 13 | 1 1 9 2 |
| 14 | 1 10 2 |
| 15 | 10 |
| 16 | 10 |
| 17 | 1 10 2 |
| 18 | 1 2 9 2 |
| 19 | 1 1 10 2 |
| 20 | 1 2 6 6 |
| 21 | 2 3 11 |
| 22 | 8 7 |
| 23 | 8 7 |
| 24 | 15 |
| 25 | 15 |
| 26 | 8 6 |
| 27 | 6 1 1 1 |
| 28 | 2 1 1 |
| 29 | 1 2 1 |
| 30 | 1 1 |


| Row | Clue |
|---|---|
| 1 | 0 |
| 2 | 0 |
| 3 | 0 |
| 4 | 0 |
| 5 | 4 5 |
| 6 | 3 1 1 3 |
| 7 | 3 3 |
| 8 | 7 1 4 |
| 9 | 7 9 |
| 10 | 7 8 |
| 11 | 6 7 |
| 12 | 5 4 6 |
| 13 | 4 10 5 |
| 14 | 3 12 4 |
| 15 | 23 |
| 16 | 3 21 |
| 17 | 3 19 3 |
| 18 | 24 |
| 19 | 5 8 6 2 |
| 20 | 28 |
| 21 | 2 21 |
| 22 | 3 3 3 2 |
| 23 | 2 2 2 2 |
| 24 | 1 5 5 1 |
| 25 | 1 4 4 1 |
| 26 | 0 |
| 27 | 0 |
| 28 | 0 |
| 29 | 0 |
| 30 | 0 |

| | 0 | 1 | 3 | 2 2 | 3 | 2 | 2 | 2 4 | 19 6 | 4 16 6 | 4 17 6 | 3 18 6 | 3 6 11 7 | 2 6 8 5 | 2 6 8 6 | 3 6 8 2 6 | 3 14 3 6 | 4 16 6 | 11 3 6 | 2 7 | 6 | 6 | 5 | 5 | 4 | 4 | 3 | 0 | 0 | 0 |
|---|---|---|---|---|---|---|---|---|---|---|---|---|---|---|---|---|---|---|---|---|---|---|---|---|---|---|---|---|---|---|
| 4 | | | | | | | | | | | | | | | | | | | | | | | | | | | | | | |
| 8 | | | | | | | | | | | | | | | | | | | | | | | | | | | | | | |
| 4 4 | | | | | | | | | | | | | | | | | | | | | | | | | | | | | | |
| 4 2 3 | | | | | | | | | | | | | | | | | | | | | | | | | | | | | | |
| 4 4 3 | | | | | | | | | | | | | | | | | | | | | | | | | | | | | | |
| 3 6 2 | | | | | | | | | | | | | | | | | | | | | | | | | | | | | | |
| 1 7 1 | | | | | | | | | | | | | | | | | | | | | | | | | | | | | | |
| 11 | | | | | | | | | | | | | | | | | | | | | | | | | | | | | | |
| 11 | | | | | | | | | | | | | | | | | | | | | | | | | | | | | | |
| 5 4 | | | | | | | | | | | | | | | | | | | | | | | | | | | | | | |
| 4 3 | | | | | | | | | | | | | | | | | | | | | | | | | | | | | | |
| 5 4 | | | | | | | | | | | | | | | | | | | | | | | | | | | | | | |
| 11 | | | | | | | | | | | | | | | | | | | | | | | | | | | | | | |
| 10 | | | | | | | | | | | | | | | | | | | | | | | | | | | | | | |
| 10 | | | | | | | | | | | | | | | | | | | | | | | | | | | | | | |
| 10 | | | | | | | | | | | | | | | | | | | | | | | | | | | | | | |
| 10 | | | | | | | | | | | | | | | | | | | | | | | | | | | | | | |
| 10 | | | | | | | | | | | | | | | | | | | | | | | | | | | | | | |
| 1 10 | | | | | | | | | | | | | | | | | | | | | | | | | | | | | | |
| 3 7 1 | | | | | | | | | | | | | | | | | | | | | | | | | | | | | | |
| 2 2 5 4 | | | | | | | | | | | | | | | | | | | | | | | | | | | | | | |
| 5 5 4 | | | | | | | | | | | | | | | | | | | | | | | | | | | | | | |
| 1 2 3 2 3 | | | | | | | | | | | | | | | | | | | | | | | | | | | | | | |
| 2 4 1 | | | | | | | | | | | | | | | | | | | | | | | | | | | | | | |
| 15 | | | | | | | | | | | | | | | | | | | | | | | | | | | | | | |
| 17 | | | | | | | | | | | | | | | | | | | | | | | | | | | | | | |
| 18 | | | | | | | | | | | | | | | | | | | | | | | | | | | | | | |
| 5 13 | | | | | | | | | | | | | | | | | | | | | | | | | | | | | | |
| 5 12 | | | | | | | | | | | | | | | | | | | | | | | | | | | | | | |
| 4 11 | | | | | | | | | | | | | | | | | | | | | | | | | | | | | | |

| | 0 | 0 | 0 | 5 | 11 | 4 15 | 6 16 | 7 19 | 6 20 | 7 21 | 6 21 | 27 | 26 | 24 | 21 | 22 | 24 | 3 21 | 3 21 | 4 21 | 4 21 | 2 19 | 18 | 3 6 4 | 5 6 | 11 | 5 | 0 | 0 | 0 |
|---|---|---|---|---|---|---|---|---|---|---|---|---|---|---|---|---|---|---|---|---|---|---|---|---|---|---|---|---|---|---|
| 3 | | | | | | | | | | | | | | | | | | | | | | | | | | | | | | |
| 5 1 | | | | | | | | | | | | | | | | | | | | | | | | | | | | | | |
| 6 3 | | | | | | | | | | | | | | | | | | | | | | | | | | | | | | |
| 7 4 | | | | | | | | | | | | | | | | | | | | | | | | | | | | | | |
| 7 4 | | | | | | | | | | | | | | | | | | | | | | | | | | | | | | |
| 7 3 | | | | | | | | | | | | | | | | | | | | | | | | | | | | | | |
| 7 2 | | | | | | | | | | | | | | | | | | | | | | | | | | | | | | |
| 5 2 | | | | | | | | | | | | | | | | | | | | | | | | | | | | | | |
| 6 | | | | | | | | | | | | | | | | | | | | | | | | | | | | | | |
| 13 | | | | | | | | | | | | | | | | | | | | | | | | | | | | | | |
| 16 | | | | | | | | | | | | | | | | | | | | | | | | | | | | | | |
| 20 | | | | | | | | | | | | | | | | | | | | | | | | | | | | | | |
| 20 | | | | | | | | | | | | | | | | | | | | | | | | | | | | | | |
| 22 | | | | | | | | | | | | | | | | | | | | | | | | | | | | | | |
| 19 2 | | | | | | | | | | | | | | | | | | | | | | | | | | | | | | |
| 24 | | | | | | | | | | | | | | | | | | | | | | | | | | | | | | |
| 21 2 | | | | | | | | | | | | | | | | | | | | | | | | | | | | | | |
| 21 2 | | | | | | | | | | | | | | | | | | | | | | | | | | | | | | |
| 21 2 | | | | | | | | | | | | | | | | | | | | | | | | | | | | | | |
| 21 2 | | | | | | | | | | | | | | | | | | | | | | | | | | | | | | |
| 22 | | | | | | | | | | | | | | | | | | | | | | | | | | | | | | |
| 19 2 | | | | | | | | | | | | | | | | | | | | | | | | | | | | | | |
| 19 2 | | | | | | | | | | | | | | | | | | | | | | | | | | | | | | |
| 22 | | | | | | | | | | | | | | | | | | | | | | | | | | | | | | |
| 20 | | | | | | | | | | | | | | | | | | | | | | | | | | | | | | |
| 20 | | | | | | | | | | | | | | | | | | | | | | | | | | | | | | |
| 18 | | | | | | | | | | | | | | | | | | | | | | | | | | | | | | |
| 16 | | | | | | | | | | | | | | | | | | | | | | | | | | | | | | |
| 15 | | | | | | | | | | | | | | | | | | | | | | | | | | | | | | |
| 5 5 | | | | | | | | | | | | | | | | | | | | | | | | | | | | | | |

| Column | 1 | 2 | 3 | 4 | 5 | 6 | 7 | 8 | 9 | 10 | 11 | 12 | 13 | 14 | 15 | 16 | 17 | 18 | 19 | 20 | 21 | 22 | 23 | 24 | 25 | 26 | 27 | 28 | 29 | 30 |
|---|---|---|---|---|---|---|---|---|---|---|---|---|---|---|---|---|---|---|---|---|---|---|---|---|---|---|---|---|---|---|
| Clue | 1 1 | 2 1 | 3 2 | 4 3 | 4 4 | 5 5 | 7 5 | 8 5 | 10 5 | 12 5 | 1 1 1 6 | 29 | 2 1 6 | 4 2 5 | 19 5 | 18 5 | 17 5 | 16 5 | 15 5 | 14 5 | 13 5 | 12 5 | 10 4 | 9 4 | 7 3 | 6 3 | 4 2 | 2 2 | 1 | 0 |

| Row | Clue |
|---|---|
| 1 | 0 |
| 2 | 1 |
| 3 | 3 |
| 4 | 3 |
| 5 | 1 2 |
| 6 | 1 3 |
| 7 | 1 4 |
| 8 | 1 4 |
| 9 | 1 5 |
| 10 | 1 6 |
| 11 | 2 7 |
| 12 | 1 1 8 |
| 13 | 1 1 8 |
| 14 | 2 1 9 |
| 15 | 2 1 10 |
| 16 | 3 1 10 |
| 17 | 4 1 11 |
| 18 | 4 1 12 |
| 19 | 5 1 12 |
| 20 | 7 1 13 |
| 21 | 8 1 13 |
| 22 | 9 1 15 |
| 23 | 28 |
| 24 | 1 |
| 25 | 3 |
| 26 | 29 |
| 27 | 26 |
| 28 | 23 |
| 29 | 20 |
| 30 | 17 |

| Column | Clue |
| --- | --- |
| 1 | 0 |
| 2 | 2 1 6 |
| 3 | 13 2 |
| 4 | 1 3 3 1 |
| 5 | 2 3 2 1 |
| 6 | 2 2 2 2 |
| 7 | 3 2 3 1 |
| 8 | 4 3 2 1 |
| 9 | 4 2 2 2 |
| 10 | 4 2 3 2 |
| 11 | 5 2 3 1 |
| 12 | 5 2 2 2 |
| 13 | 5 2 3 2 |
| 14 | 7 2 8 |
| 15 | 12 3 2 |
| 16 | 7 2 2 2 |
| 17 | 6 8 1 |
| 18 | 6 3 1 2 |
| 19 | 6 3 2 2 |
| 20 | 6 3 2 2 |
| 21 | 6 2 2 1 |
| 22 | 5 3 1 2 |
| 23 | 5 3 2 2 |
| 24 | 4 2 2 2 |
| 25 | 4 2 2 1 |
| 26 | 4 3 3 2 |
| 27 | 2 2 2 2 |
| 28 | 2 2 7 |
| 29 | 8 4 1 |
| 30 | 1 1 3 |


| Row | Clue |
| --- | --- |
| 1 | 0 |
| 2 | 0 |
| 3 | 0 |
| 4 | 0 |
| 5 | 10 |
| 6 | 20 |
| 7 | 27 |
| 8 | 1 26 |
| 9 | 2 19 1 |
| 10 | 2 11 1 |
| 11 | 1 3 1 |
| 12 | 3 1 5 |
| 13 | 7 1 8 |
| 14 | 10 1 9 2 |
| 15 | 1 16 1 |
| 16 | 1 8 2 |
| 17 | 2 1 1 |
| 18 | 6 1 4 |
| 19 | 10 1 7 |
| 20 | 1 9 1 8 1 |
| 21 | 1 12 1 |
| 22 | 1 5 1 |
| 23 | 2 1 4 |
| 24 | 4 1 7 |
| 25 | 5 1 7 |
| 26 | 12 |
| 27 | 5 |
| 28 | 0 |
| 29 | 0 |
| 30 | 0 |

Column clues (left to right, top to bottom):

| 1 | 2 | 3 | 4 | 5 | 6 | 7 | 8 | 9 | 10 | 11 | 12 | 13 | 14 | 15 | 16 | 17 | 18 | 19 | 20 | 21 | 22 | 23 | 24 | 25 | 26 | 27 | 28 | 29 | 30 |
|---|---|---|---|---|---|---|---|---|---|---|---|---|---|---|---|---|---|---|---|---|---|---|---|---|---|---|---|---|---|
| 0 | 0 | 0 | 10 | 5 5 | 3 3 | 2 2 | 2 3 7 | 2 1 1 10 | 2 2 13 | 2 2 14 | 4 14 | 15 | 5 15 | 7 15 | 3 3 13 1 | 3 2 13 1 | 4 4 12 1 | 29 | 6 18 1 | 29 | 4 4 1 | 3 2 | 3 3 | 7 | 5 | 0 | 0 | 0 | 0 |

Row clues (top to bottom):

1 1
2 5 2
13
13
13
1 3 1
2 5 2
3 5 5
5 9
2 2 5
2 1 3
2 1 1 3
1 1 2 3
2 1 2 4
2 3 5
1 9
1 11
1 12
1 12
1 13
1 13
2 13
2 14
1 14
2 14
2 10 3
12 1 1
10 1 1
8 1 1
13

| | 4 | 5 | 7 | 7 | 8 | 8 | 9 | 1<br>7 | 1<br>8 | 3<br>8 | 5<br>7 | 1<br>1<br>8 | 1<br>1<br>7 | 1<br>1<br>8 | 1<br>1<br>1<br>7 | 1<br>1<br>1<br>1<br>8 | 1<br>3<br>1<br>7 | 2<br>1<br>1<br>7 | 2<br>1<br>6 | 1<br>1<br>1<br>6 | 1<br>3<br>4 | 1<br>9 | 2<br>9 | 5<br>4<br>3 | 5<br>3 | 5<br>2 | 5<br>2 | 5<br>1 | 8 | 5 |
|---|---|---|---|---|---|---|---|---|---|---|---|---|---|---|---|---|---|---|---|---|---|---|---|---|---|---|---|---|---|---|
| 0 | | | | | | | | | | | | | | | | | | | | | | | | | | | | | | |
| 0 | | | | | | | | | | | | | | | | | | | | | | | | | | | | | | |
| 0 | | | | | | | | | | | | | | | | | | | | | | | | | | | | | | |
| 0 | | | | | | | | | | | | | | | | | | | | | | | | | | | | | | |
| 7 | | | | | | | | | | | | | | | | | | | | | | | | | | | | | | |
| 1 4 | | | | | | | | | | | | | | | | | | | | | | | | | | | | | | |
| 2 2 1 2 | | | | | | | | | | | | | | | | | | | | | | | | | | | | | | |
| 2 1 1 1 | | | | | | | | | | | | | | | | | | | | | | | | | | | | | | |
| 5 2 1 | | | | | | | | | | | | | | | | | | | | | | | | | | | | | | |
| 3 2 2 1 | | | | | | | | | | | | | | | | | | | | | | | | | | | | | | |
| 8 2 1 | | | | | | | | | | | | | | | | | | | | | | | | | | | | | | |
| 11 2 1 | | | | | | | | | | | | | | | | | | | | | | | | | | | | | | |
| 14 1 1 | | | | | | | | | | | | | | | | | | | | | | | | | | | | | | |
| 16 1 1 | | | | | | | | | | | | | | | | | | | | | | | | | | | | | | |
| 17 1 2 | | | | | | | | | | | | | | | | | | | | | | | | | | | | | | |
| 18 8 | | | | | | | | | | | | | | | | | | | | | | | | | | | | | | |
| 17 8 | | | | | | | | | | | | | | | | | | | | | | | | | | | | | | |
| 21 | | | | | | | | | | | | | | | | | | | | | | | | | | | | | | |
| 9 3 4 | | | | | | | | | | | | | | | | | | | | | | | | | | | | | | |
| 10 4 | | | | | | | | | | | | | | | | | | | | | | | | | | | | | | |
| 8 3 | | | | | | | | | | | | | | | | | | | | | | | | | | | | | | |
| 7 2 | | | | | | | | | | | | | | | | | | | | | | | | | | | | | | |
| 6 2 | | | | | | | | | | | | | | | | | | | | | | | | | | | | | | |
| 6 2 | | | | | | | | | | | | | | | | | | | | | | | | | | | | | | |
| 5 | | | | | | | | | | | | | | | | | | | | | | | | | | | | | | |
| 0 | | | | | | | | | | | | | | | | | | | | | | | | | | | | | | |
| 0 | | | | | | | | | | | | | | | | | | | | | | | | | | | | | | |
| 0 | | | | | | | | | | | | | | | | | | | | | | | | | | | | | | |
| 0 | | | | | | | | | | | | | | | | | | | | | | | | | | | | | | |
| 0 | | | | | | | | | | | | | | | | | | | | | | | | | | | | | | |

| | 5 | 2 1 | 2 2 | 1 8 2 1 | 3 5 3 1 | 1 5 1 | 1 2 6 1 | 2 2 4 1 1 | 1 2 4 1 1 | 4 4 4 | 3 4 | 2 4 | 1 8 | 1 1 1 | 2 1 2 | 1 1 1 | 1 8 | 1 4 | 1 6 | 1 7 | 1 7 | 1 3 | 1 1 2 | 1 3 | 1 2 | 1 2 | 2 1 | 2 1 | 3 | 0 |
|---|---|---|---|---|---|---|---|---|---|---|---|---|---|---|---|---|---|---|---|---|---|---|---|---|---|---|---|---|---|---|
| 10 | | | | | | | | | | | | | | | | | | | | | | | | | | | | | | |
| 6 2 | | | | | | | | | | | | | | | | | | | | | | | | | | | | | | |
| 5 1 | | | | | | | | | | | | | | | | | | | | | | | | | | | | | | |
| 4 2 1 | | | | | | | | | | | | | | | | | | | | | | | | | | | | | | |
| 1 2 1 1 | | | | | | | | | | | | | | | | | | | | | | | | | | | | | | |
| 3 2 2 1 | | | | | | | | | | | | | | | | | | | | | | | | | | | | | | |
| 3 1 6 1 1 | | | | | | | | | | | | | | | | | | | | | | | | | | | | | | |
| 2 10 1 | | | | | | | | | | | | | | | | | | | | | | | | | | | | | | |
| 1 1 13 | | | | | | | | | | | | | | | | | | | | | | | | | | | | | | |
| 2 2 5 | | | | | | | | | | | | | | | | | | | | | | | | | | | | | | |
| 1 3 1 3 | | | | | | | | | | | | | | | | | | | | | | | | | | | | | | |
| 1 4 1 3 | | | | | | | | | | | | | | | | | | | | | | | | | | | | | | |
| 1 5 1 2 | | | | | | | | | | | | | | | | | | | | | | | | | | | | | | |
| 2 3 1 1 | | | | | | | | | | | | | | | | | | | | | | | | | | | | | | |
| 1 3 1 2 | | | | | | | | | | | | | | | | | | | | | | | | | | | | | | |
| 1 2 3 | | | | | | | | | | | | | | | | | | | | | | | | | | | | | | |
| 1 1 | | | | | | | | | | | | | | | | | | | | | | | | | | | | | | |
| 1 2 | | | | | | | | | | | | | | | | | | | | | | | | | | | | | | |
| 1 1 | | | | | | | | | | | | | | | | | | | | | | | | | | | | | | |
| 1 1 | | | | | | | | | | | | | | | | | | | | | | | | | | | | | | |
| 1 1 | | | | | | | | | | | | | | | | | | | | | | | | | | | | | | |
| 1 1 | | | | | | | | | | | | | | | | | | | | | | | | | | | | | | |
| 2 2 | | | | | | | | | | | | | | | | | | | | | | | | | | | | | | |
| 3 1 | | | | | | | | | | | | | | | | | | | | | | | | | | | | | | |
| 2 1 | | | | | | | | | | | | | | | | | | | | | | | | | | | | | | |
| 2 1 | | | | | | | | | | | | | | | | | | | | | | | | | | | | | | |
| 1 5 1 | | | | | | | | | | | | | | | | | | | | | | | | | | | | | | |
| 1 1 2 | | | | | | | | | | | | | | | | | | | | | | | | | | | | | | |
| 1 1 | | | | | | | | | | | | | | | | | | | | | | | | | | | | | | |
| 2 | | | | | | | | | | | | | | | | | | | | | | | | | | | | | | |

| Column | Clue |
|---|---|
| 1 | 17 9 |
| 2 | 14 10 |
| 3 | 12 10 |
| 4 | 11 11 |
| 5 | 10 12 |
| 6 | 9 13 |
| 7 | 8 1 14 |
| 8 | 7 2 14 |
| 9 | 5 3 15 |
| 10 | 4 3 14 |
| 11 | 3 4 11 |
| 12 | 3 4 8 |
| 13 | 2 2 6 |
| 14 | 2 6 |
| 15 | 1 5 |
| 16 | 1 5 |
| 17 | 1 4 |
| 18 | 1 1 4 |
| 19 | 1 3 3 |
| 20 | 1 5 2 |
| 21 | 1 5 1 |
| 22 | 1 6 3 |
| 23 | 1 4 4 |
| 24 | 2 4 |
| 25 | 2 5 |
| 26 | 3 6 |
| 27 | 4 7 |
| 28 | 5 8 |
| 29 | 6 11 |
| 30 | 9 17 |

| Row | Clue |
|---|---|
| 1 | 30 |
| 2 | 14 7 |
| 3 | 12 5 |
| 4 | 10 4 |
| 5 | 9 3 |
| 6 | 8 2 |
| 7 | 8 1 |
| 8 | 7 2 1 |
| 9 | 6 5 1 |
| 10 | 5 6 |
| 11 | 4 6 1 |
| 12 | 3 4 |
| 13 | 2 6 |
| 14 | 2 5 1 |
| 15 | 1 4 1 |
| 16 | 1 1 3 1 |
| 17 | 1 4 1 1 |
| 18 | 5 1 |
| 19 | 6 1 |
| 20 | 8 2 |
| 21 | 10 2 |
| 22 | 11 2 |
| 23 | 12 3 |
| 24 | 12 4 |
| 25 | 14 5 |
| 26 | 16 6 |
| 27 | 18 8 |
| 28 | 19 9 |
| 29 | 20 9 |
| 30 | 30 |

| Column | Clues |
|---|---|
| 1 | 3 1 |
| 2 | 5 2 |
| 3 | 3 2 1 1 |
| 4 | 3 1 1 2 |
| 5 | 3 2 1 1 |
| 6 | 1 1 2 1 2 |
| 7 | 3 4 1 2 |
| 8 | 3 6 1 1 |
| 9 | 1 6 2 1 2 |
| 10 | 2 2 1 1 1 2 |
| 11 | 3 1 1 1 2 |
| 12 | 1 1 1 1 1 2 |
| 13 | 1 2 1 1 2 1 3 |
| 14 | 3 3 1 3 1 1 |
| 15 | 6 1 1 1 8 1 2 |
| 16 | 1 1 1 1 1 8 1 2 |
| 17 | 6 1 3 1 3 1 1 |
| 18 | 3 1 1 1 2 1 3 |
| 19 | 1 2 1 1 1 1 2 |
| 20 | 2 1 1 1 2 |
| 21 | 2 2 1 1 1 2 |
| 22 | 1 6 2 1 2 |
| 23 | 3 6 1 2 |
| 24 | 3 4 1 2 |
| 25 | 3 2 1 2 |
| 26 | 3 2 1 1 |
| 27 | 3 1 1 2 |
| 28 | 3 2 1 1 |
| 29 | 5 2 |
| 30 | 2 2 |

| Row | Clues |
|---|---|
| 1 | 1 |
| 2 | 1 1 |
| 3 | 1 1 |
| 4 | 1 1 |
| 5 | 1 1 |
| 6 | 1 1 |
| 7 | 1 1 |
| 8 | 1 1 1 |
| 9 | 2 2 |
| 10 | 5 |
| 11 | 2 1 |
| 12 | 3 7 2 |
| 13 | 3 2 1 1 2 3 |
| 14 | 2 3 10 6 |
| 15 | 8 8 |
| 16 | 4 14 4 |
| 17 | 3 2 2 2 2 |
| 18 | 2 4 2 4 2 |
| 19 | 3 3 2 3 3 |
| 20 | 7 2 7 |
| 21 | 1 5 4 5 1 |
| 22 | 3 3 6 3 4 |
| 23 | 1 3 10 3 1 |
| 24 | 2 3 3 2 |
| 25 | 4 10 4 |
| 26 | 5 5 |
| 27 | 15 |
| 28 | 3 3 |
| 29 | 6 |
| 30 | 2 |

| Column | Clue |
|---|---|
| 1 | 0 |
| 2 | 0 |
| 3 | 1 |
| 4 | 1 |
| 5 | 1 |
| 6 | 2 |
| 7 | 5 2 |
| 8 | 16 2 |
| 9 | 3 2 4 2 |
| 10 | 3 4 14 |
| 11 | 3 1 4 2 2 2 |
| 12 | 4 1 2 2 2 2 |
| 13 | 4 1 5 1 3 2 |
| 14 | 5 5 2 3 3 1 |
| 15 | 6 2 1 1 2 3 1 |
| 16 | 4 1 2 1 1 2 5 1 |
| 17 | 3 4 1 1 2 4 1 |
| 18 | 3 5 1 3 7 |
| 19 | 3 1 5 1 8 |
| 20 | 2 1 4 8 |
| 21 | 3 4 2 10 |
| 22 | 8 2 3 4 |
| 23 | 14 3 |
| 24 | 4 3 |
| 25 | 2 |
| 26 | 2 |
| 27 | 1 |
| 28 | 1 |
| 29 | 0 |
| 30 | 0 |


| Row | Clue |
|---|---|
| 1 | 7 |
| 2 | 9 |
| 3 | 12 |
| 4 | 9 4 |
| 5 | 3 2 2 |
| 6 | 2 2 2 |
| 7 | 1 2 1 2 |
| 8 | 1 1 1 2 |
| 9 | 1 1 3 2 3 |
| 10 | 16 |
| 11 | 4 11 |
| 12 | 1 5 5 1 |
| 13 | 1 4 4 1 |
| 14 | 2 2 |
| 15 | 2 5 3 |
| 16 | 3 1 4 |
| 17 | 4 1 2 |
| 18 | 4 5 2 |
| 19 | 4 2 2 2 |
| 20 | 2 5 1 |
| 21 | 1 3 1 |
| 22 | 1 1 |
| 23 | 2 3 |
| 24 | 4 1 4 |
| 25 | 1 10 |
| 26 | 1 9 |
| 27 | 1 9 |
| 28 | 1 9 |
| 29 | 8 9 |
| 30 | 26 |

| Column | Clue |
|---|---|
| 1 | 3 |
| 2 | 1 1 |
| 3 | 1 4 |
| 4 | 5 2 |
| 5 | 2 1 |
| 6 | 1 4 |
| 7 | 2 2 7 |
| 8 | 1 9 1 2 |
| 9 | 1 14 |
| 10 | 5 6 4 |
| 11 | 1 12 |
| 12 | 5 4 |
| 13 | 3 3 |
| 14 | 2 3 |
| 15 | 2 2 |
| 16 | 2 1 1 |
| 17 | 2 2 1 |
| 18 | 8 2 1 |
| 19 | 1 3 2 2 |
| 20 | 1 3 3 2 |
| 21 | 1 9 3 |
| 22 | 1 2 1 4 |
| 23 | 3 1 3 |
| 24 | 2 3 |
| 25 | 5 3 |
| 26 | 2 4 |
| 27 | 1 2 |
| 28 | 1 1 |
| 29 | 1 1 |
| 30 | 3 |

| Row | Clue |
|---|---|
| 1 | 0 |
| 2 | 0 |
| 3 | 0 |
| 4 | 2 |
| 5 | 1 1 |
| 6 | 1 1 |
| 7 | 1 1 |
| 8 | 3 1 1 3 |
| 9 | 1 1 1 1 1 1 1 |
| 10 | 1 2 1 1 1 2 1 1 |
| 11 | 1 1 1 1 5 1 1 |
| 12 | 1 2 4 6 1 1 |
| 13 | 8 1 2 4 5 |
| 14 | 2 3 5 7 |
| 15 | 1 7 1 2 |
| 16 | 1 6 1 1 |
| 17 | 1 6 1 1 |
| 18 | 1 6 2 1 |
| 19 | 7 1 1 |
| 20 | 2 3 2 1 |
| 21 | 4 1 2 3 |
| 22 | 1 4 2 3 |
| 23 | 11 3 |
| 24 | 8 3 |
| 25 | 6 1 3 |
| 26 | 3 |
| 27 | 0 |
| 28 | 0 |
| 29 | 0 |
| 30 | 0 |

Column clues (left to right, top to bottom):

1 | 2 1 | 6 1 | 7 2 | 8 1 1 | 9 1 1 | 9 1 1 | 9 1 1 | 17 | 15 1 | 11 1 1 | 10 1 1 1 | 9 2 2 1 | 10 2 2 1 | 3 7 2 3 1 | 3 4 3 5 | 3 5 3 2 2 7 | 1 6 5 1 2 7 | 4 5 18 | 2 5 11 | 3 8 12 | 13 6 | 3 5 | 3 5 | 1 5 | 4 | 4 | 3 | 2 | 1

Row clues (top to bottom):

3
1 1
2 1
3 2
5 2
5 1 1
4 3 2
5 3 1
5 3 1
7 3 2
7 3 2
7 2
17
9 10
9 12
9 3 7
9 1 5
9 1 2 1 1
8 1 4 2
8 2 3
6 1 5
2 5
1 1 1 3
2 3 5
3 1 9
1 2 11
7 2 13
1 1 13
1 14
1 14

| Column | 1 | 2 | 3 | 4 | 5 | 6 | 7 | 8 | 9 | 10 | 11 | 12 | 13 | 14 | 15 | 16 | 17 | 18 | 19 | 20 | 21 | 22 | 23 | 24 | 25 | 26 | 27 | 28 | 29 | 30 |
|---|---|---|---|---|---|---|---|---|---|---|---|---|---|---|---|---|---|---|---|---|---|---|---|---|---|---|---|---|---|---|
| Clue | 4 4 | 8 | 6 | 4 | 2 | 4 | 1 1 1 | 1 | 6 | 1 2 2 | 1 2 1 | 8 | 2 2 2 | 1 2 1 | 8 | 2 1 2 | 1 2 1 | 8 | 1 1 1 | 4 | 8 | 1 1 1 | 6 | 10 | 10 | 3 3 2 | 7 2 | 6 1 | 5 1 | 3 |

| Row | Clue |
|---|---|
| 1 | 0 |
| 2 | 0 |
| 3 | 0 |
| 4 | 0 |
| 5 | 0 |
| 6 | 0 |
| 7 | 0 |
| 8 | 0 |
| 9 | 0 |
| 10 | 1 1 |
| 11 | 1 1 1 1 1 4 |
| 12 | 2 3 2 1 1 5 |
| 13 | 3 1 2 1 1 1 1 7 |
| 14 | 4 1 1 1 1 1 2 3 3 |
| 15 | 5 7 2 2 8 |
| 16 | 29 |
| 17 | 4 1 1 1 1 1 2 8 |
| 18 | 3 1 2 1 1 1 1 3 |
| 19 | 2 1 2 2 1 1 6 |
| 20 | 1 1 1 1 1 1 4 |
| 21 | 1 1 |
| 22 | 0 |
| 23 | 0 |
| 24 | 0 |
| 25 | 0 |
| 26 | 0 |
| 27 | 0 |
| 28 | 0 |
| 29 | 0 |
| 30 | 0 |

**Column clues (left to right):**

| Column | Clue |
|---|---|
| 1 | 6 |
| 2 | 10 |
| 3 | 4 4 |
| 4 | 4 2 5 |
| 5 | 4 3 6 |
| 6 | 8 7 |
| 7 | 9 5 |
| 8 | 1 9 3 |
| 9 | 2 10 2 |
| 10 | 13 1 |
| 11 | 14 |
| 12 | 14 |
| 13 | 14 1 |
| 14 | 15 |
| 15 | 15 |
| 16 | 3 6 |
| 17 | 2 6 4 |
| 18 | 1 8 3 |
| 19 | 13 |
| 20 | 13 |
| 21 | 13 |
| 22 | 4 6 |
| 23 | 4 6 |
| 24 | 11 |
| 25 | 10 |
| 26 | 8 |
| 27 | 8 |
| 28 | 6 |
| 29 | 4 |
| 30 | 2 |

**Row clues (top to bottom):**

| Row | Clue |
|---|---|
| 1 | 0 |
| 2 | 0 |
| 3 | 0 |
| 4 | 0 |
| 5 | 6 |
| 6 | 15 |
| 7 | 8 7 |
| 8 | 8 10 |
| 9 | 9 12 |
| 10 | 10 5 6 |
| 11 | 11 5 7 |
| 12 | 12 14 |
| 13 | 13 13 |
| 14 | 14 12 |
| 15 | 3 11 10 |
| 16 | 3 13 7 |
| 17 | 2 21 |
| 18 | 2 2 11 |
| 19 | 2 5 |
| 20 | 2 4 |
| 21 | 4 |
| 22 | 9 |
| 23 | 8 |
| 24 | 6 |
| 25 | 4 |
| 26 | 3 |
| 27 | 2 |
| 28 | 1 |
| 29 | 0 |
| 30 | 0 |

| Column | Clues |
|---|---|
| 1 | 1 |
| 2 | 1 |
| 3 | 1 |
| 4 | 5 |
| 5 | 2 10 1 |
| 6 | 18 1 |
| 7 | 21 1 |
| 8 | 22 1 |
| 9 | 2 10 10 |
| 10 | 3 15 |
| 11 | 4 5 6 |
| 12 | 5 2 7 |
| 13 | 5 1 7 |
| 14 | 5 2 1 8 |
| 15 | 7 2 8 |
| 16 | 6 2 2 5 |
| 17 | 6 2 2 5 |
| 18 | 5 1 4 5 |
| 19 | 5 4 5 1 |
| 20 | 5 19 |
| 21 | 4 3 11 1 |
| 22 | 5 4 9 1 |
| 23 | 11 11 2 |
| 24 | 22 2 |
| 25 | 2 17 2 |
| 26 | 13 2 |
| 27 | 6 1 |
| 28 | 7 |
| 29 | 3 2 |
| 30 | 1 |

| Row | Clues |
|---|---|
| 1 | 8 |
| 2 | 10 |
| 3 | 12 |
| 4 | 15 |
| 5 | 16 |
| 6 | 1 3 5 |
| 7 | 3 2 4 |
| 8 | 5 1 4 |
| 9 | 7 2 |
| 10 | 7 3 |
| 11 | 6 4 |
| 12 | 7 5 6 |
| 13 | 6 3 6 |
| 14 | 5 7 |
| 15 | 5 1 3 |
| 16 | 5 1 3 |
| 17 | 3 2 1 4 |
| 18 | 7 1 2 4 |
| 19 | 8 6 4 |
| 20 | 22 |
| 21 | 11 9 |
| 22 | 11 9 |
| 23 | 5 5 9 |
| 24 | 6 17 |
| 25 | 6 17 |
| 26 | 6 17 |
| 27 | 4 1 11 3 |
| 28 | 2 1 6 2 1 |
| 29 | 2 11 7 |
| 30 | 1 2 6 2 |

Column clues (left to right, top to bottom):

1. 10
2. 11
3. 11
4. 11
5. 10
6. 5 9
7. 11 13
8. 2 5 15
9. 3 11 8
10. 10 6 6
11. 4 2 3 6 5 1
12. 4 2 1 9 2
13. 5 2 7 8 1
14. 5 2 1 1 1 4 7
15. 3 2 2 3 6
16. 3 1 3 2 2 1 4
17. 11 6 5
18. 1 1 1 6
19. 1 1 8
20. 1 10
21. 11
22. 10
23. 1 1
24. 1
25. 11
26. 2 12
27. 1 10
28. 1 10 1
29. 1 1 1 4 4
30. 2 1 1 1

Row clues (top to bottom):

1. 5
2. 9
3. 10
4. 1 9
5. 2 1 2 1
6. 6 1
7. 12
8. 5 4 1
9. 6 2
10. 2 9
11. 1 1 1 1 3
12. 3 1 1
13. 4 1 1
14. 4 2 1 4
15. 4 1 1 1 1
16. 7 1 1 3
17. 1 3 1 1 1
18. 2 6 1 4
19. 6 10 4
20. 9 3 2 1 7
21. 14 7 5
22. 13 2 3 6
23. 13 6 5
24. 14 1 4 4
25. 11 3 5 4
26. 9 2 6 3 1
27. 7 9 2 1
28. 5 1 9 1 1
29. 4 1 11 1 1
30. 3 1 2 10 1 1

| Column | Clues |
|---|---|
| 1 | 8 |
| 2 | 10 |
| 3 | 11 |
| 4 | 1 13 1 |
| 5 | 1 14 1 |
| 6 | 1 15 1 |
| 7 | 2 25 |
| 8 | 9 3 1 |
| 9 | 4 3 1 1 |
| 10 | 3 3 1 3 3 |
| 11 | 2 5 3 2 |
| 12 | 3 4 3 2 |
| 13 | 3 2 1 3 1 2 |
| 14 | 2 5 2 2 |
| 15 | 2 5 2 2 |
| 16 | 2 5 6 2 3 |
| 17 | 2 4 7 7 |
| 18 | 2 3 13 |
| 19 | 3 4 11 |
| 20 | 10 1 12 |
| 21 | 12 14 |
| 22 | 22 1 |
| 23 | 18 |
| 24 | 16 |
| 25 | 3 15 |
| 26 | 16 |
| 27 | 1 12 |
| 28 | 11 |
| 29 | 6 |
| 30 | 3 |

| Row | Clues |
|---|---|
| 1 | 1 1 |
| 2 | 1 6 1 |
| 3 | 1 11 1 1 |
| 4 | 2 7 6 1 |
| 5 | 1 5 6 3 |
| 6 | 8 7 1 |
| 7 | 8 10 |
| 8 | 8 11 |
| 9 | 8 11 |
| 10 | 12 12 |
| 11 | 13 13 |
| 12 | 13 14 |
| 13 | 7 2 13 |
| 14 | 7 3 2 8 |
| 15 | 6 1 9 |
| 16 | 4 2 6 |
| 17 | 5 1 7 |
| 18 | 5 1 3 7 |
| 19 | 4 5 7 |
| 20 | 1 12 |
| 21 | 1 12 |
| 22 | 1 13 |
| 23 | 1 7 5 |
| 24 | 1 2 6 |
| 25 | 1 9 |
| 26 | 2 8 |
| 27 | 1 2 5 |
| 28 | 1 2 6 |
| 29 | 1 12 |
| 30 | 2 11 |

| Column | Clues |
|---|---|
| 1 | 0 |
| 2 | 0 |
| 3 | 8 |
| 4 | 4 1 4 |
| 5 | 2 1 1 1 2 |
| 6 | 2 1 1 1 1 2 |
| 7 | 1 10 1 |
| 8 | 1 5 2 2 2 2 |
| 9 | 2 1 2 1 1 5 |
| 10 | 8 1 1 1 1 2 1 |
| 11 | 2 2 2 1 1 1 1 5 |
| 12 | 1 2 1 1 1 1 1 1 3 |
| 13 | 1 2 1 1 1 1 1 1 2 |
| 14 | 1 2 1 1 1 1 1 1 2 |
| 15 | 1 2 1 1 1 1 1 1 2 |
| 16 | 1 2 1 1 1 1 1 1 2 |
| 17 | 1 2 1 1 1 1 1 1 2 |
| 18 | 1 2 1 1 1 1 1 1 3 |
| 19 | 1 2 1 1 1 1 1 5 |
| 20 | 2 2 2 1 1 1 1 3 |
| 21 | 8 1 1 1 1 2 1 |
| 22 | 4 2 1 1 5 |
| 23 | 1 5 2 2 2 2 |
| 24 | 1 10 1 |
| 25 | 2 1 1 1 1 2 |
| 26 | 2 1 1 1 2 |
| 27 | 4 1 4 |
| 28 | 8 |
| 29 | 0 |
| 30 | 0 |

| Row | Clues |
|---|---|
| 1 | 10 |
| 2 | 1 1 |
| 3 | 1 1 |
| 4 | 1 1 |
| 5 | 1 1 |
| 6 | 12 |
| 7 | 14 |
| 8 | 3 3 |
| 9 | 2 2 3 2 |
| 10 | 2 16 2 |
| 11 | 2 1 1 2 |
| 12 | 1 1 1 1 |
| 13 | 2 2 2 2 |
| 14 | 26 |
| 15 | 1 1 1 1 |
| 16 | 1 2 2 1 |
| 17 | 26 |
| 18 | 1 1 1 1 |
| 19 | 1 2 2 1 |
| 20 | 26 |
| 21 | 1 1 1 1 |
| 22 | 1 2 2 1 |
| 23 | 24 |
| 24 | 1 1 1 1 |
| 25 | 1 2 2 1 |
| 26 | 20 |
| 27 | 2 1 2 2 |
| 28 | 3 4 |
| 29 | 9 |
| 30 | 9 |

| Column | Clue |
|---|---|
| 1 | 0 |
| 2 | 0 |
| 3 | 0 |
| 4 | 0 |
| 5 | 10 |
| 6 | 6 1 2 3 1 1 |
| 7 | 1 1 4 4 1 |
| 8 | 3 1 15 1 |
| 9 | 3 1 4 1 4 |
| 10 | 2 1 2 4 1 |
| 11 | 2 2 1 1 1 1 2 |
| 12 | 1 1 6 1 2 1 2 |
| 13 | 1 6 2 1 1 2 |
| 14 | 7 3 1 1 1 |
| 15 | 6 1 1 |
| 16 | 6 1 1 1 1 1 |
| 17 | 1 5 12 1 |
| 18 | 1 3 2 4 5 1 |
| 19 | 2 1 3 2 1 1 3 |
| 20 | 2 1 1 3 4 1 3 |
| 21 | 2 3 3 2 1 9 |
| 22 | 6 4 2 11 |
| 23 | 11 10 1 |
| 24 | 21 1 |
| 25 | 18 1 |
| 26 | 2 11 |
| 27 | 0 |
| 28 | 0 |
| 29 | 0 |
| 30 | 0 |

| Row | Clue |
|---|---|
| 1 | 3 4 |
| 2 | 2 3 3 |
| 3 | 2 7 2 |
| 4 | 2 8 2 |
| 5 | 4 7 4 |
| 6 | 1 1 6 5 |
| 7 | 1 9 5 |
| 8 | 2 1 4 2 5 |
| 9 | 4 1 1 1 2 4 |
| 10 | 2 1 1 7 |
| 11 | 1 2 1 7 |
| 12 | 2 2 6 |
| 13 | 1 2 2 5 |
| 14 | 1 4 1 3 4 |
| 15 | 4 5 6 3 |
| 16 | 6 1 1 3 1 1 3 |
| 17 | 1 2 1 1 5 4 |
| 18 | 1 1 3 2 5 |
| 19 | 1 1 1 8 |
| 20 | 3 1 6 |
| 21 | 2 2 6 |
| 22 | 2 1 2 5 |
| 23 | 3 3 5 |
| 24 | 1 2 5 |
| 25 | 2 6 4 |
| 26 | 1 1 4 |
| 27 | 3 4 |
| 28 | 1 2 2 1 |
| 29 | 1 2 1 1 |
| 30 | 2 6 2 |

| Column | Clues |
|---|---|
| 1 | 1 |
| 2 | 2 |
| 3 | 2 |
| 4 | 6 3 |
| 5 | 12 3 |
| 6 | 4 12 4 |
| 7 | 4 12 4 |
| 8 | 29 |
| 9 | 6 22 |
| 10 | 7 4 16 |
| 11 | 6 6 1 11 |
| 12 | 7 7 9 |
| 13 | 20 5 3 |
| 14 | 8 3 12 2 |
| 15 | 6 3 1 1 2 3 |
| 16 | 7 4 2 1 2 |
| 17 | 6 5 1 2 |
| 18 | 14 3 |
| 19 | 7 4 2 4 |
| 20 | 6 3 1 5 |
| 21 | 12 8 |
| 22 | 5 6 3 5 |
| 23 | 3 8 1 4 |
| 24 | 12 3 |
| 25 | 4 3 |
| 26 | 2 |
| 27 | 2 |
| 28 | 1 |
| 29 | 1 |
| 30 | 1 |

| Row | Clues |
|---|---|
| 1 | 12 |
| 2 | 14 |
| 3 | 16 |
| 4 | 18 |
| 5 | 18 |
| 6 | 20 |
| 7 | 2 1 1 3 1 2 2 1 |
| 8 | 1 1 2 1 1 1 |
| 9 | 3 2 1 1 1 2 1 2 |
| 10 | 22 |
| 11 | 22 |
| 12 | 22 |
| 13 | 10 2 5 |
| 14 | 6 4 4 3 |
| 15 | 6 3 1 3 |
| 16 | 10 2 |
| 17 | 6 2 1 |
| 18 | 5 2 |
| 19 | 5 2 1 |
| 20 | 6 3 1 |
| 21 | 5 1 1 |
| 22 | 9 1 |
| 23 | 7 2 1 |
| 24 | 8 1 |
| 25 | 9 1 |
| 26 | 6 3 |
| 27 | 7 5 |
| 28 | 10 1 8 |
| 29 | 26 |
| 30 | 30 |

| | | | | | | | | | | | | | | | | | | | | | | | | | | | | | |
|---|---|---|---|---|---|---|---|---|---|---|---|---|---|---|---|---|---|---|---|---|---|---|---|---|---|---|---|---|---|
| | | | | | | | | 9 | 9 | 9 | 9 | 9 | 9 | 8 | 8 | 9 | 9 | 9 | 9 | 9 | 9 | | | | | | | | |
| 3 | 4 | 5 | 6 | 8 | 8 | 9 | 8 | 3 | 4 | 4 | 4 | 3 | 3 | 3 | 3 | 3 | 3 | 4 | 4 | 4 | 3 | 8 | 9 | 8 | 8 | 6 | 5 | 4 | 3 |
| 2 | 3 | 4 | 5 | 5 | 7 | 8 | 8 | 5 | 4 | 4 | 4 | 4 | 4 | 4 | 4 | 4 | 4 | 5 | 4 | 4 | 5 | 8 | 8 | 7 | 5 | 5 | 4 | 3 | 2 |

| |
|---|
| 0 |
| 0 |
| 0 |
| 0 |
| 4 4 |
| 14 |
| 18 |
| 20 |
| 22 |
| 22 |
| 24 |
| 26 |
| 28 |
| 10 10 |
| 7 7 |
| 5 5 |
| 7 7 |
| 30 |
| 30 |
| 7 12 7 |
| 7 7 |
| 8 9 |
| 20 |
| 18 |
| 14 |
| 8 |
| 0 |
| 0 |
| 0 |
| 0 |

| Column | Clues |
|---|---|
| 1 | 1 6 |
| 2 | 7 4 |
| 3 | 2 5 5 |
| 4 | 5 2 2 |
| 5 | 1 13 4 |
| 6 | 1 5 5 7 1 |
| 7 | 6 1 1 2 8 |
| 8 | 5 1 1 2 3 |
| 9 | 5 1 1 2 1 3 |
| 10 | 5 1 1 3 2 |
| 11 | 3 1 1 1 1 2 2 |
| 12 | 2 2 1 1 1 2 |
| 13 | 1 1 1 1 2 |
| 14 | 3 1 1 1 2 2 |
| 15 | 2 1 1 1 1 3 2 |
| 16 | 2 1 1 2 1 3 |
| 17 | 3 1 1 2 1 3 |
| 18 | 1 1 1 1 2 4 |
| 19 | 1 1 1 1 2 5 |
| 20 | 1 1 1 2 1 2 6 |
| 21 | 1 1 7 11 |
| 22 | 1 1 1 21 |
| 23 | 1 3 18 |
| 24 | 1 1 15 4 |
| 25 | 1 7 7 2 4 |
| 26 | 1 2 1 2 1 2 1 6 |
| 27 | 1 2 4 2 2 1 4 1 1 |
| 28 | 3 4 2 3 4 |
| 29 | 8 2 3 3 |
| 30 | 6 2 1 3 |

| Row | Clues |
|---|---|
| 1 | 1 15 2 |
| 2 | 2 6 4 1 1 |
| 3 | 1 7 1 1 2 |
| 4 | 2 4 1 4 2 |
| 5 | 2 7 2 1 6 |
| 6 | 3 2 1 3 1 |
| 7 | 6 4 2 |
| 8 | 5 3 3 |
| 9 | 1 5 4 2 4 |
| 10 | 1 2 2 2 5 4 |
| 11 | 1 2 5 4 |
| 12 | 1 5 9 2 1 |
| 13 | 2 2 1 1 6 2 |
| 14 | 2 5 1 4 10 |
| 15 | 2 6 13 1 |
| 16 | 4 4 2 |
| 17 | 3 9 |
| 18 | 1 1 4 3 |
| 19 | 1 1 1 2 6 1 |
| 20 | 1 1 2 1 4 5 |
| 21 | 3 6 3 |
| 22 | 3 6 4 5 |
| 23 | 3 2 2 4 2 |
| 24 | 3 2 2 7 |
| 25 | 2 4 8 |
| 26 | 3 8 |
| 27 | 3 6 3 |
| 28 | 3 7 1 |
| 29 | 1 14 1 |
| 30 | 1 11 1 1 |

| Column | Clue |
|---|---|
| 1 | 2 |
| 2 | 3 |
| 3 | 2 |
| 4 | 1 2 |
| 5 | 1 2 |
| 6 | 1 6 |
| 7 | 3 2 |
| 8 | 5 2 |
| 9 | 3 5 |
| 10 | 4 |
| 11 | 2 1 |
| 12 | 3 1 |
| 13 | 3 1 |
| 14 | 4 1 1 |
| 15 | 6 2 |
| 16 | 6 3 |
| 17 | 7 4 |
| 18 | 12 |
| 19 | 1 11 |
| 20 | 1 11 |
| 21 | 1 11 |
| 22 | 2 8 1 |
| 23 | 1 8 1 |
| 24 | 6 8 1 |
| 25 | 4 4 4 1 |
| 26 | 4 3 2 1 |
| 27 | 6 3 1 |
| 28 | 6 4 |
| 29 | 10 |
| 30 | 8 |

| Row | Clue |
|---|---|
| 1 | 0 |
| 2 | 0 |
| 3 | 0 |
| 4 | 0 |
| 5 | 1 |
| 6 | 1 |
| 7 | 2 |
| 8 | 11 3 |
| 9 | 9 5 |
| 10 | 2 3 13 3 |
| 11 | 3 4 10 2 |
| 12 | 10 11 1 |
| 13 | 5 17 |
| 14 | 1 1 12 |
| 15 | 1 2 12 |
| 16 | 2 1 8 3 |
| 17 | 4 12 3 |
| 18 | 2 11 3 |
| 19 | 1 6 2 2 |
| 20 | 5 3 2 |
| 21 | 1 5 |
| 22 | 1 4 |
| 23 | 1 3 |
| 24 | 4 |
| 25 | 0 |
| 26 | 0 |
| 27 | 0 |
| 28 | 0 |
| 29 | 0 |
| 30 | 0 |

| Column | Clues |
|---|---|
| 1 | 3 |
| 2 | 5 4 |
| 3 | 2 4 |
| 4 | 2 3 |
| 5 | 10 2 |
| 6 | 2 3 2 |
| 7 | 2 2 2 |
| 8 | 1 3 2 |
| 9 | 2 1 4 2 |
| 10 | 2 3 3 1 |
| 11 | 1 10 2 |
| 12 | 2 3 5 4 |
| 13 | 1 4 3 |
| 14 | 3 2 3 |
| 15 | 1 1 2 3 |
| 16 | 3 1 1 3 |
| 17 | 1 1 2 2 3 |
| 18 | 1 4 2 2 |
| 19 | 12 1 |
| 20 | 4 4 2 |
| 21 | 1 3 2 |
| 22 | 1 4 3 |
| 23 | 5 5 |
| 24 | 2 2 1 |
| 25 | 1 3 3 |
| 26 | 6 5 |
| 27 | 1 2 1 |
| 28 | 5 6 |
| 29 | 11 |
| 30 | 4 |

| Row | Clues |
|---|---|
| 1 | 7 |
| 2 | 3 2 1 |
| 3 | 3 5 1 |
| 4 | 3 2 3 3 |
| 5 | 2 4 3 1 |
| 6 | 3 3 2 1 |
| 7 | 2 1 4 1 |
| 8 | 2 3 4 1 |
| 9 | 1 10 3 |
| 10 | 1 5 4 3 1 |
| 11 | 1 3 1 3 1 |
| 12 | 2 2 5 1 |
| 13 | 2 1 4 3 |
| 14 | 1 1 2 2 5 |
| 15 | 1 1 2 4 1 |
| 16 | 1 2 2 2 1 |
| 17 | 1 3 2 4 |
| 18 | 1 7 2 |
| 19 | 1 4 2 |
| 20 | 1 3 2 |
| 21 | 1 1 2 |
| 22 | 2 2 |
| 23 | 4 1 |
| 24 | 5 2 |
| 25 | 2 2 1 |
| 26 | 2 3 1 |
| 27 | 1 5 1 |
| 28 | 7 |
| 29 | 7 |
| 30 | 8 |

| Column | Clues |
|---|---|
| 1 | 12 |
| 2 | 5 3 3 |
| 3 | 2 3 3 3 |
| 4 | 2 3 3 4 |
| 5 | 2 4 2 4 |
| 6 | 1 1 3 3 4 |
| 7 | 2 3 2 5 |
| 8 | 1 3 3 4 |
| 9 | 1 1 4 2 4 |
| 10 | 1 4 3 2 4 |
| 11 | 2 2 2 4 3 3 |
| 12 | 3 2 4 2 4 |
| 13 | 2 1 1 3 3 4 |
| 14 | 1 1 1 3 3 4 |
| 15 | 1 1 1 4 3 3 |
| 16 | 2 2 4 2 4 |
| 17 | 2 2 1 4 3 3 |
| 18 | 5 4 2 4 |
| 19 | 2 1 3 3 4 |
| 20 | 2 3 3 4 |
| 21 | 2 3 2 4 |
| 22 | 1 3 3 4 |
| 23 | 2 1 4 3 3 |
| 24 | 2 4 3 3 |
| 25 | 2 7 4 |
| 26 | 2 3 3 4 |
| 27 | 5 3 4 |
| 28 | 5 3 4 |
| 29 | 4 3 4 |
| 30 | 12 |

| Row | Clues |
|---|---|
| 1 | 3 |
| 2 | 6 |
| 3 | 2 2 |
| 4 | 1 1 2 |
| 5 | 2 1 1 |
| 6 | 1 1 |
| 7 | 1 1 |
| 8 | 5 3 |
| 9 | 3 2 2 2 |
| 10 | 2 5 2 |
| 11 | 2 1 3 |
| 12 | 2 1 1 2 |
| 13 | 2 1 2 |
| 14 | 9 1 2 |
| 15 | 15 1 2 |
| 16 | 20 2 |
| 17 | 1 1 21 |
| 18 | 4 3 2 16 |
| 19 | 9 2 3 10 |
| 20 | 6 8 2 3 3 |
| 21 | 1 1 13 3 1 |
| 22 | 9 1 16 |
| 23 | 10 3 1 9 |
| 24 | 16 4 2 3 |
| 25 | 19 3 1 |
| 26 | 21 |
| 27 | 15 |
| 28 | 9 |
| 29 | 3 |
| 30 | 0 |

| Columns | Clues |
| --- | --- |
| 1 | 2 7 |
| 2 | 7 4 9 |
| 3 | 1 3 4 11 |
| 4 | 1 10 13 |
| 5 | 1 8 15 |
| 6 | 2 1 2 13 |
| 7 | 1 1 3 12 |
| 8 | 2 1 6 11 |
| 9 | 2 9 10 |
| 10 | 1 10 9 |
| 11 | 1 7 8 |
| 12 | 2 7 8 |
| 13 | 1 1 8 8 |
| 14 | 1 2 8 8 |
| 15 | 1 3 18 |
| 16 | 1 3 15 |
| 17 | 1 2 17 |
| 18 | 1 2 3 14 |
| 19 | 1 2 3 13 |
| 20 | 2 3 1 13 |
| 21 | 2 1 1 1 2 10 |
| 22 | 1 2 1 10 |
| 23 | 1 3 1 1 2 2 |
| 24 | 3 1 4 1 2 |
| 25 | 4 2 1 2 2 1 |
| 26 | 3 2 2 1 6 1 |
| 27 | 2 1 2 2 1 1 |
| 28 | 6 3 2 |
| 29 | 4 3 3 |
| 30 | 3 3 |

| Rows | Clues |
| --- | --- |
| 1 | 4 2 |
| 2 | 1 3 5 |
| 3 | 1 2 15 1 |
| 4 | 1 2 4 2 2 1 |
| 5 | 1 3 2 1 |
| 6 | 1 2 2 3 |
| 7 | 1 2 2 1 2 |
| 8 | 1 3 8 3 1 |
| 9 | 4 7 4 1 |
| 10 | 3 1 2 1 1 |
| 11 | 3 2 7 1 |
| 12 | 1 2 2 3 2 1 |
| 13 | 2 3 1 2 1 2 3 |
| 14 | 1 8 3 1 2 1 |
| 15 | 1 9 2 1 1 2 |
| 16 | 2 1 11 1 1 1 |
| 17 | 1 1 12 2 2 |
| 18 | 1 3 20 1 |
| 19 | 2 4 13 2 |
| 20 | 1 6 10 1 |
| 21 | 7 10 1 |
| 22 | 9 12 |
| 23 | 23 |
| 24 | 22 |
| 25 | 22 |
| 26 | 22 |
| 27 | 22 |
| 28 | 22 |
| 29 | 23 |
| 30 | 23 |

| | | | | | | | | | | | | | | | | | | | | | | | | | | | | | |
|---|---|---|---|---|---|---|---|---|---|---|---|---|---|---|---|---|---|---|---|---|---|---|---|---|---|---|---|---|---|
| | | | | | | | | | | | | | | 7 | 7 | 7 | | 7 | | | | | | | | | | | |
| | | | | | | | | | 5 | | | 6 | 6 | 1 | 1 | 1 | 7 | 1 | | | 2 | | | | | | | | |
| | | | | | | | | | 7 | 5 | 6 | 2 | 2 | 3 | 2 | 1 | 1 | 2 | 7 | 5 | 4 | | | | | | | | |
| | | | | | | | | 7 | 1 | 7 | 3 | 2 | 2 | 1 | 1 | 2 | 2 | 1 | 1 | 2 | 3 | | | | | | | | |
| | 2 | 4 | 5 | 6 | 7 | 8 | 9 | 2 | 1 | 3 | 1 | 1 | 1 | 2 | 1 | 1 | 1 | 1 | 3 | 2 | 3 | 10 | 7 | 6 | 6 | 5 | 3 | 2 | |
| 2 | 3 | 4 | 5 | 6 | 6 | 7 | 8 | 9 | 11 | 8 | 6 | 5 | 5 | 2 | 5 | 7 | 7 | 8 | 9 | 10 | 7 | 5 | 5 | 4 | 3 | 3 | 2 | 2 | 1 |

| |
|---|
| 11 |
| 12 |
| 12 |
| 12 |
| 13 |
| 11 |
| 5 6 |
| 10 9 |
| 27 |
| 11 7 |
| 10 6 |
| 9 5 |
| 8 5 8 |
| 3 4 6 |
| 1 1 1 1 2 |
| 1 1 |
| 1 1 |
| 1 1 1 1 |
| 1 2 1 |
| 2 5 1 |
| 2 1 |
| 2 1 2 2 |
| 4 1 3 |
| 5 9 |
| 8 8 |
| 11 9 |
| 12 10 |
| 13 12 |
| 15 13 |
| 15 14 |

| Column | Clue |
|---|---|
| 1 | 11 |
| 2 | 1 1 1 1 1 1 1 |
| 3 | 6 1 1 1 1 1 1 |
| 4 | 2 1 16 |
| 5 | 2 8 1 1 1 1 1 |
| 6 | 6 3 4 1 1 1 1 |
| 7 | 7 2 1 9 |
| 8 | 2 5 2 1 1 |
| 9 | 1 6 8 2 |
| 10 | 1 17 |
| 11 | 1 3 2 3 2 |
| 12 | 1 10 3 4 |
| 13 | 1 2 2 3 4 |
| 14 | 1 13 4 |
| 15 | 1 2 2 3 2 |
| 16 | 1 9 3 2 |
| 17 | 1 2 6 2 |
| 18 | 1 10 3 2 |
| 19 | 1 3 2 3 2 |
| 20 | 1 9 3 2 |
| 21 | 1 6 11 |
| 22 | 2 5 7 2 |
| 23 | 7 2 1 1 |
| 24 | 6 3 1 9 |
| 25 | 2 7 4 1 1 1 1 |
| 26 | 2 1 4 1 1 1 1 1 1 |
| 27 | 18 |
| 28 | 1 1 1 1 1 1 1 |
| 29 | 1 1 1 1 1 1 1 |
| 30 | 11 |

| Row | Clue |
|---|---|
| 1 | 0 |
| 2 | 0 |
| 3 | 13 |
| 4 | 1 1 |
| 5 | 1 1 |
| 6 | 1 1 |
| 7 | 2 1 1 2 |
| 8 | 6 2 2 6 |
| 9 | 19 |
| 10 | 19 |
| 11 | 6 1 1 1 1 6 |
| 12 | 6 1 1 1 1 6 |
| 13 | 4 2 1 1 1 1 2 4 |
| 14 | 1 1 1 1 1 1 1 1 1 1 |
| 15 | 4 2 1 1 1 1 2 4 |
| 16 | 25 |
| 17 | 25 |
| 18 | 4 2 1 1 2 4 |
| 19 | 1 1 20 1 1 |
| 20 | 6 14 6 |
| 21 | 1 1 20 1 1 |
| 22 | 7 2 2 7 |
| 23 | 1 1 1 1 3 1 1 1 1 |
| 24 | 7 14 7 |
| 25 | 1 1 1 14 1 1 1 |
| 26 | 7 3 7 |
| 27 | 1 1 1 1 1 1 |
| 28 | 7 7 |
| 29 | 1 1 1 1 1 1 |
| 30 | 5 5 |

Column clues (left to right):

0 | 1 | 1 | 2 | 3 | 4 | 5 5 4 | 9 6 5 | 13 1 3 6 | 23 4 | 26 3 | 27 1 | 28 | 6 6 12 | 6 2 2 13 | 6 4 3 10 | 6 5 3 4 4 | 6 9 4 4 | 5 2 2 3 4 | 4 3 3 1 3 | 4 3 2 2 1 1 | 3 5 2 2 1 4 | 2 5 7 3 | 5 2 3 2 | 8 4 2 | 11 1 | 1 | 1 | 0 | 0

Row clues (top to bottom):

11
14
15
16
12 1
11 2
6 2
7 2
7 2
8 2
9 2 2
20
7 11
1 10 4 1
2 9 2 1
2 4 2 1 1
7 1 1 2 1
2 9 1 2 1
13 1 2
8 4 2 1
8 5
12 3
10 2
10 1
1 8 1
2 6 1
5 9 1
7 8 2
8 7 4
11 5 8

Columns:

0
2
1
2
5 4 2 1
11 2 1 1
14 1 1 2
10 1 9
6 1
5 1 2
6 2 1
5 3 1 3
6 1 1 2 3
6 3 1 1 5
6 4 2 1 5
6 1 1 1 1 5
8 3 3 1 2 4
6 4 6 2 4
6 3 12 1
5 4 13
4 4 12
9 5 4
14 1 3
2 1 2
1 2
1 1 1
2 1
1
1
2

Rows:

7
10
12
14
16
17
6 1 2
4 2 2
4 2
4 1 1 2
4 4 7
4 2 2 7
4 6 7
2 2 1
2 1 2
3 1 2 2
1 2 6 1
1 1 1 4 1
1 1 4 1
1 1 9
1 1 5
2 7
3 6
1 2 4
1 2 3 2
2 10 1 2
2 1 11 3
3 1 10 1 1
1 1 2 5 6 1
1 4 3 9

| Column | Clues |
|---|---|
| 1 | 0 |
| 2 | 0 |
| 3 | 4 |
| 4 | 6 3 |
| 5 | 3 3 2 |
| 6 | 3 2 5 1 |
| 7 | 2 3 6 1 |
| 8 | 3 5 4 2 |
| 9 | 2 6 3 2 3 |
| 10 | 2 5 2 2 |
| 11 | 2 3 4 7 2 2 |
| 12 | 2 5 4 6 2 3 |
| 13 | 1 5 4 2 4 |
| 14 | 2 3 4 1 4 |
| 15 | 1 1 2 6 2 5 |
| 16 | 2 5 6 3 6 |
| 17 | 1 7 5 2 7 |
| 18 | 1 7 3 3 3 3 1 |
| 19 | 2 6 3 3 3 1 |
| 20 | 2 3 3 4 4 1 |
| 21 | 4 3 6 4 1 |
| 22 | 1 6 6 4 2 |
| 23 | 1 7 4 3 |
| 24 | 10 5 4 |
| 25 | 3 6 4 |
| 26 | 13 5 |
| 27 | 9 6 |
| 28 | 3 6 |
| 29 | 6 |
| 30 | 6 |

| Row | Clues |
|---|---|
| 1 | 5 |
| 2 | 3 3 |
| 3 | 3 2 |
| 4 | 2 1 1 1 |
| 5 | 2 3 3 2 2 |
| 6 | 2 3 3 1 3 |
| 7 | 2 4 5 1 4 |
| 8 | 1 3 5 1 1 2 |
| 9 | 2 3 5 1 1 3 |
| 10 | 2 1 1 5 1 1 3 |
| 11 | 1 2 3 1 2 3 |
| 12 | 2 2 1 1 2 2 |
| 13 | 1 3 2 3 2 2 2 |
| 14 | 2 3 2 5 1 3 2 |
| 15 | 1 4 2 5 1 2 3 |
| 16 | 1 1 1 4 1 3 2 |
| 17 | 1 1 4 1 3 2 |
| 18 | 1 3 2 2 2 2 3 |
| 19 | 2 4 3 1 1 3 2 |
| 20 | 1 4 4 2 2 3 |
| 21 | 1 4 4 2 6 |
| 22 | 1 3 4 1 3 3 1 |
| 23 | 1 2 4 2 2 3 2 |
| 24 | 1 3 3 2 3 3 |
| 25 | 2 2 2 3 4 |
| 26 | 1 4 7 5 |
| 27 | 6 8 7 |
| 28 | 2 7 7 |
| 29 | 8 7 |
| 30 | 18 |

| 2 2 | 2 2 | 2 2 4 | 2 2 13 | 5 3 11 | 8 9 | 2 1 4 2 2 3 | 5 2 2 3 2 1 | 5 2 2 6 2 | 4 4 2 2 2 2 | 8 5 2 5 | 9 18 | 5 2 16 | 2 2 2 | 1 | 3 9 | 2 2 15 | 11 16 | 10 2 1 2 1 3 | 5 2 1 1 2 2 3 | 1 2 1 2 3 2 3 | 2 1 2 2 2 2 3 | 2 2 2 2 2 2 3 | 2 2 3 2 2 2 3 | 2 7 2 2 2 3 | 2 5 1 1 1 1 3 | 1 4 3 | 4 | 4 | 5 |
|---|---|---|---|---|---|---|---|---|---|---|---|---|---|---|---|---|---|---|---|---|---|---|---|---|---|---|---|---|---|

3 3
4 4
3 2 3
7 3 5
12 10
4 3 3
2 3 2
2 2 2 5
3 3 11
2 5 5 3
11 1 3
10 3
5 2 1 4
8 11
11 4
3 3 2
6 3 2 6
7 2 10
3 3 2 3
3 1 3 3 6
3 5 10
7 2 6
5 2 3
2 1 2 3 7 1
3 2 10 1
2 3 3 2
2 2 3 3 3
2 5 14
2 4 12
1 2 9

| Column | Clue |
|---|---|
| 1 | 3 |
| 2 | 4 |
| 3 | 5 |
| 4 | 6 |
| 5 | 24 |
| 6 | 26 |
| 7 | 8 |
| 8 | 6 1 |
| 9 | 4 2 1 |
| 10 | 2 1 2 2 |
| 11 | 2 2 2 |
| 12 | 2 2 2 1 |
| 13 | 2 2 2 2 |
| 14 | 2 2 2 4 |
| 15 | 2 2 2 5 |
| 16 | 2 2 2 5 |
| 17 | 13 2 3 |
| 18 | 13 2 |
| 19 | 13 2 1 |
| 20 | 2 2 2 2 2 |
| 21 | 1 2 2 2 3 |
| 22 | 2 2 2 4 |
| 23 | 2 19 |
| 24 | 2 18 |
| 25 | 2 2 2 |
| 26 | 2 2 2 |
| 27 | 3 2 2 |
| 28 | 3 3 3 |
| 29 | 2 3 3 |
| 30 | 2 2 |

| Row | Clue |
|---|---|
| 1 | 2 3 |
| 2 | 4 4 |
| 3 | 4 5 |
| 4 | 4 3 |
| 5 | 3 3 2 |
| 6 | 3 19 |
| 7 | 3 20 |
| 8 | 3 3 |
| 9 | 4 3 |
| 10 | 3 3 |
| 11 | 4 3 2 |
| 12 | 4 22 |
| 13 | 5 23 |
| 14 | 5 2 |
| 15 | 3 2 2 |
| 16 | 2 2 2 2 |
| 17 | 1 2 21 |
| 18 | 2 22 |
| 19 | 2 2 |
| 20 | 2 1 2 |
| 21 | 2 2 2 |
| 22 | 2 4 2 |
| 23 | 2 3 2 |
| 24 | 2 4 2 |
| 25 | 2 3 2 |
| 26 | 2 3 2 |
| 27 | 2 6 |
| 28 | 2 5 |
| 29 | 2 4 |
| 30 | 1 2 |

| Column | Clue |
|---|---|
| 1 | 0 |
| 2 | 0 |
| 3 | 1 |
| 4 | 1 |
| 5 | 5 4 1 |
| 6 | 12 3 1 |
| 7 | 26 |
| 8 | 15 8 2 |
| 9 | 9 1 4 |
| 10 | 6 1 1 4 |
| 11 | 5 4 2 4 |
| 12 | 5 3 3 |
| 13 | 5 4 1 2 |
| 14 | 5 2 1 2 1 |
| 15 | 5 3 1 2 1 1 |
| 16 | 6 3 3 1 1 |
| 17 | 7 1 3 1 1 |
| 18 | 7 6 3 1 1 |
| 19 | 7 2 1 2 1 |
| 20 | 7 1 1 3 |
| 21 | 7 3 1 1 |
| 22 | 7 2 2 1 |
| 23 | 6 4 4 |
| 24 | 7 8 |
| 25 | 13 |
| 26 | 9 |
| 27 | 3 |
| 28 | 0 |
| 29 | 0 |
| 30 | 0 |

| Row | Clue |
|---|---|
| 1 | 14 |
| 2 | 17 |
| 3 | 18 |
| 4 | 20 |
| 5 | 21 |
| 6 | 6 11 |
| 7 | 5 10 |
| 8 | 5 4 |
| 9 | 5 3 |
| 10 | 4 3 |
| 11 | 3 2 |
| 12 | 3 2 |
| 13 | 3 3 4 |
| 14 | 4 7 5 |
| 15 | 4 15 |
| 16 | 2 1 1 2 2 1 3 |
| 17 | 3 1 1 |
| 18 | 2 1 1 |
| 19 | 4 1 1 |
| 20 | 2 1 1 1 1 |
| 21 | 2 1 1 1 1 |
| 22 | 2 1 3 1 |
| 23 | 2 6 1 |
| 24 | 2 8 1 |
| 25 | 3 1 |
| 26 | 4 4 1 |
| 27 | 1 3 1 |
| 28 | 3 4 1 |
| 29 | 1 1 4 2 |
| 30 | 1 1 10 1 |

| Column | 1 | 2 | 3 | 4 | 5 | 6 | 7 | 8 | 9 | 10 | 11 | 12 | 13 | 14 | 15 | 16 | 17 | 18 | 19 | 20 | 21 | 22 | 23 | 24 | 25 | 26 | 27 | 28 | 29 | 30 |
|---|---|---|---|---|---|---|---|---|---|---|---|---|---|---|---|---|---|---|---|---|---|---|---|---|---|---|---|---|---|---|
| Clues | 0 | 0 | 3 | 4 | 3 1 4 | 5 2 5 | 8 3 6 | 7 5 6 | 8 7 7 | 8 8 7 | 7 10 9 | 8 21 | 7 7 6 1 | 7 7 6 | 5 4 3 8 3 | 4 3 2 1 10 | 3 4 8 9 | 2 3 8 5 | 4 2 1 2 2 | 4 3 1 1 2 | 9 5 7 | 3 7 2 8 | 2 11 | 10 | 10 | 10 | 10 | 10 | 9 | 9 |

| Row | Clues |
|---|---|
| 1 | 3 |
| 2 | 6 |
| 3 | 9 |
| 4 | 12 |
| 5 | 13 2 |
| 6 | 12 5 |
| 7 | 10 6 |
| 8 | 8 7 |
| 9 | 5 9 |
| 10 | 3 7 1 |
| 11 | 1 6 1 |
| 12 | 7 3 |
| 13 | 16 |
| 14 | 17 |
| 15 | 11 2 1 |
| 16 | 5 2 1 |
| 17 | 5 3 1 |
| 18 | 6 2 2 |
| 19 | 11 |
| 20 | 4 3 3 |
| 21 | 5 8 |
| 22 | 11 8 |
| 23 | 2 6 9 |
| 24 | 4 4 10 |
| 25 | 6 4 10 |
| 26 | 7 4 10 |
| 27 | 9 2 10 |
| 28 | 10 3 10 |
| 29 | 10 3 11 |
| 30 | 11 3 11 |

Column clues (left to right, each read top to bottom):

| | |
|---|---|
| 1 | 7 3 |
| 2 | 2 5 3 |
| 3 | 1 1 4 2 |
| 4 | 1 1 1 2 1 |
| 5 | 1 1 1 3 1 |
| 6 | 1 1 1 1 1 |
| 7 | 1 1 6 1 |
| 8 | 1 1 2 1 |
| 9 | 1 2 2 1 |
| 10 | 2 2 2 1 |
| 11 | 1 6 2 |
| 12 | 1 3 2 |
| 13 | 1 3 2 |
| 14 | 2 1 1 2 |
| 15 | 1 1 2 3 |
| 16 | 2 1 2 3 |
| 17 | 4 2 4 |
| 18 | 1 1 1 5 |
| 19 | 3 1 1 5 |
| 20 | 2 1 1 2 6 |
| 21 | 1 3 1 7 |
| 22 | 1 2 7 |
| 23 | 6 1 8 |
| 24 | 2 1 9 |
| 25 | 2 3 10 |
| 26 | 5 10 |
| 27 | 17 |
| 28 | 18 |
| 29 | 19 |
| 30 | 20 |

Row clues (top to bottom):

0
0
0
0
0
0
0
0
0
2 2
5 2 3 1
2 3 1 1 2
1 2 1 1 3
1 1 1 1 4
1 1 2 5
1 1 1 1 6
1 1 1 7
1 4 2 2 6
1 1 2 1 1 5
2 2 1 4
2 2 1 1 2 6
3 1 1 1 1 3 7
3 1 1 1 1 2 8
4 1 1 1 3 10
1 1 1 3 2 11
4 6 13
2 7 14
3 5 16
2 20
1 25

| Column | Clues |
|---|---|
| 1 | 8 |
| 2 | 5 3 |
| 3 | 7 2 |
| 4 | 11 6 |
| 5 | 9 11 |
| 6 | 9 9 |
| 7 | 8 9 |
| 8 | 8 10 |
| 9 | 3 1 8 2 |
| 10 | 2 2 8 1 |
| 11 | 1 2 1 4 1 |
| 12 | 2 1 2 2 1 |
| 13 | 2 5 2 1 1 |
| 14 | 1 7 1 1 |
| 15 | 2 8 1 1 |
| 16 | 3 8 1 1 |
| 17 | 4 11 1 1 |
| 18 | 17 2 1 |
| 19 | 4 10 5 2 |
| 20 | 3 11 8 |
| 21 | 2 4 10 |
| 22 | 2 2 9 |
| 23 | 2 1 8 |
| 24 | 1 1 7 |
| 25 | 2 2 7 |
| 26 | 9 2 5 |
| 27 | 9 2 3 |
| 28 | 10 2 |
| 29 | 7 3 |
| 30 | 8 |

| Row | Clues |
|---|---|
| 1 | 8 |
| 2 | 5 8 |
| 3 | 3 8 |
| 4 | 4 4 3 |
| 5 | 4 1 2 |
| 6 | 5 1 2 |
| 7 | 5 2 2 |
| 8 | 6 2 3 |
| 9 | 10 5 4 |
| 10 | 7 11 4 |
| 11 | 6 8 5 |
| 12 | 6 18 |
| 13 | 5 10 5 |
| 14 | 1 2 9 4 |
| 15 | 1 1 8 3 |
| 16 | 1 2 8 1 1 |
| 17 | 1 1 2 4 2 1 |
| 18 | 1 1 3 2 1 1 |
| 19 | 1 6 1 1 1 |
| 20 | 1 7 2 1 1 |
| 21 | 1 8 5 1 |
| 22 | 10 7 2 |
| 23 | 10 10 |
| 24 | 12 9 |
| 25 | 7 12 |
| 26 | 5 9 |
| 27 | 3 7 |
| 28 | 2 4 |
| 29 | 3 4 |
| 30 | 8 |

| Column | Clues |
|---|---|
| 1 | 2 |
| 2 | 4 3 |
| 3 | 4 3 1 |
| 4 | 15 2 |
| 5 | 6 2 8 |
| 6 | 3 3 3 4 1 |
| 7 | 4 6 2 1 |
| 8 | 3 2 3 1 5 2 2 |
| 9 | 6 1 1 1 3 1 |
| 10 | 5 1 3 2 4 2 |
| 11 | 4 6 1 |
| 12 | 4 7 4 2 |
| 13 | 2 1 1 1 4 1 |
| 14 | 1 2 3 |
| 15 | 2 |
| 16 | 4 1 |
| 17 | 1 1 1 |
| 18 | 1 1 3 3 |
| 19 | 2 1 1 1 4 1 |
| 20 | 4 4 5 2 |
| 21 | 3 7 1 |
| 22 | 4 1 6 4 2 |
| 23 | 3 1 1 1 6 1 |
| 24 | 5 2 3 5 2 2 |
| 25 | 5 7 1 |
| 26 | 5 3 3 4 1 |
| 27 | 8 4 2 |
| 28 | 9 2 |
| 29 | 5 3 1 |
| 30 | 2 2 |

| Row | Clues |
|---|---|
| 1 | 2 2 3 1 |
| 2 | 6 5 |
| 3 | 5 5 |
| 4 | 1 5 6 1 |
| 5 | 2 1 5 4 |
| 6 | 6 6 |
| 7 | 5 4 |
| 8 | 4 3 2 |
| 9 | 1 2 1 1 2 |
| 10 | 3 1 1 2 3 1 4 |
| 11 | 5 1 1 1 1 1 1 1 1 4 |
| 12 | 5 1 1 1 1 1 1 1 4 |
| 13 | 2 3 2 1 1 2 1 |
| 14 | 1 1 1 1 1 1 1 1 1 1 |
| 15 | 1 3 1 1 1 3 1 1 1 3 |
| 16 | 6 1 1 1 1 1 5 |
| 17 | 4 1 4 |
| 18 | 4 2 1 2 |
| 19 | 2 2 1 2 1 |
| 20 | 4 2 1 4 1 |
| 21 | 6 3 2 6 |
| 22 | 5 3 3 6 |
| 23 | 1 5 5 2 |
| 24 | 7 7 |
| 25 | 6 3 9 |
| 26 | 1 5 1 |
| 27 | 3 3 |
| 28 | 3 3 |
| 29 | 3 3 |
| 30 | 2 2 |

| Column | Clues |
|---|---|
| 1 | 4 4 |
| 2 | 4 4 |
| 3 | 4 4 |
| 4 | 4 4 |
| 5 | 3 3 |
| 6 | 4 4 |
| 7 | 4 3 |
| 8 | 3 3 |
| 9 | 4 4 |
| 10 | 3 3 |
| 11 | 4 4 |
| 12 | 3 3 |
| 13 | 3 3 |
| 14 | 4 3 |
| 15 | 7 3 2 |
| 16 | 2 3 3 2 |
| 17 | 1 3 3 2 |
| 18 | 1 2 4 2 2 |
| 19 | 1 2 5 1 2 |
| 20 | 1 2 6 2 |
| 21 | 1 2 10 |
| 22 | 1 2 10 |
| 23 | 1 2 10 |
| 24 | 1 10 |
| 25 | 1 10 |
| 26 | 11 |
| 27 | 3 |
| 28 | 3 |
| 29 | 3 |
| 30 | 2 |

Row clues (left to right):

| Row | Clues |
|---|---|
| 1 | 1 |
| 2 | 3 |
| 3 | 4 |
| 4 | 6 |
| 5 | 6 |
| 6 | 6 |
| 7 | 6 |
| 8 | 6 |
| 9 | 1 6 |
| 10 | 3 5 |
| 11 | 4 12 |
| 12 | 6 3 1 |
| 13 | 6 1 6 1 |
| 14 | 6 1 6 1 |
| 15 | 6 2 2 |
| 16 | 5 12 |
| 17 | 6 12 |
| 18 | 5 13 |
| 19 | 4 13 |
| 20 | 3 8 3 |
| 21 | 3 7 |
| 22 | 1 3 6 |
| 23 | 2 6 |
| 24 | 10 |
| 25 | 8 |
| 26 | 0 |
| 27 | 0 |
| 28 | 0 |
| 29 | 0 |
| 30 | 0 |

| Column | Clue |
|---|---|
| 1 | 4 |
| 2 | 5 |
| 3 | 5 |
| 4 | 1 5 |
| 5 | 8 5 |
| 6 | 15 1 |
| 7 | 7 4 1 |
| 8 | 2 1 3 1 |
| 9 | 4 3 1 |
| 10 | 1 2 2 1 |
| 11 | 2 2 9 |
| 12 | 1 2 10 |
| 13 | 2 2 10 |
| 14 | 2 1 2 3 1 |
| 15 | 2 4 3 1 |
| 16 | 1 3 4 1 |
| 17 | 1 3 1 3 1 |
| 18 | 6 3 1 |
| 19 | 3 2 2 1 |
| 20 | 3 2 3 1 |
| 21 | 2 3 3 1 |
| 22 | 1 1 1 1 2 1 |
| 23 | 1 3 2 1 |
| 24 | 1 1 2 2 |
| 25 | 1 3 2 1 |
| 26 | 1 1 1 2 1 |
| 27 | 1 1 4 |
| 28 | 1 3 |
| 29 | 2 2 |
| 30 | 3 |

| Row | Clue |
|---|---|
| 1 | 2 2 |
| 2 | 3 2 |
| 3 | 7 |
| 4 | 7 |
| 5 | 6 |
| 6 | 5 |
| 7 | 4 |
| 8 | 3 |
| 9 | 4 |
| 10 | 1 4 |
| 11 | 1 1 3 |
| 12 | 5 3 |
| 13 | 2 3 4 |
| 14 | 2 3 4 |
| 15 | 3 3 7 |
| 16 | 1 2 6 1 |
| 17 | 1 11 2 |
| 18 | 1 8 5 1 |
| 19 | 1 3 4 1 |
| 20 | 1 4 2 3 2 1 |
| 21 | 1 6 3 2 |
| 22 | 2 8 2 3 1 |
| 23 | 1 3 7 3 |
| 24 | 5 13 |
| 25 | 3 9 |
| 26 | 2 1 |
| 27 | 1 1 |
| 28 | 2 3 |
| 29 | 1 3 |
| 30 | 4 |

Column clues (left to right):

| Column | Clue |
|---|---|
| 1 | 0 |
| 2 | 1 |
| 3 | 2 |
| 4 | 2 3 |
| 5 | 4 3 4 |
| 6 | 7 3 1 2 |
| 7 | 12 8 2 |
| 8 | 22 3 |
| 9 | 22 3 |
| 10 | 10 12 4 |
| 11 | 7 9 4 |
| 12 | 6 7 3 |
| 13 | 6 1 3 3 |
| 14 | 6 3 1 2 2 |
| 15 | 6 2 2 2 2 |
| 16 | 6 2 1 2 1 1 1 |
| 17 | 4 1 3 1 1 |
| 18 | 4 3 1 2 1 |
| 19 | 4 1 7 2 |
| 20 | 3 2 2 1 1 |
| 21 | 5 1 3 1 |
| 22 | 8 1 3 1 |
| 23 | 12 |
| 24 | 4 |
| 25 | 0 |
| 26 | 0 |
| 27 | 0 |
| 28 | 0 |
| 29 | 0 |
| 30 | 0 |


| Row | Clue |
|---|---|
| 1 | 7 |
| 2 | 12 |
| 3 | 13 2 |
| 4 | 17 |
| 5 | 17 |
| 6 | 11 5 |
| 7 | 6 4 |
| 8 | 5 3 |
| 9 | 6 3 |
| 10 | 6 2 |
| 11 | 5 1 |
| 12 | 5 4 1 |
| 13 | 1 4 4 2 1 |
| 14 | 2 4 1 1 2 |
| 15 | 2 3 1 |
| 16 | 7 1 |
| 17 | 6 1 |
| 18 | 5 1 1 |
| 19 | 6 3 1 |
| 20 | 6 4 1 |
| 21 | 6 8 |
| 22 | 6 2 |
| 23 | 8 4 |
| 24 | 1 4 1 |
| 25 | 1 4 1 |
| 26 | 5 6 |
| 27 | 8 2 |
| 28 | 2 6 1 |
| 29 | 1 7 1 1 |
| 30 | 1 7 3 1 |

Column clues (left to right):

| 1 | 2 | 3 | 4 | 5 | 6 | 7 | 8 | 9 | 10 | 11 | 12 | 13 | 14 | 15 | 16 | 17 | 18 | 19 | 20 | 21 | 22 | 23 | 24 | 25 | 26 | 27 | 28 | 29 | 30 |
|---|---|---|---|---|---|---|---|---|---|---|---|---|---|---|---|---|---|---|---|---|---|---|---|---|---|---|---|---|---|
| 1 | 4 | 8 | 12 | 14 | 8 8 | 10 1 4 | 8 1 2 3 | 11 1 2 | 3 5 1 | 3 2 1 | 3 | 1 1 2 | 1 3 | 1 5 | 2 1 4 | 3 1 2 2 | 5 2 2 2 | 7 1 | 4 3 1 | 4 1 1 1 | 2 1 1 | 2 1 1 | 2 1 1 | 1 1 1 2 | 1 2 | 3 | 0 | 0 | 0 |

Row clues (top to bottom):

1
1
2
2
2
1
2
3
2 3
1 1 4
4 5
4 1 4
5 4
4 2
5 1 2
6 2
7 1
6 1
7 1
4 1 2
4 1 1
3 2 6 1 1
4 3 5 2
6 2 2 2
4 1 2 2
5 1 2
6 1
7 2
8 2
1 8 1

| Column | Clues |
|---|---|
| 1 | 3 |
| 2 | 1 1 |
| 3 | 1 1 1 |
| 4 | 1 1 |
| 5 | 4 1 1 |
| 6 | 5 1 |
| 7 | 7 2 |
| 8 | 3 1 3 2 |
| 9 | 1 1 2 4 |
| 10 | 3 1 5 |
| 11 | 1 1 2 4 |
| 12 | 1 7 5 1 |
| 13 | 2 1 1 4 1 |
| 14 | 1 1 1 5 1 |
| 15 | 1 1 1 4 1 1 1 |
| 16 | 2 1 2 1 |
| 17 | 1 2 1 1 |
| 18 | 1 3 2 2 |
| 19 | 2 3 6 |
| 20 | 1 11 |
| 21 | 7 1 2 |
| 22 | 5 1 1 1 |
| 23 | 1 1 1 |
| 24 | 1 4 |
| 25 | 1 1 1 1 1 |
| 26 | 1 1 4 |
| 27 | 1 1 2 3 |
| 28 | 1 3 1 |
| 29 | 1 2 1 1 1 |
| 30 | 3 6 |

| Row | Clues |
|---|---|
| 1 | 0 |
| 2 | 0 |
| 3 | 0 |
| 4 | 0 |
| 5 | 0 |
| 6 | 0 |
| 7 | 5 |
| 8 | 8 1 |
| 9 | 3 1 2 1 1 |
| 10 | 2 1 3 1 |
| 11 | 2 3 1 3 1 2 |
| 12 | 2 1 1 1 3 4 |
| 13 | 1 1 1 2 3 1 |
| 14 | 3 2 5 4 |
| 15 | 2 2 6 1 4 1 |
| 16 | 2 2 1 3 2 2 1 2 |
| 17 | 4 4 2 1 3 1 |
| 18 | 3 1 1 2 2 1 1 1 |
| 19 | 4 1 2 5 1 1 |
| 20 | 6 3 3 1 1 |
| 21 | 1 6 1 1 2 |
| 22 | 2 5 1 1 |
| 23 | 2 1 2 1 1 |
| 24 | 1 1 2 1 1 1 |
| 25 | 1 4 1 1 |
| 26 | 2 1 2 |
| 27 | 1 2 |
| 28 | 2 |
| 29 | 0 |
| 30 | 0 |

| Column clues |
|---|
| 0 |
| 4 |
| 2 2 |
| 1 1 2 |
| 1 1 1 2 |
| 1 1 1 1 1 |
| 1 1 1 5 1 1 |
| 1 1 9 2 |
| 1 8 3 2 3 |
| 1 2 2 6 |
| 1 4 1 1 2 |
| 4 1 2 1 |
| 3 2 1 1 1 |
| 1 2 1 1 2 1 |
| 1 1 1 3 2 1 1 |
| 1 1 2 1 2 1 1 |
| 1 1 1 1 2 1 3 |
| 1 2 1 4 1 1 3 |
| 1 1 2 1 1 4 2 4 |
| 1 3 3 2 6 |
| 1 6 1 1 1 3 2 |
| 1 6 3 7 1 |
| 1 2 4 5 1 |
| 1 1 1 2 7 |
| 4 1 1 5 |
| 1 2 1 3 |
| 2 6 |
| 2 1 |
| 0 |
| 0 |

| Row clues |
|---|
| 4 |
| 1 2 |
| 2 1 1 |
| 4 3 2 |
| 1 3 1 1 |
| 1 3 1 2 1 |
| 2 2 1 4 2 |
| 1 1 2 3 1 |
| 1 1 1 2 3 |
| 1 2 2 1 |
| 1 1 3 3 4 |
| 1 2 1 1 4 1 1 |
| 1 1 1 2 1 |
| 1 1 1 1 3 |
| 1 4 5 7 1 |
| 1 2 1 1 2 1 1 4 1 |
| 1 2 1 10 |
| 1 3 1 4 |
| 1 3 1 4 |
| 1 3 1 1 4 |
| 1 3 6 3 |
| 1 1 1 2 2 |
| 3 1 2 3 |
| 1 1 6 1 |
| 1 3 5 |
| 2 2 3 |
| 1 1 3 |
| 2 8 |
| 4 5 |
| 5 6 |

| Column | Clue |
|---|---|
| 1 | 8 |
| 2 | 8 |
| 3 | 6 7 |
| 4 | 9 8 |
| 5 | 12 8 |
| 6 | 13 8 |
| 7 | 14 7 |
| 8 | 15 7 |
| 9 | 16 7 |
| 10 | 16 10 |
| 11 | 16 11 |
| 12 | 16 12 |
| 13 | 16 13 |
| 14 | 5 9 13 |
| 15 | 5 3 14 |
| 16 | 5 14 |
| 17 | 4 7 14 |
| 18 | 4 9 13 |
| 19 | 4 11 12 |
| 20 | 3 11 10 |
| 21 | 3 12 6 1 |
| 22 | 3 12 3 |
| 23 | 2 12 4 |
| 24 | 1 11 6 |
| 25 | 22 |
| 26 | 21 |
| 27 | 20 |
| 28 | 16 |
| 29 | 13 |
| 30 | 8 |

| Row | Clue |
|---|---|
| 1 | 8 |
| 2 | 14 |
| 3 | 16 |
| 4 | 19 |
| 5 | 12 |
| 6 | 9 9 |
| 7 | 11 10 |
| 8 | 12 12 |
| 9 | 12 12 |
| 10 | 12 13 |
| 11 | 13 13 |
| 12 | 1 13 14 |
| 13 | 1 13 14 |
| 14 | 1 11 14 |
| 15 | 2 11 13 |
| 16 | 2 9 12 |
| 17 | 3 5 3 3 6 |
| 18 | 4 7 6 |
| 19 | 5 10 6 |
| 20 | 5 12 5 |
| 21 | 6 12 5 |
| 22 | 7 12 6 |
| 23 | 19 5 |
| 24 | 18 4 |
| 25 | 18 5 |
| 26 | 16 4 |
| 27 | 15 4 |
| 28 | 13 2 |
| 29 | 11 1 |
| 30 | 7 1 |

Column clues (left to right):

| Column | Clue |
|---|---|
| 1 | 10 |
| 2 | 14 |
| 3 | 18 |
| 4 | 20 |
| 5 | 22 |
| 6 | 24 |
| 7 | 26 |
| 8 | 17 7 |
| 9 | 17 7 |
| 10 | 16 6 |
| 11 | 16 7 |
| 12 | 18 6 1 |
| 13 | 19 7 1 |
| 14 | 8 17 1 |
| 15 | 6 14 1 |
| 16 | 5 12 1 |
| 17 | 4 9 1 |
| 18 | 4 2 4 1 |
| 19 | 3 4 1 |
| 20 | 2 6 2 |
| 21 | 2 6 1 |
| 22 | 2 4 2 |
| 23 | 2 2 1 |
| 24 | 1 2 |
| 25 | 2 2 |
| 26 | 2 2 |
| 27 | 2 2 |
| 28 | 3 3 |
| 29 | 3 4 |
| 30 | 9 |


| Row | Clue |
|---|---|
| 1 | 8 |
| 2 | 14 |
| 3 | 17 |
| 4 | 13 3 |
| 5 | 12 2 |
| 6 | 12 2 |
| 7 | 12 2 |
| 8 | 12 2 1 |
| 9 | 12 4 2 |
| 10 | 12 6 1 |
| 11 | 14 6 2 |
| 12 | 14 4 1 |
| 13 | 14 2 1 |
| 14 | 15 1 |
| 15 | 16 1 |
| 16 | 16 1 |
| 17 | 17 1 |
| 18 | 9 6 1 |
| 19 | 8 6 2 |
| 20 | 7 5 1 |
| 21 | 6 5 1 |
| 22 | 7 6 2 |
| 23 | 7 6 1 |
| 24 | 15 2 |
| 25 | 14 2 |
| 26 | 12 2 |
| 27 | 10 2 |
| 28 | 7 3 |
| 29 | 3 3 |
| 30 | 10 |

Column clues (left to right):

| Column | Clue |
|---|---|
| 1 | 3 |
| 2 | 3 |
| 3 | 3 |
| 4 | 3 |
| 5 | 3 |
| 6 | 3 1 |
| 7 | 2 3 3 1 |
| 8 | 10 5 2 |
| 9 | 12 5 3 |
| 10 | 1 6 3 3 |
| 11 | 1 1 6 3 3 |
| 12 | 3 6 2 3 |
| 13 | 3 4 2 5 |
| 14 | 2 2 8 |
| 15 | 2 2 7 |
| 16 | 2 2 6 |
| 17 | 2 2 8 |
| 18 | 3 4 2 5 |
| 19 | 3 6 2 3 |
| 20 | 1 1 6 3 3 |
| 21 | 1 6 3 3 |
| 22 | 12 5 3 |
| 23 | 10 5 2 |
| 24 | 2 3 3 1 |
| 25 | 3 1 |
| 26 | 3 |
| 27 | 3 |
| 28 | 3 |
| 29 | 3 |
| 30 | 3 |


| Row | Clue |
|---|---|
| 1 | 0 |
| 2 | 0 |
| 3 | 1 1 |
| 4 | 1 1 |
| 5 | 1 1 |
| 6 | 2 2 |
| 7 | 2 2 |
| 8 | 2 2 |
| 9 | 3 8 3 |
| 10 | 3 10 3 |
| 11 | 3 2 2 3 |
| 12 | 4 4 |
| 13 | 7 7 |
| 14 | 10 10 |
| 15 | 26 |
| 16 | 4 14 4 |
| 17 | 2 2 3 3 2 2 |
| 18 | 2 3 1 1 3 2 |
| 19 | 1 3 1 1 3 1 |
| 20 | 1 2 2 2 2 1 |
| 21 | 3 4 3 |
| 22 | 3 4 3 |
| 23 | 3 4 3 |
| 24 | 10 |
| 25 | 6 |
| 26 | 8 |
| 27 | 5 4 |
| 28 | 1 5 5 1 |
| 29 | 5 5 |
| 30 | 3 3 |

| | 5 | 6 | 7 | 8 | 9 | 5 10 | 11 11 | 8 8 8 | 2 14 8 | 4 6 6 8 | 5 2 1 3 7 | 5 6 3 5 | 6 4 1 1 5 1 | 6 5 1 1 3 1 | 6 1 1 1 3 1 | 6 1 1 5 1 | 6 2 3 3 | 5 2 1 7 | 4 2 4 8 | 13 6 | 7 3 6 | 12 6 | 2 24 | 16 8 | 28 | 4 4 | 1 2 1 | 3 | 2 | 1 |
|---|---|---|---|---|---|---|---|---|---|---|---|---|---|---|---|---|---|---|---|---|---|---|---|---|---|---|---|---|---|---|
| 7 | | | | | | | | | | | | | | | | | | | | | | | | | | | | | | |
| 9 | | | | | | | | | | | | | | | | | | | | | | | | | | | | | | |
| 13 3 | | | | | | | | | | | | | | | | | | | | | | | | | | | | | | |
| 13 3 | | | | | | | | | | | | | | | | | | | | | | | | | | | | | | |
| 2 12 2 | | | | | | | | | | | | | | | | | | | | | | | | | | | | | | |
| 3 9 2 | | | | | | | | | | | | | | | | | | | | | | | | | | | | | | |
| 5 2 3 | | | | | | | | | | | | | | | | | | | | | | | | | | | | | | |
| 5 2 3 | | | | | | | | | | | | | | | | | | | | | | | | | | | | | | |
| 5 2 3 | | | | | | | | | | | | | | | | | | | | | | | | | | | | | | |
| 5 2 3 | | | | | | | | | | | | | | | | | | | | | | | | | | | | | | |
| 2 5 5 3 | | | | | | | | | | | | | | | | | | | | | | | | | | | | | | |
| 1 6 5 4 | | | | | | | | | | | | | | | | | | | | | | | | | | | | | | |
| 3 3 1 4 | | | | | | | | | | | | | | | | | | | | | | | | | | | | | | |
| 3 3 1 4 | | | | | | | | | | | | | | | | | | | | | | | | | | | | | | |
| 4 1 1 2 4 | | | | | | | | | | | | | | | | | | | | | | | | | | | | | | |
| 8 1 5 | | | | | | | | | | | | | | | | | | | | | | | | | | | | | | |
| 3 1 5 | | | | | | | | | | | | | | | | | | | | | | | | | | | | | | |
| 3 4 1 7 | | | | | | | | | | | | | | | | | | | | | | | | | | | | | | |
| 4 1 2 2 1 | | | | | | | | | | | | | | | | | | | | | | | | | | | | | | |
| 2 3 2 1 3 1 3 | | | | | | | | | | | | | | | | | | | | | | | | | | | | | | |
| 2 3 2 3 1 1 1 | | | | | | | | | | | | | | | | | | | | | | | | | | | | | | |
| 3 6 3 1 1 | | | | | | | | | | | | | | | | | | | | | | | | | | | | | | |
| 7 4 2 4 | | | | | | | | | | | | | | | | | | | | | | | | | | | | | | |
| 9 4 2 3 | | | | | | | | | | | | | | | | | | | | | | | | | | | | | | |
| 10 1 1 8 | | | | | | | | | | | | | | | | | | | | | | | | | | | | | | |
| 12 2 9 | | | | | | | | | | | | | | | | | | | | | | | | | | | | | | |
| 13 11 | | | | | | | | | | | | | | | | | | | | | | | | | | | | | | |
| 12 10 | | | | | | | | | | | | | | | | | | | | | | | | | | | | | | |
| 12 9 | | | | | | | | | | | | | | | | | | | | | | | | | | | | | | |
| 12 9 | | | | | | | | | | | | | | | | | | | | | | | | | | | | | | |

| | 19 6 | 20 6 | 6 2 7 6 | 4 3 13 | 4 2 1 13 | 3 2 1 10 2 | 3 2 2 9 1 | 3 3 3 6 1 | 3 2 2 7 | 2 4 8 | 2 4 9 | 3 3 1 2 10 | 3 3 5 10 | 8 3 10 | 5 3 9 | 5 7 9 | 5 15 | 16 | 2 5 5 | 2 2 5 | 2 5 | 2 4 1 4 | 2 1 1 2 4 | 4 5 4 | 5 11 | 1 1 2 1 3 7 | 1 1 1 1 2 2 2 7 | 1 1 1 1 1 1 2 1 10 | 1 1 1 1 1 1 5 4 | 1 1 3 |
|---|---|---|---|---|---|---|---|---|---|---|---|---|---|---|---|---|---|---|---|---|---|---|---|---|---|---|---|---|---|---|
| 7 3 | | | | | | | | | | | | | | | | | | | | | | | | | | | | | | |
| 11 1 | | | | | | | | | | | | | | | | | | | | | | | | | | | | | | |
| 14 2 | | | | | | | | | | | | | | | | | | | | | | | | | | | | | | |
| 5 3 1 | | | | | | | | | | | | | | | | | | | | | | | | | | | | | | |
| 3 3 3 | | | | | | | | | | | | | | | | | | | | | | | | | | | | | | |
| 3 3 1 | | | | | | | | | | | | | | | | | | | | | | | | | | | | | | |
| 2 4 2 | | | | | | | | | | | | | | | | | | | | | | | | | | | | | | |
| 2 2 5 1 | | | | | | | | | | | | | | | | | | | | | | | | | | | | | | |
| 2 4 6 1 | | | | | | | | | | | | | | | | | | | | | | | | | | | | | | |
| 2 2 1 1 1 2 1 | | | | | | | | | | | | | | | | | | | | | | | | | | | | | | |
| 4 4 1 1 | | | | | | | | | | | | | | | | | | | | | | | | | | | | | | |
| 5 1 1 1 1 | | | | | | | | | | | | | | | | | | | | | | | | | | | | | | |
| 2 1 4 | | | | | | | | | | | | | | | | | | | | | | | | | | | | | | |
| 2 1 1 1 7 | | | | | | | | | | | | | | | | | | | | | | | | | | | | | | |
| 2 7 8 | | | | | | | | | | | | | | | | | | | | | | | | | | | | | | |
| 2 2 9 3 | | | | | | | | | | | | | | | | | | | | | | | | | | | | | | |
| 3 10 2 1 | | | | | | | | | | | | | | | | | | | | | | | | | | | | | | |
| 6 2 3 3 1 2 | | | | | | | | | | | | | | | | | | | | | | | | | | | | | | |
| 8 4 1 1 2 | | | | | | | | | | | | | | | | | | | | | | | | | | | | | | |
| 8 3 5 1 3 | | | | | | | | | | | | | | | | | | | | | | | | | | | | | | |
| 7 5 4 1 6 | | | | | | | | | | | | | | | | | | | | | | | | | | | | | | |
| 17 4 2 | | | | | | | | | | | | | | | | | | | | | | | | | | | | | | |
| 17 2 2 | | | | | | | | | | | | | | | | | | | | | | | | | | | | | | |
| 15 8 | | | | | | | | | | | | | | | | | | | | | | | | | | | | | | |
| 18 7 | | | | | | | | | | | | | | | | | | | | | | | | | | | | | | |
| 21 4 | | | | | | | | | | | | | | | | | | | | | | | | | | | | | | |
| 29 | | | | | | | | | | | | | | | | | | | | | | | | | | | | | | |
| 5 22 | | | | | | | | | | | | | | | | | | | | | | | | | | | | | | |
| 6 19 | | | | | | | | | | | | | | | | | | | | | | | | | | | | | | |
| 8 17 | | | | | | | | | | | | | | | | | | | | | | | | | | | | | | |

Column clues (left to right):

| Column | Clue |
|---|---|
| 1 | 26 |
| 2 | 5 1 1 2 |
| 3 | 1 4 2 2 1 |
| 4 | 1 1 2 1 2 |
| 5 | 4 1 2 1 |
| 6 | 2 1 1 2 |
| 7 | 25 |
| 8 | 5 3 |
| 9 | 2 2 |
| 10 | 18 |
| 11 | 3 8 |
| 12 | 2 1 5 |
| 13 | 15 2 |
| 14 | 2 4 1 1 |
| 15 | 1 1 1 1 1 |
| 16 | 12 1 1 |
| 17 | 2 4 1 1 |
| 18 | 2 1 1 1 1 |
| 19 | 11 1 1 |
| 20 | 3 5 1 1 |
| 21 | 1 1 1 1 1 |
| 22 | 11 1 1 |
| 23 | 4 1 4 1 1 |
| 24 | 1 1 1 1 3 1 |
| 25 | 3 1 3 1 1 |
| 26 | 7 3 3 |
| 27 | 1 1 3 |
| 28 | 2 7 2 |
| 29 | 1 4 2 1 |
| 30 | 2 5 |


| Row | Clue |
|---|---|
| 1 | 4 |
| 2 | 1 1 |
| 3 | 1 1 |
| 4 | 6 |
| 5 | 3 2 |
| 6 | 1 1 1 |
| 7 | 3 1 |
| 8 | 1 1 |
| 9 | 1 2 4 1 |
| 10 | 1 2 7 1 1 |
| 11 | 1 2 7 1 3 |
| 12 | 1 4 2 2 8 1 |
| 13 | 1 2 1 1 2 2 8 |
| 14 | 1 1 1 1 1 2 2 2 3 |
| 15 | 1 1 1 1 1 1 2 2 1 1 |
| 16 | 1 1 1 1 1 1 1 1 1 1 1 |
| 17 | 1 1 1 1 1 1 2 2 1 1 |
| 18 | 1 1 1 1 1 2 1 1 1 3 |
| 19 | 1 1 1 2 2 2 2 5 |
| 20 | 1 1 2 13 |
| 21 | 1 1 5 2 2 2 1 |
| 22 | 1 2 2 12 1 |
| 23 | 1 2 4 1 1 |
| 24 | 1 23 |
| 25 | 1 1 4 2 |
| 26 | 2 2 4 2 |
| 27 | 1 3 1 16 |
| 28 | 1 1 1 1 1 |
| 29 | 2 1 2 |
| 30 | 5 |

| Column | Clue |
|---|---|
| 1 | 6 4 |
| 2 | 1 2 2 2 |
| 3 | 1 5 3 1 |
| 4 | 1 1 1 2 2 |
| 5 | 11 2 |
| 6 | 3 6 2 |
| 7 | 3 1 4 1 2 |
| 8 | 2 2 4 1 2 |
| 9 | 2 1 2 5 1 1 |
| 10 | 2 1 4 3 1 2 |
| 11 | 2 1 4 3 1 1 |
| 12 | 2 1 4 3 1 1 |
| 13 | 2 1 4 2 1 1 |
| 14 | 2 1 4 2 1 1 |
| 15 | 2 1 4 2 1 1 |
| 16 | 2 1 4 2 1 1 |
| 17 | 2 1 4 2 1 1 |
| 18 | 2 1 4 2 1 1 |
| 19 | 2 1 4 3 1 1 |
| 20 | 2 1 4 3 1 1 |
| 21 | 2 1 3 4 1 2 |
| 22 | 2 1 2 4 1 1 |
| 23 | 2 2 6 2 |
| 24 | 2 1 5 1 2 |
| 25 | 3 7 2 |
| 26 | 2 4 5 2 |
| 27 | 5 5 2 |
| 28 | 3 1 |
| 29 | 2 2 |
| 30 | 5 |

| Row | Clue |
|---|---|
| 1 | 0 |
| 2 | 0 |
| 3 | 0 |
| 4 | 0 |
| 5 | 12 |
| 6 | 19 |
| 7 | 5 5 |
| 8 | 5 12 3 |
| 9 | 2 2 1 1 1 |
| 10 | 1 3 1 12 1 1 |
| 11 | 1 1 1 18 1 |
| 12 | 1 1 1 14 2 |
| 13 | 1 1 2 11 1 |
| 14 | 1 1 2 1 |
| 15 | 1 3 2 |
| 16 | 2 3 1 |
| 17 | 7 4 |
| 18 | 2 4 6 |
| 19 | 1 4 10 |
| 20 | 2 5 12 |
| 21 | 1 19 1 |
| 22 | 1 13 1 |
| 23 | 2 2 2 2 |
| 24 | 4 2 2 4 |
| 25 | 5 10 5 |
| 26 | 5 5 |
| 27 | 12 |
| 28 | 0 |
| 29 | 0 |
| 30 | 0 |

| Column | Clues |
|---|---|
| 1 | 14 2 |
| 2 | 15 2 |
| 3 | 18 1 |
| 4 | 1 26 |
| 5 | 2 18 7 |
| 6 | 2 20 6 |
| 7 | 3 8 11 5 |
| 8 | 3 8 12 4 |
| 9 | 3 9 9 3 |
| 10 | 4 21 2 |
| 11 | 4 6 15 1 |
| 12 | 3 23 |
| 13 | 4 5 16 |
| 14 | 4 5 1 1 9 |
| 15 | 3 5 1 1 8 |
| 16 | 4 4 2 7 |
| 17 | 2 3 3 1 6 |
| 18 | 1 2 3 4 1 1 2 |
| 19 | 1 2 3 5 2 3 1 |
| 20 | 1 1 3 5 1 1 |
| 21 | 1 2 3 10 1 |
| 22 | 1 2 1 5 1 |
| 23 | 1 1 4 5 1 |
| 24 | 1 1 1 1 5 1 |
| 25 | 1 1 3 1 |
| 26 | 3 1 |
| 27 | 1 1 1 1 |
| 28 | 1 1 1 1 1 1 |
| 29 | 1 1 1 1 1 1 1 1 1 1 |
| 30 | 1 1 1 1 1 1 |

| Row | Clues |
|---|---|
| 1 | 8 3 1 |
| 2 | 10 2 2 |
| 3 | 1 10 2 1 |
| 4 | 3 7 1 1 |
| 5 | 6 7 2 1 1 |
| 6 | 9 12 1 |
| 7 | 12 1 1 |
| 8 | 18 3 1 |
| 9 | 18 1 1 1 |
| 10 | 19 1 1 1 |
| 11 | 14 3 1 |
| 12 | 10 1 5 1 |
| 13 | 6 4 11 1 |
| 14 | 8 4 9 1 |
| 15 | 8 6 7 1 |
| 16 | 8 4 6 2 |
| 17 | 13 4 1 |
| 18 | 13 1 2 |
| 19 | 13 1 1 |
| 20 | 13 1 2 |
| 21 | 13 3 2 |
| 22 | 4 9 1 1 |
| 23 | 15 2 5 |
| 24 | 5 10 1 |
| 25 | 6 10 1 |
| 26 | 6 8 1 |
| 27 | 6 8 |
| 28 | 6 6 |
| 29 | 2 6 6 |
| 30 | 3 6 6 |

| Column | Clues |
|---|---|
| 1 | 24 2 |
| 2 | 23 2 |
| 3 | 22 3 |
| 4 | 21 2 |
| 5 | 6 5 6 2 |
| 6 | 4 4 3 1 4 1 |
| 7 | 3 5 4 6 1 |
| 8 | 2 4 3 6 |
| 9 | 1 1 3 1 6 |
| 10 | 1 6 6 |
| 11 | 3 8 6 |
| 12 | 2 3 8 |
| 13 | 3 9 |
| 14 | 1 11 |
| 15 | 12 |
| 16 | 1 12 |
| 17 | 3 2 7 |
| 18 | 3 2 4 2 |
| 19 | 5 4 2 |
| 20 | 1 2 4 2 |
| 21 | 1 4 1 2 2 |
| 22 | 1 2 1 2 1 5 |
| 23 | 1 1 3 10 |
| 24 | 2 2 2 10 |
| 25 | 2 1 4 10 |
| 26 | 3 1 1 14 |
| 27 | 3 2 21 |
| 28 | 4 22 |
| 29 | 2 1 25 |
| 30 | 3 26 |

| Row | Clues |
|---|---|
| 1 | 9 3 10 |
| 2 | 8 5 7 |
| 3 | 7 1 1 1 3 1 |
| 4 | 6 2 |
| 5 | 5 2 1 |
| 6 | 5 2 2 |
| 7 | 4 1 1 2 2 |
| 8 | 9 1 1 2 |
| 9 | 11 3 |
| 10 | 8 3 4 |
| 11 | 8 3 4 |
| 12 | 5 3 4 |
| 13 | 4 2 3 3 1 4 |
| 14 | 4 3 2 9 4 |
| 15 | 4 3 1 3 1 8 |
| 16 | 5 2 5 1 4 |
| 17 | 5 3 6 |
| 18 | 6 1 6 |
| 19 | 5 3 4 5 |
| 20 | 9 4 1 5 |
| 21 | 10 3 9 |
| 22 | 3 11 8 |
| 23 | 2 11 2 8 |
| 24 | 1 24 |
| 25 | 11 8 |
| 26 | 3 21 |
| 27 | 5 8 10 |
| 28 | 4 6 9 |
| 29 | 1 19 |
| 30 | 18 |

Column clues (left to right):

1. 5
2. 1
3. 6 1
4. 2 2 1
5. 1 1 1 1
6. 1 1 1 1 1
7. 1 1 2 1 1
8. 4 1 1 2
9. 8 1 2 3
10. 13 2 3
11. 14 2 5
12. 17 5 1
13. 16 10 1
14. 1 1 1 1 4 1
15. 1 1 2 1 1 1 1
16. 1 1 1 1 1 1 1 1
17. 1 1 1 1 1 1 1 1
18. 1 1 2 1 2 3 1 1
19. 1 5 1 2 4 1
20. 1 4 1 2 1
21. 1 5 1 1 1
22. 6 2 3
23. 2 1 1
24. 1 1 1
25. 1 1 2
26. 1 2
27. 3 3
28. 4
29. 0
30. 0

Row clues (top to bottom):

1. 13
2. 10 6
3. 2 6 2 1
4. 1 1 6 1 1 2
5. 1 7 3 1
6. 1 5 1 1
7. 1 5 2 2
8. 2 5 1 1
9. 1 4 1 2
10. 1 4 1 2
11. 2 4 2 2
12. 2 4 1 2
13. 5 3
14. 3 5
15. 4 1
16. 2 3
17. 2 4
18. 1 1 1
19. 1 6
20. 1 1 1
21. 1 1 1
22. 1 7
23. 1 1 1
24. 2 2 1
25. 2 8
26. 3 4 2
27. 1 1 4 2
28. 1 2 14
29. 1 4 1
30. 1 15

| Column | Clues |
|---|---|
| 1 | 0 |
| 2 | 0 |
| 3 | 0 |
| 4 | 19 |
| 5 | 2 2 2 2 |
| 6 | 1 6 9 2 |
| 7 | 9 2 1 1 2 2 |
| 8 | 1 3 1 2 1 2 |
| 9 | 1 3 1 2 1 2 |
| 10 | 4 5 2 1 2 |
| 11 | 5 5 2 1 2 |
| 12 | 1 1 6 2 1 2 |
| 13 | 1 1 2 1 2 1 2 |
| 14 | 4 1 1 1 2 1 2 |
| 15 | 5 1 5 2 1 2 |
| 16 | 1 1 1 4 2 1 2 |
| 17 | 1 1 1 5 2 1 2 |
| 18 | 6 1 5 3 1 2 |
| 19 | 5 1 1 1 3 1 2 |
| 20 | 1 2 1 1 1 2 1 2 |
| 21 | 1 1 1 5 2 1 2 |
| 22 | 6 1 6 10 2 |
| 23 | 5 1 1 2 10 2 |
| 24 | 1 1 1 1 3 3 |
| 25 | 4 1 20 |
| 26 | 4 1 1 |
| 27 | 18 |
| 28 | 0 |
| 29 | 0 |
| 30 | 0 |

| Row | Clues |
|---|---|
| 1 | 3 |
| 2 | 4 1 |
| 3 | 2 2 2 |
| 4 | 4 2 2 |
| 5 | 1 2 5 |
| 6 | 4 5 1 |
| 7 | 1 2 3 3 |
| 8 | 4 5 2 |
| 9 | 1 2 2 2 |
| 10 | 2 4 3 |
| 11 | 2 1 2 2 4 |
| 12 | 6 2 6 2 |
| 13 | 1 13 2 1 1 |
| 14 | 9 4 2 1 1 |
| 15 | 4 3 4 5 1 |
| 16 | 1 2 3 11 1 |
| 17 | 12 2 1 |
| 18 | 2 6 1 1 |
| 19 | 1 18 1 1 |
| 20 | 1 14 2 1 1 |
| 21 | 1 1 2 1 1 |
| 22 | 1 2 2 1 1 |
| 23 | 1 1 2 1 1 |
| 24 | 1 2 2 1 1 |
| 25 | 1 1 2 1 1 |
| 26 | 1 2 2 1 1 |
| 27 | 1 18 1 1 |
| 28 | 2 2 1 |
| 29 | 22 1 |
| 30 | 22 |

| 30 | 12 11 | 9 7 | 7 6 | 3 5 | 1 4 | 4 3 | 2 3 1 2 | 2 2 1 1 | 5 2 1 | 2 3 4 1 | 2 4 4 2 | 2 1 2 3 1 | 2 3 4 1 | 2 1 2 3 2 | 2 2 3 1 2 | 3 2 1 9 2 | 2 9 | 3 6 1 | 2 1 3 1 | 1 1 1 1 2 | 3 3 | 6 2 1 | 3 1 1 4 1 | 3 2 3 1 | 3 3 1 | 1 4 1 | 11 1 | 7 2 | 2 2 |
|---|---|---|---|---|---|---|---|---|---|---|---|---|---|---|---|---|---|---|---|---|---|---|---|---|---|---|---|---|---|

6 2
5 2
5 2
4 2
4 7 3
4 9 3
4 3 3 2
3 1 6 4 2
3 1 3 1 1 2 4
2 1 4 2 6
2 1 2 1 7
2 1 4 1
1 1 2 2
1 1 4
1 1 1 1
1 1 1 2
1 1 1
1 1 1 1
1 1 3 1 1
2 1 1 4 1 1 1
2 4 5 1 1
2 4 3 2 1
2 5 5 1 2
3 4 4 1 2
4 10
5 2 3 1
6 7 1
7 2 1 1
8 1 1
9 1 1

| Column | Clues |
|---|---|
| 1 | 0 |
| 2 | 0 |
| 3 | 0 |
| 4 | 0 |
| 5 | 0 |
| 6 | 0 |
| 7 | 8 3 |
| 8 | 1 3 1 1 1 |
| 9 | 9 4 1 1 3 1 |
| 10 | 2 1 13 5 |
| 11 | 2 1 7 6 2 |
| 12 | 2 1 4 3 10 |
| 13 | 2 1 4 2 16 |
| 14 | 1 1 4 2 14 |
| 15 | 1 1 4 3 1 12 |
| 16 | 1 1 4 2 1 12 |
| 17 | 1 1 4 3 1 12 |
| 18 | 1 1 4 2 14 |
| 19 | 1 1 3 2 16 |
| 20 | 1 1 3 5 11 |
| 21 | 1 1 10 4 2 |
| 22 | 1 1 4 3 1 |
| 23 | 3 |
| 24 | 2 |
| 25 | 1 |
| 26 | 0 |
| 27 | 0 |
| 28 | 0 |
| 29 | 0 |
| 30 | 0 |

| Row | Clues |
|---|---|
| 1 | 8 |
| 2 | 5 3 |
| 3 | 4 5 1 |
| 4 | 1 1 3 3 1 |
| 5 | 1 2 3 2 |
| 6 | 1 1 6 2 |
| 7 | 1 1 8 2 |
| 8 | 1 1 10 |
| 9 | 1 1 4 4 |
| 10 | 1 4 3 |
| 11 | 1 2 1 1 2 |
| 12 | 1 2 3 3 2 |
| 13 | 1 2 3 3 2 |
| 14 | 4 1 2 |
| 15 | 2 2 1 3 |
| 16 | 2 2 4 |
| 17 | 2 10 |
| 18 | 1 1 2 5 |
| 19 | 1 2 8 |
| 20 | 2 11 |
| 21 | 1 12 |
| 22 | 1 12 |
| 23 | 1 11 |
| 24 | 1 11 |
| 25 | 1 11 |
| 26 | 1 9 |
| 27 | 1 9 |
| 28 | 1 9 |
| 29 | 2 9 |
| 30 | 3 10 |

| Column | 1 | 2 | 3 | 4 | 5 | 6 | 7 | 8 | 9 | 10 | 11 | 12 | 13 | 14 | 15 | 16 | 17 | 18 | 19 | 20 | 21 | 22 | 23 | 24 | 25 | 26 | 27 | 28 | 29 | 30 |
|---|---|---|---|---|---|---|---|---|---|---|---|---|---|---|---|---|---|---|---|---|---|---|---|---|---|---|---|---|---|---|
| Clue | 0 | 0 | 0 | 7 1 | 11 2 | 17 4 2 | 25 2 | 23 2 | 10 11 4 | 10 3 13 | 4 1 1 1 10 | 4 1 2 10 | 4 1 1 9 | 4 1 7 4 4 | 1 1 2 1 2 3 | 2 1 4 2 | 4 1 3 2 | 4 1 1 1 | 4 1 1 1 | 4 1 2 1 | 5 1 1 | 5 1 2 2 | 6 7 2 | 11 10 | 8 5 3 2 | 8 2 | 5 2 | 1 | 0 | 0 |

| Row clues |
|---|
| 12 |
| 7 7 |
| 9 7 |
| 8 8 |
| 5 4 |
| 5 4 |
| 5 3 |
| 6 3 |
| 6 1 1 2 |
| 9 3 2 |
| 6 1 3 |
| 5 5 3 4 |
| 7 1 1 1 1 4 |
| 8 1 1 2 |
| 6 1 2 |
| 6 1 2 |
| 6 4 1 |
| 6 2 2 |
| 5 2 |
| 5 5 3 |
| 9 3 3 |
| 11 3 |
| 11 3 |
| 3 4 3 |
| 2 5 1 3 |
| 2 10 3 |
| 11 2 |
| 8 1 |
| 3 4 2 3 |
| 4 4 2 4 |

| Column | Clues |
|---|---|
| 1 | 1 1 1 2 1 |
| 2 | 1 1 1 9 1 |
| 3 | 1 1 1 2 6 2 |
| 4 | 1 1 2 9 3 |
| 5 | 1 1 6 7 3 |
| 6 | 1 1 3 1 2 6 4 |
| 7 | 1 4 1 2 7 6 |
| 8 | 2 3 1 2 15 |
| 9 | 1 1 3 1 12 5 |
| 10 | 1 1 2 1 1 6 4 |
| 11 | 1 1 2 1 6 3 |
| 12 | 1 2 1 1 6 3 |
| 13 | 1 4 5 2 |
| 14 | 2 1 3 6 2 |
| 15 | 1 2 1 7 2 |
| 16 | 1 3 3 4 7 |
| 17 | 1 3 1 3 8 |
| 18 | 5 3 3 8 |
| 19 | 6 1 4 8 |
| 20 | 4 2 3 3 7 |
| 21 | 2 3 3 12 |
| 22 | 1 6 2 9 2 |
| 23 | 14 6 1 |
| 24 | 21 |
| 25 | 19 |
| 26 | 19 |
| 27 | 16 |
| 28 | 14 |
| 29 | 10 |
| 30 | 6 |

| Row | Clues |
|---|---|
| 1 | 2 2 1 3 |
| 2 | 1 2 2 2 3 2 |
| 3 | 2 3 1 1 3 5 |
| 4 | 2 1 5 5 |
| 5 | 2 1 4 7 |
| 6 | 1 2 4 1 12 |
| 7 | 6 11 |
| 8 | 3 7 |
| 9 | 2 4 1 6 |
| 10 | 1 4 1 7 |
| 11 | 3 1 7 |
| 12 | 2 1 1 1 3 8 |
| 13 | 3 2 3 4 11 |
| 14 | 2 2 3 6 12 |
| 15 | 1 1 2 1 2 1 1 2 8 |
| 16 | 5 2 1 7 |
| 17 | 5 3 1 7 |
| 18 | 9 1 1 7 |
| 19 | 10 4 9 |
| 20 | 11 13 |
| 21 | 24 |
| 22 | 13 5 |
| 23 | 10 3 3 |
| 24 | 1 12 |
| 25 | 2 11 |
| 26 | 3 9 |
| 27 | 5 8 |
| 28 | 9 6 |
| 29 | 20 |
| 30 | 22 |

| Column | Clue |
|---|---|
| 1 | 4 |
| 2 | 4 |
| 3 | 2 2 |
| 4 | 2 |
| 5 | 2 |
| 6 | 4 |
| 7 | 5 |
| 8 | 6 |
| 9 | 1 5 |
| 10 | 14 4 4 |
| 11 | 1 1 1 7 1 |
| 12 | 3 2 6 1 2 |
| 13 | 3 1 1 2 |
| 14 | 2 1 1 2 1 3 |
| 15 | 1 1 1 3 1 |
| 16 | 1 1 4 2 |
| 17 | 1 1 2 2 |
| 18 | 4 2 2 2 |
| 19 | 2 2 3 1 4 |
| 20 | 1 2 2 4 |
| 21 | 4 3 4 |
| 22 | 6 11 2 |
| 23 | 11 7 |
| 24 | 3 10 |
| 25 | 10 1 3 |
| 26 | 3 |
| 27 | 0 |
| 28 | 0 |
| 29 | 0 |
| 30 | 0 |

| Row | Clue |
|---|---|
| 1 | 4 |
| 2 | 3 2 |
| 3 | 1 1 2 |
| 4 | 1 1 4 |
| 5 | 1 1 2 2 |
| 6 | 2 1 1 3 |
| 7 | 4 1 1 4 |
| 8 | 1 2 2 1 3 |
| 9 | 3 1 2 2 1 1 |
| 10 | 1 1 1 1 1 1 |
| 11 | 1 1 1 1 2 1 |
| 12 | 1 1 2 1 2 1 |
| 13 | 1 1 1 2 1 |
| 14 | 1 1 2 1 |
| 15 | 1 1 1 1 1 1 |
| 16 | 1 1 2 1 1 1 |
| 17 | 1 1 1 1 1 2 |
| 18 | 1 1 1 1 1 |
| 19 | 1 1 1 1 |
| 20 | 2 1 1 |
| 21 | 1 2 1 |
| 22 | 2 1 1 |
| 23 | 2 1 1 |
| 24 | 5 2 2 |
| 25 | 3 2 1 1 2 |
| 26 | 7 2 1 2 4 |
| 27 | 10 2 1 2 1 1 |
| 28 | 2 5 2 1 1 1 2 |
| 29 | 3 4 1 4 2 1 |
| 30 | 3 3 1 2 2 1 |

| Column | Clues |
|---|---|
| 1 | 22 |
| 2 | 2 2 |
| 3 | 2 20 2 |
| 4 | 2 22 2 |
| 5 | 2 24 2 |
| 6 | 1 5 6 1 |
| 7 | 1 4 14 4 1 |
| 8 | 1 4 1 1 4 1 |
| 9 | 1 4 1 1 4 1 |
| 10 | 1 4 14 4 1 |
| 11 | 1 5 6 1 |
| 12 | 2 24 2 |
| 13 | 2 22 2 |
| 14 | 2 20 2 |
| 15 | 2 2 |
| 16 | 22 |
| 17 | 0 |
| 18 | 8 8 |
| 19 | 1 1 1 1 |
| 20 | 1 4 1 1 4 1 |
| 21 | 1 4 16 4 1 |
| 22 | 1 4 4 1 |
| 23 | 1 26 1 |
| 24 | 1 26 1 |
| 25 | 1 26 1 |
| 26 | 1 4 1 |
| 27 | 23 4 1 |
| 28 | 1 4 1 |
| 29 | 1 1 |
| 30 | 8 |

| Row | Clues |
|---|---|
| 1 | 8 10 |
| 2 | 2 2 1 1 |
| 3 | 2 6 2 1 6 1 |
| 4 | 2 8 2 1 6 1 |
| 5 | 2 10 2 1 6 1 |
| 6 | 1 12 1 1 6 1 |
| 7 | 1 4 4 1 1 3 1 |
| 8 | 1 3 2 3 1 4 3 1 |
| 9 | 1 3 1 1 3 1 1 3 1 |
| 10 | 1 3 1 1 3 1 1 3 1 |
| 11 | 1 3 1 1 3 1 1 3 1 |
| 12 | 1 3 1 1 3 1 1 3 1 |
| 13 | 1 3 1 1 3 1 1 3 1 |
| 14 | 1 3 1 1 3 1 1 3 1 |
| 15 | 1 3 1 1 3 1 1 3 1 |
| 16 | 1 3 1 1 3 1 1 3 1 |
| 17 | 1 3 1 1 3 1 1 3 1 |
| 18 | 1 3 1 1 3 1 1 3 1 |
| 19 | 1 3 1 1 3 1 1 3 1 |
| 20 | 1 3 1 1 3 1 1 3 1 |
| 21 | 1 3 1 1 3 1 1 3 1 |
| 22 | 1 3 1 1 3 1 1 3 1 |
| 23 | 1 4 2 4 1 4 3 4 |
| 24 | 1 4 4 1 1 3 1 |
| 25 | 1 12 1 1 9 1 |
| 26 | 2 10 2 1 9 1 |
| 27 | 2 8 2 1 9 1 |
| 28 | 2 6 2 1 9 1 |
| 29 | 2 2 1 1 |
| 30 | 8 13 |

Column clues (left to right):

| Column | Clue |
|---|---|
| 1 | 8 |
| 2 | 14 |
| 3 | 3 3 |
| 4 | 4 2 2 4 |
| 5 | 9 9 |
| 6 | 3 16 3 |
| 7 | 2 18 2 |
| 8 | 2 4 6 4 2 |
| 9 | 2 4 4 4 2 |
| 10 | 2 5 4 5 2 |
| 11 | 1 6 4 6 1 |
| 12 | 2 8 8 2 |
| 13 | 2 8 8 2 |
| 14 | 11 11 |
| 15 | 6 6 |
| 16 | 6 6 |
| 17 | 11 11 |
| 18 | 2 8 8 2 |
| 19 | 2 8 8 2 |
| 20 | 1 6 4 6 1 |
| 21 | 2 5 4 5 2 |
| 22 | 2 4 4 4 2 |
| 23 | 2 4 6 4 2 |
| 24 | 3 18 3 |
| 25 | 3 16 3 |
| 26 | 9 9 |
| 27 | 4 2 2 4 |
| 28 | 4 4 |
| 29 | 14 |
| 30 | 8 |


| Row | Clue |
|---|---|
| 1 | 8 |
| 2 | 14 |
| 3 | 3 4 4 |
| 4 | 3 6 3 |
| 5 | 3 8 3 |
| 6 | 3 12 3 |
| 7 | 2 8 8 3 |
| 8 | 12 12 |
| 9 | 13 13 |
| 10 | 2 10 10 2 |
| 11 | 1 4 4 4 4 1 |
| 12 | 2 4 1 1 4 2 |
| 13 | 2 4 4 2 |
| 14 | 2 6 6 2 |
| 15 | 2 6 6 2 |
| 16 | 2 6 6 2 |
| 17 | 2 6 6 2 |
| 18 | 2 4 4 2 |
| 19 | 2 4 1 1 4 2 |
| 20 | 1 4 4 4 4 1 |
| 21 | 2 10 10 2 |
| 22 | 13 13 |
| 23 | 12 12 |
| 24 | 2 8 8 3 |
| 25 | 3 12 3 |
| 26 | 3 8 3 |
| 27 | 3 6 3 |
| 28 | 3 4 4 |
| 29 | 14 |
| 30 | 8 |

| | 0 | 0 | 0 | 0 | 0 | 11 | 1 3 2 | 1 1 2 3 6 | 1 6 3 | 1 3 | 5 3 1 1 1 1 1 1 | 1 9 12 | 1 11 13 | 1 21 | 7 20 | 12 13 | 1 9 13 | 1 8 13 | 1 2 14 | 8 1 16 | 1 8 7 | 1 5 8 | 2 1 7 | 14 | 9 | 7 | 0 | 0 | 0 | 0 |
|---|---|---|---|---|---|---|---|---|---|---|---|---|---|---|---|---|---|---|---|---|---|---|---|---|---|---|---|---|---|---|
| 4 | | | | | | | | | | | | | | | | | | | | | | | | | | | | | | |
| 5 2 | | | | | | | | | | | | | | | | | | | | | | | | | | | | | | |
| 4 2 1 | | | | | | | | | | | | | | | | | | | | | | | | | | | | | | |
| 1 4 3 1 | | | | | | | | | | | | | | | | | | | | | | | | | | | | | | |
| 3 1 4 3 2 | | | | | | | | | | | | | | | | | | | | | | | | | | | | | | |
| 1 3 4 7 | | | | | | | | | | | | | | | | | | | | | | | | | | | | | | |
| 1 3 4 3 3 | | | | | | | | | | | | | | | | | | | | | | | | | | | | | | |
| 1 1 3 4 3 3 | | | | | | | | | | | | | | | | | | | | | | | | | | | | | | |
| 1 2 3 5 1 3 | | | | | | | | | | | | | | | | | | | | | | | | | | | | | | |
| 1 2 3 6 3 | | | | | | | | | | | | | | | | | | | | | | | | | | | | | | |
| 1 10 3 | | | | | | | | | | | | | | | | | | | | | | | | | | | | | | |
| 12 5 | | | | | | | | | | | | | | | | | | | | | | | | | | | | | | |
| 4 6 4 | | | | | | | | | | | | | | | | | | | | | | | | | | | | | | |
| 2 4 4 | | | | | | | | | | | | | | | | | | | | | | | | | | | | | | |
| 1 3 5 | | | | | | | | | | | | | | | | | | | | | | | | | | | | | | |
| 1 2 4 | | | | | | | | | | | | | | | | | | | | | | | | | | | | | | |
| 1 2 5 | | | | | | | | | | | | | | | | | | | | | | | | | | | | | | |
| 1 11 | | | | | | | | | | | | | | | | | | | | | | | | | | | | | | |
| 1 11 | | | | | | | | | | | | | | | | | | | | | | | | | | | | | | |
| 1 11 | | | | | | | | | | | | | | | | | | | | | | | | | | | | | | |
| 1 9 | | | | | | | | | | | | | | | | | | | | | | | | | | | | | | |
| 1 10 | | | | | | | | | | | | | | | | | | | | | | | | | | | | | | |
| 2 9 | | | | | | | | | | | | | | | | | | | | | | | | | | | | | | |
| 1 10 | | | | | | | | | | | | | | | | | | | | | | | | | | | | | | |
| 2 9 | | | | | | | | | | | | | | | | | | | | | | | | | | | | | | |
| 1 10 | | | | | | | | | | | | | | | | | | | | | | | | | | | | | | |
| 1 9 | | | | | | | | | | | | | | | | | | | | | | | | | | | | | | |
| 1 10 | | | | | | | | | | | | | | | | | | | | | | | | | | | | | | |
| 1 9 | | | | | | | | | | | | | | | | | | | | | | | | | | | | | | |
| 1 10 | | | | | | | | | | | | | | | | | | | | | | | | | | | | | | |

Column clues (left to right):

| | | | | | | | | | | | | | | | | | | | | | | | | | | | | | |
|---|---|---|---|---|---|---|---|---|---|---|---|---|---|---|---|---|---|---|---|---|---|---|---|---|---|---|---|---|---|
| 1 | 1 1 | 1 1 | 2 1 1 | 1 2 5 | 2 2 2 1 | 2 2 2 1 | 2 1 2 1 | 3 1 2 1 | 3 3 1 | 5 2 3 | 2 2 3 2 | 1 4 1 3 | 8 3 | 22 | 25 | 2 3 10 | 1 4 9 | 2 3 6 | 4 1 | 2 3 2 3 | 5 3 4 4 | 2 2 1 1 | 2 2 2 1 | 2 1 2 2 | 1 2 2 1 | 1 2 2 2 | 2 4 | 1 | 1 |

Row clues (top to bottom):

3 4
3 1 1 3
2 4 2
2 6 1
2 1 3 1 1
1 1 3 2 1
2 6 2
2 9
11
3 2 3
5 2 5
2 2 2 6
2 1 2 1 1
2 1 2 1 1
3 1 2 1 2
1 2 2 2
2 2 1 1
1 3 1
1 4 1
2 6 1
1 9 2
1 2 6 2 1
2 4 5 4 2
4 2 5 1 4
1 4 2
2 3 1
1 2 2
1 1
1 1
1 1

Column clues (left to right):

0 | 0 | 0 | 0 | 0 | 13 | 1 15 | 16 | 1 17 | 16 | 1 9 | 7 4 | 1 7 6 | 5 6 | 3 4 7 | 3 8 | 3 14 | 13 | 3 12 | 3 11 | 3 10 | 8 | 1 6 | 1 3 | 1 1 | 1 | 0 | 0 | 0 | 0

Row clues (top to bottom):

0
1 1 1 3
1 3
5 3
7
9
10
10
10
8
6 3
6 3
5 3
5 1
5 4 1
5 6 1
5 7 1
5 8
5 9
3 8
7
7
7
7
8
8
7
6
6
4

| Column | Clue |
|---|---|
| 1 | 30 |
| 2 | 30 |
| 3 | 12 15 |
| 4 | 12 2 14 |
| 5 | 12 2 12 |
| 6 | 13 12 |
| 7 | 30 |
| 8 | 15 2 10 |
| 9 | 11 9 |
| 10 | 10 7 |
| 11 | 6 1 6 |
| 12 | 6 3 5 |
| 13 | 5 2 4 |
| 14 | 5 3 4 |
| 15 | 5 3 3 |
| 16 | 4 2 3 |
| 17 | 4 3 1 3 |
| 18 | 4 2 1 3 |
| 19 | 5 2 1 2 2 |
| 20 | 5 2 1 2 1 2 |
| 21 | 6 1 1 1 1 1 1 |
| 22 | 6 3 3 2 1 1 1 |
| 23 | 7 2 1 3 5 |
| 24 | 10 7 2 5 |
| 25 | 14 5 2 2 |
| 26 | 20 3 |
| 27 | 20 |
| 28 | 21 |
| 29 | 23 |
| 30 | 22 |

| Row | Clue |
|---|---|
| 1 | 30 |
| 2 | 30 |
| 3 | 30 |
| 4 | 30 |
| 5 | 15 12 |
| 6 | 12 10 |
| 7 | 10 8 |
| 8 | 10 7 |
| 9 | 10 7 |
| 10 | 10 7 |
| 11 | 9 6 |
| 12 | 8 1 7 |
| 13 | 2 3 9 9 |
| 14 | 2 1 2 9 9 |
| 15 | 2 2 2 1 2 1 1 1 5 |
| 16 | 3 1 1 1 8 |
| 17 | 4 2 1 7 |
| 18 | 4 2 1 7 |
| 19 | 7 1 6 |
| 20 | 7 1 8 |
| 21 | 8 4 3 |
| 22 | 9 3 2 2 |
| 23 | 9 1 2 1 |
| 24 | 10 1 1 |
| 25 | 11 1 3 |
| 26 | 12 7 |
| 27 | 14 2 1 |
| 28 | 18 6 |
| 29 | 20 2 |
| 30 | 22 |

Columns:

0
16
17
2 4 3
3 4 1 2
3 4 2 2
2 1 5 1
1 1 4 2
2 1 6 1
2 1 3 1 3 2
2 2 3 1 3 1
2 1 3 1 4
1 1 3 1 4
2 5 1 3
9 1 1
9 1 1
2 5 1 3
1 1 3 1 4
2 1 3 1 4
1 2 3 1 2 2
2 1 3 1 3 2
2 1 7 1
2 1 4 2
2 1 5 1
3 3 2 2
3 4 1 2
2 3 3
6 3
16
0

Rows:

4
8
3 2 3
3 2 3
3 2 3
3 2 3
3 10 4
10 4 10
2 4 2
3 1 1 2
3 2 2 3
3 1 2 3
4 2 2 2 1
2 1 2 2 1 1
2 2 2 1 1 1
2 2 2 2 2 1
2 1 1 1 1 1
2 2 2 2 2 1
2 3 3 1
2 3 3 1
2 20 1
8 8
3 2 2 3
3 2 2 3
2 2 2 2
3 2 2 3
3 2 2 3
5 5
3 4
6

Column clues (left to right):

0 | 0 | 1 | 2 | 5 2 | 8 3 3 | 20 3 | 13 12 | 14 4 5 | 15 2 3 | 17 2 2 | 8 1 1 1 | 8 3 1 | 8 1 1 2 | 9 2 3 | 9 1 4 1 | 10 4 1 | 10 5 3 1 | 9 1 4 | 10 2 2 1 | 8 1 1 1 1 | 7 3 2 | 7 1 1 3 2 | 19 4 | 5 7 | 5 | 4 | 2 | 1 | 2

Row clues (top to bottom):

10
12
15
16
17
18
19
19
6 11
6 2 1 3
6 2
6 2
6 2
7 1
1 5 1
1 1 7 5
3 1 1 2 2 1 1
3 3 1 4
3 1 1
3 1 1
3 1 1
3 1 1
4 2 1 1
2 1 4 3
1 1 7 1 3
2 1 9 1 4
2 1 1 7
5 3 1 4 1
8 1 4
10 1 3

Column clues:

| 1 | 2 | 3 | 4 | 5 | 6 | 7 | 8 | 9 | 10 | 11 | 12 | 13 | 14 | 15 | 16 | 17 | 18 | 19 | 20 | 21 | 22 | 23 | 24 | 25 | 26 | 27 | 28 | 29 | 30 |
|---|---|---|---|---|---|---|---|---|---|---|---|---|---|---|---|---|---|---|---|---|---|---|---|---|---|---|---|---|---|
| 2 3 | 5 6 | 11 6 | 19 | 19 | 4 10 | 4 10 | 4 7 4 | 3 6 3 | 3 7 3 | 3 8 3 | 3 9 3 | 9 2 3 | 8 2 3 | 6 2 3 | 8 2 3 | 14 3 3 | 20 3 | 1 25 | 3 17 | 4 14 | 4 12 1 | 3 2 8 | 5 2 5 3 | 5 7 | 12 | 9 | 2 | 2 | 2 |

Row clues:

| Row | Clue |
|---|---|
| 1 | 1 1 |
| 2 | 3 |
| 3 | 4 |
| 4 | 4 |
| 5 | 9 |
| 6 | 14 |
| 7 | 16 |
| 8 | 5 12 |
| 9 | 4 7 5 |
| 10 | 4 4 3 4 |
| 11 | 3 3 3 3 |
| 12 | 3 4 4 4 |
| 13 | 3 4 4 3 |
| 14 | 3 3 4 2 |
| 15 | 4 4 3 2 |
| 16 | 4 5 5 2 |
| 17 | 30 |
| 18 | 30 |
| 19 | 10 5 3 |
| 20 | 7 5 3 |
| 21 | 6 5 3 |
| 22 | 6 8 |
| 23 | 4 7 |
| 24 | 6 6 |
| 25 | 9 6 |
| 26 | 22 |
| 27 | 5 16 |
| 28 | 4 8 5 |
| 29 | 3 1 2 |
| 30 | 1 1 1 |

Column clues (left to right):

30
30
30
19 9
3 6 9
1 11 9
2 3 6 1 5
2 6 4
4 8 1 3
11 3 2 2
10 1 1 3 1
9 2 3
9 1 2 1 3
9 4 1 1
10 1 6 1
11 1 6 1
9 4 1 1
9 1 2 1 3
9 2 4
10 1 1 3 1
10 3 3 2
4 8 1 3
3 7 1 4
2 3 6 1 5
1 11 9
3 1 6 9
8 9 10
30
30
30

Row clues (top to bottom):

30
5 18 5
5 15 5
4 1 14 1 4
4 2 12 2 4
4 2 12 2 4
4 2 14 7
4 1 15 1 4
4 20 3
11 2 11
10 1 9
9 9
11 11
10 2 2 10
5 3 3 5
4 4
4 4
4 4 4
4 2 2 3
3 6 3
3 1 4 1 4
6 1 2 2 6
7 2 2 2 7
6 11 6
6 2 2 2 6
7 2 2 7
8 1 2 8
9 1 1 9
10 4 10
11 11

Column clues (left to right, top to bottom):

| Column | Clue |
|---|---|
| 1 | 3 |
| 2 | 3 |
| 3 | 1 3 |
| 4 | 1 5 |
| 5 | 1 4 |
| 6 | 1 3 |
| 7 | 8 1 1 3 |
| 8 | 13 1 2 2 |
| 9 | 2 1 11 4 1 |
| 10 | 2 1 2 12 |
| 11 | 1 4 13 |
| 12 | 2 1 1 1 3 1 12 |
| 13 | 1 1 4 11 |
| 14 | 1 1 1 2 1 1 6 |
| 15 | 5 1 13 |
| 16 | 5 1 13 |
| 17 | 1 1 1 2 1 1 6 |
| 18 | 1 1 4 10 |
| 19 | 1 1 1 1 3 1 11 |
| 20 | 1 4 11 |
| 21 | 2 1 2 8 2 |
| 22 | 2 1 2 9 3 |
| 23 | 4 12 4 |
| 24 | 8 2 4 |
| 25 | 4 5 |
| 26 | 1 4 |
| 27 | 3 3 |
| 28 | 5 |
| 29 | 5 |
| 30 | 5 |

Row clues (top to bottom):

| Row | Clue |
|---|---|
| 1 | 1 2 1 |
| 2 | 2 2 2 |
| 3 | 1 7 1 |
| 4 | 2 2 2 |
| 5 | 1 1 2 1 1 |
| 6 | 1 1 |
| 7 | 1 1 |
| 8 | 1 1 1 1 1 1 1 1 |
| 9 | 3 3 |
| 10 | 2 1 1 1 |
| 11 | 3 3 |
| 12 | 3 1 1 1 1 3 |
| 13 | 7 2 4 2 |
| 14 | 7 4 2 |
| 15 | 3 3 3 2 |
| 16 | 4 1 1 2 |
| 17 | 3 1 1 2 |
| 18 | 4 4 1 2 |
| 19 | 4 4 1 4 |
| 20 | 5 2 7 |
| 21 | 17 1 |
| 22 | 1 4 2 6 3 |
| 23 | 1 16 2 |
| 24 | 1 6 2 5 3 |
| 25 | 1 14 3 |
| 26 | 1 1 13 6 |
| 27 | 5 12 8 |
| 28 | 7 10 6 2 |
| 29 | 1 6 9 6 1 |
| 30 | 6 9 5 |

| Column | Clues |
| --- | --- |
| 1 | 12 |
| 2 | 3 12 |
| 3 | 6 12 |
| 4 | 8 14 |
| 5 | 18 5 |
| 6 | 16 3 |
| 7 | 16 3 2 |
| 8 | 16 1 2 |
| 9 | 9 5 4 4 |
| 10 | 10 4 1 3 |
| 11 | 14 2 5 |
| 12 | 18 2 4 |
| 13 | 11 1 4 5 |
| 14 | 12 1 5 5 |
| 15 | 13 3 1 1 |
| 16 | 14 2 1 1 |
| 17 | 13 2 2 2 |
| 18 | 6 6 2 6 |
| 19 | 6 7 3 7 |
| 20 | 9 5 4 8 |
| 21 | 6 7 12 |
| 22 | 6 10 1 8 |
| 23 | 8 5 1 7 |
| 24 | 2 5 3 |
| 25 | 6 |
| 26 | 7 |
| 27 | 7 |
| 28 | 6 |
| 29 | 6 |
| 30 | 4 |

| Row | Clues |
| --- | --- |
| 1 | 9 |
| 2 | 13 |
| 3 | 13 |
| 4 | 14 |
| 5 | 17 |
| 6 | 19 |
| 7 | 14 5 |
| 8 | 15 1 2 |
| 9 | 17 1 1 3 |
| 10 | 18 2 6 |
| 11 | 29 |
| 12 | 10 17 |
| 13 | 10 16 |
| 14 | 5 2 1 13 |
| 15 | 5 2 5 4 |
| 16 | 6 1 1 2 |
| 17 | 7 1 1 |
| 18 | 11 2 2 |
| 19 | 11 1 6 |
| 20 | 8 10 |
| 21 | 6 1 5 3 |
| 22 | 5 1 2 1 |
| 23 | 5 1 1 2 3 |
| 24 | 4 1 1 1 5 |
| 25 | 4 1 1 9 |
| 26 | 5 1 1 2 7 |
| 27 | 5 1 4 6 |
| 28 | 6 6 7 |
| 29 | 14 8 |
| 30 | 24 |

| Column | Clue |
|---|---|
| 1 | 0 |
| 2 | 0 |
| 3 | 0 |
| 4 | 0 |
| 5 | 0 |
| 6 | 0 |
| 7 | 7 |
| 8 | 2 2 |
| 9 | 1 2 |
| 10 | 2 3 |
| 11 | 1 5 |
| 12 | 2 7 |
| 13 | 1 2 2 1 2 |
| 14 | 1 5 10 2 |
| 15 | 1 1 1 1 6 2 |
| 16 | 1 1 1 1 7 2 |
| 17 | 1 5 16 |
| 18 | 1 2 2 7 |
| 19 | 2 7 |
| 20 | 1 4 |
| 21 | 2 3 |
| 22 | 1 2 |
| 23 | 2 2 |
| 24 | 7 |
| 25 | 0 |
| 26 | 0 |
| 27 | 0 |
| 28 | 0 |
| 29 | 0 |
| 30 | 0 |

| Row | Clue |
|---|---|
| 1 | 8 |
| 2 | 3 3 |
| 3 | 2 2 |
| 4 | 1 1 |
| 5 | 1 1 |
| 6 | 1 1 |
| 7 | 1 1 |
| 8 | 1 4 1 |
| 9 | 1 2 2 1 |
| 10 | 1 6 1 |
| 11 | 1 1 1 1 |
| 12 | 1 1 1 1 |
| 13 | 1 1 1 1 |
| 14 | 1 1 2 1 1 |
| 15 | 1 1 1 1 |
| 16 | 2 1 1 2 |
| 17 | 1 1 1 1 |
| 18 | 1 1 1 1 |
| 19 | 1 1 1 1 |
| 20 | 1 1 1 1 |
| 21 | 1 4 1 |
| 22 | 2 4 2 |
| 23 | 9 |
| 24 | 1 6 |
| 25 | 1 5 |
| 26 | 1 5 |
| 27 | 1 4 |
| 28 | 2 3 |
| 29 | 6 |
| 30 | 4 |

| | | | | | | | | | | | | | | | | | | | | | | | | | | | | | |
|---|---|---|---|---|---|---|---|---|---|---|---|---|---|---|---|---|---|---|---|---|---|---|---|---|---|---|---|---|---|
| 9 11 | 7 4 9 | 5 8 7 | 4 10 6 | 3 11 4 | 3 11 4 | 2 12 3 | 2 12 2 | 1 13 3 1 | 1 12 5 1 | 1 9 7 | 5 10 | 3 3 10 | 5 10 | 5 10 | 5 10 | 5 10 | 2 3 10 | 4 10 | 1 8 7 | 1 12 5 1 | 1 13 3 1 | 2 12 2 | 2 12 3 | 3 11 4 | 3 11 4 | 4 10 5 | 5 8 6 | 7 4 8 | 9 10 |

| |
|---|
| 11 11 |
| 8 8 |
| 6 1 1 6 |
| 4 4 4 4 |
| 3 6 6 3 |
| 2 8 7 2 |
| 2 8 8 2 |
| 1 10 9 1 |
| 1 10 10 1 |
| 11 10 |
| 12 12 |
| 12 12 |
| 10 10 |
| 10 4 10 |
| 8 6 8 |
| 6 |
| 6 |
| 4 |
| 0 |
| 1 8 |
| 1 8 1 |
| 2 10 1 |
| 2 10 2 |
| 3 12 2 |
| 4 14 3 |
| 4 14 4 |
| 6 14 6 |
| 7 12 7 |
| 8 8 8 |
| 10 10 |

| | | | | | | | | | | | | | | | | | | | | | | | | | | | | | |
|---|---|---|---|---|---|---|---|---|---|---|---|---|---|---|---|---|---|---|---|---|---|---|---|---|---|---|---|---|---|
| | | | | | | | | 1 | | | | | 13 | | 13 | | | | | 1 | | | | | | | | | |
| | | | | | | | | 1 | 2 | 10 | 9 | 11 | 1 | 13 | 1 | 11 | 10 | 9 | 2 | 1 | | | | | | | | | |
| | | | | | | | | 4 | 6 | 3 | 4 | 3 | 1 | 1 | 1 | 3 | 4 | 3 | 6 | 4 | | 4 | 10 | | | | | | |
| | | | | | 9 | 4 | 3 | 1 | 4 | 1 | 1 | 2 | 1 | 1 | 1 | 1 | 1 | 1 | 4 | 1 | 2 | 1 | 4 | | | | | | |
| | | | | 13 | 4 | 1 | 6 | 2 | 1 | 2 | 1 | 2 | 2 | 3 | 2 | 2 | 1 | 2 | 1 | 2 | 6 | 7 | 1 | 11 | | | | | |
| 2 | 1 | 2 | 1 | 1 | 1 | 6 | 11 | 3 | 3 | 3 | 2 | 2 | 2 | 2 | 2 | 2 | 2 | 3 | 3 | 3 | 9 | 2 | 2 | 1 | 1 | 2 | 1 | 2 | 1 |

| |
|---|
| 6 |
| 11 |
| 14 |
| 2 9 2 |
| 2 11 2 |
| 2 11 2 |
| 3 11 2 |
| 2 11 2 |
| 3 13 3 |
| 2 11 2 |
| 2 1 1 5 1 2 |
| 2 2 3 2 2 |
| 2 2 1 3 1 2 2 |
| 2 5 5 2 |
| 1 5 5 2 |
| 1 1 1 1 1 1 1 1 |
| 1 4 1 4 1 |
| 2 1 1 2 |
| 2 1 1 1 |
| 5 1 1 5 |
| 4 2 2 4 |
| 2 1 2 |
| 2 2 1 2 |
| 2 1 2 2 1 3 |
| 3 1 1 1 2 3 |
| 3 2 7 3 3 |
| 3 3 5 3 1 2 |
| 1 4 4 1 |
| 1 11 1 |
| 1 9 1 |

| | 20 | 21 | 23 | 25 | 27 | 29 | 8 21 | 8 21 | 9 19 | 30 | 12 16 | 11 15 | 10 15 | 5 2 15 | 4 2 9 4 | 3 1 1 8 4 | 1 6 2 4 | 1 1 9 1 5 | 1 1 5 3 1 7 | 2 2 18 | 3 2 4 8 | 4 5 10 6 | 5 17 5 | 25 3 | 25 1 | 26 | 27 | 27 | 28 | 28 |
|---|---|---|---|---|---|---|---|---|---|---|---|---|---|---|---|---|---|---|---|---|---|---|---|---|---|---|---|---|---|---|
| 11 13 | | | | | | | | | | | | | | | | | | | | | | | | | | | | | | |
| 12 11 | | | | | | | | | | | | | | | | | | | | | | | | | | | | | | |
| 13 10 | | | | | | | | | | | | | | | | | | | | | | | | | | | | | | |
| 14 9 | | | | | | | | | | | | | | | | | | | | | | | | | | | | | | |
| 14 1 8 | | | | | | | | | | | | | | | | | | | | | | | | | | | | | | |
| 15 4 7 | | | | | | | | | | | | | | | | | | | | | | | | | | | | | | |
| 15 11 | | | | | | | | | | | | | | | | | | | | | | | | | | | | | | |
| 16 9 | | | | | | | | | | | | | | | | | | | | | | | | | | | | | | |
| 6 5 2 9 | | | | | | | | | | | | | | | | | | | | | | | | | | | | | | |
| 8 4 1 9 | | | | | | | | | | | | | | | | | | | | | | | | | | | | | | |
| 8 4 8 | | | | | | | | | | | | | | | | | | | | | | | | | | | | | | |
| 14 4 8 | | | | | | | | | | | | | | | | | | | | | | | | | | | | | | |
| 10 2 3 9 | | | | | | | | | | | | | | | | | | | | | | | | | | | | | | |
| 10 6 9 | | | | | | | | | | | | | | | | | | | | | | | | | | | | | | |
| 11 4 9 | | | | | | | | | | | | | | | | | | | | | | | | | | | | | | |
| 14 5 9 | | | | | | | | | | | | | | | | | | | | | | | | | | | | | | |
| 18 1 9 | | | | | | | | | | | | | | | | | | | | | | | | | | | | | | |
| 30 | | | | | | | | | | | | | | | | | | | | | | | | | | | | | | |
| 30 | | | | | | | | | | | | | | | | | | | | | | | | | | | | | | |
| 16 13 | | | | | | | | | | | | | | | | | | | | | | | | | | | | | | |
| 16 11 | | | | | | | | | | | | | | | | | | | | | | | | | | | | | | |
| 18 9 | | | | | | | | | | | | | | | | | | | | | | | | | | | | | | |
| 14 2 8 | | | | | | | | | | | | | | | | | | | | | | | | | | | | | | |
| 12 3 7 | | | | | | | | | | | | | | | | | | | | | | | | | | | | | | |
| 12 4 7 | | | | | | | | | | | | | | | | | | | | | | | | | | | | | | |
| 10 6 5 | | | | | | | | | | | | | | | | | | | | | | | | | | | | | | |
| 19 4 | | | | | | | | | | | | | | | | | | | | | | | | | | | | | | |
| 19 2 | | | | | | | | | | | | | | | | | | | | | | | | | | | | | | |
| 19 | | | | | | | | | | | | | | | | | | | | | | | | | | | | | | |
| 19 | | | | | | | | | | | | | | | | | | | | | | | | | | | | | | |

| Column | Clues |
|---|---|
| 1 | 4 |
| 2 | 5 |
| 3 | 6 2 |
| 4 | 6 3 |
| 5 | 6 9 3 |
| 6 | 6 11 3 |
| 7 | 7 11 3 |
| 8 | 6 12 3 |
| 9 | 3 12 3 |
| 10 | 3 13 3 |
| 11 | 4 6 5 3 |
| 12 | 4 4 3 3 |
| 13 | 4 2 4 2 3 |
| 14 | 4 2 6 2 3 |
| 15 | 4 2 6 2 3 |
| 16 | 4 2 6 2 3 |
| 17 | 4 2 6 2 3 |
| 18 | 4 2 4 2 3 |
| 19 | 4 4 3 3 |
| 20 | 4 6 5 3 |
| 21 | 3 13 3 |
| 22 | 3 12 3 |
| 23 | 6 12 3 |
| 24 | 7 11 3 |
| 25 | 6 11 3 |
| 26 | 6 9 3 |
| 27 | 6 1 3 |
| 28 | 7 1 2 |
| 29 | 6 1 1 1 1 |
| 30 | 4 1 1 1 1 |

| Row | Clues |
|---|---|
| 1 | 0 |
| 2 | 0 |
| 3 | 0 |
| 4 | 10 |
| 5 | 18 |
| 6 | 22 |
| 7 | 26 |
| 8 | 7 7 |
| 9 | 8 2 2 8 |
| 10 | 8 10 8 |
| 11 | 7 12 7 |
| 12 | 4 5 5 4 |
| 13 | 6 6 2 |
| 14 | 6 4 6 1 |
| 15 | 6 6 6 1 |
| 16 | 6 6 6 1 |
| 17 | 6 6 6 1 |
| 18 | 6 6 6 1 |
| 19 | 7 4 7 1 |
| 20 | 7 7 1 |
| 21 | 8 9 1 |
| 22 | 22 1 |
| 23 | 22 |
| 24 | 0 |
| 25 | 24 |
| 26 | 26 |
| 27 | 26 |
| 28 | 0 |
| 29 | 0 |
| 30 | 0 |

| | 3 | 5 | 4 | 6 | 6 2 | 6 4 3 | 6 4 13 | 29 | 29 | 20 | 6 4 | 6 4 | 5 4 | 13 | 13 | 13 | 13 | 5 4 | 6 4 | 6 4 | 20 | 29 | 29 | 6 4 13 | 6 4 3 | 6 2 | 6 | 5 | 5 | 2 |
|---|---|---|---|---|---|---|---|---|---|---|---|---|---|---|---|---|---|---|---|---|---|---|---|---|---|---|---|---|---|---|
| 2 3 | | | | | | | | | | | | | | | | | | | | | | | | | | | | | | |
| 12 12 | | | | | | | | | | | | | | | | | | | | | | | | | | | | | | |
| 29 | | | | | | | | | | | | | | | | | | | | | | | | | | | | | | |
| 28 | | | | | | | | | | | | | | | | | | | | | | | | | | | | | | |
| 28 | | | | | | | | | | | | | | | | | | | | | | | | | | | | | | |
| 24 | | | | | | | | | | | | | | | | | | | | | | | | | | | | | | |
| 24 | | | | | | | | | | | | | | | | | | | | | | | | | | | | | | |
| 3 4 3 | | | | | | | | | | | | | | | | | | | | | | | | | | | | | | |
| 3 4 3 | | | | | | | | | | | | | | | | | | | | | | | | | | | | | | |
| 3 4 3 | | | | | | | | | | | | | | | | | | | | | | | | | | | | | | |
| 3 4 3 | | | | | | | | | | | | | | | | | | | | | | | | | | | | | | |
| 22 | | | | | | | | | | | | | | | | | | | | | | | | | | | | | | |
| 22 | | | | | | | | | | | | | | | | | | | | | | | | | | | | | | |
| 20 | | | | | | | | | | | | | | | | | | | | | | | | | | | | | | |
| 20 | | | | | | | | | | | | | | | | | | | | | | | | | | | | | | |
| 3 3 | | | | | | | | | | | | | | | | | | | | | | | | | | | | | | |
| 3 3 | | | | | | | | | | | | | | | | | | | | | | | | | | | | | | |
| 4 4 | | | | | | | | | | | | | | | | | | | | | | | | | | | | | | |
| 4 4 | | | | | | | | | | | | | | | | | | | | | | | | | | | | | | |
| 4 4 | | | | | | | | | | | | | | | | | | | | | | | | | | | | | | |
| 4 4 | | | | | | | | | | | | | | | | | | | | | | | | | | | | | | |
| 3 3 | | | | | | | | | | | | | | | | | | | | | | | | | | | | | | |
| 3 3 | | | | | | | | | | | | | | | | | | | | | | | | | | | | | | |
| 3 3 | | | | | | | | | | | | | | | | | | | | | | | | | | | | | | |
| 3 3 | | | | | | | | | | | | | | | | | | | | | | | | | | | | | | |
| 3 3 | | | | | | | | | | | | | | | | | | | | | | | | | | | | | | |
| 3 3 | | | | | | | | | | | | | | | | | | | | | | | | | | | | | | |
| 4 4 | | | | | | | | | | | | | | | | | | | | | | | | | | | | | | |
| 4 4 | | | | | | | | | | | | | | | | | | | | | | | | | | | | | | |
| 4 4 | | | | | | | | | | | | | | | | | | | | | | | | | | | | | | |

| | | | | | | | | | | | | | | | | | | | | | | | | | | | | | |
|---|---|---|---|---|---|---|---|---|---|---|---|---|---|---|---|---|---|---|---|---|---|---|---|---|---|---|---|---|---|
| | | | | | | 2 | | | 1 | | | 2 | 1 | | | | | | | | | | | | | | | | |
| | | | 1 | | | 1 | | 1 | 1 | | 1 | 1 | 1 | 1 | | | | | | | | | 5 | | | | | 4 | |
| | | | 1 | | | 1 | 1 | 2 | 1 | 1 | 1 | 1 | 3 | 3 | 2 | | | | | 9 | 2 | | 3 | | | 8 | | 1 | |
| 3 | 3 | 7 | 4 | 7 | 2 | 1 | 1 | 2 | 1 | 3 | 3 | 1 | 1 | 1 | 3 | 4 | | | 2 | 1 | 2 | 2 | 1 | 12 | 4 | 3 | 9 | 1 | |
| 2 | 2 | 2 | 3 | 6 | 1 | 3 | 1 | 2 | 2 | 2 | 1 | 2 | 1 | 1 | 2 | 5 | 3 | 3 | 3 | 1 | 1 | 3 | 2 | 2 | 2 | 2 | 3 | 4 | 6 |
| 1 | 2 | 2 | 3 | 2 | 9 | 2 | 4 | 3 | 2 | 1 | 2 | 3 | 2 | 3 | 3 | 2 | 2 | 1 | 1 | 2 | 2 | 3 | 2 | 2 | 2 | 2 | 2 | 4 | 4 |
| 5 | 6 | 6 | 8 | 9 | 12 | 9 | 10 | 7 | 8 | 9 | 10 | 6 | 7 | 8 | 9 | 10 | 11 | 11 | 12 | 7 | 9 | 12 | 7 | 6 | 12 | 11 | 8 | 5 | 16 |

| |
|---|
| 2 2 1 1 1 1 1 |
| 2 1 1 1 1 1 |
| 2 1 2 1 1 1 |
| 2 1 1 1 1 11 |
| 1 1 1 3 10 |
| 1 2 3 5 6 |
| 3 1 1 13 5 |
| 5 1 2 4 6 2 1 |
| 3 2 2 2 6 3 |
| 2 1 1 6 1 |
| 2 4 1 1 1 4 |
| 3 1 2 1 1 2 |
| 3 1 1 1 2 |
| 2 1 1 3 1 4 |
| 4 1 1 3 4 |
| 5 1 1 7 1 3 |
| 9 3 2 2 1 |
| 2 6 1 2 2 4 |
| 2 5 5 1 2 2 3 |
| 1 5 3 1 4 2 2 2 |
| 3 1 3 4 5 2 2 2 |
| 2 5 4 5 2 4 1 |
| 5 4 6 2 4 1 |
| 9 11 5 |
| 29 |
| 30 |
| 30 |
| 30 |
| 28 |
| 27 |

Column clues (left to right):

0 | 0 | 0 | 0 | 0 | 1 1 11 | 1 14 | 18 | 11 3 | 7 3 6 1 1 | 11 1 4 1 1 | 10 5 1 | 9 | 9 1 | 5 4 1 | 5 4 1 | 9 1 | 9 | 10 5 1 | 11 1 5 1 1 | 7 3 7 1 1 | 11 3 | 18 | 1 14 | 1 1 10 | 0 | 0 | 0 | 0 | 0

Row clues (top to bottom):

1 1
2 2
3 3
3 3
3 3
3 3
3 3
3 2 3
10
12
14
2 8 2
1 2 1 2 2 1 2 1
4 8 4
1 16 1
18
18
7 6
5 6
4 5
4 1 2 1 4
3 1 1 1 1 1 1 3
3 3
3 3
3 3
3 3
3 3
4 4
3 3
4 4

**Column clues (left to right, read top to bottom):**

1. 4 2 2 6 2 2 4
2. 5 1 2 6 2 1 5
3. 5 2 1 6 1 2 5
4. 6 1 6 1 6
5. 6 2 6 2 6
6. 7 2 6 2 7
7. 7 2 6 2 7
8. 8 1 6 1 8
9. 8 6 8
10. 9 6 9
11. 6
12. 6
13. 30
14. 30
15. 30
16. 30
17. 30
18. 30
19. 6
20. 6
21. 9 6 9
22. 8 6 8
23. 8 1 6 1 8
24. 7 2 6 2 7
25. 7 2 6 2 7
26. 6 2 6 2 6
27. 6 1 6 1 6
28. 5 2 1 6 1 2 5
29. 5 1 2 6 2 1 5
30. 4 2 2 6 2 2 4

**Row clues (top to bottom):**

1. 10 6 10
2. 10 6 10
3. 10 6 10
4. 10 6 10
5. 9 6 9
6. 1 7 6 7 1
7. 3 5 6 5 3
8. 3 3 6 3 3
9. 2 3 1 6 1 3 2
10. 3 3 6 3 3
11. 6
12. 6
13. 30
14. 30
15. 30
16. 30
17. 30
18. 30
19. 6
20. 6
21. 3 3 6 3 3
22. 2 3 1 6 1 3 2
23. 3 3 6 3 3
24. 3 5 6 5 3
25. 1 7 6 7 1
26. 9 6 9
27. 10 6 10
28. 10 6 10
29. 10 6 10
30. 10 6 10

Column clues (left to right):

1. 1
2. 3 2
3. 6 3
4. 8 3
5. 9 4
6. 11 6
7. 12 6
8. 14 7
9. 17 9
10. 22 1
11. 24 1
12. 11 1 1 9
13. 11 4 9
14. 11 2 1 10
15. 6 1 18
16. 1 1 10 5
17. 1 1 1 4 5 1
18. 1 1 3 1 2 5
19. 1 2 1 2 1 1 1 4
20. 6 1 5 5
21. 2 1 1 1 3 2 2
22. 1 1 3 3 3 1
23. 14 1
24. 5 3 1
25. 3 3 1
26. 1 2 2 2
27. 3 2 2
28. 4 1
29. 1 2
30. 1

Row clues (top to bottom):

1. 7
2. 5 2
3. 6 3
4. 7 1 1
5. 8 1 1
6. 9 2 2
7. 9 2 3
8. 9 1 1 3
9. 10 1 4
10. 11 6
11. 16 2 1
12. 10 2 1 1
13. 9 4 6 1
14. 21 1
15. 10 1 2 1 1 4 1
16. 15 2 6
17. 10 2 7
18. 5 2 1
19. 4 5 1
20. 5 3 1
21. 10 1
22. 10 2
23. 7 1
24. 8 1 2
25. 4 14
26. 4 9 2
27. 5 7 1
28. 7 7 1
29. 8 3 1 4
30. 11 2 1 1 2

| Col | Clue |
|---|---|
| 1 | 0 |
| 2 | 0 |
| 3 | 4 |
| 4 | 2 1 |
| 5 | 11 1 |
| 6 | 5 6 2 |
| 7 | 3 2 |
| 8 | 2 1 2 |
| 9 | 2 2 5 |
| 10 | 2 2 1 2 |
| 11 | 1 3 2 |
| 12 | 2 2 2 1 |
| 13 | 2 3 1 2 2 |
| 14 | 2 1 2 1 3 |
| 15 | 2 2 1 1 5 |
| 16 | 2 4 3 2 1 6 |
| 17 | 2 8 2 6 |
| 18 | 2 2 1 2 1 6 |
| 19 | 1 3 1 1 1 6 |
| 20 | 2 2 1 13 |
| 21 | 1 3 9 |
| 22 | 2 1 6 |
| 23 | 3 8 1 |
| 24 | 5 6 6 |
| 25 | 14 4 |
| 26 | 7 3 |
| 27 | 5 2 |
| 28 | 1 |
| 29 | 0 |
| 30 | 0 |


| Row | Clue |
|---|---|
| 1 | 7 |
| 2 | 11 |
| 3 | 2 2 |
| 4 | 2 1 |
| 5 | 2 2 |
| 6 | 1 2 |
| 7 | 2 2 |
| 8 | 1 2 |
| 9 | 2 4 5 2 |
| 10 | 2 5 6 2 |
| 11 | 1 1 2 1 2 1 |
| 12 | 1 1 2 2 1 |
| 13 | 1 1 1 |
| 14 | 2 2 1 |
| 15 | 3 6 3 |
| 16 | 4 3 1 4 |
| 17 | 1 2 1 4 |
| 18 | 1 2 2 2 1 4 |
| 19 | 1 2 9 5 |
| 20 | 1 1 1 1 2 4 |
| 21 | 3 3 2 4 |
| 22 | 1 1 6 |
| 23 | 1 4 |
| 24 | 2 5 |
| 25 | 1 1 10 |
| 26 | 1 14 |
| 27 | 1 10 2 |
| 28 | 1 8 3 |
| 29 | 1 6 4 |
| 30 | 1 3 6 |

Column clues (left to right, each read top to bottom):

1. 3
2. 4
3. 4
4. 5
5. 8
6. 12
7. 15 12
8. 10 4 12
9. 11 2 14
10. 15 1 9
11. 13 4 9
12. 13 9
13. 12 2 1
14. 8 2 1 4
15. 8 5
16. 6 1 1 5
17. 6 3 1 1 4
18. 10 2 1 1 1 4
19. 10 3 1 1 4
20. 7 2 1 1 1 7
21. 7 2 5 5
22. 7 1 1 2 1
23. 8 3 1
24. 8 2 2
25. 12
26. 9
27. 9
28. 1 3
29. 0
30. 0

Row clues (top to bottom):

1. 16
2. 20
3. 22
4. 21
5. 21
6. 22
7. 9 11
8. 9 2 6
9. 7 2 1 3
10. 8 4 3
11. 8 1 1
12. 1 4 1
13. 1 4 3 1
14. 4 5 2
15. 2 2 1 1 3
16. 2 1 1 1
17. 5 1 2 1 1
18. 1 1 1
19. 4 1 1
20. 4 2
21. 4 1 2
22. 7 4
23. 9 1
24. 10 4
25. 8 2 1
26. 9 3 2
27. 11 8
28. 12 7
29. 12 7
30. 13 7

Column clues (top to bottom, left to right):

1 8 4
1 13
1 13
1 14
3 13
1 3 7
1 1 3 3
1 1 2 3
1 1 2 3
6 1 1 1 3
2 7 1 3
2 3 2 1 1 2 3
1 2 1 3 1 6
1 9 1 5
4 1 1 5
1 6
1 10
4 2 1 7
1 4 8
4 6 8
5 2 5 1
2 6 1
2 5 2
1 5 2
3 9
3 10
7 7
9 1 2 3
1 4 2 3
1 4 1 5

Row clues (top to bottom):

4
2 1 1
1 2 2
1 3 1 1
5 1 1
1 1 2 2
5 2
2 1 1
5 1
5 2
2 1 2 2
1 2 5 2
1 2 8 1
1 2 3 2 4 1
3 1 3 1 4
1 1 3 4
1 1 4 4
5 1 1 6 4
5 1 3 4 4
7 4 4 4
6 3 6 3 1
6 1 2 6 2
5 2 2 9 1
9 2 9 2
8 3 1 1
6 3 1 7 1
6 4 1 4 1
9 2 6
8 8
7 7

**Column clues (left to right):**

3 4 | 1 5 | 1 4 | 1 5 | 1 5 | 1 6 | 1 6 | 6 1 1 7 | 17 7 | 20 7 | 10 11 6 | 11 10 4 | 8 1 11 3 | 7 2 3 10 2 | 6 2 3 12 | 5 2 12 | 6 4 3 12 | 7 1 3 13 | 7 2 10 2 | 10 10 3 1 | 18 7 | 11 1 7 | 7 1 6 | 1 1 6 | 1 6 | 1 5 | 2 3 | 4 | 5 | 0

**Row clues (top to bottom):**

9
11
12
13
14
7 6
6 5
5 4
5 4
8 7
3 1 2 1 5
3 1 3
4 1 4
4 1 1 4
4 2 2 3
14
5 3 3
6 4
13
15
2 11 3
3 10 3
1 10 2
1 3 8 2 1
1 6 7 5 1
1 8 6 7 2
12 5 7 1
13 4 8 1
19 7 1
27 1

Column clues (left to right, top to bottom):

0
0
0
0
2 2
6 6
8 8
2 2 3 5
2 2 3 4
2 1 2 5
2 1 2 6
2 1 1 2 3 2
2 1 2 3 6
2 2 7 3 4
2 4 1 1 11
2 3 1 1 7 2
2 1 7 7
2 4 3 6
2 1 1 2 1 4
2 2 3 6
2 1 2 5
2 1 2 5
2 2 3 1 2
8 8
5 5
2 2
0
0
0
0

Row clues (top to bottom):

22
22
2 2
2 2
2 2
2 1
1 1
1 2
1 1
2 3 1 2 1
2 5 2
3 2 3
3 2
2 1
1 2
2 1
1 2
3 2
4 5
5 1 4
3 2 3
2 2 2
2 3 2
1 4 2
2 10 1
3 4 4 3 2
20
6 3 6 2
22
22

| Column | Clue |
|---|---|
| 1 | 0 |
| 2 | 0 |
| 3 | 1 |
| 4 | 0 |
| 5 | 0 |
| 6 | 0 |
| 7 | 1 16 2 |
| 8 | 1 2 1 16 2 |
| 9 | 1 3 1 17 2 |
| 10 | 5 1 16 2 |
| 11 | 5 1 17 1 |
| 12 | 5 1 18 1 |
| 13 | 5 1 1 1 |
| 14 | 1 3 1 1 1 |
| 15 | 5 1 1 2 |
| 16 | 2 1 2 1 3 |
| 17 | 2 3 1 15 2 |
| 18 | 3 2 15 2 |
| 19 | 4 |
| 20 | 5 |
| 21 | 5 |
| 22 | 6 1 |
| 23 | 6 1 |
| 24 | 7 |
| 25 | 7 1 |
| 26 | 8 |
| 27 | 9 1 |
| 28 | 3 5 |
| 29 | 10 |
| 30 | 10 1 |

| Row | Clue |
|---|---|
| 1 | 1 19 |
| 2 | 2 16 |
| 3 | 1 4 13 |
| 4 | 1 6 9 2 |
| 5 | 8 11 |
| 6 | 4 1 9 |
| 7 | 4 1 7 |
| 8 | 1 2 3 1 5 |
| 9 | 2 5 1 4 |
| 10 | 1 2 1 1 2 |
| 11 | 3 5 1 1 |
| 12 | 6 2 1 |
| 13 | 6 2 1 |
| 14 | 6 2 |
| 15 | 6 2 |
| 16 | 6 2 |
| 17 | 6 2 |
| 18 | 6 2 |
| 19 | 6 2 |
| 20 | 6 2 |
| 21 | 6 2 |
| 22 | 6 2 |
| 23 | 6 2 |
| 24 | 6 2 |
| 25 | 6 2 |
| 26 | 5 1 |
| 27 | 1 4 1 |
| 28 | 2 2 3 |
| 29 | 3 3 |
| 30 | 8 |

Column clues (left to right, top to bottom):

1 1 2 | 2 2 1 2 | 1 2 2 2 2 | 1 2 1 3 5 | 2 2 2 12 | 2 1 3 15 | 1 2 2 7 7 | 1 3 6 2 6 | 2 2 7 2 4 | 1 3 7 2 3 | 1 2 9 1 2 | 2 10 1 1 | 11 1 | 11 2 | 3 7 2 | 3 7 2 | 4 7 2 | 13 2 | 14 3 | 14 3 | 14 2 | 13 2 | 6 2 | 3 1 | 3 1 | 2 1 | 2 1 | 2 | 2 | 1

Row clues (top to bottom):

1
3
2 3
4 3
4 3 1
2 3 3 3
3 4 7
2 5 9
5 4 5
5 6 4
3 9 5
18
20
20
19
19
4 12
2 3 7
2 8 6
2 4 5
2 3 4
2 2 3
3 2 3
2 3 3
3 3 2
3 2 2
3 2 2
4 1 2
5 1 2
5 1 2

| | 0 | 0 | 0 | 0 | 0 | 0 | 4 | 6<br>4 | 6<br>5 | 3<br>4<br>5 | 7<br>2<br>6 | 4<br>9<br>1<br>4 | 10<br>2<br>5<br>2<br>4 | 13<br>2<br>2<br>8 | 12<br>4<br>1<br>8 | 8<br>4<br>9 | 3<br>5<br>9 | 2<br>4<br>9 | 4<br>13 | 8<br>13 | 14<br>11 | 15<br>10 | 9<br>5 | 3 | 0 | 0 | 0 | 0 | 0 | 0 |
|---|---|---|---|---|---|---|---|---|---|---|---|---|---|---|---|---|---|---|---|---|---|---|---|---|---|---|---|---|---|---|
| 3 | | | | | | | | | | | | | | | | | | | | | | | | | | | | | | |
| 3 3 | | | | | | | | | | | | | | | | | | | | | | | | | | | | | | |
| 4 4 | | | | | | | | | | | | | | | | | | | | | | | | | | | | | | |
| 4 4 | | | | | | | | | | | | | | | | | | | | | | | | | | | | | | |
| 3 3 | | | | | | | | | | | | | | | | | | | | | | | | | | | | | | |
| 3 3 | | | | | | | | | | | | | | | | | | | | | | | | | | | | | | |
| 4 3 | | | | | | | | | | | | | | | | | | | | | | | | | | | | | | |
| 4 4 | | | | | | | | | | | | | | | | | | | | | | | | | | | | | | |
| 4 4 | | | | | | | | | | | | | | | | | | | | | | | | | | | | | | |
| 4 4 | | | | | | | | | | | | | | | | | | | | | | | | | | | | | | |
| 3 3 | | | | | | | | | | | | | | | | | | | | | | | | | | | | | | |
| 2 4 4 | | | | | | | | | | | | | | | | | | | | | | | | | | | | | | |
| 3 4 4 | | | | | | | | | | | | | | | | | | | | | | | | | | | | | | |
| 4 8 | | | | | | | | | | | | | | | | | | | | | | | | | | | | | | |
| 2 4 5 | | | | | | | | | | | | | | | | | | | | | | | | | | | | | | |
| 3 2 4 2 | | | | | | | | | | | | | | | | | | | | | | | | | | | | | | |
| 3 2 7 | | | | | | | | | | | | | | | | | | | | | | | | | | | | | | |
| 3 3 8 | | | | | | | | | | | | | | | | | | | | | | | | | | | | | | |
| 3 2 8 | | | | | | | | | | | | | | | | | | | | | | | | | | | | | | |
| 3 3 6 | | | | | | | | | | | | | | | | | | | | | | | | | | | | | | |
| 3 3 5 | | | | | | | | | | | | | | | | | | | | | | | | | | | | | | |
| 1 2 1 8 | | | | | | | | | | | | | | | | | | | | | | | | | | | | | | |
| 2 1 10 | | | | | | | | | | | | | | | | | | | | | | | | | | | | | | |
| 4 11 | | | | | | | | | | | | | | | | | | | | | | | | | | | | | | |
| 4 11 | | | | | | | | | | | | | | | | | | | | | | | | | | | | | | |
| 4 9 | | | | | | | | | | | | | | | | | | | | | | | | | | | | | | |
| 14 | | | | | | | | | | | | | | | | | | | | | | | | | | | | | | |
| 12 | | | | | | | | | | | | | | | | | | | | | | | | | | | | | | |
| 10 | | | | | | | | | | | | | | | | | | | | | | | | | | | | | | |
| 6 | | | | | | | | | | | | | | | | | | | | | | | | | | | | | | |

| Column | Clues |
|---|---|
| 1 | 3 |
| 2 | 7 |
| 3 | 9 |
| 4 | 4 5 |
| 5 | 4 4 |
| 6 | 3 3 |
| 7 | 2 3 3 |
| 8 | 1 3 4 4 |
| 9 | 1 3 4 4 |
| 10 | 2 2 9 |
| 11 | 2 3 7 |
| 12 | 2 12 |
| 13 | 2 2 5 |
| 14 | 2 1 3 |
| 15 | 2 2 2 |
| 16 | 1 2 3 |
| 17 | 2 1 3 |
| 18 | 2 1 5 |
| 19 | 2 2 8 |
| 20 | 2 3 6 |
| 21 | 2 2 9 |
| 22 | 1 3 4 4 |
| 23 | 1 3 4 4 |
| 24 | 2 3 3 |
| 25 | 3 3 |
| 26 | 4 4 |
| 27 | 4 5 |
| 28 | 9 |
| 29 | 7 |
| 30 | 3 |

| Row | Clues |
|---|---|
| 1 | 2 2 |
| 2 | 1 1 1 1 |
| 3 | 1 1 1 1 |
| 4 | 1 1 1 1 |
| 5 | 1 1 1 1 |
| 6 | 1 1 1 1 |
| 7 | 1 1 1 1 |
| 8 | 1 1 1 1 |
| 9 | 1 1 1 1 |
| 10 | 1 1 1 1 |
| 11 | 1 2 1 |
| 12 | 1 1 1 |
| 13 | 1 1 1 |
| 14 | 1 1 1 |
| 15 | 3 2 1 |
| 16 | 1 2 1 |
| 17 | 1 1 |
| 18 | 1 3 |
| 19 | 1 2 1 |
| 20 | 4 8 4 |
| 21 | 12 3 8 |
| 22 | 13 13 |
| 23 | 4 6 6 4 |
| 24 | 4 5 5 4 |
| 25 | 3 3 3 3 |
| 26 | 4 4 4 4 |
| 27 | 4 4 4 4 |
| 28 | 9 9 |
| 29 | 8 8 |
| 30 | 5 5 |

Column clues (left to right):

| Column | Clue |
|---|---|
| 1 | 1 1 1 4 |
| 2 | 2 1 |
| 3 | 3 1 |
| 4 | 3 2 1 |
| 5 | 2 3 1 3 |
| 6 | 1 1 2 2 2 2 |
| 7 | 1 1 1 2 2 2 1 |
| 8 | 1 1 2 4 9 |
| 9 | 1 2 11 5 |
| 10 | 2 2 8 6 1 |
| 11 | 4 8 4 2 |
| 12 | 3 6 2 3 3 |
| 13 | 2 6 2 6 |
| 14 | 1 6 5 1 4 |
| 15 | 1 6 1 2 2 5 |
| 16 | 9 4 1 4 |
| 17 | 5 4 4 |
| 18 | 6 2 1 4 |
| 19 | 1 4 5 3 1 4 |
| 20 | 1 4 10 6 |
| 21 | 1 1 1 12 |
| 22 | 1 1 1 3 8 |
| 23 | 3 1 4 7 |
| 24 | 1 7 |
| 25 | 1 7 |
| 26 | 2 3 |
| 27 | 3 3 |
| 28 | 2 3 |
| 29 | 12 |
| 30 | 0 |


| Row | Clue |
|---|---|
| 1 | 0 |
| 2 | 6 |
| 3 | 1 4 1 |
| 4 | 1 2 5 1 1 |
| 5 | 3 2 1 1 1 |
| 6 | 2 2 8 1 1 |
| 7 | 4 1 8 1 1 |
| 8 | 2 12 2 |
| 9 | 1 11 2 |
| 10 | 11 1 1 |
| 11 | 8 3 1 1 |
| 12 | 4 1 1 1 1 |
| 13 | 5 1 2 1 1 1 |
| 14 | 1 4 3 1 1 1 |
| 15 | 1 3 2 2 1 1 1 |
| 16 | 2 2 5 2 3 1 |
| 17 | 1 2 1 2 2 2 2 |
| 18 | 1 2 4 3 1 |
| 19 | 1 1 8 2 |
| 20 | 1 1 4 2 |
| 21 | 1 2 4 3 |
| 22 | 2 1 7 |
| 23 | 1 4 2 2 5 |
| 24 | 3 7 3 6 |
| 25 | 1 8 9 |
| 26 | 2 18 |
| 27 | 1 1 4 13 |
| 28 | 1 1 2 5 7 |
| 29 | 1 2 1 3 2 2 |
| 30 | 1 4 3 1 |

| 1 | 2 | 3 | 4 | 5 | 6 | 7 | 8 | 9 | 10 | 11 | 12 | 13 | 14 | 15 | 16 | 17 | 18 | 19 | 20 | 21 | 22 | 23 | 24 | 25 | 26 | 27 | 28 | 29 | 30 |
|---|---|---|---|---|---|---|---|---|---|---|---|---|---|---|---|---|---|---|---|---|---|---|---|---|---|---|---|---|---|
| 30 | 9 13 | 7 11 | 6 16 | 5 20 | 5 22 | 4 23 | 4 14 8 | 3 7 2 2 9 | 3 2 6 5 | 3 2 4 5 | 3 2 4 4 | 3 3 5 4 | 3 2 6 4 | 3 6 6 3 | 4 16 3 | 4 16 3 | 4 16 2 | 5 14 2 | 5 11 2 | 5 4 2 | 5 3 1 | 4 3 1 | 3 3 1 | 3 1 | 2 1 | 1 2 | 3 | 4 | 5 |

| Row | Clue |
|---|---|
| 1 | 19 |
| 2 | 20 |
| 3 | 21 |
| 4 | 8 7 |
| 5 | 6 4 |
| 6 | 4 4 |
| 7 | 3 2 3 |
| 8 | 2 3 2 |
| 9 | 2 4 2 |
| 10 | 1 4 3 1 |
| 11 | 1 5 3 1 |
| 12 | 1 5 5 |
| 13 | 1 5 5 |
| 14 | 1 4 8 |
| 15 | 1 17 |
| 16 | 1 10 7 |
| 17 | 1 5 8 |
| 18 | 2 5 4 8 |
| 19 | 2 21 |
| 20 | 20 2 |
| 21 | 7 11 2 |
| 22 | 7 2 8 1 |
| 23 | 10 7 2 |
| 24 | 10 6 2 |
| 25 | 9 4 |
| 26 | 11 1 |
| 27 | 14 2 |
| 28 | 17 3 |
| 29 | 21 4 |
| 30 | 30 |

**Column clues (left to right):**

| Column | Clues |
|---|---|
| 1 | 8 |
| 2 | 14 |
| 3 | 5 2 5 |
| 4 | 4 2 4 |
| 5 | 5 2 5 |
| 6 | 3 3 2 3 3 |
| 7 | 3 2 2 2 2 |
| 8 | 2 16 2 |
| 9 | 3 20 3 |
| 10 | 9 2 9 |
| 11 | 5 2 2 2 5 |
| 12 | 4 2 2 2 4 |
| 13 | 3 2 2 3 3 |
| 14 | 2 3 2 3 2 |
| 15 | 30 |
| 16 | 30 |
| 17 | 2 3 2 3 2 |
| 18 | 3 2 2 3 3 |
| 19 | 4 2 2 2 4 |
| 20 | 4 2 2 2 5 |
| 21 | 9 2 9 |
| 22 | 3 20 3 |
| 23 | 2 16 2 |
| 24 | 3 2 2 2 3 |
| 25 | 3 2 2 3 3 |
| 26 | 5 2 5 |
| 27 | 4 2 4 |
| 28 | 5 2 5 |
| 29 | 14 |
| 30 | 8 |

**Row clues (top to bottom):**

| Row | Clues |
|---|---|
| 1 | 8 |
| 2 | 14 |
| 3 | 7 2 7 |
| 4 | 7 2 7 |
| 5 | 3 2 2 2 3 |
| 6 | 3 3 2 2 3 |
| 7 | 2 2 2 2 3 |
| 8 | 4 3 2 3 4 |
| 9 | 28 |
| 10 | 2 19 2 |
| 11 | 2 2 4 2 2 |
| 12 | 3 2 2 2 2 |
| 13 | 2 2 2 2 2 |
| 14 | 2 2 2 2 2 |
| 15 | 30 |
| 16 | 30 |
| 17 | 2 2 2 2 2 |
| 18 | 2 2 2 2 2 |
| 19 | 3 2 2 2 2 |
| 20 | 2 2 6 2 2 |
| 21 | 2 20 2 |
| 22 | 28 |
| 23 | 4 3 2 3 4 |
| 24 | 2 2 2 2 3 |
| 25 | 3 3 2 3 3 |
| 26 | 3 2 2 2 3 |
| 27 | 7 2 7 |
| 28 | 6 2 7 |
| 29 | 14 |
| 30 | 8 |

| Column | Clue |
|---|---|
| 1 | 8 |
| 2 | 7 5 |
| 3 | 4 5 |
| 4 | 3 1 1 3 |
| 5 | 2 1 1 3 |
| 6 | 2 1 2 3 |
| 7 | 2 1 2 1 |
| 8 | 3 2 |
| 9 | 2 3 3 6 |
| 10 | 1 2 7 1 2 |
| 11 | 1 1 10 1 1 |
| 12 | 2 11 2 |
| 13 | 2 4 6 1 |
| 14 | 2 4 6 2 |
| 15 | 1 1 1 3 3 |
| 16 | 1 1 1 3 3 |
| 17 | 2 4 6 2 |
| 18 | 2 4 6 1 |
| 19 | 2 11 2 |
| 20 | 1 1 10 1 1 |
| 21 | 1 2 7 1 2 |
| 22 | 2 3 3 6 |
| 23 | 3 2 |
| 24 | 2 1 2 1 |
| 25 | 2 1 2 3 |
| 26 | 2 1 1 3 |
| 27 | 3 1 1 3 |
| 28 | 4 5 |
| 29 | 7 5 |
| 30 | 8 |

| Row | Clue |
|---|---|
| 1 | 8 |
| 2 | 6 6 |
| 3 | 2 2 |
| 4 | 3 3 |
| 5 | 5 5 |
| 6 | 2 1 1 2 |
| 7 | 1 2 2 1 |
| 8 | 2 2 2 2 |
| 9 | 2 2 |
| 10 | 2 4 4 2 |
| 11 | 2 1 2 2 |
| 12 | 2 2 5 5 2 2 |
| 13 | 2 2 6 6 2 2 |
| 14 | 2 4 4 2 |
| 15 | 2 4 4 2 |
| 16 | 1 5 5 1 |
| 17 | 1 5 5 1 |
| 18 | 2 2 4 4 2 2 |
| 19 | 7 4 4 7 |
| 20 | 2 3 3 2 |
| 21 | 2 2 2 2 |
| 22 | 2 1 2 1 2 |
| 23 | 2 1 1 2 |
| 24 | 2 1 2 1 2 |
| 25 | 3 1 2 1 3 |
| 26 | 2 1 2 1 2 |
| 27 | 4 4 |
| 28 | 3 2 3 |
| 29 | 4 4 4 |
| 30 | 8 |

Column clues (left to right, top to bottom):

0
0
0
5
2 2
2 1
2 1
1 2
1 1
2 1 1 1
4 1 1 1
5 3 2
2 3 1 1 4 2 2
1 2 2 2 2 2 1
1 2 1 12 1
1 1 1 2 2 2 1
1 1 2 12 1
1 2 1 1 1 2 2 1
1 3 3 4 1
1 2 1 2 2
3 1 1 1
1 1 1 2
2 1 1 1
2 1 1
2 1
3 2
4
0
0
0

Row clues (top to bottom):

4
1 1
3 1
2 2
2 1 1
3 2 1
4 1 1
5 4
6
1 1
8
2 1 1 2
1 1 1 2
1 1
1 1 1 1
1 4 1
2 6 2
1 1 1 1 1
1 1 1 1 1
1 6 1
1 6 1
1 1 1 1 1
1 1 1 1 1 1
1 7 1
1 5 1
1 1 1 1 1
1 1 1 1
1 1 1 1
2 2 5
13

| Column | Clues |
|---|---|
| 1 | 30 |
| 2 | 6 23 |
| 3 | 4 25 |
| 4 | 2 4 2 14 |
| 5 | 1 3 12 |
| 6 | 3 1 4 10 |
| 7 | 3 1 6 8 |
| 8 | 2 1 3 2 6 |
| 9 | 3 1 4 1 5 |
| 10 | 1 1 4 1 4 |
| 11 | 2 2 2 1 1 3 |
| 12 | 1 1 3 2 3 2 |
| 13 | 2 2 7 4 1 |
| 14 | 1 1 2 1 1 |
| 15 | 2 3 1 |
| 16 | 1 4 1 |
| 17 | 2 1 4 4 1 |
| 18 | 1 1 7 3 1 |
| 19 | 2 1 3 2 1 2 |
| 20 | 1 1 3 1 2 |
| 21 | 2 1 4 1 4 |
| 22 | 2 1 4 1 5 5 |
| 23 | 3 1 2 2 3 2 7 |
| 24 | 2 1 5 3 9 |
| 25 | 1 2 2 11 |
| 26 | 2 4 2 14 |
| 27 | 3 26 |
| 28 | 5 24 |
| 29 | 30 |
| 30 | 30 |

| Row | Clues |
|---|---|
| 1 | 5 1 1 1 1 1 1 1 1 1 6 |
| 2 | 4 19 5 |
| 3 | 3 5 4 4 |
| 4 | 6 2 3 |
| 5 | 2 2 4 5 |
| 6 | 4 1 3 11 2 |
| 7 | 1 2 1 2 6 |
| 8 | 3 3 3 4 |
| 9 | 3 7 6 4 |
| 10 | 3 8 8 4 |
| 11 | 4 2 2 2 3 2 1 5 |
| 12 | 4 3 1 2 2 5 |
| 13 | 3 5 1 2 4 4 |
| 14 | 3 1 3 3 1 4 |
| 15 | 3 2 2 1 4 |
| 16 | 3 2 4 |
| 17 | 4 3 5 |
| 18 | 4 1 1 5 |
| 19 | 5 3 5 |
| 20 | 5 2 6 |
| 21 | 6 6 |
| 22 | 6 3 3 7 |
| 23 | 7 9 7 |
| 24 | 7 2 4 8 |
| 25 | 8 5 8 |
| 26 | 9 9 |
| 27 | 10 10 |
| 28 | 11 10 |
| 29 | 12 12 |
| 30 | 30 |

| Column | Clues |
|---|---|
| 1 | 0 |
| 2 | 0 |
| 3 | 0 |
| 4 | 0 |
| 5 | 10 |
| 6 | 2 13 1 |
| 7 | 1 1 1 1 4 |
| 8 | 1 1 1 1 1 1 |
| 9 | 4 1 1 1 1 |
| 10 | 8 1 1 |
| 11 | 4 1 1 |
| 12 | 3 1 1 2 |
| 13 | 1 1 1 1 1 2 |
| 14 | 1 1 5 3 1 |
| 15 | 1 5 1 2 |
| 16 | 4 1 1 1 1 |
| 17 | 1 1 3 1 1 |
| 18 | 2 3 1 1 1 |
| 19 | 2 1 1 5 1 1 |
| 20 | 2 4 2 1 1 |
| 21 | 1 1 1 1 1 1 1 |
| 22 | 1 2 1 2 2 1 |
| 23 | 4 1 5 1 1 |
| 24 | 2 1 1 |
| 25 | 3 1 1 |
| 26 | 3 4 |
| 27 | 2 |
| 28 | 0 |
| 29 | 0 |
| 30 | 0 |

| Row | Clues |
|---|---|
| 1 | 3 |
| 2 | 1 1 |
| 3 | 2 1 1 4 |
| 4 | 2 1 2 1 2 1 |
| 5 | 1 1 1 1 2 1 |
| 6 | 1 1 1 1 1 1 |
| 7 | 1 1 1 3 1 2 |
| 8 | 1 2 2 1 |
| 9 | 1 2 1 1 3 |
| 10 | 1 1 2 1 |
| 11 | 1 2 2 1 |
| 12 | 1 2 1 1 8 |
| 13 | 1 1 1 1 2 |
| 14 | 1 1 1 1 1 |
| 15 | 1 1 2 1 1 |
| 16 | 1 2 2 1 1 |
| 17 | 1 1 1 3 1 |
| 18 | 1 1 2 4 |
| 19 | 1 2 1 1 1 |
| 20 | 4 1 1 1 |
| 21 | 1 3 1 1 |
| 22 | 1 1 5 1 |
| 23 | 1 1 1 1 1 |
| 24 | 1 1 1 1 1 |
| 25 | 1 1 1 |
| 26 | 1 1 2 |
| 27 | 1 1 |
| 28 | 2 1 2 |
| 29 | 1 2 4 2 |
| 30 | 2 2 3 |

| | 2 3 | 1 3 4 | 5 3 3 1 | 6 4 2 2 | 1 4 2 3 3 | 4 3 2 3 3 | 7 2 1 3 4 | 8 1 5 | 2 5 3 3 1 | 3 3 6 1 2 | 6 1 1 3 6 | 7 1 1 1 2 7 | 8 1 3 8 | 2 4 1 7 | 1 5 2 3 5 | 8 3 4 2 | 9 2 6 | 7 1 3 6 | 5 4 1 4 | 3 8 | 3 13 | 1 15 | 16 | 17 | 17 | 17 | 17 | 15 | 13 | 11 |
|---|---|---|---|---|---|---|---|---|---|---|---|---|---|---|---|---|---|---|---|---|---|---|---|---|---|---|---|---|---|---|
| 0 | | | | | | | | | | | | | | | | | | | | | | | | | | | | | | |
| 0 | | | | | | | | | | | | | | | | | | | | | | | | | | | | | | |
| 0 | | | | | | | | | | | | | | | | | | | | | | | | | | | | | | |
| 4 3 | | | | | | | | | | | | | | | | | | | | | | | | | | | | | | |
| 1 4 6 | | | | | | | | | | | | | | | | | | | | | | | | | | | | | | |
| 3 3 8 | | | | | | | | | | | | | | | | | | | | | | | | | | | | | | |
| 2 4 7 1 | | | | | | | | | | | | | | | | | | | | | | | | | | | | | | |
| 4 4 5 4 | | | | | | | | | | | | | | | | | | | | | | | | | | | | | | |
| 1 3 4 4 7 | | | | | | | | | | | | | | | | | | | | | | | | | | | | | | |
| 2 4 3 4 8 | | | | | | | | | | | | | | | | | | | | | | | | | | | | | | |
| 2 5 2 2 9 | | | | | | | | | | | | | | | | | | | | | | | | | | | | | | |
| 3 6 1 2 10 | | | | | | | | | | | | | | | | | | | | | | | | | | | | | | |
| 5 3 1 11 | | | | | | | | | | | | | | | | | | | | | | | | | | | | | | |
| 5 1 4 1 11 | | | | | | | | | | | | | | | | | | | | | | | | | | | | | | |
| 2 4 1 4 10 | | | | | | | | | | | | | | | | | | | | | | | | | | | | | | |
| 4 1 2 4 11 | | | | | | | | | | | | | | | | | | | | | | | | | | | | | | |
| 6 2 1 2 10 | | | | | | | | | | | | | | | | | | | | | | | | | | | | | | |
| 1 4 5 3 10 | | | | | | | | | | | | | | | | | | | | | | | | | | | | | | |
| 2 1 1 4 6 10 | | | | | | | | | | | | | | | | | | | | | | | | | | | | | | |
| 3 3 2 1 5 10 | | | | | | | | | | | | | | | | | | | | | | | | | | | | | | |
| 6 3 4 10 | | | | | | | | | | | | | | | | | | | | | | | | | | | | | | |
| 5 1 6 3 9 | | | | | | | | | | | | | | | | | | | | | | | | | | | | | | |
| 3 5 2 8 | | | | | | | | | | | | | | | | | | | | | | | | | | | | | | |
| 7 6 1 6 | | | | | | | | | | | | | | | | | | | | | | | | | | | | | | |
| 6 6 5 | | | | | | | | | | | | | | | | | | | | | | | | | | | | | | |
| 4 6 4 | | | | | | | | | | | | | | | | | | | | | | | | | | | | | | |
| 6 | | | | | | | | | | | | | | | | | | | | | | | | | | | | | | |
| 0 | | | | | | | | | | | | | | | | | | | | | | | | | | | | | | |
| 0 | | | | | | | | | | | | | | | | | | | | | | | | | | | | | | |
| 0 | | | | | | | | | | | | | | | | | | | | | | | | | | | | | | |

Column clues (left to right, each read top to bottom):

1. 8
2. 2 1
3. 3 2 2 1
4. 3 1 1 1 1
5. 4 2
6. 1 9 3
7. 7 4 1 1 3
8. 8 3 1 3
9. 2 4 6
10. 2 1 8
11. 2 4 6
12. 16
13. 2 15
14. 14 1
15. 2 9 2 2 1
16. 2 7 1 1 1 1 1
17. 2 5 1 1
18. 2 2 2 2
19. 2 1 2 1 1 3
20. 1 9 2 1 1 1
21. 6 7
22. 14 3
23. 1 4
24. 7 5
25. 1 6
26. 8 6
27. 1 7
28. 14
29. 7
30. 4

Row clues (top to bottom):

1. 0
2. 0
3. 0
4. 0
5. 1
6. 15 1
7. 13 1
8. 3 1 1 1 1
9. 3 1 1 1 1
10. 3 1 3 1 1
11. 3 6 1 1 1
12. 26
13. 4 2 8 3 1 1 1
14. 6 1 7 3 1 1 1
15. 1 3 2 6 3 1 1 1
16. 1 3 8 3 1 1 1
17. 1 2 2 6 2 1 1 1
18. 1 1 12 1 1 1 2
19. 1 1 1 6 4 3
20. 1 1 6 2 11
21. 1 2 1 5 1 1 10
22. 1 3 1 1 11
23. 1 4 1 1 1 1 8
24. 1 4 1 2 2 6
25. 5 1 1 1 4
26. 1 3
27. 5
28. 0
29. 0
30. 0

| | 17 | 1 15 1 | 6 7 | 2 1 7 | 2 7 6 | 2 10 1 | 2 3 4 4 | 2 2 3 3 4 | 2 10 1 1 | 2 4 5 1 1 | 2 2 3 3 4 | 2 3 4 4 | 2 10 4 | 2 10 4 | 2 1 1 2 4 | 2 1 1 2 4 | 2 10 4 | 2 10 4 | 2 3 4 4 | 2 2 3 3 4 | 2 4 5 4 | 2 10 1 1 | 2 2 3 3 1 1 | 2 3 4 4 | 2 10 1 | 2 7 6 | 2 1 7 | 6 7 | 1 15 1 | 17 |
|---|---|---|---|---|---|---|---|---|---|---|---|---|---|---|---|---|---|---|---|---|---|---|---|---|---|---|---|---|---|---|
| 0 | | | | | | | | | | | | | | | | | | | | | | | | | | | | | | |
| 0 | | | | | | | | | | | | | | | | | | | | | | | | | | | | | | |
| 0 | | | | | | | | | | | | | | | | | | | | | | | | | | | | | | |
| 0 | | | | | | | | | | | | | | | | | | | | | | | | | | | | | | |
| 0 | | | | | | | | | | | | | | | | | | | | | | | | | | | | | | |
| 0 | | | | | | | | | | | | | | | | | | | | | | | | | | | | | | |
| 28 | | | | | | | | | | | | | | | | | | | | | | | | | | | | | | |
| 1 26 1 | | | | | | | | | | | | | | | | | | | | | | | | | | | | | | |
| 3 3 | | | | | | | | | | | | | | | | | | | | | | | | | | | | | | |
| 3 3 | | | | | | | | | | | | | | | | | | | | | | | | | | | | | | |
| 30 | | | | | | | | | | | | | | | | | | | | | | | | | | | | | | |
| 3 10 10 3 | | | | | | | | | | | | | | | | | | | | | | | | | | | | | | |
| 2 3 2 3 3 2 3 2 | | | | | | | | | | | | | | | | | | | | | | | | | | | | | | |
| 2 2 4 2 2 4 2 2 | | | | | | | | | | | | | | | | | | | | | | | | | | | | | | |
| 2 2 2 1 6 1 2 2 2 | | | | | | | | | | | | | | | | | | | | | | | | | | | | | | |
| 2 2 4 2 2 4 2 2 | | | | | | | | | | | | | | | | | | | | | | | | | | | | | | |
| 2 3 2 3 3 2 3 2 | | | | | | | | | | | | | | | | | | | | | | | | | | | | | | |
| 2 9 9 2 | | | | | | | | | | | | | | | | | | | | | | | | | | | | | | |
| 30 | | | | | | | | | | | | | | | | | | | | | | | | | | | | | | |
| 30 | | | | | | | | | | | | | | | | | | | | | | | | | | | | | | |
| 5 5 | | | | | | | | | | | | | | | | | | | | | | | | | | | | | | |
| 5 18 5 | | | | | | | | | | | | | | | | | | | | | | | | | | | | | | |
| 5 2 11 1 5 | | | | | | | | | | | | | | | | | | | | | | | | | | | | | | |
| 1 3 2 11 1 3 1 | | | | | | | | | | | | | | | | | | | | | | | | | | | | | | |
| 3 20 3 | | | | | | | | | | | | | | | | | | | | | | | | | | | | | | |
| 0 | | | | | | | | | | | | | | | | | | | | | | | | | | | | | | |
| 0 | | | | | | | | | | | | | | | | | | | | | | | | | | | | | | |
| 0 | | | | | | | | | | | | | | | | | | | | | | | | | | | | | | |
| 0 | | | | | | | | | | | | | | | | | | | | | | | | | | | | | | |
| 0 | | | | | | | | | | | | | | | | | | | | | | | | | | | | | | |

| Column | Clue |
|---|---|
| 1 | 2 |
| 2 | 1 4 2 |
| 3 | 1 3 3 |
| 4 | 3 1 3 |
| 5 | 2 7 |
| 6 | 2 4 2 |
| 7 | 2 3 2 |
| 8 | 2 1 1 2 |
| 9 | 2 2 1 2 |
| 10 | 1 3 1 1 2 |
| 11 | 1 1 2 |
| 12 | 1 3 4 2 |
| 13 | 1 3 1 3 |
| 14 | 1 3 1 3 |
| 15 | 1 3 8 |
| 16 | 1 3 4 2 |
| 17 | 1 3 3 2 |
| 18 | 1 3 1 1 1 2 |
| 19 | 1 3 1 1 1 2 |
| 20 | 1 2 1 1 1 2 |
| 21 | 1 1 3 2 |
| 22 | 1 3 2 |
| 23 | 1 3 2 |
| 24 | 1 3 2 |
| 25 | 1 6 |
| 26 | 1 1 6 |
| 27 | 1 1 1 4 |
| 28 | 1 1 1 2 |
| 29 | 5 2 |
| 30 | 2 2 |

| Row | Clue |
|---|---|
| 1 | 0 |
| 2 | 0 |
| 3 | 0 |
| 4 | 0 |
| 5 | 0 |
| 6 | 0 |
| 7 | 0 |
| 8 | 0 |
| 9 | 0 |
| 10 | 11 |
| 11 | 2 1 |
| 12 | 2 1 8 1 |
| 13 | 2 2 9 1 |
| 14 | 5 3 10 4 |
| 15 | 2 1 |
| 16 | 2 1 1 |
| 17 | 1 3 3 2 1 |
| 18 | 5 1 2 2 |
| 19 | 1 3 1 16 |
| 20 | 1 3 1 3 6 1 |
| 21 | 1 8 15 |
| 22 | 3 3 3 |
| 23 | 30 |
| 24 | 30 |
| 25 | 0 |
| 26 | 0 |
| 27 | 0 |
| 28 | 0 |
| 29 | 0 |
| 30 | 0 |

| | 3 2 1 | 3 3 1 9 | 5 3 2 2 2 | 7 3 3 2 1 | 8 2 2 10 | 4 2 2 5 3 | 3 2 1 3 1 | 3 2 3 3 8 | 5 6 3 9 | 6 2 1 2 4 1 | 2 2 2 3 4 | 1 4 4 7 | 1 4 2 4 | 1 2 9 4 | 1 2 2 1 3 2 2 | 1 3 1 1 2 1 | 2 3 1 6 | 1 3 1 1 2 3 | 1 1 2 5 1 2 | 6 4 2 1 2 2 | 10 1 1 2 | 9 1 2 | 7 4 | 4 2 1 4 | 3 2 2 2 | 6 3 2 | 8 5 1 | 4 2 7 | 3 11 | 1 10 |
|---|---|---|---|---|---|---|---|---|---|---|---|---|---|---|---|---|---|---|---|---|---|---|---|---|---|---|---|---|---|---|
| 4 3 1 | | | | | | | | | | | | | | | | | | | | | | | | | | | | | | |
| 4 3 1 | | | | | | | | | | | | | | | | | | | | | | | | | | | | | | |
| 4 3 1 | | | | | | | | | | | | | | | | | | | | | | | | | | | | | | |
| 3 2 1 | | | | | | | | | | | | | | | | | | | | | | | | | | | | | | |
| 4 2 1 | | | | | | | | | | | | | | | | | | | | | | | | | | | | | | |
| 3 2 1 | | | | | | | | | | | | | | | | | | | | | | | | | | | | | | |
| 1 4 5 1 | | | | | | | | | | | | | | | | | | | | | | | | | | | | | | |
| 2 6 3 | | | | | | | | | | | | | | | | | | | | | | | | | | | | | | |
| 3 4 1 | | | | | | | | | | | | | | | | | | | | | | | | | | | | | | |
| 3 1 | | | | | | | | | | | | | | | | | | | | | | | | | | | | | | |
| 7 | | | | | | | | | | | | | | | | | | | | | | | | | | | | | | |
| 8 2 | | | | | | | | | | | | | | | | | | | | | | | | | | | | | | |
| 1 2 5 2 | | | | | | | | | | | | | | | | | | | | | | | | | | | | | | |
| 3 2 5 3 | | | | | | | | | | | | | | | | | | | | | | | | | | | | | | |
| 4 5 7 4 | | | | | | | | | | | | | | | | | | | | | | | | | | | | | | |
| 2 6 4 4 3 | | | | | | | | | | | | | | | | | | | | | | | | | | | | | | |
| 2 3 2 3 9 | | | | | | | | | | | | | | | | | | | | | | | | | | | | | | |
| 2 3 1 1 1 10 | | | | | | | | | | | | | | | | | | | | | | | | | | | | | | |
| 1 3 2 2 10 | | | | | | | | | | | | | | | | | | | | | | | | | | | | | | |
| 1 2 5 1 1 3 4 | | | | | | | | | | | | | | | | | | | | | | | | | | | | | | |
| 1 2 6 1 6 5 | | | | | | | | | | | | | | | | | | | | | | | | | | | | | | |
| 1 2 3 2 1 7 2 | | | | | | | | | | | | | | | | | | | | | | | | | | | | | | |
| 1 2 3 5 1 1 3 | | | | | | | | | | | | | | | | | | | | | | | | | | | | | | |
| 1 2 2 7 1 1 4 | | | | | | | | | | | | | | | | | | | | | | | | | | | | | | |
| 2 1 2 3 4 1 5 | | | | | | | | | | | | | | | | | | | | | | | | | | | | | | |
| 2 1 2 2 3 1 1 | | | | | | | | | | | | | | | | | | | | | | | | | | | | | | |
| 1 2 2 2 2 1 8 | | | | | | | | | | | | | | | | | | | | | | | | | | | | | | |
| 3 2 2 1 2 3 4 | | | | | | | | | | | | | | | | | | | | | | | | | | | | | | |
| 7 2 5 3 3 | | | | | | | | | | | | | | | | | | | | | | | | | | | | | | |
| 2 2 4 3 2 | | | | | | | | | | | | | | | | | | | | | | | | | | | | | | |

| Column | Clue |
|---|---|
| 1 | 2 |
| 2 | 5 |
| 3 | 11 |
| 4 | 1 10 |
| 5 | 7 |
| 6 | 3 1 |
| 7 | 4 6 |
| 8 | 15 |
| 9 | 2 11 1 |
| 10 | 3 3 1 |
| 11 | 2 5 1 |
| 12 | 2 4 11 1 |
| 13 | 2 1 11 2 |
| 14 | 2 1 4 2 3 |
| 15 | 8 1 1 2 8 |
| 16 | 3 4 1 4 2 8 |
| 17 | 4 2 1 4 3 |
| 18 | 3 2 3 10 2 |
| 19 | 4 2 14 1 |
| 20 | 4 3 4 |
| 21 | 1 3 3 1 |
| 22 | 13 1 |
| 23 | 14 |
| 24 | 4 6 |
| 25 | 3 1 |
| 26 | 7 |
| 27 | 1 10 |
| 28 | 12 |
| 29 | 4 |
| 30 | 1 |

| Row | Clue |
|---|---|
| 1 | 3 |
| 2 | 4 |
| 3 | 5 |
| 4 | 1 4 |
| 5 | 1 2 |
| 6 | 2 2 |
| 7 | 2 2 |
| 8 | 3 |
| 9 | 2 2 |
| 10 | 2 1 2 |
| 11 | 2 1 1 2 |
| 12 | 1 1 1 1 2 |
| 13 | 1 1 1 1 1 1 |
| 14 | 1 1 1 1 1 2 |
| 15 | 2 1 1 1 2 1 |
| 16 | 2 2 1 2 1 2 |
| 17 | 3 1 1 1 2 4 |
| 18 | 24 |
| 19 | 1 22 1 |
| 20 | 3 7 7 3 |
| 21 | 3 2 2 2 2 3 |
| 22 | 3 2 2 2 2 3 |
| 23 | 3 2 2 2 2 2 3 |
| 24 | 3 2 2 2 2 2 3 |
| 25 | 2 3 2 2 2 3 2 |
| 26 | 3 3 2 2 2 3 2 |
| 27 | 3 3 2 2 2 3 3 |
| 28 | 3 3 2 4 1 3 3 |
| 29 | 4 2 1 6 1 2 3 |
| 30 | 2 4 8 4 3 |

| | | | | | | | | | | | | | | | | | | | | | | | | | | | | | |
|---|---|---|---|---|---|---|---|---|---|---|---|---|---|---|---|---|---|---|---|---|---|---|---|---|---|---|---|---|---|
| 5 | 6 | | | | 3 | 1 | | | 1 | | 3 | | | 2 | | | 3 | | | | | | | | | | | | |
| 4 | 3 | 3 | 9 | 5 | 7 | 3 | 10 | 3 | 9 | 5 | 3 | 1 | | 5 | | | 1 | 6 | | 1 | 2 | 2 | 1 | 1 | 2 | 2 | 1 | 2 | 2 |
| 3 | 3 | 2 | 2 | 2 | 3 | 2 | 1 | 3 | 2 | 3 | 5 | 8 | 5 | 4 | | | 3 | 3 | 1 | 3 | 2 | 3 | 3 | 3 | 3 | 3 | 3 | 3 | 3 |
| 3 | 1 | 11 | 3 | 8 | 1 | 8 | 4 | 8 | 1 | 6 | 2 | 5 | 9 | 1 | 15 | 12 | 3 | 3 | 3 | 3 | 3 | 3 | 3 | 3 | 3 | 4 | 3 | 3 | 3 |
| 3 | 3 | 2 | 3 | 3 | 3 | 3 | 3 | 3 | 3 | 3 | 2 | 3 | 3 | 3 | 3 | 3 | 3 | 2 | 9 | 3 | 3 | 3 | 3 | 3 | 3 | 3 | 3 | 3 | 3 |
| 2 | 3 | 3 | 3 | 3 | 3 | 3 | 3 | 3 | 3 | 3 | 4 | 3 | 3 | 3 | 3 | 3 | 3 | 3 | 3 | 4 | 3 | 3 | 3 | 3 | 3 | 3 | 3 | 3 | 3 |
| 1 | 1 | 1 | 1 | 1 | 1 | 1 | 2 | 2 | 2 | 2 | 3 | 3 | 3 | 3 | 4 | 3 | 3 | 3 | 2 | 2 | 3 | 3 | 3 | 3 | 3 | 2 | 3 | 3 | 3 |

| |
|---|
| 3 12 1 |
| 1 4 2 2 3 1 |
| 14 1 2 2 |
| 2 2 2 2 5 1 5 |
| 17 1 6 |
| 3 1 3 2 3 5 |
| 2 16 4 |
| 8 2 5 1 8 |
| 1 2 1 7 3 11 |
| 10 15 |
| 2 3 4 8 |
| 5 3 7 1 4 |
| 1 5 9 11 |
| 3 7 2 15 |
| 8 17 |
| 5 7 3 |
| 16 13 |
| 3 6 11 |
| 23 |
| 24 |
| 11 1 |
| 7 3 |
| 2 19 |
| 23 |
| 26 |
| 12 1 |
| 7 4 3 |
| 19 |
| 23 |
| 16 5 |

| Column | Clue |
|---|---|
| 1 | 11 |
| 2 | 4 8 |
| 3 | 4 2 7 |
| 4 | 3 1 2 6 |
| 5 | 2 2 4 5 |
| 6 | 2 1 1 7 4 |
| 7 | 2 12 3 |
| 8 | 2 2 12 2 |
| 9 | 2 1 15 1 |
| 10 | 2 19 1 |
| 11 | 2 1 19 1 |
| 12 | 1 25 |
| 13 | 2 23 |
| 14 | 1 25 |
| 15 | 1 1 24 |
| 16 | 1 25 |
| 17 | 1 25 |
| 18 | 3 24 |
| 19 | 27 |
| 20 | 27 |
| 21 | 1 24 |
| 22 | 1 22 |
| 23 | 1 20 |
| 24 | 1 19 |
| 25 | 2 17 |
| 26 | 3 15 |
| 27 | 4 11 |
| 28 | 4 9 |
| 29 | 5 6 |
| 30 | 10 |

| Row | Clue |
|---|---|
| 1 | 10 |
| 2 | 6 5 |
| 3 | 2 4 4 |
| 4 | 3 1 1 4 4 |
| 5 | 2 1 9 3 |
| 6 | 2 1 12 2 |
| 7 | 2 16 1 |
| 8 | 2 1 15 1 |
| 9 | 2 19 1 |
| 10 | 2 1 19 1 |
| 11 | 2 23 |
| 12 | 1 2 22 |
| 13 | 2 24 |
| 14 | 1 24 |
| 15 | 2 1 23 |
| 16 | 2 25 |
| 17 | 1 1 23 |
| 18 | 3 24 |
| 19 | 1 25 |
| 20 | 1 23 |
| 21 | 1 22 |
| 22 | 2 20 |
| 23 | 2 18 |
| 24 | 3 16 |
| 25 | 4 14 |
| 26 | 5 12 |
| 27 | 6 10 |
| 28 | 7 7 |
| 29 | 7 5 |
| 30 | 10 |

| Column | Clues |
|---|---|
| 1 | 4 25 |
| 2 | 5 22 |
| 3 | 6 19 |
| 4 | 8 2 14 |
| 5 | 10 15 |
| 6 | 10 15 |
| 7 | 9 7 1 5 3 |
| 8 | 8 7 1 9 |
| 9 | 7 7 2 1 7 |
| 10 | 6 12 8 |
| 11 | 6 15 6 |
| 12 | 5 10 1 4 5 |
| 13 | 3 5 5 2 4 |
| 14 | 3 1 1 5 3 3 |
| 15 | 3 10 5 2 |
| 16 | 3 4 16 |
| 17 | 1 3 12 |
| 18 | 3 2 10 |
| 19 | 3 3 2 7 |
| 20 | 3 3 1 1 5 |
| 21 | 3 2 1 1 2 |
| 22 | 4 2 1 1 2 |
| 23 | 7 1 3 |
| 24 | 9 2 |
| 25 | 6 6 5 |
| 26 | 5 1 10 2 |
| 27 | 3 1 16 |
| 28 | 2 5 |
| 29 | 5 |
| 30 | 5 |

| Row | Clues |
|---|---|
| 1 | 12 4 |
| 2 | 14 5 |
| 3 | 16 5 |
| 4 | 17 5 |
| 5 | 11 2 6 |
| 6 | 1 9 1 6 |
| 7 | 1 6 3 6 |
| 8 | 2 5 4 3 2 |
| 9 | 2 3 6 4 2 |
| 10 | 3 2 6 4 1 |
| 11 | 4 6 4 5 1 |
| 12 | 4 11 5 1 |
| 13 | 3 11 3 3 |
| 14 | 15 1 1 |
| 15 | 16 1 3 |
| 16 | 8 4 2 6 |
| 17 | 7 3 2 5 |
| 18 | 6 4 2 5 |
| 19 | 7 2 3 2 2 |
| 20 | 6 1 2 2 1 2 1 |
| 21 | 7 1 2 4 2 |
| 22 | 8 3 4 2 |
| 23 | 8 1 7 1 2 |
| 24 | 10 8 3 |
| 25 | 11 6 3 |
| 26 | 6 5 8 1 1 |
| 27 | 5 6 6 1 1 |
| 28 | 3 8 5 3 1 |
| 29 | 2 18 2 |
| 30 | 1 17 2 |

| Column | Clues |
|---|---|
| 1 | 2 |
| 2 | 2 |
| 3 | 2 |
| 4 | 2 4 3 |
| 5 | 7 1 3 |
| 6 | 3 11 4 |
| 7 | 2 3 9 6 |
| 8 | 3 14 |
| 9 | 1 1 8 |
| 10 | 2 2 8 |
| 11 | 2 2 1 4 |
| 12 | 2 1 1 4 |
| 13 | 4 1 2 4 |
| 14 | 4 2 1 1 4 |
| 15 | 2 1 1 4 |
| 16 | 2 1 1 4 |
| 17 | 4 2 1 1 4 |
| 18 | 4 1 2 4 |
| 19 | 2 1 1 5 |
| 20 | 2 1 2 5 |
| 21 | 2 2 8 |
| 22 | 1 2 8 |
| 23 | 3 10 |
| 24 | 2 3 8 6 |
| 25 | 3 4 5 5 |
| 26 | 13 4 |
| 27 | 7 1 3 |
| 28 | 1 3 3 |
| 29 | 3 |
| 30 | 3 |

| Row | Clues |
|---|---|
| 1 | 2 2 |
| 2 | 2 2 |
| 3 | 1 1 |
| 4 | 1 1 |
| 5 | 1 2 |
| 6 | 1 2 |
| 7 | 2 3 |
| 8 | 4 5 5 3 |
| 9 | 11 11 |
| 10 | 4 2 2 6 |
| 11 | 1 1 7 8 2 |
| 12 | 1 1 2 2 1 1 |
| 13 | 1 1 1 1 |
| 14 | 1 2 2 1 |
| 15 | 3 4 |
| 16 | 2 3 |
| 17 | 3 3 |
| 18 | 2 2 2 3 |
| 19 | 2 4 2 |
| 20 | 3 2 3 |
| 21 | 4 4 |
| 22 | 18 |
| 23 | 3 1 1 4 |
| 24 | 3 4 3 |
| 25 | 4 5 |
| 26 | 5 7 |
| 27 | 17 3 |
| 28 | 5 12 7 |
| 29 | 8 10 7 |
| 30 | 8 8 7 |

Columns (left to right):

1. 8
2. 14
3. 17
4. 7 6
5. 5 5
6. 5 4 5
7. 4 10 5
8. 4 12 4
9. 4 14 4
10. 3 16 3
11. 3 7 10 3
12. 4 7 9 3
13. 3 7 6 3
14. 3 7 7 3
15. 3 5 8 3
16. 3 5 8 3
17. 3 7 7 3
18. 3 7 6 3
19. 4 7 9 3
20. 3 7 10 3
21. 3 16 3
22. 4 14 4
23. 4 12 4
24. 4 10 4
25. 5 4 5
26. 5 5
27. 7 6
28. 17
29. 14
30. 8

Rows (top to bottom):

1. 8
2. 14
3. 16
4. 7 7
5. 5 5
6. 5 4 5
7. 4 10 4
8. 4 12 4
9. 4 14 4
10. 3 16 3
11. 3 8 8 3
12. 4 8 8 4
13. 3 7 7 3
14. 3 5 5 3
15. 3 6 6 3
16. 3 7 7 3
17. 3 7 7 3
18. 3 6 2 6 3
19. 3 6 4 6 3
20. 3 18 3
21. 3 16 3
22. 4 14 4
23. 4 12 4
24. 5 10 4
25. 5 6 5
26. 5 5
27. 6 6
28. 18
29. 14
30. 8

| Column | Clue |
|---|---|
| 1 | 14 |
| 2 | 17 |
| 3 | 26 |
| 4 | 28 |
| 5 | 29 |
| 6 | 30 |
| 7 | 30 |
| 8 | 2 10 14 |
| 9 | 1 2 10 8 3 |
| 10 | 13 4 1 3 |
| 11 | 3 8 2 3 |
| 12 | 2 3 3 3 2 |
| 13 | 3 6 1 2 |
| 14 | 4 5 2 |
| 15 | 9 1 3 |
| 16 | 7 3 3 |
| 17 | 6 3 1 1 3 |
| 18 | 6 2 2 1 3 |
| 19 | 7 4 1 1 3 |
| 20 | 3 3 2 1 1 1 4 |
| 21 | 2 4 3 1 1 6 |
| 22 | 2 4 1 2 3 |
| 23 | 1 4 4 3 1 1 |
| 24 | 1 3 2 7 1 |
| 25 | 1 3 2 1 8 1 |
| 26 | 2 3 3 8 1 |
| 27 | 2 3 11 |
| 28 | 3 3 9 |
| 29 | 2 3 7 |
| 30 | 9 |

| Row | Clue |
|---|---|
| 1 | 4 17 |
| 2 | 4 13 4 |
| 3 | 4 12 3 1 |
| 4 | 4 3 6 7 |
| 5 | 6 1 2 14 |
| 6 | 8 12 4 |
| 7 | 8 5 4 2 3 |
| 8 | 9 3 4 2 |
| 9 | 13 3 1 |
| 10 | 12 5 |
| 11 | 10 5 4 |
| 12 | 9 5 4 |
| 13 | 9 2 3 4 |
| 14 | 11 2 1 6 |
| 15 | 6 1 2 2 1 2 5 |
| 16 | 6 1 7 |
| 17 | 8 1 6 |
| 18 | 9 5 |
| 19 | 9 3 |
| 20 | 9 1 4 |
| 21 | 10 6 |
| 22 | 10 1 1 1 |
| 23 | 11 5 1 |
| 24 | 12 1 1 |
| 25 | 9 1 3 1 |
| 26 | 8 2 2 1 1 |
| 27 | 8 1 3 2 1 |
| 28 | 11 8 |
| 29 | 10 8 |
| 30 | 10 8 |

Columns:

1. 5 1 6
2. 8 1 8
3. 9 12
4. 11 11
5. 12 11
6. 12 11
7. 8 3 10
8. 9 10
9. 15 9
10. 5 8 9
11. 4 5 9
12. 2 2 3 14
13. 2 3 18
14. 2 4 17
15. 6 2 16
16. 6 2 18
17. 7 1 8 8
18. 2 5 1 7 7
19. 3 6 6 3
20. 5 2 7
21. 4 2 1 4
22. 3 2 1 1 1 11
23. 3 2 2 11
24. 5 3 1 1 6
25. 2 1 3 3
26. 2 4 2 2
27. 3 3 5 1
28. 5 3 1
29. 5 2 4
30. 3 2

Rows:

1. 9
2. 11
3. 3 3 5
4. 4 4 5
5. 6 5 1 2
6. 15 2 1
7. 7 2 3 5
8. 6 4 2 3
9. 7 2 1 2
10. 8 4 6
11. 8 1 6 4
12. 10 1 4 3
13. 6 2 2 1 6
14. 7 2 2 2 5
15. 7 3 6 1 1 2
16. 7 3 8 1
17. 5 12 1 4
18. 1 12 4
19. 2 11 5
20. 4 12 1 1 1
21. 6 12 1 1 1
22. 14 4 1 1
23. 17 4 1 1
24. 17 3 2
25. 18 3
26. 19 3
27. 19 3
28. 19 3
29. 18 2
30. 17 2

| Column | Clues |
|---|---|
| 1 | 1 |
| 2 | 1 |
| 3 | 2 |
| 4 | 2 |
| 5 | 2 |
| 6 | 3 9 |
| 7 | 3 4 6 |
| 8 | 2 2 1 1 13 |
| 9 | 1 1 1 10 |
| 10 | 1 1 1 1 1 |
| 11 | 1 1 1 2 |
| 12 | 1 1 1 3 |
| 13 | 1 1 4 |
| 14 | 4 1 3 |
| 15 | 5 1 1 3 |
| 16 | 1 4 1 2 3 |
| 17 | 6 2 2 1 2 |
| 18 | 5 4 1 1 2 |
| 19 | 5 1 2 1 1 1 2 |
| 20 | 3 1 2 1 1 2 |
| 21 | 1 1 2 1 2 3 |
| 22 | 1 1 2 1 8 |
| 23 | 1 1 3 7 |
| 24 | 5 3 1 7 |
| 25 | 6 5 9 |
| 26 | 6 6 10 |
| 27 | 27 |
| 28 | 16 6 |
| 29 | 1 4 |
| 30 | 3 |

| Row | Clues |
|---|---|
| 1 | 5 |
| 2 | 5 4 |
| 3 | 1 12 |
| 4 | 1 7 4 |
| 5 | 1 6 5 |
| 6 | 1 2 5 |
| 7 | 1 6 |
| 8 | 1 1 4 |
| 9 | 1 1 3 |
| 10 | 1 2 |
| 11 | 1 2 |
| 12 | 1 1 9 2 |
| 13 | 2 2 1 2 5 |
| 14 | 1 1 2 1 6 |
| 15 | 2 1 5 7 |
| 16 | 1 2 2 1 2 4 |
| 17 | 1 2 1 5 |
| 18 | 4 3 |
| 19 | 3 1 1 2 |
| 20 | 4 2 2 |
| 21 | 4 2 2 |
| 22 | 4 3 |
| 23 | 4 5 3 |
| 24 | 1 2 1 6 |
| 25 | 1 3 10 |
| 26 | 1 1 1 8 |
| 27 | 1 1 3 8 |
| 28 | 1 1 5 10 |
| 29 | 3 1 19 |
| 30 | 5 18 |

| Column | Clue |
|---|---|
| 1 | 1 2 |
| 2 | 2 5 2 |
| 3 | 1 4 4 |
| 4 | 1 4 4 |
| 5 | 2 6 6 |
| 6 | 2 10 5 |
| 7 | 2 12 1 |
| 8 | 18 4 |
| 9 | 8 16 |
| 10 | 6 2 15 |
| 11 | 7 3 3 9 |
| 12 | 7 3 8 |
| 13 | 7 2 2 2 8 |
| 14 | 8 4 2 1 2 1 5 |
| 15 | 9 3 2 2 2 1 5 |
| 16 | 11 5 2 1 5 |
| 17 | 8 3 5 2 7 |
| 18 | 8 4 2 4 7 |
| 19 | 7 4 2 2 8 |
| 20 | 7 3 3 8 |
| 21 | 6 2 2 10 |
| 22 | 6 3 12 1 |
| 23 | 23 1 |
| 24 | 16 2 |
| 25 | 14 1 |
| 26 | 13 2 |
| 27 | 8 3 |
| 28 | 6 1 |
| 29 | 10 |
| 30 | 1 5 |

| Row | Clue |
|---|---|
| 1 | 2 2 |
| 2 | 9 |
| 3 | 10 |
| 4 | 13 |
| 5 | 13 |
| 6 | 15 |
| 7 | 16 |
| 8 | 18 |
| 9 | 6 2 4 |
| 10 | 1 2 2 4 2 |
| 11 | 1 19 |
| 12 | 2 6 12 |
| 13 | 4 5 3 5 |
| 14 | 2 4 1 4 |
| 15 | 2 5 4 5 |
| 16 | 8 6 1 5 |
| 17 | 9 1 2 1 8 |
| 18 | 10 4 1 8 |
| 19 | 10 8 8 |
| 20 | 3 5 1 3 9 |
| 21 | 1 5 5 9 |
| 22 | 1 6 4 9 |
| 23 | 1 6 8 1 |
| 24 | 1 1 16 2 2 |
| 25 | 4 5 7 2 2 |
| 26 | 4 16 1 2 |
| 27 | 1 3 17 1 2 |
| 28 | 1 3 19 1 1 |
| 29 | 17 1 |
| 30 | 15 |

Column clues (left to right):

| 1 | 2 | 3 | 4 | 5 | 6 | 7 | 8 | 9 | 10 | 11 | 12 | 13 | 14 | 15 | 16 | 17 | 18 | 19 | 20 | 21 | 22 | 23 | 24 | 25 | 26 | 27 | 28 | 29 | 30 |
|---|---|---|---|---|---|---|---|---|---|---|---|---|---|---|---|---|---|---|---|---|---|---|---|---|---|---|---|---|---|
| 5 3 | 9 3 | 4 3 3 | 4 3 2 | 3 2 3 | 4 2 3 | 4 2 3 | 5 2 3 | 6 3 3 | 7 3 3 | 3 9 3 | 3 5 3 | 3 2 | 2 2 | 2 2 | 2 2 | 2 2 | 2 3 | 3 4 3 | 3 8 3 | 3 10 2 | 3 4 6 | 3 3 5 | 3 2 4 | 3 2 3 | 3 2 3 | 2 3 3 | 3 3 3 | 3 9 | 3 6 |

Row clues (top to bottom):

0
0
0
11
17
8 8
7 8
8 6
10 3
3 3 1
3 3
2 2
2 2 6
2 2 9
3 3 4 3
3 3 3 3
10 3 2
6 3 2
3 2
3 2
1 3 3
3 4 3
6 8
8 6
8 9
18
11
0
0
0

| Column | Clues |
|---|---|
| 1 | 11 |
| 2 | 8 6 |
| 3 | 6 3 |
| 4 | 5 4 1 |
| 5 | 4 14 |
| 6 | 3 2 3 9 |
| 7 | 1 1 3 2 10 |
| 8 | 1 1 4 12 |
| 9 | 1 1 19 |
| 10 | 1 1 19 |
| 11 | 1 1 18 |
| 12 | 1 1 1 6 8 1 |
| 13 | 1 3 1 7 7 3 |
| 14 | 1 2 3 7 4 |
| 15 | 1 2 5 4 |
| 16 | 1 2 2 4 4 |
| 17 | 1 3 1 2 3 7 4 |
| 18 | 1 2 5 6 4 |
| 19 | 1 1 7 7 3 |
| 20 | 1 1 16 1 |
| 21 | 1 1 18 |
| 22 | 1 1 19 |
| 23 | 2 3 13 |
| 24 | 2 2 2 12 |
| 25 | 3 1 3 9 |
| 26 | 3 7 2 |
| 27 | 4 4 1 |
| 28 | 5 6 |
| 29 | 9 1 |
| 30 | 10 |

| Row | Clues |
|---|---|
| 1 | 0 |
| 2 | 3 3 |
| 3 | 5 1 4 |
| 4 | 1 2 1 3 |
| 5 | 4 1 1 5 |
| 6 | 6 1 1 5 |
| 7 | 5 1 1 5 |
| 8 | 5 1 1 4 |
| 9 | 4 1 1 3 |
| 10 | 3 5 5 3 |
| 11 | 3 1 2 2 |
| 12 | 2 5 1 1 6 2 |
| 13 | 2 8 8 2 |
| 14 | 1 9 6 1 2 |
| 15 | 1 1 15 3 1 |
| 16 | 1 3 14 4 1 |
| 17 | 1 4 6 6 4 1 |
| 18 | 1 4 4 5 3 |
| 19 | 1 2 4 1 1 7 1 |
| 20 | 1 10 10 1 |
| 21 | 1 21 1 |
| 22 | 1 21 1 |
| 23 | 1 21 1 |
| 24 | 1 21 1 |
| 25 | 1 11 10 |
| 26 | 10 8 |
| 27 | 8 5 6 |
| 28 | 6 7 4 |
| 29 | 5 7 4 |
| 30 | 3 9 3 |

| Column | Clue |
|---|---|
| 1 | 1 4 1 |
| 2 | 9 2 2 |
| 3 | 8 6 1 3 |
| 4 | 9 17 |
| 5 | 10 17 |
| 6 | 10 18 |
| 7 | 5 3 5 9 |
| 8 | 4 6 11 |
| 9 | 3 6 1 7 |
| 10 | 2 7 1 6 |
| 11 | 2 7 3 4 |
| 12 | 2 7 2 4 |
| 13 | 2 5 1 4 |
| 14 | 2 5 1 2 3 |
| 15 | 3 4 3 3 3 |
| 16 | 3 1 2 1 1 3 |
| 17 | 3 1 2 1 1 3 |
| 18 | 3 2 1 1 1 |
| 19 | 3 5 1 1 |
| 20 | 2 5 2 |
| 21 | 1 2 2 3 |
| 22 | 4 1 1 4 |
| 23 | 5 4 |
| 24 | 2 |
| 25 | 0 |
| 26 | 0 |
| 27 | 0 |
| 28 | 0 |
| 29 | 0 |
| 30 | 0 |

| Row | Clue |
|---|---|
| 1 | 13 |
| 2 | 15 |
| 3 | 5 6 |
| 4 | 5 2 |
| 5 | 4 1 |
| 6 | 4 1 |
| 7 | 4 1 |
| 8 | 6 1 |
| 9 | 6 1 |
| 10 | 6 3 1 |
| 11 | 5 8 1 |
| 12 | 4 17 |
| 13 | 2 10 4 1 |
| 14 | 1 12 2 1 |
| 15 | 14 3 1 |
| 16 | 11 5 |
| 17 | 1 4 1 1 |
| 18 | 1 4 1 5 1 |
| 19 | 1 4 1 3 1 |
| 20 | 1 4 1 1 1 |
| 21 | 1 3 1 2 1 |
| 22 | 7 8 1 |
| 23 | 5 2 1 1 |
| 24 | 6 3 1 |
| 25 | 7 1 |
| 26 | 7 1 |
| 27 | 10 1 |
| 28 | 17 |
| 29 | 16 |
| 30 | 17 |

| | 13 | 12 1 | 10 3 | 8 3 | 7 5 | 16 | 12 1 | 2 11 3 2 2 | 2 2 5 5 1 1 | 3 3 6 | 2 12 | 2 2 3 8 | 3 1 1 3 11 | 3 2 4 3 1 3 | 4 5 3 3 | 5 6 6 | 9 5 5 2 | 8 4 5 2 1 | 7 6 5 1 | 5 3 5 | 3 2 3 4 1 | 2 1 1 4 1 3 | 3 2 14 | 2 2 4 9 | 2 4 | 1 | 0 | 0 | 0 | 0 |
|---|---|---|---|---|---|---|---|---|---|---|---|---|---|---|---|---|---|---|---|---|---|---|---|---|---|---|---|---|---|---|
| 0 | | | | | | | | | | | | | | | | | | | | | | | | | | | | | | |
| 1 | | | | | | | | | | | | | | | | | | | | | | | | | | | | | | |
| 3 | | | | | | | | | | | | | | | | | | | | | | | | | | | | | | |
| 9 2 | | | | | | | | | | | | | | | | | | | | | | | | | | | | | | |
| 12 3 | | | | | | | | | | | | | | | | | | | | | | | | | | | | | | |
| 1 12 | | | | | | | | | | | | | | | | | | | | | | | | | | | | | | |
| 2 9 | | | | | | | | | | | | | | | | | | | | | | | | | | | | | | |
| 2 1 5 1 | | | | | | | | | | | | | | | | | | | | | | | | | | | | | | |
| 2 1 1 4 1 1 | | | | | | | | | | | | | | | | | | | | | | | | | | | | | | |
| 3 1 1 3 1 1 1 | | | | | | | | | | | | | | | | | | | | | | | | | | | | | | |
| 3 1 3 1 1 1 | | | | | | | | | | | | | | | | | | | | | | | | | | | | | | |
| 4 2 1 2 | | | | | | | | | | | | | | | | | | | | | | | | | | | | | | |
| 6 1 1 2 | | | | | | | | | | | | | | | | | | | | | | | | | | | | | | |
| 11 3 1 2 | | | | | | | | | | | | | | | | | | | | | | | | | | | | | | |
| 24 | | | | | | | | | | | | | | | | | | | | | | | | | | | | | | |
| 23 | | | | | | | | | | | | | | | | | | | | | | | | | | | | | | |
| 8 1 11 | | | | | | | | | | | | | | | | | | | | | | | | | | | | | | |
| 7 3 6 3 | | | | | | | | | | | | | | | | | | | | | | | | | | | | | | |
| 12 2 2 | | | | | | | | | | | | | | | | | | | | | | | | | | | | | | |
| 4 1 6 6 | | | | | | | | | | | | | | | | | | | | | | | | | | | | | | |
| 3 1 7 4 2 | | | | | | | | | | | | | | | | | | | | | | | | | | | | | | |
| 3 2 13 2 | | | | | | | | | | | | | | | | | | | | | | | | | | | | | | |
| 3 3 11 2 | | | | | | | | | | | | | | | | | | | | | | | | | | | | | | |
| 2 2 3 5 2 | | | | | | | | | | | | | | | | | | | | | | | | | | | | | | |
| 2 2 4 3 2 | | | | | | | | | | | | | | | | | | | | | | | | | | | | | | |
| 1 2 1 2 3 2 | | | | | | | | | | | | | | | | | | | | | | | | | | | | | | |
| 1 1 2 4 1 2 | | | | | | | | | | | | | | | | | | | | | | | | | | | | | | |
| 2 3 2 1 | | | | | | | | | | | | | | | | | | | | | | | | | | | | | | |
| 1 1 2 1 2 | | | | | | | | | | | | | | | | | | | | | | | | | | | | | | |
| 2 2 1 2 | | | | | | | | | | | | | | | | | | | | | | | | | | | | | | |

| Column | Clue |
|---|---|
| 1 | 6 |
| 2 | 8 |
| 3 | 10 |
| 4 | 11 |
| 5 | 12 |
| 6 | 13 |
| 7 | 17 |
| 8 | 1 2 2 10 |
| 9 | 2 2 1 9 |
| 10 | 6 2 4 |
| 11 | 2 1 4 2 |
| 12 | 2 8 |
| 13 | 3 10 |
| 14 | 2 2 11 |
| 15 | 2 3 13 |
| 16 | 1 1 1 20 |
| 17 | 1 1 1 14 |
| 18 | 1 1 1 14 |
| 19 | 1 1 1 13 |
| 20 | 1 1 1 13 |
| 21 | 1 1 1 1 10 |
| 22 | 1 1 1 1 9 |
| 23 | 1 1 1 1 7 |
| 24 | 1 1 1 8 |
| 25 | 1 1 1 5 |
| 26 | 1 1 1 |
| 27 | 1 1 1 |
| 28 | 1 2 |
| 29 | 2 1 |
| 30 | 1 |

| Row | Clue |
|---|---|
| 1 | 0 |
| 2 | 0 |
| 3 | 2 4 |
| 4 | 2 2 2 |
| 5 | 3 2 1 |
| 6 | 10 1 |
| 7 | 1 1 2 1 |
| 8 | 1 2 2 1 |
| 9 | 1 3 2 1 |
| 10 | 1 1 2 1 1 |
| 11 | 1 2 3 1 1 |
| 12 | 1 1 3 1 1 |
| 13 | 1 1 5 |
| 14 | 1 1 |
| 15 | 1 1 |
| 16 | 1 1 |
| 17 | 1 3 |
| 18 | 6 8 |
| 19 | 6 2 8 1 |
| 20 | 6 10 1 |
| 21 | 8 11 2 |
| 22 | 9 15 |
| 23 | 9 15 |
| 24 | 9 15 |
| 25 | 9 15 |
| 26 | 10 13 |
| 27 | 9 13 |
| 28 | 9 11 |
| 29 | 8 9 |
| 30 | 4 6 |

Column clues (left to right):

6 | 6 | 1 6 1 | 3 6 3 | 5 6 5 | 7 6 7 | 9 6 9 | 24 | 22 | 20 | 18 | 16 | 30 | 30 | 30 | 30 | 30 | 30 | 16 | 18 | 20 | 22 | 24 | 9 6 9 | 7 6 7 | 5 6 5 | 3 6 3 | 1 6 1 | 6 | 6

Row clues (top to bottom):

6
6
1 6 1
3 6 3
5 6 5
7 6 7
9 6 9
24
22
20
18
16
30
30
30
30
30
30
16
18
20
22
24
9 6 9
7 6 7
5 6 5
3 6 3
1 6 1
6
6

| Column | Clues |
|---|---|
| 1 | 9 3 |
| 2 | 14 3 |
| 3 | 15 3 |
| 4 | 15 3 |
| 5 | 15 4 |
| 6 | 14 3 |
| 7 | 16 4 |
| 8 | 10 4 6 |
| 9 | 11 3 4 |
| 10 | 10 3 9 |
| 11 | 10 15 |
| 12 | 10 17 |
| 13 | 28 |
| 14 | 11 13 |
| 15 | 13 11 |
| 16 | 9 4 10 |
| 17 | 8 3 3 4 |
| 18 | 8 2 5 4 |
| 19 | 8 9 1 |
| 20 | 9 2 2 1 |
| 21 | 9 2 1 1 2 1 |
| 22 | 9 4 1 3 |
| 23 | 8 3 2 3 |
| 24 | 12 6 4 |
| 25 | 18 3 |
| 26 | 16 2 |
| 27 | 6 1 2 1 |
| 28 | 5 1 |
| 29 | 4 |
| 30 | 3 |

| Row | Clues |
|---|---|
| 1 | 7 |
| 2 | 9 |
| 3 | 13 |
| 4 | 15 |
| 5 | 17 |
| 6 | 2 19 |
| 7 | 4 20 2 |
| 8 | 29 |
| 9 | 16 11 |
| 10 | 15 6 |
| 11 | 17 7 |
| 12 | 19 8 |
| 13 | 11 7 7 |
| 14 | 9 2 2 1 1 3 |
| 15 | 9 2 1 2 |
| 16 | 7 4 2 3 |
| 17 | 7 5 3 4 |
| 18 | 6 6 5 3 |
| 19 | 7 9 4 |
| 20 | 7 11 4 |
| 21 | 13 1 3 |
| 22 | 10 1 1 |
| 23 | 7 1 |
| 24 | 9 1 |
| 25 | 14 |
| 26 | 12 1 |
| 27 | 14 3 |
| 28 | 16 4 |
| 29 | 8 5 5 |
| 30 | 5 1 3 1 5 |

Column clues (top to bottom):

| | | | | | | | | | | | | | | | | | | | | | | | | | | | | | |
|---|---|---|---|---|---|---|---|---|---|---|---|---|---|---|---|---|---|---|---|---|---|---|---|---|---|---|---|---|---|
| 1 4 11 3 1 | 2 3 2 4 2 3 1 | 2 3 2 3 3 2 1 | 2 2 2 2 2 3 1 | 3 1 2 2 3 2 1 | 3 1 5 2 2 2 | 3 1 2 2 3 3 2 | 4 1 2 6 2 2 | 4 12 2 | 4 12 2 | 2 12 | 1 3 7 1 | 2 3 5 2 | 3 4 6 2 | 4 3 1 2 3 3 | 4 7 3 3 | 1 7 4 3 1 | 2 8 4 2 2 | 3 2 3 5 3 3 | 1 2 12 4 | 4 12 | 1 19 2 | 3 1 9 3 4 | 2 2 7 3 4 | 4 11 1 | 5 1 7 5 5 | 4 2 7 3 6 | 4 2 5 2 4 | 3 2 2 5 2 3 | 7 12 6 |

Row clues:

| |
|---|
| 10 4 4 3 5 |
| 9 3 2 2 5 |
| 6 2 1 1 5 |
| 4 1 3 1 |
| 1 1 2 1 1 1 |
| 4 8 2 |
| 8 5 3 1 2 |
| 3 6 2 4 |
| 8 2 1 1 |
| 4 3 1 2 1 |
| 7 4 2 2 2 |
| 11 4 2 2 2 |
| 6 3 1 9 1 |
| 1 6 15 |
| 11 15 |
| 5 5 15 |
| 3 6 11 4 |
| 2 11 6 4 |
| 1 12 7 1 |
| 5 6 3 2 1 |
| 3 9 8 1 |
| 1 7 6 12 |
| 6 17 |
| 4 6 |
| 2 1 1 |
| 1 2 1 |
| 1 1 2 3 1 |
| 2 2 2 5 |
| 5 4 3 3 5 |
| 10 4 4 9 |

Column clues (left to right):

| Column | Clue |
|---|---|
| 1 | 1 |
| 2 | 2 |
| 3 | 3 |
| 4 | 4 |
| 5 | 3 6 |
| 6 | 3 6 7 |
| 7 | 3 1 10 |
| 8 | 1 9 7 |
| 9 | 2 3 11 |
| 10 | 2 6 2 4 |
| 11 | 4 2 3 1 3 |
| 12 | 4 2 3 1 2 |
| 13 | 9 2 2 2 |
| 14 | 10 2 1 2 2 |
| 15 | 11 3 2 1 4 |
| 16 | 11 1 7 |
| 17 | 10 3 2 1 4 |
| 18 | 5 3 2 1 2 2 |
| 19 | 3 3 3 2 2 |
| 20 | 2 1 2 1 2 |
| 21 | 1 2 2 1 1 3 |
| 22 | 1 8 10 |
| 23 | 1 2 3 1 6 |
| 24 | 3 1 10 |
| 25 | 2 1 3 7 |
| 26 | 2 6 |
| 27 | 4 |
| 28 | 3 |
| 29 | 2 |
| 30 | 1 |


| Row | Clue |
|---|---|
| 1 | 1 6 1 |
| 2 | 1 9 3 |
| 3 | 17 1 |
| 4 | 1 12 1 |
| 5 | 1 8 1 |
| 6 | 1 5 1 |
| 7 | 1 8 1 |
| 8 | 1 2 13 |
| 9 | 2 4 7 3 1 |
| 10 | 6 4 3 1 |
| 11 | 1 1 1 2 1 1 |
| 12 | 1 1 1 1 1 |
| 13 | 1 1 3 4 1 |
| 14 | 3 6 6 2 |
| 15 | 1 1 5 3 2 |
| 16 | 7 1 1 1 1 7 |
| 17 | 6 1 1 6 |
| 18 | 8 1 5 |
| 19 | 7 7 |
| 20 | 5 1 1 5 |
| 21 | 5 1 1 1 6 |
| 22 | 4 9 4 |
| 23 | 4 2 2 3 |
| 24 | 3 3 3 |
| 25 | 3 1 2 |
| 26 | 4 1 3 |
| 27 | 10 |
| 28 | 5 |
| 29 | 3 |
| 30 | 3 |

| Column | Clues |
|---|---|
| 1 | 30 |
| 2 | 11 11 |
| 3 | 8 8 |
| 4 | 12 7 |
| 5 | 14 5 |
| 6 | 15 4 |
| 7 | 16 4 |
| 8 | 3 10 1 3 |
| 9 | 2 10 1 2 |
| 10 | 2 1 7 2 2 |
| 11 | 4 7 1 2 2 |
| 12 | 1 1 5 6 1 |
| 13 | 1 1 7 1 6 3 |
| 14 | 1 8 1 11 |
| 15 | 1 1 4 11 |
| 16 | 1 3 8 1 |
| 17 | 3 1 7 1 |
| 18 | 4 5 1 |
| 19 | 4 5 1 |
| 20 | 5 3 2 |
| 21 | 3 2 |
| 22 | 3 1 2 |
| 23 | 2 3 |
| 24 | 3 1 2 4 |
| 25 | 4 1 2 3 4 |
| 26 | 6 1 5 5 |
| 27 | 9 5 7 |
| 28 | 18 9 |
| 29 | 30 |
| 30 | 30 |

| Row | Clues |
|---|---|
| 1 | 30 |
| 2 | 11 14 |
| 3 | 8 4 6 7 |
| 4 | 7 3 2 3 6 |
| 5 | 9 2 1 5 |
| 6 | 9 4 1 1 5 |
| 7 | 11 5 1 4 |
| 8 | 16 4 |
| 9 | 2 12 7 |
| 10 | 2 11 2 3 |
| 11 | 2 10 3 |
| 12 | 1 9 3 |
| 13 | 1 7 5 |
| 14 | 1 4 6 |
| 15 | 1 2 1 6 |
| 16 | 1 2 1 1 6 |
| 17 | 1 2 5 |
| 18 | 1 1 3 |
| 19 | 1 1 2 |
| 20 | 2 4 2 |
| 21 | 2 6 2 |
| 22 | 2 9 3 |
| 23 | 3 10 3 |
| 24 | 4 9 4 |
| 25 | 4 8 4 |
| 26 | 5 6 5 |
| 27 | 7 4 7 |
| 28 | 8 4 8 |
| 29 | 11 3 11 |
| 30 | 30 |

| Column | Clues |
|---|---|
| 1 | 30 |
| 2 | 12 11 |
| 3 | 9 3 9 |
| 4 | 8 11 7 |
| 5 | 5 1 12 6 |
| 6 | 2 1 8 4 6 |
| 7 | 1 1 8 5 6 |
| 8 | 1 6 2 5 4 |
| 9 | 1 2 4 1 3 4 |
| 10 | 2 3 3 2 4 4 |
| 11 | 1 3 2 2 6 3 |
| 12 | 1 3 12 1 2 |
| 13 | 1 4 11 1 2 1 |
| 14 | 1 4 3 2 1 2 1 |
| 15 | 1 4 1 2 1 1 1 |
| 16 | 1 3 3 1 3 1 1 1 |
| 17 | 1 3 4 1 2 1 1 |
| 18 | 1 3 5 3 1 3 |
| 19 | 1 3 2 1 1 1 4 |
| 20 | 1 4 4 1 3 4 |
| 21 | 1 3 4 1 1 3 4 |
| 22 | 1 7 1 1 2 5 |
| 23 | 1 5 3 5 3 |
| 24 | 1 7 5 2 1 |
| 25 | 2 1 6 5 1 4 |
| 26 | 3 2 11 1 5 |
| 27 | 5 1 8 5 4 |
| 28 | 7 1 6 4 |
| 29 | 11 8 3 |
| 30 | 26 3 |

| Row | Clues |
|---|---|
| 1 | 7 6 |
| 2 | 6 6 |
| 3 | 5 3 5 |
| 4 | 5 3 7 4 |
| 5 | 5 3 3 2 4 |
| 6 | 4 2 9 2 3 |
| 7 | 5 14 1 3 |
| 8 | 4 17 1 2 |
| 9 | 3 5 6 3 |
| 10 | 2 5 5 2 |
| 11 | 2 6 7 2 |
| 12 | 2 9 1 7 4 1 |
| 13 | 1 24 1 |
| 14 | 1 5 2 3 3 2 5 1 |
| 15 | 1 6 2 3 1 2 1 |
| 16 | 1 11 1 3 2 1 |
| 17 | 1 3 4 3 1 |
| 18 | 1 2 2 1 4 1 |
| 19 | 1 5 3 2 7 2 |
| 20 | 2 5 3 1 4 3 |
| 21 | 2 4 4 4 3 4 |
| 22 | 3 12 5 4 |
| 23 | 3 10 4 5 |
| 24 | 4 3 3 1 4 |
| 25 | 7 7 1 4 |
| 26 | 7 3 1 2 |
| 27 | 14 6 4 |
| 28 | 23 6 |
| 29 | 11 5 6 |
| 30 | 10 4 4 7 |

| | 0 | 0 | 0 | 0 | 1 | 7 | 10 | 12 | 13 3 | 16 2 | 18 1 | 21 | 6 4 5 | 5 5 5 | 5 2 1 1 7 | 4 5 1 6 | 4 2 1 1 5 | 4 3 2 1 4 | 4 6 1 1 2 2 | 3 2 2 1 2 1 | 3 1 2 1 2 1 | 3 4 2 1 2 1 | 3 12 1 1 2 | 3 2 1 2 4 3 | 4 4 1 8 | 6 2 1 1 6 | 16 7 | 15 10 | 30 | 30 |
|---|---|---|---|---|---|---|---|---|---|---|---|---|---|---|---|---|---|---|---|---|---|---|---|---|---|---|---|---|---|---|
| 24 | | | | | | | | | | | | | | | | | | | | | | | | | | | | | | |
| 25 | | | | | | | | | | | | | | | | | | | | | | | | | | | | | | |
| 25 | | | | | | | | | | | | | | | | | | | | | | | | | | | | | | |
| 15 6 | | | | | | | | | | | | | | | | | | | | | | | | | | | | | | |
| 10 5 | | | | | | | | | | | | | | | | | | | | | | | | | | | | | | |
| 8 5 | | | | | | | | | | | | | | | | | | | | | | | | | | | | | | |
| 7 4 | | | | | | | | | | | | | | | | | | | | | | | | | | | | | | |
| 7 4 | | | | | | | | | | | | | | | | | | | | | | | | | | | | | | |
| 6 4 | | | | | | | | | | | | | | | | | | | | | | | | | | | | | | |
| 6 4 | | | | | | | | | | | | | | | | | | | | | | | | | | | | | | |
| 5 8 | | | | | | | | | | | | | | | | | | | | | | | | | | | | | | |
| 5 4 9 | | | | | | | | | | | | | | | | | | | | | | | | | | | | | | |
| 15 1 4 | | | | | | | | | | | | | | | | | | | | | | | | | | | | | | |
| 5 1 3 9 | | | | | | | | | | | | | | | | | | | | | | | | | | | | | | |
| 8 1 2 4 | | | | | | | | | | | | | | | | | | | | | | | | | | | | | | |
| 6 1 1 2 2 2 | | | | | | | | | | | | | | | | | | | | | | | | | | | | | | |
| 1 2 2 2 3 2 | | | | | | | | | | | | | | | | | | | | | | | | | | | | | | |
| 1 3 4 1 2 | | | | | | | | | | | | | | | | | | | | | | | | | | | | | | |
| 1 2 1 2 | | | | | | | | | | | | | | | | | | | | | | | | | | | | | | |
| 1 3 2 2 2 | | | | | | | | | | | | | | | | | | | | | | | | | | | | | | |
| 4 4 3 | | | | | | | | | | | | | | | | | | | | | | | | | | | | | | |
| 2 1 2 3 | | | | | | | | | | | | | | | | | | | | | | | | | | | | | | |
| 1 2 3 | | | | | | | | | | | | | | | | | | | | | | | | | | | | | | |
| 2 7 4 | | | | | | | | | | | | | | | | | | | | | | | | | | | | | | |
| 2 1 7 | | | | | | | | | | | | | | | | | | | | | | | | | | | | | | |
| 3 5 6 | | | | | | | | | | | | | | | | | | | | | | | | | | | | | | |
| 8 6 | | | | | | | | | | | | | | | | | | | | | | | | | | | | | | |
| 4 7 | | | | | | | | | | | | | | | | | | | | | | | | | | | | | | |
| 5 8 | | | | | | | | | | | | | | | | | | | | | | | | | | | | | | |
| 16 | | | | | | | | | | | | | | | | | | | | | | | | | | | | | | |

| | 28 | 27 | 26 | 27 | 27 | 14 12 | 11 12 | 9 11 | 7 10 | 5 9 | 4 8 | 3 1 7 | 3 2 7 | 2 2 6 | 2 2 5 | 2 3 1 5 | 5 3 1 4 | 5 5 2 3 | 2 1 4 3 2 | 2 1 4 3 2 | 1 2 1 3 2 1 | 1 2 3 1 1 2 | 1 2 2 1 2 1 4 | 2 3 2 12 | 6 1 10 | 9 10 | 25 | 24 | 24 | 23 |
|---|---|---|---|---|---|---|---|---|---|---|---|---|---|---|---|---|---|---|---|---|---|---|---|---|---|---|---|---|---|---|
| 16 10 | | | | | | | | | | | | | | | | | | | | | | | | | | | | | | |
| 18 7 | | | | | | | | | | | | | | | | | | | | | | | | | | | | | | |
| 13 4 6 | | | | | | | | | | | | | | | | | | | | | | | | | | | | | | |
| 11 6 6 | | | | | | | | | | | | | | | | | | | | | | | | | | | | | | |
| 10 7 7 | | | | | | | | | | | | | | | | | | | | | | | | | | | | | | |
| 9 2 3 8 | | | | | | | | | | | | | | | | | | | | | | | | | | | | | | |
| 9 2 5 | | | | | | | | | | | | | | | | | | | | | | | | | | | | | | |
| 8 6 | | | | | | | | | | | | | | | | | | | | | | | | | | | | | | |
| 8 5 | | | | | | | | | | | | | | | | | | | | | | | | | | | | | | |
| 7 4 | | | | | | | | | | | | | | | | | | | | | | | | | | | | | | |
| 7 1 4 | | | | | | | | | | | | | | | | | | | | | | | | | | | | | | |
| 6 6 4 | | | | | | | | | | | | | | | | | | | | | | | | | | | | | | |
| 6 3 4 | | | | | | | | | | | | | | | | | | | | | | | | | | | | | | |
| 6 4 | | | | | | | | | | | | | | | | | | | | | | | | | | | | | | |
| 5 4 4 | | | | | | | | | | | | | | | | | | | | | | | | | | | | | | |
| 5 3 1 1 5 | | | | | | | | | | | | | | | | | | | | | | | | | | | | | | |
| 6 14 | | | | | | | | | | | | | | | | | | | | | | | | | | | | | | |
| 6 6 8 | | | | | | | | | | | | | | | | | | | | | | | | | | | | | | |
| 7 6 7 | | | | | | | | | | | | | | | | | | | | | | | | | | | | | | |
| 8 1 8 | | | | | | | | | | | | | | | | | | | | | | | | | | | | | | |
| 9 1 7 | | | | | | | | | | | | | | | | | | | | | | | | | | | | | | |
| 10 3 7 | | | | | | | | | | | | | | | | | | | | | | | | | | | | | | |
| 11 13 | | | | | | | | | | | | | | | | | | | | | | | | | | | | | | |
| 13 3 7 | | | | | | | | | | | | | | | | | | | | | | | | | | | | | | |
| 14 6 | | | | | | | | | | | | | | | | | | | | | | | | | | | | | | |
| 25 | | | | | | | | | | | | | | | | | | | | | | | | | | | | | | |
| 2 17 | | | | | | | | | | | | | | | | | | | | | | | | | | | | | | |
| 1 13 | | | | | | | | | | | | | | | | | | | | | | | | | | | | | | |
| 11 | | | | | | | | | | | | | | | | | | | | | | | | | | | | | | |
| 10 | | | | | | | | | | | | | | | | | | | | | | | | | | | | | | |

| Column | Clues |
|---|---|
| 1 | 1 |
| 2 | 1 4 |
| 3 | 3 1 1 2 |
| 4 | 4 1 1 2 |
| 5 | 4 1 2 |
| 6 | 4 2 |
| 7 | 5 1 2 |
| 8 | 1 8 2 |
| 9 | 1 1 6 2 |
| 10 | 1 1 6 2 |
| 11 | 1 1 7 2 |
| 12 | 1 1 7 10 |
| 13 | 1 1 7 10 |
| 14 | 1 1 7 10 |
| 15 | 1 1 6 2 |
| 16 | 1 1 5 2 |
| 17 | 1 2 4 2 |
| 18 | 5 2 2 |
| 19 | 2 2 1 2 |
| 20 | 2 4 2 |
| 21 | 1 1 1 3 |
| 22 | 7 1 2 |
| 23 | 1 2 1 2 1 |
| 24 | 1 5 2 1 |
| 25 | 6 1 1 1 1 |
| 26 | 1 1 2 1 2 |
| 27 | 1 4 1 1 |
| 28 | 1 3 2 2 |
| 29 | 2 2 |
| 30 | 6 |

| Row | Clues |
|---|---|
| 1 | 3 3 |
| 2 | 2 3 3 |
| 3 | 3 2 2 1 1 |
| 4 | 2 1 3 2 1 |
| 5 | 2 1 1 1 2 4 |
| 6 | 16 1 1 2 2 1 |
| 7 | 1 2 3 1 1 3 1 |
| 8 | 8 11 1 |
| 9 | 1 12 1 1 1 |
| 10 | 2 2 1 4 1 |
| 11 | 2 2 3 1 |
| 12 | 1 3 1 3 2 |
| 13 | 1 13 2 3 |
| 14 | 2 11 6 |
| 15 | 1 10 2 |
| 16 | 1 9 1 |
| 17 | 2 7 1 |
| 18 | 2 5 2 |
| 19 | 1 4 2 |
| 20 | 1 1 |
| 21 | 6 |
| 22 | 5 |
| 23 | 3 |
| 24 | 3 |
| 25 | 3 |
| 26 | 3 |
| 27 | 3 |
| 28 | 3 |
| 29 | 3 |
| 30 | 3 |

| | 4 | 7 | 9 | 10 | 6 | 5 | 5 | 5 | 5<br>3 | 4<br>3 | 4<br>4<br>2 | 8<br>4<br>2 | 16<br>2<br>2<br>1 | 19<br>2<br>3 | 21<br>2<br>5 | 21<br>2<br>5 | 19<br>2<br>3 | 16<br>2<br>2<br>1 | 8<br>4<br>2 | 4<br>4<br>2 | 5<br>3 | 5<br>3 | 5 | 5 | 5 | 6 | 10 | 9 | 7 | 5 |
|---|---|---|---|---|---|---|---|---|---|---|---|---|---|---|---|---|---|---|---|---|---|---|---|---|---|---|---|---|---|---|
| 2 | | | | | | | | | | | | | | | | | | | | | | | | | | | | | | |
| 2 | | | | | | | | | | | | | | | | | | | | | | | | | | | | | | |
| 4 | | | | | | | | | | | | | | | | | | | | | | | | | | | | | | |
| 4 | | | | | | | | | | | | | | | | | | | | | | | | | | | | | | |
| 6 | | | | | | | | | | | | | | | | | | | | | | | | | | | | | | |
| 6 | | | | | | | | | | | | | | | | | | | | | | | | | | | | | | |
| 8 | | | | | | | | | | | | | | | | | | | | | | | | | | | | | | |
| 8 | | | | | | | | | | | | | | | | | | | | | | | | | | | | | | |
| 10 | | | | | | | | | | | | | | | | | | | | | | | | | | | | | | |
| 10 | | | | | | | | | | | | | | | | | | | | | | | | | | | | | | |
| 10 | | | | | | | | | | | | | | | | | | | | | | | | | | | | | | |
| 10 | | | | | | | | | | | | | | | | | | | | | | | | | | | | | | |
| 7 8 7 | | | | | | | | | | | | | | | | | | | | | | | | | | | | | | |
| 9 8 9 | | | | | | | | | | | | | | | | | | | | | | | | | | | | | | |
| 10 6 11 | | | | | | | | | | | | | | | | | | | | | | | | | | | | | | |
| 30 | | | | | | | | | | | | | | | | | | | | | | | | | | | | | | |
| 30 | | | | | | | | | | | | | | | | | | | | | | | | | | | | | | |
| 5 11 5 | | | | | | | | | | | | | | | | | | | | | | | | | | | | | | |
| 4 8 4 | | | | | | | | | | | | | | | | | | | | | | | | | | | | | | |
| 3 6 3 | | | | | | | | | | | | | | | | | | | | | | | | | | | | | | |
| 2 4 2 | | | | | | | | | | | | | | | | | | | | | | | | | | | | | | |
| 1 1 1 1 | | | | | | | | | | | | | | | | | | | | | | | | | | | | | | |
| 1 6 1 | | | | | | | | | | | | | | | | | | | | | | | | | | | | | | |
| 2 4 2 | | | | | | | | | | | | | | | | | | | | | | | | | | | | | | |
| 5 5 | | | | | | | | | | | | | | | | | | | | | | | | | | | | | | |
| 12 | | | | | | | | | | | | | | | | | | | | | | | | | | | | | | |
| 4 | | | | | | | | | | | | | | | | | | | | | | | | | | | | | | |
| 6 | | | | | | | | | | | | | | | | | | | | | | | | | | | | | | |
| 2 | | | | | | | | | | | | | | | | | | | | | | | | | | | | | | |
| 2 | | | | | | | | | | | | | | | | | | | | | | | | | | | | | | |

| Column | Clue |
|---|---|
| 1 | 8 |
| 2 | 5 2 4 |
| 3 | 4 1 3 |
| 4 | 2 1 2 2 4 |
| 5 | 1 1 3 |
| 6 | 2 1 2 |
| 7 | 1 2 |
| 8 | 1 1 2 |
| 9 | 1 3 |
| 10 | 2 1 1 2 |
| 11 | 1 1 1 2 |
| 12 | 2 1 2 1 1 1 2 |
| 13 | 3 1 2 1 2 |
| 14 | 1 1 1 2 3 1 1 2 |
| 15 | 2 1 1 1 2 1 3 2 |
| 16 | 1 1 1 2 |
| 17 | 7 1 2 2 2 1 1 1 2 |
| 18 | 3 1 2 1 1 2 3 |
| 19 | 4 1 2 6 7 |
| 20 | 13 1 1 1 2 3 |
| 21 | 4 1 5 5 |
| 22 | 15 4 7 |
| 23 | 4 8 2 9 |
| 24 | 24 |
| 25 | 24 |
| 26 | 22 |
| 27 | 20 |
| 28 | 17 |
| 29 | 14 |
| 30 | 8 |

| Row | Clue |
|---|---|
| 1 | 8 |
| 2 | 5 1 6 |
| 3 | 1 1 1 7 |
| 4 | 2 1 1 7 |
| 5 | 2 1 1 1 1 2 7 |
| 6 | 1 1 1 1 6 |
| 7 | 1 1 1 1 2 3 5 |
| 8 | 1 1 1 3 7 |
| 9 | 3 1 1 1 8 |
| 10 | 2 1 1 1 8 |
| 11 | 3 1 1 1 8 |
| 12 | 2 1 1 1 1 9 |
| 13 | 3 1 2 9 |
| 14 | 1 1 2 3 9 |
| 15 | 2 1 9 |
| 16 | 2 2 1 1 1 7 |
| 17 | 1 1 1 8 |
| 18 | 1 1 1 12 |
| 19 | 2 1 1 1 1 2 7 |
| 20 | 1 1 1 1 2 9 |
| 21 | 2 1 1 1 1 9 |
| 22 | 3 1 1 4 7 |
| 23 | 2 2 2 7 |
| 24 | 2 1 2 6 |
| 25 | 2 1 1 9 |
| 26 | 3 1 1 6 |
| 27 | 4 1 2 7 |
| 28 | 4 6 |
| 29 | 14 |
| 30 | 8 |

Column clues (left to right, each read top to bottom):

1. 2
2. 2
3. 2 2 2
4. 4 2 4
5. 1 8 1
6. 2 4 2
7. 2 2 2
8. 2 2 2 2 2 2 2
9. 6 10 6
10. 4 10 4
11. 5 2 2 2 5
12. 4 5 2 10
13. 4 4 2 4 4
14. 16
15. 4 6 4
16. 4 6 4
17. 16
18. 4 4 2 4 4
19. 4 5 2 10
20. 5 2 2 2 5
21. 4 10 4
22. 6 10 6
23. 2 2 2 2 3 2 2
24. 2 1 2 1 2
25. 2 4 2
26. 1 8 1
27. 4 2 4
28. 2 2 2
29. 2
30. 2

Row clues (top to bottom):

1. 1 1
2. 2 1 1 2
3. 2 2 2 2
4. 2 2 2 2
5. 4 4
6. 7 2 7
7. 7 2 7
8. 2 4 2
9. 10
10. 1 3 3 1
11. 2 7 8 2
12. 3 7 7 3
13. 2 2 4 2 2
14. 2 2 4 2 2
15. 30
16. 30
17. 2 2 4 2 2
18. 2 2 4 3 2
19. 3 7 7 3
20. 2 7 8 2
21. 1 3 3 1
22. 10
23. 2 4 2
24. 8 2 8
25. 7 2 7
26. 4 4
27. 2 2 2 2
28. 2 2 2 2
29. 2 1 1 2
30. 1 1

| Column | Clues |
|---|---|
| 1 | 0 |
| 2 | 3 |
| 3 | 5 |
| 4 | 2 2 |
| 5 | 2 1 |
| 6 | 2 2 |
| 7 | 1 2 |
| 8 | 6 2 |
| 9 | 13 |
| 10 | 3 3 |
| 11 | 4 8 2 |
| 12 | 19 |
| 13 | 22 |
| 14 | 5 5 4 |
| 15 | 2 1 1 1 1 1 1 |
| 16 | 1 1 1 1 1 1 1 2 |
| 17 | 1 1 1 |
| 18 | 1 1 1 1 |
| 19 | 1 1 1 2 |
| 20 | 2 1 1 1 1 1 |
| 21 | 2 1 1 1 1 1 1 2 2 1 |
| 22 | 2 4 3 |
| 23 | 10 1 1 1 1 |
| 24 | 1 1 3 |
| 25 | 2 2 1 |
| 26 | 2 4 |
| 27 | 2 3 |
| 28 | 4 |
| 29 | 3 |
| 30 | 0 |

| Row | Clues |
|---|---|
| 1 | 2 |
| 2 | 1 1 |
| 3 | 2 1 |
| 4 | 1 1 1 1 |
| 5 | 2 1 |
| 6 | 2 1 1 1 |
| 7 | 3 1 |
| 8 | 2 1 1 1 |
| 9 | 3 1 |
| 10 | 3 1 1 1 |
| 11 | 4 1 |
| 12 | 5 1 1 1 |
| 13 | 2 2 1 |
| 14 | 1 3 1 1 1 |
| 15 | 1 3 1 |
| 16 | 2 3 1 1 1 |
| 17 | 2 4 1 |
| 18 | 2 4 1 1 1 |
| 19 | 4 2 4 1 |
| 20 | 8 4 1 2 |
| 21 | 2 2 4 2 5 |
| 22 | 3 2 2 2 1 3 |
| 23 | 14 2 3 |
| 24 | 9 3 2 |
| 25 | 3 4 2 |
| 26 | 4 6 |
| 27 | 2 3 |
| 28 | 5 2 |
| 29 | 1 1 1 |
| 30 | 2 3 |

**Column clues (left to right):**

| 1 | 2 | 3 | 4 | 5 | 6 | 7 | 8 | 9 | 10 | 11 | 12 | 13 | 14 | 15 | 16 | 17 | 18 | 19 | 20 | 21 | 22 | 23 | 24 | 25 | 26 | 27 | 28 | 29 | 30 |
|---|---|---|---|---|---|---|---|---|---|---|---|---|---|---|---|---|---|---|---|---|---|---|---|---|---|---|---|---|---|
| 19 | 20 | 20 | 11 1 5 | 10 6 | 10 4 2 | 6 2 5 | 9 7 | 8 10 | 5 10 | 6 13 | 4 2 5 | 7 3 | 2 2 | 4 2 | 4 2 3 | 1 2 1 3 3 | 2 3 2 7 | 1 6 1 6 | 7 3 5 | 3 7 6 | 8 2 6 | 2 2 2 5 3 | 1 1 3 1 1 | 2 2 2 4 | 1 2 1 2 | 2 1 1 2 | 1 5 | 4 3 | 4 |

**Row clues (top to bottom):**

2 1
2 2
1 3
6
10
7 5
6 1 5
8 5
7 1 2
8 1 3
8 3 2 4
9 1 3 1 1
9 1 1 2 1
6 2 1 1 1
6 1 1 1 1 1 1
6 1 2 1 1 1
6 1 2 1 1 1
5 2 3 1 1 1
4 3 7 1 1
4 5 9 1 1
3 17 2
3 1 14 1 2
4 2 4 6 1 1 1
3 1 4 5 4
3 2 4 1 1 2
10 6
5 4 4
5 3
9
8

| | 1 2 2 | 1 1 2 | 1 1 3 | 1 2 | 2 1 1 1 | 4 1 1 2 | 1 4 2 | 1 1 1 2 | 1 2 2 2 | 1 1 1 1 2 3 | 1 1 1 2 1 2 | 1 6 3 1 2 | 4 3 6 1 2 | 13 2 2 | 4 1 5 3 | 1 2 10 | 1 12 | 2 1 8 | 2 8 | 3 1 8 | 7 8 | 2 3 8 | 3 6 | 2 5 | 2 6 | 1 6 | 1 7 | 1 6 | 7 | 4 |
|---|---|---|---|---|---|---|---|---|---|---|---|---|---|---|---|---|---|---|---|---|---|---|---|---|---|---|---|---|---|---|
| 5 | | | | | | | | | | | | | | | | | | | | | | | | | | | | | | |
| 1 1 | | | | | | | | | | | | | | | | | | | | | | | | | | | | | | |
| 1 2 | | | | | | | | | | | | | | | | | | | | | | | | | | | | | | |
| 1 3 3 | | | | | | | | | | | | | | | | | | | | | | | | | | | | | | |
| 1 1 3 | | | | | | | | | | | | | | | | | | | | | | | | | | | | | | |
| 1 1 2 | | | | | | | | | | | | | | | | | | | | | | | | | | | | | | |
| 1 1 4 | | | | | | | | | | | | | | | | | | | | | | | | | | | | | | |
| 1 5 | | | | | | | | | | | | | | | | | | | | | | | | | | | | | | |
| 1 4 | | | | | | | | | | | | | | | | | | | | | | | | | | | | | | |
| 1 1 1 | | | | | | | | | | | | | | | | | | | | | | | | | | | | | | |
| 3 2 | | | | | | | | | | | | | | | | | | | | | | | | | | | | | | |
| 1 6 | | | | | | | | | | | | | | | | | | | | | | | | | | | | | | |
| 1 4 | | | | | | | | | | | | | | | | | | | | | | | | | | | | | | |
| 2 3 | | | | | | | | | | | | | | | | | | | | | | | | | | | | | | |
| 3 9 | | | | | | | | | | | | | | | | | | | | | | | | | | | | | | |
| 1 1 6 | | | | | | | | | | | | | | | | | | | | | | | | | | | | | | |
| 1 4 | | | | | | | | | | | | | | | | | | | | | | | | | | | | | | |
| 2 1 1 3 | | | | | | | | | | | | | | | | | | | | | | | | | | | | | | |
| 1 2 2 5 | | | | | | | | | | | | | | | | | | | | | | | | | | | | | | |
| 1 1 1 2 1 | | | | | | | | | | | | | | | | | | | | | | | | | | | | | | |
| 1 1 3 3 3 | | | | | | | | | | | | | | | | | | | | | | | | | | | | | | |
| 2 4 6 | | | | | | | | | | | | | | | | | | | | | | | | | | | | | | |
| 16 | | | | | | | | | | | | | | | | | | | | | | | | | | | | | | |
| 1 1 16 | | | | | | | | | | | | | | | | | | | | | | | | | | | | | | |
| 2 1 16 | | | | | | | | | | | | | | | | | | | | | | | | | | | | | | |
| 2 2 15 | | | | | | | | | | | | | | | | | | | | | | | | | | | | | | |
| 1 2 12 | | | | | | | | | | | | | | | | | | | | | | | | | | | | | | |
| 1 3 9 | | | | | | | | | | | | | | | | | | | | | | | | | | | | | | |
| 1 14 | | | | | | | | | | | | | | | | | | | | | | | | | | | | | | |
| 2 13 | | | | | | | | | | | | | | | | | | | | | | | | | | | | | | |

Column clues (left to right):

0 | 5 | 12 | 16 | 3 6 4 7 | 26 | 2 4 6 5 4 | 9 9 | 6 9 | 5 8 | 2 7 | 4 3 | 7 | 7 | 7 | 7 | 7 | 3 3 | 8 | 2 7 | 5 8 | 6 8 | 9 9 | 2 4 6 6 3 | 26 | 3 6 4 7 | 16 | 12 | 4 | 0

Row clues (top to bottom):

2 2
4 4
2 3 3 2
7 7
6 6
5 5
6 6
2 2 2 2
5 5
5 5
5 5
5 5
2 2 2 2
5 5
5 5
5 5
5 5
3 2 2 3
6 5
6 6
7 7
8 8
3 5 9
20 3
22
20
5 5 6
16
13
8

| Column | Clue |
|---|---|
| 1 | 30 |
| 2 | 30 |
| 3 | 30 |
| 4 | 30 |
| 5 | 4 25 |
| 6 | 3 23 |
| 7 | 3 22 |
| 8 | 2 7 11 |
| 9 | 2 7 11 |
| 10 | 1 4 2 9 |
| 11 | 1 1 1 2 2 8 |
| 12 | 1 1 1 2 2 5 |
| 13 | 1 4 2 5 |
| 14 | 1 2 6 1 6 |
| 15 | 1 2 8 1 7 |
| 16 | 1 1 1 12 7 |
| 17 | 1 15 4 |
| 18 | 1 2 1 8 2 3 |
| 19 | 2 2 4 3 2 3 |
| 20 | 2 1 1 3 1 2 3 2 |
| 21 | 3 3 2 1 3 1 |
| 22 | 4 1 1 2 1 2 |
| 23 | 5 1 1 1 1 |
| 24 | 8 2 1 |
| 25 | 2 1 |
| 26 | 7 2 |
| 27 | 15 3 |
| 28 | 30 |
| 29 | 30 |
| 30 | 30 |

| Row | Clue |
|---|---|
| 1 | 24 3 |
| 2 | 9 6 4 |
| 3 | 7 4 4 |
| 4 | 5 2 3 5 |
| 5 | 4 2 2 2 5 |
| 6 | 5 2 1 1 1 5 |
| 7 | 5 1 1 7 |
| 8 | 6 10 |
| 9 | 7 2 5 |
| 10 | 7 6 4 5 |
| 11 | 10 8 2 4 |
| 12 | 17 1 2 1 4 |
| 13 | 10 5 1 2 5 |
| 14 | 9 2 4 1 5 |
| 15 | 9 2 5 2 2 4 |
| 16 | 10 4 1 4 |
| 17 | 18 3 |
| 18 | 7 3 3 3 |
| 19 | 7 5 3 |
| 20 | 9 5 3 |
| 21 | 9 5 3 |
| 22 | 10 3 3 |
| 23 | 11 1 3 |
| 24 | 11 7 3 |
| 25 | 11 9 3 |
| 26 | 16 4 3 |
| 27 | 19 3 |
| 28 | 20 4 |
| 29 | 21 4 |
| 30 | 17 4 |

| Column | Clue |
|---|---|
| 1 | 30 |
| 2 | 16 10 |
| 3 | 11 2 11 |
| 4 | 8 1 2 2 9 |
| 5 | 7 1 1 1 1 2 6 |
| 6 | 6 1 1 1 1 5 |
| 7 | 5 1 1 2 5 |
| 8 | 4 1 1 2 7 |
| 9 | 4 1 1 1 1 4 |
| 10 | 4 1 1 1 3 |
| 11 | 3 2 1 1 3 |
| 12 | 3 1 7 3 |
| 13 | 4 1 7 3 |
| 14 | 4 1 7 3 |
| 15 | 4 1 9 3 |
| 16 | 5 4 13 |
| 17 | 4 1 13 |
| 18 | 4 2 14 |
| 19 | 4 1 15 |
| 20 | 4 20 |
| 21 | 5 16 |
| 22 | 7 18 |
| 23 | 5 6 16 |
| 24 | 6 17 |
| 25 | 6 2 16 |
| 26 | 6 2 17 |
| 27 | 7 2 1 16 |
| 28 | 9 1 16 |
| 29 | 10 1 16 |
| 30 | 30 |

| Row | Clue |
|---|---|
| 1 | 30 |
| 2 | 30 |
| 3 | 30 |
| 4 | 10 18 |
| 5 | 7 1 10 |
| 6 | 6 1 1 7 |
| 7 | 5 1 1 4 |
| 8 | 4 6 1 1 3 |
| 9 | 3 1 2 1 1 4 |
| 10 | 4 1 1 2 2 |
| 11 | 3 4 1 1 1 1 1 |
| 12 | 2 1 1 1 1 1 1 3 |
| 13 | 5 1 1 2 1 1 1 |
| 14 | 3 1 1 1 1 1 1 |
| 15 | 2 1 1 11 |
| 16 | 2 1 1 12 |
| 17 | 1 1 1 13 |
| 18 | 1 1 19 |
| 19 | 1 2 4 19 |
| 20 | 1 2 3 20 |
| 21 | 3 1 19 |
| 22 | 5 1 19 |
| 23 | 4 1 18 |
| 24 | 4 1 18 |
| 25 | 5 1 16 |
| 26 | 8 15 |
| 27 | 9 15 |
| 28 | 30 |
| 29 | 30 |
| 30 | 30 |

| Column | Clues |
|---|---|
| 1 | 1 2 19 |
| 2 | 1 1 2 1 18 |
| 3 | 1 1 1 21 |
| 4 | 2 25 |
| 5 | 12 6 5 |
| 6 | 6 1 4 |
| 7 | 5 2 3 |
| 8 | 4 2 3 |
| 9 | 3 2 2 3 3 |
| 10 | 3 3 2 3 |
| 11 | 4 4 1 1 2 2 |
| 12 | 4 2 1 1 1 3 2 |
| 13 | 4 3 1 2 2 5 |
| 14 | 5 1 1 1 1 9 |
| 15 | 6 3 13 |
| 16 | 9 12 |
| 17 | 9 12 |
| 18 | 9 3 8 |
| 19 | 8 4 6 |
| 20 | 8 5 3 3 |
| 21 | 8 7 4 3 |
| 22 | 12 1 1 4 3 |
| 23 | 12 3 4 3 |
| 24 | 12 1 3 3 3 |
| 25 | 19 3 2 |
| 26 | 22 2 |
| 27 | 21 2 |
| 28 | 19 1 |
| 29 | 17 1 |
| 30 | 17 |

| Row | Clues |
|---|---|
| 1 | 26 |
| 2 | 28 |
| 3 | 2 27 |
| 4 | 4 20 |
| 5 | 3 3 1 17 |
| 6 | 1 3 1 1 16 |
| 7 | 3 3 15 |
| 8 | 1 2 20 |
| 9 | 1 2 1 1 4 9 |
| 10 | 3 1 1 10 |
| 11 | 4 2 11 |
| 12 | 1 3 11 |
| 13 | 4 2 6 |
| 14 | 4 11 |
| 15 | 4 3 1 6 |
| 16 | 4 1 1 8 |
| 17 | 4 1 1 1 7 |
| 18 | 5 1 1 5 |
| 19 | 5 7 4 4 |
| 20 | 5 4 6 2 |
| 21 | 6 2 4 3 |
| 22 | 5 1 6 4 |
| 23 | 5 1 6 5 |
| 24 | 4 2 5 5 |
| 25 | 4 3 10 |
| 26 | 5 12 |
| 27 | 6 8 |
| 28 | 10 12 |
| 29 | 27 |
| 30 | 29 |

Column clues (left to right):

6
3 3
2 2
2 2
14
4 4
5 5
6 6
8 8
10 2 10
12 12
2 1 4 4 1 2
2 1 2 2 1 2
2 1 1 1 1 2
1 1 1 1 1 1
1 1 1 1 1 1
2 1 1 1 1 2
2 1 2 2 1 2
2 1 4 4 1 2
12 12
10 2 10
8 8
6 6
5 5
4 4
14
2 2
2 2
3 3
6

Row clues (top to bottom):

6
3 3
2 2
2 2
14
4 4
5 5
6 6
8 8
10 2 10
12 12
2 1 4 4 1 2
2 1 2 2 1 2
2 1 1 1 1 2
1 1 1 1 1 1
1 1 1 1 1 1
2 1 1 1 1 2
2 1 2 2 1 2
2 1 4 4 1 2
12 12
10 2 10
8 8
6 6
5 5
4 4
14
2 2
2 2
3 3
6

| Column | Clue |
|---|---|
| 1 | 5 |
| 2 | 23 |
| 3 | 3 3 1 1 |
| 4 | 3 2 1 |
| 5 | 3 1 1 |
| 6 | 5 2 1 |
| 7 | 4 3 1 |
| 8 | 3 1 2 1 |
| 9 | 2 1 2 1 |
| 10 | 1 2 1 2 1 |
| 11 | 1 2 3 2 1 |
| 12 | 1 2 1 1 2 1 |
| 13 | 1 2 3 2 1 |
| 14 | 1 2 3 2 1 |
| 15 | 1 2 1 2 1 |
| 16 | 1 2 1 2 1 |
| 17 | 2 1 2 1 |
| 18 | 3 3 1 |
| 19 | 5 2 1 |
| 20 | 5 1 1 |
| 21 | 3 2 1 |
| 22 | 3 2 1 1 |
| 23 | 8 6 2 |
| 24 | 7 1 2 |
| 25 | 2 1 |
| 26 | 3 1 |
| 27 | 1 2 |
| 28 | 1 6 |
| 29 | 1 1 |
| 30 | 1 1 |

| Row | Clue |
|---|---|
| 1 | 1 7 1 |
| 2 | 3 3 |
| 3 | 15 |
| 4 | 16 |
| 5 | 3 3 |
| 6 | 4 4 |
| 7 | 3 3 |
| 8 | 3 4 3 |
| 9 | 2 1 2 2 |
| 10 | 2 6 2 |
| 11 | 2 2 2 2 |
| 12 | 3 1 1 2 |
| 13 | 2 14 3 |
| 14 | 21 1 1 |
| 15 | 1 1 1 1 1 1 |
| 16 | 2 2 1 |
| 17 | 1 1 1 2 |
| 18 | 1 1 1 1 |
| 19 | 1 1 2 1 |
| 20 | 1 3 1 |
| 21 | 1 1 |
| 22 | 1 1 |
| 23 | 1 1 |
| 24 | 1 1 |
| 25 | 1 1 |
| 26 | 1 2 |
| 27 | 1 1 |
| 28 | 1 1 |
| 29 | 1 1 |
| 30 | 21 |

Column clues (left to right):

| | | | | | | | | | | | | | | | | | | | | | | | | | | | | | |
|---|---|---|---|---|---|---|---|---|---|---|---|---|---|---|---|---|---|---|---|---|---|---|---|---|---|---|---|---|---|
| 0 | 0 | 0 | 0 | 1 4 | 2 7 | 4 5 4 | 3 5 4 3 | 3 2 7 2 4 | 3 1 8 1 4 | 3 2 8 1 1 5 | 4 9 2 6 | 5 13 1 7 | 11 4 2 6 | 11 5 1 6 | 9 5 7 | 6 4 5 1 6 | 5 12 6 | 4 12 6 | 4 2 8 1 5 | 3 1 8 2 4 | 3 2 8 3 4 | 3 7 2 3 | 3 7 1 2 | 4 7 3 | 1 5 | 0 | 0 | 0 | 0 |

Row clues (top to bottom):

9 5
17
20
3 9 4
6 3
4 1
1 1 3 1 1
1 3 5 3 2
1 6 4
4 8 5
11 10
9 9
9 9
8 8
5 1 7
14
14
1 12 2
2 7 2
3 1 1 1 3 1 1
2 1 1 2 1 1 2 1
1 4 1 1
2 2
2 1 1 1 3
16
14
14
12
10
7

| Column | Clue |
|---|---|
| 1 | 7 |
| 2 | 8 |
| 3 | 8 |
| 4 | 9 |
| 5 | 8 |
| 6 | 7 |
| 7 | 7 1 2 |
| 8 | 6 1 3 |
| 9 | 5 3 |
| 10 | 4 1 1 |
| 11 | 3 3 |
| 12 | 4 1 1 1 3 |
| 13 | 4 1 4 |
| 14 | 5 1 1 5 |
| 15 | 5 1 3 3 |
| 16 | 3 2 1 1 1 3 |
| 17 | 3 3 1 1 2 |
| 18 | 2 2 2 2 2 3 |
| 19 | 3 2 4 1 4 |
| 20 | 5 2 7 |
| 21 | 4 2 1 2 |
| 22 | 2 5 1 2 |
| 23 | 4 4 4 |
| 24 | 1 3 7 |
| 25 | 1 4 3 2 |
| 26 | 1 5 3 |
| 27 | 2 9 |
| 28 | 11 |
| 29 | 9 |
| 30 | 0 |

| Row | Clue |
|---|---|
| 1 | 1 |
| 2 | 2 |
| 3 | 2 |
| 4 | 3 |
| 5 | 4 |
| 6 | 4 |
| 7 | 4 6 |
| 8 | 4 2 2 2 |
| 9 | 4 5 2 2 |
| 10 | 4 8 4 2 |
| 11 | 5 6 3 6 |
| 12 | 4 8 6 5 |
| 13 | 12 3 2 5 |
| 14 | 13 5 4 |
| 15 | 6 10 3 |
| 16 | 4 2 2 3 |
| 17 | 2 1 7 3 |
| 18 | 1 1 3 2 3 |
| 19 | 1 1 1 8 |
| 20 | 1 1 1 8 |
| 21 | 1 1 1 1 |
| 22 | 2 1 3 |
| 23 | 2 1 1 1 2 |
| 24 | 3 3 2 |
| 25 | 1 1 1 1 3 |
| 26 | 3 1 3 |
| 27 | 6 |
| 28 | 5 |
| 29 | 3 |
| 30 | 2 |

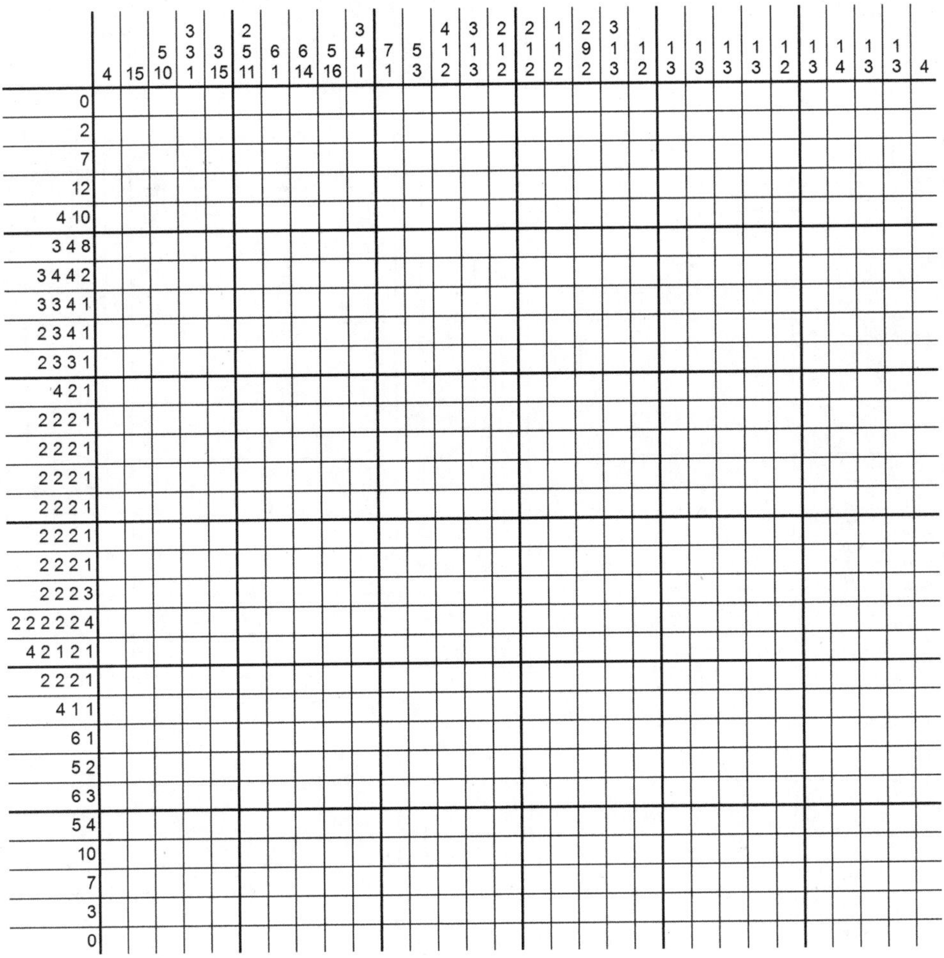
4
15
5 10
3 3 1
3 15
2 5 11
6 1
6 14
5 16
3 4 1
7 1
5 3
4 1 2
3 1 3
2 1 2
2 1 2
1 1 2
2 9 2
3 1 3
1 2
1 3
1 3
1 3
1 3
1 2
1 3
1 4
1 3
1 3
4
0
2
7
12
4 10
3 4 8
3 4 4 2
3 3 4 1
2 3 4 1
2 3 3 1
4 2 1
2 2 2 1
2 2 2 1
2 2 2 1
2 2 2 1
2 2 2 1
2 2 2 1
2 2 2 3
2 2 2 2 2 4
4 2 1 2 1
2 2 2 1
4 1 1
6 1
5 2
6 3
5 4
10
7
3
0

| | | | | | | | | | | | | | | | | | | | | | | | | | | | | | |
|---|---|---|---|---|---|---|---|---|---|---|---|---|---|---|---|---|---|---|---|---|---|---|---|---|---|---|---|---|---|
| | | | | | | | | | 2 | | | | 1 | | | 1 | | | | | | | | | | | | | |
| 1 | | | | | | | 1 | 1 | 1 | | | | 3 | | 1 | 4 | | | | | 1 | 1 | 1 | | | | | | 2 |
| 2 | | | | | | 6 | 1 | 1 | 1 | 1 | | 2 | 1 | 1 | 1 | 1 | | | 1 | 3 | 1 | 1 | 4 | | | | | | 2 |
| 2 | | | 1 | | | 2 | 2 | 2 | 2 | 4 | | 1 | 1 | 1 | 1 | 2 | 2 | | 4 | 2 | 2 | 2 | 2 | 1 | 1 | 1 | | | 2 |
| 2 | | | 1 | 1 | 4 | 2 | 1 | 2 | 3 | 6 | 1 | 7 | 3 | 1 | 1 | 3 | 1 | 1 | 6 | 3 | 2 | 1 | 2 | 2 | 1 | 1 | | | 1 |
| 1 | 2 | | 1 | 1 | 2 | 2 | 1 | 2 | 2 | 1 | 3 | 5 | 1 | 1 | 1 | 1 | 13 | 3 | 1 | 1 | 2 | 1 | 3 | 1 | 1 | 2 | | | 1 |
| 2 | 4 | 1 | 3 | 1 | 2 | 4 | 6 | 2 | 4 | 1 | 6 | 1 | 1 | 1 | 1 | 1 | 1 | 6 | 1 | 4 | 2 | 6 | 4 | 2 | 1 | 3 | | 6 | 2 |
| 2 | 1 | 1 | 5 | 4 | 11 | 2 | 1 | 1 | 1 | 1 | 7 | 1 | 2 | 2 | 2 | 1 | 1 | 7 | 1 | 2 | 1 | 1 | 2 | 10 | 3 | 6 | 1 | 1 | 2 |
| 1 | 1 | 19 | 4 | 2 | 1 | 1 | 1 | 2 | 1 | 1 | 1 | 1 | 1 | 1 | 1 | 1 | 1 | 1 | 1 | 1 | 1 | 1 | 1 | 1 | 3 | 5 | 20 | 1 | 1 |

| |
|---|
| 1 1 2 2 1 1 1 1 |
| 1 1 1 2 2 1 |
| 8 1 1 8 |
| 2 2 2 1 2 1 2 |
| 1 6 2 1 1 9 2 |
| 2 2 2 2 2 2 2 3 |
| 1 1 2 4 2 1 2 |
| 3 2 2 3 |
| 3 2 3 3 3 2 |
| 2 5 1 1 4 2 |
| 1 1 4 1 1 3 1 1 |
| 1 1 3 3 4 2 1 1 |
| 1 1 10 10 1 1 |
| 3 5 5 3 |
| 2 1 3 4 1 3 |
| 1 2 4 4 4 3 2 1 |
| 1 2 1 2 3 3 2 2 2 |
| 2 1 2 2 3 1 1 2 |
| 1 1 1 2 2 1 1 2 |
| 1 1 3 1 8 1 3 1 1 |
| 1 5 1 1 5 1 |
| 1 8 2 8 1 |
| 1 1 3 1 1 1 1 3 1 1 |
| 3 1 1 8 1 1 4 |
| 2 1 3 3 1 2 |
| 2 4 5 1 |
| 1 1 1 3 1 1 1 |
| 2 1 8 2 2 |
| 1 3 2 1 |
| 1 5 4 5 1 |

Column clues (left to right):

| Column | Clue |
|---|---|
| 1 | 3 |
| 2 | 4 2 |
| 3 | 3 1 1 |
| 4 | 3 1 1 |
| 5 | 1 3 1 2 |
| 6 | 4 1 3 |
| 7 | 1 3 1 2 |
| 8 | 2 3 1 1 2 |
| 9 | 2 3 3 3 |
| 10 | 2 5 2 |
| 11 | 3 1 2 |
| 12 | 3 2 |
| 13 | 4 2 |
| 14 | 3 1 3 |
| 15 | 30 |
| 16 | 30 |
| 17 | 3 1 3 |
| 18 | 4 2 |
| 19 | 3 2 |
| 20 | 3 1 2 |
| 21 | 2 5 2 |
| 22 | 2 3 3 3 |
| 23 | 2 3 1 1 2 |
| 24 | 1 3 1 2 |
| 25 | 4 1 3 |
| 26 | 1 3 1 2 |
| 27 | 3 1 1 |
| 28 | 3 1 1 |
| 29 | 4 2 |
| 30 | 3 |


| Row | Clue |
|---|---|
| 1 | 2 |
| 2 | 3 2 3 |
| 3 | 16 |
| 4 | 22 |
| 5 | 1 6 1 |
| 6 | 2 2 2 |
| 7 | 2 2 2 |
| 8 | 1 1 2 1 1 |
| 9 | 1 1 2 1 1 |
| 10 | 1 1 2 1 1 |
| 11 | 1 1 2 1 1 |
| 12 | 1 1 2 1 1 |
| 13 | 1 1 2 1 1 |
| 14 | 1 1 2 1 1 |
| 15 | 1 1 2 1 1 |
| 16 | 1 1 2 1 1 |
| 17 | 1 1 2 1 1 |
| 18 | 1 1 2 1 1 |
| 19 | 1 1 2 1 1 |
| 20 | 11 2 11 |
| 21 | 2 2 2 2 2 |
| 22 | 7 2 7 |
| 23 | 3 2 3 |
| 24 | 1 2 1 |
| 25 | 2 |
| 26 | 4 |
| 27 | 2 |
| 28 | 1 4 1 |
| 29 | 16 |
| 30 | 16 |

| Column | Clues |
|---|---|
| 1 | 0 |
| 2 | 1 |
| 3 | 1 2 |
| 4 | 2 1 10 |
| 5 | 1 5 5 |
| 6 | 1 5 2 1 5 11 |
| 7 | 1 3 2 1 1 8 4 |
| 8 | 2 3 2 1 3 4 5 |
| 9 | 2 3 2 1 3 2 3 1 |
| 10 | 2 3 1 2 4 2 3 |
| 11 | 2 4 1 2 4 3 3 |
| 12 | 2 3 1 2 5 2 3 |
| 13 | 1 13 3 2 |
| 14 | 2 3 2 3 |
| 15 | 4 2 1 2 |
| 16 | 2 5 1 3 |
| 17 | 1 2 1 9 3 3 |
| 18 | 1 3 1 2 4 3 2 1 |
| 19 | 2 3 1 2 2 2 1 2 |
| 20 | 1 11 |
| 21 | 1 1 |
| 22 | 1 |
| 23 | 0 |
| 24 | 0 |
| 25 | 0 |
| 26 | 0 |
| 27 | 0 |
| 28 | 0 |
| 29 | 0 |
| 30 | 0 |

| Row | Clues |
|---|---|
| 1 | 8 1 2 |
| 2 | 2 5 2 2 1 |
| 3 | 1 1 6 1 |
| 4 | 9 2 4 |
| 5 | 1 9 4 |
| 6 | 16 |
| 7 | 2 6 1 |
| 8 | 1 3 2 1 3 |
| 9 | 1 8 2 1 |
| 10 | 1 1 1 1 1 |
| 11 | 1 1 4 |
| 12 | 1 1 4 4 |
| 13 | 1 7 1 1 |
| 14 | 1 1 1 1 1 |
| 15 | 1 2 4 3 |
| 16 | 3 5 3 |
| 17 | 3 6 2 |
| 18 | 9 2 |
| 19 | 1 2 1 1 1 |
| 20 | 3 1 |
| 21 | 3 1 2 |
| 22 | 8 2 |
| 23 | 8 3 |
| 24 | 3 3 1 |
| 25 | 2 1 1 |
| 26 | 1 5 3 |
| 27 | 12 |
| 28 | 13 |
| 29 | 3 1 1 |
| 30 | 4 1 |

| Column | Clues |
|---|---|
| 1 | 6 |
| 2 | 2 1 |
| 3 | 1 1 |
| 4 | 1 2 1 |
| 5 | 1 2 2 1 |
| 6 | 1 1 3 |
| 7 | 1 1 3 |
| 8 | 1 1 6 |
| 9 | 1 1 1 13 |
| 10 | 1 4 6 1 |
| 11 | 1 3 6 1 |
| 12 | 6 6 2 |
| 13 | 1 6 2 |
| 14 | 1 7 2 |
| 15 | 1 7 2 |
| 16 | 5 2 |
| 17 | 1 2 |
| 18 | 1 4 |
| 19 | 1 3 4 |
| 20 | 2 2 1 1 2 |
| 21 | 1 3 1 1 2 |
| 22 | 5 1 2 1 |
| 23 | 1 1 1 |
| 24 | 1 1 1 |
| 25 | 1 2 |
| 26 | 1 2 |
| 27 | 1 1 |
| 28 | 1 2 |
| 29 | 1 2 |
| 30 | 4 |

| Row | Clues |
|---|---|
| 1 | 0 |
| 2 | 0 |
| 3 | 4 |
| 4 | 1 1 |
| 5 | 1 1 3 |
| 6 | 1 1 2 1 |
| 7 | 1 3 1 2 1 |
| 8 | 1 1 3 2 1 |
| 9 | 1 1 5 1 1 |
| 10 | 1 1 4 1 1 |
| 11 | 1 1 1 1 1 |
| 12 | 1 1 1 1 1 |
| 13 | 1 1 1 1 1 |
| 14 | 1 1 3 2 1 |
| 15 | 1 5 2 1 |
| 16 | 1 4 3 7 |
| 17 | 4 1 4 2 2 |
| 18 | 1 5 2 1 |
| 19 | 7 3 1 |
| 20 | 6 1 3 1 |
| 21 | 5 2 1 1 1 |
| 22 | 4 2 1 1 1 |
| 23 | 3 2 1 1 1 |
| 24 | 2 2 2 2 1 |
| 25 | 1 2 2 2 2 |
| 26 | 2 6 |
| 27 | 0 |
| 28 | 0 |
| 29 | 0 |
| 30 | 0 |

| | 9 | 9 | 9 | 11 | 12 | 12 | 13 | 7<br>5 | 5<br>4 | 5<br>3 | 5<br>2 | 5<br>2 | 4<br>3 | 4<br>3 | 4<br>2 | 4<br>3 | 4<br>3 | 4<br>2 | 5<br>2 | 5<br>3 | 6<br>3 | 6<br>4 | 7<br>5 | 13 | 12 | 12 | 12 | 11 | 10 | 10 |
|---|---|---|---|---|---|---|---|---|---|---|---|---|---|---|---|---|---|---|---|---|---|---|---|---|---|---|---|---|---|---|
| 0 | | | | | | | | | | | | | | | | | | | | | | | | | | | | | | |
| 0 | | | | | | | | | | | | | | | | | | | | | | | | | | | | | | |
| 0 | | | | | | | | | | | | | | | | | | | | | | | | | | | | | | |
| 0 | | | | | | | | | | | | | | | | | | | | | | | | | | | | | | |
| 0 | | | | | | | | | | | | | | | | | | | | | | | | | | | | | | |
| 2 3 | | | | | | | | | | | | | | | | | | | | | | | | | | | | | | |
| 4 5 | | | | | | | | | | | | | | | | | | | | | | | | | | | | | | |
| 7 7 | | | | | | | | | | | | | | | | | | | | | | | | | | | | | | |
| 18 | | | | | | | | | | | | | | | | | | | | | | | | | | | | | | |
| 22 | | | | | | | | | | | | | | | | | | | | | | | | | | | | | | |
| 7 4 7 | | | | | | | | | | | | | | | | | | | | | | | | | | | | | | |
| 6 2 7 | | | | | | | | | | | | | | | | | | | | | | | | | | | | | | |
| 6 6 | | | | | | | | | | | | | | | | | | | | | | | | | | | | | | |
| 7 7 | | | | | | | | | | | | | | | | | | | | | | | | | | | | | | |
| 7 7 | | | | | | | | | | | | | | | | | | | | | | | | | | | | | | |
| 7 7 | | | | | | | | | | | | | | | | | | | | | | | | | | | | | | |
| 8 8 | | | | | | | | | | | | | | | | | | | | | | | | | | | | | | |
| 9 9 | | | | | | | | | | | | | | | | | | | | | | | | | | | | | | |
| 10 11 | | | | | | | | | | | | | | | | | | | | | | | | | | | | | | |
| 13 14 | | | | | | | | | | | | | | | | | | | | | | | | | | | | | | |
| 14 15 | | | | | | | | | | | | | | | | | | | | | | | | | | | | | | |
| 2 5 4 | | | | | | | | | | | | | | | | | | | | | | | | | | | | | | |
| 1 3 2 | | | | | | | | | | | | | | | | | | | | | | | | | | | | | | |
| 1 | | | | | | | | | | | | | | | | | | | | | | | | | | | | | | |
| 0 | | | | | | | | | | | | | | | | | | | | | | | | | | | | | | |
| 0 | | | | | | | | | | | | | | | | | | | | | | | | | | | | | | |
| 0 | | | | | | | | | | | | | | | | | | | | | | | | | | | | | | |
| 0 | | | | | | | | | | | | | | | | | | | | | | | | | | | | | | |
| 0 | | | | | | | | | | | | | | | | | | | | | | | | | | | | | | |
| 0 | | | | | | | | | | | | | | | | | | | | | | | | | | | | | | |

Column clues:

28
26
22
16
12
10 10
8 17
4 5 15
2 4 1 2 8
1 3 3 3 7
1 1 1 3 1 5 8
2 1 3 1 3 1 8
1 1 1 5 9
2 2 7 10
1 2 5 10
1 2 5 10
2 2 7 10
1 1 1 5 9
2 1 2 1 3 1 8
1 1 1 3 1 4 8
1 3 3 3 7
2 4 1 7
4 2 1 14
27
8 12
11
14
19
26
28

Row clues:

11 4 11
9 3 3 9
8 3 3 8
8 1 1 8
7 4 4 7
7 1 1 1 1 7
12 11
13 2 13
6 1 3 4 3 1 5
6 2 1 1 2 5
5 1 1 5
5 1 1 1 1 1 1 4
4 1 1 6 1 1 4
4 1 1 8 1 2 4
4 19 3
4 15 3 3
3 3 1 6 1 3 3
3 3 2 1 1 2 3 3
3 3 1 3 3
3 3 3 2
3 3 4 3 2
3 3 6 3 2
2 4 10 4 2
2 20 2
2 20 2
2 19 2
1 18 1
1 17 1
15
13

| Column | Clue |
|---|---|
| 1 | 12 12 |
| 2 | 9 6 9 |
| 3 | 7 12 7 |
| 4 | 6 16 6 |
| 5 | 4 6 7 4 |
| 6 | 4 5 5 4 |
| 7 | 3 4 6 3 |
| 8 | 2 3 7 2 |
| 9 | 2 3 8 2 |
| 10 | 1 4 5 4 1 |
| 11 | 1 3 5 4 1 |
| 12 | 1 3 5 3 |
| 13 | 3 5 3 |
| 14 | 4 5 3 |
| 15 | 28 |
| 16 | 28 |
| 17 | 28 |
| 18 | 4 5 2 |
| 19 | 1 2 5 3 |
| 20 | 1 3 5 3 1 |
| 21 | 1 3 5 4 1 |
| 22 | 2 3 5 3 2 |
| 23 | 2 4 8 2 |
| 24 | 3 4 6 3 |
| 25 | 4 4 5 4 |
| 26 | 4 5 7 4 |
| 27 | 6 16 6 |
| 28 | 7 12 7 |
| 29 | 9 8 9 |
| 30 | 11 11 |

| Row | Clue |
|---|---|
| 1 | 12 12 |
| 2 | 9 6 9 |
| 3 | 7 12 7 |
| 4 | 6 15 6 |
| 5 | 4 6 5 5 4 |
| 6 | 4 5 3 4 4 |
| 7 | 3 4 3 4 3 |
| 8 | 2 4 3 4 2 |
| 9 | 2 3 3 3 2 |
| 10 | 1 4 3 3 1 |
| 11 | 1 3 3 3 1 |
| 12 | 1 3 3 3 |
| 13 | 3 3 3 |
| 14 | 3 3 3 |
| 15 | 3 5 3 |
| 16 | 3 7 3 |
| 17 | 3 9 3 |
| 18 | 4 11 4 |
| 19 | 1 3 13 4 |
| 20 | 1 3 5 3 5 3 1 |
| 21 | 1 10 3 9 1 |
| 22 | 2 8 3 7 2 |
| 23 | 2 7 3 6 2 |
| 24 | 3 5 3 4 3 |
| 25 | 4 6 3 5 4 |
| 26 | 4 7 3 6 4 |
| 27 | 6 16 6 |
| 28 | 7 12 7 |
| 29 | 9 4 9 |
| 30 | 11 11 |

| Column | Clues |
|---|---|
| 1 | 1 1 |
| 2 | 2 1 |
| 3 | 5 1 1 |
| 4 | 11 1 1 1 1 |
| 5 | 14 2 1 1 |
| 6 | 16 3 2 1 |
| 7 | 21 3 |
| 8 | 22 1 3 |
| 9 | 12 6 1 3 |
| 10 | 11 2 2 2 |
| 11 | 10 4 4 2 |
| 12 | 9 2 3 8 |
| 13 | 9 1 3 9 1 |
| 14 | 9 1 1 1 1 9 |
| 15 | 9 1 3 1 7 |
| 16 | 9 2 4 6 |
| 17 | 9 9 5 |
| 18 | 9 9 4 |
| 19 | 9 2 7 3 |
| 20 | 9 1 8 3 |
| 21 | 10 1 8 2 |
| 22 | 9 1 5 3 2 |
| 23 | 10 7 1 1 2 |
| 24 | 10 5 1 2 |
| 25 | 7 1 2 1 1 1 |
| 26 | 5 6 1 4 |
| 27 | 4 4 1 1 |
| 28 | 2 1 |
| 29 | 1 |
| 30 | 0 |

| Row | Clues |
|---|---|
| 1 | 9 |
| 2 | 14 |
| 3 | 17 |
| 4 | 19 |
| 5 | 21 |
| 6 | 23 |
| 7 | 24 |
| 8 | 25 |
| 9 | 25 |
| 10 | 9 5 |
| 11 | 9 2 |
| 12 | 8 2 |
| 13 | 7 1 |
| 14 | 7 5 1 |
| 15 | 6 2 2 1 |
| 16 | 5 1 3 7 1 |
| 17 | 5 1 1 1 3 2 1 |
| 18 | 5 1 3 2 3 1 |
| 19 | 5 1 9 1 |
| 20 | 4 14 1 |
| 21 | 4 2 10 1 |
| 22 | 4 2 8 2 |
| 23 | 4 3 5 |
| 24 | 5 5 6 |
| 25 | 2 7 4 |
| 26 | 1 10 7 |
| 27 | 3 3 8 1 |
| 28 | 1 1 4 9 4 |
| 29 | 1 1 1 6 11 1 1 |
| 30 | 1 1 1 16 1 1 1 |

| Column | Clues |
|---|---|
| 1 | 30 |
| 2 | 30 |
| 3 | 30 |
| 4 | 30 |
| 5 | 11 12 |
| 6 | 8 12 |
| 7 | 7 12 |
| 8 | 7 2 4 8 |
| 9 | 7 1 1 2 2 1 3 |
| 10 | 7 2 1 1 3 2 |
| 11 | 10 1 1 2 1 |
| 12 | 9 1 3 1 |
| 13 | 11 2 2 1 1 1 |
| 14 | 10 3 1 1 2 |
| 15 | 6 2 3 1 1 3 |
| 16 | 6 1 2 1 1 3 |
| 17 | 5 4 5 |
| 18 | 4 4 6 1 |
| 19 | 4 4 12 1 |
| 20 | 9 1 1 7 7 |
| 21 | 4 3 1 16 |
| 22 | 5 3 1 15 |
| 23 | 6 5 14 |
| 24 | 13 15 |
| 25 | 30 |
| 26 | 30 |
| 27 | 30 |
| 28 | 30 |
| 29 | 30 |
| 30 | 30 |

| Row | Clues |
|---|---|
| 1 | 30 |
| 2 | 30 |
| 3 | 30 |
| 4 | 30 |
| 5 | 17 1 9 |
| 6 | 16 1 8 |
| 7 | 14 1 7 |
| 8 | 6 6 4 7 |
| 9 | 5 7 12 |
| 10 | 5 1 2 2 1 10 |
| 11 | 5 2 2 2 8 |
| 12 | 4 2 10 |
| 13 | 4 8 |
| 14 | 4 1 6 |
| 15 | 4 2 1 6 |
| 16 | 4 1 3 3 7 |
| 17 | 4 2 3 12 |
| 18 | 4 2 16 |
| 19 | 8 14 |
| 20 | 8 1 3 14 |
| 21 | 13 16 |
| 22 | 7 4 12 |
| 23 | 8 7 10 |
| 24 | 8 14 |
| 25 | 9 17 |
| 26 | 8 18 |
| 27 | 8 16 |
| 28 | 9 13 |
| 29 | 10 11 |
| 30 | 13 13 |

| Column | Clue |
|---|---|
| 1 | 1 |
| 2 | 2 |
| 3 | 2 |
| 4 | 4 |
| 5 | 2 2 1 2 |
| 6 | 3 2 2 3 |
| 7 | 5 3 1 5 |
| 8 | 2 5 8 |
| 9 | 3 3 5 1 |
| 10 | 4 2 4 2 |
| 11 | 4 2 3 1 |
| 12 | 5 1 3 1 |
| 13 | 7 1 2 4 |
| 14 | 3 6 9 |
| 15 | 3 16 |
| 16 | 16 3 |
| 17 | 9 6 3 |
| 18 | 5 2 1 8 |
| 19 | 2 2 2 5 |
| 20 | 1 2 2 4 |
| 21 | 2 3 2 4 |
| 22 | 1 4 3 3 |
| 23 | 1 5 5 2 |
| 24 | 6 1 3 6 |
| 25 | 3 2 3 3 |
| 26 | 2 1 2 2 |
| 27 | 4 |
| 28 | 2 |
| 29 | 2 |
| 30 | 2 |

| Row | Clue |
|---|---|
| 1 | 0 |
| 2 | 2 |
| 3 | 2 |
| 4 | 4 |
| 5 | 1 1 2 1 |
| 6 | 3 1 3 3 |
| 7 | 5 1 3 5 |
| 8 | 8 6 2 |
| 9 | 1 5 4 2 |
| 10 | 1 4 3 3 |
| 11 | 1 3 2 4 |
| 12 | 1 3 2 4 |
| 13 | 3 2 1 8 |
| 14 | 8 6 3 |
| 15 | 16 4 |
| 16 | 4 17 |
| 17 | 3 6 9 |
| 18 | 8 1 2 4 |
| 19 | 5 2 3 1 |
| 20 | 4 2 3 2 |
| 21 | 4 2 4 1 |
| 22 | 3 3 5 1 |
| 23 | 3 6 8 |
| 24 | 5 3 1 5 |
| 25 | 4 3 2 3 |
| 26 | 1 2 1 1 |
| 27 | 4 |
| 28 | 2 |
| 29 | 2 |
| 30 | 0 |

| Column | Clue |
|---|---|
| 1 | 1 |
| 2 | 2 1 |
| 3 | 3 3 |
| 4 | 1 2 4 |
| 5 | 2 3 2 |
| 6 | 1 2 8 |
| 7 | 2 2 2 1 |
| 8 | 1 4 1 2 |
| 9 | 2 1 1 2 1 |
| 10 | 1 2 2 1 2 |
| 11 | 2 1 2 2 1 |
| 12 | 2 2 1 2 2 |
| 13 | 2 1 2 2 1 |
| 14 | 3 4 2 |
| 15 | 23 |
| 16 | 3 14 |
| 17 | 2 2 1 11 |
| 18 | 2 2 2 10 |
| 19 | 2 1 1 8 |
| 20 | 2 2 2 7 |
| 21 | 1 1 1 7 |
| 22 | 2 1 2 7 |
| 23 | 1 2 1 7 |
| 24 | 1 3 6 |
| 25 | 2 2 7 |
| 26 | 1 4 7 |
| 27 | 4 2 1 |
| 28 | 3 1 2 |
| 29 | 1 2 |
| 30 | 1 |

| Row | Clue |
|---|---|
| 1 | 0 |
| 2 | 0 |
| 3 | 3 |
| 4 | 2 6 |
| 5 | 5 2 4 |
| 6 | 3 4 4 |
| 7 | 3 5 3 |
| 8 | 3 4 4 2 |
| 9 | 3 3 1 4 2 |
| 10 | 3 3 1 4 |
| 11 | 5 1 3 |
| 12 | 4 1 3 2 |
| 13 | 2 4 1 3 2 |
| 14 | 2 4 1 3 1 |
| 15 | 3 6 3 |
| 16 | 3 3 3 |
| 17 | 3 4 2 |
| 18 | 4 6 4 |
| 19 | 1 5 5 6 |
| 20 | 1 2 12 |
| 21 | 1 12 |
| 22 | 1 12 |
| 23 | 1 11 |
| 24 | 3 9 |
| 25 | 3 8 |
| 26 | 3 6 |
| 27 | 7 |
| 28 | 3 |
| 29 | 0 |
| 30 | 0 |

Column clues (left to right):

| Column | Clue |
|---|---|
| 1 | 0 |
| 2 | 1 |
| 3 | 6 2 |
| 4 | 12 2 |
| 5 | 16 1 |
| 6 | 7 3 3 2 3 |
| 7 | 6 1 2 8 |
| 8 | 6 2 6 |
| 9 | 6 2 1 3 |
| 10 | 7 4 2 1 |
| 11 | 7 3 1 3 1 |
| 12 | 7 4 2 1 1 |
| 13 | 7 3 1 1 2 |
| 14 | 7 1 1 1 1 |
| 15 | 7 1 1 1 |
| 16 | 7 2 2 1 1 |
| 17 | 6 4 2 1 1 |
| 18 | 6 3 1 3 1 1 |
| 19 | 6 5 6 1 1 |
| 20 | 6 3 1 8 2 |
| 21 | 6 4 11 |
| 22 | 8 2 2 11 |
| 23 | 11 2 2 7 |
| 24 | 13 2 1 9 |
| 25 | 16 11 |
| 26 | 1 17 8 |
| 27 | 12 7 |
| 28 | 2 6 |
| 29 | 5 |
| 30 | 4 |


| Row | Clue |
|---|---|
| 1 | 20 |
| 2 | 22 |
| 3 | 21 |
| 4 | 23 |
| 5 | 23 |
| 6 | 25 |
| 7 | 4 7 6 |
| 8 | 3 6 |
| 9 | 3 5 |
| 10 | 3 6 |
| 11 | 4 6 |
| 12 | 3 4 |
| 13 | 3 4 5 4 |
| 14 | 2 6 8 4 |
| 15 | 2 7 8 4 |
| 16 | 2 1 1 1 1 1 1 4 |
| 17 | 2 1 3 1 2 |
| 18 | 1 1 |
| 19 | 1 1 2 1 1 |
| 20 | 1 2 6 2 |
| 21 | 1 1 10 1 |
| 22 | 1 2 7 2 |
| 23 | 1 3 4 3 |
| 24 | 1 1 10 |
| 25 | 2 4 9 |
| 26 | 3 11 |
| 27 | 3 1 4 10 |
| 28 | 6 1 10 |
| 29 | 2 4 2 11 |
| 30 | 2 3 2 12 |

Column clues:

| Column | Clue |
|---|---|
| 1 | 3 1 1 1 4 |
| 2 | 4 1 1 5 |
| 3 | 6 3 1 1 5 |
| 4 | 8 3 1 1 5 |
| 5 | 12 5 1 6 |
| 6 | 11 9 1 6 |
| 7 | 2 4 11 1 |
| 8 | 2 5 2 6 1 |
| 9 | 2 9 5 |
| 10 | 2 7 1 1 5 |
| 11 | 2 9 2 7 |
| 12 | 2 7 1 1 4 1 |
| 13 | 1 12 1 2 2 1 |
| 14 | 1 8 5 1 1 |
| 15 | 8 3 1 1 |
| 16 | 9 3 1 1 |
| 17 | 8 1 1 2 2 |
| 18 | 10 2 3 |
| 19 | 2 6 1 1 5 |
| 20 | 10 6 |
| 21 | 8 8 |
| 22 | 7 10 |
| 23 | 4 1 1 1 8 |
| 24 | 2 1 1 8 |
| 25 | 1 1 1 1 6 |
| 26 | 1 1 1 1 5 |
| 27 | 1 1 1 1 1 4 |
| 28 | 4 1 2 5 3 |
| 29 | 1 1 1 1 2 |
| 30 | 1 2 1 1 1 1 |

Row clues:

| Row | Clue |
|---|---|
| 1 | 8 1 |
| 2 | 10 1 1 |
| 3 | 3 4 1 1 |
| 4 | 18 1 1 |
| 5 | 25 4 |
| 6 | 24 |
| 7 | 22 1 |
| 8 | 4 16 1 |
| 9 | 4 14 4 |
| 10 | 3 16 |
| 11 | 1 2 2 1 2 1 1 3 |
| 12 | 1 1 1 5 5 1 |
| 13 | 2 1 1 1 |
| 14 | 1 1 1 5 2 |
| 15 | 4 1 |
| 16 | 3 1 |
| 17 | 3 2 1 |
| 18 | 7 3 5 1 |
| 19 | 3 5 1 |
| 20 | 2 8 1 |
| 21 | 2 2 2 1 1 |
| 22 | 2 3 1 1 |
| 23 | 10 10 |
| 24 | 5 4 |
| 25 | 8 6 |
| 26 | 5 9 8 |
| 27 | 6 6 9 |
| 28 | 6 2 11 |
| 29 | 6 1 13 |
| 30 | 8 3 14 |

| | 2 4 2 10 | 11 7 6 | 18 7 | 19 1 6 | 2 18 6 | 6 4 15 | 3 2 3 12 | 3 9 10 | 2 3 1 11 | 1 4 1 10 | 2 1 13 | 2 13 | 3 6 3 | 4 12 | 12 3 | 10 1 | 15 | 17 | 15 | 12 | 11 | 11 | 10 | 10 | 2 1 5 | 1 1 5 | 6 | 2 2 | 3 | 0 |
|---|---|---|---|---|---|---|---|---|---|---|---|---|---|---|---|---|---|---|---|---|---|---|---|---|---|---|---|---|---|---|
| 1 1 | | | | | | | | | | | | | | | | | | | | | | | | | | | | | | |
| 7 | | | | | | | | | | | | | | | | | | | | | | | | | | | | | | |
| 9 | | | | | | | | | | | | | | | | | | | | | | | | | | | | | | |
| 4 5 | | | | | | | | | | | | | | | | | | | | | | | | | | | | | | |
| 5 | | | | | | | | | | | | | | | | | | | | | | | | | | | | | | |
| 7 | | | | | | | | | | | | | | | | | | | | | | | | | | | | | | |
| 5 2 | | | | | | | | | | | | | | | | | | | | | | | | | | | | | | |
| 5 1 | | | | | | | | | | | | | | | | | | | | | | | | | | | | | | |
| 5 1 | | | | | | | | | | | | | | | | | | | | | | | | | | | | | | |
| 4 3 | | | | | | | | | | | | | | | | | | | | | | | | | | | | | | |
| 5 4 | | | | | | | | | | | | | | | | | | | | | | | | | | | | | | |
| 5 4 | | | | | | | | | | | | | | | | | | | | | | | | | | | | | | |
| 6 1 1 4 | | | | | | | | | | | | | | | | | | | | | | | | | | | | | | |
| 6 4 8 | | | | | | | | | | | | | | | | | | | | | | | | | | | | | | |
| 3 2 4 10 | | | | | | | | | | | | | | | | | | | | | | | | | | | | | | |
| 4 3 8 | | | | | | | | | | | | | | | | | | | | | | | | | | | | | | |
| 6 1 12 | | | | | | | | | | | | | | | | | | | | | | | | | | | | | | |
| 6 3 10 1 | | | | | | | | | | | | | | | | | | | | | | | | | | | | | | |
| 6 15 1 | | | | | | | | | | | | | | | | | | | | | | | | | | | | | | |
| 1 3 1 18 | | | | | | | | | | | | | | | | | | | | | | | | | | | | | | |
| 2 25 | | | | | | | | | | | | | | | | | | | | | | | | | | | | | | |
| 2 24 1 | | | | | | | | | | | | | | | | | | | | | | | | | | | | | | |
| 2 17 5 | | | | | | | | | | | | | | | | | | | | | | | | | | | | | | |
| 1 1 15 3 | | | | | | | | | | | | | | | | | | | | | | | | | | | | | | |
| 12 7 | | | | | | | | | | | | | | | | | | | | | | | | | | | | | | |
| 12 6 | | | | | | | | | | | | | | | | | | | | | | | | | | | | | | |
| 12 1 3 | | | | | | | | | | | | | | | | | | | | | | | | | | | | | | |
| 15 2 | | | | | | | | | | | | | | | | | | | | | | | | | | | | | | |
| 15 2 | | | | | | | | | | | | | | | | | | | | | | | | | | | | | | |
| 16 1 | | | | | | | | | | | | | | | | | | | | | | | | | | | | | | |

| Column | Clue |
|---|---|
| 1 | 0 |
| 2 | 1 |
| 3 | 4 3 |
| 4 | 11 7 |
| 5 | 17 1 5 |
| 6 | 21 5 |
| 7 | 22 5 |
| 8 | 24 4 |
| 9 | 10 8 1 4 |
| 10 | 9 4 4 1 3 |
| 11 | 9 6 2 2 3 |
| 12 | 10 3 8 2 |
| 13 | 17 8 2 |
| 14 | 16 6 1 |
| 15 | 8 5 6 1 |
| 16 | 3 6 6 |
| 17 | 2 1 5 1 |
| 18 | 2 1 2 1 |
| 19 | 2 10 1 |
| 20 | 2 4 2 4 |
| 21 | 1 1 1 2 2 |
| 22 | 2 1 2 |
| 23 | 1 2 1 |
| 24 | 1 2 1 |
| 25 | 1 2 2 4 |
| 26 | 2 3 1 1 |
| 27 | 4 2 3 |
| 28 | 2 1 |
| 29 | 1 |
| 30 | 0 |


| Row | Clue |
|---|---|
| 1 | 13 |
| 2 | 16 |
| 3 | 11 1 |
| 4 | 11 1 |
| 5 | 11 1 |
| 6 | 12 1 |
| 7 | 12 1 |
| 8 | 12 1 |
| 9 | 12 1 |
| 10 | 7 3 1 |
| 11 | 6 2 2 2 |
| 12 | 6 2 2 7 |
| 13 | 5 2 4 4 |
| 14 | 5 8 1 |
| 15 | 6 6 3 1 |
| 16 | 6 6 3 1 |
| 17 | 6 1 2 2 1 |
| 18 | 8 1 2 1 1 |
| 19 | 9 1 4 |
| 20 | 6 2 1 1 |
| 21 | 4 4 1 1 |
| 22 | 4 6 1 1 1 |
| 23 | 4 8 1 1 |
| 24 | 1 13 1 |
| 25 | 1 7 3 1 |
| 26 | 4 5 5 |
| 27 | 6 1 1 |
| 28 | 9 1 1 |
| 29 | 11 1 1 |
| 30 | 14 2 |

| | 25 | 26 | 29 | 29 | 29 | 30 | 30 | 30 | 30 | 11 17 | 10 16 | 9 1 8 | 7 3 2 8 | 9 1 3 4 | 10 2 2 1 3 1 | 5 10 2 1 2 1 | 2 2 2 2 1 2 3 | 3 1 1 1 4 | 4 2 7 | 5 3 1 8 | 6 1 3 9 | 6 1 1 1 12 | 9 1 15 | 11 17 | 30 | 30 | 30 | 30 | 28 | 26 |
|---|---|---|---|---|---|---|---|---|---|---|---|---|---|---|---|---|---|---|---|---|---|---|---|---|---|---|---|---|---|---|
| 23 | | | | | | | | | | | | | | | | | | | | | | | | | | | | | | |
| 26 | | | | | | | | | | | | | | | | | | | | | | | | | | | | | | |
| 14 12 | | | | | | | | | | | | | | | | | | | | | | | | | | | | | | |
| 14 11 | | | | | | | | | | | | | | | | | | | | | | | | | | | | | | |
| 15 11 | | | | | | | | | | | | | | | | | | | | | | | | | | | | | | |
| 15 10 | | | | | | | | | | | | | | | | | | | | | | | | | | | | | | |
| 15 8 | | | | | | | | | | | | | | | | | | | | | | | | | | | | | | |
| 12 3 11 | | | | | | | | | | | | | | | | | | | | | | | | | | | | | | |
| 16 1 8 | | | | | | | | | | | | | | | | | | | | | | | | | | | | | | |
| 11 1 2 4 7 | | | | | | | | | | | | | | | | | | | | | | | | | | | | | | |
| 10 3 1 1 1 8 | | | | | | | | | | | | | | | | | | | | | | | | | | | | | | |
| 9 1 3 6 | | | | | | | | | | | | | | | | | | | | | | | | | | | | | | |
| 9 1 6 | | | | | | | | | | | | | | | | | | | | | | | | | | | | | | |
| 10 1 7 | | | | | | | | | | | | | | | | | | | | | | | | | | | | | | |
| 11 2 7 | | | | | | | | | | | | | | | | | | | | | | | | | | | | | | |
| 11 4 8 | | | | | | | | | | | | | | | | | | | | | | | | | | | | | | |
| 11 2 8 | | | | | | | | | | | | | | | | | | | | | | | | | | | | | | |
| 11 8 | | | | | | | | | | | | | | | | | | | | | | | | | | | | | | |
| 11 4 9 | | | | | | | | | | | | | | | | | | | | | | | | | | | | | | |
| 11 6 9 | | | | | | | | | | | | | | | | | | | | | | | | | | | | | | |
| 14 9 | | | | | | | | | | | | | | | | | | | | | | | | | | | | | | |
| 12 3 10 | | | | | | | | | | | | | | | | | | | | | | | | | | | | | | |
| 13 11 | | | | | | | | | | | | | | | | | | | | | | | | | | | | | | |
| 14 12 | | | | | | | | | | | | | | | | | | | | | | | | | | | | | | |
| 30 | | | | | | | | | | | | | | | | | | | | | | | | | | | | | | |
| 17 12 | | | | | | | | | | | | | | | | | | | | | | | | | | | | | | |
| 15 13 | | | | | | | | | | | | | | | | | | | | | | | | | | | | | | |
| 13 14 | | | | | | | | | | | | | | | | | | | | | | | | | | | | | | |
| 11 1 14 | | | | | | | | | | | | | | | | | | | | | | | | | | | | | | |
| 11 1 16 | | | | | | | | | | | | | | | | | | | | | | | | | | | | | | |

| Column | Clue |
|---|---|
| 1 | 0 |
| 2 | 1 8 |
| 3 | 15 |
| 4 | 1 16 |
| 5 | 20 |
| 6 | 23 |
| 7 | 15 6 |
| 8 | 13 2 4 |
| 9 | 11 2 1 6 |
| 10 | 11 2 1 2 |
| 11 | 8 1 1 1 3 |
| 12 | 7 3 1 1 2 |
| 13 | 9 1 2 1 1 2 |
| 14 | 6 1 3 1 1 2 |
| 15 | 6 2 1 1 2 |
| 16 | 8 1 2 1 1 2 |
| 17 | 9 2 1 1 2 |
| 18 | 7 1 2 1 2 |
| 19 | 8 2 1 3 |
| 20 | 8 2 1 5 |
| 21 | 12 1 6 |
| 22 | 12 9 |
| 23 | 14 11 |
| 24 | 24 |
| 25 | 20 |
| 26 | 19 |
| 27 | 4 10 1 |
| 28 | 2 1 2 |
| 29 | 0 |
| 30 | 0 |


| Row | Clue |
|---|---|
| 1 | 14 |
| 2 | 15 |
| 3 | 18 |
| 4 | 21 |
| 5 | 20 |
| 6 | 22 |
| 7 | 11 12 |
| 8 | 10 1 2 9 |
| 9 | 8 1 1 7 |
| 10 | 9 1 8 |
| 11 | 9 6 1 |
| 12 | 7 10 |
| 13 | 11 1 2 7 |
| 14 | 6 2 1 3 7 |
| 15 | 7 3 3 5 |
| 16 | 9 5 |
| 17 | 5 4 |
| 18 | 4 6 |
| 19 | 4 4 6 |
| 20 | 5 6 5 |
| 21 | 5 1 5 |
| 22 | 3 5 |
| 23 | 3 6 5 |
| 24 | 3 1 1 6 |
| 25 | 4 1 1 6 |
| 26 | 2 2 5 |
| 27 | 3 5 |
| 28 | 3 5 |
| 29 | 1 12 |
| 30 | 1 12 |

| Column | Clues |
|---|---|
| 1 | 4 3 2 3 |
| 2 | 1 3 3 3 6 |
| 3 | 4 3 3 1 2 1 2 |
| 4 | 4 1 1 4 |
| 5 | 3 2 4 |
| 6 | 3 1 4 7 3 |
| 7 | 7 8 6 |
| 8 | 7 4 1 1 2 |
| 9 | 6 2 1 1 5 |
| 10 | 5 2 1 1 3 2 |
| 11 | 8 1 3 1 1 1 |
| 12 | 5 2 4 3 3 1 |
| 13 | 5 1 6 2 3 2 |
| 14 | 5 1 5 2 1 4 |
| 15 | 5 6 2 2 1 2 |
| 16 | 4 5 2 4 3 |
| 17 | 4 3 1 1 2 2 |
| 18 | 5 3 2 4 3 |
| 19 | 1 1 4 1 5 1 2 2 |
| 20 | 2 5 1 3 3 |
| 21 | 1 1 1 1 1 2 |
| 22 | 2 1 1 4 |
| 23 | 1 1 1 3 2 |
| 24 | 1 1 1 1 1 1 |
| 25 | 1 2 1 3 1 |
| 26 | 3 1 1 2 |
| 27 | 2 1 1 4 |
| 28 | 2 1 2 1 2 |
| 29 | 4 6 |
| 30 | 1 2 3 |

| Row | Clues |
|---|---|
| 1 | 9 |
| 2 | 14 |
| 3 | 18 |
| 4 | 16 1 |
| 5 | 3 13 |
| 6 | 1 3 1 2 |
| 7 | 1 3 1 2 |
| 8 | 1 2 1 |
| 9 | 3 1 6 1 |
| 10 | 2 1 5 |
| 11 | 3 1 5 |
| 12 | 1 1 4 3 |
| 13 | 3 2 5 1 |
| 14 | 2 2 2 4 4 |
| 15 | 3 1 2 3 3 4 |
| 16 | 1 2 3 6 3 |
| 17 | 1 1 5 4 1 5 |
| 18 | 2 3 2 2 9 1 |
| 19 | 1 3 4 1 3 |
| 20 | 2 2 3 1 3 2 |
| 21 | 2 2 5 |
| 22 | 1 12 9 1 |
| 23 | 7 1 2 2 2 1 1 3 |
| 24 | 2 2 1 5 5 4 1 |
| 25 | 4 4 2 1 2 4 |
| 26 | 3 2 6 5 6 2 |
| 27 | 5 5 5 5 |
| 28 | 2 3 3 3 |
| 29 | 0 |
| 30 | 0 |

| | 30 | 30 | 30 | 30 | 30 | 30 | 30 | 19 8 | 12 5 3 7 | 9 2 16 | 2 3 4 16 | 3 12 9 | 4 8 12 | 2 7 2 3 5 | 3 3 1 4 | 6 2 1 3 | 7 1 1 1 2 2 1 | 7 4 1 1 1 1 | 1 1 1 2 1 2 2 | 1 2 3 1 1 4 | 5 2 1 5 | 7 1 1 6 | 10 1 1 8 | 10 2 9 | 11 2 15 | 30 | 30 | 30 | 30 | 30 |
|---|---|---|---|---|---|---|---|---|---|---|---|---|---|---|---|---|---|---|---|---|---|---|---|---|---|---|---|---|---|---|
| 14 15 | | | | | | | | | | | | | | | | | | | | | | | | | | | | | | |
| 14 3 10 | | | | | | | | | | | | | | | | | | | | | | | | | | | | | | |
| 10 2 4 11 | | | | | | | | | | | | | | | | | | | | | | | | | | | | | | |
| 11 1 4 11 | | | | | | | | | | | | | | | | | | | | | | | | | | | | | | |
| 11 4 10 | | | | | | | | | | | | | | | | | | | | | | | | | | | | | | |
| 11 3 9 | | | | | | | | | | | | | | | | | | | | | | | | | | | | | | |
| 10 3 9 | | | | | | | | | | | | | | | | | | | | | | | | | | | | | | |
| 10 8 | | | | | | | | | | | | | | | | | | | | | | | | | | | | | | |
| 12 4 8 | | | | | | | | | | | | | | | | | | | | | | | | | | | | | | |
| 9 4 2 11 | | | | | | | | | | | | | | | | | | | | | | | | | | | | | | |
| 14 3 6 | | | | | | | | | | | | | | | | | | | | | | | | | | | | | | |
| 14 3 5 | | | | | | | | | | | | | | | | | | | | | | | | | | | | | | |
| 8 3 6 | | | | | | | | | | | | | | | | | | | | | | | | | | | | | | |
| 9 3 7 | | | | | | | | | | | | | | | | | | | | | | | | | | | | | | |
| 14 2 5 | | | | | | | | | | | | | | | | | | | | | | | | | | | | | | |
| 14 1 6 | | | | | | | | | | | | | | | | | | | | | | | | | | | | | | |
| 13 1 1 6 | | | | | | | | | | | | | | | | | | | | | | | | | | | | | | |
| 12 1 1 1 6 | | | | | | | | | | | | | | | | | | | | | | | | | | | | | | |
| 8 7 1 6 | | | | | | | | | | | | | | | | | | | | | | | | | | | | | | |
| 7 11 6 | | | | | | | | | | | | | | | | | | | | | | | | | | | | | | |
| 7 3 1 1 1 2 6 | | | | | | | | | | | | | | | | | | | | | | | | | | | | | | |
| 7 6 7 | | | | | | | | | | | | | | | | | | | | | | | | | | | | | | |
| 8 5 8 | | | | | | | | | | | | | | | | | | | | | | | | | | | | | | |
| 16 8 | | | | | | | | | | | | | | | | | | | | | | | | | | | | | | |
| 13 9 | | | | | | | | | | | | | | | | | | | | | | | | | | | | | | |
| 14 10 | | | | | | | | | | | | | | | | | | | | | | | | | | | | | | |
| 18 11 | | | | | | | | | | | | | | | | | | | | | | | | | | | | | | |
| 17 11 | | | | | | | | | | | | | | | | | | | | | | | | | | | | | | |
| 16 12 | | | | | | | | | | | | | | | | | | | | | | | | | | | | | | |
| 15 14 | | | | | | | | | | | | | | | | | | | | | | | | | | | | | | |

| Column | Clues |
|---|---|
| 1 | 0 |
| 2 | 0 |
| 3 | 0 |
| 4 | 9 |
| 5 | 10 2 |
| 6 | 12 2 1 |
| 7 | 18 1 |
| 8 | 20 2 |
| 9 | 6 14 7 |
| 10 | 6 20 |
| 11 | 6 1 16 |
| 12 | 5 5 12 |
| 13 | 5 1 2 11 |
| 14 | 4 19 |
| 15 | 4 17 |
| 16 | 4 12 |
| 17 | 4 2 2 2 3 |
| 18 | 3 1 1 1 3 |
| 19 | 4 3 1 1 3 |
| 20 | 3 1 1 1 1 |
| 21 | 3 2 2 3 |
| 22 | 6 7 |
| 23 | 11 7 |
| 24 | 8 6 |
| 25 | 3 6 |
| 26 | 5 |
| 27 | 4 |
| 28 | 3 |
| 29 | 2 |
| 30 | 2 |

| Row | Clues |
|---|---|
| 1 | 7 |
| 2 | 10 |
| 3 | 13 |
| 4 | 15 |
| 5 | 9 6 |
| 6 | 8 5 |
| 7 | 6 4 |
| 8 | 5 3 |
| 9 | 6 3 |
| 10 | 6 3 |
| 11 | 7 3 |
| 12 | 7 1 3 |
| 13 | 11 5 3 |
| 14 | 7 1 2 1 1 1 2 |
| 15 | 10 2 1 |
| 16 | 1 9 1 |
| 17 | 1 6 2 |
| 18 | 6 2 |
| 19 | 7 3 1 |
| 20 | 11 |
| 21 | 10 |
| 22 | 8 2 |
| 23 | 9 1 |
| 24 | 9 3 |
| 25 | 8 1 4 |
| 26 | 8 1 5 |
| 27 | 11 6 |
| 28 | 11 8 |
| 29 | 11 10 |
| 30 | 11 11 |

| Column | Clue |
|---|---|
| 1 | 0 |
| 2 | 0 |
| 3 | 0 |
| 4 | 4 1 |
| 5 | 4 5 1 |
| 6 | 4 1 3 3 1 |
| 7 | 3 1 2 2 1 2 2 |
| 8 | 2 1 2 1 1 2 4 1 |
| 9 | 3 2 1 1 1 1 2 3 3 |
| 10 | 1 1 2 6 2 2 3 |
| 11 | 1 3 3 6 |
| 12 | 3 2 2 3 1 |
| 13 | 1 2 2 1 1 2 3 |
| 14 | 1 2 2 2 1 2 4 |
| 15 | 2 2 2 2 1 5 |
| 16 | 2 3 1 4 1 |
| 17 | 2 2 4 1 1 |
| 18 | 1 2 4 1 1 2 |
| 19 | 2 1 1 1 1 2 |
| 20 | 4 1 3 1 6 |
| 21 | 3 2 1 1 2 2 |
| 22 | 3 5 1 2 |
| 23 | 2 1 1 2 1 1 |
| 24 | 6 4 1 1 1 1 1 |
| 25 | 5 1 4 |
| 26 | 2 1 |
| 27 | 2 |
| 28 | 0 |
| 29 | 0 |
| 30 | 0 |


| Row | Clue |
|---|---|
| 1 | 5 3 |
| 2 | 4 3 4 |
| 3 | 2 3 2 4 |
| 4 | 5 4 7 |
| 5 | 2 2 3 1 |
| 6 | 9 3 1 |
| 7 | 2 2 3 1 1 |
| 8 | 4 2 4 1 |
| 9 | 1 7 2 1 2 |
| 10 | 4 2 4 2 1 |
| 11 | 1 4 2 3 6 |
| 12 | 3 1 1 1 1 1 1 2 |
| 13 | 7 2 1 5 |
| 14 | 3 2 1 1 1 1 |
| 15 | 1 2 1 1 1 |
| 16 | 4 3 1 1 |
| 17 | 1 3 1 2 1 |
| 18 | 4 1 1 1 1 1 |
| 19 | 2 2 1 1 3 |
| 20 | 3 1 |
| 21 | 2 1 2 |
| 22 | 1 3 1 |
| 23 | 1 1 3 1 |
| 24 | 1 2 3 |
| 25 | 1 2 1 |
| 26 | 1 2 1 |
| 27 | 1 2 1 1 |
| 28 | 1 1 1 1 |
| 29 | 2 1 5 |
| 30 | 4 1 6 |

| Column | Clue |
| --- | --- |
| 1 | 2 |
| 2 | 2 5 |
| 3 | 3 1 2 1 |
| 4 | 2 1 1 4 |
| 5 | 1 2 5 |
| 6 | 1 4 1 |
| 7 | 1 2 1 1 |
| 8 | 1 2 1 1 |
| 9 | 6 1 1 |
| 10 | 1 4 2 3 |
| 11 | 1 2 1 8 |
| 12 | 1 2 1 5 4 |
| 13 | 1 1 1 1 2 2 |
| 14 | 1 1 8 |
| 15 | 1 1 1 2 1 3 |
| 16 | 1 1 1 1 4 2 |
| 17 | 1 1 3 3 1 |
| 18 | 1 1 2 1 1 1 |
| 19 | 2 1 6 1 |
| 20 | 4 1 5 1 |
| 21 | 1 2 3 1 |
| 22 | 1 1 2 1 |
| 23 | 1 1 2 2 |
| 24 | 1 1 2 3 |
| 25 | 2 1 2 3 |
| 26 | 1 3 3 2 |
| 27 | 1 6 1 |
| 28 | 3 1 1 1 |
| 29 | 2 4 |
| 30 | 2 2 |

| Row | Clue |
| --- | --- |
| 1 | 0 |
| 2 | 0 |
| 3 | 0 |
| 4 | 0 |
| 5 | 12 |
| 6 | 1 1 2 |
| 7 | 1 3 2 |
| 8 | 1 5 1 |
| 9 | 1 1 2 1 |
| 10 | 4 14 |
| 11 | 1 4 3 2 |
| 12 | 1 1 2 2 |
| 13 | 2 3 1 1 2 |
| 14 | 1 1 2 1 3 1 1 2 |
| 15 | 2 1 1 2 3 9 |
| 16 | 2 1 3 2 3 2 1 |
| 17 | 4 5 1 2 1 1 |
| 18 | 1 4 3 1 6 4 |
| 19 | 1 2 5 4 9 2 |
| 20 | 2 1 1 14 |
| 21 | 2 3 1 |
| 22 | 2 15 |
| 23 | 5 4 |
| 24 | 3 2 |
| 25 | 0 |
| 26 | 0 |
| 27 | 0 |
| 28 | 0 |
| 29 | 0 |
| 30 | 0 |

Column clues (left to right):

1 4 1
1 4 1
1 4 2
1 4 3
1 4 4
4 9 4
3 1 5 5 5
1 6 10
1 9 9
1 4 12
1 2 8
2 2 7
2 2 1 6
4 4 5
4 2 1 5
5 4 3 4
3 1 2 1 2 3
3 1 4 5 3
3 1 2 3 1 2
3 2 2 2 1 1 2
3 2 3 2 1 1 2
3 2 4 5 1
6 4 1 3 1
2 5 4 3 4
2 5 2 1 6
5 1 1 2 3
3 12 2
1 5 1
1 3 1
1 1

Row clues (top to bottom):

1 1
1 1
1 1
1 1
1 8 1
1 13
25 1
1 5 5 1
1 15
6 1
4
20 3
29
10 1 1 1 4 2
10 6 4 2
9 1
1 2 1
2 1 1
2 2 1 1 1
2 2 1 2 1 1 1
2 1 9 1
4 9 1
4 1 2 1
5 4 1
6 1
9 2 1
12 2
15 4
20 4
21 6

| Column | Clues |
|---|---|
| 1 | 30 |
| 2 | 16 9 |
| 3 | 14 4 8 |
| 4 | 8 11 |
| 5 | 6 6 8 |
| 6 | 4 1 5 7 |
| 7 | 3 1 16 |
| 8 | 2 1 4 4 5 |
| 9 | 1 1 6 4 6 |
| 10 | 3 1 6 1 11 |
| 11 | 2 2 4 1 8 |
| 12 | 2 2 5 7 |
| 13 | 3 3 1 1 6 |
| 14 | 3 5 2 1 5 |
| 15 | 2 3 1 1 5 |
| 16 | 1 1 1 1 6 |
| 17 | 1 1 1 1 6 |
| 18 | 1 2 3 1 1 5 |
| 19 | 2 5 2 1 5 |
| 20 | 3 3 1 1 5 |
| 21 | 5 5 6 |
| 22 | 6 4 1 8 |
| 23 | 7 6 1 10 |
| 24 | 2 3 5 5 6 |
| 25 | 2 1 3 1 2 8 |
| 26 | 3 1 1 6 4 |
| 27 | 4 5 2 3 |
| 28 | 6 9 7 |
| 29 | 7 3 9 |
| 30 | 9 1 4 |

| Row | Clues |
|---|---|
| 1 | 30 |
| 2 | 8 6 12 |
| 3 | 7 1 2 4 5 |
| 4 | 6 1 3 4 |
| 5 | 5 2 4 3 |
| 6 | 5 1 3 3 |
| 7 | 4 4 3 2 |
| 8 | 4 1 1 1 |
| 9 | 3 2 2 1 |
| 10 | 3 3 1 2 3 |
| 11 | 3 7 8 |
| 12 | 3 1 7 7 1 |
| 13 | 3 1 7 6 1 |
| 14 | 3 2 4 1 1 3 1 1 |
| 15 | 2 3 2 1 1 2 2 2 |
| 16 | 2 3 3 6 3 3 |
| 17 | 1 3 1 2 2 1 3 |
| 18 | 1 1 2 1 1 3 |
| 19 | 1 1 1 1 1 3 |
| 20 | 1 2 1 1 6 4 |
| 21 | 1 2 2 1 1 1 1 3 |
| 22 | 2 1 2 1 4 1 1 1 |
| 23 | 5 2 2 2 2 1 |
| 24 | 8 3 2 1 2 |
| 25 | 7 5 2 5 3 |
| 26 | 25 3 |
| 27 | 26 3 |
| 28 | 30 |
| 29 | 30 |
| 30 | 30 |

| Column | Clues |
|---|---|
| 1 | 1 1 1 |
| 2 | 2 5 |
| 3 | 1 6 |
| 4 | 1 3 6 |
| 5 | 1 3 2 7 |
| 6 | 1 7 3 7 |
| 7 | 1 2 5 8 |
| 8 | 1 3 5 2 3 |
| 9 | 1 4 5 6 |
| 10 | 1 4 5 3 3 |
| 11 | 2 5 4 6 |
| 12 | 1 12 8 |
| 13 | 2 11 4 2 |
| 14 | 1 11 3 1 1 |
| 15 | 1 6 2 4 2 |
| 16 | 1 6 1 9 |
| 17 | 1 8 1 8 |
| 18 | 1 12 6 |
| 19 | 1 6 3 3 |
| 20 | 1 5 1 2 |
| 21 | 1 4 1 2 |
| 22 | 1 4 2 1 1 2 |
| 23 | 1 3 1 3 1 2 |
| 24 | 1 2 2 6 2 |
| 25 | 1 3 6 2 |
| 26 | 1 1 11 2 |
| 27 | 1 5 3 |
| 28 | 1 6 |
| 29 | 1 4 2 |
| 30 | 1 3 1 1 |

| Row | Clues |
|---|---|
| 1 | 0 |
| 2 | 0 |
| 3 | 0 |
| 4 | 0 |
| 5 | 0 |
| 6 | 2 |
| 7 | 3 2 |
| 8 | 3 2 |
| 9 | 3 4 2 |
| 10 | 1 10 2 |
| 11 | 1 15 2 |
| 12 | 18 2 |
| 13 | 2 16 1 |
| 14 | 2 16 |
| 15 | 1 3 10 |
| 16 | 1 6 3 1 |
| 17 | 9 2 1 |
| 18 | 9 1 3 1 |
| 19 | 10 2 1 1 1 |
| 20 | 5 1 3 1 2 |
| 21 | 5 12 |
| 22 | 3 2 5 5 1 |
| 23 | 3 4 6 4 |
| 24 | 2 6 7 6 2 |
| 25 | 5 1 3 4 3 3 |
| 26 | 9 2 3 3 3 |
| 27 | 11 1 4 1 2 |
| 28 | 8 3 10 2 1 |
| 29 | 6 4 15 |
| 30 | 6 6 5 |

Columns:

| 1 | 2 | 1 2 | 10 3 | 11 6 3 | 12 5 5 | 15 9 | 28 | 13 14 | 10 12 | 7 11 | 7 1 1 8 | 4 2 9 | 5 3 5 6 | 5 2 1 2 7 | 4 2 1 2 7 | 4 9 7 | 4 3 3 3 | 4 1 1 1 1 3 | 4 2 1 3 4 | 1 2 2 1 9 | 1 3 2 8 | 4 1 1 7 | 1 4 1 3 2 | 1 19 1 1 | 19 1 | 6 3 4 1 | 2 3 3 1 | 1 2 1 1 | 0 |
|---|---|---|---|---|---|---|---|---|---|---|---|---|---|---|---|---|---|---|---|---|---|---|---|---|---|---|---|---|---|

Rows:

| |
|---|
| 1 2 1 |
| 7 4 |
| 13 1 |
| 18 |
| 18 |
| 8 1 5 |
| 8 5 |
| 7 5 |
| 6 5 |
| 6 3 |
| 6 5 |
| 6 1 4 |
| 6 5 4 2 2 |
| 6 5 4 3 1 |
| 6 1 1 1 4 |
| 5 1 4 |
| 1 3 1 2 2 |
| 3 3 1 1 1 3 |
| 3 3 1 2 1 1 4 |
| 3 4 1 2 3 1 |
| 3 4 5 1 4 |
| 7 9 2 |
| 10 3 3 |
| 7 4 6 |
| 13 4 |
| 13 3 1 |
| 14 4 |
| 24 |
| 24 |
| 18 2 |

|  | 4 | 6 | 10 | 1 1 8 | 1 1 4 | 1 1 2 | 1 4 2 | 1 7 5 | 1 12 10 | 1 25 | 1 26 | 1 5 5 2 8 | 1 3 1 2 1 1 | 4 1 2 1 1 | 1 1 1 2 1 1 | 4 1 2 3 1 | 1 1 1 2 1 2 1 | 1 1 1 3 1 5 | 1 1 1 2 1 1 | 1 3 2 3 1 | 1 1 2 6 2 1 | 1 1 3 3 1 1 | 5 1 6 | 3 1 | 1 2 | 2 | 0 | 0 | 0 | 0 |
|---|---|---|---|---|---|---|---|---|---|---|---|---|---|---|---|---|---|---|---|---|---|---|---|---|---|---|---|---|---|---|
| 3 | | | | | | | | | | | | | | | | | | | | | | | | | | | | | | |
| 5 5 | | | | | | | | | | | | | | | | | | | | | | | | | | | | | | |
| 1 1 1 2 | | | | | | | | | | | | | | | | | | | | | | | | | | | | | | |
| 3 1 6 1 | | | | | | | | | | | | | | | | | | | | | | | | | | | | | | |
| 7 5 1 1 | | | | | | | | | | | | | | | | | | | | | | | | | | | | | | |
| 3 7 1 3 | | | | | | | | | | | | | | | | | | | | | | | | | | | | | | |
| 4 6 5 1 | | | | | | | | | | | | | | | | | | | | | | | | | | | | | | |
| 3 6 3 4 | | | | | | | | | | | | | | | | | | | | | | | | | | | | | | |
| 4 5 1 1 | | | | | | | | | | | | | | | | | | | | | | | | | | | | | | |
| 2 4 1 1 | | | | | | | | | | | | | | | | | | | | | | | | | | | | | | |
| 3 4 1 1 | | | | | | | | | | | | | | | | | | | | | | | | | | | | | | |
| 3 4 1 | | | | | | | | | | | | | | | | | | | | | | | | | | | | | | |
| 2 3 1 | | | | | | | | | | | | | | | | | | | | | | | | | | | | | | |
| 4 4 1 | | | | | | | | | | | | | | | | | | | | | | | | | | | | | | |
| 2 4 1 | | | | | | | | | | | | | | | | | | | | | | | | | | | | | | |
| 4 2 | | | | | | | | | | | | | | | | | | | | | | | | | | | | | | |
| 3 4 | | | | | | | | | | | | | | | | | | | | | | | | | | | | | | |
| 10 1 | | | | | | | | | | | | | | | | | | | | | | | | | | | | | | |
| 2 6 1 | | | | | | | | | | | | | | | | | | | | | | | | | | | | | | |
| 4 2 | | | | | | | | | | | | | | | | | | | | | | | | | | | | | | |
| 12 1 | | | | | | | | | | | | | | | | | | | | | | | | | | | | | | |
| 3 1 1 1 | | | | | | | | | | | | | | | | | | | | | | | | | | | | | | |
| 4 1 1 1 | | | | | | | | | | | | | | | | | | | | | | | | | | | | | | |
| 5 1 1 1 | | | | | | | | | | | | | | | | | | | | | | | | | | | | | | |
| 5 1 1 1 | | | | | | | | | | | | | | | | | | | | | | | | | | | | | | |
| 5 1 2 | | | | | | | | | | | | | | | | | | | | | | | | | | | | | | |
| 5 1 1 | | | | | | | | | | | | | | | | | | | | | | | | | | | | | | |
| 5 1 1 | | | | | | | | | | | | | | | | | | | | | | | | | | | | | | |
| 4 1 2 | | | | | | | | | | | | | | | | | | | | | | | | | | | | | | |
| 10 | | | | | | | | | | | | | | | | | | | | | | | | | | | | | | |

| Column | Clues |
|---|---|
| 1 | 5 |
| 2 | 7 2 |
| 3 | 7 2 1 |
| 4 | 9 1 |
| 5 | 10 4 |
| 6 | 9 1 |
| 7 | 9 2 |
| 8 | 10 1 2 |
| 9 | 9 1 1 |
| 10 | 10 1 1 |
| 11 | 11 3 |
| 12 | 13 1 |
| 13 | 13 |
| 14 | 14 |
| 15 | 10 2 |
| 16 | 12 1 |
| 17 | 12 1 |
| 18 | 1 3 9 6 |
| 19 | 2 2 10 1 1 |
| 20 | 2 4 7 1 |
| 21 | 4 2 4 1 |
| 22 | 4 1 3 |
| 23 | 5 3 1 1 |
| 24 | 5 1 2 1 |
| 25 | 5 2 1 2 2 |
| 26 | 4 2 2 1 1 |
| 27 | 2 3 1 3 |
| 28 | 2 5 6 |
| 29 | 1 3 2 3 |
| 30 | 4 |

| Row | Clues |
|---|---|
| 1 | 0 |
| 2 | 0 |
| 3 | 2 3 |
| 4 | 2 2 1 |
| 5 | 1 2 2 2 |
| 6 | 1 6 2 |
| 7 | 10 1 |
| 8 | 10 |
| 9 | 1 4 3 |
| 10 | 3 4 2 |
| 11 | 1 1 1 1 |
| 12 | 9 2 2 |
| 13 | 15 2 2 1 |
| 14 | 17 1 2 2 |
| 15 | 18 1 1 |
| 16 | 19 2 2 |
| 17 | 20 1 |
| 18 | 21 1 |
| 19 | 21 2 |
| 20 | 18 2 1 |
| 21 | 6 1 8 1 |
| 22 | 2 2 4 2 1 |
| 23 | 1 4 3 3 1 |
| 24 | 1 1 1 5 3 2 |
| 25 | 1 1 1 1 1 2 4 |
| 26 | 1 1 5 1 1 1 1 1 |
| 27 | 3 1 1 1 1 |
| 28 | 4 2 1 |
| 29 | 0 |
| 30 | 0 |

Column clues (left to right):

1. 5
2. 6
3. 4 2
4. 2 2 4 3 2
5. 3 7 2 3 2
6. 1 3 5 2 3 2
7. 2 3 3 1 2
8. 1 2 2 1
9. 1 3 1
10. 6 1 3
11. 1 2 1 1 2
12. 1 3 1 1 1 2
13. 1 6 3 1 2
14. 4 3 3 1 1 2
15. 4 4 2 1 2 3
16. 5 3 7
17. 3 3 6 1
18. 9 10 3
19. 1 8 15
20. 21 6
21. 18 4
22. 13 3
23. 1 10 3
24. 6 3
25. 1 2
26. 2
27. 1
28. 1
29. 0
30. 0

Row clues (top to bottom):

1. 5
2. 4 7
3. 2 1 6 2
4. 2 1 4 6
5. 1 5 1 5
6. 1 9 8
7. 1 4 5 7
8. 12 12
9. 1 1 10
10. 2 8
11. 2 6
12. 3 4
13. 3 4
14. 3 4
15. 3 4
16. 3 1 4
17. 1 6 4
18. 1 1 3 5
19. 1 1 1 1 5
20. 1 1 5
21. 1 3
22. 1 1 4
23. 2 5
24. 5 4
25. 4 1 8
26. 4 1 1 6
27. 3 1 2 3
28. 2 1 2 7
29. 7 7 9
30. 8 6 12

Column clues (left to right):

| Column | Clue |
|---|---|
| 1 | 1 |
| 2 | 1 |
| 3 | 1 2 |
| 4 | 1 1 |
| 5 | 5 2 |
| 6 | 1 7 6 |
| 7 | 1 16 1 2 |
| 8 | 22 |
| 9 | 2 14 1 |
| 10 | 2 3 1 7 |
| 11 | 2 1 1 1 4 |
| 12 | 3 3 1 4 |
| 13 | 1 2 2 3 |
| 14 | 5 7 4 |
| 15 | 4 2 1 1 1 1 3 |
| 16 | 4 3 2 1 1 4 |
| 17 | 7 2 3 3 |
| 18 | 6 2 3 3 4 |
| 19 | 6 1 2 6 |
| 20 | 5 3 9 |
| 21 | 4 3 8 |
| 22 | 4 2 11 |
| 23 | 1 7 13 |
| 24 | 3 2 18 |
| 25 | 3 7 11 |
| 26 | 11 10 |
| 27 | 3 5 |
| 28 | 1 3 |
| 29 | 1 |
| 30 | 1 |


| Row | Clue |
|---|---|
| 1 | 6 |
| 2 | 8 |
| 3 | 8 |
| 4 | 10 |
| 5 | 3 5 1 |
| 6 | 2 7 1 |
| 7 | 2 3 1 2 |
| 8 | 1 1 3 1 2 |
| 9 | 2 1 1 2 2 |
| 10 | 3 1 1 2 1 |
| 11 | 2 1 1 2 1 |
| 12 | 3 1 1 1 2 |
| 13 | 2 1 1 7 |
| 14 | 6 3 9 |
| 15 | 5 1 1 2 4 |
| 16 | 4 1 3 |
| 17 | 5 1 3 |
| 18 | 6 1 4 |
| 19 | 5 1 2 1 |
| 20 | 5 4 4 |
| 21 | 1 3 2 6 |
| 22 | 1 4 10 |
| 23 | 4 14 |
| 24 | 4 2 7 |
| 25 | 7 3 8 |
| 26 | 2 5 9 |
| 27 | 12 1 11 |
| 28 | 2 1 1 21 |
| 29 | 1 3 16 |
| 30 | 1 4 7 6 |

| Column | Clue |
|---|---|
| 1 | 5 |
| 2 | 4 1 |
| 3 | 6 1 |
| 4 | 11 1 |
| 5 | 1 7 3 |
| 6 | 1 7 2 1 |
| 7 | 2 7 3 1 |
| 8 | 3 7 1 1 |
| 9 | 3 1 4 1 2 4 |
| 10 | 3 3 1 1 3 2 |
| 11 | 2 3 7 1 |
| 12 | 1 1 5 1 |
| 13 | 1 3 1 1 |
| 14 | 5 5 1 |
| 15 | 4 6 1 |
| 16 | 4 4 4 4 |
| 17 | 3 2 1 8 1 |
| 18 | 3 3 4 2 1 |
| 19 | 4 8 3 1 |
| 20 | 3 6 4 1 |
| 21 | 1 4 2 3 2 |
| 22 | 1 3 1 2 3 |
| 23 | 1 2 2 1 2 |
| 24 | 4 3 1 |
| 25 | 4 3 |
| 26 | 3 4 |
| 27 | 3 1 4 |
| 28 | 3 2 4 |
| 29 | 3 3 1 |
| 30 | 9 |

| Row | Clue |
|---|---|
| 1 | 5 |
| 2 | 7 |
| 3 | 1 3 2 |
| 4 | 1 3 |
| 5 | 1 11 |
| 6 | 1 3 8 1 |
| 7 | 6 8 1 |
| 8 | 5 1 1 |
| 9 | 7 4 |
| 10 | 9 5 |
| 11 | 11 3 4 5 |
| 12 | 10 3 4 7 |
| 13 | 5 7 8 |
| 14 | 4 12 1 |
| 15 | 1 2 3 4 |
| 16 | 1 1 2 1 1 3 |
| 17 | 2 8 8 3 2 |
| 18 | 5 2 1 1 3 4 1 |
| 19 | 1 4 6 5 1 |
| 20 | 4 2 5 1 5 |
| 21 | 1 1 1 1 1 |
| 22 | 1 2 1 |
| 23 | 2 2 1 |
| 24 | 1 1 1 |
| 25 | 2 1 1 |
| 26 | 1 1 1 |
| 27 | 1 1 1 |
| 28 | 2 1 1 |
| 29 | 2 3 |
| 30 | 5 |

Column clues (left to right):

0 | 0 | 0 | 2 | 5 | 7 7 | 2 1 9 | 2 1 2 11 | 8 14 | 8 5 2 4 2 | 8 5 1 1 3 2 | 8 3 1 3 3 | 7 4 1 1 1 3 | 7 3 1 2 2 | 7 3 1 1 1 2 | 6 3 1 3 1 2 | 1 4 3 2 4 1 2 | 1 3 3 1 2 4 1 2 | 2 2 3 1 5 2 | 2 1 7 2 1 3 | 2 1 12 2 | 2 8 12 | 21 1 | 15 4 | 14 3 | 10 2 | 4 2 1 | 0 | 0 | 0

Row clues (top to bottom):

9
8 2
10 2
12 1
2 11 1
1 15
1 7
1 4 11
1 3 15
3 17
1 7 8
7 8
7 7
10 9
7 1 7
6 4 5
10 10
5 1 1 2 1 5
4 3 8
3 2 4
2 1 4
2 1 2 3
2 2 2
2 2 2
2 4 2
2 2
2 2 3
2 6
12 3
2 8 5

Column clues (left to right):

14 2 1 | 19 1 | 9 9 1 | 12 6 2 | 21 5 | 21 3 | 11 3 1 | 7 4 | 7 5 | 5 1 6 | 4 2 8 | 6 2 10 1 | 5 2 2 2 7 | 4 1 2 1 8 | 4 1 1 2 1 8 | 5 1 2 1 2 3 3 | 7 3 11 2 | 6 14 1 | 21 | 18 | 12 2 | 3 4 1 | 0 | 0 | 0 | 0 | 0 | 0 | 0 | 0

Row clues (top to bottom):

11
14
16
18
7 2 7
7 1 6
7 2 4
6 1 3
7 4
7 4 5
7 4 6
7 6
6 5
6 4
2 3 1 5
3 2 5
3 2 8
3 2 4 5
6 3 5 1
6 2 4
19
13 4
4 6 2 2
3 10
1 9
1 1 7
1 1 4
1 2 4
3 5
7 7

**Column clues (left to right, read top to bottom):**

| Col | Clue |
|---|---|
| 1 | 1 |
| 2 | 2 |
| 3 | 2 |
| 4 | 7 3 |
| 5 | 14 3 |
| 6 | 2 13 3 |
| 7 | 1 10 2 2 |
| 8 | 8 2 1 2 2 |
| 9 | 4 3 3 7 3 |
| 10 | 4 1 2 1 2 |
| 11 | 3 1 2 1 2 1 |
| 12 | 1 3 1 2 1 |
| 13 | 7 1 1 1 2 1 |
| 14 | 8 1 2 3 |
| 15 | 6 1 1 1 2 |
| 16 | 1 1 1 1 2 3 |
| 17 | 1 2 1 1 1 1 1 2 1 |
| 18 | 4 1 2 3 |
| 19 | 1 2 1 2 2 1 |
| 20 | 1 3 3 1 |
| 21 | 1 1 1 1 4 2 2 |
| 22 | 11 1 3 |
| 23 | 2 1 5 |
| 24 | 7 |
| 25 | 2 1 1 |
| 26 | 1 1 1 1 |
| 27 | 1 1 1 1 |
| 28 | 1 1 1 2 |
| 29 | 1 1 1 |
| 30 | 1 1 |

**Row clues (top to bottom):**

| Row | Clue |
|---|---|
| 1 | 2 2 |
| 2 | 5 2 |
| 3 | 2 10 |
| 4 | 1 8 2 |
| 5 | 4 8 1 |
| 6 | 5 3 3 1 |
| 7 | 6 4 2 1 |
| 8 | 6 1 2 3 |
| 9 | 5 1 2 2 |
| 10 | 4 1 1 |
| 11 | 4 1 1 |
| 12 | 4 1 4 2 |
| 13 | 6 1 1 1 |
| 14 | 6 3 3 |
| 15 | 2 2 1 1 1 |
| 16 | 2 1 1 |
| 17 | 2 1 |
| 18 | 2 1 1 1 |
| 19 | 2 1 |
| 20 | 1 5 1 |
| 21 | 1 1 1 1 |
| 22 | 1 1 2 1 2 |
| 23 | 1 1 5 3 1 |
| 24 | 2 3 2 3 3 |
| 25 | 3 4 1 3 |
| 26 | 1 1 4 2 |
| 27 | 1 1 1 2 3 |
| 28 | 3 1 1 1 4 1 |
| 29 | 5 2 1 7 3 |
| 30 | 5 3 1 2 5 3 |

| Column | Clues |
|---|---|
| 1 | 1 5 |
| 2 | 1 6 5 |
| 3 | 1 8 8 |
| 4 | 1 9 7 1 |
| 5 | 1 20 1 |
| 6 | 2 7 8 2 |
| 7 | 2 5 5 |
| 8 | 1 5 1 1 |
| 9 | 1 5 2 |
| 10 | 1 3 1 3 1 |
| 11 | 1 3 1 3 2 1 |
| 12 | 1 3 1 1 2 1 |
| 13 | 1 3 1 2 3 2 |
| 14 | 1 3 3 1 3 |
| 15 | 1 3 3 2 3 |
| 16 | 1 3 9 6 |
| 17 | 1 3 11 2 3 |
| 18 | 1 3 1 1 5 1 4 |
| 19 | 2 3 3 10 |
| 20 | 2 2 1 6 10 |
| 21 | 3 2 1 2 3 11 |
| 22 | 3 2 7 13 |
| 23 | 1 3 22 |
| 24 | 1 3 22 |
| 25 | 4 22 |
| 26 | 4 19 |
| 27 | 20 |
| 28 | 15 |
| 29 | 11 |
| 30 | 4 |

| Row | Clues |
|---|---|
| 1 | 9 2 |
| 2 | 3 5 |
| 3 | 3 6 |
| 4 | 4 2 |
| 5 | 7 |
| 6 | 13 7 |
| 7 | 19 5 |
| 8 | 22 1 |
| 9 | 9 6 7 |
| 10 | 13 11 |
| 11 | 5 13 |
| 12 | 4 1 2 1 1 2 9 |
| 13 | 4 5 15 |
| 14 | 1 2 3 2 10 |
| 15 | 2 1 2 2 7 |
| 16 | 2 1 2 7 |
| 17 | 2 1 2 7 |
| 18 | 4 2 8 |
| 19 | 4 3 8 |
| 20 | 4 4 9 |
| 21 | 4 16 |
| 22 | 4 5 12 |
| 23 | 4 5 11 |
| 24 | 5 9 |
| 25 | 3 14 |
| 26 | 1 3 9 |
| 27 | 1 1 1 9 |
| 28 | 1 14 |
| 29 | 1 13 |
| 30 | 2 12 |

| Column | Clue |
|---|---|
| 1 | 30 |
| 2 | 17 12 |
| 3 | 16 12 |
| 4 | 7 7 12 |
| 5 | 7 3 12 |
| 6 | 7 1 12 |
| 7 | 8 13 |
| 8 | 9 3 13 |
| 9 | 13 14 |
| 10 | 14 1 2 10 |
| 11 | 14 1 9 |
| 12 | 14 1 1 1 8 |
| 13 | 9 2 3 7 |
| 14 | 8 2 1 1 1 1 7 |
| 15 | 7 2 1 3 7 |
| 16 | 6 2 1 1 1 1 1 7 |
| 17 | 3 1 1 11 |
| 18 | 3 2 1 1 1 1 8 |
| 19 | 4 1 1 10 |
| 20 | 4 1 4 3 5 |
| 21 | 5 5 5 6 |
| 22 | 5 1 1 1 7 |
| 23 | 7 1 3 11 |
| 24 | 7 1 2 2 6 |
| 25 | 7 1 1 2 1 5 |
| 26 | 8 3 1 11 |
| 27 | 9 1 12 |
| 28 | 10 1 13 |
| 29 | 13 16 |
| 30 | 30 |

| Row | Clue |
|---|---|
| 1 | 30 |
| 2 | 30 |
| 3 | 30 |
| 4 | 16 12 |
| 5 | 16 10 |
| 6 | 16 8 |
| 7 | 15 10 |
| 8 | 3 8 4 5 |
| 9 | 4 6 3 1 3 4 |
| 10 | 4 4 2 2 1 3 |
| 11 | 4 4 2 1 1 1 2 |
| 12 | 5 6 1 1 1 2 1 2 |
| 13 | 5 5 1 2 2 |
| 14 | 6 1 3 1 1 1 1 1 |
| 15 | 4 1 1 1 2 |
| 16 | 3 1 1 1 1 1 1 1 5 |
| 17 | 2 1 1 2 |
| 18 | 1 4 1 1 1 1 1 3 |
| 19 | 11 2 2 4 |
| 20 | 9 2 3 2 1 5 |
| 21 | 10 3 4 8 |
| 22 | 11 3 2 8 |
| 23 | 12 3 1 5 |
| 24 | 19 2 6 |
| 25 | 19 4 5 |
| 26 | 30 |
| 27 | 30 |
| 28 | 30 |
| 29 | 30 |
| 30 | 30 |

| | 2 | 2 | 5 3 | 11 1 1 | 15 1 2 | 26 1 | 15 7 | 10 1 | 9 1 2 | 8 1 1 | 7 2 2 | 7 2 1 1 | 7 2 1 1 | 7 1 1 1 | 8 1 1 1 1 | 7 1 1 1 1 | 4 2 1 12 2 | 5 2 2 11 | 9 2 8 | 4 2 1 2 8 | 4 4 4 6 1 | 9 12 1 | 19 | 17 | 14 | 7 | 0 | 0 | 0 | 0 |
|---|---|---|---|---|---|---|---|---|---|---|---|---|---|---|---|---|---|---|---|---|---|---|---|---|---|---|---|---|---|---|
| 12 | | | | | | | | | | | | | | | | | | | | | | | | | | | | | | |
| 15 | | | | | | | | | | | | | | | | | | | | | | | | | | | | | | |
| 18 | | | | | | | | | | | | | | | | | | | | | | | | | | | | | | |
| 19 | | | | | | | | | | | | | | | | | | | | | | | | | | | | | | |
| 12 2 5 | | | | | | | | | | | | | | | | | | | | | | | | | | | | | | |
| 13 2 4 | | | | | | | | | | | | | | | | | | | | | | | | | | | | | | |
| 13 2 4 | | | | | | | | | | | | | | | | | | | | | | | | | | | | | | |
| 6 1 2 5 | | | | | | | | | | | | | | | | | | | | | | | | | | | | | | |
| 6 3 5 | | | | | | | | | | | | | | | | | | | | | | | | | | | | | | |
| 5 6 | | | | | | | | | | | | | | | | | | | | | | | | | | | | | | |
| 5 6 | | | | | | | | | | | | | | | | | | | | | | | | | | | | | | |
| 5 4 | | | | | | | | | | | | | | | | | | | | | | | | | | | | | | |
| 5 5 | | | | | | | | | | | | | | | | | | | | | | | | | | | | | | |
| 5 5 | | | | | | | | | | | | | | | | | | | | | | | | | | | | | | |
| 5 6 | | | | | | | | | | | | | | | | | | | | | | | | | | | | | | |
| 5 6 10 | | | | | | | | | | | | | | | | | | | | | | | | | | | | | | |
| 3 3 10 | | | | | | | | | | | | | | | | | | | | | | | | | | | | | | |
| 3 1 5 | | | | | | | | | | | | | | | | | | | | | | | | | | | | | | |
| 3 1 3 | | | | | | | | | | | | | | | | | | | | | | | | | | | | | | |
| 2 2 3 | | | | | | | | | | | | | | | | | | | | | | | | | | | | | | |
| 3 2 3 | | | | | | | | | | | | | | | | | | | | | | | | | | | | | | |
| 2 1 2 2 | | | | | | | | | | | | | | | | | | | | | | | | | | | | | | |
| 2 7 | | | | | | | | | | | | | | | | | | | | | | | | | | | | | | |
| 2 6 | | | | | | | | | | | | | | | | | | | | | | | | | | | | | | |
| 3 10 | | | | | | | | | | | | | | | | | | | | | | | | | | | | | | |
| 2 1 5 | | | | | | | | | | | | | | | | | | | | | | | | | | | | | | |
| 1 1 2 6 | | | | | | | | | | | | | | | | | | | | | | | | | | | | | | |
| 1 2 1 3 | | | | | | | | | | | | | | | | | | | | | | | | | | | | | | |
| 3 1 2 5 | | | | | | | | | | | | | | | | | | | | | | | | | | | | | | |
| 4 1 8 1 | | | | | | | | | | | | | | | | | | | | | | | | | | | | | | |

| Column | Clues |
|---|---|
| 1 | 0 |
| 2 | 0 |
| 3 | 0 |
| 4 | 0 |
| 5 | 8 |
| 6 | 12 |
| 7 | 18 2 |
| 8 | 18 4 1 |
| 9 | 14 5 2 |
| 10 | 9 3 8 |
| 11 | 9 1 1 2 |
| 12 | 1 7 1 1 2 |
| 13 | 9 2 1 2 |
| 14 | 2 6 2 1 2 1 |
| 15 | 1 2 4 1 1 2 1 |
| 16 | 3 4 1 1 2 1 |
| 17 | 3 6 2 1 1 2 |
| 18 | 1 4 3 2 2 |
| 19 | 3 6 1 1 3 |
| 20 | 1 2 5 1 1 6 |
| 21 | 3 6 3 8 |
| 22 | 1 1 11 3 4 2 |
| 23 | 21 2 1 |
| 24 | 1 11 |
| 25 | 8 |
| 26 | 5 |
| 27 | 0 |
| 28 | 0 |
| 29 | 0 |
| 30 | 0 |

| Row | Clues |
|---|---|
| 1 | 2 3 |
| 2 | 2 2 2 |
| 3 | 3 5 3 |
| 4 | 2 1 2 1 2 2 |
| 5 | 7 2 2 1 |
| 6 | 13 2 |
| 7 | 12 3 1 |
| 8 | 20 |
| 9 | 21 |
| 10 | 10 10 |
| 11 | 8 8 |
| 12 | 6 6 |
| 13 | 5 5 |
| 14 | 5 5 |
| 15 | 5 4 |
| 16 | 5 5 |
| 17 | 9 8 |
| 18 | 5 6 4 |
| 19 | 2 2 2 1 |
| 20 | 3 2 |
| 21 | 3 2 |
| 22 | 3 1 1 2 |
| 23 | 1 2 2 1 1 |
| 24 | 3 3 |
| 25 | 1 1 5 3 |
| 26 | 2 1 3 4 |
| 27 | 2 1 4 |
| 28 | 2 3 |
| 29 | 5 6 |
| 30 | 3 8 3 |

Column clues (left to right):

| Column | Clue |
|---|---|
| 1 | 1 |
| 2 | 1 2 |
| 3 | 1 2 |
| 4 | 1 2 |
| 5 | 2 2 |
| 6 | 3 2 |
| 7 | 3 3 |
| 8 | 5 |
| 9 | 5 |
| 10 | 4 |
| 11 | 3 |
| 12 | 4 |
| 13 | 1 4 1 |
| 14 | 3 5 2 |
| 15 | 1 2 6 2 |
| 16 | 1 2 7 1 1 |
| 17 | 1 15 1 |
| 18 | 2 8 1 1 |
| 19 | 2 5 2 |
| 20 | 3 5 2 |
| 21 | 3 1 6 1 1 2 |
| 22 | 17 |
| 23 | 12 |
| 24 | 4 1 |
| 25 | 5 1 |
| 26 | 3 1 |
| 27 | 1 1 1 |
| 28 | 3 1 |
| 29 | 4 |
| 30 | 1 |


| Row | Clue |
|---|---|
| 1 | 0 |
| 2 | 1 |
| 3 | 2 |
| 4 | 1 2 |
| 5 | 1 1 |
| 6 | 1 3 |
| 7 | 1 1 3 |
| 8 | 1 1 3 |
| 9 | 2 1 2 |
| 10 | 2 1 2 |
| 11 | 2 1 3 |
| 12 | 4 1 2 4 |
| 13 | 4 12 2 |
| 14 | 23 |
| 15 | 19 1 |
| 16 | 20 1 |
| 17 | 4 12 1 |
| 18 | 3 5 3 2 |
| 19 | 2 3 4 |
| 20 | 2 2 3 |
| 21 | 1 2 |
| 22 | 1 2 |
| 23 | 2 1 |
| 24 | 1 2 |
| 25 | 1 3 |
| 26 | 1 2 |
| 27 | 5 |
| 28 | 1 |
| 29 | 1 |
| 30 | 0 |

| Column | Clues |
|---|---|
| 1 | 23 4 |
| 2 | 22 3 |
| 3 | 9 2 1 2 2 4 |
| 4 | 2 6 1 3 1 4 |
| 5 | 2 2 1 2 1 3 1 5 |
| 6 | 2 1 8 2 4 |
| 7 | 2 1 2 8 4 |
| 8 | 2 2 5 2 2 1 |
| 9 | 2 2 1 2 1 1 2 3 |
| 10 | 3 1 2 1 1 2 1 |
| 11 | 3 1 1 1 2 1 3 |
| 12 | 3 2 5 1 2 1 |
| 13 | 4 16 6 |
| 14 | 5 3 2 10 |
| 15 | 11 5 1 |
| 16 | 8 1 2 |
| 17 | 7 3 5 3 |
| 18 | 7 7 1 1 1 |
| 19 | 5 4 1 1 1 1 |
| 20 | 4 4 1 1 1 1 1 |
| 21 | 4 3 1 1 1 2 1 |
| 22 | 3 7 1 1 2 2 |
| 23 | 3 1 7 1 1 2 3 |
| 24 | 2 6 1 1 1 1 4 |
| 25 | 9 1 1 1 7 |
| 26 | 2 4 1 1 1 7 |
| 27 | 6 6 1 11 |
| 28 | 2 3 7 1 11 |
| 29 | 2 25 |
| 30 | 30 |

| Row | Clues |
|---|---|
| 1 | 30 |
| 2 | 30 |
| 3 | 3 14 1 1 1 |
| 4 | 3 5 9 1 2 1 |
| 5 | 5 5 6 1 2 1 |
| 6 | 4 2 4 1 4 |
| 7 | 4 1 4 4 2 |
| 8 | 8 1 2 3 7 |
| 9 | 4 4 1 1 14 |
| 10 | 2 1 1 1 1 3 8 5 |
| 11 | 3 6 4 4 3 4 |
| 12 | 3 5 3 1 3 4 |
| 13 | 2 2 2 1 2 5 |
| 14 | 7 2 1 4 3 |
| 15 | 2 2 2 7 2 |
| 16 | 5 1 1 1 1 2 |
| 17 | 10 1 1 5 |
| 18 | 2 5 6 2 2 |
| 19 | 3 1 3 7 2 |
| 20 | 4 1 1 1 4 |
| 21 | 2 1 1 5 6 |
| 22 | 2 1 2 11 4 |
| 23 | 1 2 2 1 1 4 |
| 24 | 1 2 1 2 6 |
| 25 | 4 2 12 |
| 26 | 4 1 2 3 6 |
| 27 | 1 4 1 3 7 |
| 28 | 6 1 1 2 8 |
| 29 | 5 1 1 2 9 |
| 30 | 3 1 1 1 3 11 |

Column clues (left to right, each read top to bottom):

0 | 0 | 2 | 1 1 | 1 2 3 | 5 1 | 4 1 1 | 6 5 | 5 2 3 | 2 6 2 3 | 6 5 4 3 | 1 2 1 5 4 4 | 5 1 4 2 1 5 | 1 7 2 6 | 3 3 1 6 2 8 | 4 6 1 8 | 4 9 1 6 | 2 3 4 2 7 | 2 1 6 1 5 | 3 5 2 1 3 | 5 4 3 | 5 4 2 | 5 2 2 | 6 1 1 | 6 2 1 | 1 1 2 1 | 1 1 3 1 | 1 1 1 | 0 | 0

Row clues (top to bottom):

1
2
2
1 1 1
1 3
2 1 1 1 1
4 1 1 1
3 1 1 1
1 2 1 1
1 1 1 1
2 2
2 1
3 2 1 4
18
19
19 1
1 20
1 5 4 1 3 1
1 4 3 3 3 2 1
1 2 7 2 4 1
1 1 5 3 1 8
2 1 3 2 3 3
1 3 3 2 2 1
1 17 3
1 15
1 11
8
6
3
2

Column clues (left to right):

9
9
9
10
10
6 11
3 1 2 4 12
5 5 4 10
4 10 9
6 10 2 5
5 6 5 2 3
6 4 2 2
6 1 3
2 1 2 2 2
1 3 2 4
3 3 4
2 3 2 1 1 2
4 3 1 1 2
2 3 2 1 1 1 1 2
4 2 1 1
3 3 1 1
1 4 1 1
6 1 4
6 3 3
3 6 2
0
0
0
0
0

Row clues (top to bottom):

6 1 1 1
7 1 1 3
6 2 1 2 2
14 4
7 11
2 1 2 9
1 1 4
6 1
5 1
7 1
7 1
1 4 1
2 2 4 2
2 3 7 3
6 1 1 2 1 1
5 1
1 2 1
1 1 1
1 1 1
2 2 1
5 1 1
10 1 1
11 4 1
9 2 1
9 2 2 1
10 2 1
10 8
11 2 1
12 4 1
12 4 1

| Column | Clues |
|---|---|
| 1 | 2 2 3 1 |
| 2 | 4 8 2 3 |
| 3 | 3 5 6 2 2 |
| 4 | 3 6 2 4 1 2 |
| 5 | 3 7 4 1 3 |
| 6 | 2 1 2 7 4 |
| 7 | 3 2 1 5 4 |
| 8 | 6 2 1 1 5 |
| 9 | 1 3 2 1 2 1 |
| 10 | 3 1 1 1 1 3 |
| 11 | 3 1 2 1 2 3 |
| 12 | 1 2 2 1 2 3 |
| 13 | 5 1 4 3 |
| 14 | 7 7 |
| 15 | 20 |
| 16 | 3 1 1 1 10 3 |
| 17 | 2 2 1 1 1 3 2 3 |
| 18 | 3 1 1 1 2 4 |
| 19 | 2 2 1 1 1 1 5 |
| 20 | 3 1 1 1 2 1 5 |
| 21 | 2 2 1 3 1 8 |
| 22 | 3 3 1 2 10 |
| 23 | 2 5 2 2 11 |
| 24 | 2 10 14 |
| 25 | 2 1 2 2 14 |
| 26 | 2 1 3 19 |
| 27 | 11 14 |
| 28 | 2 3 13 |
| 29 | 11 |
| 30 | 10 |

| Row | Clues |
|---|---|
| 1 | 9 |
| 2 | 11 |
| 3 | 2 1 1 1 2 |
| 4 | 4 1 1 1 1 2 2 |
| 5 | 3 3 1 1 1 |
| 6 | 5 2 3 3 2 |
| 7 | 3 3 5 2 4 2 |
| 8 | 5 8 1 6 |
| 9 | 3 3 4 2 1 2 |
| 10 | 2 4 3 4 |
| 11 | 1 3 3 1 2 2 |
| 12 | 1 3 3 7 2 3 |
| 13 | 5 2 2 2 1 2 3 |
| 14 | 4 4 2 |
| 15 | 5 1 2 1 1 |
| 16 | 3 1 1 1 3 1 1 |
| 17 | 2 1 1 3 3 8 |
| 18 | 3 2 15 |
| 19 | 2 4 6 5 |
| 20 | 7 8 7 |
| 21 | 5 5 11 |
| 22 | 6 2 2 9 |
| 23 | 3 1 1 14 |
| 24 | 1 1 14 |
| 25 | 1 1 1 13 |
| 26 | 1 1 1 1 12 |
| 27 | 1 5 1 1 11 |
| 28 | 1 8 1 10 |
| 29 | 7 3 1 10 |
| 30 | 8 1 1 10 |

Column clues (left to right):

| Column | Clue |
|---|---|
| 1 | 13 13 |
| 2 | 9 9 |
| 3 | 7 3 7 |
| 4 | 6 7 6 |
| 5 | 5 8 5 |
| 6 | 4 9 1 4 |
| 7 | 3 9 6 3 |
| 8 | 2 9 8 2 |
| 9 | 2 9 8 2 |
| 10 | 1 9 9 1 |
| 11 | 1 3 7 8 1 |
| 12 | 1 6 15 1 |
| 13 | 23 1 |
| 14 | 12 9 |
| 15 | 12 2 6 |
| 16 | 12 2 5 |
| 17 | 12 9 |
| 18 | 23 1 |
| 19 | 1 6 15 1 |
| 20 | 1 3 7 8 1 |
| 21 | 1 9 9 1 |
| 22 | 2 9 8 2 |
| 23 | 2 9 8 2 |
| 24 | 3 9 6 3 |
| 25 | 4 9 3 4 |
| 26 | 5 9 5 |
| 27 | 6 7 6 |
| 28 | 7 4 7 |
| 29 | 9 9 |
| 30 | 12 12 |


| Row | Clue |
|---|---|
| 1 | 12 12 |
| 2 | 9 2 9 |
| 3 | 7 4 7 |
| 4 | 6 6 6 |
| 5 | 5 8 5 |
| 6 | 4 10 4 |
| 7 | 3 10 3 |
| 8 | 2 10 2 |
| 9 | 2 5 8 6 2 |
| 10 | 1 7 8 7 1 |
| 11 | 1 9 6 9 1 |
| 12 | 1 26 1 |
| 13 | 1 26 |
| 14 | 11 12 |
| 15 | 10 2 10 |
| 16 | 10 2 10 |
| 17 | 10 10 |
| 18 | 1 8 |
| 19 | 1 16 1 |
| 20 | 1 18 1 |
| 21 | 1 19 1 |
| 22 | 2 20 2 |
| 23 | 2 9 9 2 |
| 24 | 3 8 8 3 |
| 25 | 4 8 8 4 |
| 26 | 5 6 6 5 |
| 27 | 6 1 1 6 |
| 28 | 7 7 |
| 29 | 9 9 |
| 30 | 13 13 |

| Column | Clue |
|---|---|
| 1 | 30 |
| 2 | 30 |
| 3 | 30 |
| 4 | 30 |
| 5 | 30 |
| 6 | 30 |
| 7 | 10 15 3 |
| 8 | 11 12 4 |
| 9 | 21 5 |
| 10 | 2 12 9 |
| 11 | 3 12 4 7 |
| 12 | 17 4 5 1 |
| 13 | 10 10 4 1 |
| 14 | 2 11 11 2 |
| 15 | 4 5 2 10 |
| 16 | 2 1 1 13 1 |
| 17 | 3 10 5 1 |
| 18 | 2 1 1 2 2 2 |
| 19 | 1 1 1 2 2 |
| 20 | 3 2 2 1 |
| 21 | 1 1 1 1 2 |
| 22 | 3 3 1 4 |
| 23 | 3 1 5 2 |
| 24 | 1 2 1 9 1 |
| 25 | 7 4 14 |
| 26 | 3 25 |
| 27 | 30 |
| 28 | 30 |
| 29 | 30 |
| 30 | 30 |

| Row | Clue |
|---|---|
| 1 | 12 2 1 2 1 7 |
| 2 | 12 2 2 1 2 6 |
| 3 | 9 3 9 6 |
| 4 | 10 5 3 4 |
| 5 | 14 2 4 |
| 6 | 14 6 |
| 7 | 14 6 |
| 8 | 14 5 |
| 9 | 14 5 |
| 10 | 15 6 |
| 11 | 6 8 6 |
| 12 | 7 9 4 6 |
| 13 | 7 4 2 2 1 1 7 |
| 14 | 17 2 5 |
| 15 | 13 1 5 |
| 16 | 9 3 2 5 |
| 17 | 9 3 2 6 |
| 18 | 9 1 7 6 |
| 19 | 9 7 7 |
| 20 | 9 4 4 7 |
| 21 | 9 8 1 7 |
| 22 | 8 1 5 8 |
| 23 | 8 2 4 8 |
| 24 | 8 3 4 1 9 |
| 25 | 8 1 1 8 |
| 26 | 7 1 1 8 |
| 27 | 6 10 1 7 |
| 28 | 13 3 2 6 |
| 29 | 11 2 2 3 6 |
| 30 | 10 11 7 |

| Column | Clues |
|---|---|
| 1 | 3 |
| 2 | 2 |
| 3 | 2 |
| 4 | 4 |
| 5 | 3 2 1 |
| 6 | 3 3 |
| 7 | 4 5 |
| 8 | 2 1 6 4 |
| 9 | 1 4 5 5 1 3 |
| 10 | 1 2 3 1 5 1 |
| 11 | 1 1 2 7 9 |
| 12 | 1 2 16 |
| 13 | 3 7 7 5 |
| 14 | 1 8 3 4 |
| 15 | 1 7 1 2 3 |
| 16 | 2 2 3 1 4 2 3 |
| 17 | 4 5 3 2 4 |
| 18 | 4 3 2 2 4 6 |
| 19 | 3 6 1 2 4 |
| 20 | 2 3 2 1 2 3 3 1 |
| 21 | 1 5 2 1 1 2 3 1 |
| 22 | 1 3 3 1 4 2 1 |
| 23 | 1 6 6 2 2 1 |
| 24 | 1 12 2 1 1 |
| 25 | 1 9 4 3 |
| 26 | 5 1 1 1 3 |
| 27 | 1 1 |
| 28 | 2 1 |
| 29 | 4 |
| 30 | 4 |

| Row | Clues |
|---|---|
| 1 | 1 3 |
| 2 | 1 4 |
| 3 | 1 7 |
| 4 | 1 1 5 1 |
| 5 | 1 1 1 2 1 |
| 6 | 1 1 2 8 1 |
| 7 | 1 1 1 10 1 |
| 8 | 1 1 2 12 |
| 9 | 3 2 4 1 1 4 |
| 10 | 3 3 5 4 |
| 11 | 1 1 4 3 3 |
| 12 | 1 1 2 4 2 3 |
| 13 | 2 2 1 6 6 |
| 14 | 4 1 1 4 1 5 |
| 15 | 5 1 4 1 3 |
| 16 | 2 1 8 1 5 |
| 17 | 1 3 2 1 1 2 |
| 18 | 5 3 1 1 2 |
| 19 | 4 3 2 2 |
| 20 | 2 2 2 2 |
| 21 | 3 3 7 |
| 22 | 9 4 1 |
| 23 | 9 1 2 |
| 24 | 4 1 1 4 |
| 25 | 5 1 4 1 3 |
| 26 | 1 3 9 2 |
| 27 | 1 1 2 4 1 2 |
| 28 | 4 7 2 2 |
| 29 | 1 1 7 1 1 1 1 |
| 30 | 1 1 6 1 1 2 1 |

| Column | Clue |
|---|---|
| 1 | 1 1 7 |
| 2 | 2 1 5 |
| 3 | 1 1 3 |
| 4 | 9 2 |
| 5 | 2 14 |
| 6 | 3 19 |
| 7 | 2 3 7 11 |
| 8 | 5 2 5 3 5 |
| 9 | 5 2 6 1 5 |
| 10 | 6 2 3 1 1 7 |
| 11 | 6 2 5 1 3 3 |
| 12 | 6 2 3 1 3 1 1 2 |
| 13 | 7 2 6 2 1 1 2 |
| 14 | 7 2 4 3 1 1 |
| 15 | 7 3 2 1 1 1 3 |
| 16 | 8 2 4 2 8 |
| 17 | 8 2 4 4 1 2 |
| 18 | 8 2 4 3 1 |
| 19 | 7 2 5 2 1 1 |
| 20 | 7 2 4 3 2 1 |
| 21 | 5 2 9 1 |
| 22 | 4 2 7 |
| 23 | 2 2 4 |
| 24 | 1 |
| 25 | 0 |
| 26 | 0 |
| 27 | 0 |
| 28 | 0 |
| 29 | 0 |
| 30 | 0 |

| Row | Clue |
|---|---|
| 1 | 13 |
| 2 | 14 |
| 3 | 16 |
| 4 | 17 |
| 5 | 1 16 |
| 6 | 2 13 |
| 7 | 4 8 1 |
| 8 | 1 6 3 3 |
| 9 | 2 6 4 1 |
| 10 | 4 8 1 |
| 11 | 8 4 3 |
| 12 | 10 5 |
| 13 | 12 7 |
| 14 | 6 1 10 |
| 15 | 5 6 7 |
| 16 | 1 4 1 4 2 |
| 17 | 1 3 1 1 2 |
| 18 | 1 3 1 1 1 |
| 19 | 6 4 2 1 |
| 20 | 2 6 6 1 |
| 21 | 5 1 1 2 1 |
| 22 | 3 5 3 |
| 23 | 3 1 1 2 |
| 24 | 1 3 1 5 1 |
| 25 | 1 2 1 1 1 |
| 26 | 2 5 1 1 |
| 27 | 2 5 3 |
| 28 | 3 10 1 |
| 29 | 4 7 3 1 |
| 30 | 4 4 3 1 |

| Column | Clues |
|---|---|
| 1 | 4 1 1 |
| 2 | 1 4 2 1 |
| 3 | 2 10 2 |
| 4 | 14 2 |
| 5 | 20 3 |
| 6 | 24 4 |
| 7 | 30 |
| 8 | 28 |
| 9 | 1 13 12 |
| 10 | 2 1 12 1 3 |
| 11 | 3 1 12 3 1 |
| 12 | 5 7 2 3 |
| 13 | 4 6 2 2 |
| 14 | 3 2 3 1 2 |
| 15 | 4 1 1 1 1 3 |
| 16 | 7 1 2 2 |
| 17 | 5 3 2 3 |
| 18 | 5 3 3 3 |
| 19 | 5 2 1 2 1 1 2 |
| 20 | 6 4 2 1 2 |
| 21 | 5 3 2 2 3 |
| 22 | 8 2 3 1 7 |
| 23 | 7 3 1 1 4 5 |
| 24 | 8 3 3 5 |
| 25 | 10 3 5 |
| 26 | 2 4 |
| 27 | 4 |
| 28 | 4 |
| 29 | 4 |
| 30 | 4 |

| Row | Clues |
|---|---|
| 1 | 1 14 |
| 2 | 2 15 |
| 3 | 3 14 |
| 4 | 6 2 11 |
| 5 | 5 2 1 10 |
| 6 | 6 2 1 1 5 |
| 7 | 9 2 5 |
| 8 | 10 1 2 |
| 9 | 13 2 |
| 10 | 12 2 |
| 11 | 11 1 |
| 12 | 1 9 5 4 |
| 13 | 9 4 4 |
| 14 | 9 1 2 2 |
| 15 | 10 1 |
| 16 | 10 1 |
| 17 | 8 2 2 1 1 |
| 18 | 8 1 1 3 1 |
| 19 | 1 7 1 7 |
| 20 | 1 7 1 6 1 |
| 21 | 7 1 1 1 |
| 22 | 8 1 5 |
| 23 | 2 5 1 1 2 1 |
| 24 | 1 4 2 1 2 |
| 25 | 1 4 2 3 |
| 26 | 3 2 5 |
| 27 | 4 3 9 |
| 28 | 6 5 10 |
| 29 | 8 16 |
| 30 | 11 14 |

| Column | Clue |
|---|---|
| 1 | 4 2 1 1 1 |
| 2 | 8 2 1 1 1 |
| 3 | 4 2 1 6 1 |
| 4 | 4 2 10 |
| 5 | 2 3 15 |
| 6 | 2 1 2 1 5 6 |
| 7 | 1 2 1 1 1 2 |
| 8 | 2 2 3 3 1 |
| 9 | 1 2 6 1 1 1 |
| 10 | 1 3 6 1 1 |
| 11 | 3 4 5 2 |
| 12 | 4 1 1 |
| 13 | 5 2 |
| 14 | 4 1 1 4 |
| 15 | 1 2 1 2 3 |
| 16 | 2 1 1 1 2 |
| 17 | 3 1 1 2 2 2 |
| 18 | 2 1 3 4 1 |
| 19 | 3 1 1 2 2 1 |
| 20 | 2 2 1 2 2 1 |
| 21 | 1 2 4 1 |
| 22 | 1 3 1 1 2 |
| 23 | 3 1 4 1 3 |
| 24 | 2 1 2 7 |
| 25 | 4 2 3 5 2 |
| 26 | 6 14 |
| 27 | 11 8 3 |
| 28 | 2 15 2 |
| 29 | 1 1 1 10 |
| 30 | 1 1 1 1 1 1 |

| Row | Clue |
|---|---|
| 1 | 3 6 2 1 1 |
| 2 | 6 5 1 4 |
| 3 | 1 5 1 1 3 6 |
| 4 | 4 4 1 4 |
| 5 | 1 3 2 9 |
| 6 | 3 3 3 |
| 7 | 1 2 1 5 |
| 8 | 3 3 3 |
| 9 | 4 4 4 |
| 10 | 3 3 1 2 3 |
| 11 | 9 2 1 4 |
| 12 | 5 2 2 1 2 2 |
| 13 | 4 2 5 8 |
| 14 | 3 1 2 1 4 |
| 15 | 2 3 1 7 |
| 16 | 1 1 2 1 7 |
| 17 | 1 1 2 1 4 |
| 18 | 5 1 2 3 |
| 19 | 1 5 1 3 3 |
| 20 | 2 4 3 2 |
| 21 | 5 5 2 |
| 22 | 1 3 1 2 2 5 |
| 23 | 4 1 4 5 |
| 24 | 1 3 1 3 4 |
| 25 | 5 1 4 |
| 26 | 1 4 1 3 |
| 27 | 5 2 4 |
| 28 | 4 8 1 |
| 29 | 3 4 1 |
| 30 | 4 2 1 |

Columns:

0
2
2
1 3
9 3
22
23
4 3 13
4 1 9
3 1 2 1 5
2 1 1 1 1 1 4
3 1 1 1 1 4
3 1 2 1 1 1 2
4 1 1 1 3
4 1 2 2
6 1 3
7 2 4
7 2 6
17
21 1
21 4
27
26
24
17
15
8
7
5
3

Rows:

7
11
13
3 9
2 8
17
2 8
2 6
3 7
6 12
3 1 1 1 1 6
2 6
3 6
3 1 1 7
4 1 8
4 1 1 9
5 3 9
5 10
5 3 3 7
6 5 7
13 7
9 7
7 7
7 7
4 7
4 8
3 9
4 10
5 10
4 11

| | | | | | | | | | | | | | | | | | | | | | | | | | | | | | | |
|---|---|---|---|---|---|---|---|---|---|---|---|---|---|---|---|---|---|---|---|---|---|---|---|---|---|---|---|---|---|---|
| | 4 2 1 | 5 3 1 | 6 4 2 | 5 5 2 | 2 5 3 3 | 2 9 8 | 1 3 1 9 | 4 8 2 4 | 5 12 5 | 28 | 27 | 11 3 | 10 2 | 9 1 1 | 7 1 1 1 | 2 2 1 1 1 1 | 1 3 1 3 1 | 3 2 1 1 | 2 1 1 1 1 1 | 3 1 1 1 1 | 1 2 1 1 1 3 | 1 1 1 2 1 4 | 1 1 3 1 1 2 10 | 3 6 5 11 | 3 7 10 4 | 3 12 5 | 6 5 7 | 10 8 | 21 | 19 |
| 4 1 | | | | | | | | | | | | | | | | | | | | | | | | | | | | | | |
| 5 6 | | | | | | | | | | | | | | | | | | | | | | | | | | | | | | |
| 6 4 1 | | | | | | | | | | | | | | | | | | | | | | | | | | | | | | |
| 10 5 | | | | | | | | | | | | | | | | | | | | | | | | | | | | | | |
| 10 3 3 | | | | | | | | | | | | | | | | | | | | | | | | | | | | | | |
| 9 2 3 | | | | | | | | | | | | | | | | | | | | | | | | | | | | | | |
| 1 8 2 2 | | | | | | | | | | | | | | | | | | | | | | | | | | | | | | |
| 1 7 3 2 | | | | | | | | | | | | | | | | | | | | | | | | | | | | | | |
| 1 1 5 2 2 | | | | | | | | | | | | | | | | | | | | | | | | | | | | | | |
| 1 1 4 2 3 | | | | | | | | | | | | | | | | | | | | | | | | | | | | | | |
| 1 2 4 2 3 | | | | | | | | | | | | | | | | | | | | | | | | | | | | | | |
| 1 1 4 3 1 4 3 | | | | | | | | | | | | | | | | | | | | | | | | | | | | | | |
| 1 1 3 1 2 2 3 | | | | | | | | | | | | | | | | | | | | | | | | | | | | | | |
| 2 2 3 3 4 3 | | | | | | | | | | | | | | | | | | | | | | | | | | | | | | |
| 2 1 4 1 1 1 1 1 3 | | | | | | | | | | | | | | | | | | | | | | | | | | | | | | |
| 1 1 4 3 4 3 | | | | | | | | | | | | | | | | | | | | | | | | | | | | | | |
| 2 1 4 4 3 | | | | | | | | | | | | | | | | | | | | | | | | | | | | | | |
| 2 2 4 4 2 | | | | | | | | | | | | | | | | | | | | | | | | | | | | | | |
| 2 2 4 3 2 | | | | | | | | | | | | | | | | | | | | | | | | | | | | | | |
| 2 2 4 1 4 2 | | | | | | | | | | | | | | | | | | | | | | | | | | | | | | |
| 2 2 4 5 2 | | | | | | | | | | | | | | | | | | | | | | | | | | | | | | |
| 1 2 5 6 2 | | | | | | | | | | | | | | | | | | | | | | | | | | | | | | |
| 1 1 2 4 7 3 | | | | | | | | | | | | | | | | | | | | | | | | | | | | | | |
| 6 4 1 3 4 | | | | | | | | | | | | | | | | | | | | | | | | | | | | | | |
| 1 4 5 5 4 | | | | | | | | | | | | | | | | | | | | | | | | | | | | | | |
| 2 3 3 1 2 5 | | | | | | | | | | | | | | | | | | | | | | | | | | | | | | |
| 3 6 2 9 | | | | | | | | | | | | | | | | | | | | | | | | | | | | | | |
| 2 7 13 | | | | | | | | | | | | | | | | | | | | | | | | | | | | | | |
| 9 10 | | | | | | | | | | | | | | | | | | | | | | | | | | | | | | |
| 10 10 | | | | | | | | | | | | | | | | | | | | | | | | | | | | | | |

**Column clues (left to right, top to bottom):**

0
4 1
7 2
9 2 2
1 16 2
2 15 2
2 15 3
21 3
21 3
22 4
23 6
12 16
11 15
11 12
5 1 1 11
6 1 1 1 6 3
6 2 1 2 4 2
7 1 1 1 4
7 2 1 2
10 1 1 1
9 1 1 1
9 1 1 2
12 3 3
18 4
2 4 7 8
1 4 7
4 2
1 1
1
1

**Row clues (top to bottom):**

17
2 19
20
1 18
3 18
11 10
11 8
12 6 2
16 5 2
13 1 1 5
15 7
11 4
9 2
2 7 2 1 2
9 1 2
10 4 2
9 2 1 1
9 2
10 2 1
9 1
9 1
12
9 4
7 5
8 5
6 5
6 2 2
10 2
15 2
15 2

| | |
|---|---|
| Column 1 | 4 |
| Column 2 | 7 |
| Column 3 | 2 6 |
| Column 4 | 2 1 6 |
| Column 5 | 10 2 4 |
| Column 6 | 10 2 2 1 |
| Column 7 | 2 2 2 1 1 |
| Column 8 | 1 2 7 2 2 |
| Column 9 | 5 2 2 2 |
| Column 10 | 1 1 2 2 2 |
| Column 11 | 1 3 2 2 2 |
| Column 12 | 1 1 1 2 2 2 |
| Column 13 | 1 1 1 2 2 2 |
| Column 14 | 3 3 2 2 2 |
| Column 15 | 3 1 1 22 |
| Column 16 | 3 1 1 22 |
| Column 17 | 3 3 2 2 16 |
| Column 18 | 1 1 1 2 2 16 |
| Column 19 | 1 1 1 2 1 15 |
| Column 20 | 1 3 2 2 15 |
| Column 21 | 1 1 2 2 14 |
| Column 22 | 5 2 2 14 |
| Column 23 | 1 1 7 13 |
| Column 24 | 1 2 13 |
| Column 25 | 10 4 6 |
| Column 26 | 10 12 |
| Column 27 | 2 11 |
| Column 28 | 1 7 |
| Column 29 | 7 |
| Column 30 | 4 |

| | |
|---|---|
| Row 1 | 4 |
| Row 2 | 4 |
| Row 3 | 16 |
| Row 4 | 1 1 |
| Row 5 | 1 10 1 |
| Row 6 | 2 1 1 1 1 1 |
| Row 7 | 20 |
| Row 8 | 3 2 |
| Row 9 | 2 16 2 |
| Row 10 | 2 16 2 |
| Row 11 | 2 1 2 1 2 |
| Row 12 | 2 1 6 1 2 |
| Row 13 | 2 1 12 1 2 |
| Row 14 | 2 5 2 4 2 |
| Row 15 | 5 6 5 |
| Row 16 | 4 10 4 |
| Row 17 | 5 4 8 5 |
| Row 18 | 3 4 10 2 |
| Row 19 | 2 4 13 2 |
| Row 20 | 6 16 |
| Row 21 | 2 15 |
| Row 22 | 2 1 15 |
| Row 23 | 2 1 1 10 4 |
| Row 24 | 2 1 1 10 3 |
| Row 25 | 2 1 14 |
| Row 26 | 1 14 |
| Row 27 | 2 13 |
| Row 28 | 2 13 |
| Row 29 | 2 13 |
| Row 30 | 2 12 |

Column clues (left to right):

0
0
0
0
1
6 3
8 1 1 1
10 2 1 1 1
10 1 2 1 1 1 1
1 5 1 3 1 1
2 4 2 1 2 2
2 10 1 1 2 1
4 9 3 1
4 7 1 2
5 6 2 3
5 6 1 1 1 3
6 7 2 2 4
6 8 5 2
6 13 2
6 12 3
5 11 2 2
5 14 3
4 17 2
3 17 1 1
2 16 1 2
1 15 1 2
3 13 1 1
14 2
9 1
0

Row clues (top to bottom):

11
15
16
1 12 1
1 8 1
2 1 4 2
7 3 1
8 1 1 7
9 3 10
24
5 18
4 19
4 19
4 18
1 4 12
1 1 12
1 2 10
2 16
1 1 4 7
1 3 6
1 3 6
1 1 4 5
1 1 2
1 2 1
3 5
5 2 2
1 1 1 8
1 10 1 1
2 1 4 4
1 2 1 2 2

| Column | Clues |
|---|---|
| 1 | 12 1 |
| 2 | 8 1 2 1 1 1 |
| 3 | 9 2 1 5 1 2 |
| 4 | 10 2 1 2 1 3 |
| 5 | 11 8 |
| 6 | 13 1 2 |
| 7 | 14 1 2 |
| 8 | 15 1 |
| 9 | 15 1 |
| 10 | 14 1 |
| 11 | 14 1 1 |
| 12 | 14 2 1 1 1 |
| 13 | 14 2 1 1 1 3 |
| 14 | 11 1 1 4 1 |
| 15 | 11 1 1 1 4 |
| 16 | 11 2 3 1 |
| 17 | 11 2 1 1 |
| 18 | 11 6 3 |
| 19 | 11 1 4 1 |
| 20 | 14 2 1 1 |
| 21 | 16 1 1 |
| 22 | 10 1 1 1 |
| 23 | 8 1 1 1 |
| 24 | 4 1 1 1 1 |
| 25 | 2 3 1 1 |
| 26 | 1 3 5 1 |
| 27 | 1 4 5 1 1 |
| 28 | 1 3 6 1 |
| 29 | 2 1 2 7 |
| 30 | 2 1 2 1 4 |

| Row | Clues |
|---|---|
| 1 | 18 |
| 2 | 20 |
| 3 | 20 |
| 4 | 22 |
| 5 | 22 |
| 6 | 23 |
| 7 | 24 |
| 8 | 25 |
| 9 | 25 |
| 10 | 1 21 2 |
| 11 | 1 1 19 1 |
| 12 | 4 8 4 1 |
| 13 | 1 1 8 7 1 |
| 14 | 1 1 7 2 1 1 |
| 15 | 1 1 2 1 3 1 |
| 16 | 2 2 3 2 |
| 17 | 2 12 2 2 |
| 18 | 1 4 1 2 |
| 19 | 1 3 4 1 1 |
| 20 | 1 1 1 1 3 |
| 21 | 1 1 1 2 2 |
| 22 | 1 1 4 3 |
| 23 | 1 1 1 1 4 |
| 24 | 4 1 4 1 3 |
| 25 | 1 1 3 3 4 |
| 26 | 1 1 3 3 1 2 |
| 27 | 1 2 5 1 7 |
| 28 | 4 1 1 1 2 |
| 29 | 3 1 1 1 3 |
| 30 | 1 2 1 1 1 1 2 |

| Column | Clues |
|---|---|
| 1 | 2 12 |
| 2 | 5 10 5 |
| 3 | 2 1 3 8 2 |
| 4 | 4 4 2 |
| 5 | 5 7 2 |
| 6 | 1 2 3 2 4 |
| 7 | 1 3 1 6 |
| 8 | 1 2 3 1 4 |
| 9 | 1 1 1 1 1 3 |
| 10 | 3 2 1 1 1 3 |
| 11 | 2 2 3 2 2 |
| 12 | 1 2 1 1 1 2 |
| 13 | 1 5 1 1 |
| 14 | 3 4 1 1 1 |
| 15 | 3 4 1 1 1 |
| 16 | 4 3 2 1 2 1 |
| 17 | 4 2 1 2 2 1 2 2 |
| 18 | 5 2 1 1 1 1 6 |
| 19 | 5 4 2 8 |
| 20 | 5 1 1 1 7 |
| 21 | 4 4 2 7 |
| 22 | 7 10 7 |
| 23 | 2 2 13 |
| 24 | 4 7 |
| 25 | 1 1 8 |
| 26 | 1 1 1 1 1 |
| 27 | 1 1 1 1 1 1 |
| 28 | 1 1 1 1 |
| 29 | 1 1 |
| 30 | 0 |

| Row | Clues |
|---|---|
| 1 | 13 |
| 2 | 1 2 7 |
| 3 | 1 3 8 |
| 4 | 2 1 7 |
| 5 | 5 5 |
| 6 | 6 3 |
| 7 | 1 2 3 1 1 |
| 8 | 2 1 1 1 2 |
| 9 | 1 1 3 2 1 1 |
| 10 | 3 2 6 1 1 1 |
| 11 | 6 1 3 1 1 2 |
| 12 | 4 8 1 1 |
| 13 | 2 2 1 10 1 |
| 14 | 2 2 4 3 1 3 1 |
| 15 | 2 1 6 2 |
| 16 | 3 2 1 2 1 |
| 17 | 3 1 1 1 2 |
| 18 | 3 2 1 2 1 |
| 19 | 3 1 2 1 3 1 |
| 20 | 3 1 3 5 |
| 21 | 3 2 4 |
| 22 | 3 2 6 |
| 23 | 1 2 1 5 1 1 |
| 24 | 2 1 7 |
| 25 | 1 3 13 |
| 26 | 1 3 10 |
| 27 | 1 3 8 |
| 28 | 1 5 8 |
| 29 | 1 7 9 |
| 30 | 1 6 11 |

| Column | Clues |
|---|---|
| 1 | 7 |
| 2 | 11 |
| 3 | 4 1 6 |
| 4 | 8 4 |
| 5 | 9 1 2 |
| 6 | 14 1 |
| 7 | 15 1 1 |
| 8 | 19 1 1 |
| 9 | 20 1 1 1 |
| 10 | 13 8 1 1 |
| 11 | 4 4 2 |
| 12 | 3 2 2 2 |
| 13 | 2 1 1 1 2 2 |
| 14 | 1 3 1 1 2 |
| 15 | 1 1 1 1 1 2 2 |
| 16 | 1 2 1 2 1 4 |
| 17 | 1 6 4 2 1 2 |
| 18 | 1 5 4 2 1 2 |
| 19 | 1 3 4 |
| 20 | 1 2 1 3 1 1 2 |
| 21 | 1 1 1 1 1 1 2 |
| 22 | 1 3 1 2 2 |
| 23 | 2 1 2 3 1 2 |
| 24 | 15 1 1 2 |
| 25 | 14 1 1 2 |
| 26 | 9 2 1 |
| 27 | 2 3 2 1 |
| 28 | 3 |
| 29 | 4 |
| 30 | 4 |

| Row | Clues |
|---|---|
| 1 | 8 |
| 2 | 4 2 |
| 3 | 5 1 |
| 4 | 4 1 |
| 5 | 5 2 |
| 6 | 5 1 |
| 7 | 5 1 |
| 8 | 5 2 |
| 9 | 5 2 |
| 10 | 6 2 |
| 11 | 7 4 6 |
| 12 | 7 1 1 2 1 1 3 |
| 13 | 7 4 2 8 |
| 14 | 8 2 5 |
| 15 | 7 3 2 3 3 |
| 16 | 8 2 4 |
| 17 | 8 2 4 |
| 18 | 7 1 4 |
| 19 | 1 5 2 1 3 |
| 20 | 1 3 5 1 1 |
| 21 | 1 3 7 1 1 |
| 22 | 1 1 3 3 1 1 |
| 23 | 1 1 2 1 1 1 1 1 |
| 24 | 2 1 1 2 2 1 1 1 |
| 25 | 3 1 3 2 1 1 1 |
| 26 | 3 1 1 3 1 1 1 |
| 27 | 4 1 5 1 3 |
| 28 | 4 1 1 3 |
| 29 | 5 15 2 |
| 30 | 5 20 2 |

Column clues (left to right, top to bottom):

| | |
|---|---|
| 1 | 1 10 |
| 2 | 13 |
| 3 | 1 6 |
| 4 | 1 7 7 |
| 5 | 1 9 7 |
| 6 | 22 |
| 7 | 17 4 |
| 8 | 13 2 4 |
| 9 | 10 2 3 1 4 |
| 10 | 14 3 1 7 |
| 11 | 8 2 2 1 3 |
| 12 | 7 2 1 2 1 3 |
| 13 | 7 2 1 1 1 1 1 3 |
| 14 | 8 1 1 1 1 1 1 1 1 1 |
| 15 | 9 2 3 8 1 |
| 16 | 16 1 1 1 1 |
| 17 | 3 12 1 1 1 3 |
| 18 | 2 13 11 |
| 19 | 1 20 1 |
| 20 | 19 |
| 21 | 12 4 |
| 22 | 12 1 2 |
| 23 | 1 4 5 4 |
| 24 | 2 3 1 6 2 |
| 25 | 6 7 1 |
| 26 | 3 6 1 |
| 27 | 10 2 |
| 28 | 12 |
| 29 | 6 |
| 30 | 4 |

Row clues (top to bottom):

1 14 1 1
2 14 1 1
2 15 1 1
2 13 2 1 1
2 20 3
2 19 5
2 26
2 8 17
2 7 9 6
3 6 1 9 5
3 4 13 1 4
4 6 1 11 3
3 5 1 10 2
6 1 13 1
6 11 1
6 12 1
4 1 3 2 1
3 2 5 1
2 3 1 3 2 1
3 18
3 1 6
5 7
3 1 1 2
3 6
2 1 1 1
1 6
1 1
9
4 2
5 3

| | 1 1 | 1 1 1 | 1 1 1 | 1 1 | 1 1 1 | 3 1 1 | 2 1 1 | 3 3 | 3 3 2 | 5 2 | 1 4 4 1 | 1 1 2 1 2 | 2 1 | 7 1 1 | 1 2 1 1 1 | 7 2 1 2 2 2 1 | 7 2 1 2 2 2 1 | 7 1 1 1 1 | 3 1 1 1 | 1 5 1 2 | 1 2 1 | 1 1 2 | 2 2 3 | 1 3 1 | 4 1 | 3 1 1 | 1 1 1 | 3 1 | 1 1 1 | 1 1 1 |
|---|---|---|---|---|---|---|---|---|---|---|---|---|---|---|---|---|---|---|---|---|---|---|---|---|---|---|---|---|---|---|
| 1 3 | | | | | | | | | | | | | | | | | | | | | | | | | | | | | | |
| 1 3 | | | | | | | | | | | | | | | | | | | | | | | | | | | | | | |
| 1 3 | | | | | | | | | | | | | | | | | | | | | | | | | | | | | | |
| 5 | | | | | | | | | | | | | | | | | | | | | | | | | | | | | | |
| 1 3 | | | | | | | | | | | | | | | | | | | | | | | | | | | | | | |
| 10 | | | | | | | | | | | | | | | | | | | | | | | | | | | | | | |
| 7 | | | | | | | | | | | | | | | | | | | | | | | | | | | | | | |
| 1 1 | | | | | | | | | | | | | | | | | | | | | | | | | | | | | | |
| 1 1 1 1 1 1 | | | | | | | | | | | | | | | | | | | | | | | | | | | | | | |
| 1 1 1 1 1 | | | | | | | | | | | | | | | | | | | | | | | | | | | | | | |
| 1 1 1 6 1 1 | | | | | | | | | | | | | | | | | | | | | | | | | | | | | | |
| 2 3 1 2 1 1 3 | | | | | | | | | | | | | | | | | | | | | | | | | | | | | | |
| 1 2 1 1 1 1 4 | | | | | | | | | | | | | | | | | | | | | | | | | | | | | | |
| 2 2 3 1 1 | | | | | | | | | | | | | | | | | | | | | | | | | | | | | | |
| 5 1 3 | | | | | | | | | | | | | | | | | | | | | | | | | | | | | | |
| 2 3 3 3 | | | | | | | | | | | | | | | | | | | | | | | | | | | | | | |
| 3 2 1 | | | | | | | | | | | | | | | | | | | | | | | | | | | | | | |
| 1 2 1 | | | | | | | | | | | | | | | | | | | | | | | | | | | | | | |
| 1 1 | | | | | | | | | | | | | | | | | | | | | | | | | | | | | | |
| 1 1 | | | | | | | | | | | | | | | | | | | | | | | | | | | | | | |
| 1 2 1 | | | | | | | | | | | | | | | | | | | | | | | | | | | | | | |
| 2 2 1 | | | | | | | | | | | | | | | | | | | | | | | | | | | | | | |
| 1 1 | | | | | | | | | | | | | | | | | | | | | | | | | | | | | | |
| 1 1 | | | | | | | | | | | | | | | | | | | | | | | | | | | | | | |
| 1 1 2 1 | | | | | | | | | | | | | | | | | | | | | | | | | | | | | | |
| 3 1 2 2 | | | | | | | | | | | | | | | | | | | | | | | | | | | | | | |
| 2 1 1 4 | | | | | | | | | | | | | | | | | | | | | | | | | | | | | | |
| 1 2 2 2 | | | | | | | | | | | | | | | | | | | | | | | | | | | | | | |
| 1 1 | | | | | | | | | | | | | | | | | | | | | | | | | | | | | | |
| 9 | | | | | | | | | | | | | | | | | | | | | | | | | | | | | | |

| Column | Clue |
|---|---|
| 1 | 5 |
| 2 | 4 6 |
| 3 | 6 6 |
| 4 | 5 2 7 |
| 5 | 5 2 8 |
| 6 | 7 2 10 |
| 7 | 3 2 3 16 |
| 8 | 3 2 1 1 5 7 |
| 9 | 5 1 1 1 3 6 |
| 10 | 14 3 3 5 |
| 11 | 2 7 5 3 4 |
| 12 | 2 18 3 3 |
| 13 | 2 6 10 2 1 |
| 14 | 2 6 1 8 1 |
| 15 | 2 3 6 2 |
| 16 | 2 3 5 1 |
| 17 | 2 3 2 1 3 |
| 18 | 3 5 1 1 2 3 |
| 19 | 2 3 1 1 2 1 |
| 20 | 2 3 1 1 6 |
| 21 | 2 2 2 6 |
| 22 | 7 4 5 |
| 23 | 3 8 4 |
| 24 | 3 2 3 |
| 25 | 4 2 2 |
| 26 | 5 1 |
| 27 | 1 |
| 28 | 0 |
| 29 | 0 |
| 30 | 0 |

| Row | Clue |
|---|---|
| 1 | 8 |
| 2 | 12 |
| 3 | 3 4 |
| 4 | 5 1 |
| 5 | 7 1 |
| 6 | 3 5 2 |
| 7 | 2 5 2 |
| 8 | 5 5 3 |
| 9 | 5 7 1 1 |
| 10 | 4 9 3 2 |
| 11 | 3 2 1 7 4 1 |
| 12 | 3 1 1 1 1 2 1 1 2 |
| 13 | 2 4 1 1 1 2 |
| 14 | 3 1 2 2 1 1 |
| 15 | 8 2 1 1 1 1 |
| 16 | 3 2 4 1 2 |
| 17 | 2 3 3 |
| 18 | 8 4 3 |
| 19 | 2 4 1 |
| 20 | 2 5 1 |
| 21 | 4 6 2 |
| 22 | 2 2 10 |
| 23 | 3 3 6 1 |
| 24 | 5 3 4 1 |
| 25 | 8 2 3 2 |
| 26 | 10 4 4 |
| 27 | 11 2 6 |
| 28 | 12 1 4 |
| 29 | 12 1 2 5 |
| 30 | 16 7 |

| 1 | 2 | 3 | 4 | 5 | 6 | 7 | 8 | 9 | 10 | 11 | 12 | 13 | 14 | 15 | 16 | 17 | 18 | 19 | 20 | 21 | 22 | 23 | 24 | 25 | 26 | 27 | 28 | 29 | 30 |
|---|---|---|---|---|---|---|---|---|---|---|---|---|---|---|---|---|---|---|---|---|---|---|---|---|---|---|---|---|---|
| 2 1 | 2 1 | 9 | 2 9 | 15 | 2 18 | 2 22 | 1 24 | 26 2 | 6 1 18 | 5 1 20 | 4 1 1 15 | 4 2 1 8 | 4 1 1 9 | 5 3 11 | 5 5 11 | 4 2 1 11 | 4 5 1 7 | 4 1 3 12 | 5 1 18 | 6 1 19 | 8 20 | 1 24 | 2 23 | 24 | 22 | 21 | 10 2 | 2 6 | 1 5 |

| Row | Clue |
|---|---|
| 1 | 13 |
| 2 | 18 |
| 3 | 2 14 2 |
| 4 | 1 14 1 |
| 5 | 5 2 6 |
| 6 | 4 5 |
| 7 | 3 5 |
| 8 | 8 9 |
| 9 | 5 1 1 4 |
| 10 | 5 2 6 |
| 11 | 8 3 6 |
| 12 | 9 14 |
| 13 | 7 3 9 |
| 14 | 8 2 10 |
| 15 | 8 1 11 |
| 16 | 12 13 |
| 17 | 10 10 |
| 18 | 11 11 |
| 19 | 13 11 |
| 20 | 1 28 |
| 21 | 28 |
| 22 | 28 |
| 23 | 1 23 2 |
| 24 | 1 22 1 |
| 25 | 1 22 |
| 26 | 1 22 |
| 27 | 5 4 6 3 |
| 28 | 1 3 4 4 2 |
| 29 | 1 2 3 2 1 |
| 30 | 1 2 3 1 1 |

| Column | Clue |
|---|---|
| 1 | 0 |
| 2 | 6 |
| 3 | 2 |
| 4 | 2 5 |
| 5 | 2 2 |
| 6 | 6 5 |
| 7 | 5 5 1 |
| 8 | 7 5 5 |
| 9 | 9 4 3 |
| 10 | 18 6 |
| 11 | 6 10 7 |
| 12 | 5 9 9 |
| 13 | 4 8 2 6 |
| 14 | 3 1 12 6 |
| 15 | 3 2 2 10 6 |
| 16 | 3 3 1 2 7 3 2 |
| 17 | 8 1 1 5 1 3 1 |
| 18 | 7 1 1 1 6 2 2 |
| 19 | 5 2 1 5 3 1 |
| 20 | 2 2 2 1 2 2 |
| 21 | 1 3 2 1 |
| 22 | 4 1 |
| 23 | 3 1 |
| 24 | 3 1 |
| 25 | 3 4 |
| 26 | 8 |
| 27 | 7 1 |
| 28 | 5 3 |
| 29 | 8 |
| 30 | 5 |

| Row | Clue |
|---|---|
| 1 | 6 |
| 2 | 8 |
| 3 | 10 |
| 4 | 4 3 |
| 5 | 4 4 |
| 6 | 4 7 |
| 7 | 5 5 |
| 8 | 4 3 |
| 9 | 4 |
| 10 | 5 4 |
| 11 | 6 2 1 |
| 12 | 7 5 |
| 13 | 2 8 2 2 |
| 14 | 4 6 3 6 |
| 15 | 2 12 9 |
| 16 | 2 17 6 |
| 17 | 1 17 5 |
| 18 | 1 15 2 5 |
| 19 | 1 2 1 7 3 6 |
| 20 | 1 1 1 2 6 3 2 |
| 21 | 1 1 1 1 5 1 2 2 |
| 22 | 1 1 2 5 1 2 |
| 23 | 1 1 1 3 2 |
| 24 | 1 1 3 |
| 25 | 1 1 7 |
| 26 | 1 12 |
| 27 | 13 |
| 28 | 6 1 1 |
| 29 | 5 1 2 |
| 30 | 8 |

**Column clues (left to right, read top to bottom):**

| Col | Clue |
|---|---|
| 1 | 1 |
| 2 | 3 |
| 3 | 2 |
| 4 | 1 6 |
| 5 | 3 1 |
| 6 | 5 1 |
| 7 | 7 3 1 |
| 8 | 9 1 2 1 2 |
| 9 | 7 9 2 |
| 10 | 6 1 2 5 3 |
| 11 | 6 1 1 1 4 2 |
| 12 | 7 2 4 3 1 |
| 13 | 2 4 3 3 4 |
| 14 | 3 2 3 3 1 3 |
| 15 | 2 1 3 2 3 1 2 |
| 16 | 3 2 3 1 3 1 1 |
| 17 | 2 4 3 1 8 1 2 |
| 18 | 7 2 4 1 3 |
| 19 | 7 2 4 4 |
| 20 | 6 2 4 5 |
| 21 | 7 3 3 4 1 |
| 22 | 7 5 6 3 |
| 23 | 17 2 |
| 24 | 7 4 1 2 |
| 25 | 6 1 1 |
| 26 | 4 3 1 |
| 27 | 2 1 |
| 28 | 1 |
| 29 | 7 |
| 30 | 1 |

**Row clues (top to bottom):**

| Row | Clue |
|---|---|
| 1 | 3 |
| 2 | 8 |
| 3 | 6 7 |
| 4 | 5 6 |
| 5 | 7 8 |
| 6 | 7 9 |
| 7 | 9 11 |
| 8 | 23 |
| 9 | 6 7 |
| 10 | 4 11 4 |
| 11 | 3 9 3 |
| 12 | 3 5 2 |
| 13 | 4 6 |
| 14 | 1 12 |
| 15 | 2 5 7 |
| 16 | 1 1 3 4 3 1 |
| 17 | 3 2 1 2 2 |
| 18 | 1 1 2 1 3 1 |
| 19 | 2 1 2 1 3 1 |
| 20 | 1 4 1 6 1 |
| 21 | 1 1 1 3 2 1 1 |
| 22 | 4 1 3 1 4 |
| 23 | 1 5 1 |
| 24 | 1 1 |
| 25 | 1 3 1 |
| 26 | 2 2 |
| 27 | 3 3 |
| 28 | 1 3 3 1 |
| 29 | 4 8 3 |
| 30 | 9 10 |

| Column | Clues |
|---|---|
| 1 | 4 |
| 2 | 5 |
| 3 | 3 1 |
| 4 | 3 1 |
| 5 | 3 2 |
| 6 | 2 3 3 |
| 7 | 2 6 7 |
| 8 | 6 10 4 |
| 9 | 4 6 1 3 |
| 10 | 3 6 2 |
| 11 | 1 3 3 1 1 |
| 12 | 1 1 3 4 1 |
| 13 | 2 3 1 5 |
| 14 | 1 5 3 |
| 15 | 1 6 3 |
| 16 | 2 5 2 |
| 17 | 2 1 2 |
| 18 | 2 1 4 |
| 19 | 2 1 3 5 |
| 20 | 2 1 1 1 2 5 |
| 21 | 2 6 1 1 9 |
| 22 | 8 3 1 1 2 4 |
| 23 | 12 1 3 3 |
| 24 | 3 8 5 2 |
| 25 | 3 19 |
| 26 | 3 10 1 |
| 27 | 5 2 |
| 28 | 3 1 |
| 29 | 3 |
| 30 | 2 |


| Row | Clues |
|---|---|
| 1 | 0 |
| 2 | 0 |
| 3 | 0 |
| 4 | 3 |
| 5 | 3 7 6 |
| 6 | 10 14 |
| 7 | 3 3 4 4 |
| 8 | 4 3 3 4 |
| 9 | 2 2 6 1 |
| 10 | 2 2 3 6 |
| 11 | 7 3 6 |
| 12 | 2 3 6 6 |
| 13 | 1 2 1 4 1 4 |
| 14 | 1 6 7 |
| 15 | 1 1 1 6 |
| 16 | 1 1 1 2 |
| 17 | 2 1 3 |
| 18 | 3 1 8 |
| 19 | 5 1 2 |
| 20 | 5 1 7 |
| 21 | 6 1 3 |
| 22 | 3 1 5 1 |
| 23 | 1 2 1 3 1 |
| 24 | 2 2 1 1 |
| 25 | 3 3 1 2 |
| 26 | 2 8 3 |
| 27 | 3 9 1 |
| 28 | 4 6 1 |
| 29 | 4 5 1 |
| 30 | 6 4 2 |

| Column | Clues |
|---|---|
| 1 | 5 |
| 2 | 2 1 |
| 3 | 5 2 2 |
| 4 | 2 1 1 1 |
| 5 | 2 1 4 1 |
| 6 | 2 2 4 1 |
| 7 | 1 4 4 1 |
| 8 | 1 2 3 4 1 |
| 9 | 1 2 7 4 1 |
| 10 | 1 2 10 3 1 |
| 11 | 1 1 2 3 2 5 |
| 12 | 1 1 1 5 2 1 4 |
| 13 | 3 2 2 6 2 3 |
| 14 | 1 2 1 4 3 2 2 |
| 15 | 1 4 5 2 1 2 2 |
| 16 | 1 2 4 2 5 3 1 |
| 17 | 1 1 2 1 4 2 3 1 |
| 18 | 1 1 2 5 2 3 1 |
| 19 | 1 4 3 3 2 1 |
| 20 | 1 6 1 1 1 1 2 |
| 21 | 1 6 2 1 2 1 |
| 22 | 2 3 2 1 4 1 |
| 23 | 3 4 2 6 |
| 24 | 2 6 3 2 |
| 25 | 1 7 3 2 |
| 26 | 3 4 |
| 27 | 2 3 |
| 28 | 2 2 |
| 29 | 3 3 |
| 30 | 5 |

| Row | Clues |
|---|---|
| 1 | 0 |
| 2 | 2 |
| 3 | 1 2 |
| 4 | 1 2 |
| 5 | 6 3 1 |
| 6 | 2 5 1 |
| 7 | 2 3 2 |
| 8 | 1 6 1 1 |
| 9 | 1 2 1 1 1 1 |
| 10 | 1 1 1 7 1 |
| 11 | 1 2 1 9 4 |
| 12 | 1 2 6 4 3 |
| 13 | 1 1 1 1 2 2 3 2 2 |
| 14 | 1 2 1 1 2 5 1 2 |
| 15 | 2 2 1 6 3 2 |
| 16 | 2 2 2 3 1 3 1 |
| 17 | 1 3 1 3 1 4 2 |
| 18 | 1 4 1 3 1 5 2 |
| 19 | 1 4 4 4 2 1 |
| 20 | 1 1 6 4 2 1 |
| 21 | 1 2 2 6 2 2 |
| 22 | 1 3 2 1 3 |
| 23 | 1 4 8 1 4 |
| 24 | 1 4 7 5 |
| 25 | 2 6 9 1 |
| 26 | 2 6 3 1 |
| 27 | 2 7 4 |
| 28 | 2 10 2 |
| 29 | 3 4 |
| 30 | 0 |

| | 0 | 1 1 | 3 1 2 | 1 3 3 4 | 1 3 3 1 1 | 2 4 2 2 1 | 1 1 2 2 5 | 7 1 1 1 1 | 1 4 1 1 2 2 | 2 2 1 1 1 | 2 1 2 1 | 6 4 1 7 2 | 3 2 1 1 5 | 3 1 6 6 | 4 4 1 1 6 | 4 1 6 2 | 2 3 1 2 2 | 1 2 6 9 | 1 2 2 1 1 4 | 7 1 2 2 | 2 2 2 1 3 1 | 1 2 2 1 4 2 | 2 4 3 2 1 5 | 5 1 2 1 2 2 | 3 1 5 | 2 2 1 3 | 1 4 1 | 2 | 1 | 0 |
|---|---|---|---|---|---|---|---|---|---|---|---|---|---|---|---|---|---|---|---|---|---|---|---|---|---|---|---|---|---|---|
| 1 1 | | | | | | | | | | | | | | | | | | | | | | | | | | | | | | |
| 1 2 2 | | | | | | | | | | | | | | | | | | | | | | | | | | | | | | |
| 3 3 1 1 1 | | | | | | | | | | | | | | | | | | | | | | | | | | | | | | |
| 1 4 1 1 1 2 | | | | | | | | | | | | | | | | | | | | | | | | | | | | | | |
| 1 2 3 5 | | | | | | | | | | | | | | | | | | | | | | | | | | | | | | |
| 1 1 2 2 1 | | | | | | | | | | | | | | | | | | | | | | | | | | | | | | |
| 5 2 1 1 2 2 | | | | | | | | | | | | | | | | | | | | | | | | | | | | | | |
| 1 4 1 1 2 1 | | | | | | | | | | | | | | | | | | | | | | | | | | | | | | |
| 2 3 1 1 6 | | | | | | | | | | | | | | | | | | | | | | | | | | | | | | |
| 2 2 1 3 2 | | | | | | | | | | | | | | | | | | | | | | | | | | | | | | |
| 3 1 4 2 2 | | | | | | | | | | | | | | | | | | | | | | | | | | | | | | |
| 3 1 1 2 2 | | | | | | | | | | | | | | | | | | | | | | | | | | | | | | |
| 4 8 3 | | | | | | | | | | | | | | | | | | | | | | | | | | | | | | |
| 3 1 1 1 2 6 | | | | | | | | | | | | | | | | | | | | | | | | | | | | | | |
| 3 1 7 2 | | | | | | | | | | | | | | | | | | | | | | | | | | | | | | |
| 6 1 1 1 2 1 2 | | | | | | | | | | | | | | | | | | | | | | | | | | | | | | |
| 2 6 2 3 | | | | | | | | | | | | | | | | | | | | | | | | | | | | | | |
| 2 1 1 2 5 | | | | | | | | | | | | | | | | | | | | | | | | | | | | | | |
| 1 2 2 2 | | | | | | | | | | | | | | | | | | | | | | | | | | | | | | |
| 2 4 1 2 2 | | | | | | | | | | | | | | | | | | | | | | | | | | | | | | |
| 6 1 1 6 | | | | | | | | | | | | | | | | | | | | | | | | | | | | | | |
| 1 2 1 1 2 4 | | | | | | | | | | | | | | | | | | | | | | | | | | | | | | |
| 1 4 1 2 1 | | | | | | | | | | | | | | | | | | | | | | | | | | | | | | |
| 3 1 2 2 2 | | | | | | | | | | | | | | | | | | | | | | | | | | | | | | |
| 1 1 2 3 1 | | | | | | | | | | | | | | | | | | | | | | | | | | | | | | |
| 5 6 | | | | | | | | | | | | | | | | | | | | | | | | | | | | | | |
| 6 2 | | | | | | | | | | | | | | | | | | | | | | | | | | | | | | |
| 2 2 1 | | | | | | | | | | | | | | | | | | | | | | | | | | | | | | |
| 3 1 | | | | | | | | | | | | | | | | | | | | | | | | | | | | | | |
| 3 | | | | | | | | | | | | | | | | | | | | | | | | | | | | | | |

Column clues (left to right):

1. 2 1 12
2. 1 6 12
3. 1 1 3 3 10
4. 1 1 6 10
5. 2 3 11
6. 2 5 11
7. 2 4 1 10
8. 2 4 2 10
9. 1 4 3 10
10. 1 2 3 11
11. 1 2 17
12. 4 1 16
13. 3 18
14. 3 1 6 3
15. 2 1 1 5 3
16. 3 1 4 3
17. 4 1 2 4
18. 1 2 1 1 2 4
19. 4 2 2 6
20. 3 8 8
21. 3 1 16
22. 11 1 5
23. 10 1
24. 1 7 1
25. 1 1 3 1 1
26. 1 1 2 2 1
27. 1 1 2 1 1
28. 2 1 2 1 1
29. 2 2 2 3
30. 1 2 2

Row clues (top to bottom):

1. 0
2. 0
3. 0
4. 0
5. 0
6. 5 4
7. 2 5 1 4 3
8. 1 1 1 4 2 1
9. 3 12 1
10. 1 1 2 7 1
11. 1 1 3 4 1
12. 1 5 2 5
13. 4 5 2 5 1
14. 8 1 1 1 9
15. 6 4 10
16. 3 5 7
17. 2 9 6 1
18. 2 2 3 1 1 8
19. 3 3 5 1
20. 2 2 4 4 2 1
21. 14 1 2 2 1
22. 19 1 2 3
23. 18 2
24. 16 2
25. 16 3
26. 15 4
27. 13 6
28. 22
29. 22
30. 22

| Column | Clues |
|---|---|
| 1 | 6 |
| 2 | 7 |
| 3 | 7 |
| 4 | 3 8 |
| 5 | 4 4 8 |
| 6 | 7 3 9 |
| 7 | 15 11 |
| 8 | 7 10 7 |
| 9 | 4 2 1 5 6 |
| 10 | 6 4 5 6 |
| 11 | 6 2 1 1 4 |
| 12 | 6 6 1 1 3 |
| 13 | 6 1 1 1 2 |
| 14 | 6 2 1 1 1 3 1 |
| 15 | 5 2 8 |
| 16 | 4 4 4 |
| 17 | 2 1 1 4 |
| 18 | 5 1 6 |
| 19 | 12 3 |
| 20 | 3 2 |
| 21 | 4 1 |
| 22 | 4 1 4 |
| 23 | 5 1 1 1 2 |
| 24 | 10 2 |
| 25 | 5 1 7 |
| 26 | 3 2 7 |
| 27 | 3 6 |
| 28 | 3 6 |
| 29 | 3 6 |
| 30 | 2 5 |

| Row | Clues |
|---|---|
| 1 | 6 |
| 2 | 9 |
| 3 | 12 |
| 4 | 14 |
| 5 | 11 2 |
| 6 | 4 5 2 |
| 7 | 4 2 |
| 8 | 4 1 |
| 9 | 3 1 |
| 10 | 1 2 2 2 |
| 11 | 2 2 5 3 |
| 12 | 2 5 2 2 3 |
| 13 | 8 4 1 3 |
| 14 | 4 1 1 1 1 1 3 |
| 15 | 7 1 4 |
| 16 | 2 1 1 5 |
| 17 | 3 2 1 1 5 |
| 18 | 3 2 8 |
| 19 | 3 8 1 |
| 20 | 4 3 3 1 1 |
| 21 | 1 2 3 1 2 |
| 22 | 2 1 6 1 2 |
| 23 | 4 2 1 |
| 24 | 7 6 4 |
| 25 | 15 5 |
| 26 | 12 2 6 |
| 27 | 11 1 2 6 |
| 28 | 10 1 1 6 |
| 29 | 10 1 9 |
| 30 | 10 1 9 |

| Column | Clue |
|---|---|
| 1 | 15 |
| 2 | 18 |
| 3 | 4 3 9 |
| 4 | 4 2 3 |
| 5 | 3 1 3 |
| 6 | 3 3 |
| 7 | 3 3 |
| 8 | 3 1 1 2 |
| 9 | 2 1 1 3 |
| 10 | 2 1 2 1 2 |
| 11 | 1 5 2 |
| 12 | 1 6 6 |
| 13 | 1 6 7 |
| 14 | 2 1 2 7 |
| 15 | 2 1 1 2 6 1 |
| 16 | 2 1 2 7 |
| 17 | 1 5 10 |
| 18 | 2 4 9 |
| 19 | 2 2 1 7 |
| 20 | 1 1 2 1 10 |
| 21 | 1 5 9 |
| 22 | 6 1 9 |
| 23 | 3 2 11 |
| 24 | 3 2 3 9 |
| 25 | 2 1 2 3 7 |
| 26 | 3 1 2 2 6 |
| 27 | 2 2 2 3 |
| 28 | 1 4 1 2 |
| 29 | 3 2 4 |
| 30 | 6 |

| Row | Clue |
|---|---|
| 1 | 0 |
| 2 | 3 |
| 3 | 7 |
| 4 | 2 4 |
| 5 | 2 2 |
| 6 | 3 3 |
| 7 | 2 6 |
| 8 | 3 1 1 2 3 |
| 9 | 3 12 2 |
| 10 | 3 1 4 6 4 |
| 11 | 2 5 1 2 1 1 1 |
| 12 | 2 3 2 1 2 1 2 |
| 13 | 3 9 2 2 |
| 14 | 2 1 4 3 1 |
| 15 | 2 2 5 1 |
| 16 | 2 13 1 |
| 17 | 3 16 1 |
| 18 | 3 11 3 |
| 19 | 3 1 12 2 |
| 20 | 2 14 1 |
| 21 | 4 2 15 |
| 22 | 4 9 12 |
| 23 | 3 3 5 1 2 1 3 1 |
| 24 | 3 2 1 1 1 3 1 |
| 25 | 5 4 1 |
| 26 | 4 4 1 |
| 27 | 4 4 1 |
| 28 | 3 4 1 |
| 29 | 3 2 1 |
| 30 | 2 2 1 |

| Column | Clues |
|---|---|
| 1 | 1 |
| 2 | 1 |
| 3 | 1 |
| 4 | 1 |
| 5 | 1 |
| 6 | 1 |
| 7 | 1 |
| 8 | 5 1 5 |
| 9 | 6 11 4 |
| 10 | 21 4 |
| 11 | 9 9 1 4 |
| 12 | 5 5 2 1 |
| 13 | 3 2 16 1 |
| 14 | 4 1 1 5 1 1 1 |
| 15 | 3 1 1 1 3 1 1 1 |
| 16 | 1 1 1 1 1 3 1 1 1 |
| 17 | 1 1 1 1 13 1 1 |
| 18 | 3 1 1 1 3 1 1 |
| 19 | 3 1 1 12 1 1 |
| 20 | 2 1 1 3 4 1 1 |
| 21 | 2 1 3 10 1 |
| 22 | 1 1 2 7 1 1 |
| 23 | 5 6 1 4 |
| 24 | 2 2 1 |
| 25 | 1 2 1 1 |
| 26 | 1 1 1 |
| 27 | 2 1 |
| 28 | 1 |
| 29 | 1 |
| 30 | 1 |

| Row | Clues |
|---|---|
| 1 | 1 1 |
| 2 | 5 |
| 3 | 3 2 |
| 4 | 3 2 |
| 5 | 12 |
| 6 | 4 2 |
| 7 | 8 1 1 |
| 8 | 6 4 1 |
| 9 | 4 2 3 |
| 10 | 5 5 1 |
| 11 | 7 2 |
| 12 | 13 |
| 13 | 12 |
| 14 | 2 11 |
| 15 | 3 2 1 1 4 |
| 16 | 3 1 1 6 1 |
| 17 | 3 1 1 5 1 1 |
| 18 | 3 1 1 5 1 1 |
| 19 | 3 1 1 6 1 |
| 20 | 3 1 1 1 5 |
| 21 | 3 1 1 1 1 |
| 22 | 11 1 1 1 1 10 |
| 23 | 3 1 1 1 1 |
| 24 | 3 3 1 3 |
| 25 | 1 4 2 1 1 |
| 26 | 2 1 1 1 |
| 27 | 4 6 1 |
| 28 | 4 1 |
| 29 | 3 1 |
| 30 | 12 |

| Column | Clue |
|---|---|
| 1 | 8 |
| 2 | 2 2 1 |
| 3 | 2 6 |
| 4 | 1 3 2 |
| 5 | 3 8 |
| 6 | 2 1 1 |
| 7 | 1 3 2 2 |
| 8 | 1 7 1 2 |
| 9 | 1 4 2 1 2 1 |
| 10 | 1 4 2 2 1 |
| 11 | 1 5 3 1 |
| 12 | 1 4 1 3 1 |
| 13 | 1 4 2 1 1 1 |
| 14 | 1 4 6 1 |
| 15 | 1 4 3 1 |
| 16 | 1 4 1 3 |
| 17 | 1 4 3 1 |
| 18 | 1 4 1 5 |
| 19 | 5 1 5 |
| 20 | 4 3 1 |
| 21 | 3 2 3 |
| 22 | 2 1 2 1 |
| 23 | 2 3 1 |
| 24 | 1 1 4 1 1 |
| 25 | 2 2 3 1 |
| 26 | 2 3 1 |
| 27 | 2 2 3 1 |
| 28 | 3 1 2 1 |
| 29 | 2 1 1 |
| 30 | 8 |

| Row | Clue |
|---|---|
| 1 | 0 |
| 2 | 0 |
| 3 | 0 |
| 4 | 0 |
| 5 | 0 |
| 6 | 0 |
| 7 | 11 |
| 8 | 2 1 |
| 9 | 1 13 |
| 10 | 1 14 |
| 11 | 2 1 16 2 |
| 12 | 27 |
| 13 | 1 2 1 1 2 |
| 14 | 1 2 1 1 2 |
| 15 | 2 1 4 1 1 4 |
| 16 | 2 2 1 1 1 1 1 1 |
| 17 | 1 3 2 1 1 3 |
| 18 | 1 1 1 1 2 1 1 |
| 19 | 3 1 1 2 3 1 1 |
| 20 | 1 1 7 5 6 1 |
| 21 | 1 1 4 2 4 2 4 1 |
| 22 | 3 6 2 7 1 |
| 23 | 5 1 2 1 1 |
| 24 | 22 |
| 25 | 0 |
| 26 | 0 |
| 27 | 0 |
| 28 | 0 |
| 29 | 0 |
| 30 | 0 |

| Column | Clue |
|---|---|
| 1 | 1 1 1 |
| 2 | 1 1 2 |
| 3 | 2 1 2 |
| 4 | 1 3 2 3 |
| 5 | 1 5 1 3 1 |
| 6 | 2 2 1 5 2 |
| 7 | 3 2 2 1 3 |
| 8 | 2 9 2 2 |
| 9 | 2 2 4 1 2 3 |
| 10 | 6 5 2 2 4 |
| 11 | 4 3 1 1 2 4 |
| 12 | 1 1 3 2 3 |
| 13 | 1 1 1 1 2 1 |
| 14 | 3 3 2 1 2 |
| 15 | 5 1 5 1 1 8 |
| 16 | 4 1 1 1 1 4 |
| 17 | 3 5 1 1 3 |
| 18 | 1 1 1 2 1 1 1 1 |
| 19 | 6 4 1 3 |
| 20 | 4 2 1 2 2 6 |
| 21 | 4 2 2 3 2 1 6 |
| 22 | 3 2 5 2 1 1 1 |
| 23 | 4 5 1 4 |
| 24 | 3 5 1 6 |
| 25 | 1 2 3 3 1 1 |
| 26 | 1 3 2 2 1 |
| 27 | 2 2 3 |
| 28 | 2 2 3 |
| 29 | 2 1 1 |
| 30 | 2 1 |


| Row | Clue |
|---|---|
| 1 | 1 1 2 |
| 2 | 2 2 2 |
| 3 | 2 2 3 |
| 4 | 2 2 3 |
| 5 | 1 2 2 2 1 |
| 6 | 2 2 2 4 2 |
| 7 | 1 1 1 1 1 1 2 |
| 8 | 3 1 7 4 |
| 9 | 1 1 1 2 2 2 1 |
| 10 | 3 1 1 2 2 8 |
| 11 | 4 3 2 6 |
| 12 | 2 7 3 1 1 1 |
| 13 | 6 1 2 1 1 5 |
| 14 | 1 9 9 |
| 15 | 2 1 1 7 4 |
| 16 | 4 2 2 1 1 4 |
| 17 | 4 2 2 3 |
| 18 | 1 1 1 |
| 19 | 2 1 5 2 3 |
| 20 | 6 1 2 1 3 |
| 21 | 5 1 2 3 2 3 2 |
| 22 | 2 1 1 3 2 3 3 |
| 23 | 4 7 1 2 |
| 24 | 3 1 2 1 2 3 |
| 25 | 2 3 1 5 2 |
| 26 | 1 2 2 3 1 |
| 27 | 3 2 2 |
| 28 | 3 2 2 |
| 29 | 2 2 2 |
| 30 | 2 1 2 |

| Column | Clue |
|---|---|
| 1 | 30 |
| 2 | 30 |
| 3 | 30 |
| 4 | 30 |
| 5 | 30 |
| 6 | 30 |
| 7 | 15 14 |
| 8 | 15 3 9 |
| 9 | 12 2 2 6 |
| 10 | 6 3 1 3 1 9 |
| 11 | 5 2 4 2 8 |
| 12 | 9 2 2 1 7 |
| 13 | 3 4 1 2 1 1 3 |
| 14 | 5 5 7 1 1 |
| 15 | 2 4 1 5 2 |
| 16 | 3 3 3 2 2 |
| 17 | 5 4 3 1 2 |
| 18 | 4 6 3 3 2 |
| 19 | 6 3 3 1 2 1 |
| 20 | 10 1 2 1 3 1 |
| 21 | 12 5 1 3 3 |
| 22 | 11 3 2 5 |
| 23 | 14 1 9 |
| 24 | 14 2 7 |
| 25 | 19 10 |
| 26 | 30 |
| 27 | 30 |
| 28 | 30 |
| 29 | 30 |
| 30 | 30 |


| Row | Clue |
|---|---|
| 1 | 30 |
| 2 | 30 |
| 3 | 14 15 |
| 4 | 12 2 14 |
| 5 | 12 2 1 12 |
| 6 | 10 1 2 12 |
| 7 | 9 2 2 11 |
| 8 | 9 2 1 11 |
| 9 | 10 1 13 |
| 10 | 11 14 |
| 11 | 13 3 10 |
| 12 | 9 4 2 2 8 |
| 13 | 8 2 2 3 9 |
| 14 | 9 3 13 |
| 15 | 12 1 4 6 |
| 16 | 6 2 1 1 6 |
| 17 | 7 1 1 1 6 |
| 18 | 8 1 1 1 7 |
| 19 | 8 1 3 8 |
| 20 | 10 6 1 5 |
| 21 | 7 1 6 1 6 |
| 22 | 8 1 3 1 6 |
| 23 | 8 2 2 6 6 |
| 24 | 8 21 |
| 25 | 12 1 1 1 2 8 |
| 26 | 13 9 |
| 27 | 12 6 9 |
| 28 | 13 4 10 |
| 29 | 13 10 |
| 30 | 14 11 |

| Column | Clues |
|---|---|
| 1 | 30 |
| 2 | 12 9 5 |
| 3 | 9 3 8 1 |
| 4 | 8 20 |
| 5 | 7 22 |
| 6 | 6 22 |
| 7 | 6 22 |
| 8 | 5 22 |
| 9 | 5 9 2 10 |
| 10 | 5 11 1 8 |
| 11 | 4 8 2 1 6 |
| 12 | 4 8 2 1 6 |
| 13 | 4 7 1 2 6 |
| 14 | 3 3 8 2 6 |
| 15 | 3 2 19 |
| 16 | 4 1 10 3 1 3 |
| 17 | 4 2 3 2 3 2 1 2 |
| 18 | 4 1 5 4 1 2 |
| 19 | 4 2 7 2 1 2 |
| 20 | 4 1 8 3 1 2 |
| 21 | 5 1 9 2 1 1 |
| 22 | 5 1 6 3 1 |
| 23 | 5 2 6 3 |
| 24 | 6 1 3 2 3 |
| 25 | 7 2 2 2 4 |
| 26 | 7 1 4 6 |
| 27 | 8 2 12 |
| 28 | 9 1 18 |
| 29 | 9 2 17 |
| 30 | 10 1 17 |

| Row | Clues |
|---|---|
| 1 | 30 |
| 2 | 30 |
| 3 | 30 |
| 4 | 13 15 |
| 5 | 10 10 |
| 6 | 7 7 |
| 7 | 5 3 1 6 |
| 8 | 4 6 7 4 |
| 9 | 3 13 3 3 |
| 10 | 2 12 5 3 1 |
| 11 | 2 10 9 3 |
| 12 | 2 23 2 |
| 13 | 1 26 |
| 14 | 1 14 6 5 |
| 15 | 1 8 4 12 |
| 16 | 2 14 3 3 4 |
| 17 | 2 5 3 3 3 5 |
| 18 | 9 5 10 |
| 19 | 17 9 |
| 20 | 8 4 8 |
| 21 | 9 2 1 2 6 |
| 22 | 9 9 5 |
| 23 | 10 6 4 |
| 24 | 10 2 4 |
| 25 | 1 13 4 3 |
| 26 | 2 13 1 3 |
| 27 | 2 12 3 |
| 28 | 2 18 3 |
| 29 | 2 17 3 |
| 30 | 3 12 3 |

| | |
|---|---|
| 5 | 1 3 |
| 3 | 1 3 |
| 3 1 | 2 3 |
| 4 4 | 1 3 |
| 1 1 1 1 1 5 1 4 3 | 2 1 5 |
| 1 1 1 1 5 1 1 2 5 | 1 1 1 3 |
| 1 1 1 6 1 5 | 2 5 |
| 1 1 5 1 1 4 | 1 1 1 1 2 1 |
| 2 2 1 1 2 3 | 2 2 8 2 |
| 3 2 3 3 | 10 11 |
| 6 5 3 | 23 |
| 7 2 4 4 | 6 12 5 |
| 6 7 1 | 7 4 7 4 |
| 9 4 1 | 3 3 4 2 3 4 |
| 2 3 1 | 1 1 2 1 1 1 2 2 |
| 2 3 2 | 1 4 1 1 3 2 |
| 4 7 | 1 1 1 3 |
| 9 11 | 2 1 1 2 |
| 7 3 6 2 | 2 2 2 |
| 5 1 6 2 | 3 3 3 3 1 |
| 7 1 2 3 | 2 2 1 1 1 4 1 |
| 1 4 2 1 4 | 2 4 3 3 1 |
| 1 6 1 1 5 | 1 6 5 2 2 |
| 1 1 1 1 4 1 2 2 6 | 1 11 2 2 |
| 7 7 1 3 3 | 9 3 2 |
| 7 5 2 6 1 | 1 3 6 3 2 |
| 1 13 4 2 | 1 4 1 3 4 3 |
| 1 1 1 3 4 | 2 8 3 4 3 |
| 8 | 2 19 4 |
| 11 | 3 7 6 5 |

**Column clues (left to right, top to bottom):**

1. 11 11
2. 5 2 1 13
3. 4 2 1 2 2 11
4. 6 1 3 1 1 9
5. 2 6 2 7
6. 3 1 1 5
7. 1 3 2 3
8. 1 2 1 1 2 1
9. 2 1 1 2 1 1 2 2
10. 3 2 1 1 1 8
11. 1 4 2 1 1 1 1 2 2
12. 1 3 2 1 1 1
13. 2 1 1 1 4
14. 4 1 2 1 1 2 5
15. 4 1 1 1 3 4
16. 9 5 6
17. 3 4 2
18. 1
19. 1
20. 1
21. 1 1 1
22. 1 1 1 1 2
23. 1 1 1 1 2
24. 10
25. 1 1 2
26. 1 1 2 1 2 1
27. 1 1 1 1 3 1
28. 1 2 2 1
29. 1 3
30. 5

**Row clues (top to bottom):**

1. 10
2. 4 2 3
3. 3 2 2 2
4. 3 2 2 3
5. 17 1
6. 2 2 3 2 1
7. 3 1 2 2
8. 1 3 1 1 1
9. 1 1 4 3 2
10. 2 2 1 1
11. 4 4 3 1
12. 1 1 1 1 2 1
13. 1 1 1 1
14. 1 1 1 1
15. 1 1 1
16. 3 1 1 1 1
17. 1 1 3 1 1
18. 1 1 1 2 7
19. 1 1 1 1 1 5 3 1
20. 3 1 4 1 1 1 1
21. 3 2 1 1 2 1 1
22. 4 2 2 3 2 1
23. 4 3 4 2 1
24. 5 6 1 4 1
25. 5 1 2 1 4
26. 6 3 3 3
27. 6 3 4 1
28. 8 1 4 1
29. 7 2 2 2
30. 7 2 2 2

| Column | Clues |
|---|---|
| 1 | 1 |
| 2 | 2 |
| 3 | 1 8 5 |
| 4 | 2 1 9 2 |
| 5 | 3 3 1 1 3 |
| 6 | 1 1 1 2 |
| 7 | 2 1 1 |
| 8 | 3 1 4 8 |
| 9 | 1 2 3 7 |
| 10 | 1 2 1 6 |
| 11 | 1 2 1 7 |
| 12 | 1 1 4 3 4 |
| 13 | 1 1 3 1 1 1 2 |
| 14 | 1 5 2 1 3 |
| 15 | 1 3 1 1 1 4 |
| 16 | 1 2 2 1 2 1 5 |
| 17 | 1 1 3 1 1 5 |
| 18 | 1 3 1 1 1 1 1 |
| 19 | 1 1 1 1 2 1 2 |
| 20 | 1 2 2 3 2 3 |
| 21 | 5 2 2 3 |
| 22 | 4 3 1 2 |
| 23 | 4 2 5 1 |
| 24 | 8 1 |
| 25 | 1 7 1 1 1 |
| 26 | 3 1 1 1 1 |
| 27 | 1 1 1 1 |
| 28 | 1 1 1 |
| 29 | 6 |
| 30 | 2 |

| Row | Clues |
|---|---|
| 1 | 11 |
| 2 | 1 2 |
| 3 | 2 2 1 1 |
| 4 | 4 1 1 2 |
| 5 | 2 1 5 |
| 6 | 3 1 1 4 |
| 7 | 2 2 |
| 8 | 1 1 1 |
| 9 | 2 2 1 |
| 10 | 1 2 1 1 |
| 11 | 3 2 5 1 1 |
| 12 | 6 6 1 1 |
| 13 | 3 1 7 1 1 |
| 14 | 2 1 1 1 1 2 |
| 15 | 2 2 1 5 1 |
| 16 | 2 5 1 |
| 17 | 1 2 1 1 1 1 |
| 18 | 3 1 2 1 1 1 |
| 19 | 4 1 2 2 1 |
| 20 | 1 1 2 1 1 1 |
| 21 | 1 1 3 2 1 1 |
| 22 | 1 1 3 1 1 1 |
| 23 | 1 1 1 1 1 1 |
| 24 | 1 2 1 3 1 7 |
| 25 | 1 4 1 1 1 |
| 26 | 1 5 2 1 1 3 1 |
| 27 | 1 10 2 3 |
| 28 | 10 1 3 2 |
| 29 | 1 5 4 2 2 |
| 30 | 1 4 3 1 3 1 |

| Column | Clue |
|---|---|
| 1 | 4 2 |
| 2 | 1 2 5 |
| 3 | 3 2 2 8 |
| 4 | 2 1 2 1 5 5 |
| 5 | 1 1 1 2 1 2 1 2 |
| 6 | 2 1 3 2 5 2 |
| 7 | 1 4 1 2 8 1 |
| 8 | 1 2 1 3 10 |
| 9 | 2 3 7 1 2 |
| 10 | 3 1 9 1 2 |
| 11 | 1 1 5 2 2 |
| 12 | 2 2 9 |
| 13 | 1 11 |
| 14 | 6 5 |
| 15 | 5 6 |
| 16 | 2 7 |
| 17 | 5 3 |
| 18 | 3 2 |
| 19 | 2 |
| 20 | 2 1 1 |
| 21 | 2 3 |
| 22 | 1 1 1 |
| 23 | 3 1 |
| 24 | 2 1 |
| 25 | 1 2 |
| 26 | 1 2 |
| 27 | 2 3 1 |
| 28 | 2 1 1 1 |
| 29 | 2 3 1 |
| 30 | 3 1 |

| Row | Clue |
|---|---|
| 1 | 1 3 |
| 2 | 4 3 |
| 3 | 1 1 2 2 |
| 4 | 2 1 4 |
| 5 | 2 4 2 |
| 6 | 2 1 |
| 7 | 4 |
| 8 | 2 |
| 9 | 1 |
| 10 | 1 |
| 11 | 1 |
| 12 | 1 |
| 13 | 2 |
| 14 | 2 1 |
| 15 | 1 1 |
| 16 | 1 1 3 |
| 17 | 1 3 2 2 |
| 18 | 2 2 4 2 |
| 19 | 2 5 3 |
| 20 | 2 5 4 |
| 21 | 1 4 4 2 |
| 22 | 1 10 3 2 |
| 23 | 1 8 5 5 |
| 24 | 1 5 6 2 2 1 1 |
| 25 | 1 3 6 4 1 1 |
| 26 | 15 1 1 1 1 |
| 27 | 3 2 6 2 1 1 |
| 28 | 4 2 6 1 5 |
| 29 | 6 2 2 4 1 2 |
| 30 | 6 1 1 2 6 3 |

| | 1 15 6 | 2 5 10 5 | 2 1 6 3 4 3 | 3 4 5 1 5 5 | 2 1 1 4 1 | 3 2 1 2 2 1 | 1 1 1 2 1 2 | 1 2 1 2 2 2 | 2 1 1 2 4 | 4 1 1 2 1 | 5 2 1 4 2 1 | 5 1 4 8 | 4 1 1 1 7 | 4 1 1 4 6 | 4 1 1 1 3 5 | 4 3 4 6 | 4 10 3 6 | 2 13 10 | 1 9 3 3 | 3 3 5 3 2 | 2 3 1 | 6 4 | 3 5 1 | 2 6 | 1 1 3 1 | 1 1 1 | 1 2 1 1 | 1 2 1 2 | 1 1 2 | 8 |
|---|---|---|---|---|---|---|---|---|---|---|---|---|---|---|---|---|---|---|---|---|---|---|---|---|---|---|---|---|---|---|
| 7 | | | | | | | | | | | | | | | | | | | | | | | | | | | | | | |
| 3 6 | | | | | | | | | | | | | | | | | | | | | | | | | | | | | | |
| 4 7 | | | | | | | | | | | | | | | | | | | | | | | | | | | | | | |
| 3 11 | | | | | | | | | | | | | | | | | | | | | | | | | | | | | | |
| 2 3 10 | | | | | | | | | | | | | | | | | | | | | | | | | | | | | | |
| 4 3 1 | | | | | | | | | | | | | | | | | | | | | | | | | | | | | | |
| 1 2 2 | | | | | | | | | | | | | | | | | | | | | | | | | | | | | | |
| 1 2 3 2 1 | | | | | | | | | | | | | | | | | | | | | | | | | | | | | | |
| 4 1 1 3 | | | | | | | | | | | | | | | | | | | | | | | | | | | | | | |
| 3 4 | | | | | | | | | | | | | | | | | | | | | | | | | | | | | | |
| 3 1 4 | | | | | | | | | | | | | | | | | | | | | | | | | | | | | | |
| 4 6 5 | | | | | | | | | | | | | | | | | | | | | | | | | | | | | | |
| 4 1 2 1 1 4 | | | | | | | | | | | | | | | | | | | | | | | | | | | | | | |
| 1 1 4 | | | | | | | | | | | | | | | | | | | | | | | | | | | | | | |
| 2 1 3 5 | | | | | | | | | | | | | | | | | | | | | | | | | | | | | | |
| 2 1 2 4 2 1 | | | | | | | | | | | | | | | | | | | | | | | | | | | | | | |
| 3 2 2 1 1 1 | | | | | | | | | | | | | | | | | | | | | | | | | | | | | | |
| 4 3 2 1 2 1 | | | | | | | | | | | | | | | | | | | | | | | | | | | | | | |
| 3 1 2 2 4 1 1 | | | | | | | | | | | | | | | | | | | | | | | | | | | | | | |
| 2 1 3 1 2 1 3 | | | | | | | | | | | | | | | | | | | | | | | | | | | | | | |
| 5 2 4 1 2 1 | | | | | | | | | | | | | | | | | | | | | | | | | | | | | | |
| 5 4 4 1 2 1 1 | | | | | | | | | | | | | | | | | | | | | | | | | | | | | | |
| 4 5 4 3 1 1 1 | | | | | | | | | | | | | | | | | | | | | | | | | | | | | | |
| 6 1 5 1 2 1 2 | | | | | | | | | | | | | | | | | | | | | | | | | | | | | | |
| 1 1 2 3 10 2 | | | | | | | | | | | | | | | | | | | | | | | | | | | | | | |
| 2 2 1 15 1 | | | | | | | | | | | | | | | | | | | | | | | | | | | | | | |
| 4 1 15 1 | | | | | | | | | | | | | | | | | | | | | | | | | | | | | | |
| 4 1 1 7 1 1 | | | | | | | | | | | | | | | | | | | | | | | | | | | | | | |
| 4 1 7 2 1 | | | | | | | | | | | | | | | | | | | | | | | | | | | | | | |
| 2 1 3 4 1 1 | | | | | | | | | | | | | | | | | | | | | | | | | | | | | | |

Column clues (left to right):

| Column | Clue |
|---|---|
| 1 | 8 2 5 |
| 2 | 9 15 |
| 3 | 30 |
| 4 | 30 |
| 5 | 30 |
| 6 | 30 |
| 7 | 30 |
| 8 | 30 |
| 9 | 30 |
| 10 | 30 |
| 11 | 26 3 |
| 12 | 12 1 11 2 |
| 13 | 10 4 7 |
| 14 | 9 1 2 9 |
| 15 | 9 4 9 |
| 16 | 9 2 2 5 |
| 17 | 9 2 5 2 4 |
| 18 | 9 9 4 |
| 19 | 9 7 2 4 |
| 20 | 9 4 2 1 7 |
| 21 | 6 1 1 2 3 5 |
| 22 | 1 1 4 2 6 |
| 23 | 1 2 1 1 10 |
| 24 | 3 2 3 14 |
| 25 | 3 21 1 1 |
| 26 | 2 1 17 1 1 |
| 27 | 1 1 2 14 |
| 28 | 2 3 8 |
| 29 | 1 2 |
| 30 | 0 |


| Row | Clue |
|---|---|
| 1 | 19 6 |
| 2 | 21 3 1 |
| 3 | 21 2 1 |
| 4 | 21 1 |
| 5 | 21 1 |
| 6 | 21 2 |
| 7 | 20 3 |
| 8 | 23 1 |
| 9 | 20 1 |
| 10 | 13 2 |
| 11 | 10 6 |
| 12 | 13 1 1 1 4 |
| 13 | 9 1 3 9 |
| 14 | 14 1 3 2 1 |
| 15 | 9 3 2 1 2 1 |
| 16 | 10 3 2 1 |
| 17 | 11 3 4 |
| 18 | 11 3 4 |
| 19 | 11 4 4 |
| 20 | 11 4 4 |
| 21 | 11 3 7 |
| 22 | 27 |
| 23 | 16 6 |
| 24 | 14 2 6 |
| 25 | 14 2 7 |
| 26 | 16 5 3 |
| 27 | 10 14 2 |
| 28 | 11 12 3 |
| 29 | 12 12 3 |
| 30 | 12 11 4 |

| Column | Clue |
|---|---|
| 1 | 1 23 |
| 2 | 1 18 |
| 3 | 1 16 3 |
| 4 | 1 19 |
| 5 | 1 19 |
| 6 | 3 3 10 |
| 7 | 4 9 |
| 8 | 4 7 |
| 9 | 4 2 5 1 |
| 10 | 5 2 4 1 1 |
| 11 | 1 5 1 6 1 1 |
| 12 | 5 1 7 |
| 13 | 3 1 7 1 1 |
| 14 | 3 2 1 6 1 |
| 15 | 3 1 6 1 |
| 16 | 1 10 |
| 17 | 1 1 8 |
| 18 | 2 1 1 8 |
| 19 | 3 4 6 |
| 20 | 3 2 6 4 |
| 21 | 4 14 4 |
| 22 | 4 10 3 4 |
| 23 | 5 3 5 4 2 |
| 24 | 9 4 4 2 |
| 25 | 8 4 4 2 |
| 26 | 8 4 2 3 |
| 27 | 6 4 1 |
| 28 | 6 5 |
| 29 | 5 3 |
| 30 | 4 1 |


| Row | Clue |
|---|---|
| 1 | 1 1 |
| 2 | 1 1 |
| 3 | 1 4 |
| 4 | 2 7 |
| 5 | 8 |
| 6 | 7 1 3 |
| 7 | 6 5 |
| 8 | 1 3 1 6 |
| 9 | 1 1 2 7 |
| 10 | 2 2 2 1 4 |
| 11 | 6 1 1 1 3 |
| 12 | 6 3 1 2 7 |
| 13 | 6 2 1 8 |
| 14 | 5 1 1 9 |
| 15 | 6 3 6 |
| 16 | 7 3 6 |
| 17 | 8 1 3 5 |
| 18 | 9 1 5 3 |
| 19 | 12 1 7 1 |
| 20 | 13 1 10 |
| 21 | 16 4 8 |
| 22 | 16 3 5 |
| 23 | 8 12 3 |
| 24 | 7 7 5 1 |
| 25 | 5 10 7 |
| 26 | 5 1 7 4 |
| 27 | 2 1 7 2 |
| 28 | 1 2 1 1 7 1 |
| 29 | 1 1 1 13 |
| 30 | 1 1 1 11 |

| Column | Clue |
|---|---|
| 1 | 5 |
| 2 | 2 3 2 |
| 3 | 2 6 4 |
| 4 | 2 6 6 |
| 5 | 2 5 9 |
| 6 | 2 6 18 |
| 7 | 2 5 2 9 |
| 8 | 2 5 3 13 |
| 9 | 2 4 3 1 1 11 |
| 10 | 3 4 1 18 |
| 11 | 3 3 20 |
| 12 | 2 3 5 15 |
| 13 | 2 2 6 14 |
| 14 | 2 1 4 2 14 |
| 15 | 3 4 2 5 8 |
| 16 | 2 4 2 3 9 |
| 17 | 2 6 1 2 10 |
| 18 | 1 2 2 1 12 |
| 19 | 1 2 2 2 9 |
| 20 | 1 2 1 4 4 4 |
| 21 | 2 2 3 1 4 4 4 |
| 22 | 7 3 4 4 5 |
| 23 | 11 3 4 3 |
| 24 | 11 1 7 |
| 25 | 6 6 3 |
| 26 | 6 |
| 27 | 6 |
| 28 | 6 |
| 29 | 5 |
| 30 | 2 |

| Row | Clue |
|---|---|
| 1 | 12 |
| 2 | 10 3 |
| 3 | 6 1 3 3 |
| 4 | 3 3 10 |
| 5 | 2 6 3 6 |
| 6 | 2 7 4 6 |
| 7 | 1 6 5 8 |
| 8 | 1 7 4 1 8 |
| 9 | 2 5 3 2 1 7 |
| 10 | 1 5 2 2 1 1 2 4 |
| 11 | 1 4 2 7 4 3 |
| 12 | 1 3 3 6 3 3 |
| 13 | 1 2 3 2 1 1 2 |
| 14 | 2 2 3 1 1 |
| 15 | 2 2 1 2 4 1 |
| 16 | 1 5 3 3 5 1 |
| 17 | 6 8 4 1 |
| 18 | 15 7 |
| 19 | 7 6 2 1 |
| 20 | 13 1 5 |
| 21 | 11 9 |
| 22 | 10 10 |
| 23 | 20 |
| 24 | 14 1 |
| 25 | 1 13 2 |
| 26 | 1 17 |
| 27 | 1 16 |
| 28 | 1 14 |
| 29 | 1 11 2 |
| 30 | 1 10 1 |

| 0 | 0 | 0 | 7 | 11 | 16 1 | 18 1 | 19 2 | 21 3 | 30 | 6 23 | 5 6 17 | 5 5 6 7 | 5 5 4 4 6 | 3 2 4 12 5 | 1 3 4 12 4 | 3 1 2 4 1 2 3 4 | 4 2 1 1 3 2 | 5 3 2 1 3 2 | 3 6 1 1 2 2 2 | 4 5 10 1 | 4 4 5 1 | 7 4 1 | 6 4 1 | 5 | 0 | 0 | 0 | 0 | 0 |
|---|---|---|---|---|---|---|---|---|---|---|---|---|---|---|---|---|---|---|---|---|---|---|---|---|---|---|---|---|---|

| |
|---|
| 14 |
| 9 6 |
| 10 7 |
| 9 1 2 3 |
| 12 1 3 |
| 7 3 1 2 |
| 6 3 5 |
| 13 5 |
| 22 |
| 19 2 |
| 13 3 1 |
| 9 1 |
| 8 1 1 1 |
| 10 3 1 1 |
| 17 2 |
| 12 1 4 |
| 11 4 |
| 18 |
| 7 2 2 |
| 4 9 |
| 4 8 |
| 3 3 2 1 |
| 3 4 2 |
| 4 6 |
| 5 4 |
| 6 1 |
| 8 1 |
| 9 1 |
| 10 1 |
| 12 2 |

Column clues (left to right):

| Column | Clue |
|---|---|
| 1 | 0 |
| 2 | 8 |
| 3 | 11 |
| 4 | 1 5 4 |
| 5 | 3 1 10 |
| 6 | 1 3 1 6 1 |
| 7 | 1 3 1 1 |
| 8 | 1 5 1 2 |
| 9 | 2 4 8 |
| 10 | 1 2 1 5 1 |
| 11 | 4 1 1 2 2 |
| 12 | 3 2 1 1 1 |
| 13 | 3 1 1 1 1 1 |
| 14 | 3 2 1 7 |
| 15 | 1 1 1 2 5 |
| 16 | 1 1 3 9 1 |
| 17 | 1 1 1 1 6 1 |
| 18 | 1 1 4 1 1 |
| 19 | 3 1 1 7 2 |
| 20 | 2 1 1 3 4 |
| 21 | 1 4 2 2 4 2 |
| 22 | 3 3 1 6 1 3 |
| 23 | 3 7 2 3 |
| 24 | 3 6 4 |
| 25 | 2 13 |
| 26 | 1 11 |
| 27 | 1 8 |
| 28 | 1 1 |
| 29 | 7 |
| 30 | 0 |

| Row | Clue |
|---|---|
| 1 | 3 |
| 2 | 5 |
| 3 | 1 3 |
| 4 | 1 1 |
| 5 | 8 1 1 |
| 6 | 1 4 2 1 |
| 7 | 10 1 1 |
| 8 | 1 2 1 1 |
| 9 | 1 2 1 1 1 1 |
| 10 | 4 1 1 1 1 1 |
| 11 | 7 1 1 1 |
| 12 | 4 1 5 |
| 13 | 5 1 1 1 |
| 14 | 3 1 2 1 |
| 15 | 1 1 1 1 2 1 |
| 16 | 4 2 1 2 1 1 |
| 17 | 3 1 3 4 1 3 |
| 18 | 4 2 1 2 2 1 6 |
| 19 | 4 1 1 2 1 5 1 |
| 20 | 5 1 1 4 2 5 1 |
| 21 | 2 2 9 2 5 1 |
| 22 | 2 2 1 5 1 1 4 1 |
| 23 | 5 1 3 1 3 1 |
| 24 | 5 1 1 2 1 3 1 |
| 25 | 4 1 1 5 3 1 |
| 26 | 3 1 5 3 1 |
| 27 | 2 1 1 4 1 |
| 28 | 8 |
| 29 | 7 |
| 30 | 4 |

Column clues (left to right):

1 4 | 2 6 | 3 1 7 | 10 10 | 13 12 | 15 12 | 29 | 30 | 30 | 30 | 30 | 30 | 30 | 30 | 30 | 22 2 3 | 22 2 | 22 | 9 11 | 21 | 20 | 5 5 2 | 3 3 1 | 2 2 | 1 5 | 1 4 | 2 | 2 5 | 2 2 1 1 5 | 1 1 4

Row clues (top to bottom):

11
15
17
17
18
19
19
20
21
23
15 2
20 1
20 1
22 1
2 19 1
18 1
15 1
16 1
20 1
17 2 1
18 1 1
19 1
12 2 3
13 2 3
15 1 3
15 5
15 3
16
17
17

| Column | Clue |
|---|---|
| 1 | 0 |
| 2 | 0 |
| 3 | 1 |
| 4 | 9 1 1 |
| 5 | 10 6 2 |
| 6 | 12 11 |
| 7 | 14 7 2 |
| 8 | 10 1 |
| 9 | 9 |
| 10 | 11 1 |
| 11 | 10 1 3 |
| 12 | 12 1 4 |
| 13 | 10 1 1 2 4 |
| 14 | 13 2 1 5 |
| 15 | 6 4 2 2 5 |
| 16 | 6 3 1 1 1 1 5 |
| 17 | 7 3 1 1 5 |
| 18 | 7 3 1 1 5 |
| 19 | 6 2 1 2 4 |
| 20 | 1 5 4 1 2 |
| 21 | 2 8 1 3 |
| 22 | 2 8 1 |
| 23 | 2 5 1 1 |
| 24 | 1 5 2 |
| 25 | 1 5 4 |
| 26 | 1 13 1 |
| 27 | 2 10 |
| 28 | 2 7 |
| 29 | 8 |
| 30 | 0 |

| Row | Clue |
|---|---|
| 1 | 5 3 |
| 2 | 9 3 |
| 3 | 11 2 |
| 4 | 13 1 |
| 5 | 16 1 |
| 6 | 19 1 |
| 7 | 19 1 |
| 8 | 10 9 1 |
| 9 | 11 6 1 |
| 10 | 13 7 1 |
| 11 | 7 1 3 4 3 1 |
| 12 | 5 6 5 3 1 |
| 13 | 5 1 1 2 1 |
| 14 | 4 1 1 1 4 |
| 15 | 4 1 2 4 |
| 16 | 4 6 4 |
| 17 | 4 1 2 4 |
| 18 | 1 1 1 3 |
| 19 | 1 1 5 3 |
| 20 | 3 1 2 2 3 |
| 21 | 5 1 |
| 22 | 3 3 1 |
| 23 | 3 2 |
| 24 | 3 1 1 |
| 25 | 2 1 2 |
| 26 | 2 2 5 1 |
| 27 | 1 10 2 |
| 28 | 1 10 |
| 29 | 3 8 1 |
| 30 | 5 7 1 |

| Column | Clues |
|---|---|
| 1 | 17 |
| 2 | 17 |
| 3 | 18 |
| 4 | 4 15 |
| 5 | 9 1 14 |
| 6 | 10 1 12 |
| 7 | 2 7 1 10 |
| 8 | 2 6 2 8 |
| 9 | 2 5 3 6 |
| 10 | 4 7 2 8 |
| 11 | 5 5 2 4 |
| 12 | 5 3 2 3 |
| 13 | 4 3 1 1 |
| 14 | 5 3 1 2 1 |
| 15 | 9 1 1 1 1 1 1 |
| 16 | 5 1 1 1 3 |
| 17 | 5 1 4 1 |
| 18 | 5 2 2 1 1 |
| 19 | 6 1 1 1 2 |
| 20 | 3 1 2 4 |
| 21 | 2 1 4 5 |
| 22 | 3 3 8 |
| 23 | 3 13 |
| 24 | 16 |
| 25 | 16 |
| 26 | 14 |
| 27 | 13 |
| 28 | 11 |
| 29 | 10 |
| 30 | 7 |

| Row | Clues |
|---|---|
| 1 | 6 |
| 2 | 9 |
| 3 | 3 8 |
| 4 | 2 9 |
| 5 | 3 2 6 |
| 6 | 5 6 |
| 7 | 6 6 |
| 8 | 11 3 |
| 9 | 11 1 2 |
| 10 | 11 1 5 |
| 11 | 5 2 3 7 |
| 12 | 3 2 1 2 4 |
| 13 | 2 1 2 7 |
| 14 | 4 1 3 9 |
| 15 | 3 1 2 9 |
| 16 | 4 1 1 10 |
| 17 | 5 1 2 8 |
| 18 | 5 1 1 1 9 |
| 19 | 6 1 2 1 9 |
| 20 | 6 1 2 1 12 |
| 21 | 7 1 3 1 10 |
| 22 | 7 1 1 9 |
| 23 | 8 1 1 8 |
| 24 | 8 1 1 6 |
| 25 | 10 3 4 |
| 26 | 10 1 1 1 |
| 27 | 11 1 3 |
| 28 | 12 3 |
| 29 | 12 2 |
| 30 | 12 2 |

| Column | Clues |
|---|---|
| 1 | 4 23 |
| 2 | 3 5 12 |
| 3 | 1 3 7 11 |
| 4 | 3 21 |
| 5 | 2 23 |
| 6 | 2 24 |
| 7 | 1 2 4 12 |
| 8 | 2 2 2 6 11 |
| 9 | 1 2 2 10 10 |
| 10 | 1 2 1 11 9 |
| 11 | 1 2 1 13 9 |
| 12 | 1 1 2 1 1 19 |
| 13 | 1 2 1 14 |
| 14 | 1 1 1 13 |
| 15 | 2 1 13 |
| 16 | 1 1 1 1 13 |
| 17 | 1 1 1 3 13 |
| 18 | 1 1 1 3 13 |
| 19 | 2 1 1 3 13 |
| 20 | 2 1 2 3 12 |
| 21 | 2 1 3 2 2 9 |
| 22 | 2 1 6 2 3 5 |
| 23 | 2 1 5 2 2 6 |
| 24 | 3 1 4 2 2 6 |
| 25 | 5 2 2 2 2 |
| 26 | 6 3 1 1 1 2 |
| 27 | 7 4 4 |
| 28 | 9 4 5 |
| 29 | 11 2 8 |
| 30 | 30 |

| Row | Clues |
|---|---|
| 1 | 3 5 15 |
| 2 | 2 3 12 |
| 3 | 2 2 6 7 |
| 4 | 1 2 4 3 3 6 |
| 5 | 2 2 4 3 7 |
| 6 | 2 1 5 2 5 |
| 7 | 2 1 2 1 4 |
| 8 | 2 4 2 1 3 |
| 9 | 2 3 2 1 3 |
| 10 | 2 4 4 4 2 |
| 11 | 2 4 3 7 2 |
| 12 | 1 4 4 1 4 1 |
| 13 | 1 4 5 5 3 1 1 |
| 14 | 1 4 5 8 3 1 |
| 15 | 1 4 5 5 5 |
| 16 | 1 4 5 5 |
| 17 | 1 4 6 1 1 |
| 18 | 1 4 12 1 1 |
| 19 | 2 4 17 1 |
| 20 | 8 11 4 1 |
| 21 | 9 9 1 |
| 22 | 25 1 |
| 23 | 26 2 |
| 24 | 22 2 |
| 25 | 21 4 2 |
| 26 | 25 3 |
| 27 | 24 4 |
| 28 | 24 4 |
| 29 | 30 |
| 30 | 30 |

Column clues (left to right, top to bottom in each column):

1. 0
2. 0
3. 0
4. 0
5. 0
6. 0
7. 0
8. 0
9. 0
10. 4 1
11. 11 4
12. 10 4 6
13. 4 4 8
14. 2 2 2 1 3 7
15. 1 1 1 1 1 1 1 1
16. 1 1 1 1 1 3 1 1
17. 2 1 1 1 1 1 1
18. 3 2 2 1 1 1
19. 4 1 2 2 1
20. 5 3 2
21. 4
22. 0
23. 0
24. 0
25. 0
26. 0
27. 0
28. 0
29. 0
30. 0

Row clues (top to bottom):

1. 2
2. 1 1
3. 1 1
4. 1 2 1
5. 2 1
6. 2 1
7. 2 1 1
8. 1 1 1 1
9. 1 1 1
10. 1 1
11. 2 3 1
12. 2 1 1 1
13. 2 1 1 1
14. 2 1 1 1
15. 2 1 1
16. 3 2 1
17. 2 1 1 1
18. 2 1 1 2
19. 4 4
20. 8 1
21. 4 1
22. 1 1 1
23. 1 1
24. 5
25. 3 1
26. 3 1
27. 4 1
28. 4 1
29. 5 1
30. 4 2

| Column | Clue |
|---|---|
| 1 | 0 |
| 2 | 0 |
| 3 | 0 |
| 4 | 0 |
| 5 | 0 |
| 6 | 0 |
| 7 | 0 |
| 8 | 0 |
| 9 | 1 |
| 10 | 3 1 |
| 11 | 7 4 |
| 12 | 10 4 |
| 13 | 17 4 |
| 14 | 2 2 1 2 4 2 3 1 |
| 15 | 1 2 4 5 1 |
| 16 | 2 7 2 2 |
| 17 | 4 2 3 |
| 18 | 4 2 4 2 3 |
| 19 | 1 2 6 3 |
| 20 | 1 5 5 |
| 21 | 1 2 3 1 |
| 22 | 6 1 1 |
| 23 | 3 2 2 |
| 24 | 1 1 1 5 |
| 25 | 2 1 1 |
| 26 | 2 1 |
| 27 | 1 1 |
| 28 | 1 1 |
| 29 | 1 1 1 |
| 30 | 3 |


| Row | Clue |
|---|---|
| 1 | 1 |
| 2 | 2 |
| 3 | 2 |
| 4 | 4 |
| 5 | 4 |
| 6 | 3 |
| 7 | 5 1 1 |
| 8 | 4 2 1 |
| 9 | 6 2 |
| 10 | 4 2 |
| 11 | 3 2 3 |
| 12 | 2 4 |
| 13 | 6 1 |
| 14 | 4 4 |
| 15 | 4 3 1 |
| 16 | 10 1 |
| 17 | 1 10 |
| 18 | 2 6 |
| 19 | 2 1 3 |
| 20 | 2 1 |
| 21 | 2 3 1 |
| 22 | 1 1 1 3 |
| 23 | 2 1 1 |
| 24 | 1 1 1 |
| 25 | 2 1 2 |
| 26 | 2 3 3 1 |
| 27 | 3 1 1 3 3 |
| 28 | 3 2 1 2 |
| 29 | 2 3 1 1 |
| 30 | 3 4 1 1 |

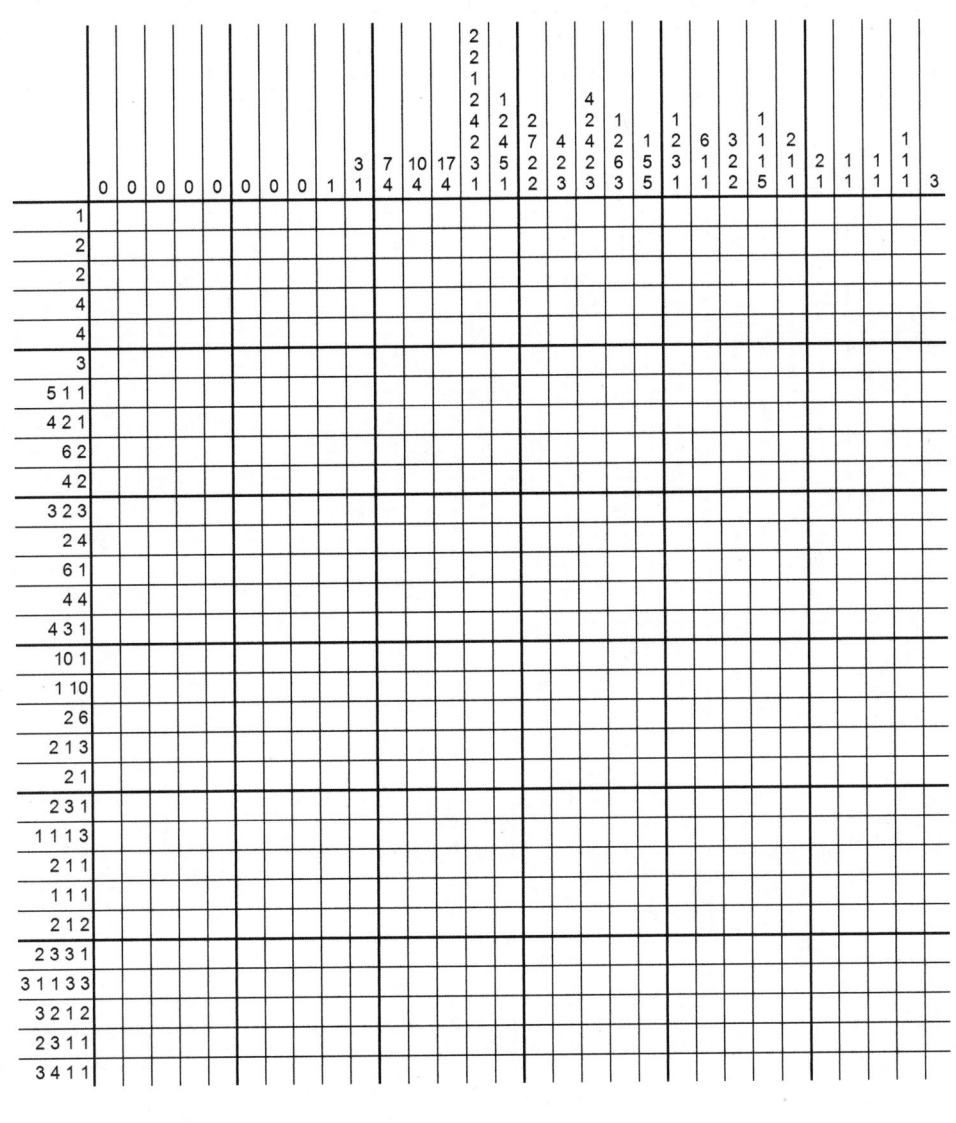

| Column | Clue |
|---|---|
| 1 | 1 |
| 2 | 2 |
| 3 | 2 |
| 4 | 3 |
| 5 | 8 3 |
| 6 | 9 3 4 |
| 7 | 11 1 3 4 |
| 8 | 22 5 |
| 9 | 15 11 |
| 10 | 5 1 2 2 3 4 3 |
| 11 | 3 1 1 3 10 |
| 12 | 4 1 1 3 2 4 4 |
| 13 | 4 1 2 2 2 6 1 1 |
| 14 | 5 1 3 2 2 1 2 1 |
| 15 | 5 1 3 1 2 1 |
| 16 | 5 1 2 1 2 1 |
| 17 | 5 6 6 2 1 |
| 18 | 4 1 3 3 4 2 2 |
| 19 | 5 1 2 2 14 |
| 20 | 5 1 1 3 11 |
| 21 | 8 1 3 14 |
| 22 | 10 1 9 5 |
| 23 | 20 4 |
| 24 | 15 3 |
| 25 | 8 2 |
| 26 | 1 |
| 27 | 1 |
| 28 | 1 |
| 29 | 0 |
| 30 | 0 |


| Row | Clue |
|---|---|
| 1 | 10 |
| 2 | 13 |
| 3 | 16 |
| 4 | 18 |
| 5 | 5 4 6 |
| 6 | 5 4 |
| 7 | 5 3 6 |
| 8 | 6 1 1 5 |
| 9 | 5 4 |
| 10 | 9 7 |
| 11 | 6 2 2 4 |
| 12 | 5 2 1 2 2 3 |
| 13 | 10 9 |
| 14 | 1 7 1 3 3 |
| 15 | 1 2 1 3 |
| 16 | 1 3 2 2 3 |
| 17 | 1 3 8 4 |
| 18 | 2 3 2 4 |
| 19 | 1 1 5 1 3 |
| 20 | 3 13 |
| 21 | 3 3 1 7 |
| 22 | 7 7 |
| 23 | 6 6 |
| 24 | 4 5 4 |
| 25 | 4 4 |
| 26 | 2 12 |
| 27 | 4 2 4 5 |
| 28 | 7 1 6 |
| 29 | 9 1 8 |
| 30 | 10 15 |

| | | | | | | | | | | | | | | | | | | | | | | | | | | | | | |
|---|---|---|---|---|---|---|---|---|---|---|---|---|---|---|---|---|---|---|---|---|---|---|---|---|---|---|---|---|---|
| 30 | 30 | 30 | 14 14 | 15 13 | 15 13 | 30 | 30 | 12 6 7 | 10 4 5 | 10 5 4 | 10 2 3 | 1 3 4 1 2 | 1 2 2 2 1 1 | 2 2 2 2 1 2 | 4 4 4 2 | 3 7 2 1 2 1 | 3 5 3 1 2 1 | 2 9 1 2 1 2 | 3 5 1 1 2 1 4 | 2 5 4 2 6 | 3 2 2 2 1 1 7 | 4 1 2 1 1 8 | 6 2 1 10 | 7 3 14 | 30 | 30 | 30 | 30 | 30 |

| |
|---|
| 14 14 |
| 12 15 |
| 18 1 9 |
| 16 8 |
| 13 2 2 7 |
| 12 2 14 |
| 22 6 |
| 13 6 2 5 |
| 30 |
| 19 1 6 |
| 9 1 1 8 |
| 9 2 5 |
| 8 4 1 5 |
| 8 8 5 |
| 3 4 3 2 5 |
| 3 3 1 6 1 5 |
| 4 3 2 1 1 6 |
| 12 6 |
| 11 4 6 |
| 11 7 6 |
| 11 3 2 7 |
| 8 7 |
| 8 8 |
| 9 9 |
| 9 11 |
| 10 3 10 |
| 11 11 |
| 12 11 |
| 13 12 |
| 13 12 |

|  | 23 | 4 1 13 | 3 2 5 7 | 1 9 7 | 3 7 1 6 | 13 5 | 2 6 3 | 1 8 2 | 6 4 1 | 3 4 2 1 | 2 4 2 3 1 | 3 2 4 2 1 3 | 4 3 3 1 2 2 | 1 2 1 3 2 2 2 | 2 3 1 4 | 2 3 1 4 | 1 3 6 | 2 4 6 | 2 6 | 1 5 6 | 2 4 7 1 | 2 4 5 3 | 1 3 1 4 5 | 1 2 1 3 7 | 1 2 4 8 | 2 4 8 1 | 2 3 8 3 | 9 8 7 | 2 6 8 | 15 10 1 |
|---|---|---|---|---|---|---|---|---|---|---|---|---|---|---|---|---|---|---|---|---|---|---|---|---|---|---|---|---|---|---|
| 5 1 2 2 1 2 | | | | | | | | | | | | | | | | | | | | | | | | | | | | | | |
| 2 2 3 12 2 | | | | | | | | | | | | | | | | | | | | | | | | | | | | | | |
| 3 2 2 2 2 1 | | | | | | | | | | | | | | | | | | | | | | | | | | | | | | |
| 2 1 3 1 1 | | | | | | | | | | | | | | | | | | | | | | | | | | | | | | |
| 1 2 5 1 1 | | | | | | | | | | | | | | | | | | | | | | | | | | | | | | |
| 1 7 1 1 | | | | | | | | | | | | | | | | | | | | | | | | | | | | | | |
| 1 1 2 1 1 | | | | | | | | | | | | | | | | | | | | | | | | | | | | | | |
| 1 1 2 1 1 | | | | | | | | | | | | | | | | | | | | | | | | | | | | | | |
| 1 8 1 1 | | | | | | | | | | | | | | | | | | | | | | | | | | | | | | |
| 1 11 1 1 | | | | | | | | | | | | | | | | | | | | | | | | | | | | | | |
| 14 2 1 | | | | | | | | | | | | | | | | | | | | | | | | | | | | | | |
| 1 5 4 3 2 2 | | | | | | | | | | | | | | | | | | | | | | | | | | | | | | |
| 1 7 5 5 2 | | | | | | | | | | | | | | | | | | | | | | | | | | | | | | |
| 5 3 6 5 3 | | | | | | | | | | | | | | | | | | | | | | | | | | | | | | |
| 5 7 1 3 1 3 | | | | | | | | | | | | | | | | | | | | | | | | | | | | | | |
| 4 5 1 2 1 3 | | | | | | | | | | | | | | | | | | | | | | | | | | | | | | |
| 4 6 3 | | | | | | | | | | | | | | | | | | | | | | | | | | | | | | |
| 2 1 2 1 2 1 | | | | | | | | | | | | | | | | | | | | | | | | | | | | | | |
| 2 1 1 2 2 1 | | | | | | | | | | | | | | | | | | | | | | | | | | | | | | |
| 2 1 2 3 1 | | | | | | | | | | | | | | | | | | | | | | | | | | | | | | |
| 3 5 3 1 | | | | | | | | | | | | | | | | | | | | | | | | | | | | | | |
| 4 3 3 2 | | | | | | | | | | | | | | | | | | | | | | | | | | | | | | |
| 4 2 3 3 2 | | | | | | | | | | | | | | | | | | | | | | | | | | | | | | |
| 5 2 3 3 3 | | | | | | | | | | | | | | | | | | | | | | | | | | | | | | |
| 5 7 3 3 | | | | | | | | | | | | | | | | | | | | | | | | | | | | | | |
| 5 4 5 4 3 | | | | | | | | | | | | | | | | | | | | | | | | | | | | | | |
| 4 1 9 4 3 | | | | | | | | | | | | | | | | | | | | | | | | | | | | | | |
| 4 2 6 4 3 | | | | | | | | | | | | | | | | | | | | | | | | | | | | | | |
| 4 9 4 3 | | | | | | | | | | | | | | | | | | | | | | | | | | | | | | |
| 14 4 3 1 | | | | | | | | | | | | | | | | | | | | | | | | | | | | | | |

| Column | Clues |
|---|---|
| 1 | 7 3 14 |
| 2 | 7 1 14 |
| 3 | 8 13 |
| 4 | 3 3 3 12 |
| 5 | 2 3 3 11 |
| 6 | 2 3 3 10 |
| 7 | 1 1 2 3 9 |
| 8 | 1 4 4 8 |
| 9 | 1 4 1 5 7 |
| 10 | 1 3 1 1 3 6 |
| 11 | 1 1 2 1 2 4 |
| 12 | 1 2 2 1 13 |
| 13 | 1 4 15 |
| 14 | 3 16 |
| 15 | 16 |
| 16 | 8 8 |
| 17 | 4 3 7 |
| 18 | 2 3 7 |
| 19 | 2 2 1 1 5 |
| 20 | 2 2 1 1 5 |
| 21 | 5 7 |
| 22 | 12 |
| 23 | 13 |
| 24 | 3 10 |
| 25 | 2 2 5 |
| 26 | 1 5 3 |
| 27 | 2 1 2 3 |
| 28 | 2 2 5 |
| 29 | 12 |
| 30 | 11 |

| Row | Clues |
|---|---|
| 1 | 7 |
| 2 | 4 1 |
| 3 | 3 1 |
| 4 | 4 |
| 5 | 3 |
| 6 | 4 |
| 7 | 9 |
| 8 | 6 6 |
| 9 | 3 6 3 |
| 10 | 1 4 2 |
| 11 | 4 |
| 12 | 3 |
| 13 | 1 |
| 14 | 2 2 2 |
| 15 | 1 1 1 1 7 |
| 16 | 2 8 |
| 17 | 2 3 5 1 5 |
| 18 | 3 12 1 3 2 |
| 19 | 4 19 1 |
| 20 | 5 4 12 2 |
| 21 | 6 2 7 4 2 |
| 22 | 7 1 4 2 9 |
| 23 | 8 5 5 3 |
| 24 | 9 13 1 2 |
| 25 | 10 7 4 2 2 |
| 26 | 10 19 |
| 27 | 25 3 |
| 28 | 30 |
| 29 | 30 |
| 30 | 30 |

| Column | Clue |
|---|---|
| 1 | 0 |
| 2 | 4 |
| 3 | 2 6 2 |
| 4 | 3 5 1 2 1 |
| 5 | 3 2 2 1 1 2 2 |
| 6 | 3 2 1 2 2 1 2 2 |
| 7 | 2 3 1 3 1 2 5 |
| 8 | 3 3 3 2 1 6 |
| 9 | 6 1 16 |
| 10 | 3 2 1 12 3 |
| 11 | 2 3 1 4 6 4 |
| 12 | 7 2 2 3 3 |
| 13 | 2 12 2 1 4 |
| 14 | 11 2 1 4 |
| 15 | 6 2 1 2 1 |
| 16 | 1 13 2 2 3 |
| 17 | 1 7 2 2 |
| 18 | 1 2 3 2 2 |
| 19 | 3 4 2 1 2 1 |
| 20 | 2 1 2 1 1 4 1 |
| 21 | 1 2 2 2 2 |
| 22 | 2 2 3 |
| 23 | 2 4 1 1 1 4 |
| 24 | 1 1 2 1 1 1 1 2 5 |
| 25 | 1 1 2 1 1 1 1 1 7 |
| 26 | 2 2 1 1 1 1 1 10 |
| 27 | 3 2 1 1 12 |
| 28 | 4 1 1 14 |
| 29 | 8 18 |
| 30 | 30 |

| Row | Clue |
|---|---|
| 1 | 6 3 7 |
| 2 | 11 5 |
| 3 | 2 3 4 1 1 4 |
| 4 | 3 1 1 2 1 2 2 3 |
| 5 | 2 6 2 1 2 2 |
| 6 | 2 10 1 2 |
| 7 | 4 5 2 4 |
| 8 | 1 1 2 1 7 1 2 |
| 9 | 3 3 2 1 1 4 1 |
| 10 | 6 2 1 5 1 |
| 11 | 4 3 1 6 1 |
| 12 | 3 9 1 1 1 |
| 13 | 9 1 2 1 2 |
| 14 | 5 1 2 1 6 |
| 15 | 4 3 1 2 1 2 2 |
| 16 | 1 5 1 2 2 2 2 |
| 17 | 2 6 3 2 3 |
| 18 | 4 4 4 1 3 |
| 19 | 5 5 6 |
| 20 | 3 8 2 4 |
| 21 | 11 5 |
| 22 | 6 3 7 |
| 23 | 5 5 1 5 |
| 24 | 4 3 2 6 |
| 25 | 3 6 6 |
| 26 | 4 5 7 |
| 27 | 7 8 |
| 28 | 7 9 |
| 29 | 4 1 10 |
| 30 | 4 12 |

| Column | Clue |
|---|---|
| 1 | 10 6 |
| 2 | 10 2 2 1 |
| 3 | 2 5 1 2 2 |
| 4 | 3 2 2 2 3 |
| 5 | 4 1 4 |
| 6 | 5 1 4 |
| 7 | 6 1 2 1 |
| 8 | 7 1 2 1 |
| 9 | 4 1 2 1 |
| 10 | 1 1 2 2 1 |
| 11 | 2 2 2 1 3 |
| 12 | 4 1 2 1 3 |
| 13 | 5 6 2 1 2 |
| 14 | 3 8 2 1 1 |
| 15 | 10 1 |
| 16 | 1 11 1 |
| 17 | 2 14 6 |
| 18 | 4 13 6 |
| 19 | 2 14 5 |
| 20 | 14 3 |
| 21 | 2 13 2 |
| 22 | 1 14 1 |
| 23 | 13 8 |
| 24 | 13 8 |
| 25 | 2 7 3 7 |
| 26 | 1 6 3 6 |
| 27 | 6 3 6 |
| 28 | 2 9 2 5 |
| 29 | 2 9 4 5 |
| 30 | 2 5 2 6 4 |

| Row | Clue |
|---|---|
| 1 | 8 5 4 2 2 2 |
| 2 | 8 4 3 1 1 3 |
| 3 | 2 5 3 1 1 |
| 4 | 2 4 2 1 |
| 5 | 2 4 1 6 |
| 6 | 2 3 10 |
| 7 | 3 2 11 |
| 8 | 3 1 14 |
| 9 | 3 16 |
| 10 | 3 18 |
| 11 | 2 15 3 |
| 12 | 1 2 12 3 |
| 13 | 2 12 3 |
| 14 | 2 17 |
| 15 | 2 15 |
| 16 | 2 13 1 |
| 17 | 1 11 1 |
| 18 | 2 8 |
| 19 | 1 1 5 |
| 20 | 1 3 3 3 |
| 21 | 1 4 2 3 |
| 22 | 1 4 2 2 |
| 23 | 2 5 2 2 2 |
| 24 | 6 2 3 1 |
| 25 | 4 3 2 5 1 |
| 26 | 3 3 7 |
| 27 | 3 8 |
| 28 | 1 2 4 8 |
| 29 | 2 3 5 8 |
| 30 | 3 5 14 |

| | 3 | 4 | 3 | 4 | 17 | 22 | 24 1 | 28 | 29 | 29 | 30 | 30 | 15 6 6 | 16 4 2 4 | 14 2 1 1 1 1 3 | 16 1 2 1 3 | 14 1 1 4 1 1 1 | 9 3 6 1 1 | 7 12 1 | 6 10 1 | 6 6 1 1 | 6 5 | 6 6 2 | 6 1 1 1 | 6 4 1 | 6 1 1 1 | 14 2 | 1 3 | 2 | 0 |
|---|---|---|---|---|---|---|---|---|---|---|---|---|---|---|---|---|---|---|---|---|---|---|---|---|---|---|---|---|---|---|
| 12 | | | | | | | | | | | | | | | | | | | | | | | | | | | | | | |
| 17 | | | | | | | | | | | | | | | | | | | | | | | | | | | | | | |
| 18 | | | | | | | | | | | | | | | | | | | | | | | | | | | | | | |
| 21 | | | | | | | | | | | | | | | | | | | | | | | | | | | | | | |
| 22 | | | | | | | | | | | | | | | | | | | | | | | | | | | | | | |
| 22 | | | | | | | | | | | | | | | | | | | | | | | | | | | | | | |
| 14 5 | | | | | | | | | | | | | | | | | | | | | | | | | | | | | | |
| 13 2 | | | | | | | | | | | | | | | | | | | | | | | | | | | | | | |
| 13 2 | | | | | | | | | | | | | | | | | | | | | | | | | | | | | | |
| 13 2 | | | | | | | | | | | | | | | | | | | | | | | | | | | | | | |
| 13 1 | | | | | | | | | | | | | | | | | | | | | | | | | | | | | | |
| 13 1 | | | | | | | | | | | | | | | | | | | | | | | | | | | | | | |
| 15 1 | | | | | | | | | | | | | | | | | | | | | | | | | | | | | | |
| 16 1 | | | | | | | | | | | | | | | | | | | | | | | | | | | | | | |
| 10 1 10 | | | | | | | | | | | | | | | | | | | | | | | | | | | | | | |
| 8 4 5 1 3 | | | | | | | | | | | | | | | | | | | | | | | | | | | | | | |
| 9 1 11 | | | | | | | | | | | | | | | | | | | | | | | | | | | | | | |
| 10 5 1 1 | | | | | | | | | | | | | | | | | | | | | | | | | | | | | | |
| 19 1 | | | | | | | | | | | | | | | | | | | | | | | | | | | | | | |
| 10 4 5 | | | | | | | | | | | | | | | | | | | | | | | | | | | | | | |
| 11 4 | | | | | | | | | | | | | | | | | | | | | | | | | | | | | | |
| 10 5 1 | | | | | | | | | | | | | | | | | | | | | | | | | | | | | | |
| 11 7 1 | | | | | | | | | | | | | | | | | | | | | | | | | | | | | | |
| 12 1 4 1 | | | | | | | | | | | | | | | | | | | | | | | | | | | | | | |
| 13 1 1 | | | | | | | | | | | | | | | | | | | | | | | | | | | | | | |
| 2 9 4 | | | | | | | | | | | | | | | | | | | | | | | | | | | | | | |
| 8 | | | | | | | | | | | | | | | | | | | | | | | | | | | | | | |
| 11 | | | | | | | | | | | | | | | | | | | | | | | | | | | | | | |
| 9 | | | | | | | | | | | | | | | | | | | | | | | | | | | | | | |
| 11 | | | | | | | | | | | | | | | | | | | | | | | | | | | | | | |

| | 4 2 1 | 5 3 3 | 1 3 2 | 1 2 1 3 | 4 5 1 2 | 1 1 2 2 1 3 | 2 2 1 1 1 4 | 6 7 1 | 1 2 1 3 2 1 1 | 1 5 2 1 1 3 | 1 2 1 1 8 5 | 1 1 4 3 1 1 5 | 2 1 1 1 1 4 | 1 4 5 7 1 1 | 2 3 1 1 1 1 2 1 4 | 4 1 1 1 5 1 4 | 2 1 1 13 1 2 | 4 2 1 1 1 1 | 2 1 3 4 1 5 | 1 4 1 7 5 | 8 3 1 1 4 | 5 2 1 1 1 2 | 2 4 1 2 | 1 2 1 | 4 4 | 4 2 4 | 4 1 1 4 | 1 1 1 1 1 4 | 6 3 3 | 2 3 3 |
|---|---|---|---|---|---|---|---|---|---|---|---|---|---|---|---|---|---|---|---|---|---|---|---|---|---|---|---|---|---|---|
| 2 | | | | | | | | | | | | | | | | | | | | | | | | | | | | | | |
| 1 | | | | | | | | | | | | | | | | | | | | | | | | | | | | | | |
| 1 1 | | | | | | | | | | | | | | | | | | | | | | | | | | | | | | |
| 3 | | | | | | | | | | | | | | | | | | | | | | | | | | | | | | |
| 4 | | | | | | | | | | | | | | | | | | | | | | | | | | | | | | |
| 6 | | | | | | | | | | | | | | | | | | | | | | | | | | | | | | |
| 1 2 | | | | | | | | | | | | | | | | | | | | | | | | | | | | | | |
| 1 1 1 2 | | | | | | | | | | | | | | | | | | | | | | | | | | | | | | |
| 1 1 4 | | | | | | | | | | | | | | | | | | | | | | | | | | | | | | |
| 1 3 1 1 | | | | | | | | | | | | | | | | | | | | | | | | | | | | | | |
| 4 4 2 1 | | | | | | | | | | | | | | | | | | | | | | | | | | | | | | |
| 6 1 3 | | | | | | | | | | | | | | | | | | | | | | | | | | | | | | |
| 1 1 1 1 5 2 2 | | | | | | | | | | | | | | | | | | | | | | | | | | | | | | |
| 1 1 1 1 1 6 1 1 | | | | | | | | | | | | | | | | | | | | | | | | | | | | | | |
| 1 11 1 3 1 1 | | | | | | | | | | | | | | | | | | | | | | | | | | | | | | |
| 3 7 1 1 | | | | | | | | | | | | | | | | | | | | | | | | | | | | | | |
| 2 10 2 4 | | | | | | | | | | | | | | | | | | | | | | | | | | | | | | |
| 2 7 7 1 1 2 | | | | | | | | | | | | | | | | | | | | | | | | | | | | | | |
| 2 3 2 2 1 2 3 1 1 | | | | | | | | | | | | | | | | | | | | | | | | | | | | | | |
| 5 1 1 1 2 5 1 | | | | | | | | | | | | | | | | | | | | | | | | | | | | | | |
| 3 1 1 1 1 2 5 3 | | | | | | | | | | | | | | | | | | | | | | | | | | | | | | |
| 3 2 2 2 1 1 1 3 1 | | | | | | | | | | | | | | | | | | | | | | | | | | | | | | |
| 8 2 1 3 3 1 | | | | | | | | | | | | | | | | | | | | | | | | | | | | | | |
| 2 3 4 3 3 | | | | | | | | | | | | | | | | | | | | | | | | | | | | | | |
| 10 5 4 2 | | | | | | | | | | | | | | | | | | | | | | | | | | | | | | |
| 3 3 3 2 1 | | | | | | | | | | | | | | | | | | | | | | | | | | | | | | |
| 4 2 4 5 4 | | | | | | | | | | | | | | | | | | | | | | | | | | | | | | |
| 2 3 4 2 3 8 | | | | | | | | | | | | | | | | | | | | | | | | | | | | | | |
| 1 2 3 3 4 6 | | | | | | | | | | | | | | | | | | | | | | | | | | | | | | |
| 1 1 3 3 4 4 | | | | | | | | | | | | | | | | | | | | | | | | | | | | | | |

| Column | Clues |
|---|---|
| 1 | 2 2 4 |
| 2 | 1 4 2 |
| 3 | 2 3 2 3 3 2 |
| 4 | 1 4 2 2 1 1 |
| 5 | 1 6 2 2 3 1 |
| 6 | 1 4 2 3 2 4 1 |
| 7 | 1 4 2 7 3 1 1 |
| 8 | 1 4 2 7 3 1 1 |
| 9 | 1 5 10 3 2 1 |
| 10 | 4 2 5 3 3 2 1 |
| 11 | 2 2 2 4 3 3 2 1 |
| 12 | 1 2 2 3 2 3 2 1 |
| 13 | 1 5 2 2 3 1 1 |
| 14 | 9 2 2 3 3 |
| 15 | 12 12 |
| 16 | 12 12 |
| 17 | 9 2 2 3 3 |
| 18 | 1 5 2 2 3 1 1 |
| 19 | 1 2 2 3 2 3 2 1 |
| 20 | 2 2 2 4 3 3 2 1 |
| 21 | 4 2 5 3 3 2 1 |
| 22 | 1 5 10 3 2 1 |
| 23 | 6 2 7 3 1 1 |
| 24 | 1 4 2 7 3 1 1 |
| 25 | 1 4 2 3 2 4 1 |
| 26 | 1 6 2 2 3 1 |
| 27 | 1 5 2 2 1 1 |
| 28 | 2 3 2 3 2 |
| 29 | 1 5 3 |
| 30 | 4 5 |

| Row | Clues |
|---|---|
| 1 | 10 |
| 2 | 3 4 3 |
| 3 | 2 1 4 1 2 |
| 4 | 1 15 1 |
| 5 | 1 18 1 |
| 6 | 1 4 6 4 1 |
| 7 | 1 22 1 |
| 8 | 1 24 |
| 9 | 1 3 4 3 1 |
| 10 | 1 3 2 3 1 |
| 11 | 1 26 1 |
| 12 | 26 1 |
| 13 | 1 4 4 2 |
| 14 | 2 6 6 1 |
| 15 | 9 9 |
| 16 | 8 8 |
| 17 | 2 3 3 2 |
| 18 | 1 18 1 |
| 19 | 1 26 1 |
| 20 | 1 9 2 9 1 |
| 21 | 2 2 3 |
| 22 | 1 24 1 |
| 23 | 1 22 2 |
| 24 | 1 22 1 |
| 25 | 1 1 2 1 1 |
| 26 | 1 4 2 4 1 |
| 27 | 1 4 4 4 1 |
| 28 | 2 10 2 |
| 29 | 2 4 2 |
| 30 | 3 3 |

| Column | Clue |
|---|---|
| 1 | 2 10 |
| 2 | 2 9 |
| 3 | 2 1 7 |
| 4 | 1 2 1 5 |
| 5 | 3 1 1 2 1 5 |
| 6 | 5 2 1 3 1 1 |
| 7 | 11 1 3 2 1 2 |
| 8 | 4 2 2 5 2 1 2 |
| 9 | 4 2 1 4 1 2 1 3 |
| 10 | 4 2 1 10 1 2 |
| 11 | 4 2 1 1 1 3 4 3 1 |
| 12 | 4 3 1 1 3 1 4 1 |
| 13 | 4 3 2 4 4 4 |
| 14 | 4 2 2 4 7 2 |
| 15 | 4 2 3 9 |
| 16 | 3 9 10 1 |
| 17 | 11 12 2 |
| 18 | 2 5 13 |
| 19 | 1 3 2 8 1 |
| 20 | 1 1 2 1 1 3 2 |
| 21 | 1 3 2 3 3 |
| 22 | 1 4 2 4 |
| 23 | 1 4 1 1 4 |
| 24 | 10 1 4 |
| 25 | 7 1 2 |
| 26 | 8 1 1 |
| 27 | 1 2 2 |
| 28 | 1 2 |
| 29 | 3 |
| 30 | 1 1 |

| Row | Clue |
|---|---|
| 1 | 6 |
| 2 | 9 |
| 3 | 11 |
| 4 | 12 |
| 5 | 2 4 |
| 6 | 4 1 |
| 7 | 8 5 |
| 8 | 1 1 9 1 |
| 9 | 1 1 1 3 2 1 1 1 |
| 10 | 2 1 3 1 3 |
| 11 | 4 1 1 4 3 |
| 12 | 1 1 3 13 1 |
| 13 | 1 2 1 6 3 1 |
| 14 | 2 1 2 5 10 |
| 15 | 4 1 2 6 2 8 |
| 16 | 2 1 2 3 3 6 |
| 17 | 2 7 3 5 |
| 18 | 3 4 5 1 |
| 19 | 7 6 1 |
| 20 | 1 2 1 6 1 |
| 21 | 1 2 12 4 |
| 22 | 2 1 3 9 1 |
| 23 | 2 2 2 9 1 |
| 24 | 3 1 2 8 1 |
| 25 | 3 1 2 1 6 3 1 |
| 26 | 5 3 4 6 |
| 27 | 5 2 5 2 6 |
| 28 | 5 1 4 7 |
| 29 | 5 4 1 1 |
| 30 | 4 7 2 |

| Column | Clues |
|---|---|
| 1 | 7 2 5 |
| 2 | 10 5 5 |
| 3 | 13 14 |
| 4 | 15 14 |
| 5 | 14 15 |
| 6 | 13 15 |
| 7 | 13 8 3 |
| 8 | 12 3 2 |
| 9 | 11 4 |
| 10 | 10 7 |
| 11 | 10 3 3 |
| 12 | 10 2 1 1 1 |
| 13 | 10 2 1 1 1 |
| 14 | 10 2 1 1 1 1 1 |
| 15 | 5 1 5 2 3 1 1 |
| 16 | 5 7 2 |
| 17 | 4 6 3 |
| 18 | 4 4 1 1 |
| 19 | 5 2 1 1 |
| 20 | 5 6 |
| 21 | 6 4 1 1 |
| 22 | 6 4 1 2 |
| 23 | 6 5 1 1 1 |
| 24 | 6 3 1 1 1 3 |
| 25 | 7 3 1 1 3 |
| 26 | 7 4 1 1 |
| 27 | 8 4 1 |
| 28 | 17 1 |
| 29 | 13 4 |
| 30 | 10 3 |

| Row | Clues |
|---|---|
| 1 | 27 |
| 2 | 27 |
| 3 | 28 |
| 4 | 28 |
| 5 | 14 12 |
| 6 | 13 10 |
| 7 | 13 6 |
| 8 | 13 4 |
| 9 | 13 3 |
| 10 | 15 3 |
| 11 | 9 2 |
| 12 | 8 8 2 |
| 13 | 7 10 5 2 |
| 14 | 5 3 14 |
| 15 | 4 1 2 19 |
| 16 | 1 3 2 4 4 5 |
| 17 | 7 2 2 2 2 3 4 |
| 18 | 7 2 2 1 1 1 |
| 19 | 8 5 1 3 1 |
| 20 | 7 1 1 |
| 21 | 6 1 5 |
| 22 | 5 4 1 |
| 23 | 4 3 1 1 |
| 24 | 4 2 1 |
| 25 | 4 1 1 |
| 26 | 6 2 1 |
| 27 | 6 2 1 |
| 28 | 7 2 1 |
| 29 | 8 1 |
| 30 | 8 1 |

| | 30 | 30 | 30 | 11 16 | 1 1 9 | 1 2 1 7 | 4 1 6 | 4 3 5 | 4 1 4 3 | 7 6 1 | 7 4 1 | 6 4 1 | 6 2 1 | 1 4 1 | 1 3 1 1 | 2 2 1 2 1 | 2 2 2 1 | 3 5 3 | 3 20 | 3 22 1 | 4 3 15 1 | 7 16 | 7 16 | 7 15 | 7 16 | 7 16 | 9 17 | 30 | 30 | 30 |
|---|---|---|---|---|---|---|---|---|---|---|---|---|---|---|---|---|---|---|---|---|---|---|---|---|---|---|---|---|---|---|
| 6 17 | | | | | | | | | | | | | | | | | | | | | | | | | | | | | | |
| 4 15 | | | | | | | | | | | | | | | | | | | | | | | | | | | | | | |
| 4 13 | | | | | | | | | | | | | | | | | | | | | | | | | | | | | | |
| 5 10 | | | | | | | | | | | | | | | | | | | | | | | | | | | | | | |
| 4 9 | | | | | | | | | | | | | | | | | | | | | | | | | | | | | | |
| 4 10 | | | | | | | | | | | | | | | | | | | | | | | | | | | | | | |
| 4 1 11 | | | | | | | | | | | | | | | | | | | | | | | | | | | | | | |
| 4 11 3 4 | | | | | | | | | | | | | | | | | | | | | | | | | | | | | | |
| 4 10 2 4 | | | | | | | | | | | | | | | | | | | | | | | | | | | | | | |
| 4 9 2 3 | | | | | | | | | | | | | | | | | | | | | | | | | | | | | | |
| 4 9 2 3 | | | | | | | | | | | | | | | | | | | | | | | | | | | | | | |
| 3 4 2 3 | | | | | | | | | | | | | | | | | | | | | | | | | | | | | | |
| 3 5 2 3 | | | | | | | | | | | | | | | | | | | | | | | | | | | | | | |
| 3 2 3 4 | | | | | | | | | | | | | | | | | | | | | | | | | | | | | | |
| 4 5 6 | | | | | | | | | | | | | | | | | | | | | | | | | | | | | | |
| 4 2 12 | | | | | | | | | | | | | | | | | | | | | | | | | | | | | | |
| 4 4 12 | | | | | | | | | | | | | | | | | | | | | | | | | | | | | | |
| 4 4 12 | | | | | | | | | | | | | | | | | | | | | | | | | | | | | | |
| 4 5 16 | | | | | | | | | | | | | | | | | | | | | | | | | | | | | | |
| 4 5 14 | | | | | | | | | | | | | | | | | | | | | | | | | | | | | | |
| 4 3 13 | | | | | | | | | | | | | | | | | | | | | | | | | | | | | | |
| 5 21 | | | | | | | | | | | | | | | | | | | | | | | | | | | | | | |
| 5 15 | | | | | | | | | | | | | | | | | | | | | | | | | | | | | | |
| 6 12 | | | | | | | | | | | | | | | | | | | | | | | | | | | | | | |
| 7 13 | | | | | | | | | | | | | | | | | | | | | | | | | | | | | | |
| 8 15 | | | | | | | | | | | | | | | | | | | | | | | | | | | | | | |
| 8 13 | | | | | | | | | | | | | | | | | | | | | | | | | | | | | | |
| 9 11 | | | | | | | | | | | | | | | | | | | | | | | | | | | | | | |
| 9 9 | | | | | | | | | | | | | | | | | | | | | | | | | | | | | | |
| 10 11 | | | | | | | | | | | | | | | | | | | | | | | | | | | | | | |

Column clues (left to right):

22 3 | 21 4 | 20 4 | 11 1 4 5 | 11 2 5 | 12 2 | 14 | 12 | 12 1 | 7 2 5 | 5 4 | 3 1 4 | 3 1 3 | 3 1 1 2 3 | 1 5 1 2 | 2 2 5 1 1 2 | 6 6 1 2 | 6 1 3 1 2 | 7 1 1 1 2 3 | 6 1 7 | 7 10 | 7 7 11 | 8 18 | 10 14 | 11 10 | 17 | 12 | 12 | 11 | 10

Row clues (top to bottom):

30
14 15
14 14
11 15
11 15
10 2 14
10 2 1 10
9 2 8
9 6 7
10 3 9
10 2 3 2 5
3 4 1 2 2 3 3
5 1 3 5
3 1 1 1 5
3 5
4 5
4 4
4 3
4 1 4
3 5
2 6
1 5
8
1 5
6
2 1 5
4 3 4
5 6 4
6 13
6 10

Column clues (left to right):

| Column | Clue |
|---|---|
| 1 | 3 |
| 2 | 1 1 1 |
| 3 | 2 2 1 |
| 4 | 1 1 3 1 |
| 5 | 7 1 |
| 6 | 4 1 1 1 |
| 7 | 1 5 1 2 |
| 8 | 1 4 8 |
| 9 | 1 4 9 |
| 10 | 1 4 3 10 |
| 11 | 1 6 3 10 |
| 12 | 1 2 2 2 1 10 |
| 13 | 1 1 2 1 5 8 |
| 14 | 1 1 4 3 1 1 6 |
| 15 | 1 1 3 1 2 1 5 |
| 16 | 1 2 1 1 1 3 4 |
| 17 | 1 4 1 2 1 4 |
| 18 | 1 5 1 1 1 1 4 |
| 19 | 1 4 2 1 1 1 5 |
| 20 | 5 3 1 1 1 6 |
| 21 | 4 6 1 1 7 |
| 22 | 1 3 1 5 7 |
| 23 | 1 4 2 7 |
| 24 | 1 2 6 |
| 25 | 1 1 6 6 |
| 26 | 2 7 7 |
| 27 | 17 |
| 28 | 12 |
| 29 | 8 |
| 30 | 5 |


| Row | Clue |
|---|---|
| 1 | 6 |
| 2 | 2 1 |
| 3 | 1 1 |
| 4 | 1 1 |
| 5 | 1 1 |
| 6 | 1 5 4 |
| 7 | 1 2 6 2 |
| 8 | 5 1 3 7 1 |
| 9 | 1 1 1 1 3 3 5 1 |
| 10 | 2 9 5 1 |
| 11 | 1 1 1 8 6 |
| 12 | 4 5 10 |
| 13 | 5 3 4 3 |
| 14 | 2 5 1 1 1 3 |
| 15 | 1 9 3 3 |
| 16 | 8 1 1 1 3 |
| 17 | 2 3 1 3 |
| 18 | 3 2 1 4 |
| 19 | 4 1 2 5 |
| 20 | 6 1 6 4 |
| 21 | 6 3 1 4 |
| 22 | 6 6 4 |
| 23 | 5 4 |
| 24 | 4 3 4 |
| 25 | 5 10 |
| 26 | 6 10 |
| 27 | 19 |
| 28 | 18 |
| 29 | 17 |
| 30 | 13 |

Column clues (left to right):

1 | 1 | 1 | 4 4 | 11 6 | 16 8 | 27 | 17 8 | 12 1 6 | 4 8 1 1 4 | 5 6 1 1 5 | 6 6 1 4 | 7 1 4 2 4 | 7 2 1 3 | 7 2 2 | 1 2 4 2 | 1 3 1 | 2 2 1 | 2 2 1 | 2 1 1 1 1 2 | 2 2 1 1 2 1 2 | 2 2 1 3 1 3 | 2 2 1 4 1 1 | 5 6 1 | 4 5 1 1 | 1 1 7 2 | 2 4 | 0 | 0 | 0

Row clues (top to bottom):

8
6 5
10 4
13 2
10 6 1
4 5 4
6 4 2
7 1 1
9 2 1
9 3 3 1
11 1 2
10 3 1
10 1 1
6 2 2 1
4 1 1 2 1
4 1 3
4 5
4 6
3 1 1 7
2 3 5 2
1 1 1
1 1
3 1
4 1 1
6 2 2
8 1
10 1
12 2
1 6 6 3
1 4 10 2

| | 0 | 0 | 4 | 3<br>3 | 7<br>2 | 1<br>5<br>3 | 1<br>5 | 1<br>3<br>1<br>5 | 1<br>5<br>7<br>4 | 1<br>6<br>5<br>3 | 1<br>5<br>11<br>1 | 1<br>6<br>2<br>10<br>1 | 1<br>4<br>2<br>4<br>2<br>2 | 1<br>1<br>2<br>2<br>4<br>2 | 1<br>5<br>1<br>2<br>2<br>2 | 1<br>5<br>2<br>1<br>6<br>2 | 2<br>2<br>3<br>1<br>4<br>2<br>1 | 1<br>1<br>5<br>1<br>7 | 4<br>5<br>7<br>1 | 4<br>2<br>2<br>8<br>1 | 5<br>1<br>8<br>1<br>2 | 7<br>1<br>4<br>2<br>3 | 12<br>3<br>3<br>2 | 19<br>2 | 20 | 18 | 3 | 0 | 0 | 0 |
|---|---|---|---|---|---|---|---|---|---|---|---|---|---|---|---|---|---|---|---|---|---|---|---|---|---|---|---|---|---|---|
| 8 | | | | | | | | | | | | | | | | | | | | | | | | | | | | | | |
| 1 3 | | | | | | | | | | | | | | | | | | | | | | | | | | | | | | |
| 1 2 | | | | | | | | | | | | | | | | | | | | | | | | | | | | | | |
| 1 6 | | | | | | | | | | | | | | | | | | | | | | | | | | | | | | |
| 1 1 4 4 | | | | | | | | | | | | | | | | | | | | | | | | | | | | | | |
| 1 5 2 1 4 | | | | | | | | | | | | | | | | | | | | | | | | | | | | | | |
| 1 6 2 2 4 | | | | | | | | | | | | | | | | | | | | | | | | | | | | | | |
| 1 6 2 2 4 | | | | | | | | | | | | | | | | | | | | | | | | | | | | | | |
| 3 6 1 4 4 | | | | | | | | | | | | | | | | | | | | | | | | | | | | | | |
| 3 4 1 5 5 | | | | | | | | | | | | | | | | | | | | | | | | | | | | | | |
| 3 1 2 2 1 6 | | | | | | | | | | | | | | | | | | | | | | | | | | | | | | |
| 1 2 2 5 | | | | | | | | | | | | | | | | | | | | | | | | | | | | | | |
| 1 1 2 8 | | | | | | | | | | | | | | | | | | | | | | | | | | | | | | |
| 1 3 5 5 | | | | | | | | | | | | | | | | | | | | | | | | | | | | | | |
| 1 3 1 1 1 4 | | | | | | | | | | | | | | | | | | | | | | | | | | | | | | |
| 1 5 1 1 6 | | | | | | | | | | | | | | | | | | | | | | | | | | | | | | |
| 1 4 1 10 | | | | | | | | | | | | | | | | | | | | | | | | | | | | | | |
| 1 8 7 3 | | | | | | | | | | | | | | | | | | | | | | | | | | | | | | |
| 5 3 8 3 | | | | | | | | | | | | | | | | | | | | | | | | | | | | | | |
| 5 11 4 | | | | | | | | | | | | | | | | | | | | | | | | | | | | | | |
| 3 4 1 1 1 4 | | | | | | | | | | | | | | | | | | | | | | | | | | | | | | |
| 2 2 1 1 1 1 5 | | | | | | | | | | | | | | | | | | | | | | | | | | | | | | |
| 1 12 3 | | | | | | | | | | | | | | | | | | | | | | | | | | | | | | |
| 1 2 1 1 1 3 | | | | | | | | | | | | | | | | | | | | | | | | | | | | | | |
| 1 1 4 | | | | | | | | | | | | | | | | | | | | | | | | | | | | | | |
| 2 1 2 | | | | | | | | | | | | | | | | | | | | | | | | | | | | | | |
| 1 1 2 | | | | | | | | | | | | | | | | | | | | | | | | | | | | | | |
| 1 1 2 | | | | | | | | | | | | | | | | | | | | | | | | | | | | | | |
| 6 4 | | | | | | | | | | | | | | | | | | | | | | | | | | | | | | |
| 5 4 | | | | | | | | | | | | | | | | | | | | | | | | | | | | | | |

| Column | Clues |
|---|---|
| 1 | 30 |
| 2 | 23 3 |
| 3 | 20 1 3 |
| 4 | 26 3 |
| 5 | 14 4 3 |
| 6 | 12 5 2 3 |
| 7 | 10 3 5 1 3 |
| 8 | 9 4 7 1 3 |
| 9 | 8 5 10 3 |
| 10 | 11 1 10 3 |
| 11 | 7 1 1 6 1 1 |
| 12 | 5 6 3 4 1 1 |
| 13 | 4 7 5 3 2 1 |
| 14 | 2 3 5 6 2 2 1 |
| 15 | 1 3 5 7 4 1 |
| 16 | 1 3 5 8 3 1 |
| 17 | 2 2 5 6 1 2 1 |
| 18 | 3 2 5 5 3 2 1 |
| 19 | 5 1 10 4 1 1 |
| 20 | 7 1 3 8 2 |
| 21 | 8 2 10 2 |
| 22 | 8 15 3 |
| 23 | 9 4 7 4 |
| 24 | 10 3 5 5 |
| 25 | 12 2 2 2 3 |
| 26 | 14 2 6 3 |
| 27 | 16 2 5 3 |
| 28 | 20 1 3 |
| 29 | 23 3 |
| 30 | 30 |

| Row | Clues |
|---|---|
| 1 | 30 |
| 2 | 14 14 |
| 3 | 13 13 |
| 4 | 13 2 12 |
| 5 | 12 4 12 |
| 6 | 11 5 11 |
| 7 | 11 2 13 |
| 8 | 10 1 10 |
| 9 | 8 1 8 8 |
| 10 | 7 1 10 7 |
| 11 | 6 2 8 2 6 |
| 12 | 6 2 9 2 6 |
| 13 | 5 2 9 2 5 |
| 14 | 5 6 2 3 5 |
| 15 | 4 3 1 3 4 |
| 16 | 4 2 9 1 2 4 |
| 17 | 4 1 2 8 2 2 3 |
| 18 | 4 1 3 8 3 5 |
| 19 | 4 5 6 4 4 |
| 20 | 4 6 6 6 3 |
| 21 | 2 1 5 4 7 2 |
| 22 | 2 1 6 2 6 2 2 |
| 23 | 2 2 7 1 7 2 2 |
| 24 | 1 2 7 7 2 1 |
| 25 | 1 4 7 5 4 1 |
| 26 | 1 7 2 2 4 1 |
| 27 | 1 8 2 1 |
| 28 | 18 9 |
| 29 | 10 11 |
| 30 | 30 |

| Column | Clue |
|---|---|
| 1 | 2 1 2 |
| 2 | 1 1 1 2 |
| 3 | 1 1 2 |
| 4 | 2 1 1 |
| 5 | 1 3 |
| 6 | 1 1 1 1 |
| 7 | 1 4 |
| 8 | 1 2 1 1 4 |
| 9 | 6 4 4 |
| 10 | 1 1 1 1 1 1 9 |
| 11 | 1 3 1 1 1 1 7 |
| 12 | 1 1 1 1 1 1 1 1 7 |
| 13 | 1 1 1 1 1 1 |
| 14 | 1 1 11 6 |
| 15 | 4 1 1 |
| 16 | 1 1 2 1 |
| 17 | 3 1 3 1 |
| 18 | 1 1 2 |
| 19 | 1 5 |
| 20 | 2 2 |
| 21 | 1 1 2 |
| 22 | 2 1 2 |
| 23 | 1 1 1 2 |
| 24 | 3 1 2 |
| 25 | 5 |
| 26 | 1 1 |
| 27 | 3 |
| 28 | 1 1 |
| 29 | 1 1 |
| 30 | 1 1 |

| Row | Clue |
|---|---|
| 1 | 0 |
| 2 | 0 |
| 3 | 2 1 2 |
| 4 | 1 2 1 1 1 |
| 5 | 1 5 8 5 |
| 6 | 1 1 1 1 3 2 |
| 7 | 1 1 1 1 1 1 1 1 4 |
| 8 | 1 2 2 4 1 |
| 9 | 14 1 4 |
| 10 | 2 1 1 1 1 6 |
| 11 | 10 6 |
| 12 | 1 7 |
| 13 | 1 1 1 2 1 |
| 14 | 1 1 1 1 |
| 15 | 4 1 2 |
| 16 | 1 5 |
| 17 | 5 1 |
| 18 | 1 1 |
| 19 | 5 1 |
| 20 | 2 1 |
| 21 | 6 |
| 22 | 2 1 |
| 23 | 4 |
| 24 | 3 1 |
| 25 | 3 1 |
| 26 | 3 1 |
| 27 | 3 1 |
| 28 | 3 1 |
| 29 | 5 |
| 30 | 0 |

| Column | Clues |
|---|---|
| 1 | 23 15 |
| 2 | 15 3 15 |
| 3 | 2 8 1 2 11 |
| 4 | 1 2 5 9 |
| 5 | 4 2 1 1 8 |
| 6 | 5 1 6 6 |
| 7 | 5 1 2 10 7 |
| 8 | 4 1 1 13 6 |
| 9 | 3 1 20 3 |
| 10 | 1 8 11 2 |
| 11 | 2 8 2 11 1 |
| 12 | 3 3 1 1 1 1 7 |
| 13 | 3 2 2 7 1 |
| 14 | 2 2 8 |
| 15 | 2 1 2 9 |
| 16 | 1 2 2 1 8 |
| 17 | 1 1 2 1 2 6 |
| 18 | 2 3 4 7 |
| 19 | 2 2 3 1 6 |
| 20 | 2 3 2 1 3 |
| 21 | 2 8 1 2 |
| 22 | 1 6 2 2 |
| 23 | 2 1 4 5 1 2 |
| 24 | 3 1 3 6 1 2 |
| 25 | 1 7 3 7 1 2 |
| 26 | 1 12 7 1 2 |
| 27 | 1 2 2 7 6 |
| 28 | 2 1 3 7 5 |
| 29 | 2 4 4 6 6 |
| 30 | 2 3 3 13 3 |
| 31 | 2 7 3 4 |
| 32 | 1 7 6 6 |
| 33 | 1 1 5 5 6 |
| 34 | 3 1 3 7 7 |
| 35 | 5 2 1 15 8 |
| 36 | 4 5 11 8 |
| 37 | 1 4 1 3 12 |
| 38 | 4 6 12 |
| 39 | 14 1 16 |
| 40 | 15 3 16 |

| Row | Clues |
|---|---|
| 1 | 4 8 9 4 |
| 2 | 3 4 5 4 1 3 |
| 3 | 2 5 2 6 3 3 |
| 4 | 2 6 2 6 2 3 3 |
| 5 | 2 5 6 3 2 |
| 6 | 2 3 3 2 2 |
| 7 | 3 2 3 1 2 |
| 8 | 7 1 2 3 3 |
| 9 | 5 3 6 |
| 10 | 4 2 5 |
| 11 | 5 2 2 6 |
| 12 | 4 5 1 1 5 |
| 13 | 3 7 7 1 5 3 |
| 14 | 3 3 10 2 8 2 |
| 15 | 2 5 1 18 1 |
| 16 | 1 5 3 5 7 2 |
| 17 | 1 6 1 7 2 3 3 |
| 18 | 2 4 6 3 3 |
| 19 | 3 4 2 1 4 3 1 |
| 20 | 2 3 2 2 2 2 |
| 21 | 1 7 1 1 2 1 |
| 22 | 1 6 1 2 |
| 23 | 1 6 3 |
| 24 | 7 1 3 |
| 25 | 6 1 4 2 |
| 26 | 2 6 1 6 2 |
| 27 | 3 7 12 2 |
| 28 | 3 1 4 2 1 12 2 |
| 29 | 2 10 8 3 4 |
| 30 | 3 10 8 1 4 |
| 31 | 3 11 8 4 |
| 32 | 4 9 8 4 |
| 33 | 5 9 4 1 6 |
| 34 | 5 1 1 7 1 7 |
| 35 | 8 4 1 6 2 9 |
| 36 | 8 2 4 4 9 |
| 37 | 8 1 3 10 |
| 38 | 9 2 15 |
| 39 | 10 20 |
| 40 | 11 1 4 14 |

| Column | Clue |
|---|---|
| 1 | 24 |
| 2 | 25 |
| 3 | 26 |
| 4 | 30 |
| 5 | 7 6 1 1 |
| 6 | 5 3 3 |
| 7 | 5 3 1 1 |
| 8 | 4 2 3 |
| 9 | 4 2 1 1 |
| 10 | 4 2 3 |
| 11 | 4 2 1 1 |
| 12 | 4 2 3 |
| 13 | 4 2 1 1 |
| 14 | 4 2 3 |
| 15 | 1 5 2 1 1 |
| 16 | 1 1 3 2 3 |
| 17 | 1 1 3 2 1 1 |
| 18 | 2 1 3 2 3 |
| 19 | 1 1 3 2 1 1 |
| 20 | 1 1 3 2 3 |
| 21 | 1 1 3 2 1 1 |
| 22 | 2 3 2 3 |
| 23 | 2 3 2 1 1 |
| 24 | 2 3 2 3 |
| 25 | 2 3 2 1 1 |
| 26 | 2 4 3 3 |
| 27 | 1 6 3 1 1 |
| 28 | 1 6 3 3 |
| 29 | 1 7 6 1 1 |
| 30 | 2 26 3 |
| 31 | 1 26 1 1 |
| 32 | 1 26 3 |
| 33 | 1 4 3 3 1 1 1 1 2 1 1 |
| 34 | 3 2 1 3 2 1 1 1 1 2 3 |
| 35 | 3 2 1 1 1 4 1 1 1 2 1 1 |
| 36 | 3 2 1 3 2 1 1 1 1 6 |
| 37 | 4 3 3 1 1 1 1 6 |
| 38 | 30 |
| 39 | 29 |
| 40 | 24 |


| Row | Clue |
|---|---|
| 1 | 1 1 |
| 2 | 1 1 |
| 3 | 1 1 |
| 4 | 1 1 |
| 5 | 1 1 |
| 6 | 1 1 |
| 7 | 1 1 |
| 8 | 1 1 |
| 9 | 5 |
| 10 | 14 |
| 11 | 13 12 |
| 12 | 40 |
| 13 | 40 |
| 14 | 33 4 |
| 15 | 7 7 3 3 |
| 16 | 5 4 3 3 |
| 17 | 5 5 4 |
| 18 | 4 11 |
| 19 | 4 4 4 |
| 20 | 4 3 3 3 |
| 21 | 4 3 1 1 3 |
| 22 | 4 3 3 3 |
| 23 | 4 4 4 |
| 24 | 4 11 |
| 25 | 4 11 |
| 26 | 4 3 1 3 |
| 27 | 4 11 |
| 28 | 4 3 3 |
| 29 | 4 11 |
| 30 | 4 3 3 |
| 31 | 5 12 |
| 32 | 5 4 3 |
| 33 | 5 12 |
| 34 | 7 7 3 |
| 35 | 40 |
| 36 | 38 |
| 37 | 1 4 |
| 38 | 36 |
| 39 | 1 1 1 1 1 1 1 1 1 1 1 1 1 1 1 1 4 |
| 40 | 36 |

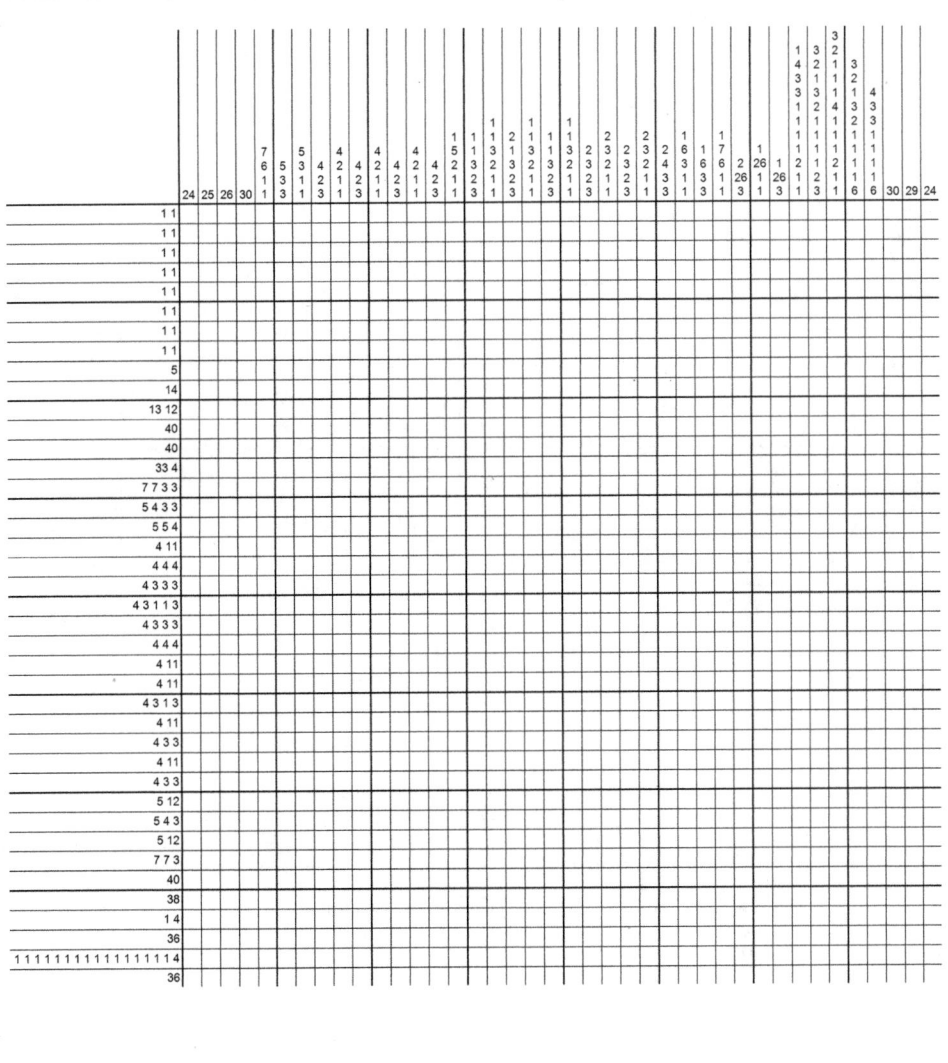

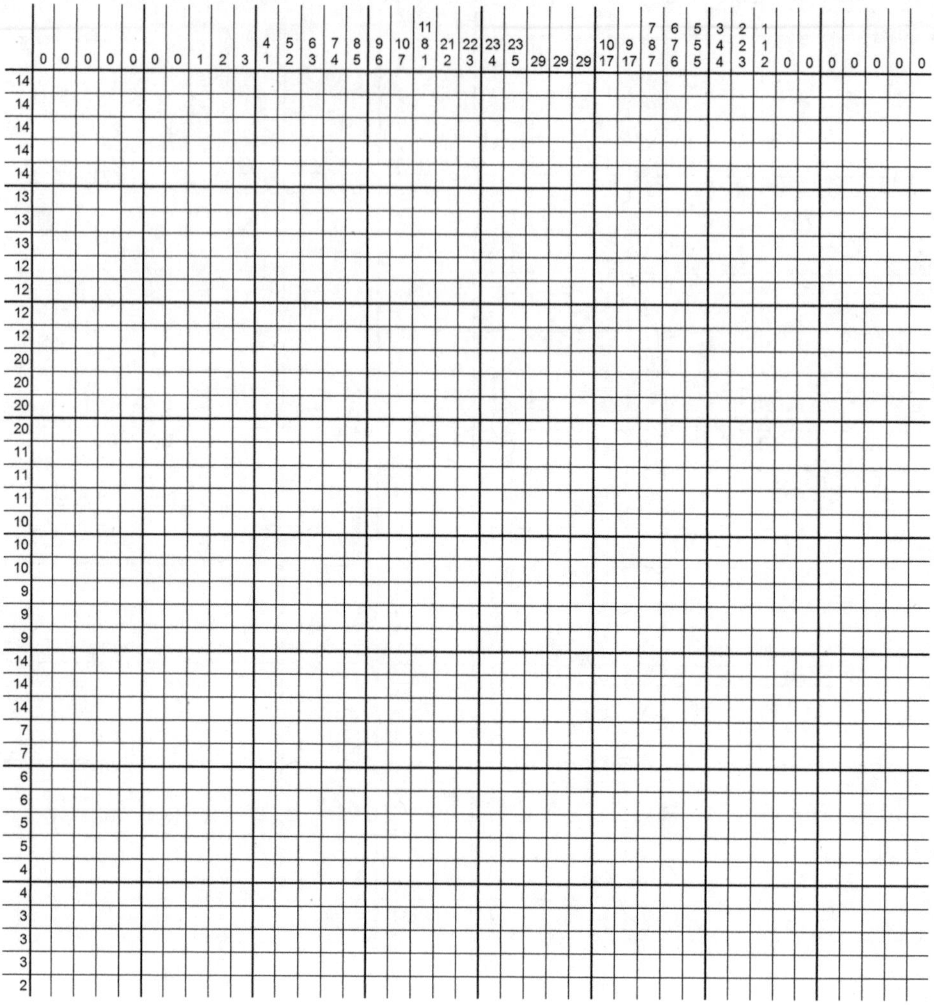
0 0 0 0 0 0 0 1 2 3 4 1 5 2 6 3 7 4 8 5 9 6 10 7 11 8 1 21 2 22 3 23 4 23 5 29 29 29 10 17 9 17 7 8 7 6 7 6 5 5 5 3 4 4 2 2 3 1 1 2 0 0 0 0 0 0 0
14 14 14 14 14 13 13 13 12 12 12 12 20 20 20 20 11 11 11 10 10 10 9 9 9 14 14 14 7 7 6 6 5 5 4 4 3 3 3 2

| Column | Clue |
|---|---|
| 1 | 1 1 |
| 2 | 2 1 |
| 3 | 4 1 1 |
| 4 | 1 1 5 2 |
| 5 | 1 1 4 3 2 |
| 6 | 6 2 2 3 |
| 7 | 1 1 1 2 2 1 |
| 8 | 1 5 2 1 1 1 1 |
| 9 | 4 5 1 1 2 2 |
| 10 | 4 2 1 4 2 4 |
| 11 | 4 1 1 9 3 1 |
| 12 | 1 8 7 2 |
| 13 | 2 5 9 1 |
| 14 | 2 1 5 7 2 3 1 |
| 15 | 3 7 10 4 |
| 16 | 5 2 13 6 6 |
| 17 | 1 7 3 8 3 4 |
| 18 | 1 10 5 5 2 |
| 19 | 4 4 4 3 8 1 |
| 20 | 25 9 |
| 21 | 1 2 8 1 8 3 1 |
| 22 | 1 4 5 1 7 3 |
| 23 | 2 8 1 4 1 |
| 24 | 17 1 2 1 1 |
| 25 | 2 8 3 2 6 |
| 26 | 1 2 10 1 1 1 2 |
| 27 | 4 1 4 2 2 1 |
| 28 | 3 1 1 2 9 2 |
| 29 | 3 3 3 3 4 1 |
| 30 | 5 7 6 1 |
| 31 | 1 1 3 7 8 |
| 32 | 3 4 4 1 |
| 33 | 2 8 1 |
| 34 | 1 1 6 1 |
| 35 | 4 1 5 |
| 36 | 1 1 1 1 |
| 37 | 1 3 5 |
| 38 | 3 3 2 |
| 39 | 1 1 1 |
| 40 | 1 |

| Row | Clue |
|---|---|
| 1 | 1 |
| 2 | 2 |
| 3 | 1 2 1 |
| 4 | 6 3 |
| 5 | 3 2 1 1 |
| 6 | 1 4 1 5 |
| 7 | 3 2 1 2 2 |
| 8 | 4 1 5 1 1 |
| 9 | 4 10 6 |
| 10 | 2 1 7 5 2 |
| 11 | 9 9 3 |
| 12 | 1 7 6 2 |
| 13 | 2 10 4 1 |
| 14 | 2 2 5 9 2 1 |
| 15 | 4 2 15 1 |
| 16 | 1 4 1 11 4 |
| 17 | 1 2 1 3 3 3 1 5 |
| 18 | 1 1 1 1 3 1 1 2 2 1 |
| 19 | 8 1 1 1 1 6 4 |
| 20 | 2 1 1 2 1 12 3 |
| 21 | 1 2 10 4 4 2 |
| 22 | 3 10 10 1 |
| 23 | 3 3 7 2 2 8 |
| 24 | 15 3 4 2 2 |
| 25 | 2 6 6 3 5 2 |
| 26 | 1 4 3 7 4 3 1 |
| 27 | 4 2 10 5 7 2 |
| 28 | 4 6 6 1 4 3 |
| 29 | 2 1 11 1 3 3 |
| 30 | 1 8 1 1 1 1 |
| 31 | 1 1 5 1 3 1 |
| 32 | 1 3 1 2 1 1 1 2 |
| 33 | 6 1 1 1 5 1 1 |
| 34 | 3 1 2 2 1 2 |
| 35 | 1 3 3 1 |
| 36 | 1 2 1 9 |
| 37 | 4 3 1 1 |
| 38 | 3 2 1 |
| 39 | 2 |
| 40 | 1 |

**Column clues (left to right, each read top to bottom):**

| Column | Clue |
|---|---|
| 1 | 4 |
| 2 | 6 |
| 3 | 7 |
| 4 | 8 |
| 5 | 9 |
| 6 | 1 9 |
| 7 | 2 10 |
| 8 | 3 13 |
| 9 | 22 |
| 10 | 22 |
| 11 | 12 1 1 5 |
| 12 | 10 5 |
| 13 | 7 1 2 |
| 14 | 6 1 1 1 |
| 15 | 5 1 1 1 1 |
| 16 | 5 1 1 1 |
| 17 | 4 1 1 1 |
| 18 | 4 1 |
| 19 | 3 4 2 |
| 20 | 3 2 2 2 1 |
| 21 | 3 4 4 2 1 |
| 22 | 3 3 5 3 |
| 23 | 3 2 1 7 3 |
| 24 | 1 4 8 3 |
| 25 | 1 1 1 2 1 1 5 4 |
| 26 | 1 5 1 1 4 5 |
| 27 | 2 2 4 1 1 4 6 |
| 28 | 2 11 4 9 |
| 29 | 2 1 8 11 |
| 30 | 2 7 9 |
| 31 | 1 1 4 6 |
| 32 | 1 3 2 4 |
| 33 | 1 3 4 |
| 34 | 1 1 2 |
| 35 | 1 1 2 |
| 36 | 4 2 |
| 37 | 0 |
| 38 | 0 |
| 39 | 0 |
| 40 | 0 |

**Row clues (top to bottom):**

| Row | Clue |
|---|---|
| 1 | 9 |
| 2 | 7 1 |
| 3 | 2 1 1 |
| 4 | 4 1 1 |
| 5 | 6 |
| 6 | 5 6 1 |
| 7 | 5 4 1 1 1 |
| 8 | 7 5 1 1 6 |
| 9 | 11 11 1 |
| 10 | 9 14 |
| 11 | 8 3 1 7 |
| 12 | 6 1 1 1 1 4 |
| 13 | 7 1 2 |
| 14 | 5 2 3 |
| 15 | 6 2 |
| 16 | 4 2 2 |
| 17 | 6 1 |
| 18 | 4 2 1 |
| 19 | 4 1 |
| 20 | 3 2 |
| 21 | 5 3 |
| 22 | 4 5 |
| 23 | 6 6 |
| 24 | 6 8 |
| 25 | 7 9 |
| 26 | 9 1 6 2 |
| 27 | 9 1 2 4 |
| 28 | 10 1 1 4 |
| 29 | 11 1 4 |
| 30 | 6 2 1 5 |
| 31 | 5 1 2 5 |
| 32 | 4 2 11 |
| 33 | 4 3 10 |
| 34 | 3 12 |
| 35 | 2 6 |
| 36 | 1 5 |
| 37 | 4 |
| 38 | 2 |
| 39 | 2 |
| 40 | 1 |

| 8 | 2 2 | 3 5 2 | 2 4 5 | 3 3 8 | 3 13 | 2 14 | 1 1 2 5 | 1 1 2 3 | 5 4 1 | 4 7 | 1 8 | 17 | 13 2 | 3 6 1 | 2 1 1 6 1 | 2 1 1 4 1 1 | 2 1 1 3 1 | 2 1 1 3 1 | 2 1 1 4 1 | 2 1 1 8 | 12 | 2 4 | 11 | 2 5 | 6 | 2 1 | 5 | 2 2 | 2 2 | 2 2 | 2 2 | 2 1 | 2 1 | 2 1 | 3 1 | 1 1 1 | 1 1 1 | 2 1 1 | 6 |
|---|---|---|---|---|---|---|---|---|---|---|---|---|---|---|---|---|---|---|---|---|---|---|---|---|---|---|---|---|---|---|---|---|---|---|---|---|---|---|---|

0
0
0
0
0
0
0
0
1 2
2 5
2 24 1
33
2 3 1 1 1 1 1
2 2 7 1 1 13
3 3 1 1 7
2 4 7 3
3 6 1 2
2 18
1 1 17
2 2 16
2 4 7 5
1 12 2
1 5 1 1 1
1 5 1 1 1
2 1 2 2 2
1 5 6
1 5
1 1 3
1 5
1 5
1 4
7
5
0
0
0
0
0
0
0

Column clues (top to bottom, columns left to right):

| Column | Clue |
|---|---|
| 1 | 3 1 |
| 2 | 7 |
| 3 | 3 3 |
| 4 | 6 4 |
| 5 | 3 1 4 |
| 6 | 4 5 |
| 7 | 7 1 5 |
| 8 | 1 1 4 6 |
| 9 | 1 1 4 1 6 |
| 10 | 1 1 3 7 |
| 11 | 4 1 7 |
| 12 | 5 2 5 |
| 13 | 1 3 1 8 |
| 14 | 2 1 1 6 1 5 3 |
| 15 | 1 1 1 2 4 1 1 7 |
| 16 | 1 1 1 1 5 5 4 |
| 17 | 7 6 10 |
| 18 | 7 2 2 5 |
| 19 | 1 5 11 |
| 20 | 2 4 5 6 |
| 21 | 1 2 4 1 3 6 |
| 22 | 10 4 7 |
| 23 | 1 2 3 5 7 |
| 24 | 1 3 4 8 |
| 25 | 4 4 8 |
| 26 | 2 4 9 |
| 27 | 2 4 9 |
| 28 | 1 3 10 |
| 29 | 1 4 10 |
| 30 | 2 3 11 |
| 31 | 1 3 11 |
| 32 | 1 3 12 |
| 33 | 2 3 10 1 |
| 34 | 1 2 8 1 |
| 35 | 1 3 4 1 |
| 36 | 2 3 2 1 |
| 37 | 1 4 1 |
| 38 | 3 2 1 |
| 39 | 4 1 |
| 40 | 2 |


| Row | Clue |
|---|---|
| 1 | 0 |
| 2 | 0 |
| 3 | 0 |
| 4 | 0 |
| 5 | 0 |
| 6 | 0 |
| 7 | 4 |
| 8 | 1 1 |
| 9 | 3 3 |
| 10 | 1 1 1 1 |
| 11 | 3 1 1 |
| 12 | 1 1 4 5 |
| 13 | 11 4 2 |
| 14 | 2 1 1 1 4 1 |
| 15 | 2 1 15 5 |
| 16 | 1 16 7 |
| 17 | 1 2 1 11 9 |
| 18 | 2 12 8 1 |
| 19 | 1 11 9 3 |
| 20 | 1 7 1 10 5 |
| 21 | 1 6 2 3 6 6 |
| 22 | 6 1 10 8 |
| 23 | 5 1 4 5 9 |
| 24 | 4 1 3 6 11 |
| 25 | 3 1 10 13 |
| 26 | 3 1 4 5 16 |
| 27 | 2 10 17 |
| 28 | 2 10 19 |
| 29 | 32 |
| 30 | 31 |
| 31 | 39 |
| 32 | 0 |
| 33 | 0 |
| 34 | 0 |
| 35 | 0 |
| 36 | 0 |
| 37 | 0 |
| 38 | 0 |
| 39 | 0 |
| 40 | 0 |

| Column | Clue |
|---|---|
| 1 | 6 |
| 2 | 10 |
| 3 | 3 4 |
| 4 | 3 5 4 |
| 5 | 2 7 3 |
| 6 | 2 9 2 |
| 7 | 2 4 3 3 |
| 8 | 2 3 2 3 |
| 9 | 2 3 2 3 |
| 10 | 2 4 3 3 |
| 11 | 2 9 2 |
| 12 | 4 7 3 |
| 13 | 6 6 5 3 |
| 14 | 10 8 3 |
| 15 | 3 9 9 |
| 16 | 3 5 7 5 7 |
| 17 | 2 7 5 7 5 |
| 18 | 2 9 3 9 3 |
| 19 | 2 4 3 3 9 3 |
| 20 | 2 3 2 3 9 2 |
| 21 | 2 3 2 3 9 2 |
| 22 | 2 4 3 3 9 3 |
| 23 | 2 9 3 9 3 |
| 24 | 2 7 5 7 5 |
| 25 | 3 5 7 5 7 |
| 26 | 3 9 9 |
| 27 | 10 8 3 |
| 28 | 6 6 5 3 |
| 29 | 4 7 3 |
| 30 | 2 9 2 |
| 31 | 2 4 3 3 |
| 32 | 2 3 2 3 |
| 33 | 2 3 2 3 |
| 34 | 2 4 3 3 |
| 35 | 2 9 2 |
| 36 | 2 7 3 |
| 37 | 3 5 4 |
| 38 | 3 4 |
| 39 | 10 |
| 40 | 6 |


| Row | Clue |
|---|---|
| 1 | 0 |
| 2 | 6 |
| 3 | 10 |
| 4 | 3 3 |
| 5 | 3 6 3 |
| 6 | 2 8 2 |
| 7 | 2 10 2 |
| 8 | 2 4 4 2 |
| 9 | 2 3 3 2 |
| 10 | 2 3 3 2 |
| 11 | 2 4 4 2 |
| 12 | 3 8 3 |
| 13 | 3 6 3 |
| 14 | 4 4 |
| 15 | 12 |
| 16 | 12 |
| 17 | 12 |
| 18 | 3 3 |
| 19 | 2 6 2 |
| 20 | 2 8 2 |
| 21 | 2 10 2 |
| 22 | 3 10 3 |
| 23 | 9 10 9 |
| 24 | 11 10 11 |
| 25 | 3 3 10 3 3 |
| 26 | 3 6 3 8 3 6 3 |
| 27 | 2 8 3 6 3 8 2 |
| 28 | 2 10 3 3 10 2 |
| 29 | 2 4 4 12 4 4 2 |
| 30 | 2 3 3 12 3 3 2 |
| 31 | 2 3 3 5 5 3 3 2 |
| 32 | 2 4 4 3 3 4 4 2 |
| 33 | 3 8 3 3 8 3 |
| 34 | 3 6 3 3 6 3 |
| 35 | 4 3 3 4 |
| 36 | 11 11 |
| 37 | 9 9 |
| 38 | 4 4 |
| 39 | 0 |
| 40 | 0 |

| | 4 | 1 3 | 2 3 | 1 5 | 1 5 | 2 6 | 4 1 6 | 2 5 4 7 | 1 12 1 8 | 7 1 1 7 | 3 11 5 8 | 1 1 1 7 | 1 1 2 7 | 1 1 1 6 | 1 1 2 5 | 1 1 2 5 | 1 1 6 4 | 4 1 10 4 | 18 11 3 | 18 11 3 | 18 11 3 | 18 11 3 | 18 11 3 | 18 11 3 | 18 11 3 | 18 11 3 | 18 11 3 | 18 11 3 | 18 11 3 | 18 10 3 | 19 9 3 | 28 3 | 14 7 3 | 6 4 | 3 | 3 | 3 | 3 | 2 | 1 |
|---|---|---|---|---|---|---|---|---|---|---|---|---|---|---|---|---|---|---|---|---|---|---|---|---|---|---|---|---|---|---|---|---|---|---|---|---|---|---|---|---|
| 0 | | | | | | | | | | | | | | | | | | | | | | | | | | | | | | | | | | | | | | | | |
| 19 | | | | | | | | | | | | | | | | | | | | | | | | | | | | | | | | | | | | | | | | |
| 2 15 | | | | | | | | | | | | | | | | | | | | | | | | | | | | | | | | | | | | | | | | |
| 4 16 | | | | | | | | | | | | | | | | | | | | | | | | | | | | | | | | | | | | | | | | |
| 2 1 17 | | | | | | | | | | | | | | | | | | | | | | | | | | | | | | | | | | | | | | | | |
| 1 1 16 | | | | | | | | | | | | | | | | | | | | | | | | | | | | | | | | | | | | | | | | |
| 1 1 16 | | | | | | | | | | | | | | | | | | | | | | | | | | | | | | | | | | | | | | | | |
| 2 1 16 | | | | | | | | | | | | | | | | | | | | | | | | | | | | | | | | | | | | | | | | |
| 1 1 16 | | | | | | | | | | | | | | | | | | | | | | | | | | | | | | | | | | | | | | | | |
| 1 1 16 | | | | | | | | | | | | | | | | | | | | | | | | | | | | | | | | | | | | | | | | |
| 1 1 15 | | | | | | | | | | | | | | | | | | | | | | | | | | | | | | | | | | | | | | | | |
| 2 1 15 | | | | | | | | | | | | | | | | | | | | | | | | | | | | | | | | | | | | | | | | |
| 1 1 15 | | | | | | | | | | | | | | | | | | | | | | | | | | | | | | | | | | | | | | | | |
| 1 1 15 | | | | | | | | | | | | | | | | | | | | | | | | | | | | | | | | | | | | | | | | |
| 1 1 15 | | | | | | | | | | | | | | | | | | | | | | | | | | | | | | | | | | | | | | | | |
| 1 1 15 | | | | | | | | | | | | | | | | | | | | | | | | | | | | | | | | | | | | | | | | |
| 1 1 15 | | | | | | | | | | | | | | | | | | | | | | | | | | | | | | | | | | | | | | | | |
| 1 1 14 | | | | | | | | | | | | | | | | | | | | | | | | | | | | | | | | | | | | | | | | |
| 1 1 15 | | | | | | | | | | | | | | | | | | | | | | | | | | | | | | | | | | | | | | | | |
| 1 1 3 3 | | | | | | | | | | | | | | | | | | | | | | | | | | | | | | | | | | | | | | | | |
| 1 2 12 2 | | | | | | | | | | | | | | | | | | | | | | | | | | | | | | | | | | | | | | | | |
| 4 13 1 | | | | | | | | | | | | | | | | | | | | | | | | | | | | | | | | | | | | | | | | |
| 2 1 15 | | | | | | | | | | | | | | | | | | | | | | | | | | | | | | | | | | | | | | | | |
| 1 1 16 | | | | | | | | | | | | | | | | | | | | | | | | | | | | | | | | | | | | | | | | |
| 4 17 | | | | | | | | | | | | | | | | | | | | | | | | | | | | | | | | | | | | | | | | |
| 3 3 17 | | | | | | | | | | | | | | | | | | | | | | | | | | | | | | | | | | | | | | | | |
| 4 1 3 17 | | | | | | | | | | | | | | | | | | | | | | | | | | | | | | | | | | | | | | | | |
| 3 4 19 | | | | | | | | | | | | | | | | | | | | | | | | | | | | | | | | | | | | | | | | |
| 1 10 18 | | | | | | | | | | | | | | | | | | | | | | | | | | | | | | | | | | | | | | | | |
| 14 17 3 | | | | | | | | | | | | | | | | | | | | | | | | | | | | | | | | | | | | | | | | |
| 16 13 6 | | | | | | | | | | | | | | | | | | | | | | | | | | | | | | | | | | | | | | | | |
| 17 7 | | | | | | | | | | | | | | | | | | | | | | | | | | | | | | | | | | | | | | | | |
| 34 | | | | | | | | | | | | | | | | | | | | | | | | | | | | | | | | | | | | | | | | |
| 29 | | | | | | | | | | | | | | | | | | | | | | | | | | | | | | | | | | | | | | | | |
| 21 | | | | | | | | | | | | | | | | | | | | | | | | | | | | | | | | | | | | | | | | |
| 0 | | | | | | | | | | | | | | | | | | | | | | | | | | | | | | | | | | | | | | | | |
| 0 | | | | | | | | | | | | | | | | | | | | | | | | | | | | | | | | | | | | | | | | |
| 0 | | | | | | | | | | | | | | | | | | | | | | | | | | | | | | | | | | | | | | | | |
| 0 | | | | | | | | | | | | | | | | | | | | | | | | | | | | | | | | | | | | | | | | |
| 0 | | | | | | | | | | | | | | | | | | | | | | | | | | | | | | | | | | | | | | | | |

| Column | Clue |
|---|---|
| 1 | 1 1 |
| 2 | 1 2 |
| 3 | 1 1 1 |
| 4 | 1 1 2 |
| 5 | 1 1 1 |
| 6 | 1 1 1 |
| 7 | 2 2 |
| 8 | 1 3 |
| 9 | 1 5 |
| 10 | 1 7 |
| 11 | 1 9 |
| 12 | 1 10 |
| 13 | 1 12 |
| 14 | 15 |
| 15 | 16 |
| 16 | 15 |
| 17 | 14 |
| 18 | 13 |
| 19 | 13 |
| 20 | 1 11 |
| 21 | 1 11 |
| 22 | 1 10 |
| 23 | 1 7 1 |
| 24 | 10 5 1 |
| 25 | 10 3 1 |
| 26 | 10 1 1 |
| 27 | 10 1 |
| 28 | 15 |
| 29 | 14 |
| 30 | 13 |
| 31 | 12 |
| 32 | 11 |
| 33 | 10 |
| 34 | 8 |
| 35 | 1 6 |
| 36 | 1 5 |
| 37 | 1 4 |
| 38 | 1 3 |
| 39 | 1 2 |
| 40 | 1 1 |

| Row | Clue |
|---|---|
| 1 | 0 |
| 2 | 0 |
| 3 | 0 |
| 4 | 0 |
| 5 | 0 |
| 6 | 0 |
| 7 | 0 |
| 8 | 0 |
| 9 | 0 |
| 10 | 0 |
| 11 | 1 |
| 12 | 3 |
| 13 | 1 1 3 |
| 14 | 3 1 4 |
| 15 | 5 1 5 |
| 16 | 1 6 6 |
| 17 | 1 7 7 |
| 18 | 1 2 1 8 8 |
| 19 | 2 1 1 10 9 3 |
| 20 | 2 12 10 1 2 |
| 21 | 1 13 10 |
| 22 | 1 15 9 |
| 23 | 1 16 9 |
| 24 | 1 18 9 |
| 25 | 1 17 10 |
| 26 | 1 17 11 |
| 27 | 4 17 12 |
| 28 | 19 13 |
| 29 | 13 |
| 30 | 0 |
| 31 | 0 |
| 32 | 0 |
| 33 | 0 |
| 34 | 0 |
| 35 | 0 |
| 36 | 0 |
| 37 | 0 |
| 38 | 0 |
| 39 | 0 |
| 40 | 0 |

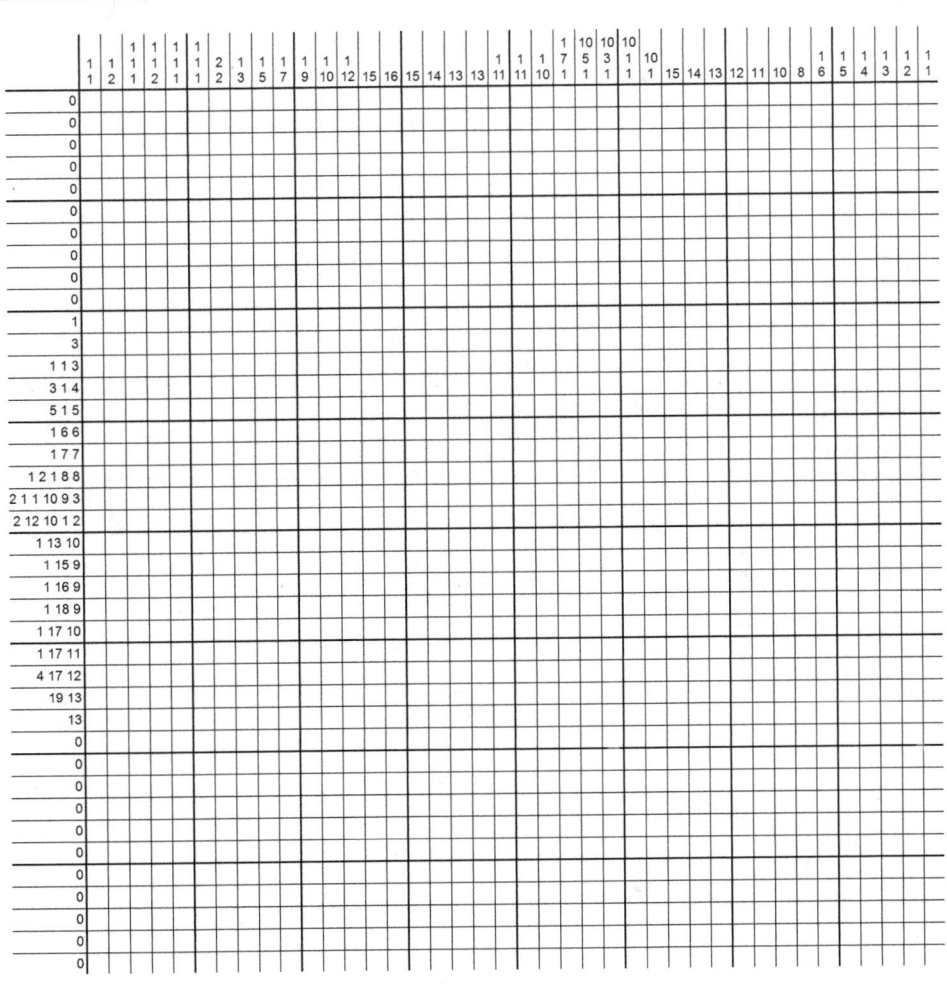

| Column | Clue |
|---|---|
| 1 | 2 |
| 2 | 1 1 |
| 3 | 1 2 |
| 4 | 2 2 |
| 5 | 1 1 1 |
| 6 | 1 1 1 |
| 7 | 1 1 1 |
| 8 | 3 1 1 1 |
| 9 | 5 1 1 1 1 |
| 10 | 1 2 1 1 1 |
| 11 | 2 6 1 1 1 |
| 12 | 1 1 1 1 1 |
| 13 | 1 1 1 1 |
| 14 | 1 1 1 1 1 |
| 15 | 1 1 1 1 |
| 16 | 1 1 1 1 1 |
| 17 | 1 1 1 1 1 |
| 18 | 1 1 2 1 1 |
| 19 | 1 2 1 1 1 |
| 20 | 2 5 1 1 |
| 21 | 1 5 1 1 |
| 22 | 2 3 1 1 |
| 23 | 2 2 2 1 |
| 24 | 6 1 |
| 25 | 2 2 1 5 |
| 26 | 2 1 14 3 |
| 27 | 2 1 7 1 1 |
| 28 | 3 2 1 1 1 |
| 29 | 2 1 1 1 2 1 |
| 30 | 2 1 2 1 2 3 2 |
| 31 | 2 2 1 1 2 2 |
| 32 | 2 2 1 5 3 |
| 33 | 1 1 2 8 |
| 34 | 1 1 1 3 4 |
| 35 | 10 4 |
| 36 | 1 3 |
| 37 | 1 4 |
| 38 | 1 7 |
| 39 | 2 1 |
| 40 | 7 |

| Row | Clue |
|---|---|
| 1 | 3 |
| 2 | 2 1 |
| 3 | 1 1 |
| 4 | 1 2 |
| 5 | 1 1 |
| 6 | 1 1 2 |
| 7 | 1 1 1 |
| 8 | 1 1 1 |
| 9 | 1 1 1 |
| 10 | 2 1 1 1 |
| 11 | 7 1 1 |
| 12 | 2 3 1 1 1 1 |
| 13 | 1 6 2 2 1 1 |
| 14 | 1 1 3 3 1 1 1 |
| 15 | 1 1 3 1 1 1 1 |
| 16 | 1 1 3 1 1 1 1 |
| 17 | 1 1 5 1 |
| 18 | 1 1 2 8 1 |
| 19 | 1 1 1 4 2 |
| 20 | 2 1 1 1 2 1 |
| 21 | 1 1 1 2 2 2 |
| 22 | 1 1 2 1 2 4 |
| 23 | 2 1 1 2 1 3 1 |
| 24 | 1 1 2 1 4 1 |
| 25 | 2 1 1 1 5 1 |
| 26 | 2 2 2 1 1 2 1 |
| 27 | 2 1 1 1 1 1 1 |
| 28 | 2 1 3 1 1 2 1 |
| 29 | 1 1 2 1 1 1 1 1 |
| 30 | 1 2 1 2 1 1 1 1 |
| 31 | 3 1 2 2 1 1 1 1 |
| 32 | 1 3 2 1 1 1 1 1 |
| 33 | 1 2 3 2 1 1 1 1 |
| 34 | 12 2 1 2 |
| 35 | 1 1 |
| 36 | 3 |
| 37 | 0 |
| 38 | 0 |
| 39 | 0 |
| 40 | 0 |

| Column | Clues |
|---|---|
| 1 | 0 |
| 2 | 0 |
| 3 | 0 |
| 4 | 0 |
| 5 | 0 |
| 6 | 0 |
| 7 | 2 |
| 8 | 8 |
| 9 | 4 2 |
| 10 | 4 2 3 |
| 11 | 4 3 1 3 |
| 12 | 4 1 7 1 2 |
| 13 | 4 2 1 9 1 3 |
| 14 | 7 3 1 10 1 3 |
| 15 | 2 4 3 10 1 2 |
| 16 | 1 2 2 2 1 9 1 4 |
| 17 | 6 1 6 2 1 7 1 6 |
| 18 | 6 1 1 2 2 2 1 3 1 7 |
| 19 | 1 4 3 2 2 2 1 10 |
| 20 | 1 13 1 2 1 12 |
| 21 | 1 3 2 3 2 1 14 |
| 22 | 1 4 1 1 1 4 16 |
| 23 | 1 3 2 3 17 |
| 24 | 1 3 4 14 |
| 25 | 1 3 2 13 |
| 26 | 1 4 13 |
| 27 | 1 14 |
| 28 | 2 11 |
| 29 | 2 8 |
| 30 | 2 7 |
| 31 | 2 7 |
| 32 | 2 7 |
| 33 | 2 5 |
| 34 | 6 |
| 35 | 3 |
| 36 | 0 |
| 37 | 0 |
| 38 | 0 |
| 39 | 0 |
| 40 | 0 |

| Row | Clues |
|---|---|
| 1 | 7 |
| 2 | 2 1 |
| 3 | 3 1 |
| 4 | 4 1 |
| 5 | 5 1 |
| 6 | 9 1 |
| 7 | 3 3 2 |
| 8 | 2 4 2 2 |
| 9 | 2 1 2 3 2 |
| 10 | 10 3 2 |
| 11 | 1 2 1 3 3 2 |
| 12 | 1 2 4 1 3 2 |
| 13 | 3 10 3 2 |
| 14 | 1 2 2 2 1 10 |
| 15 | 1 2 2 6 9 |
| 16 | 2 3 3 12 |
| 17 | 1 3 1 2 9 |
| 18 | 1 2 2 3 9 |
| 19 | 2 1 1 2 12 |
| 20 | 1 3 1 2 11 |
| 21 | 1 5 1 2 7 |
| 22 | 2 6 1 7 |
| 23 | 1 7 7 |
| 24 | 1 7 1 6 |
| 25 | 1 8 7 |
| 26 | 2 1 7 6 |
| 27 | 2 1 7 6 |
| 28 | 1 1 5 7 |
| 29 | 2 1 3 1 6 |
| 30 | 2 1 1 7 |
| 31 | 1 3 6 |
| 32 | 2 6 |
| 33 | 1 6 |
| 34 | 2 6 |
| 35 | 2 7 |
| 36 | 1 6 |
| 37 | 2 7 |
| 38 | 1 6 |
| 39 | 7 |
| 40 | 3 |

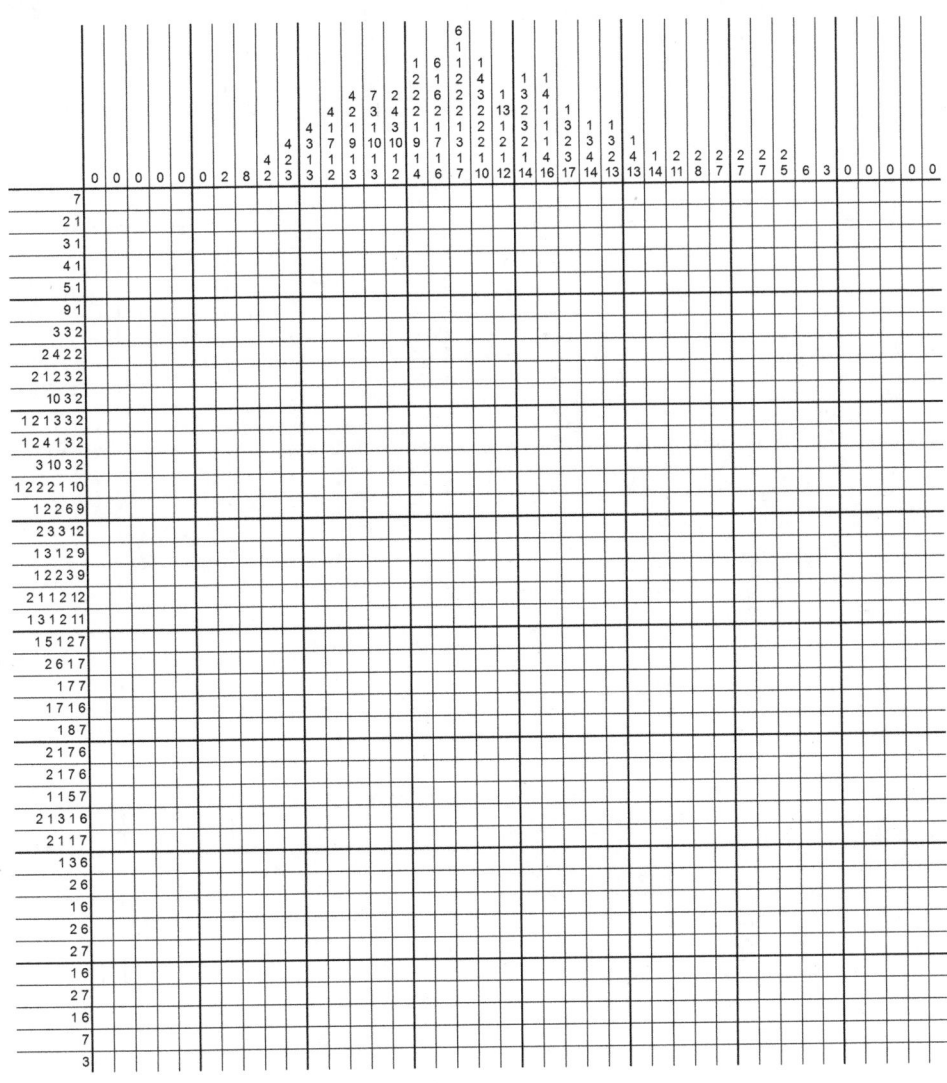

Column clues (left to right, top to bottom):

| | |
|---|---|
| 1 | 6 |
| 2 | 6 |
| 3 | 6 |
| 4 | 6 |
| 5 | 6 |
| 6 | 1 6 |
| 7 | 13 2 6 |
| 8 | 19 6 |
| 9 | 22 7 |
| 10 | 19 4 9 |
| 11 | 9 1 2 4 11 |
| 12 | 7 16 |
| 13 | 6 15 |
| 14 | 6 1 15 |
| 15 | 6 2 13 |
| 16 | 7 2 12 |
| 17 | 7 1 2 1 11 |
| 18 | 6 3 1 3 7 |
| 19 | 7 1 1 1 10 |
| 20 | 7 2 1 1 10 |
| 21 | 8 9 11 |
| 22 | 8 11 11 |
| 23 | 9 2 3 6 11 |
| 24 | 12 3 17 |
| 25 | 11 3 22 |
| 26 | 36 |
| 27 | 34 1 |
| 28 | 36 |
| 29 | 20 13 |
| 30 | 9 3 13 |
| 31 | 6 1 12 |
| 32 | 3 11 |
| 33 | 10 13 |
| 34 | 14 8 |
| 35 | 11 6 1 2 |
| 36 | 17 3 |
| 37 | 3 6 3 |
| 38 | 10 |
| 39 | 8 |
| 40 | 8 |

Row clues (top to bottom):

6 6
15
17
19
21
21
6 14 2
5 9 3
5 7 3
5 7 2
4 7 2
5 8 2
4 1 5 3
4 1 16 3
4 1 10 3
4 17 3
4 5 12 2
4 2 6 3
4 2 5 1 3
3 3 5 3
5 9 3
4 1 11 2
3 10 2
3 12 2
4 19 2
5 16 3
4 7 2
4 10 1 2
5 11 1 3
8 13 3
23 4
24 3
8 16 5
32
34 3
40
40
21 2 7 5
20 1 7 3
20 1 8 3

Column clues (left to right):

| Column | Clue |
|---|---|
| 1 | 4 |
| 2 | 7 |
| 3 | 8 |
| 4 | 11 1 |
| 5 | 12 2 |
| 6 | 14 3 |
| 7 | 15 9 |
| 8 | 14 11 |
| 9 | 14 22 |
| 10 | 14 23 |
| 11 | 13 4 18 |
| 12 | 11 2 17 |
| 13 | 9 4 16 |
| 14 | 6 5 4 15 |
| 15 | 5 8 5 14 |
| 16 | 22 15 |
| 17 | 12 9 2 12 |
| 18 | 11 2 8 1 12 |
| 19 | 11 2 1 6 12 |
| 20 | 9 2 2 6 9 |
| 21 | 9 10 8 |
| 22 | 10 9 5 |
| 23 | 19 6 |
| 24 | 18 6 1 |
| 25 | 18 7 1 |
| 26 | 18 6 2 |
| 27 | 17 6 2 |
| 28 | 18 2 3 2 |
| 29 | 9 9 2 3 2 |
| 30 | 8 2 7 2 3 7 |
| 31 | 8 2 2 3 3 2 11 |
| 32 | 10 2 1 1 7 11 |
| 33 | 11 2 1 4 3 12 |
| 34 | 16 2 15 |
| 35 | 18 13 |
| 36 | 12 4 16 |
| 37 | 13 7 8 |
| 38 | 14 1 |
| 39 | 14 |
| 40 | 5 |


| Row | Clue |
|---|---|
| 1 | 17 |
| 2 | 22 |
| 3 | 26 |
| 4 | 28 |
| 5 | 32 |
| 6 | 11 23 |
| 7 | 13 24 |
| 8 | 13 26 |
| 9 | 13 15 9 |
| 10 | 13 5 7 10 |
| 11 | 12 7 6 11 |
| 12 | 11 4 2 8 8 |
| 13 | 10 4 2 9 2 6 |
| 14 | 9 4 2 9 2 6 |
| 15 | 8 5 11 7 |
| 16 | 7 2 20 3 |
| 17 | 5 2 4 11 2 3 |
| 18 | 3 2 13 9 2 |
| 19 | 1 3 10 2 2 2 |
| 20 | 3 9 9 1 |
| 21 | 2 9 5 2 |
| 22 | 2 5 3 1 |
| 23 | 3 4 2 1 |
| 24 | 4 1 1 |
| 25 | 5 2 3 2 |
| 26 | 6 2 5 2 |
| 27 | 8 3 2 1 |
| 28 | 8 3 3 |
| 29 | 13 5 4 |
| 30 | 29 |
| 31 | 29 |
| 32 | 30 |
| 33 | 21 7 |
| 34 | 20 8 |
| 35 | 15 1 8 |
| 36 | 15 1 8 |
| 37 | 14 8 |
| 38 | 14 8 |
| 39 | 15 12 |
| 40 | 16 14 |

| Column | Clues (top to bottom) |
|---|---|
| 1 | 6 |
| 2 | 7 |
| 3 | 8 |
| 4 | 9 |
| 5 | 9 |
| 6 | 10 |
| 7 | 5 10 |
| 8 | 7 10 |
| 9 | 14 11 |
| 10 | 16 11 |
| 11 | 21 11 |
| 12 | 11 10 11 |
| 13 | 10 2 3 11 |
| 14 | 9 4 15 |
| 15 | 10 2 1 14 |
| 16 | 10 3 14 |
| 17 | 10 2 12 |
| 18 | 10 2 9 |
| 19 | 9 1 1 7 |
| 20 | 9 2 2 6 |
| 21 | 10 1 1 1 6 |
| 22 | 9 2 3 1 1 6 |
| 23 | 9 3 3 1 1 6 |
| 24 | 9 2 3 1 6 |
| 25 | 10 3 2 7 |
| 26 | 9 2 8 |
| 27 | 11 3 2 12 |
| 28 | 11 1 17 |
| 29 | 12 17 |
| 30 | 18 14 |
| 31 | 12 10 3 |
| 32 | 6 6 3 |
| 33 | 4 2 |
| 34 | 2 2 |
| 35 | 2 2 1 |
| 36 | 2 1 3 |
| 37 | 3 2 |
| 38 | 2 2 |
| 39 | 3 |
| 40 | 2 |

| Row | Clues (left to right) |
|---|---|
| 1 | 11 |
| 2 | 14 |
| 3 | 17 |
| 4 | 19 |
| 5 | 20 |
| 6 | 21 |
| 7 | 23 |
| 8 | 24 |
| 9 | 24 |
| 10 | 12 1 7 |
| 11 | 7 5 |
| 12 | 6 6 |
| 13 | 5 6 |
| 14 | 3 5 |
| 15 | 3 4 |
| 16 | 4 4 |
| 17 | 4 5 4 |
| 18 | 4 4 7 2 |
| 19 | 9 2 1 1 2 |
| 20 | 4 1 1 2 |
| 21 | 2 2 2 |
| 22 | 2 1 |
| 23 | 2 1 |
| 24 | 2 1 3 |
| 25 | 2 2 3 3 |
| 26 | 2 5 3 |
| 27 | 3 2 1 4 |
| 28 | 3 2 2 4 |
| 29 | 4 4 6 |
| 30 | 9 7 |
| 31 | 12 3 9 |
| 32 | 15 10 |
| 33 | 16 8 2 |
| 34 | 18 8 2 |
| 35 | 31 6 |
| 36 | 31 2 2 |
| 37 | 30 3 2 |
| 38 | 33 3 |
| 39 | 32 2 |
| 40 | 31 2 |

Column clues (left to right):

3; 2 2; 2 4; 1 5; 1 7; 2 8; 2 8; 2 8; 2 8; 2 8; 2 8; 1 8; 1 9; 1 9; 1 9; 1 9; 12; 1 1 1 7; 3 2 5; 2 1 3 3; 1 1 1 2 3; 1 1 2 5; 1 1 2 3; 1 2 2 3; 1 2 2 3; 1 2 2 3; 1 2 2 2; 1 3 3 2; 1 8; 1 4; 1 3; 1 2; 1 2; 2 2; 6; 6; 3 1; 1 1; 2 1; 3

Row clues (top to bottom):

8; 3 3; 1 3 1; 11 2; 3 1; 2 2; 1 1; 3 2; 10; 13; 2 3 3 2; 2 2 1 1; 2 2 1 1; 2 2 3; 2 2; 1 3; 3 3; 4 3; 1 4; 2 2; 1 2 1; 1 4 2; 1 7; 1 8; 1 8; 2 7; 2 7; 2 7; 2 8; 2 8; 1 8; 1 8; 1 8; 1 8; 2 7; 2 7; 1 7; 8; 6; 4

Column clues (left to right, each read top to bottom):

1. 11
2. 4 5
3. 3 4
4. 2 3
5. 2 3
6. 2 3
7. 2 3
8. 2 2
9. 1 2
10. 1 6 2 2
11. 1 2 4 7
12. 1 2 11 1 1
13. 1 2 2 7 2 3
14. 1 1 12 2 3
15. 1 1 3 12 1 1
16. 1 7 13
17. 1 1 8 3 5
18. 1 1 11 1 5
19. 1 23
20. 1 1 17 5
21. 1 1 12 4 3 2
22. 1 14 4 1 1 2
23. 1 15 2 1 1 1 2
24. 1 1 13 2 2 1 2
25. 1 1 13 2 3 4
26. 2 1 13 2 3 3
27. 1 15 2 3 1 1
28. 1 15 2 4 2 1
29. 2 1 1 11 5 5 1
30. 2 1 13 2 1 2 4
31. 2 1 13 5 7
32. 2 1 4 4 3 1 1 4
33. 2 1 3 2 3 3 4
34. 2 7 1 3 1 1 3
35. 1 9 2 1 3 3
36. 2 6 2 1 2 4
37. 3 6 7
38. 2 3 1 2 4
39. 3 1 4 2
40. 3

Row clues (top to bottom):

1. 11
2. 3 3
3. 2 2
4. 2 2
5. 2 2
6. 2 2
7. 1 2
8. 1 1
9. 2 1
10. 1 1
11. 1 1
12. 1 7
13. 1 6 1
14. 1 5 10
15. 1 3 7 6
16. 1 2 17
17. 1 2 17 2
18. 1 2 17 2
19. 1 1 18 3
20. 1 1 19 3
21. 1 5 16 4
22. 1 1 1 18 5
23. 1 1 1 2 16 2 1
24. 1 1 21 2 2
25. 2 1 5 18 2
26. 2 7 16 3
27. 1 18 4
28. 2 7 2 6 1 2
29. 2 24 2 1
30. 2 5 11 3 2 2
31. 2 2 8 1 1 2 2
32. 2 2 11 6 5
33. 2 2 7 4 5 1
34. 3 1 18 2
35. 3 11 8 4
36. 5 2 1 4 1 1 4
37. 7 1 3 11
38. 3 13
39. 6 6
40. 11

Column clues (left to right):

0 | 0 | 1 | 2 1 | 4 3 | 6 5 | 8 7 | 9 8 | 20 | 3 10 3 | 3 8 3 | 3 10 3 | 8 8 | 7 7 | 7 7 | 6 6 | 7 7 | 9 9 | 7 3 3 7 | 7 3 3 7 | 7 3 3 7 | 7 3 3 7 | 10 10 | 8 8 | 7 7 | 7 7 | 7 7 | 8 8 | 3 10 3 | 3 8 3 | 3 10 3 | 20 | 9 9 | 8 8 | 6 6 | 4 4 | 2 1 | 1 | 0 | 0

Row clues (top to bottom):

1
2
4
5
6
7
8
4 4
4 4
4 4
36
34
32
5 4 4 5
4 3 3 4
5 4 4 5
8 8
7 7
5 5
4 4
4 4
4 5
6 7
8 8
4 4 4 5
4 3 3 4
4 4 4 5
32
32
34
4 4
4 4
4 4
8
7
6
5
4
2
1

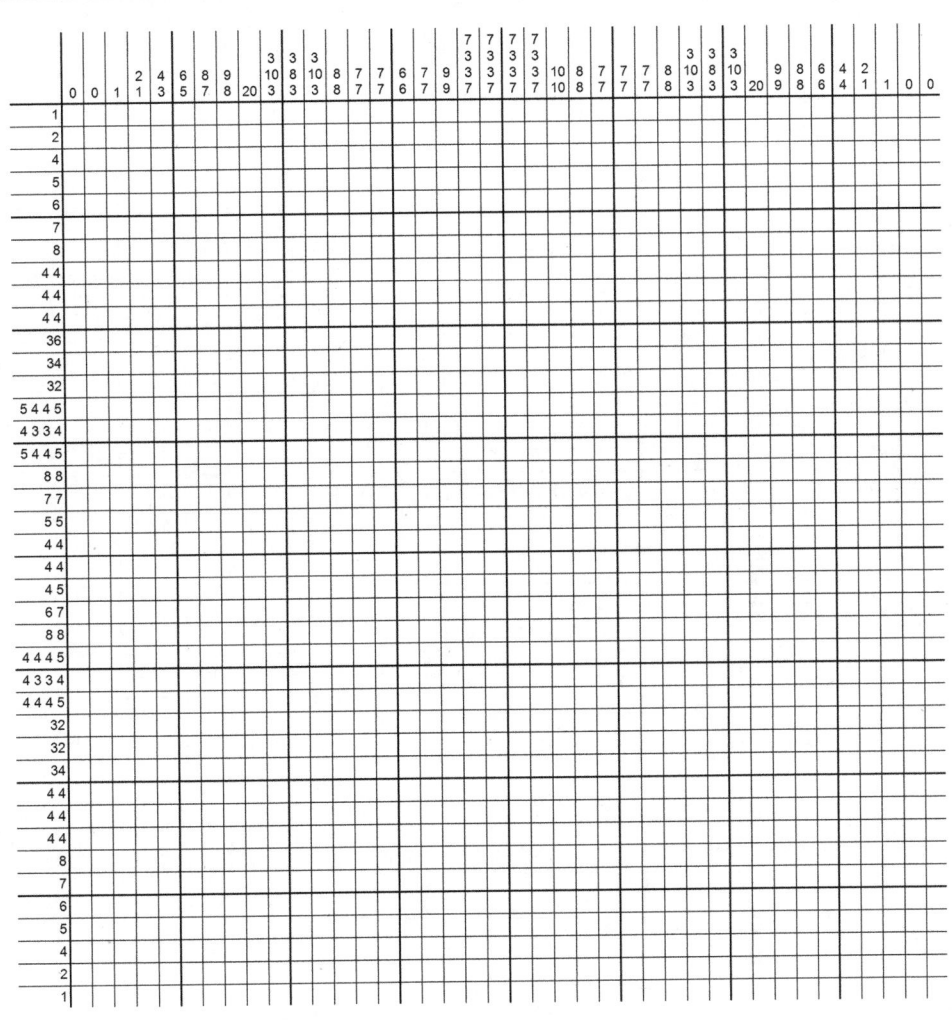

| Column | Clue |
|---|---|
| 1 | 10 |
| 2 | 16 |
| 3 | 6 7 |
| 4 | 5 6 |
| 5 | 4 4 |
| 6 | 3 4 |
| 7 | 3 1 2 3 |
| 8 | 3 1 1 1 3 |
| 9 | 3 1 2 1 3 |
| 10 | 3 1 2 3 1 2 |
| 11 | 3 1 1 2 1 3 |
| 12 | 2 1 3 5 2 |
| 13 | 3 8 5 2 3 |
| 14 | 2 8 10 2 |
| 15 | 2 12 11 2 |
| 16 | 3 26 3 |
| 17 | 2 28 2 |
| 18 | 2 30 2 |
| 19 | 2 5 25 2 |
| 20 | 2 4 7 17 2 |
| 21 | 2 3 5 16 2 |
| 22 | 2 4 5 7 7 2 |
| 23 | 2 6 7 7 7 2 |
| 24 | 18 7 6 2 |
| 25 | 27 10 |
| 26 | 6 20 10 |
| 27 | 5 30 |
| 28 | 4 13 15 |
| 29 | 4 5 7 13 |
| 30 | 5 5 5 12 |
| 31 | 9 5 12 |
| 32 | 9 7 13 |
| 33 | 10 21 |
| 34 | 30 |
| 35 | 13 14 |
| 36 | 11 12 |
| 37 | 8 9 |
| 38 | 8 9 |
| 39 | 7 8 |
| 40 | 10 |


| Row | Clue |
|---|---|
| 1 | 10 |
| 2 | 16 |
| 3 | 6 7 |
| 4 | 5 9 |
| 5 | 4 15 |
| 6 | 4 10 6 |
| 7 | 3 10 6 |
| 8 | 3 5 4 6 |
| 9 | 3 5 4 7 |
| 10 | 2 4 4 9 |
| 11 | 3 4 5 16 |
| 12 | 2 1 8 17 |
| 13 | 3 18 8 |
| 14 | 2 1 18 7 |
| 15 | 2 4 17 6 |
| 16 | 3 1 18 8 |
| 17 | 2 9 8 9 |
| 18 | 2 8 13 3 |
| 19 | 2 6 11 2 |
| 20 | 2 2 6 11 1 |
| 21 | 2 1 6 13 2 |
| 22 | 2 20 6 3 |
| 23 | 2 1 18 9 |
| 24 | 3 1 16 8 |
| 25 | 3 2 17 9 |
| 26 | 2 21 9 |
| 27 | 3 10 15 |
| 28 | 3 9 14 |
| 29 | 2 9 12 |
| 30 | 3 10 13 |
| 31 | 3 10 13 |
| 32 | 3 22 |
| 33 | 3 21 |
| 34 | 3 19 |
| 35 | 3 17 |
| 36 | 4 14 |
| 37 | 5 10 |
| 38 | 6 6 |
| 39 | 16 |
| 40 | 10 |

| Column | Clue |
|---|---|
| 1 | 3 |
| 2 | 2 1 |
| 3 | 2 1 |
| 4 | 6 |
| 5 | 3 2 |
| 6 | 3 1 1 |
| 7 | 4 1 |
| 8 | 6 1 |
| 9 | 10 1 1 |
| 10 | 2 3 1 |
| 11 | 2 1 1 |
| 12 | 1 3 |
| 13 | 1 1 1 1 3 |
| 14 | 2 1 1 3 |
| 15 | 3 1 1 1 4 1 |
| 16 | 3 1 1 4 1 |
| 17 | 3 1 1 1 4 1 |
| 18 | 5 1 1 1 5 2 |
| 19 | 5 1 1 4 1 |
| 20 | 4 1 1 1 5 1 |
| 21 | 5 1 1 5 1 1 |
| 22 | 5 1 1 6 1 1 |
| 23 | 6 1 6 1 1 |
| 24 | 6 2 6 1 2 |
| 25 | 9 9 2 |
| 26 | 8 7 1 3 |
| 27 | 21 |
| 28 | 19 |
| 29 | 18 |
| 30 | 6 10 |
| 31 | 16 |
| 32 | 3 2 7 |
| 33 | 3 2 1 |
| 34 | 5 1 |
| 35 | 3 2 |
| 36 | 2 3 |
| 37 | 2 1 1 |
| 38 | 3 1 |
| 39 | 1 1 |
| 40 | 3 |

| Row | Clue |
|---|---|
| 1 | 0 |
| 2 | 0 |
| 3 | 0 |
| 4 | 0 |
| 5 | 0 |
| 6 | 0 |
| 7 | 0 |
| 8 | 4 |
| 9 | 10 4 |
| 10 | 14 6 1 |
| 11 | 16 6 1 1 |
| 12 | 1 1 2 15 1 1 |
| 13 | 1 2 10 1 1 1 |
| 14 | 2 1 9 2 2 |
| 15 | 1 1 9 2 |
| 16 | 1 1 8 2 |
| 17 | 1 2 1 1 8 1 |
| 18 | 1 2 2 3 2 |
| 19 | 1 2 2 8 |
| 20 | 1 2 2 9 |
| 21 | 1 1 2 11 |
| 22 | 1 2 11 |
| 23 | 2 13 |
| 24 | 3 15 |
| 25 | 5 16 |
| 26 | 5 1 11 1 5 |
| 27 | 6 3 7 6 |
| 28 | 4 2 7 2 4 |
| 29 | 2 1 1 6 2 4 |
| 30 | 1 2 3 2 4 |
| 31 | 6 4 3 |
| 32 | 6 |
| 33 | 0 |
| 34 | 0 |
| 35 | 0 |
| 36 | 0 |
| 37 | 0 |
| 38 | 0 |
| 39 | 0 |
| 40 | 0 |

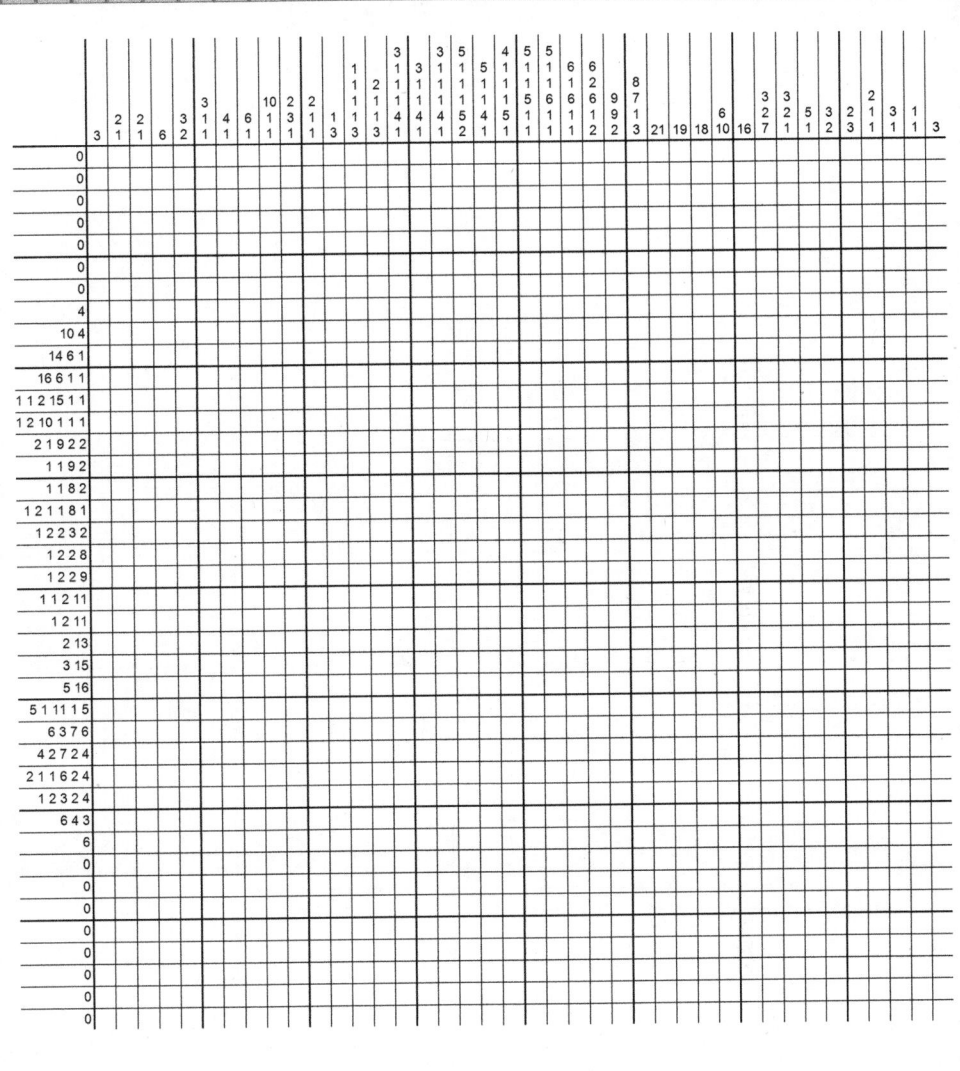

Column clues (left to right):

| Column | Clue |
|---|---|
| 1 | 3 |
| 2 | 3 5 |
| 3 | 1 1 5 |
| 4 | 1 2 1 |
| 5 | 1 1 2 |
| 6 | 1 4 |
| 7 | 1 4 |
| 8 | 1 3 |
| 9 | 1 4 |
| 10 | 1 4 |
| 11 | 1 3 |
| 12 | 1 4 |
| 13 | 1 3 |
| 14 | 1 3 6 |
| 15 | 1 3 4 1 |
| 16 | 1 3 3 2 |
| 17 | 1 2 6 |
| 18 | 1 2 1 1 |
| 19 | 1 2 4 |
| 20 | 1 2 1 1 |
| 21 | 1 4 1 |
| 22 | 1 4 1 |
| 23 | 1 2 1 |
| 24 | 1 2 1 |
| 25 | 1 1 1 |
| 26 | 1 2 1 |
| 27 | 1 2 1 |
| 28 | 1 2 3 |
| 29 | 1 6 |
| 30 | 1 4 1 |
| 31 | 1 6 |
| 32 | 1 2 1 |
| 33 | 1 3 2 |
| 34 | 1 2 |
| 35 | 1 2 |
| 36 | 1 2 |
| 37 | 1 3 |
| 38 | 1 2 |
| 39 | 4 |
| 40 | 2 |


| Row | Clue |
|---|---|
| 1 | 0 |
| 2 | 0 |
| 3 | 0 |
| 4 | 0 |
| 5 | 0 |
| 6 | 0 |
| 7 | 0 |
| 8 | 0 |
| 9 | 0 |
| 10 | 0 |
| 11 | 6 |
| 12 | 2 2 |
| 13 | 1 1 |
| 14 | 1 1 |
| 15 | 1 2 |
| 16 | 3 2 |
| 17 | 3 2 2 |
| 18 | 3 5 2 |
| 19 | 3 6 2 |
| 20 | 4 6 2 |
| 21 | 2 5 2 |
| 22 | 6 2 |
| 23 | 5 2 |
| 24 | 5 4 |
| 25 | 5 4 |
| 26 | 4 2 |
| 27 | 5 4 4 |
| 28 | 4 1 19 |
| 29 | 4 4 12 |
| 30 | 2 1 1 3 1 |
| 31 | 1 2 13 |
| 32 | 5 2 1 1 |
| 33 | 6 |
| 34 | 0 |
| 35 | 0 |
| 36 | 0 |
| 37 | 0 |
| 38 | 0 |
| 39 | 0 |
| 40 | 0 |

| Column | Clue |
|---|---|
| 1 | 0 |
| 2 | 0 |
| 3 | 0 |
| 4 | 0 |
| 5 | 0 |
| 6 | 8 |
| 7 | 12 |
| 8 | 4 3 4 |
| 9 | 3 13 |
| 10 | 2 12 |
| 11 | 2 1 3 |
| 12 | 3 4 10 |
| 13 | 2 7 11 |
| 14 | 2 7 7 3 |
| 15 | 2 3 3 7 3 |
| 16 | 2 7 7 2 |
| 17 | 2 5 5 2 |
| 18 | 2 3 3 1 1 1 2 |
| 19 | 2 6 5 2 |
| 20 | 2 5 1 1 1 2 |
| 21 | 2 5 5 2 |
| 22 | 2 5 1 1 1 2 |
| 23 | 2 4 2 5 2 |
| 24 | 2 6 1 1 2 |
| 25 | 2 7 7 2 |
| 26 | 2 3 3 7 3 |
| 27 | 2 7 7 3 |
| 28 | 2 6 12 |
| 29 | 3 4 10 |
| 30 | 2 2 |
| 31 | 2 13 |
| 32 | 4 15 |
| 33 | 3 2 4 |
| 34 | 12 |
| 35 | 8 |
| 36 | 0 |
| 37 | 0 |
| 38 | 0 |
| 39 | 0 |
| 40 | 0 |

| Row | Clue |
|---|---|
| 1 | 11 |
| 2 | 18 |
| 3 | 4 5 |
| 4 | 4 4 |
| 5 | 3 2 |
| 6 | 2 2 |
| 7 | 2 3 |
| 8 | 2 2 |
| 9 | 2 2 |
| 10 | 2 2 |
| 11 | 3 1 2 |
| 12 | 3 4 |
| 13 | 4 4 |
| 14 | 2 1 2 2 |
| 15 | 2 2 2 2 |
| 16 | 2 2 5 |
| 17 | 4 5 5 4 |
| 18 | 4 7 7 4 |
| 19 | 11 7 3 |
| 20 | 3 3 3 3 3 2 |
| 21 | 2 6 6 2 |
| 22 | 2 4 5 2 |
| 23 | 2 4 3 4 2 |
| 24 | 2 4 2 |
| 25 | 2 5 2 |
| 26 | 3 6 4 |
| 27 | 4 6 4 |
| 28 | 5 1 1 4 |
| 29 | 5 5 |
| 30 | 5 5 |
| 31 | 18 |
| 32 | 6 1 1 1 5 |
| 33 | 18 |
| 34 | 2 3 1 1 1 2 2 |
| 35 | 2 10 2 |
| 36 | 2 2 |
| 37 | 3 3 |
| 38 | 3 3 |
| 39 | 12 |
| 40 | 8 |

| Column | Clue |
|---|---|
| 1 | 4 |
| 2 | 6 |
| 3 | 3 5 |
| 4 | 2 4 |
| 5 | 3 2 2 |
| 6 | 2 2 1 |
| 7 | 2 4 1 |
| 8 | 3 5 1 |
| 9 | 3 9 |
| 10 | 3 10 |
| 11 | 3 8 3 1 |
| 12 | 3 14 3 |
| 13 | 4 3 17 |
| 14 | 3 3 3 8 |
| 15 | 3 2 6 7 |
| 16 | 2 3 6 10 |
| 17 | 2 2 6 8 4 |
| 18 | 3 2 6 1 6 3 |
| 19 | 4 2 5 6 6 |
| 20 | 4 2 12 6 |
| 21 | 3 2 2 4 6 |
| 22 | 2 3 14 6 |
| 23 | 2 3 9 6 3 |
| 24 | 3 3 5 8 4 |
| 25 | 4 8 1 10 |
| 26 | 3 9 10 |
| 27 | 3 7 1 13 |
| 28 | 3 8 2 8 |
| 29 | 3 16 4 |
| 30 | 3 13 4 |
| 31 | 3 12 1 |
| 32 | 3 9 |
| 33 | 3 7 |
| 34 | 3 6 |
| 35 | 3 4 |
| 36 | 3 2 |
| 37 | 2 1 |
| 38 | 3 2 |
| 39 | 6 |
| 40 | 5 |

| Row | Clue |
|---|---|
| 1 | 2 2 |
| 2 | 3 3 |
| 3 | 5 5 |
| 4 | 2 7 3 |
| 5 | 2 5 3 |
| 6 | 2 3 |
| 7 | 3 2 |
| 8 | 2 2 |
| 9 | 2 2 |
| 10 | 3 2 |
| 11 | 2 2 |
| 12 | 2 2 |
| 13 | 2 3 |
| 14 | 3 4 1 |
| 15 | 2 7 5 |
| 16 | 2 13 3 |
| 17 | 3 5 8 2 |
| 18 | 4 5 7 2 |
| 19 | 5 4 9 1 |
| 20 | 3 4 12 1 |
| 21 | 2 4 20 1 |
| 22 | 3 28 1 |
| 23 | 2 14 3 1 10 |
| 24 | 19 2 3 8 |
| 25 | 11 6 2 8 |
| 26 | 2 7 4 1 2 8 |
| 27 | 2 2 2 1 2 1 4 |
| 28 | 3 5 4 3 1 3 |
| 29 | 6 1 4 1 5 |
| 30 | 4 9 5 |
| 31 | 18 |
| 32 | 17 |
| 33 | 7 7 |
| 34 | 6 7 |
| 35 | 18 |
| 36 | 5 4 6 |
| 37 | 6 4 4 2 |
| 38 | 3 12 2 |
| 39 | 11 |
| 40 | 9 |

| Column | Clue |
|---|---|
| 1 | 40 |
| 2 | 40 |
| 3 | 40 |
| 4 | 40 |
| 5 | 39 |
| 6 | 38 1 |
| 7 | 38 1 |
| 8 | 10 5 13 1 |
| 9 | 9 3 3 9 2 |
| 10 | 7 8 6 3 |
| 11 | 5 8 9 |
| 12 | 4 2 5 8 |
| 13 | 3 9 2 4 |
| 14 | 2 1 7 1 3 1 |
| 15 | 1 2 6 2 6 |
| 16 | 1 8 2 1 6 |
| 17 | 1 7 1 2 2 6 |
| 18 | 2 4 2 2 3 7 |
| 19 | 1 3 5 2 8 |
| 20 | 2 3 5 2 8 |
| 21 | 1 16 12 |
| 22 | 2 9 6 12 |
| 23 | 1 3 5 3 3 11 |
| 24 | 1 2 7 2 6 7 |
| 25 | 2 10 12 1 |
| 26 | 2 3 5 6 2 |
| 27 | 3 10 6 3 |
| 28 | 4 9 4 4 |
| 29 | 7 3 4 6 5 |
| 30 | 8 6 8 4 |
| 31 | 35 3 |
| 32 | 36 3 |
| 33 | 21 13 2 |
| 34 | 16 1 2 14 2 |
| 35 | 16 20 2 |
| 36 | 40 |
| 37 | 40 |
| 38 | 40 |
| 39 | 40 |
| 40 | 40 |

| Row | Clue |
|---|---|
| 1 | 40 |
| 2 | 14 1 1 1 16 |
| 3 | 13 14 |
| 4 | 12 13 |
| 5 | 11 12 |
| 6 | 10 12 |
| 7 | 10 12 |
| 8 | 9 11 |
| 9 | 9 10 |
| 10 | 8 10 |
| 11 | 7 8 10 |
| 12 | 7 9 20 |
| 13 | 13 9 16 |
| 14 | 11 2 7 2 2 11 |
| 15 | 8 2 13 14 |
| 16 | 18 20 |
| 17 | 17 13 5 |
| 18 | 7 9 9 10 |
| 19 | 7 7 8 3 6 |
| 20 | 7 4 1 4 3 6 |
| 21 | 7 1 1 10 |
| 22 | 7 1 4 2 7 |
| 23 | 7 8 2 6 |
| 24 | 7 4 10 |
| 25 | 8 4 10 |
| 26 | 8 8 10 |
| 27 | 8 11 10 |
| 28 | 9 2 3 11 |
| 29 | 9 1 5 2 12 |
| 30 | 9 9 13 |
| 31 | 10 3 5 14 |
| 32 | 11 3 16 |
| 33 | 12 22 |
| 34 | 15 10 12 |
| 35 | 27 11 |
| 36 | 12 14 1 9 |
| 37 | 8 3 12 3 7 |
| 38 | 7 4 11 6 5 |
| 39 | 5 5 10 15 |
| 40 | 4 9 8 16 |

| Column | Clues |
| --- | --- |
| 1 | 1 3 |
| 2 | 2 5 |
| 3 | 2 2 |
| 4 | 1 3 2 2 |
| 5 | 2 3 4 |
| 6 | 2 4 |
| 7 | 3 |
| 8 | 1 1 1 2 |
| 9 | 2 1 2 4 |
| 10 | 1 2 3 5 |
| 11 | 1 3 2 1 |
| 12 | 2 3 |
| 13 | 1 5 |
| 14 | 3 |
| 15 | 2 2 |
| 16 | 3 1 |
| 17 | 8 6 |
| 18 | 4 9 |
| 19 | 3 1 1 5 3 3 |
| 20 | 3 6 9 2 2 |
| 21 | 4 6 2 1 10 3 |
| 22 | 4 6 2 11 1 1 |
| 23 | 3 2 4 2 12 3 |
| 24 | 3 2 7 10 2 3 |
| 25 | 1 1 5 5 11 2 2 |
| 26 | 1 1 2 2 18 2 2 |
| 27 | 1 7 6 1 3 6 2 |
| 28 | 17 4 13 |
| 29 | 16 4 8 3 |
| 30 | 15 1 3 6 1 |
| 31 | 1 1 2 20 2 1 |
| 32 | 2 2 7 12 1 1 1 |
| 33 | 3 6 11 1 2 2 |
| 34 | 2 5 2 10 1 5 |
| 35 | 7 2 7 2 1 4 |
| 36 | 7 8 2 5 |
| 37 | 8 8 2 4 |
| 38 | 2 1 6 3 2 3 |
| 39 | 2 10 2 2 |
| 40 | 4 6 6 |

| Row | Clues |
| --- | --- |
| 1 | 3 |
| 2 | 2 |
| 3 | 2 5 |
| 4 | 4 3 3 |
| 5 | 3 11 |
| 6 | 3 4 1 |
| 7 | 3 7 |
| 8 | 4 3 7 1 |
| 9 | 3 3 3 8 |
| 10 | 1 2 1 11 3 |
| 11 | 3 2 1 7 6 |
| 12 | 5 6 2 10 1 |
| 13 | 1 2 5 13 1 |
| 14 | 4 2 19 1 |
| 15 | 4 2 18 1 |
| 16 | 1 2 1 1 20 |
| 17 | 1 5 10 4 |
| 18 | 3 1 3 2 8 2 3 |
| 19 | 4 2 3 2 1 2 1 2 4 |
| 20 | 2 1 3 5 3 3 5 |
| 21 | 2 2 2 15 10 |
| 22 | 1 3 3 3 2 1 5 7 2 |
| 23 | 3 4 2 21 |
| 24 | 2 2 4 5 2 9 |
| 25 | 22 |
| 26 | 19 1 |
| 27 | 8 7 1 |
| 28 | 6 2 4 3 |
| 29 | 20 |
| 30 | 3 13 1 |
| 31 | 3 6 2 |
| 32 | 1 3 4 4 |
| 33 | 3 15 |
| 34 | 3 6 3 |
| 35 | 1 2 5 |
| 36 | 2 1 6 |
| 37 | 2 1 1 2 |
| 38 | 1 2 2 2 |
| 39 | 9 2 |
| 40 | 7 2 |

| Column | Clue |
|---|---|
| 1 | 15 1 |
| 2 | 14 1 |
| 3 | 13 2 |
| 4 | 12 2 1 |
| 5 | 11 3 3 |
| 6 | 10 4 4 |
| 7 | 9 5 2 |
| 8 | 9 1 7 2 |
| 9 | 9 1 9 1 |
| 10 | 8 8 1 |
| 11 | 7 9 |
| 12 | 7 8 |
| 13 | 6 9 |
| 14 | 5 10 |
| 15 | 4 10 |
| 16 | 4 9 1 |
| 17 | 4 1 4 9 2 |
| 18 | 3 3 4 8 3 |
| 19 | 2 2 5 7 4 |
| 20 | 2 1 12 |
| 21 | 1 1 11 1 |
| 22 | 2 8 2 |
| 23 | 11 |
| 24 | 2 3 9 |
| 25 | 19 |
| 26 | 1 18 |
| 27 | 2 3 10 |
| 28 | 12 |
| 29 | 14 |
| 30 | 12 1 |
| 31 | 1 13 |
| 32 | 1 14 2 |
| 33 | 16 1 |
| 34 | 16 |
| 35 | 16 |
| 36 | 12 |
| 37 | 10 |
| 38 | 10 |
| 39 | 10 |
| 40 | 3 |

| Row | Clue |
|---|---|
| 1 | 21 |
| 2 | 20 |
| 3 | 18 |
| 4 | 17 |
| 5 | 14 1 |
| 6 | 13 2 2 3 |
| 7 | 12 4 5 |
| 8 | 10 1 8 |
| 9 | 9 1 1 7 |
| 10 | 6 7 |
| 11 | 5 8 |
| 12 | 4 2 9 |
| 13 | 3 2 9 |
| 14 | 2 1 4 10 |
| 15 | 1 3 4 10 |
| 16 | 1 4 3 9 |
| 17 | 1 4 3 8 |
| 18 | 3 9 9 |
| 19 | 10 8 8 |
| 20 | 17 2 1 11 |
| 21 | 33 |
| 22 | 30 |
| 23 | 29 |
| 24 | 25 |
| 25 | 23 |
| 26 | 1 19 |
| 27 | 18 |
| 28 | 5 9 |
| 29 | 1 6 |
| 30 | 1 |
| 31 | 0 |
| 32 | 1 1 |
| 33 | 2 1 2 2 |
| 34 | 4 2 1 |
| 35 | 2 3 3 |
| 36 | 1 4 |
| 37 | 1 |
| 38 | 0 |
| 39 | 0 |
| 40 | 0 |

| | | | | | | | | | | | | | | | | | | | | | | | | | | | | | | | | | | | | | | | |
|---|---|---|---|---|---|---|---|---|---|---|---|---|---|---|---|---|---|---|---|---|---|---|---|---|---|---|---|---|---|---|---|---|---|---|---|---|---|---|---|
| 6 | 4 3 | 2 3 | 2 2 | 2 6 1 | 6 3 2 | 5 5 2 | 5 4 2 1 | 4 4 2 2 | 2 4 2 2 | 2 2 2 1 | 3 2 10 2 | 3 1 8 2 2 | 1 4 2 2 1 | 4 2 1 1 | 4 1 1 1 | 1 2 1 17 2 | 3 3 1 2 | 4 2 1 2 | 2 1 1 1 2 | 2 1 1 1 2 | 4 2 1 2 | 3 19 2 | 1 2 1 1 2 | 4 1 1 1 | 2 1 2 1 1 | 1 4 3 2 1 | 3 1 7 2 2 | 2 2 9 2 | 2 2 2 1 | 2 4 2 2 | 4 4 2 2 | 6 5 2 1 | 5 5 2 | 7 4 2 | 2 5 1 | 2 2 | 2 3 | 4 3 | 6 |

| |
|---|
| 0 |
| 0 |
| 0 |
| 0 |
| 4 |
| 12 |
| 5 2 2 5 |
| 3 11 3 |
| 8 5 2 |
| 2 1 1 2 |
| 1 3 3 1 |
| 2 2 1 1 2 2 |
| 4 2 2 4 |
| 1 1 2 8 2 1 1 |
| 2 1 2 2 2 1 1 1 |
| 2 1 1 2 1 2 1 2 |
| 2 1 1 1 1 1 4 |
| 3 1 1 1 1 1 1 3 |
| 4 1 1 1 1 1 1 4 |
| 2 1 1 1 1 1 1 1 2 2 |
| 2 2 1 1 1 1 1 1 1 2 |
| 1 2 1 2 1 1 1 1 2 1 |
| 2 1 1 1 1 1 1 1 2 2 |
| 2 1 1 1 1 1 1 1 1 2 |
| 1 1 1 1 1 1 1 4 1 |
| 1 3 1 1 1 1 3 1 |
| 2 2 1 1 1 1 2 2 |
| 2 2 1 1 1 1 2 2 |
| 2 3 1 1 1 1 3 2 |
| 1 5 1 1 5 1 |
| 2 5 1 1 5 2 |
| 3 16 3 |
| 2 2 |
| 4 4 |
| 5 5 |
| 18 |
| 8 |
| 0 |
| 0 |
| 0 |

| Column | Clue |
|---|---|
| 1 | 5 14 |
| 2 | 1 1 14 |
| 3 | 2 2 14 |
| 4 | 6 1 14 |
| 5 | 1 2 1 2 14 |
| 6 | 2 3 1 1 16 |
| 7 | 1 5 1 15 |
| 8 | 1 3 4 14 |
| 9 | 2 2 1 12 |
| 10 | 1 2 1 11 |
| 11 | 1 1 1 10 |
| 12 | 3 1 9 |
| 13 | 2 1 2 8 |
| 14 | 2 1 1 8 |
| 15 | 3 1 1 7 |
| 16 | 1 1 7 |
| 17 | 1 1 7 |
| 18 | 1 1 7 |
| 19 | 3 7 |
| 20 | 3 8 |
| 21 | 1 1 8 |
| 22 | 1 1 8 |
| 23 | 1 1 8 |
| 24 | 2 1 1 8 |
| 25 | 2 1 1 9 |
| 26 | 2 1 9 |
| 27 | 2 1 9 |
| 28 | 1 1 9 |
| 29 | 1 1 9 |
| 30 | 1 4 1 9 |
| 31 | 1 2 1 1 9 |
| 32 | 2 1 3 9 |
| 33 | 1 1 2 9 |
| 34 | 1 1 9 |
| 35 | 2 1 10 |
| 36 | 3 2 10 |
| 37 | 3 3 11 |
| 38 | 2 12 |
| 39 | 15 |
| 40 | 14 |

| Row | Clue |
|---|---|
| 1 | 0 |
| 2 | 0 |
| 3 | 0 |
| 4 | 0 |
| 5 | 0 |
| 6 | 0 |
| 7 | 0 |
| 8 | 0 |
| 9 | 0 |
| 10 | 0 |
| 11 | 0 |
| 12 | 3 |
| 13 | 1 4 6 4 |
| 14 | 1 7 12 |
| 15 | 1 3 9 2 |
| 16 | 12 2 2 |
| 17 | 1 8 1 1 |
| 18 | 1 1 1 1 |
| 19 | 1 6 1 2 |
| 20 | 3 3 1 2 1 |
| 21 | 1 1 1 3 2 |
| 22 | 2 2 1 1 1 1 |
| 23 | 1 2 1 1 1 |
| 24 | 1 1 1 1 1 |
| 25 | 2 1 1 1 |
| 26 | 2 2 2 1 |
| 27 | 8 7 1 2 |
| 28 | 8 2 1 2 |
| 29 | 9 1 3 |
| 30 | 10 4 |
| 31 | 11 6 |
| 32 | 12 16 |
| 33 | 14 21 |
| 34 | 40 |
| 35 | 40 |
| 36 | 40 |
| 37 | 40 |
| 38 | 40 |
| 39 | 40 |
| 40 | 40 |

| Col | Clue |
|---|---|
| 1 | 2 |
| 2 | 4 |
| 3 | 4 |
| 4 | 2 1 |
| 5 | 1 1 |
| 6 | 1 2 |
| 7 | 2 1 |
| 8 | 1 1 |
| 9 | 1 2 |
| 10 | 2 1 |
| 11 | 1 2 |
| 12 | 2 1 |
| 13 | 2 2 |
| 14 | 2 1 |
| 15 | 2 1 |
| 16 | 5 |
| 17 | 2 1 |
| 18 | 5 |
| 19 | 2 1 |
| 20 | 1 2 |
| 21 | 1 3 |
| 22 | 3 2 |
| 23 | 2 1 |
| 24 | 2 1 |
| 25 | 1 2 |
| 26 | 1 1 |
| 27 | 9 1 |
| 28 | 12 2 |
| 29 | 1 1 3 1 |
| 30 | 2 2 1 |
| 31 | 1 1 1 1 |
| 32 | 1 1 1 1 |
| 33 | 1 1 1 1 |
| 34 | 1 1 1 1 |
| 35 | 1 1 1 1 1 1 1 2 |
| 36 | 1 1 12 |
| 37 | 1 1 11 |
| 38 | 15 |
| 39 | 1 11 |
| 40 | 10 |


| Row | Clue |
|---|---|
| 1 | 0 |
| 2 | 0 |
| 3 | 0 |
| 4 | 0 |
| 5 | 0 |
| 6 | 0 |
| 7 | 0 |
| 8 | 0 |
| 9 | 0 |
| 10 | 0 |
| 11 | 0 |
| 12 | 0 |
| 13 | 9 |
| 14 | 3 2 |
| 15 | 3 2 8 1 |
| 16 | 7 4 3 |
| 17 | 3 4 2 11 |
| 18 | 5 4 2 5 |
| 19 | 4 5 2 6 |
| 20 | 3 6 2 5 |
| 21 | 3 9 2 6 |
| 22 | 4 1 7 5 |
| 23 | 3 2 2 6 |
| 24 | 4 2 5 |
| 25 | 3 2 5 |
| 26 | 4 1 4 |
| 27 | 4 4 |
| 28 | 9 |
| 29 | 0 |
| 30 | 0 |
| 31 | 0 |
| 32 | 0 |
| 33 | 0 |
| 34 | 0 |
| 35 | 0 |
| 36 | 0 |
| 37 | 0 |
| 38 | 0 |
| 39 | 0 |
| 40 | 0 |

Column clues (left to right):

| | | | | | | | | | | | | | | | | | | | | | | | | | | | | | | | | | | | | | | | |
|---|---|---|---|---|---|---|---|---|---|---|---|---|---|---|---|---|---|---|---|---|---|---|---|---|---|---|---|---|---|---|---|---|---|---|---|---|---|---|---|
| 7 | 4 4 | 3 2 | 2 2 | 3 2 | 8 1 | 4 2 1 | 2 3 1 | 2 2 1 | 2 1 1 | 2 8 1 | 1 6 1 | 2 5 1 | 1 5 2 | 2 3 1 | 2 4 1 | 2 1 1 | 2 2 1 | 2 5 1 | 2 6 1 | 2 1 2 1 | 2 1 1 | 2 1 1 | 2 1 1 | 7 1 1 | 1 8 1 1 | 2 7 3 2 | 2 1 5 2 | 2 1 4 4 | 2 1 4 3 | 2 5 2 | 3 4 | 5 2 | 5 1 1 | 5 2 1 | 1 1 | 2 1 | 2 2 | 3 3 | 4 |

Row clues (top to bottom):

0
0
0
0
0
0
0
0
0
0
0
0
8 1
15 2
3 3 2 4
2 1 2 5
2 2 7
1 2 1 2
1 3 2
1 3 1
1 2 2
1 5 1
2 2 2 1
2 2 1 1
1 2 1
1 1 3 1
2 1 1 6 2
4 1 2 7 3
5 3 2 14
3 3 4 2 2
2 2 6 3 3
2 2 11 3
1 8 12
2 1 1 1 1 1 1
2
3
4 11
11 1
1
0

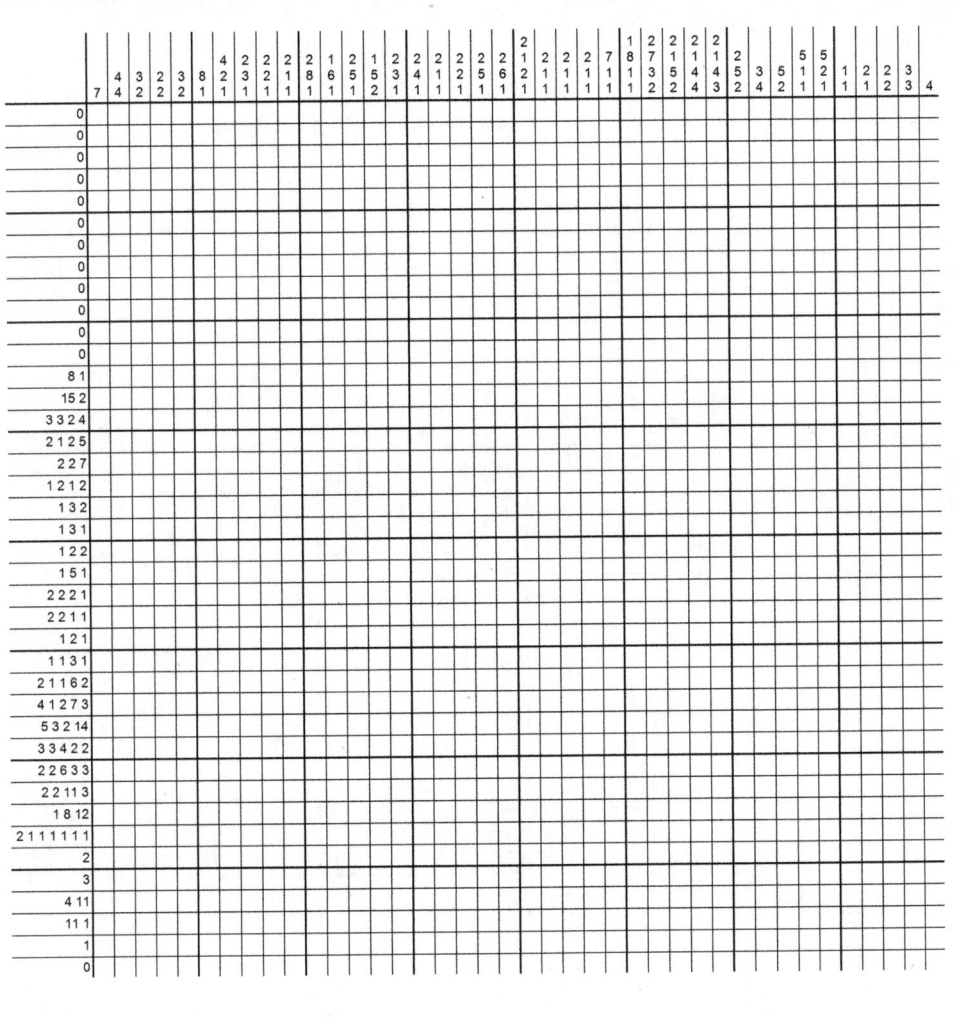

Column clues (left to right, each read top to bottom):

1. 0
2. 0
3. 0
4. 14
5. 15 2
6. 20
7. 2 3 16
8. 1 1 3 13
9. 1 1 2 3 14
10. 2 1 1 4 1 3
11. 2 11 2
12. 2 6 7
13. 1 13
14. 1 6 2
15. 2 9
16. 5 3 9
17. 11 10
18. 2 7
19. 2 9 1
20. 2 3 6 2
21. 3 5 2 2 3 7
22. 6 12 2 1 5
23. 9 2 1 2 2
24. 7 1 2 5 1 1
25. 5 1 2 6 1
26. 3 1 1 3 6
27. 5 4 5 3 3
28. 1 10 6 2
29. 12 3 2
30. 2 5 2 4 1
31. 1 1 2 2 1 1
32. 2 3 1
33. 3 6
34. 4
35. 0
36. 0
37. 0
38. 0
39. 0
40. 0

Row clues (top to bottom):

1. 5
2. 6
3. 8
4. 4 5
5. 3 10
6. 6 4 2
7. 1 1 4 5
8. 2 1 1 1 4
9. 2 1 2 2 4
10. 3 1 2 4
11. 4 1 1 1 3
12. 4 1 1 2 2
13. 3 2 2 2 1
14. 3 1 1 1 2 2
15. 6 1 2 2
16. 4 1 1 1 2 2
17. 4 1 2 1 1 2
18. 5 3 1 1 1
19. 9 2 1 2
20. 9 2 2 1 1
21. 9 2 2 2 2
22. 6 3 1 2 1 2
23. 6 1 1 3 1 2
24. 14 1 1 1 1 1 1 2
25. 4 1 1 1 1 1 2 3
26. 8 1 3 1 1 2 1
27. 5 2 5 1 2 2 1
28. 13 2 6 1 2 3
29. 13 1 2 3
30. 16 1
31. 2 10 1 1
32. 19 1 1
33. 8 2 1
34. 5 3 2 2
35. 2 2 5
36. 2 3 3
37. 1 3 2
38. 4 4
39. 3 4
40. 11

| | | | | | | | | | | | | | | | | | | | | | | | | | | | | | | | | | | | | | | | |
|---|---|---|---|---|---|---|---|---|---|---|---|---|---|---|---|---|---|---|---|---|---|---|---|---|---|---|---|---|---|---|---|---|---|---|---|---|---|---|---|
| 0 | 0 | 0 | 0 | 3 | 1 2 2 1 8 | 4 2 17 | 3 2 5 1 11 | 2 1 3 2 2 10 | 2 2 3 4 6 | 2 2 2 3 4 3 4 | 2 3 1 6 | 1 2 4 1 4 4 | 3 1 1 1 3 4 | 3 2 3 2 4 | 3 1 1 2 2 4 | 2 1 11 6 | 2 3 4 2 1 4 | 2 13 2 6 | 2 16 6 | 2 1 2 1 5 2 3 2 | 2 1 4 1 2 3 2 | 2 2 5 4 2 1 | 1 2 5 2 2 | 1 6 1 4 | 2 2 3 2 7 | 2 1 3 8 2 | 2 2 4 5 1 1 | 3 2 5 1 2 | 4 4 1 3 | 3 4 2 | 2 3 3 | 1 1 3 1 | 2 1 1 1 1 | 1 1 1 | 1 2 1 | 1 2 | 3 3 1 | 2 1 1 2 | 2 2 |

| |
|---|
| 2 1 |
| 4 1 |
| 1 2 1 |
| 4 12 2 |
| 2 2 13 1 |
| 3 6 3 1 |
| 4 2 3 3 1 |
| 1 4 2 3 1 |
| 1 2 1 1 4 1 |
| 5 1 1 4 2 1 |
| 1 2 1 1 1 4 2 2 |
| 2 1 1 1 5 2 2 2 |
| 3 1 2 1 7 1 1 1 |
| 2 1 1 10 1 1 |
| 1 1 1 14 1 1 |
| 1 3 7 2 |
| 5 5 |
| 1 2 1 2 1 |
| 4 1 1 3 1 |
| 5 5 1 |
| 7 5 1 |
| 7 1 5 1 |
| 7 1 6 |
| 5 2 1 2 1 |
| 8 1 3 |
| 4 2 1 4 |
| 3 2 1 1 1 |
| 3 5 3 |
| 1 2 2 4 5 |
| 2 2 4 11 |
| 3 2 12 3 |
| 4 2 5 1 1 |
| 9 4 1 2 |
| 14 1 3 |
| 5 4 2 |
| 3 4 1 |
| 2 3 2 |
| 1 1 |
| 2 2 |
| 3 |

| Column | Clues (top to bottom) |
|---|---|
| 1 | 2 4 |
| 2 | 1 5 |
| 3 | 2 5 |
| 4 | 2 6 |
| 5 | 2 7 |
| 6 | 1 8 |
| 7 | 1 10 |
| 8 | 14 |
| 9 | 2 2 4 |
| 10 | 2 2 4 |
| 11 | 3 1 1 1 1 4 |
| 12 | 14 2 4 1 4 |
| 13 | 10 1 3 9 7 |
| 14 | 20 1 5 |
| 15 | 12 5 2 11 3 |
| 16 | 13 5 2 8 2 2 |
| 17 | 5 1 7 9 7 2 1 |
| 18 | 5 3 2 3 6 4 1 |
| 19 | 5 5 2 13 1 |
| 20 | 1 3 7 16 |
| 21 | 1 3 5 1 1 2 13 |
| 22 | 1 3 3 4 2 14 2 |
| 23 | 5 5 1 1 2 12 2 |
| 24 | 4 7 16 2 |
| 25 | 5 5 2 11 1 |
| 26 | 6 5 15 |
| 27 | 13 1 |
| 28 | 4 1 2 4 3 |
| 29 | 1 3 10 |
| 30 | 1 4 2 |
| 31 | 1 6 8 |
| 32 | 2 2 1 7 |
| 33 | 3 2 1 6 |
| 34 | 2 2 2 6 |
| 35 | 1 2 3 5 |
| 36 | 1 1 3 5 |
| 37 | 2 10 |
| 38 | 13 |
| 39 | 2 7 |
| 40 | 2 6 |

| Row | Clues (left to right) |
|---|---|
| 1 | 7 |
| 2 | 5 3 |
| 3 | 14 |
| 4 | 16 |
| 5 | 16 |
| 6 | 5 3 |
| 7 | 7 2 |
| 8 | 6 2 |
| 9 | 7 1 |
| 10 | 7 1 |
| 11 | 18 |
| 12 | 17 |
| 13 | 1 4 10 |
| 14 | 3 6 6 |
| 15 | 1 2 5 5 |
| 16 | 1 3 1 1 1 1 |
| 17 | 15 |
| 18 | 7 1 2 |
| 19 | 6 5 1 |
| 20 | 1 2 1 1 1 |
| 21 | 1 2 5 1 |
| 22 | 2 10 |
| 23 | 1 6 7 |
| 24 | 3 11 2 |
| 25 | 3 1 10 3 2 |
| 26 | 1 1 2 9 4 2 |
| 27 | 3 2 3 8 3 5 |
| 28 | 5 2 3 8 1 2 2 |
| 29 | 2 1 3 3 8 2 5 1 |
| 30 | 2 1 2 12 2 6 3 |
| 31 | 3 2 1 12 2 1 4 |
| 32 | 1 6 11 1 7 |
| 33 | 5 10 1 1 5 |
| 34 | 4 1 1 6 1 2 5 |
| 35 | 5 1 1 3 1 4 4 |
| 36 | 7 2 1 2 1 10 |
| 37 | 14 2 1 1 10 |
| 38 | 15 1 1 2 10 |
| 39 | 16 1 4 1 11 |
| 40 | 17 1 2 1 11 |

Column clues (left to right, top to bottom):

1. 2
2. 3
3. 4
4. 4
5. 5
6. 6
7. 7
8. 7
9. 9
10. 11
11. 16
12. 14 2
13. 5 1 6 1 2
14. 5 9 1 2
15. 5 13 1
16. 19 3 2
17. 12 2 1 2
18. 10 2
19. 8 3 2
20. 7 5 2
21. 6 4 2
22. 6 2 2
23. 5 2 2
24. 5 1 10 2
25. 6 1 6 5 1
26. 14 1 2 10 1
27. 14 1 3 1 5
28. 14 14 1
29. 13 2 2
30. 12 5
31. 11 2 2
32. 7 1 1 2
33. 6 2 1 2
34. 5 3 2 1 2
35. 6 8 3 2
36. 5 6 3 5
37. 4 1 9 2
38. 3 2 1 3
39. 19
40. 15

Row clues (top to bottom):

1. 2
2. 3
3. 4
4. 4
5. 5
6. 6
7. 7
8. 7
9. 9
10. 13
11. 17
12. 20
13. 22
14. 18 4
15. 10 4 3
16. 10 2 4
17. 9 4 6
18. 6 4 3 1 2 3
19. 13 3 2 1 2
20. 12 4 2 1
21. 11 4 2 2
22. 15 2 3 5
23. 8 4 2 4 1 3
24. 11 2 2 2 3 2
25. 10 3 1 3 2
26. 8 3 1 3 2
27. 8 3 1 3 2
28. 8 1 1 1 1 1 2
29. 6 1 1 1 1 1 2
30. 1 3 3 1 3 2
31. 1 3 3 1 3 2
32. 1 2 3 1 5
33. 2 1 2 1 1 2
34. 2 1 4 3 2
35. 2 2 2 3
36. 4 10 2
37. 4 2 2 3
38. 4 1 1 4
39. 5 1 7
40. 12

**Column clues** (left to right, each read top to bottom):

0 | 0 | 4 4 | 15 1 | 17 1 1 | 20 5 2 | 21 2 1 1 3 | 21 5 3 | 18 10 | 17 2 4 | 16 2 1 | 15 1 2 | 16 1 1 1 | 16 1 2 2 | 15 1 3 3 | 16 1 2 1 3 | 15 1 2 4 | 16 1 4 | 16 2 2 3 | 13 1 2 4 1 | 12 3 2 6 2 | 11 3 8 | 9 5 3 | 8 4 1 3 1 1 | 20 1 3 | 1 7 1 1 1 | 3 2 3 | 1 1 | 1 3 1 | 2 2 | 1 3 | 2 3 | 1 3 | 2 2 | 1 2 | 2 1 | 1 | 2 | 1 | 2

**Row clues** (top to bottom):

13
14
16
17
18
18
20
21
22
22
24
23
24
17 5
17 5
8 2 1 2 3
7 2
6 5 4
5 1 5
5 3 5
6 5 5
1 2 1 1 1 1 1
1 2 1 2
1 1
1 1 1
4 1 1
1 1 3 1
3 2 1
1 1 1
3 3 1
1 5 1
2 4
3 8
1 2 3 4
1 4 3 1 1 3
1 6 1 1 1 1 3
2 5 1 1 1 1 3
4 4 1 1 1 1 3 3
5 2 1 1 1 1 6 3
7 1 8 1

| | | | | | | | | | | | | | | | | | | | | | | | | | | | | | | | | | | | | | | | |
|---|---|---|---|---|---|---|---|---|---|---|---|---|---|---|---|---|---|---|---|---|---|---|---|---|---|---|---|---|---|---|---|---|---|---|---|---|---|---|---|
| 40 | 40 | 40 | 32 6 | 30 6 | 18 4 6 1 | 11 10 2 | 8 6 11 3 | 6 2 4 11 4 | 5 8 2 17 | 5 11 19 | 4 33 | 3 34 | 2 35 | 2 1 4 27 | 2 3 13 13 | 1 5 14 13 | 1 5 6 19 | 4 17 | 4 18 | 4 18 | 5 1 2 19 | 11 1 2 19 | 4 7 2 17 | 2 3 3 17 | 2 1 3 13 | 2 3 11 | 3 2 11 2 | 2 3 2 15 | 3 7 11 | 1 4 5 11 | 4 3 4 7 3 | 1 1 12 1 | 7 | 5 | 2 | 0 | 0 | 0 | 0 |

| |
|---|
| 18 |
| 16 |
| 13 8 |
| 12 13 |
| 11 14 |
| 9 11 2 |
| 8 2 2 2 |
| 8 3 1 |
| 7 5 2 |
| 7 6 2 |
| 7 6 2 |
| 6 6 3 |
| 6 5 2 3 |
| 6 9 3 2 |
| 6 10 2 1 |
| 6 9 1 3 2 |
| 6 1 9 1 7 1 |
| 6 1 8 6 2 |
| 5 2 8 1 1 3 |
| 5 3 7 2 |
| 5 3 6 2 |
| 5 2 8 2 4 |
| 6 8 4 2 |
| 6 16 3 |
| 6 17 4 |
| 6 8 10 5 |
| 5 9 16 |
| 5 27 |
| 5 23 2 |
| 5 28 |
| 4 29 |
| 4 31 |
| 3 32 |
| 3 31 |
| 35 |
| 8 24 |
| 6 23 |
| 5 19 4 |
| 4 19 5 |
| 4 20 6 |

| Column | Clue |
|---|---|
| 1 | 0 |
| 2 | 1 |
| 3 | 2 |
| 4 | 3 |
| 5 | 4 |
| 6 | 11 2 |
| 7 | 9 3 4 1 |
| 8 | 12 5 1 6 |
| 9 | 15 6 1 2 6 |
| 10 | 24 1 2 4 2 |
| 11 | 11 3 15 |
| 12 | 10 1 2 4 3 |
| 13 | 14 4 5 4 |
| 14 | 9 2 5 3 3 |
| 15 | 6 2 1 1 2 2 3 3 |
| 16 | 7 1 1 6 2 4 3 |
| 17 | 8 1 5 1 5 2 |
| 18 | 8 1 4 1 2 1 1 4 |
| 19 | 8 1 4 2 3 2 |
| 20 | 8 1 3 3 1 1 2 |
| 21 | 9 1 2 4 3 1 |
| 22 | 9 1 3 6 1 2 |
| 23 | 10 1 17 3 |
| 24 | 8 1 14 3 3 |
| 25 | 8 1 2 4 11 |
| 26 | 9 1 8 7 |
| 27 | 7 1 8 8 |
| 28 | 5 2 1 9 10 |
| 29 | 10 1 22 |
| 30 | 11 4 22 |
| 31 | 23 2 9 |
| 32 | 19 3 6 |
| 33 | 15 4 4 |
| 34 | 7 4 3 |
| 35 | 2 |
| 36 | 1 |
| 37 | 1 |
| 38 | 0 |
| 39 | 0 |
| 40 | 0 |


| Row | Clue |
|---|---|
| 1 | 20 |
| 2 | 22 |
| 3 | 24 |
| 4 | 24 |
| 5 | 25 |
| 6 | 20 5 |
| 7 | 7 12 5 |
| 8 | 8 10 6 |
| 9 | 10 3 1 6 |
| 10 | 7 1 5 |
| 11 | 5 1 5 |
| 12 | 4 1 4 |
| 13 | 5 2 1 1 1 1 1 1 1 1 4 |
| 14 | 6 2 1 1 1 1 1 1 1 5 |
| 15 | 6 1 5 |
| 16 | 6 1 5 |
| 17 | 5 5 |
| 18 | 1 1 3 |
| 19 | 1 1 1 22 |
| 20 | 1 3 21 1 |
| 21 | 1 3 3 5 3 7 1 |
| 22 | 1 4 7 9 2 |
| 23 | 1 4 4 9 1 |
| 24 | 1 3 1 9 1 |
| 25 | 1 5 1 8 2 |
| 26 | 1 3 1 2 5 1 |
| 27 | 6 1 7 5 |
| 28 | 4 1 7 3 |
| 29 | 1 3 5 2 |
| 30 | 1 2 5 2 |
| 31 | 3 2 4 3 |
| 32 | 4 10 4 |
| 33 | 2 2 1 1 1 1 5 |
| 34 | 4 16 |
| 35 | 5 1 1 10 |
| 36 | 6 2 1 9 |
| 37 | 6 3 1 9 |
| 38 | 2 3 3 1 12 |
| 39 | 3 3 6 14 |
| 40 | 4 4 22 |

1 2 4
2 4 5
1 4 5
1 3 6
1 1 1 9
1 1 15
1 3 5 4
1 1 3 5 4
2 4 9 3
2 4 12 4
1 3 12 5
1 2 15 5
3 22 4 1
2 31
33 1
1 22 4
4 19 2 1
6 19 3
6 18 3
2 3 18
1 1 1 17
3 2 1 1 17 1
6 17 1 1
8 15 5 1
10 14 7
7 3 13 6 1
1 7 10 6
1 4 9 4 1
2 12 5
3 1 8 11
5 12
12 6 3
2 5 3 4
1 6 1
5 2 1 1
2 1
0
0
0
0

2 3 4
4 2 12 1
2 2 5 4 1
3 2 4 4 1
4 3 5 5
2 14 4
2 5 4 5 3
1 4 4 4 4
3 4 2 1 1 2
3 4 3 3 1
3 4 1 4 2 1
2 4 1 3 2 1
6 1 2 1
9 1 1 1 1
17 1 3
19 5
2 19 1 3
2 26
2 27
2 27
2 3 23
2 2 24
2 2 24
3 23
5 22
6 18 1
6 16 2
6 14 1
6 12 1
2 3 7 2 1
3 3 6 4 1
3 2 3 6 1
3 2 7
3 2 7
4 3 7
8 1 1 1 2
9 1 1 1 3
10
2 1 1 2
2 1 1 1

Column clues (left to right):

10
6 6
4 4
4 4
3 3
2 8 2
2 14 2
2 18 2
2 20 2
2 8 8 2
2 7 7 2
2 6 6 2
2 5 5 2
2 5 8 5 2
1 5 10 5 1
2 4 12 4 2
2 5 14 5 2
2 4 5 5 4 2
1 4 4 4 4 1
1 4 4 4 4 1
1 4 4 2 4 4 1
1 4 3 3 4 4 1
2 4 2 3 5 4 2
2 5 3 8 5 2
2 4 3 8 4 2
1 5 3 8 5 1
2 5 3 7 5 2
2 3 3 5 2
2 2 3 6 2
2 3 2 7 2
2 3 5 8 2
2 3 19 2
5 18 2
6 14 2
7 8 2
9 3
6 4 4
6 4 4
6 6 6
2 10

Row clues (top to bottom):

10 2
6 6 6
4 4 6
4 4 6
3 9
2 8 7
2 14 6
2 18 5
2 19 3 2
2 8 5 3 2
2 7 2 3 2
2 6 3 2 2
2 5 3 3 2
2 5 7 3 5 2
1 5 8 3 5 1
2 4 8 3 4 2
2 5 8 3 5 2
2 4 5 3 2 4 2
1 4 4 3 3 4 1
1 4 4 2 4 4 1
1 4 4 4 4 1
1 4 4 4 4 1
2 4 5 5 4 2
2 5 14 5 2
2 4 12 4 2
1 5 10 5 1
2 5 8 5 2
2 5 5 2
2 6 6 2
2 7 7 2
2 8 8 2
2 20 2
2 18 2
2 14 2
2 8 2
3 3
4 4
4 4
6 6
10

| Column | Clue |
|---|---|
| 1 | 0 |
| 2 | 0 |
| 3 | 1 |
| 4 | 1 |
| 5 | 1 1 |
| 6 | 1 1 |
| 7 | 2 1 |
| 8 | 2 1 |
| 9 | 2 2 3 |
| 10 | 2 1 10 |
| 11 | 3 2 5 3 |
| 12 | 3 2 2 |
| 13 | 6 3 2 2 |
| 14 | 5 7 3 1 2 |
| 15 | 5 11 |
| 16 | 3 12 |
| 17 | 16 |
| 18 | 19 |
| 19 | 2 17 |
| 20 | 16 2 |
| 21 | 16 2 |
| 22 | 2 13 3 |
| 23 | 15 2 |
| 24 | 8 3 |
| 25 | 3 12 |
| 26 | 5 11 |
| 27 | 6 6 3 1 2 |
| 28 | 6 3 2 2 |
| 29 | 3 2 2 |
| 30 | 2 2 5 4 |
| 31 | 2 1 9 |
| 32 | 2 2 3 |
| 33 | 2 1 |
| 34 | 2 1 |
| 35 | 1 1 |
| 36 | 1 1 |
| 37 | 1 |
| 38 | 1 |
| 39 | 0 |
| 40 | 0 |

| Row | Clue |
|---|---|
| 1 | 1 1 |
| 2 | 1 1 |
| 3 | 1 1 |
| 4 | 1 1 |
| 5 | 2 2 |
| 6 | 1 2 |
| 7 | 1 1 |
| 8 | 1 1 |
| 9 | 1 2 2 1 |
| 10 | 2 2 2 2 |
| 11 | 2 1 1 2 |
| 12 | 2 1 1 2 |
| 13 | 2 2 2 2 |
| 14 | 2 2 2 2 |
| 15 | 2 2 2 2 1 2 |
| 16 | 2 2 6 2 2 |
| 17 | 3 2 1 2 1 2 2 |
| 18 | 3 10 3 |
| 19 | 3 8 3 |
| 20 | 14 |
| 21 | 2 12 2 |
| 22 | 20 |
| 23 | 3 12 3 |
| 24 | 2 12 2 |
| 25 | 1 16 1 |
| 26 | 1 12 5 1 |
| 27 | 1 2 9 2 2 1 |
| 28 | 1 9 2 1 |
| 29 | 2 9 2 2 |
| 30 | 2 7 2 2 |
| 31 | 2 6 2 2 |
| 32 | 1 3 3 1 |
| 33 | 2 7 2 |
| 34 | 2 4 2 |
| 35 | 2 2 |
| 36 | 1 1 |
| 37 | 1 2 |
| 38 | 2 1 |
| 39 | 1 1 |
| 40 | 1 1 |

| | |
|---|---|
| 1 | 1 |
| 2 | 2 2 |
| 3 | 5 3 10 |
| 4 | 16 2 |
| 5 | 4 2 1 8 2 |
| 6 | 1 2 3 5 4 |
| 7 | 1 2 1 5 1 |
| 8 | 3 4 1 2 1 |
| 9 | 3 2 1 2 1 1 2 |
| 10 | 3 4 1 1 1 2 |
| 11 | 2 2 1 1 2 2 |
| 12 | 2 4 1 2 |
| 13 | 2 2 1 1 2 |
| 14 | 2 4 1 1 |
| 15 | 2 2 1 1 12 |
| 16 | 2 4 17 |
| 17 | 2 2 1 6 |
| 18 | 2 4 2 3 |
| 19 | 2 2 1 2 2 |
| 20 | 2 4 4 1 |
| 21 | 5 1 1 5 |
| 22 | 1 1 1 8 |
| 23 | 1 1 1 2 3 |
| 24 | 1 1 1 2 3 |
| 25 | 1 1 1 1 3 3 |
| 26 | 1 1 1 1 7 |
| 27 | 5 1 1 4 |
| 28 | 2 2 1 2 |
| 29 | 2 2 1 2 |
| 30 | 2 2 1 2 |
| 31 | 2 2 1 1 |
| 32 | 2 2 1 1 |
| 33 | 2 2 1 2 |
| 34 | 3 2 1 1 |
| 35 | 3 2 1 1 |
| 36 | 3 2 1 1 |
| 37 | 3 2 1 1 |
| 38 | 3 2 1 1 |
| 39 | 9 |
| 40 | 2 2 |

| | |
|---|---|
| 1 | 0 |
| 2 | 0 |
| 3 | 0 |
| 4 | 0 |
| 5 | 0 |
| 6 | 0 |
| 7 | 0 |
| 8 | 3 5 |
| 9 | 1 14 13 |
| 10 | 38 |
| 11 | 5 1 1 1 |
| 12 | 19 14 |
| 13 | 38 |
| 14 | 1 1 1 1 1 1 1 1 1 |
| 15 | 39 |
| 16 | 5 2 |
| 17 | 2 2 3 7 |
| 18 | 1 1 5 |
| 19 | 1 1 8 13 |
| 20 | 1 3 5 7 |
| 21 | 4 2 1 1 3 |
| 22 | 1 1 2 3 2 |
| 23 | 1 1 3 2 2 |
| 24 | 1 1 4 6 |
| 25 | 2 1 12 |
| 26 | 1 1 2 4 |
| 27 | 1 1 2 |
| 28 | 1 1 2 |
| 29 | 1 1 2 2 |
| 30 | 1 1 1 1 2 |
| 31 | 1 1 1 1 2 |
| 32 | 1 1 2 2 |
| 33 | 1 2 2 |
| 34 | 2 1 2 |
| 35 | 3 2 |
| 36 | 11 |
| 37 | 5 |
| 38 | 0 |
| 39 | 0 |
| 40 | 0 |

| | | | | | | | | | | | | | | | | | | | | | | | | | | | | | | | | | | | | | | | |
|---|---|---|---|---|---|---|---|---|---|---|---|---|---|---|---|---|---|---|---|---|---|---|---|---|---|---|---|---|---|---|---|---|---|---|---|---|---|---|---|
| 1 4 3 | 1 1 5 5 | 1 1 4 5 | 1 1 5 7 | 1 1 4 7 | 1 1 5 10 | 1 1 4 10 | 1 1 5 12 | 1 4 11 | 5 11 1 | 4 9 1 1 | 1 4 8 1 1 1 | 1 6 6 1 1 1 1 | 1 6 6 1 1 1 1 1 | 8 1 1 1 1 1 1 1 | 1 4 1 1 1 1 1 1 1 1 | 1 4 1 1 1 1 1 1 1 1 | 3 1 1 1 1 1 1 1 1 1 | 1 1 3 1 1 1 1 1 1 1 | 1 1 5 1 1 1 1 1 1 | 1 1 8 1 1 1 1 1 | 1 1 4 6 1 1 1 1 | 1 1 4 1 7 1 1 1 | 1 1 3 1 1 7 1 1 | 3 3 1 1 1 8 1 | 8 1 1 1 1 6 1 | 1 1 1 6 2 1 1 1 7 | 1 1 1 3 1 2 1 1 1 7 | 1 1 1 1 1 1 1 2 1 1 6 | 1 3 1 3 2 3 1 1 4 | 1 1 1 3 2 2 1 1 3 | 1 1 2 1 1 2 1 1 1 | 4 4 1 1 3 2 1 1 | 1 1 2 1 2 2 1 | 1 1 1 1 1 1 1 2 2 1 | 1 3 1 3 1 3 2 | 1 1 1 1 1 1 1 1 5 | 1 1 1 1 1 1 1 4 | 1 1 1 3 1 1 1 1 | 1 1 1 1 |

| |
|---|
| 1 1 1 |
| 1 1 1 1 |
| 1 1 1 1 1 1 1 |
| 2 2 1 3 1 |
| 1 1 1 1 1 |
| 1 1 |
| 2 2 4 4 |
| 1 1 1 |
| 1 1 1 1 |
| 1 3 1 |
| 1 1 1 1 1 |
| 1 1 1 1 1 |
| 1 1 1 1 |
| 13 |
| 3 1 3 |
| 1 15 |
| 1 1 5 2 |
| 6 2 3 |
| 19 |
| 4 1 12 |
| 5 13 1 |
| 4 1 2 5 |
| 5 15 2 |
| 4 3 2 6 |
| 5 4 8 1 1 |
| 4 14 1 6 |
| 5 4 10 1 |
| 4 15 1 8 |
| 4 5 9 1 1 |
| 3 5 3 1 8 |
| 2 21 1 1 |
| 1 6 10 1 |
| 22 1 6 |
| 7 4 1 1 |
| 7 16 |
| 28 1 1 |
| 8 4 4 |
| 9 17 |
| 21 4 4 |
| 8 5 1 |

Column clues (left to right, each read top to bottom):

| | | | | | | | | | | | | | | | | | | | | | | | | | | | | | | | | | | | | | | | |
|---|---|---|---|---|---|---|---|---|---|---|---|---|---|---|---|---|---|---|---|---|---|---|---|---|---|---|---|---|---|---|---|---|---|---|---|---|---|---|---|
| 40 | 40 | 40 | 40 | 40 | 40 | 16 4 16 | 17 22 | 18 1 13 | 18 19 | 11 4 3 11 | 9 6 1 8 | 5 12 7 6 | 5 2 1 2 2 4 4 | 2 1 1 2 1 3 2 2 | 2 1 5 1 2 2 3 1 | 2 2 1 1 5 2 2 | 6 1 4 1 2 6 | 1 4 2 1 5 3 3 1 1 | 1 5 1 2 1 1 2 3 1 | 1 5 1 2 1 3 1 | 1 6 2 1 3 1 | 1 5 1 3 2 1 3 3 | 6 1 13 6 | 8 11 5 3 | 7 5 6 1 4 | 3 3 1 6 1 4 5 | 3 3 3 4 1 3 7 | 5 1 1 9 13 | 4 2 1 8 13 | 7 1 6 14 | 10 7 16 | 40 | 40 | 40 | 40 | 40 | 40 | 40 | 40 |

Row clues (top to bottom):

40
18 17
14 3 19
14 10 12
29 10
12 11 11
12 4 16
12 2 2 2 9
14 9
11 1 9
11 1 1 8
10 1 2 8
10 1 2 8
13 2 1 1 8
16 1 1 3 8
13 4 8
6 6 4 1 12
7 2 9 1 13
8 3 4 1 14
8 1 2 1 17
8 2 1 4 12
6 1 2 5 17
6 1 2 3 7 9
6 4 7 8
8 1 4 1 2 2 9
8 1 3 3 3 9
8 1 2 3 4 10
10 2 1 2 3 13
10 1 1 7 12
11 1 1 1 19
11 1 3 1 15
11 1 8 14
12 1 1 2 12
12 1 1 4 1 13
13 8 13
13 1 6 14
14 1 1 15
14 21
15 18
16 18

Column clues (left to right, top to bottom):

1. 1
2. 2
3. 3 1 1
4. 2 4
5. 2 3 3 1
6. 2 2 1 6
7. 1 2 1 5 1
8. 2 1 1 8
9. 2 2 1 8 1
10. 2 3 1 13
11. 1 2 16
12. 3 12
13. 3 10
14. 12 1
15. 11 2
16. 17 2
17. 2 12 5 1
18. 3 14 2
19. 8 16 2
20. 9 13 8
21. 9 14 4
22. 9 13 2
23. 10 13 3 1
24. 3 4 13 7
25. 1 5 11 2 3
26. 5 10 2
27. 3 9 2
28. 9 3
29. 1 5 4
30. 1 2 5
31. 1 6
32. 1 7
33. 1 7
34. 7
35. 3 4
36. 3 3
37. 1 3
38. 2
39. 3
40. 0

Row clues (top to bottom):

1. 2
2. 2 1
3. 3 2
4. 3 3
5. 4 2
6. 7
7. 8
8. 7 1
9. 6 1
10. 5 1
11. 5 1 1
12. 3 5 1
13. 3 9
14. 2 9 3
15. 2 10 3 1
16. 2 11 5 1
17. 3 1 11 4 3
18. 7 13 9
19. 1 2 12 9
20. 3 12 8
21. 5 14 8
22. 4 4 12 7
23. 3 15 3
24. 1 15
25. 1 19
26. 2 12
27. 1 11
28. 1 10 3
29. 10 3
30. 8 3 2
31. 17 2 1
32. 1 10 2 2 2
33. 10 1 2 2
34. 1 6 1 2 2
35. 7 2 2 2
36. 1 4 2 2
37. 5 2 3
38. 1 2 2
39. 3
40. 2

Column clues (left to right, each read top to bottom):

0 | 0 | 0 | 0 | 3 | 4 | 1 3 | 3 | 7 | 1 4 | 7 4 4 | 9 1 1 7 2 | 16 10 2 | 11 6 12 | 4 2 7 11 | 4 2 8 10 | 5 4 1 5 4 6 | 4 3 1 4 4 4 | 5 2 3 11 3 | 6 11 8 | 6 2 2 8 | 6 1 1 2 8 | 6 3 1 1 9 | 5 3 1 1 9 | 5 2 5 4 | 5 2 7 3 4 | 5 4 13 | 5 7 10 | 10 1 1 8 1 | 5 7 2 | 3 2 | 1 4 | 6 | 5 | 4 | 3 | 0 | 0 | 0 | 0

Row clues (top to bottom):

9
11
13
15
5 11
4 4 4
3 3
3 2
3 1
3 1
3 1
4 2 1
10 5 1
10 4 3
1 1 1 1 2 1 1
3 1 3
1 1 1 1 1
1 2 2 1 1
5 5 3
4 3 1 3
4 1 2
3 7 2
4 4 2
5 4
12
1 11
1 9 1
3 6 1
17
18
19
15 4
7 5
1 7 6
2 7 5 1
3 6 4 2
1 4 6 5 4
3 3 5 3 5
3 5 3 2 7
3 5 1 1 8

| Row | Clues |
|---|---|
| 1 | 1 1 |
| 2 | 1 2 1 |
| 3 | 1 1 1 1 |
| 4 | 1 1 1 1 |
| 5 | 1 1 1 1 |
| 6 | 1 10 1 |
| 7 | 12 |
| 8 | 1 1 1 |
| 9 | 1 1 1 |
| 10 | 1 1 1 |
| 11 | 10 |
| 12 | 3 3 |
| 13 | 1 10 1 |
| 14 | 1 10 1 |
| 15 | 1 2 2 1 |
| 16 | 1 1 1 1 |
| 17 | 1 1 1 1 1 |
| 18 | 1 1 1 1 1 |
| 19 | 1 1 1 1 1 |
| 20 | 1 1 2 1 |
| 21 | 1 10 1 |
| 22 | 1 10 1 |
| 23 | 1 10 1 |
| 24 | 1 10 1 |
| 25 | 1 10 1 |
| 26 | 1 10 1 |
| 27 | 1 1 |
| 28 | 2 2 |
| 29 | 1 1 |
| 30 | 1 1 1 |
| 31 | 1 1 1 |
| 32 | 1 1 1 |
| 33 | 1 1 2 |
| 34 | 1 1 2 |
| 35 | 15 |
| 36 | 2 2 2 1 1 1 |
| 37 | 1 1 4 9 8 2 1 |
| 38 | 1 4 5 3 6 1 1 |
| 39 | 6 3 5 2 2 1 |
| 40 | 3 1 6 4 3 |

| Column | Clues |
|---|---|
| 1 | 1 1 1 |
| 2 | 1 1 1 |
| 3 | 1 1 1 |
| 4 | 1 1 |
| 5 | 1 1 |
| 6 | 1 1 |
| 7 | 1 1 1 |
| 8 | 1 1 |
| 9 | 1 1 1 |
| 10 | 1 1 1 1 |
| 11 | 1 1 3 |
| 12 | 1 1 3 |
| 13 | 1 1 4 |
| 14 | 1 1 2 2 |
| 15 | 1 1 8 3 |
| 16 | 2 4 8 1 1 1 |
| 17 | 22 3 1 1 1 |
| 18 | 1 2 1 3 6 1 2 1 |
| 19 | 1 2 1 2 3 6 1 2 1 |
| 20 | 1 2 1 2 6 1 2 1 |
| 21 | 1 2 1 2 6 1 1 1 |
| 22 | 1 6 2 6 1 1 1 |
| 23 | 1 2 1 3 6 1 3 |
| 24 | 22 3 2 |
| 25 | 2 4 9 1 1 1 |
| 26 | 1 1 8 1 1 |
| 27 | 1 1 4 3 |
| 28 | 1 1 6 |
| 29 | 1 1 1 1 |
| 30 | 1 1 2 1 |
| 31 | 1 1 1 1 |
| 32 | 1 1 2 |
| 33 | 1 2 1 |
| 34 | 1 1 2 |
| 35 | 1 1 1 |
| 36 | 1 1 1 |
| 37 | 1 1 1 |
| 38 | 1 1 1 |
| 39 | 1 1 |
| 40 | 1 1 1 |

| Column | Clues (top to bottom) |
| --- | --- |
| 1 | 1 |
| 2 | 1 |
| 3 | 1 1 |
| 4 | 3 1 |
| 5 | 4 1 |
| 6 | 6 1 2 |
| 7 | 10 7 |
| 8 | 9 1 4 |
| 9 | 11 8 |
| 10 | 3 3 1 |
| 11 | 6 2 1 1 |
| 12 | 6 2 1 1 2 |
| 13 | 1 2 2 1 7 |
| 14 | 1 5 1 3 |
| 15 | 1 1 6 10 |
| 16 | 1 1 11 1 |
| 17 | 4 10 1 |
| 18 | 3 8 1 |
| 19 | 4 16 1 |
| 20 | 3 9 1 |
| 21 | 5 4 1 |
| 22 | 4 4 2 13 |
| 23 | 5 1 7 1 |
| 24 | 5 2 3 2 1 13 |
| 25 | 5 4 2 1 |
| 26 | 5 7 3 1 |
| 27 | 2 13 1 |
| 28 | 2 9 3 1 |
| 29 | 2 9 3 1 |
| 30 | 1 9 15 |
| 31 | 2 1 1 3 1 |
| 32 | 4 4 2 2 1 |
| 33 | 8 1 1 |
| 34 | 8 1 1 |
| 35 | 12 1 |
| 36 | 1 15 |
| 37 | 1 |
| 38 | 1 |
| 39 | 1 |
| 40 | 1 |

| Row | Clues |
| --- | --- |
| 1 | 5 2 |
| 2 | 6 5 |
| 3 | 5 4 |
| 4 | 6 4 |
| 5 | 8 1 3 |
| 6 | 10 4 |
| 7 | 1 7 2 4 |
| 8 | 4 1 3 4 |
| 9 | 1 4 4 |
| 10 | 1 5 1 |
| 11 | 1 8 1 |
| 12 | 1 1 7 1 1 |
| 13 | 1 1 8 2 |
| 14 | 1 1 6 |
| 15 | 2 1 7 |
| 16 | 3 1 1 3 |
| 17 | 4 6 1 3 |
| 18 | 4 6 4 |
| 19 | 2 3 6 3 |
| 20 | 2 1 5 5 3 |
| 21 | 2 7 1 2 |
| 22 | 2 7 5 |
| 23 | 3 7 3 |
| 24 | 4 8 |
| 25 | 4 2 6 |
| 26 | 4 1 4 17 |
| 27 | 5 1 4 1 1 1 |
| 28 | 3 2 4 1 1 1 1 |
| 29 | 4 1 3 1 1 1 1 |
| 30 | 2 1 3 2 1 1 1 1 |
| 31 | 1 1 1 1 1 1 1 1 1 |
| 32 | 1 1 1 1 1 1 1 1 1 |
| 33 | 2 2 1 1 1 1 |
| 34 | 1 1 1 1 1 1 1 1 |
| 35 | 1 1 1 1 1 1 1 1 |
| 36 | 7 5 8 1 1 1 |
| 37 | 3 3 1 1 1 1 |
| 38 | 2 2 1 1 1 1 |
| 39 | 3 3 1 1 1 1 |
| 40 | 3 2 1 1 1 1 |

Column clues (left to right):

1. 7
2. 1 2
3. 1 1 3
4. 1 1 2
5. 7 2 2
6. 1 2 1 1 2
7. 1 2 1 1 2
8. 1 2 1 1 2
9. 2 1 1 1 1 1
10. 1 3 2 1 1
11. 1 4 1 5
12. 1 5 8
13. 1 8 9
14. 1 15 5 1
15. 1 12 6
16. 1 13 4
17. 1 1 9 4 2 1
18. 1 1 8 2 3
19. 1 1 7 2 2
20. 1 8 2 2
21. 1 1 6 1 1
22. 1 1 7 4 1
23. 1 9 7 1
24. 1 1 14 3 1
25. 1 1 13 4 1
26. 1 14 6 1
27. 1 4 8 7 1
28. 6 6 4 5
29. 7 1 5 4 4
30. 1 3 2 1 4 5 4
31. 1 2 2 1 6 2 2
32. 1 6 4 2 2 1 1
33. 1 4 4 1 2
34. 1 4 1 3
35. 1 3 5
36. 1 2 3
37. 1 2 2 1
38. 1 3 1 1
39. 1 1 1
40. 3

Row clues (top to bottom):

1. 0
2. 0
3. 3
4. 1 1
5. 1 1
6. 7 3
7. 2 6 2
8. 5 3 2 1
9. 4 3 2 1
10. 2 10 2
11. 1 2 7 2
12. 1 1 5 4
13. 4 2 5 1 3
14. 1 1 2 7 2 3
15. 1 1 1 9 3
16. 1 2 21
17. 3 21
18. 2 22
19. 2 22
20. 1 1 12 6 1
21. 2 2 10 5 3
22. 1 1 7 5 2 2
23. 1 1 6 5 3 2
24. 1 1 5 5 6 4
25. 1 1 1 3 3 12 1
26. 1 1 1 4 2 4 4 1
27. 2 1 4 5 2 1
28. 2 1 1 1 5
29. 1 2 1 1 6
30. 2 2 2 1 5
31. 2 4 2 5
32. 2 4 2 4
33. 2 1 5 9 1 1
34. 2 5
35. 2 8
36. 9
37. 3 2 3
38. 3 2 2
39. 0
40. 0

Column clues (left to right, top to bottom):

4 7 | 1 1 6 1 | 4 10 | 14 1 1 | 1 11 5 | 1 8 1 | 1 7 4 | 1 7 5 | 1 8 7 | 1 7 7 | 1 7 2 4 | 1 11 | 1 10 1 | 2 11 1 | 2 12 1 | 17 1 | 1 13 1 | 1 1 22 | 1 1 19 1 | 1 1 1 16 3 | 1 1 1 11 1 1 | 1 1 2 9 1 3 | 1 1 2 8 3 1 | 1 19 1 | 1 21 | 1 22 | 1 1 3 3 7 | 1 5 4 1 1 | 1 4 3 | 1 2 1 1 1 | 1 2 1 | 1 3 1 | 1 1 2 1 | 2 1 2 1 | 1 2 1 1 | 1 2 1 1 | 1 3 1 1 | 1 1 1 | 5 1 | 1

Row clues (top to bottom):

2 1
3 1
1 1
1 1
1 1
4 1 1
2 1 2 1
1 7 1
2 1 1 2
2 2 2
1 1 1 3
7 1 2 6
2 3 1 1 1 5
1 1 1 1 3
1 2 1 7
1 4 5
1 6 4
2 8 4
3 16
1 3 18
1 24
1 23
1 23
1 23
19 3
7 11 4
7 16
4 2 4 5
4 4 4 4 1
5 3 3 5
3 5 3 5
3 1 5 3 4
3 1 5 8 6 11
5 5 2 5
1 1 1 3 5 3 2
5 1 1 1 4
5
0
0
0

| | | | | | | | | | | | | | | | | | | | | | | | | | | | | | | | | | | | | | | | |
|---|---|---|---|---|---|---|---|---|---|---|---|---|---|---|---|---|---|---|---|---|---|---|---|---|---|---|---|---|---|---|---|---|---|---|---|---|---|---|---|
| | | | | | | | | | | | | | | | | 2 | 1 | 1 | | | | | | | | | | | | | | | | | | | | | |
| | | | | | | | | | | | | | | | | 1 | 1 | 1 | 2 | 1 | 1 | 2 | 1 | 1 | 1 | | | | | | | | | | | | | | |
| | | | | | | | | | | | | | 2 | 1 | | 1 | 1 | 2 | 1 | 1 | 1 | 1 | 1 | 1 | 1 | 2 | | 2 | | | | | | | | | | | |
| | | | | | | | | | | | | | 2 | 1 | 1 | 10 | 6 | 2 | 1 | 3 | 1 | 2 | 2 | 3 | 3 | 5 | 3 | 1 | | | | | | | | | | | |
| | | | | | | | 2 | 2 | 1 | 1 | 1 | 7 | 19 | 13 | 2 | 9 | 15 | 19 | 21 | 16 | 20 | 22 | 13 | 21 | 1 | 2 | 23 | 1 | 2 | 3 | | | | | | | | | |
| | | | | | 3 | 3 | 4 | 2 | 1 | 2 | 21 | 2 | 2 | 1 | 21 | 1 | 1 | 1 | 2 | 2 | 2 | 2 | 1 | 1 | 2 | 1 | 2 | 2 | 24 | 5 | | | | | | | | | |
| 0 | 0 | 0 | 0 | 14 | 3 | 16 | 5 | 5 | 5 | 10 | 1 | 1 | 1 | 1 | 1 | 1 | 1 | 1 | 1 | 1 | 1 | 1 | 1 | 1 | 1 | 2 | 1 | 1 | 1 | 5 | 5 | 3 | 0 | 0 | 0 | 0 | 0 | 0 | 0 |

5
4 4
4 4
4 2 1 1
2 1 2 2
1 2 2
1 1 1 2
2 3
4 8 2
1 4 5 2
5 7
3 2 2
3 2 4
2 4 1 1 2 6 1
2 2 1 1 5 3 1 1
1 2 1 1 3 9 1
1 2 1 1 13 1
1 2 1 1 10 1 1
1 1 1 1 5 4 1 1
1 1 1 1 2 7 1 1
1 1 1 12 1 1
1 1 1 12 1 1
1 1 1 12 1 1
1 1 1 12 1 1
1 1 1 3 8 1 1
1 1 1 12 1 1
1 2 1 10 1 1 1
5 1 10 1 1 1
7 10 1 1 1
7 10 1 1 1
6 10 1 1 1
4 10 1 1 1
3 9 1 1 2
1 8 1 1
1 6 1
1 3 3 1
1 2 9 2 1
1 4 1
1 3
15

| Column | Clue |
|---|---|
| 1 | 9 |
| 2 | 3 5 |
| 3 | 5 1 5 |
| 4 | 3 4 2 5 |
| 5 | 6 4 1 2 3 |
| 6 | 2 2 5 1 1 3 |
| 7 | 3 3 4 1 1 1 2 |
| 8 | 4 1 5 2 1 1 2 |
| 9 | 8 3 1 2 2 |
| 10 | 5 2 3 1 2 2 |
| 11 | 3 7 4 1 1 1 |
| 12 | 1 2 3 5 1 1 3 |
| 13 | 6 1 7 8 |
| 14 | 1 2 20 |
| 15 | 15 9 6 |
| 16 | 5 5 8 2 |
| 17 | 7 11 3 3 |
| 18 | 18 1 6 |
| 19 | 7 2 1 3 3 |
| 20 | 7 3 1 2 2 |
| 21 | 8 3 2 6 |
| 22 | 1 6 4 2 1 2 |
| 23 | 1 1 3 5 2 1 1 |
| 24 | 1 1 1 1 6 1 1 1 |
| 25 | 1 2 1 6 1 1 2 |
| 26 | 1 2 1 1 3 1 3 |
| 27 | 4 1 9 |
| 28 | 1 1 1 3 |
| 29 | 2 1 1 3 |
| 30 | 2 1 1 1 2 |
| 31 | 2 2 1 2 |
| 32 | 3 3 1 3 |
| 33 | 2 1 5 3 |
| 34 | 2 3 2 2 |
| 35 | 1 1 1 4 |
| 36 | 1 1 1 3 |
| 37 | 1 1 3 |
| 38 | 1 1 3 |
| 39 | 1 4 |


| Row | Clue |
|---|---|
| 1 | 5 |
| 2 | 2 1 1 |
| 3 | 2 1 1 |
| 4 | 2 1 1 |
| 5 | 2 1 2 |
| 6 | 3 1 2 |
| 7 | 2 2 2 |
| 8 | 3 7 |
| 9 | 3 1 4 |
| 10 | 2 3 1 1 |
| 11 | 2 4 1 2 |
| 12 | 1 1 1 1 2 |
| 13 | 2 1 1 1 2 1 |
| 14 | 2 1 1 1 2 1 |
| 15 | 3 1 1 2 1 1 1 |
| 16 | 4 1 1 1 1 1 |
| 17 | 3 1 1 4 1 |
| 18 | 10 8 12 |
| 19 | 11 7 10 1 |
| 20 | 5 5 11 1 5 |
| 21 | 6 4 7 4 3 2 |
| 22 | 3 3 4 11 1 2 |
| 23 | 1 1 3 10 7 |
| 24 | 1 1 2 5 3 2 |
| 25 | 1 6 6 15 |
| 26 | 3 2 13 5 |
| 27 | 2 16 1 2 |
| 28 | 8 6 7 1 2 |
| 29 | 5 5 1 10 2 |
| 30 | 3 8 1 2 6 2 |
| 31 | 8 3 1 1 2 7 |
| 32 | 6 2 1 1 2 1 3 |
| 33 | 2 1 1 2 5 |
| 34 | 2 1 1 |
| 35 | 2 1 1 1 |
| 36 | 2 1 7 |
| 37 | 2 1 1 2 |
| 38 | 2 3 1 2 |
| 39 | 12 |
| 40 | 7 |

**400**

| | | | | | | | | | | | | | | | | | | | | | | | | | | | | | | | | | | | | | | | |
|---|---|---|---|---|---|---|---|---|---|---|---|---|---|---|---|---|---|---|---|---|---|---|---|---|---|---|---|---|---|---|---|---|---|---|---|---|---|---|---|
| 3 10 2 | 2 9 4 | 1 8 4 | 1 8 3 | 2 2 5 2 | 2 1 9 | 12 1 7 1 | 3 1 7 2 | 6 4 1 3 | 3 6 1 4 | 3 7 2 4 | 2 12 5 | 4 13 | 4 10 4 | 4 8 7 | 6 7 10 | 11 14 | 9 15 | 6 5 5 | 5 6 4 | 2 2 2 4 | 3 2 1 5 | 3 2 2 6 | 3 2 3 1 6 | 7 1 2 1 6 | 11 2 4 7 | 14 1 3 2 1 7 | 10 3 2 2 1 8 | 4 2 1 11 | 3 1 2 1 12 | 4 19 | 7 16 | 4 15 | 3 12 | 3 2 3 | 3 3 2 | 2 3 2 | 2 2 3 | 2 2 2 | 2 2 2 |

| |
|---|
| 1 2 2 |
| 1 3 2 |
| 1 2 2 |
| 1 3 3 |
| 1 3 3 |
| 1 2 3 1 |
| 1 3 3 2 |
| 1 3 4 2 |
| 3 2 3 4 3 |
| 2 3 4 4 3 |
| 1 1 2 4 6 4 |
| 1 2 14 4 |
| 2 20 |
| 2 7 9 |
| 12 4 |
| 10 1 3 |
| 1 7 7 2 |
| 1 5 5 2 3 5 |
| 1 4 4 3 8 |
| 1 5 4 2 2 7 |
| 1 5 9 8 |
| 1 7 6 1 1 5 |
| 2 14 4 |
| 3 8 4 3 6 |
| 18 3 8 |
| 8 9 1 10 |
| 8 6 3 4 3 |
| 11 5 1 1 4 |
| 7 2 5 5 |
| 4 1 1 5 5 |
| 3 2 1 7 5 |
| 2 3 1 16 |
| 1 1 2 16 |
| 1 2 1 12 |
| 1 2 11 |
| 2 2 9 |
| 2 2 8 |
| 1 2 5 |
| 2 2 2 |
| 1 2 2 |

Column clues (left to right, each read top to bottom):

| | | | | | | | | | | | | | | | | | | | | | | | | | | | | | | | | | | | | | | | |
|---|---|---|---|---|---|---|---|---|---|---|---|---|---|---|---|---|---|---|---|---|---|---|---|---|---|---|---|---|---|---|---|---|---|---|---|---|---|---|---|
| 3 2 1 | 4 6 | 6 3 | 2 11 | 2 13 | 6 12 | 1 1 12 | 2 1 13 | 22 | 2 7 11 | 1 1 3 7 3 | 1 1 3 6 3 3 | 1 1 2 5 4 | 1 1 2 10 | 1 1 1 8 | 1 2 1 5 | 1 2 1 1 1 | 1 1 1 1 3 1 1 | 1 1 1 2 2 2 1 1 | 1 1 1 2 1 4 1 | 1 1 1 3 4 1 | 2 1 1 3 4 2 | 2 1 1 5 1 2 | 2 1 1 2 1 2 | 5 1 2 2 1 | 2 1 1 5 1 | 1 1 6 2 | 2 2 4 2 | 1 1 4 2 | 2 1 3 3 | 2 6 4 | 3 3 4 | 4 4 4 | 9 4 | 9 2 | 2 3 2 | 2 2 3 | 5 3 | 4 | 3 |

Row clues (top to bottom):

0
0
0
0
0
0
17
2 3 2
3 1 1
2 1 1 1
1 1 1 2
8 1
5 1 2
6 20
10 2 1 3
7 2 1 2
1 9 2 1 3
2 11 1 1 4
1 16 1 1 6
9 2 1 1 6
8 2 2 1 1 2 1
11 2 1 1 2 1
2 9 5 1 1 5
9 2 3 1 1 1 8
9 1 14 2
8 2 2 11 4
4 3 5 8 4
2 1 2 3 4 5
1 1 3 7 7
1 1 8 8
2 4 7 5
15 3
6
4
0
0
0
0
0
0

| Column | Clues |
|---|---|
| 1 | 0 |
| 2 | 0 |
| 3 | 1 |
| 4 | 1 |
| 5 | 1 2 |
| 6 | 6 1 1 |
| 7 | 8 2 1 1 7 |
| 8 | 2 2 1 1 2 4 1 |
| 9 | 2 2 2 1 6 1 |
| 10 | 1 2 1 3 5 1 |
| 11 | 1 2 2 3 5 |
| 12 | 1 1 8 4 |
| 13 | 2 8 4 |
| 14 | 2 1 1 6 3 |
| 15 | 3 1 2 5 1 3 |
| 16 | 5 2 4 4 |
| 17 | 8 3 7 |
| 18 | 10 5 |
| 19 | 12 3 |
| 20 | 6 6 5 |
| 21 | 7 8 |
| 22 | 8 2 |
| 23 | 10 2 |
| 24 | 1 5 3 1 1 |
| 25 | 1 5 3 1 |
| 26 | 3 2 1 1 1 |
| 27 | 1 2 1 1 1 |
| 28 | 1 1 1 2 1 |
| 29 | 1 1 1 2 1 |
| 30 | 1 1 1 2 1 |
| 31 | 1 1 1 3 |
| 32 | 1 1 |
| 33 | 1 1 |
| 34 | 1 1 |
| 35 | 1 1 |
| 36 | 1 1 |
| 37 | 2 2 |
| 38 | 1 1 |
| 39 | 2 2 |
| 40 | 6 |

| Row | Clues |
|---|---|
| 1 | 5 |
| 2 | 2 2 |
| 3 | 2 1 |
| 4 | 1 1 |
| 5 | 1 1 |
| 6 | 1 2 |
| 7 | 1 1 |
| 8 | 1 1 |
| 9 | 1 1 |
| 10 | 2 1 1 1 |
| 11 | 1 2 1 1 1 |
| 12 | 1 2 1 1 1 |
| 13 | 1 2 1 1 1 |
| 14 | 1 2 1 1 1 |
| 15 | 1 1 2 1 |
| 16 | 2 3 4 3 |
| 17 | 1 1 3 5 1 |
| 18 | 1 1 11 |
| 19 | 1 9 |
| 20 | 8 8 |
| 21 | 5 6 5 |
| 22 | 2 13 |
| 23 | 4 10 |
| 24 | 7 3 6 |
| 25 | 2 5 2 6 |
| 26 | 2 1 4 2 3 |
| 27 | 3 2 5 1 1 3 |
| 28 | 4 8 2 |
| 29 | 4 8 1 |
| 30 | 5 7 2 1 |
| 31 | 1 5 2 2 2 1 |
| 32 | 1 5 3 2 2 1 |
| 33 | 1 7 1 1 2 2 |
| 34 | 8 2 1 2 3 3 |
| 35 | 1 1 7 4 |
| 36 | 1 1 |
| 37 | 1 |
| 38 | 1 |
| 39 | 0 |
| 40 | 0 |

| Column | Clue |
|---|---|
| 1 | 0 |
| 2 | 0 |
| 3 | 1 |
| 4 | 2 |
| 5 | 1 3 |
| 6 | 2 4 |
| 7 | 5 4 |
| 8 | 10 5 |
| 9 | 15 5 |
| 10 | 7 11 2 6 |
| 11 | 12 9 4 1 6 |
| 12 | 13 11 1 1 7 |
| 13 | 14 11 9 |
| 14 | 14 9 1 4 |
| 15 | 16 7 2 2 |
| 16 | 16 6 1 6 1 |
| 17 | 16 5 2 10 |
| 18 | 16 3 3 10 |
| 19 | 16 3 4 5 |
| 20 | 16 2 4 2 3 |
| 21 | 16 2 3 2 1 2 |
| 22 | 16 2 2 2 2 1 |
| 23 | 16 2 2 3 1 1 |
| 24 | 16 2 2 3 1 1 1 |
| 25 | 16 1 3 1 1 1 |
| 26 | 16 1 3 1 2 |
| 27 | 16 1 1 1 1 1 |
| 28 | 15 1 4 1 5 |
| 29 | 13 2 2 4 2 |
| 30 | 11 3 1 2 2 |
| 31 | 1 14 1 |
| 32 | 1 5 |
| 33 | 3 |
| 34 | 2 |
| 35 | 1 |
| 36 | 0 |
| 37 | 0 |
| 38 | 0 |
| 39 | 0 |
| 40 | 0 |

| Row | Clue |
|---|---|
| 1 | 13 |
| 2 | 16 |
| 3 | 18 |
| 4 | 19 |
| 5 | 20 |
| 6 | 20 |
| 7 | 20 |
| 8 | 21 |
| 9 | 21 |
| 10 | 21 |
| 11 | 21 |
| 12 | 21 |
| 13 | 21 |
| 14 | 21 |
| 15 | 3 22 |
| 16 | 6 14 |
| 17 | 9 7 |
| 18 | 28 |
| 19 | 18 4 |
| 20 | 12 2 |
| 21 | 10 2 |
| 22 | 10 1 |
| 23 | 9 1 1 |
| 24 | 8 5 1 1 |
| 25 | 6 8 4 |
| 26 | 2 2 6 2 1 |
| 27 | 1 3 1 1 1 1 |
| 28 | 1 1 1 1 |
| 29 | 1 1 1 |
| 30 | 3 1 2 1 1 |
| 31 | 1 2 3 1 1 |
| 32 | 3 2 2 5 2 |
| 33 | 1 3 1 3 1 |
| 34 | 3 3 3 1 |
| 35 | 4 4 2 1 1 |
| 36 | 6 5 5 1 |
| 37 | 9 4 1 |
| 38 | 10 5 2 2 |
| 39 | 12 5 1 3 |
| 40 | 14 9 4 |

Column clues (left to right, numbers read top to bottom):

0
9 1
9 3
2 6 2 1
9 2 2
9 6
6 2 8
10 9
9 10
9 3 2 2 2
3 2 2 2
10 11
8 2 9
3 8 8
11 7
8 2 3 2
2 8 2 2
12 3
8 2 3
2 8 1
2 8 11
3 10
4 2 8
2 2 8 3
5 12
6 5 6
7 12
7 12
3 3 2 9
8 8 2
8 11
8 7
7 5 2
6 11 1
1 2 13
3 14
2 7 6
1 14
13
0

Row clues (top to bottom):

0
0
8
13
11 2 1
6 7 2
2 11 3
14 4
13 5
3 6
9 7
11 7
2 5 2 7
11 4 2
11 7
5 6 6
1 3 12 6
3 4 12 5
4 5 2 8 5
5 2 4 8 2 4
7 8 11 2
8 5 3 11
2 6 10
9 8 1
5 3 1 8
8 10
7 2 3 5
5 4 8
4 7 3 2
2 4 4 5
1 13 4
15 2
2 4 8 1
13 3
15
3 6
7
3
0
0

| Column | Clues |
|---|---|
| 1 | 3 |
| 2 | 4 3 |
| 3 | 2 6 9 |
| 4 | 6 5 6 2 |
| 5 | 2 1 2 5 1 |
| 6 | 3 1 2 3 4 2 |
| 7 | 2 1 2 3 4 1 |
| 8 | 1 1 2 2 5 2 |
| 9 | 2 1 1 2 3 5 1 |
| 10 | 2 1 2 3 5 1 |
| 11 | 1 1 1 4 5 1 |
| 12 | 2 1 1 5 4 2 |
| 13 | 1 1 5 4 2 |
| 14 | 1 1 6 4 1 |
| 15 | 2 1 1 4 6 1 |
| 16 | 1 1 1 4 5 1 |
| 17 | 1 1 1 3 5 1 |
| 18 | 1 1 1 3 4 1 |
| 19 | 1 1 1 3 4 1 |
| 20 | 1 1 1 2 5 1 |
| 21 | 1 1 1 1 5 1 |
| 22 | 1 1 2 5 1 |
| 23 | 1 1 1 1 4 5 1 |
| 24 | 1 1 4 5 1 |
| 25 | 1 1 1 4 4 1 |
| 26 | 1 1 1 4 4 1 |
| 27 | 2 1 1 5 4 1 |
| 28 | 1 1 5 5 2 |
| 29 | 1 1 1 1 4 5 1 |
| 30 | 2 1 1 4 5 1 |
| 31 | 1 1 2 3 5 1 |
| 32 | 2 1 2 2 6 1 |
| 33 | 2 1 2 2 6 2 |
| 34 | 1 2 1 2 5 1 |
| 35 | 2 1 1 4 5 2 |
| 36 | 3 9 5 2 |
| 37 | 5 6 4 2 |
| 38 | 3 5 8 |
| 39 | 1 5 3 |
| 40 | 3 3 |

| Row | Clues |
|---|---|
| 1 | 0 |
| 2 | 0 |
| 3 | 13 |
| 4 | 4 4 |
| 5 | 3 2 2 2 3 |
| 6 | 2 1 1 1 2 |
| 7 | 3 1 1 1 2 |
| 8 | 2 1 1 1 |
| 9 | 1 1 1 2 |
| 10 | 2 1 |
| 11 | 2 1 1 2 |
| 12 | 1 1 |
| 13 | 1 2 |
| 14 | 2 2 |
| 15 | 3 5 |
| 16 | 2 3 3 1 |
| 17 | 2 6 6 5 |
| 18 | 4 1 16 5 |
| 19 | 2 6 6 4 |
| 20 | 2 4 3 2 3 5 |
| 21 | 4 6 6 5 |
| 22 | 16 15 1 |
| 23 | 2 15 15 1 |
| 24 | 1 1 23 2 |
| 25 | 3 1 1 2 1 |
| 26 | 3 8 |
| 27 | 9 1 11 |
| 28 | 15 5 12 |
| 29 | 36 |
| 30 | 34 1 |
| 31 | 1 26 1 |
| 32 | 1 12 1 |
| 33 | 2 2 |
| 34 | 1 2 |
| 35 | 2 2 |
| 36 | 3 3 |
| 37 | 6 6 |
| 38 | 17 |
| 39 | 0 |
| 40 | 0 |

| |
|---|
| 1 3 |
| 3 2 |
| 11 1 |
| 4 1 1 7 |
| 4 1 1 11 |
| 4 1 4 7 1 |
| 2 1 4 9 1 |
| 3 4 12 2 |
| 2 1 3 1 8 1 |
| 2 1 3 1 6 1 |
| 3 1 3 2 6 1 |
| 1 1 15 5 2 |
| 2 1 10 2 6 1 |
| 2 1 13 1 5 |
| 2 1 14 1 5 |
| 3 5 4 6 2 5 |
| 3 4 2 2 4 2 5 |
| 2 1 3 2 1 4 2 5 |
| 2 1 2 2 1 4 2 6 |
| 2 2 1 4 4 2 3 4 |
| 1 3 10 3 2 3 5 |
| 1 3 16 2 7 |
| 2 2 3 2 3 3 5 |
| 3 6 4 2 12 |
| 4 4 3 3 11 |
| 6 2 1 7 2 3 |
| 2 2 2 8 2 3 |
| 1 4 1 2 8 2 3 |
| 4 3 2 9 2 5 |
| 2 4 1 15 2 |
| 2 1 1 8 2 |
| 8 2 5 5 |
| 6 1 2 8 1 |
| 1 1 1 2 2 2 |
| 1 1 1 2 1 |
| 2 2 4 2 |
| 2 5 3 |
| 3 |
| 0 |
| 0 |

| |
|---|
| 7 |
| 6 5 |
| 5 6 |
| 4 5 2 2 |
| 2 2 2 3 |
| 11 2 1 1 2 |
| 2 9 1 1 1 |
| 2 6 4 1 3 |
| 12 2 7 2 |
| 2 5 13 2 |
| 2 6 8 5 |
| 13 5 1 2 |
| 2 11 2 1 2 |
| 1 3 6 1 2 3 2 |
| 6 5 2 3 1 2 |
| 1 1 5 3 2 2 |
| 1 2 5 1 3 2 2 |
| 4 1 1 4 3 1 1 |
| 1 1 1 1 3 1 1 2 4 |
| 5 1 1 3 3 5 2 |
| 2 1 1 1 3 4 5 1 |
| 5 2 1 3 2 7 2 |
| 6 2 4 2 7 3 |
| 6 1 3 2 10 1 |
| 7 1 3 2 8 2 |
| 6 1 3 3 6 1 |
| 6 1 2 3 10 |
| 7 1 2 2 3 8 |
| 7 1 2 2 2 2 1 |
| 1 8 2 3 4 1 |
| 1 8 2 2 3 2 |
| 1 8 2 2 1 2 |
| 1 8 2 2 1 2 |
| 1 2 5 2 2 2 2 |
| 1 5 1 2 1 2 |
| 1 4 5 5 |
| 1 14 2 |
| 1 1 12 1 |
| 2 1 9 1 |
| 3 1 7 1 |

| | | | | | | | | | | | | | | | | | | | | | | | | | | | | | | | | | | | | | | | |
|---|---|---|---|---|---|---|---|---|---|---|---|---|---|---|---|---|---|---|---|---|---|---|---|---|---|---|---|---|---|---|---|---|---|---|---|---|---|---|---|
| | | | | | | | | | | | | | | | | | 2 | | | | | | | | | | | | | | | | | | | | | | |
| | | | | | | | | | | | | | | | | 1 | 1 | 2 | 1 | 1 | | 2 | | | | | | | | | | | | | | | | | |
| | | | | | | | | | | | | | | | 2 | 1 | 3 | 1 | 1 | 1 | 2 | 1 | | 2 | | 2 | | | | | | | | | | | | | |
| | | | | | | | | | | | | | 3 | | 1 | 3 | 1 | 3 | 2 | 1 | 2 | 4 | 2 | 1 | 2 | 1 | 2 | 2 | | | | | | | | | | | |
| | | | | | | | | | | | | 5 | 1 | 2 | 1 | 1 | 2 | 3 | 1 | 5 | 4 | 2 | 7 | 6 | 2 | 2 | 1 | 1 | 2 | 2 | | | | | | | | | |
| | | | | | | | | | | 5 | 7 | 1 | 7 | 1 | 2 | 1 | 3 | 4 | 6 | 2 | 2 | 2 | 1 | 1 | 5 | 3 | 2 | 1 | 3 | 1 | | | | | | | | | |
| | | | | | | | | 4 | 6 | 13 | 12 | 7 | 1 | 5 | 4 | 4 | 4 | 2 | 2 | 2 | 2 | 7 | 4 | 4 | 5 | 5 | 6 | 5 | 4 | 4 | 12 | | | | | | | | |
| 6 | 6 | 7 | 7 | 8 | 8 | 8 | 9 | 10 | 12 | 8 | 5 | 4 | 1 | 1 | 1 | 1 | 3 | 8 | 11 | 11 | 10 | 2 | 2 | 1 | 2 | 1 | 9 | 9 | 8 | 7 | 7 | 6 | 6 | 5 | 5 | 4 | 4 | 3 | 3 |

| |
|---|
| 9 |
| 4 7 |
| 2 3 |
| 2 2 |
| 2 1 |
| 3 1 |
| 2 1 |
| 2 1 |
| 3 1 |
| 2 4 1 |
| 2 2 3 1 |
| 2 1 4 1 3 1 |
| 2 6 2 1 1 |
| 2 3 3 3 |
| 2 4 1 |
| 2 1 1 |
| 3 1 1 |
| 3 2 1 1 1 |
| 3 1 8 2 |
| 2 1 7 1 |
| 2 1 9 2 |
| 2 10 3 |
| 2 4 2 4 |
| 3 7 3 |
| 4 1 4 2 |
| 4 2 1 2 |
| 4 7 2 |
| 5 4 3 |
| 7 2 |
| 1 9 4 |
| 2 14 |
| 3 12 2 |
| 7 9 3 |
| 9 5 5 |
| 11 6 7 |
| 12 9 9 |
| 13 1 8 11 |
| 14 3 1 13 |
| 13 4 1 13 |
| 14 4 14 |

Columns:

0
8
2 1
1 1 1
1 2 2
1 1 10
1 1 1 1 2
1 21
2 10 2 1
2 3 15
1 2 2 1 4 2 2
1 3 2 5 2 1
1 2 1 19
1 2 2 5 8
2 2 12 2 1
3 3 12 1 1
1 1 2 1 3 3 1 1
1 3 1 4 3 1 1
1 2 3 1 1 2 1
1 1 2 2 1 2 1
1 3 2 1 15
1 3 2 2 14
3 1 3 9 1 1
1 2 1 2 1 2 2 1
1 3 1 2 1 2 1
1 2 1 1 1 1 1
1 2 3 1 1 1
1 3 2 2 1 1
1 3 10 8
2 2 2 16
1 1 2 4 2 1
1 4 3 1 1
1 3 4 1 1
1 12 2 1
1 2 4 2 1
1 2 1 3 1 1
3 1 14
2 2
6
0

Rows:

0
4
3 2
4 4
2 3 3 3
2 5 3
6 3 4 3 4
2 7 6 2
2 5 6 4
4 2 3 3 4 3 1
1 7 5 4 1
1 3 6 4 1
1 5 3 4 3 1 1
1 2 7 4 1 1
1 2 5 3 1 1
2 2 2 3 2 1 1 2
2 2 2 6 1 1 1
5 2 2 1 2
1 2 2 1 1 4
1 4 2 1 1 6
1 1 7 1 9
1 1 7 1 7 1
3 9 1 6 1
1 1 1 14 1 1
1 1 1 7 4 1 1
1 3 1 2 1 1
1 3 1 2 1 1
2 1 1 2 1 4
2 2 1 2 7 1
1 2 1 2 8 1
1 1 2 7 2 1
2 11 2 1
1 3 2 2 1
1 2 2 2 1
1 2 2 2 3
1 2 2 5
3 8
2 3
6
0

| Column | Clue |
|---|---|
| 1 | 2 |
| 2 | 1 1 |
| 3 | 1 1 |
| 4 | 3 |
| 5 | 3 |
| 6 | 7 |
| 7 | 5 2 |
| 8 | 6 1 |
| 9 | 1 5 1 3 |
| 10 | 1 5 1 3 1 |
| 11 | 1 5 1 5 2 |
| 12 | 1 5 1 1 1 2 |
| 13 | 1 4 3 3 |
| 14 | 1 6 1 5 |
| 15 | 2 5 1 4 1 1 |
| 16 | 2 2 10 3 |
| 17 | 6 2 2 2 1 4 |
| 18 | 3 6 2 4 |
| 19 | 2 1 1 5 |
| 20 | 5 1 1 |
| 21 | 3 4 1 |
| 22 | 5 1 2 1 |
| 23 | 2 3 5 2 |
| 24 | 2 10 2 1 |
| 25 | 2 2 4 1 1 1 2 |
| 26 | 3 1 4 1 1 2 1 6 |
| 27 | 1 2 1 2 6 1 3 |
| 28 | 3 1 7 7 1 |
| 29 | 1 1 1 2 2 1 4 |
| 30 | 1 1 1 2 4 |
| 31 | 1 1 1 4 1 |
| 32 | 1 1 2 1 3 |
| 33 | 1 1 2 1 3 |
| 34 | 1 1 2 1 3 |
| 35 | 1 1 2 1 1 |
| 36 | 2 1 1 |
| 37 | 1 4 |
| 38 | 1 2 1 |
| 39 | 2 |
| 40 | 1 |

| Row | Clue |
|---|---|
| 1 | 0 |
| 2 | 0 |
| 3 | 0 |
| 4 | 1 |
| 5 | 2 |
| 6 | 2 2 |
| 7 | 2 3 |
| 8 | 1 1 2 1 |
| 9 | 8 1 1 1 1 |
| 10 | 2 2 1 1 1 1 4 |
| 11 | 4 3 1 1 1 2 3 |
| 12 | 6 8 1 5 2 |
| 13 | 7 1 6 2 4 1 |
| 14 | 8 10 |
| 15 | 1 6 2 3 |
| 16 | 3 8 3 |
| 17 | 6 5 1 8 |
| 18 | 4 2 2 3 3 |
| 19 | 1 1 4 4 3 1 2 |
| 20 | 3 4 1 3 7 1 |
| 21 | 1 3 3 1 4 1 1 |
| 22 | 1 10 2 2 1 1 |
| 23 | 1 3 1 1 3 2 3 |
| 24 | 3 2 1 1 3 3 2 |
| 25 | 1 1 1 6 2 2 1 1 |
| 26 | 1 1 1 1 3 1 2 3 |
| 27 | 3 1 1 1 1 1 |
| 28 | 1 1 1 1 1 1 1 |
| 29 | 3 1 1 1 1 1 |
| 30 | 1 1 1 2 3 1 |
| 31 | 2 1 1 1 4 |
| 32 | 1 1 1 1 |
| 33 | 1 1 1 1 |
| 34 | 1 1 2 |
| 35 | 3 1 1 |
| 36 | 1 1 1 1 |
| 37 | 2 2 |
| 38 | 1 1 |
| 39 | 0 |
| 40 | 0 |

| Row | Clues |
|---|---|
| 1 | 10 |
| 2 | 7 7 |
| 3 | 5 1 1 5 |
| 4 | 2 2 1 1 2 3 |
| 5 | 26 |
| 6 | 5 1 1 2 1 1 5 |
| 7 | 2 5 2 4 2 5 2 |
| 8 | 2 1 1 1 1 1 1 2 |
| 9 | 3 2 1 2 2 1 2 3 |
| 10 | 34 |
| 11 | 6 1 1 6 |
| 12 | 5 1 16 1 5 |
| 13 | 6 1 3 8 3 6 |
| 14 | 4 1 2 2 2 1 2 1 5 |
| 15 | 1 2 1 4 3 3 4 1 3 1 |
| 16 | 2 2 2 3 3 3 3 2 2 2 |
| 17 | 2 2 4 5 5 4 2 2 |
| 18 | 1 2 2 3 3 3 6 3 1 |
| 19 | 1 2 1 2 1 1 2 1 3 1 |
| 20 | 1 4 6 1 1 6 4 1 |
| 21 | 8 5 5 8 |
| 22 | 3 6 4 11 3 |
| 23 | 2 3 1 5 5 1 3 2 |
| 24 | 1 2 2 1 2 1 1 1 1 1 2 2 1 |
| 25 | 1 1 1 1 7 7 1 1 1 1 |
| 26 | 2 2 2 2 2 2 2 |
| 27 | 2 2 1 6 6 1 2 2 |
| 28 | 2 1 18 1 1 2 |
| 29 | 1 2 1 5 5 1 2 1 |
| 30 | 1 2 1 1 1 1 2 1 |
| 31 | 1 3 5 1 1 5 3 1 |
| 32 | 3 2 4 4 4 2 3 |
| 33 | 3 2 1 2 1 2 3 |
| 34 | 3 3 1 1 3 3 |
| 35 | 3 7 7 3 |
| 36 | 3 4 5 3 |
| 37 | 4 6 4 |
| 38 | 5 6 5 |
| 39 | 7 7 |
| 40 | 11 |

| Column | Clues |
|---|---|
| 1 | 10 |
| 2 | 5 3 3 |
| 3 | 4 2 8 |
| 4 | 7 1 2 1 |
| 5 | 14 1 2 |
| 6 | 7 6 2 3 |
| 7 | 2 4 3 8 3 |
| 8 | 2 2 2 3 2 3 3 |
| 9 | 2 1 2 4 2 3 |
| 10 | 5 2 5 1 1 2 2 |
| 11 | 5 2 8 1 1 1 2 2 |
| 12 | 1 1 1 2 1 1 1 2 1 1 1 1 2 |
| 13 | 2 1 1 1 2 4 1 1 1 3 1 2 2 |
| 14 | 6 2 1 1 1 6 3 2 1 2 |
| 15 | 4 1 1 1 3 6 3 2 1 2 |
| 16 | 2 3 1 1 2 1 5 1 3 2 2 2 |
| 17 | 5 2 1 2 5 2 1 10 2 |
| 18 | 2 1 2 2 4 1 1 2 6 |
| 19 | 2 1 1 2 2 5 2 1 2 6 |
| 20 | 1 3 1 3 1 1 2 2 1 |
| 21 | 1 3 1 3 1 1 2 2 1 |
| 22 | 2 1 1 2 2 5 2 1 2 6 |
| 23 | 2 1 2 2 4 1 1 2 6 |
| 24 | 5 2 1 2 5 2 1 10 2 |
| 25 | 2 3 1 1 1 1 7 3 2 2 2 |
| 26 | 4 1 1 1 1 3 4 1 3 2 2 3 |
| 27 | 6 2 1 1 1 6 3 2 1 2 |
| 28 | 2 1 1 1 2 4 1 2 1 3 1 2 2 |
| 29 | 1 1 1 2 1 1 2 1 2 1 1 1 2 |
| 30 | 5 2 8 1 1 1 2 2 |
| 31 | 5 2 5 1 2 2 2 |
| 32 | 3 1 1 4 2 3 |
| 33 | 2 2 2 3 2 3 3 |
| 34 | 2 4 5 8 3 |
| 35 | 15 2 3 |
| 36 | 14 1 2 |
| 37 | 7 1 2 1 |
| 38 | 4 2 8 |
| 39 | 5 3 3 |
| 40 | 10 |

| | 7 | 7 | 8 | 8 | 1<br>1<br>6 | 1<br>1<br>1<br>2<br>6 | 9<br>2<br>1<br>6 | 9<br>4<br>2<br>6 | 15<br>2<br>4 | 26<br>2 | 28<br>1 | 30<br>1 | 7<br>2<br>13<br>1 | 7<br>4<br>11<br>3 | 7<br>3<br>8<br>2 | 8<br>3<br>1<br>7<br>1 | 7<br>3<br>1<br>6<br>4 | 7<br>4<br>1<br>1<br>1<br>6<br>5 | 7<br>1<br>1<br>1<br>6<br>5 | 7<br>2<br>2<br>1<br>5<br>5 | 7<br>1<br>1<br>4<br>1<br>6<br>4 | 8<br>3<br>1<br>3<br>9<br>2 | 7<br>3<br>4<br>12 | 7<br>3<br>19 | 7<br>3<br>18 | 7<br>4<br>19 | 7<br>4<br>22 | 7<br>3<br>23 | 37 | 36 | 27<br>6 | 25<br>5 | 23<br>4 | 20<br>3 | 10<br>2 | 1<br>2<br>1 | 1 | 0 | 0 | 0 |
|---|---|---|---|---|---|---|---|---|---|---|---|---|---|---|---|---|---|---|---|---|---|---|---|---|---|---|---|---|---|---|---|---|---|---|---|---|---|---|---|---|
| 7 | | | | | | | | | | | | | | | | | | | | | | | | | | | | | | | | | | | | | | | | |
| 12 | | | | | | | | | | | | | | | | | | | | | | | | | | | | | | | | | | | | | | | | |
| 15 | | | | | | | | | | | | | | | | | | | | | | | | | | | | | | | | | | | | | | | | |
| 18 | | | | | | | | | | | | | | | | | | | | | | | | | | | | | | | | | | | | | | | | |
| 21 | | | | | | | | | | | | | | | | | | | | | | | | | | | | | | | | | | | | | | | | |
| 22 | | | | | | | | | | | | | | | | | | | | | | | | | | | | | | | | | | | | | | | | |
| 23 | | | | | | | | | | | | | | | | | | | | | | | | | | | | | | | | | | | | | | | | |
| 7 12 | | | | | | | | | | | | | | | | | | | | | | | | | | | | | | | | | | | | | | | | |
| 4 8 | | | | | | | | | | | | | | | | | | | | | | | | | | | | | | | | | | | | | | | | |
| 3 7 | | | | | | | | | | | | | | | | | | | | | | | | | | | | | | | | | | | | | | | | |
| 3 6 | | | | | | | | | | | | | | | | | | | | | | | | | | | | | | | | | | | | | | | | |
| 9 5 6 | | | | | | | | | | | | | | | | | | | | | | | | | | | | | | | | | | | | | | | | |
| 9 13 | | | | | | | | | | | | | | | | | | | | | | | | | | | | | | | | | | | | | | | | |
| 4 5 13 | | | | | | | | | | | | | | | | | | | | | | | | | | | | | | | | | | | | | | | | |
| 6 1 1 2 9 | | | | | | | | | | | | | | | | | | | | | | | | | | | | | | | | | | | | | | | | |
| 6 6 | | | | | | | | | | | | | | | | | | | | | | | | | | | | | | | | | | | | | | | | |
| 7 7 | | | | | | | | | | | | | | | | | | | | | | | | | | | | | | | | | | | | | | | | |
| 6 3 8 | | | | | | | | | | | | | | | | | | | | | | | | | | | | | | | | | | | | | | | | |
| 6 1 1 1 10 | | | | | | | | | | | | | | | | | | | | | | | | | | | | | | | | | | | | | | | | |
| 6 1 9 | | | | | | | | | | | | | | | | | | | | | | | | | | | | | | | | | | | | | | | | |
| 6 1 3 9 | | | | | | | | | | | | | | | | | | | | | | | | | | | | | | | | | | | | | | | | |
| 1 7 1 5 10 | | | | | | | | | | | | | | | | | | | | | | | | | | | | | | | | | | | | | | | | |
| 8 1 18 | | | | | | | | | | | | | | | | | | | | | | | | | | | | | | | | | | | | | | | | |
| 6 13 | | | | | | | | | | | | | | | | | | | | | | | | | | | | | | | | | | | | | | | | |
| 1 7 3 14 | | | | | | | | | | | | | | | | | | | | | | | | | | | | | | | | | | | | | | | | |
| 8 13 | | | | | | | | | | | | | | | | | | | | | | | | | | | | | | | | | | | | | | | | |
| 10 12 | | | | | | | | | | | | | | | | | | | | | | | | | | | | | | | | | | | | | | | | |
| 12 14 | | | | | | | | | | | | | | | | | | | | | | | | | | | | | | | | | | | | | | | | |
| 25 | | | | | | | | | | | | | | | | | | | | | | | | | | | | | | | | | | | | | | | | |
| 24 | | | | | | | | | | | | | | | | | | | | | | | | | | | | | | | | | | | | | | | | |
| 24 | | | | | | | | | | | | | | | | | | | | | | | | | | | | | | | | | | | | | | | | |
| 25 | | | | | | | | | | | | | | | | | | | | | | | | | | | | | | | | | | | | | | | | |
| 4 19 | | | | | | | | | | | | | | | | | | | | | | | | | | | | | | | | | | | | | | | | |
| 4 3 9 | | | | | | | | | | | | | | | | | | | | | | | | | | | | | | | | | | | | | | | | |
| 8 10 | | | | | | | | | | | | | | | | | | | | | | | | | | | | | | | | | | | | | | | | |
| 8 4 11 | | | | | | | | | | | | | | | | | | | | | | | | | | | | | | | | | | | | | | | | |
| 9 1 5 11 | | | | | | | | | | | | | | | | | | | | | | | | | | | | | | | | | | | | | | | | |
| 9 1 5 12 | | | | | | | | | | | | | | | | | | | | | | | | | | | | | | | | | | | | | | | | |
| 10 2 6 12 | | | | | | | | | | | | | | | | | | | | | | | | | | | | | | | | | | | | | | | | |
| 12 3 5 13 | | | | | | | | | | | | | | | | | | | | | | | | | | | | | | | | | | | | | | | | |

| Column | Clues |
|---|---|
| 1 | 11 |
| 2 | 19 |
| 3 | 17 3 |
| 4 | 28 |
| 5 | 9 7 3 |
| 6 | 7 9 6 3 |
| 7 | 6 8 12 2 |
| 8 | 11 2 2 3 5 |
| 9 | 11 1 2 2 3 |
| 10 | 16 2 12 2 |
| 11 | 7 2 1 5 6 3 2 |
| 12 | 7 1 4 1 3 6 2 1 2 |
| 13 | 6 1 4 1 3 7 5 |
| 14 | 5 2 1 4 3 2 3 2 3 2 |
| 15 | 6 2 1 3 3 2 1 |
| 16 | 6 3 7 2 2 1 4 |
| 17 | 11 1 1 2 6 |
| 18 | 6 5 2 2 6 |
| 19 | 6 2 2 3 2 1 |
| 20 | 6 7 |
| 21 | 6 5 5 1 |
| 22 | 6 2 2 3 3 5 |
| 23 | 6 5 2 3 2 3 |
| 24 | 11 1 1 3 1 4 3 |
| 25 | 6 3 7 2 4 2 2 1 1 |
| 26 | 6 2 1 3 3 2 2 2 1 1 1 |
| 27 | 5 2 1 4 3 2 6 4 1 |
| 28 | 6 1 4 1 3 6 2 2 |
| 29 | 7 1 4 1 1 3 6 3 |
| 30 | 7 2 1 5 7 4 |
| 31 | 16 2 12 2 |
| 32 | 11 1 2 2 3 |
| 33 | 11 2 2 3 4 |
| 34 | 6 8 12 1 |
| 35 | 7 9 4 2 |
| 36 | 9 7 3 |
| 37 | 27 |
| 38 | 17 3 |
| 39 | 19 |
| 40 | 11 |

| Row | Clues |
|---|---|
| 1 | 12 |
| 2 | 18 |
| 3 | 22 |
| 4 | 26 |
| 5 | 28 |
| 6 | 30 |
| 7 | 9 1 1 9 |
| 8 | 9 1 3 3 1 9 |
| 9 | 8 5 5 8 |
| 10 | 8 4 4 8 |
| 11 | 4 7 3 3 7 4 |
| 12 | 5 4 2 2 2 2 4 5 |
| 13 | 4 3 3 1 1 3 3 4 |
| 14 | 4 3 3 1 1 3 3 4 |
| 15 | 4 1 3 1 1 3 1 4 |
| 16 | 4 2 1 3 1 1 3 1 2 4 |
| 17 | 4 5 2 2 5 4 |
| 18 | 4 2 1 7 7 1 2 4 |
| 19 | 4 2 2 1 1 2 2 4 |
| 20 | 4 2 1 1 1 1 1 2 2 4 |
| 21 | 4 2 1 1 1 1 2 4 |
| 22 | 7 3 1 1 3 7 |
| 23 | 16 16 |
| 24 | 6 10 10 6 |
| 25 | 7 7 |
| 26 | 40 |
| 27 | 1 2 28 2 1 |
| 28 | 1 2 2 5 7 5 2 2 1 |
| 29 | 1 1 2 4 2 1 5 1 1 1 |
| 30 | 1 1 2 4 2 1 6 2 1 1 |
| 31 | 2 2 5 1 1 7 2 2 |
| 32 | 2 2 1 4 1 4 2 2 2 |
| 33 | 2 2 1 1 1 1 1 1 2 2 |
| 34 | 4 3 3 2 4 1 1 2 |
| 35 | 2 1 3 1 3 1 3 2 1 1 1 |
| 36 | 4 2 2 3 3 3 1 4 |
| 37 | 1 1 1 3 3 2 1 2 1 1 |
| 38 | 4 1 1 3 6 2 3 |
| 39 | 8 3 3 6 |
| 40 | 3 3 12 |

| Column | Clue (top to bottom) |
|---|---|
| 1 | 8 |
| 2 | 9 |
| 3 | 9 |
| 4 | 10 |
| 5 | 1 10 |
| 6 | 3 1 11 |
| 7 | 7 14 |
| 8 | 15 14 |
| 9 | 20 13 |
| 10 | 23 12 |
| 11 | 16 8 9 |
| 12 | 1 15 7 5 2 |
| 13 | 3 16 6 2 5 |
| 14 | 1 16 2 2 7 |
| 15 | 3 3 3 4 1 12 |
| 16 | 7 2 1 1 11 |
| 17 | 2 4 3 3 1 9 |
| 18 | 2 3 2 8 1 2 5 |
| 19 | 6 7 3 1 1 4 |
| 20 | 2 4 1 1 1 2 4 |
| 21 | 8 4 2 4 |
| 22 | 1 5 3 1 1 1 4 |
| 23 | 7 3 1 2 1 2 4 |
| 24 | 2 4 1 2 2 1 2 5 |
| 25 | 2 5 4 2 3 6 |
| 26 | 1 5 2 3 2 7 |
| 27 | 1 6 4 9 |
| 28 | 3 3 4 11 |
| 29 | 2 4 2 1 11 |
| 30 | 6 13 |
| 31 | 1 4 1 17 |
| 32 | 21 8 5 |
| 33 | 18 7 6 |
| 34 | 14 5 6 |
| 35 | 2 4 6 |
| 36 | 1 2 5 |
| 37 | 1 5 |
| 38 | 5 |
| 39 | 4 |
| 40 | 4 |

| Row | Clue (left to right) |
|---|---|
| 1 | 3 3 3 |
| 2 | 6 2 3 2 |
| 3 | 2 2 2 1 2 4 |
| 4 | 1 2 2 1 3 4 2 |
| 5 | 3 14 2 1 |
| 6 | 24 |
| 7 | 25 |
| 8 | 6 15 |
| 9 | 6 4 |
| 10 | 7 3 |
| 11 | 7 3 |
| 12 | 7 3 |
| 13 | 8 3 |
| 14 | 8 3 |
| 15 | 8 4 |
| 16 | 10 3 |
| 17 | 10 1 5 |
| 18 | 12 4 4 |
| 19 | 14 7 3 |
| 20 | 4 1 1 3 2 1 3 3 |
| 21 | 5 2 1 7 3 |
| 22 | 5 3 2 3 3 |
| 23 | 5 2 1 2 |
| 24 | 5 2 2 |
| 25 | 5 2 1 2 |
| 26 | 5 2 1 1 |
| 27 | 3 4 3 3 3 |
| 28 | 3 3 4 3 1 6 |
| 29 | 4 2 1 4 1 8 |
| 30 | 6 5 1 3 9 |
| 31 | 9 3 6 1 8 |
| 32 | 12 3 2 8 |
| 33 | 13 4 2 2 7 |
| 34 | 12 10 7 |
| 35 | 12 4 7 3 |
| 36 | 11 6 15 |
| 37 | 11 28 |
| 38 | 11 28 |
| 39 | 10 29 |
| 40 | 10 29 |

40
20 13
2 10 4 11
1 7 12 9
1 1 1 2 17 8
2 6 2 3 8 6
10 2 5 6 6
9 6 5 5
3 1 2 5 5 4
4 5 6 4 4
5 1 3 5 2 3
5 2 3 1 4 3 3
5 3 2 1 3 3 4
8 3 5 3 1 1 1
8 3 3 1 1 1 1
7 3 2 1 2
7 4 7 1 2
7 4 1 5 2 1
7 4 1 3 1
17 5
17 2 2
7 4 1 2 1
7 4 1 1 2
7 4 12 1 1
7 3 1 1 1 2
8 2 5 1 1 1
8 3 3 1 3 1 1 1
5 2 2 1 3 3 1 4
5 2 3 6 3 3
5 2 3 5 2 3
4 2 2 6 4 4
3 1 4 5 5 4
9 2 5 6 5
10 1 4 6 6
2 6 2 3 8 7
1 1 1 3 15 8
1 8 12 9
2 10 2 11
20 13
40

40
3 30 3
2 28 2
2 3 22 3 2
2 3 20 3 2
2 4 14 4 2
2 3 15 3 2
3 5 3 2 3 5 3
3 3 2 2 2 3 4
4 1 1 8 1 1 4
4 1 11 1 4
7 14 6
5 1 16 1 5
4 1 3 2 3 6
6 1 1 2 1 1 1 4
6 1 4 6 4 1 6
3 1 1 2 2 3 3 1 3
2 2 1 6 1 1 7 1 2 2
2 2 1 1 2 1 1 1 2 1 1 2 2
2 2 1 6 1 1 7 1 2 2
1 2 2 3 1 1 3 2 2 1
1 3 2 5 1 1 5 1 2 1
1 3 2 3 1 1 3 2 3 1
1 3 3 2 1 1 2 3 3 1
1 4 4 1 1 4 3 1
1 3 5 1 1 5 3 1
1 3 4 1 1 4 3 1
2 4 3 1 1 3 4 2
2 4 2 1 1 1 2 5 2
3 4 1 1 4 3
3 5 3 3 4 3
4 5 5 5 4
5 4 1 1 3 1 1 4 5
5 3 1 1 1 3 6
7 3 2 3 7
8 1 7 1 8
10 5 6 10
13 1 1 13
13 13
14 14

| | 40 | 40 | 17 20 | 15 19 | 9 3 17 | 2 3 15 | 3 3 9 9 | 3 1 15 6 | 2 4 1 16 4 | 1 5 3 19 2 | 3 2 15 | 3 3 6 9 | 5 2 3 3 7 | 4 3 3 3 1 6 1 | 4 3 2 2 1 3 2 2 | 4 6 1 5 1 4 1 3 | 4 6 7 4 3 | 5 5 1 5 4 3 | 6 4 8 3 3 | 7 2 9 3 3 | 6 4 2 1 9 3 3 | 9 6 3 3 | 6 6 2 1 1 | 7 2 3 2 2 2 | 8 1 3 4 | 9 2 3 4 | 11 1 8 | 12 3 2 4 | 7 4 6 3 3 | 7 2 2 23 | 7 2 2 23 | 7 1 1 1 21 | 2 4 1 21 | 3 5 1 3 16 | 2 4 17 | 3 18 | 8 21 | 40 | 40 | 40 |
|---|---|---|---|---|---|---|---|---|---|---|---|---|---|---|---|---|---|---|---|---|---|---|---|---|---|---|---|---|---|---|---|---|---|---|---|---|---|---|---|---|
| 6 3 22 4 | | | | | | | | | | | | | | | | | | | | | | | | | | | | | | | | | | | | | | | | |
| 6 2 23 4 | | | | | | | | | | | | | | | | | | | | | | | | | | | | | | | | | | | | | | | | |
| 5 2 21 7 | | | | | | | | | | | | | | | | | | | | | | | | | | | | | | | | | | | | | | | | |
| 5 1 24 5 | | | | | | | | | | | | | | | | | | | | | | | | | | | | | | | | | | | | | | | | |
| 5 1 5 17 5 | | | | | | | | | | | | | | | | | | | | | | | | | | | | | | | | | | | | | | | | |
| 5 3 4 16 4 | | | | | | | | | | | | | | | | | | | | | | | | | | | | | | | | | | | | | | | | |
| 5 3 6 1 1 12 4 | | | | | | | | | | | | | | | | | | | | | | | | | | | | | | | | | | | | | | | | |
| 5 2 7 1 4 2 4 | | | | | | | | | | | | | | | | | | | | | | | | | | | | | | | | | | | | | | | | |
| 5 7 6 2 3 | | | | | | | | | | | | | | | | | | | | | | | | | | | | | | | | | | | | | | | | |
| 4 2 10 6 1 3 | | | | | | | | | | | | | | | | | | | | | | | | | | | | | | | | | | | | | | | | |
| 4 10 1 3 3 | | | | | | | | | | | | | | | | | | | | | | | | | | | | | | | | | | | | | | | | |
| 4 5 1 7 3 | | | | | | | | | | | | | | | | | | | | | | | | | | | | | | | | | | | | | | | | |
| 4 2 3 | | | | | | | | | | | | | | | | | | | | | | | | | | | | | | | | | | | | | | | | |
| 5 1 3 | | | | | | | | | | | | | | | | | | | | | | | | | | | | | | | | | | | | | | | | |
| 6 1 3 | | | | | | | | | | | | | | | | | | | | | | | | | | | | | | | | | | | | | | | | |
| 3 3 2 2 3 | | | | | | | | | | | | | | | | | | | | | | | | | | | | | | | | | | | | | | | | |
| 3 3 3 2 1 3 | | | | | | | | | | | | | | | | | | | | | | | | | | | | | | | | | | | | | | | | |
| 2 8 1 5 3 | | | | | | | | | | | | | | | | | | | | | | | | | | | | | | | | | | | | | | | | |
| 2 7 1 3 4 3 | | | | | | | | | | | | | | | | | | | | | | | | | | | | | | | | | | | | | | | | |
| 2 7 6 8 4 | | | | | | | | | | | | | | | | | | | | | | | | | | | | | | | | | | | | | | | | |
| 3 6 2 8 6 4 | | | | | | | | | | | | | | | | | | | | | | | | | | | | | | | | | | | | | | | | |
| 4 5 9 6 4 | | | | | | | | | | | | | | | | | | | | | | | | | | | | | | | | | | | | | | | | |
| 4 6 8 7 5 | | | | | | | | | | | | | | | | | | | | | | | | | | | | | | | | | | | | | | | | |
| 5 6 12 4 6 | | | | | | | | | | | | | | | | | | | | | | | | | | | | | | | | | | | | | | | | |
| 5 6 11 11 | | | | | | | | | | | | | | | | | | | | | | | | | | | | | | | | | | | | | | | | |
| 27 11 | | | | | | | | | | | | | | | | | | | | | | | | | | | | | | | | | | | | | | | | |
| 13 1 14 | | | | | | | | | | | | | | | | | | | | | | | | | | | | | | | | | | | | | | | | |
| 14 14 | | | | | | | | | | | | | | | | | | | | | | | | | | | | | | | | | | | | | | | | |
| 6 9 15 | | | | | | | | | | | | | | | | | | | | | | | | | | | | | | | | | | | | | | | | |
| 6 11 5 11 | | | | | | | | | | | | | | | | | | | | | | | | | | | | | | | | | | | | | | | | |
| 6 3 16 11 | | | | | | | | | | | | | | | | | | | | | | | | | | | | | | | | | | | | | | | | |
| 7 2 2 8 2 11 | | | | | | | | | | | | | | | | | | | | | | | | | | | | | | | | | | | | | | | | |
| 7 2 2 6 2 11 | | | | | | | | | | | | | | | | | | | | | | | | | | | | | | | | | | | | | | | | |
| 7 1 2 2 11 | | | | | | | | | | | | | | | | | | | | | | | | | | | | | | | | | | | | | | | | |
| 8 1 11 | | | | | | | | | | | | | | | | | | | | | | | | | | | | | | | | | | | | | | | | |
| 8 11 | | | | | | | | | | | | | | | | | | | | | | | | | | | | | | | | | | | | | | | | |
| 9 6 1 11 | | | | | | | | | | | | | | | | | | | | | | | | | | | | | | | | | | | | | | | | |
| 9 9 12 | | | | | | | | | | | | | | | | | | | | | | | | | | | | | | | | | | | | | | | | |
| 10 9 12 | | | | | | | | | | | | | | | | | | | | | | | | | | | | | | | | | | | | | | | | |
| 10 2 12 | | | | | | | | | | | | | | | | | | | | | | | | | | | | | | | | | | | | | | | | |

3
4
4
3
4
4
3 3
4 6 3
8 4 4 3 3
2 4 4 7
2 3 1 6 10 1
2 3 1 12 2
2 3 1 1 8
2 3 1 1 5 1
1 4 1 1 2 1 1
2 4 2 4 1 2 1 1
1 11 2 6 1 2 1 1
1 11 1 2 9 1 1 1
2 7 3 1 2 1 7 1 1
2 7 3 2 7 1 1
1 12 4 8 1
2 9 5 2 2 3 1
1 9 5 3 2 3 1 1
1 5 2 2 2 2 3 1 1
2 3 1 4 1 2 1 3 1
2 2 2 3 5
2 1 1 2 12
2 1 2 1 14
10 1 6 5 5
21 4
5 1 4 1
12 1
1
2
1
2
2
2
2
2

2 1
10
3 2
2 8 2
2 11 2
2 13 2
2 15 2
2 13 2
1 3 7 3
1 2 7 3
1 1 2 4 3
2 8 4
2 5 4
2 6 2 1
4 1 2 1 2 1
1 1 4 3 3 1 1
2 4 2 7 4
3 3 2 3 1 2 1 1
2 1 1 2 3 1 2 1 1
2 1 1 1 1 1 1 1
2 1 3 5
1 1 2 1 4
1 1 2 2 4
1 1 2 4 3
1 1 3 1 3
2 1 4 4
4 4 3 1
3 2 12
4 14
1 3 3 3
5 6 3
5 6 3
8 4 3
12 4
6 7
14 5
9 1 9
8 1 12 3 6
6 1 2 5
3 1 1 1

| Column | Clue |
|---|---|
| 1 | 0 |
| 2 | 1 |
| 3 | 4 3 |
| 4 | 2 8 |
| 5 | 3 5 |
| 6 | 5 5 |
| 7 | 6 2 |
| 8 | 1 7 1 |
| 9 | 10 |
| 10 | 4 7 2 |
| 11 | 1 5 2 |
| 12 | 1 2 8 2 |
| 13 | 2 1 5 2 |
| 14 | 5 2 2 2 |
| 15 | 4 1 4 3 |
| 16 | 8 13 |
| 17 | 13 3 6 |
| 18 | 17 2 9 |
| 19 | 2 3 12 13 |
| 20 | 2 2 2 11 13 |
| 21 | 1 1 15 14 |
| 22 | 1 28 |
| 23 | 1 30 |
| 24 | 3 5 22 |
| 25 | 4 4 2 12 |
| 26 | 3 1 4 1 6 4 |
| 27 | 2 4 1 2 1 5 5 |
| 28 | 2 5 2 1 2 1 6 |
| 29 | 2 2 2 1 4 2 4 |
| 30 | 2 3 1 4 3 3 |
| 31 | 2 1 1 6 4 3 |
| 32 | 3 2 5 4 2 |
| 33 | 2 2 1 4 5 2 |
| 34 | 1 2 1 2 5 1 |
| 35 | 3 3 1 6 4 |
| 36 | 4 1 9 17 |
| 37 | 8 1 26 |
| 38 | 40 |
| 39 | 40 |
| 40 | 40 |

| Row | Clue |
|---|---|
| 1 | 2 7 |
| 2 | 4 6 |
| 3 | 2 6 |
| 4 | 2 5 |
| 5 | 3 1 4 |
| 6 | 3 7 4 |
| 7 | 5 9 4 |
| 8 | 6 3 3 4 |
| 9 | 4 1 3 3 |
| 10 | 3 3 1 4 |
| 11 | 8 8 3 |
| 12 | 6 2 2 1 2 1 3 |
| 13 | 3 4 5 1 3 |
| 14 | 8 2 2 3 |
| 15 | 8 7 |
| 16 | 7 1 5 |
| 17 | 6 5 |
| 18 | 7 1 5 |
| 19 | 1 8 5 |
| 20 | 2 10 5 |
| 21 | 2 11 5 |
| 22 | 3 8 2 6 |
| 23 | 3 5 4 4 |
| 24 | 1 1 8 4 5 |
| 25 | 3 5 6 5 |
| 26 | 3 3 3 5 6 |
| 27 | 2 3 1 12 7 |
| 28 | 5 2 2 12 8 |
| 29 | 9 1 10 10 |
| 30 | 10 26 |
| 31 | 12 9 12 |
| 32 | 2 4 15 1 4 5 |
| 33 | 2 3 2 2 8 3 5 |
| 34 | 2 3 2 1 17 5 |
| 35 | 2 2 1 18 5 |
| 36 | 3 16 5 |
| 37 | 3 13 6 |
| 38 | 4 11 6 |
| 39 | 5 15 6 |
| 40 | 2 4 14 6 |

| Column | Clues |
|---|---|
| 1 | 8 1 1 14 |
| 2 | 7 2 1 12 |
| 3 | 9 2 1 15 |
| 4 | 11 7 1 18 |
| 5 | 12 2 20 |
| 6 | 16 5 14 |
| 7 | 18 1 3 13 |
| 8 | 18 17 |
| 9 | 18 17 |
| 10 | 21 17 |
| 11 | 22 17 |
| 12 | 17 2 18 |
| 13 | 20 17 |
| 14 | 20 10 |
| 15 | 15 5 9 |
| 16 | 15 6 9 |
| 17 | 15 7 3 4 |
| 18 | 14 8 3 2 1 |
| 19 | 6 1 2 5 1 4 2 1 |
| 20 | 7 3 2 1 2 3 4 |
| 21 | 6 6 9 3 |
| 22 | 7 5 1 6 3 |
| 23 | 7 5 1 6 3 |
| 24 | 7 6 7 |
| 25 | 8 4 5 |
| 26 | 8 3 4 |
| 27 | 8 4 4 |
| 28 | 8 4 3 |
| 29 | 8 2 3 1 |
| 30 | 8 4 1 |
| 31 | 9 3 1 |
| 32 | 10 3 1 |
| 33 | 10 8 1 |
| 34 | 13 5 |
| 35 | 5 3 |
| 36 | 1 |
| 37 | 0 |
| 38 | 0 |
| 39 | 0 |
| 40 | 0 |

| Row | Clues |
|---|---|
| 1 | 30 |
| 2 | 31 |
| 3 | 32 |
| 4 | 34 |
| 5 | 34 |
| 6 | 35 |
| 7 | 18 1 14 |
| 8 | 18 11 |
| 9 | 18 4 |
| 10 | 18 3 |
| 11 | 1 16 1 |
| 12 | 2 14 1 |
| 13 | 4 14 1 |
| 14 | 2 14 1 |
| 15 | 14 1 |
| 16 | 12 1 |
| 17 | 1 10 1 |
| 18 | 1 1 5 5 1 |
| 19 | 1 1 2 9 1 |
| 20 | 2 15 1 |
| 21 | 3 3 12 2 |
| 22 | 2 1 4 7 6 |
| 23 | 4 1 19 |
| 24 | 1 2 7 2 6 2 2 3 |
| 25 | 1 2 7 1 1 4 2 |
| 26 | 3 6 1 1 2 1 |
| 27 | 1 4 6 4 1 1 |
| 28 | 1 11 1 2 1 |
| 29 | 13 1 5 |
| 30 | 13 2 2 |
| 31 | 14 5 1 |
| 32 | 19 6 |
| 33 | 26 |
| 34 | 26 |
| 35 | 16 8 |
| 36 | 16 4 |
| 37 | 20 1 |
| 38 | 23 |
| 39 | 17 4 |
| 40 | 23 |

| Column | Clue |
|---|---|
| 1 | 3 |
| 2 | 2 3 |
| 3 | 2 5 2 |
| 4 | 2 8 |
| 5 | 1 7 |
| 6 | 1 7 |
| 7 | 1 10 |
| 8 | 1 13 |
| 9 | 1 14 |
| 10 | 1 15 |
| 11 | 1 16 |
| 12 | 1 21 |
| 13 | 19 5 |
| 14 | 17 5 |
| 15 | 16 9 |
| 16 | 1 14 8 |
| 17 | 7 14 2 6 |
| 18 | 3 14 2 8 |
| 19 | 3 14 5 2 6 |
| 20 | 3 13 1 2 12 |
| 21 | 2 1 4 2 2 1 2 2 2 |
| 22 | 2 8 2 1 2 1 1 |
| 23 | 1 9 2 1 2 1 1 |
| 24 | 1 5 5 2 2 4 1 1 |
| 25 | 4 4 7 5 2 1 |
| 26 | 2 3 5 1 4 1 |
| 27 | 2 4 2 4 |
| 28 | 3 5 |
| 29 | 2 2 6 |
| 30 | 1 1 3 3 9 |
| 31 | 1 1 3 2 1 6 3 |
| 32 | 1 1 3 3 1 7 2 |
| 33 | 1 1 2 2 10 2 |
| 34 | 1 1 2 1 11 1 |
| 35 | 1 1 6 6 6 2 |
| 36 | 1 1 3 4 9 |
| 37 | 2 9 8 |
| 38 | 3 8 9 |
| 39 | 8 6 |
| 40 | 6 |

| Row | Clue |
|---|---|
| 1 | 2 |
| 2 | 2 2 |
| 3 | 2 3 |
| 4 | 2 3 |
| 5 | 2 3 |
| 6 | 7 |
| 7 | 3 3 5 |
| 8 | 2 4 2 1 1 |
| 9 | 1 5 3 1 5 1 |
| 10 | 1 8 3 3 |
| 11 | 1 7 2 1 |
| 12 | 1 2 4 2 2 |
| 13 | 1 2 1 1 1 |
| 14 | 1 3 2 2 2 |
| 15 | 1 6 2 11 |
| 16 | 3 6 3 11 |
| 17 | 9 3 3 5 |
| 18 | 1 8 2 1 3 |
| 19 | 1 8 1 2 1 3 |
| 20 | 1 9 1 4 1 2 |
| 21 | 1 8 2 1 3 3 |
| 22 | 1 13 1 2 3 |
| 23 | 1 7 1 2 1 6 |
| 24 | 1 9 2 1 4 |
| 25 | 1 25 |
| 26 | 2 10 14 |
| 27 | 1 11 12 |
| 28 | 1 10 2 1 8 |
| 29 | 2 11 1 1 8 |
| 30 | 1 10 1 1 1 9 |
| 31 | 2 9 1 3 1 6 |
| 32 | 14 1 4 1 6 |
| 33 | 12 2 1 1 2 1 6 |
| 34 | 11 2 1 2 1 1 5 |
| 35 | 10 7 1 1 5 |
| 36 | 18 1 1 5 |
| 37 | 17 1 1 5 |
| 38 | 2 14 1 1 1 3 |
| 39 | 2 15 1 1 1 1 |
| 40 | 1 12 1 2 1 1 |

| Column | Clue |
|---|---|
| 1 | 1 |
| 2 | 1 |
| 3 | 2 |
| 4 | 6 2 |
| 5 | 1 5 1 |
| 6 | 8 9 1 |
| 7 | 10 10 2 |
| 8 | 12 5 3 1 |
| 9 | 13 8 2 |
| 10 | 15 2 3 2 4 |
| 11 | 22 9 |
| 12 | 34 |
| 13 | 37 |
| 14 | 1 12 18 |
| 15 | 1 2 6 1 3 14 |
| 16 | 1 5 1 2 13 |
| 17 | 1 6 2 2 12 |
| 18 | 1 6 2 2 11 |
| 19 | 1 4 4 2 12 |
| 20 | 1 4 1 2 1 15 |
| 21 | 1 3 1 4 1 4 10 |
| 22 | 1 1 1 2 3 1 3 2 7 |
| 23 | 1 1 6 4 2 6 |
| 24 | 1 1 2 3 3 2 6 |
| 25 | 1 1 1 4 1 2 2 1 3 |
| 26 | 1 6 7 2 2 |
| 27 | 1 3 2 4 2 2 |
| 28 | 1 4 4 2 3 |
| 29 | 2 1 2 1 2 2 5 |
| 30 | 1 5 1 2 1 1 4 |
| 31 | 2 3 5 8 3 |
| 32 | 4 6 5 1 1 |
| 33 | 12 1 |
| 34 | 5 1 |
| 35 | 1 |
| 36 | 2 |
| 37 | 1 |
| 38 | 1 |
| 39 | 2 |
| 40 | 1 |


| Row | Clue |
|---|---|
| 1 | 6 |
| 2 | 2 3 |
| 3 | 3 2 |
| 4 | 4 1 |
| 5 | 5 2 |
| 6 | 6 1 |
| 7 | 7 1 |
| 8 | 9 1 |
| 9 | 10 1 |
| 10 | 9 1 |
| 11 | 10 1 |
| 12 | 17 2 1 |
| 13 | 16 1 1 |
| 14 | 16 1 |
| 15 | 15 2 1 |
| 16 | 13 1 2 3 |
| 17 | 1 7 2 1 3 3 4 |
| 18 | 1 2 5 1 8 5 |
| 19 | 1 4 4 3 1 6 3 |
| 20 | 10 12 7 |
| 21 | 10 3 7 5 |
| 22 | 6 3 1 3 1 1 2 |
| 23 | 12 1 1 1 1 |
| 24 | 3 8 3 1 3 |
| 25 | 5 7 4 2 |
| 26 | 4 3 10 2 |
| 27 | 2 5 5 7 |
| 28 | 8 3 3 2 |
| 29 | 15 9 |
| 30 | 2 10 10 |
| 31 | 2 12 1 |
| 32 | 2 12 4 1 |
| 33 | 3 12 7 |
| 34 | 13 2 |
| 35 | 15 1 2 |
| 36 | 18 2 |
| 37 | 18 2 |
| 38 | 13 4 2 |
| 39 | 11 3 2 |
| 40 | 4 6 4 |

| | | | | | | | | | | | | | | | | | | | | | | | | | | | | | | | | | | | | | | | |
|---|---|---|---|---|---|---|---|---|---|---|---|---|---|---|---|---|---|---|---|---|---|---|---|---|---|---|---|---|---|---|---|---|---|---|---|---|---|---|---|
| 26 12 | 25 13 | 22 15 | 20 18 | 3 11 20 | 4 2 8 22 | 4 4 4 23 | 5 5 25 | 6 24 8 | 5 1 22 7 | 3 24 6 | 2 25 5 | 21 3 7 | 24 1 1 6 | 25 2 5 | 13 11 3 4 | 13 1 12 4 4 | 13 13 10 | 40 | 40 | 40 | 16 2 3 11 | 15 2 3 10 | 6 4 1 2 10 | 1 1 4 1 1 10 | 1 1 1 1 1 11 | 2 2 1 1 1 1 5 4 | 1 2 1 1 6 4 | 1 2 5 1 7 2 4 | 2 2 2 8 7 | 2 1 2 11 5 | 1 2 2 13 4 | 2 2 17 2 | 5 2 16 | 2 5 18 4 | 1 21 1 4 | 1 5 11 7 | 1 7 1 8 1 1 | 1 3 1 1 6 1 | 1 3 5 1 4 |

| |
|---|
| 12 11 1 1 1 |
| 12 11 1 1 1 |
| 11 13 1 1 1 3 |
| 4 5 13 1 1 1 1 |
| 4 3 14 1 1 3 1 |
| 4 2 1 14 1 1 2 2 |
| 4 3 14 1 1 1 3 |
| 5 3 13 1 2 2 |
| 5 17 1 4 |
| 6 16 1 4 |
| 6 16 1 5 |
| 7 15 3 4 2 |
| 7 16 5 1 2 1 |
| 7 7 7 3 5 |
| 7 7 1 7 1 1 1 2 1 |
| 6 8 4 2 1 3 |
| 6 14 4 4 |
| 5 15 5 |
| 4 16 6 |
| 4 16 3 7 |
| 3 17 1 2 8 |
| 3 19 1 9 |
| 2 19 1 10 |
| 2 9 8 1 6 3 |
| 2 10 11 7 1 |
| 1 12 9 8 |
| 11 8 9 |
| 11 5 10 |
| 11 4 10 |
| 10 4 10 |
| 9 22 |
| 8 21 |
| 9 11 6 3 |
| 10 1 10 2 2 1 |
| 11 2 9 2 1 1 |
| 15 9 2 1 1 |
| 32 3 1 |
| 32 3 1 |
| 33 3 1 |
| 33 4 1 |

| Column | Clue (top to bottom) |
|---|---|
| 1 | 6 |
| 2 | 3 2 |
| 3 | 8 6 2 2 |
| 4 | 3 4 3 1 3 |
| 5 | 4 3 7 11 |
| 6 | 4 2 3 1 15 |
| 7 | 3 1 2 2 3 9 2 |
| 8 | 5 1 2 2 3 6 2 |
| 9 | 4 4 3 1 4 4 1 3 |
| 10 | 3 4 15 3 |
| 11 | 4 2 8 2 5 |
| 12 | 4 1 1 7 3 4 |
| 13 | 4 1 6 6 |
| 14 | 6 5 2 4 8 |
| 15 | 13 2 6 8 |
| 16 | 5 4 3 11 |
| 17 | 1 1 7 3 6 |
| 18 | 1 2 2 3 6 |
| 19 | 3 1 2 3 6 |
| 20 | 2 4 1 5 9 |
| 21 | 4 3 2 17 |
| 22 | 1 4 2 2 16 |
| 23 | 3 1 2 1 2 19 |
| 24 | 2 5 14 7 |
| 25 | 10 11 |
| 26 | 9 12 |
| 27 | 1 2 16 |
| 28 | 1 2 15 |
| 29 | 1 2 2 3 |
| 30 | 1 2 1 |
| 31 | 1 2 1 |
| 32 | 1 1 1 |
| 33 | 1 1 1 |
| 34 | 1 1 1 |
| 35 | 1 1 1 |
| 36 | 2 1 1 |
| 37 | 1 4 1 |
| 38 | 3 4 |
| 39 | 3 4 |
| 40 | 4 |

| Row | Clue |
|---|---|
| 1 | 3 |
| 2 | 1 2 |
| 3 | 17 |
| 4 | 2 4 1 1 |
| 5 | 8 1 2 1 1 |
| 6 | 10 1 16 |
| 7 | 12 1 7 3 |
| 8 | 4 1 5 2 2 2 |
| 9 | 1 3 3 15 |
| 10 | 1 3 3 6 |
| 11 | 2 7 7 |
| 12 | 2 6 1 3 2 |
| 13 | 3 3 2 2 1 2 |
| 14 | 8 2 2 1 3 |
| 15 | 3 4 1 1 4 4 |
| 16 | 3 3 1 5 5 |
| 17 | 1 2 1 5 |
| 18 | 1 1 2 4 6 |
| 19 | 1 6 4 8 |
| 20 | 1 13 9 |
| 21 | 3 5 1 5 |
| 22 | 11 1 6 |
| 23 | 2 2 4 3 9 |
| 24 | 2 10 8 |
| 25 | 10 1 9 |
| 26 | 7 1 6 |
| 27 | 6 2 5 |
| 28 | 1 1 2 4 |
| 29 | 2 1 2 4 |
| 30 | 3 2 3 5 |
| 31 | 7 10 |
| 32 | 1 6 8 |
| 33 | 2 5 2 11 |
| 34 | 1 4 6 5 |
| 35 | 1 4 13 |
| 36 | 1 5 1 12 |
| 37 | 1 3 14 |
| 38 | 1 3 16 |
| 39 | 1 3 13 1 2 |
| 40 | 1 3 6 6 1 |

| | | | | | | | | | | | | | | | | | | | | | | | | | | | | | | | | | | | | | | | |
|---|---|---|---|---|---|---|---|---|---|---|---|---|---|---|---|---|---|---|---|---|---|---|---|---|---|---|---|---|---|---|---|---|---|---|---|---|---|---|---|
| 37 2 | 37 2 | 35 | 33 | 20 8 2 1 | 12 2 3 6 3 2 | 9 5 5 3 2 1 | 7 7 4 1 2 | 6 9 3 3 2 | 5 2 3 2 2 4 | 4 1 2 13 3 | 3 2 2 4 7 2 | 3 2 3 4 8 2 | 2 5 1 1 5 3 1 | 1 6 1 1 3 1 2 2 1 | 1 6 1 1 4 1 1 3 | 7 1 1 4 1 1 3 | 7 3 3 6 | 2 4 1 4 4 3 2 | 1 6 1 1 12 2 3 | 7 1 1 2 2 2 3 | 7 1 1 2 5 4 | 9 1 15 4 | 9 1 4 11 3 | 10 1 4 12 | 1 9 1 4 2 6 | 1 9 1 4 2 3 | 1 8 1 7 1 3 2 | 2 6 6 1 9 1 | 2 8 4 2 7 2 | 3 6 1 5 8 3 | 5 4 10 2 2 | 6 2 1 2 | 16 3 11 2 2 | 17 13 2 | 34 2 | 35 | 37 | 37 2 | 37 2 |

16 15
14 4 3 12
13 5 7 10
11 4 9 9
10 16 9
9 17 8
8 2 15 7
7 17 7
7 4 12 7
6 4 10 7
6 2 8 7
6 2 2 4 7
5 2 2 2 5 7
5 2 6 2 7
5 3 2 1 7
5 3 2 2 2 7
5 3 3 2 6
6 2 5 1 5
6 1 8 9 1 5
5 1 21 1 5
4 2 10 10 6
4 2 4 2 2 3 2 2 7
4 2 6 1 1 3 7
4 1 3 3 1 2 3 1 7
5 1 1 1 2 2 7
5 1 2 2 4 7
7 3 3 3 4 7
7 4 3 3 4 7
7 3 16 7
7 6 13 7
7 5 4 5 7
6 1 4 9 3 7
4 2 2 15 6
3 3 1 5 6 2 5
3 4 1 3 4 3 3 4
2 2 1 9 1 2 3
2 1 4 9 3 1 3
2 2 4 1 1
2 2 6 4 2
2 9 5 2

Column clues (left to right):

0 | 0 | 0 | 0 | 0 | 0 | 12 | 23 | 20 2 | 3 16 2 3 2 | 5 13 5 4 | 6 1 9 10 2 | 35 1 | 37 | 11 21 | 3 2 3 11 6 | 3 4 1 7 6 | 3 1 2 2 5 7 | 2 2 1 7 13 | 2 1 2 3 1 1 12 | 2 4 2 7 5 7 | 2 8 1 2 1 5 5 | 3 3 7 5 5 | 3 4 4 2 1 4 1 5 | 4 8 8 4 1 3 | 3 1 1 3 1 1 1 3 1 2 | 4 1 2 8 8 1 | 3 2 1 6 11 1 | 4 1 2 21 | 5 4 8 3 4 4 | 16 4 4 | 1 7 7 | 5 1 | 0 | 0 | 0 | 0 | 0 | 0 | 0

Row clues (top to bottom):

9
13
5 7
4 6
4 4
6 3
6 2
6 2
6 1
14 9
5 1 2 2 1 2 1
3 6 3 4 5
4 2 6 2 7
7 1 2 3
4 2 2 1 2
8 2 2 2
9 6 2
10 2 1 2 2
10 2 2 2 2
11 13
10 1 1 1 1 5
10 2 1 1 1 4
10 13
11 1 5 5
5 5 3 1 3 3
4 6 5 5
4 7 4 2
3 19 1
2 4 14 1
1 5 9 4 2
1 5 7 3 2
1 7 5 6
1 8 2 5
2 21
2 12 3
15 2
5 10 2
1 2 9 2
3 1 4 3 2
1 2 1 1 1 5

| Column | Clue |
|---|---|
| 1 | 1 4 1 1 |
| 2 | 2 6 1 |
| 3 | 6 1 |
| 4 | 5 2 |
| 5 | 2 3 4 |
| 6 | 2 8 |
| 7 | 1 1 8 1 |
| 8 | 2 7 2 |
| 9 | 2 5 1 1 |
| 10 | 1 5 1 1 |
| 11 | 2 2 1 2 2 |
| 12 | 2 1 1 1 1 |
| 13 | 1 1 1 2 1 |
| 14 | 2 1 1 2 |
| 15 | 2 1 1 2 |
| 16 | 2 2 2 |
| 17 | 2 1 2 |
| 18 | 1 1 1 3 |
| 19 | 3 1 3 |
| 20 | 1 1 1 3 |
| 21 | 1 1 1 3 |
| 22 | 1 2 3 |
| 23 | 1 3 3 |
| 24 | 5 7 |
| 25 | 1 1 3 2 2 1 |
| 26 | 6 2 2 1 2 |
| 27 | 5 3 5 |
| 28 | 1 1 3 3 |
| 29 | 1 1 3 3 2 |
| 30 | 6 1 2 |
| 31 | 2 1 1 |
| 32 | 1 1 |
| 33 | 1 1 |
| 34 | 1 1 |
| 35 | 4 1 |
| 36 | 1 2 |
| 37 | 4 |
| 38 | 4 |
| 39 | 3 |
| 40 | 2 |


| Row | Clue |
|---|---|
| 1 | 0 |
| 2 | 0 |
| 3 | 1 |
| 4 | 2 |
| 5 | 1 |
| 6 | 2 |
| 7 | 2 |
| 8 | 2 2 |
| 9 | 2 1 4 |
| 10 | 1 2 1 |
| 11 | 2 1 |
| 12 | 2 1 |
| 13 | 6 |
| 14 | 2 3 11 |
| 15 | 1 2 4 1 4 |
| 16 | 2 7 1 3 |
| 17 | 3 2 6 4 |
| 18 | 4 2 2 1 |
| 19 | 8 2 3 2 |
| 20 | 8 5 4 2 |
| 21 | 14 10 |
| 22 | 4 6 5 3 |
| 23 | 6 2 2 3 |
| 24 | 10 1 4 |
| 25 | 13 3 |
| 26 | 3 1 3 |
| 27 | 1 3 |
| 28 | 1 3 |
| 29 | 1 3 |
| 30 | 1 3 |
| 31 | 1 3 |
| 32 | 1 3 |
| 33 | 1 2 1 2 |
| 34 | 1 2 2 2 |
| 35 | 1 2 1 |
| 36 | 1 3 |
| 37 | 5 |
| 38 | 0 |
| 39 | 0 |
| 40 | 0 |

| Column | Clue |
|---|---|
| 1 | 40 |
| 2 | 40 |
| 3 | 40 |
| 4 | 40 |
| 5 | 40 |
| 6 | 40 |
| 7 | 40 |
| 8 | 40 |
| 9 | 40 |
| 10 | 40 |
| 11 | 4 29 |
| 12 | 2 14 18 |
| 13 | 1 2 7 3 17 |
| 14 | 2 9 2 17 |
| 15 | 1 1 6 1 17 |
| 16 | 3 1 8 1 18 |
| 17 | 5 2 6 19 |
| 18 | 8 1 9 5 3 |
| 19 | 10 4 3 2 1 1 |
| 20 | 13 4 2 5 |
| 21 | 13 2 4 2 1 |
| 22 | 12 8 1 1 2 |
| 23 | 11 5 2 7 |
| 24 | 9 5 1 1 3 4 |
| 25 | 8 7 7 6 |
| 26 | 7 8 2 8 7 |
| 27 | 6 6 2 5 8 |
| 28 | 5 1 4 2 3 10 |
| 29 | 3 12 11 |
| 30 | 2 2 12 13 |
| 31 | 2 2 9 15 |
| 32 | 3 5 2 16 |
| 33 | 4 20 |
| 34 | 40 |
| 35 | 40 |
| 36 | 40 |
| 37 | 40 |
| 38 | 40 |
| 39 | 40 |
| 40 | 40 |

| Row | Clue |
|---|---|
| 1 | 13 26 |
| 2 | 12 25 |
| 3 | 11 14 9 |
| 4 | 11 12 8 |
| 5 | 10 1 12 7 |
| 6 | 10 2 10 1 7 |
| 7 | 10 2 9 2 7 |
| 8 | 10 1 2 8 1 2 7 |
| 9 | 10 1 1 6 1 1 7 |
| 10 | 10 3 6 2 1 7 |
| 11 | 10 3 2 4 1 4 7 |
| 12 | 17 3 2 4 7 |
| 13 | 16 2 2 3 7 |
| 14 | 16 6 7 |
| 15 | 17 7 7 |
| 16 | 17 8 7 |
| 17 | 12 7 1 9 7 |
| 18 | 13 11 3 7 |
| 19 | 14 9 4 7 |
| 20 | 20 9 7 |
| 21 | 11 1 6 1 8 |
| 22 | 11 2 2 8 |
| 23 | 12 3 2 1 8 |
| 24 | 19 2 1 8 |
| 25 | 19 1 2 9 |
| 26 | 17 1 1 4 10 |
| 27 | 18 1 4 10 |
| 28 | 21 4 11 |
| 29 | 27 11 |
| 30 | 18 1 3 12 |
| 31 | 22 1 1 13 |
| 32 | 17 1 1 1 13 |
| 33 | 17 1 1 14 |
| 34 | 17 1 1 15 |
| 35 | 17 1 1 16 |
| 36 | 17 1 16 |
| 37 | 17 18 |
| 38 | 18 18 |
| 39 | 18 19 |
| 40 | 19 19 |

| Column | Clue |
|---|---|
| 1 | 5 |
| 2 | 7 |
| 3 | 8 |
| 4 | 9 |
| 5 | 9 |
| 6 | 11 |
| 7 | 11 |
| 8 | 12 |
| 9 | 8 12 |
| 10 | 16 12 |
| 11 | 20 12 |
| 12 | 22 12 |
| 13 | 25 13 |
| 14 | 8 31 |
| 15 | 7 11 20 |
| 16 | 6 1 1 4 3 18 |
| 17 | 6 5 1 1 1 15 |
| 18 | 5 1 1 3 3 1 16 |
| 19 | 7 1 4 1 1 18 |
| 20 | 8 4 5 15 |
| 21 | 7 6 1 4 1 7 |
| 22 | 7 1 4 1 1 2 1 5 |
| 23 | 8 3 2 1 2 1 4 |
| 24 | 8 3 2 1 1 4 |
| 25 | 7 5 2 1 1 2 |
| 26 | 7 6 4 1 1 |
| 27 | 6 1 4 3 1 2 1 |
| 28 | 4 1 5 4 2 2 |
| 29 | 4 14 6 1 1 |
| 30 | 22 2 3 2 |
| 31 | 17 2 3 3 |
| 32 | 4 1 1 3 1 |
| 33 | 2 2 5 1 |
| 34 | 1 2 6 1 |
| 35 | 1 10 2 |
| 36 | 1 2 9 |
| 37 | 2 8 |
| 38 | 7 |
| 39 | 5 |
| 40 | 4 |

Row clues (left to right):

| Row | Clue |
|---|---|
| 1 | 15 |
| 2 | 17 |
| 3 | 20 |
| 4 | 20 |
| 5 | 22 |
| 6 | 8 9 3 |
| 7 | 6 9 1 2 |
| 8 | 6 1 1 2 1 3 |
| 9 | 5 1 1 1 1 4 |
| 10 | 8 1 1 8 |
| 11 | 7 1 1 11 |
| 12 | 23 |
| 13 | 15 7 |
| 14 | 14 2 4 |
| 15 | 9 2 6 |
| 16 | 6 8 |
| 17 | 23 |
| 18 | 7 1 1 2 1 4 |
| 19 | 11 3 3 |
| 20 | 5 1 3 |
| 21 | 5 1 3 |
| 22 | 5 2 1 1 |
| 23 | 6 1 1 2 |
| 24 | 4 5 2 |
| 25 | 4 4 1 |
| 26 | 10 1 5 |
| 27 | 11 6 1 |
| 28 | 8 5 3 |
| 29 | 16 3 4 |
| 30 | 15 2 5 1 |
| 31 | 16 1 2 2 1 |
| 32 | 21 1 2 3 |
| 33 | 22 2 5 |
| 34 | 22 6 |
| 35 | 22 7 |
| 36 | 22 9 |
| 37 | 21 10 |
| 38 | 20 2 5 |
| 39 | 19 1 6 |
| 40 | 18 9 |

| | | | | | | | | | | | | | | | | | | | | | | | | | | | | | | | | | | | | | | | |
|---|---|---|---|---|---|---|---|---|---|---|---|---|---|---|---|---|---|---|---|---|---|---|---|---|---|---|---|---|---|---|---|---|---|---|---|---|---|---|---|
| 21 4 1 | 15 9 1 1 | 13 13 1 2 1 | 11 10 3 4 2 | 12 8 2 2 2 2 | 10 1 2 5 1 3 | 11 2 2 3 1 6 | 11 4 3 11 | 10 4 2 1 8 | 11 4 7 | 15 10 | 8 3 9 | 7 2 4 | 7 1 2 4 | 7 1 4 3 | 7 2 1 1 4 | 6 1 4 4 | 6 4 1 5 | 5 4 1 4 | 5 5 4 | 4 4 1 3 | 4 1 2 3 | 3 1 1 1 3 | 3 1 2 2 3 | 2 1 2 2 3 | 2 1 1 2 4 | 2 2 1 2 1 4 | 2 2 1 2 5 | 2 4 1 4 | 3 1 1 2 6 | 4 2 4 11 | 6 1 4 10 1 | 31 2 | 11 5 7 3 | 15 7 3 | 14 6 | 3 5 | 0 | 0 | 0 |

| |
|---|
| 32 |
| 32 |
| 24 4 |
| 22 3 |
| 20 2 |
| 18 3 |
| 16 2 |
| 12 3 |
| 11 4 |
| 11 4 |
| 5 2 2 6 |
| 3 1 1 2 4 |
| 3 3 3 1 5 |
| 2 5 6 9 |
| 2 1 7 5 3 6 |
| 1 3 4 7 1 8 |
| 1 4 2 2 5 2 1 2 |
| 5 2 4 1 5 |
| 7 1 3 5 |
| 6 5 |
| 5 4 |
| 4 5 |
| 6 1 1 1 |
| 4 4 2 1 |
| 3 4 2 1 2 3 |
| 8 3 7 |
| 2 1 6 |
| 3 6 |
| 2 2 2 6 |
| 1 3 8 6 |
| 1 1 1 2 6 |
| 2 1 2 5 5 |
| 2 2 3 3 5 |
| 1 7 3 |
| 1 10 3 |
| 1 12 6 |
| 2 6 7 3 2 |
| 7 13 2 |
| 9 12 2 |
| 11 11 1 |

| Column | Clue |
|---|---|
| 1 | 9 |
| 2 | 9 |
| 3 | 10 |
| 4 | 10 |
| 5 | 10 |
| 6 | 11 |
| 7 | 13 |
| 8 | 9 3 8 |
| 9 | 24 6 |
| 10 | 13 1 9 3 |
| 11 | 14 3 4 2 1 |
| 12 | 16 4 2 2 |
| 13 | 16 1 1 2 2 |
| 14 | 19 1 7 2 |
| 15 | 33 2 |
| 16 | 35 2 |
| 17 | 39 |
| 18 | 15 3 5 10 |
| 19 | 7 2 2 3 9 |
| 20 | 6 2 8 |
| 21 | 6 1 7 |
| 22 | 5 3 7 |
| 23 | 5 4 6 |
| 24 | 5 1 4 5 |
| 25 | 5 1 5 4 |
| 26 | 6 1 2 1 1 4 |
| 27 | 6 6 1 1 3 |
| 28 | 5 5 1 1 4 |
| 29 | 5 4 1 4 1 3 |
| 30 | 4 4 1 2 2 3 |
| 31 | 3 4 2 2 1 4 |
| 32 | 2 1 2 2 2 4 |
| 33 | 2 3 2 2 8 |
| 34 | 2 6 14 |
| 35 | 4 3 4 5 5 |
| 36 | 8 6 4 |
| 37 | 4 2 2 |
| 38 | 2 2 1 |
| 39 | 3 |
| 40 | 0 |


| Row | Clue |
|---|---|
| 1 | 12 |
| 2 | 17 |
| 3 | 20 |
| 4 | 22 |
| 5 | 24 |
| 6 | 12 4 1 |
| 7 | 11 1 |
| 8 | 10 1 |
| 9 | 10 1 |
| 10 | 11 1 |
| 11 | 11 1 |
| 12 | 11 1 |
| 13 | 12 1 |
| 14 | 12 1 |
| 15 | 11 1 |
| 16 | 10 4 2 |
| 17 | 13 1 3 3 |
| 18 | 2 20 6 |
| 19 | 3 5 10 7 |
| 20 | 1 7 4 8 1 1 |
| 21 | 1 2 3 5 2 3 1 |
| 22 | 1 1 3 1 1 2 2 |
| 23 | 1 2 4 3 4 |
| 24 | 2 6 2 2 |
| 25 | 3 5 1 1 |
| 26 | 4 6 1 1 |
| 27 | 11 8 |
| 28 | 5 5 7 |
| 29 | 4 4 2 |
| 30 | 2 2 4 6 |
| 31 | 5 1 5 9 |
| 32 | 7 2 6 1 |
| 33 | 8 2 6 3 |
| 34 | 8 2 8 4 |
| 35 | 9 2 8 2 |
| 36 | 9 2 8 3 |
| 37 | 9 12 1 6 |
| 38 | 10 21 |
| 39 | 10 21 |
| 40 | 11 21 |

| | |
|---|---|
| 1 | 4 2 3 2 23 |
| 2 | 4 2 3 3 22 |
| 3 | 4 2 2 5 21 |
| 4 | 3 2 3 6 21 |
| 5 | 3 2 3 6 17 1 |
| 6 | 3 2 2 2 20 2 |
| 7 | 2 2 2 2 4 14 4 |
| 8 | 2 2 2 1 1 1 1 13 1 |
| 9 | 2 2 2 1 1 1 1 8 |
| 10 | 1 19 |
| 11 | 1 7 9 1 |
| 12 | 1 5 6 13 |
| 13 | 1 3 1 2 1 18 |
| 14 | 3 2 1 1 17 |
| 15 | 2 3 1 1 1 16 |
| 16 | 2 1 1 1 2 14 |
| 17 | 1 1 1 1 16 |
| 18 | 2 1 1 1 1 3 |
| 19 | 1 1 4 1 3 |
| 20 | 1 1 2 1 1 5 |
| 21 | 1 2 2 1 9 |
| 22 | 1 3 1 4 9 |
| 23 | 1 2 1 7 1 |
| 24 | 2 1 4 9 2 |
| 25 | 2 1 2 15 |
| 26 | 2 1 1 1 1 2 9 |
| 27 | 2 1 1 1 3 1 |
| 28 | 1 2 5 1 3 1 |
| 29 | 1 4 4 3 15 |
| 30 | 2 1 3 7 8 8 |
| 31 | 2 1 10 5 2 7 |
| 32 | 1 1 7 2 6 4 |
| 33 | 1 1 29 4 |
| 34 | 2 22 2 3 |
| 35 | 1 8 7 9 2 |
| 36 | 2 13 14 1 |
| 37 | 7 17 5 |
| 38 | 1 8 3 4 1 |
| 39 | 1 5 13 3 7 |
| 40 | 8 4 2 2 |

| | |
|---|---|
| 1 | 13 8 6 4 |
| 2 | 9 5 4 2 4 1 |
| 3 | 6 7 4 3 4 |
| 4 | 3 8 4 6 |
| 5 | 10 1 9 |
| 6 | 6 3 12 |
| 7 | 3 6 1 11 |
| 8 | 8 1 7 1 1 |
| 9 | 6 2 1 6 1 1 |
| 10 | 5 4 4 3 1 6 2 |
| 11 | 2 2 1 2 1 2 7 1 |
| 12 | 4 3 3 1 1 1 2 2 1 |
| 13 | 5 1 1 1 1 1 1 2 2 1 |
| 14 | 5 4 1 1 3 2 2 1 |
| 15 | 4 1 2 1 1 4 5 1 |
| 16 | 3 5 2 1 1 2 2 5 1 |
| 17 | 3 2 2 1 1 3 1 1 |
| 18 | 1 1 2 1 1 1 3 1 1 |
| 19 | 2 1 2 1 1 1 3 1 1 |
| 20 | 4 1 2 1 1 2 3 1 1 |
| 21 | 6 3 1 1 1 2 4 1 1 |
| 22 | 7 2 1 2 2 3 4 2 2 |
| 23 | 7 3 1 1 1 1 2 1 2 3 1 |
| 24 | 8 3 1 1 1 1 2 2 2 3 1 |
| 25 | 8 4 1 1 1 1 1 2 2 3 1 |
| 26 | 8 4 1 1 1 1 3 2 2 1 |
| 27 | 9 5 2 1 2 2 3 1 |
| 28 | 9 7 2 2 2 2 2 2 |
| 29 | 9 6 2 2 2 2 1 1 |
| 30 | 9 6 2 2 2 2 2 1 1 |
| 31 | 9 6 3 5 2 2 |
| 32 | 9 15 1 3 3 1 |
| 33 | 9 6 6 2 5 1 |
| 34 | 9 6 6 3 4 1 |
| 35 | 8 6 6 3 3 1 |
| 36 | 6 1 7 7 3 3 |
| 37 | 5 1 6 4 2 5 2 |
| 38 | 4 2 11 3 7 1 |
| 39 | 4 2 11 4 7 |
| 40 | 5 2 12 2 8 |

| Column | Clue |
|---|---|
| 1 | 40 |
| 2 | 40 |
| 3 | 40 |
| 4 | 40 |
| 5 | 40 |
| 6 | 27 12 |
| 7 | 28 10 |
| 8 | 19 7 9 |
| 9 | 19 5 8 |
| 10 | 19 4 7 |
| 11 | 14 3 11 |
| 12 | 14 2 11 |
| 13 | 9 3 2 1 12 |
| 14 | 6 1 2 4 12 |
| 15 | 4 1 7 5 6 |
| 16 | 4 2 5 4 5 |
| 17 | 2 4 5 6 1 5 |
| 18 | 1 4 7 1 5 |
| 19 | 1 3 3 3 7 |
| 20 | 1 2 2 8 |
| 21 | 1 3 1 8 |
| 22 | 1 2 2 8 |
| 23 | 1 2 3 1 5 |
| 24 | 1 4 1 7 5 |
| 25 | 1 4 8 5 |
| 26 | 2 4 5 6 |
| 27 | 3 4 1 12 |
| 28 | 4 1 4 12 |
| 29 | 5 1 3 1 11 |
| 30 | 10 7 12 |
| 31 | 11 8 16 |
| 32 | 21 16 |
| 33 | 40 |
| 34 | 40 |
| 35 | 40 |
| 36 | 40 |
| 37 | 40 |
| 38 | 40 |
| 39 | 40 |
| 40 | 40 |

| Row | Clue |
|---|---|
| 1 | 21 18 |
| 2 | 17 15 |
| 3 | 16 14 |
| 4 | 17 13 |
| 5 | 14 1 12 |
| 6 | 14 1 11 |
| 7 | 13 1 11 |
| 8 | 13 1 11 |
| 9 | 13 1 11 |
| 10 | 12 1 11 |
| 11 | 12 1 10 |
| 12 | 13 9 |
| 13 | 16 10 |
| 14 | 18 15 |
| 15 | 10 5 3 11 |
| 16 | 19 19 |
| 17 | 19 18 |
| 18 | 11 2 1 2 13 |
| 19 | 10 3 1 2 11 |
| 20 | 7 12 |
| 21 | 7 9 |
| 22 | 7 8 |
| 23 | 7 8 |
| 24 | 8 1 8 |
| 25 | 8 1 10 |
| 26 | 9 3 2 10 |
| 27 | 9 9 10 |
| 28 | 5 3 11 10 |
| 29 | 6 3 6 1 5 11 |
| 30 | 6 13 19 |
| 31 | 7 31 |
| 32 | 8 6 2 18 |
| 33 | 9 4 3 15 |
| 34 | 14 7 14 |
| 35 | 15 4 15 |
| 36 | 40 |
| 37 | 40 |
| 38 | 40 |
| 39 | 40 |
| 40 | 40 |

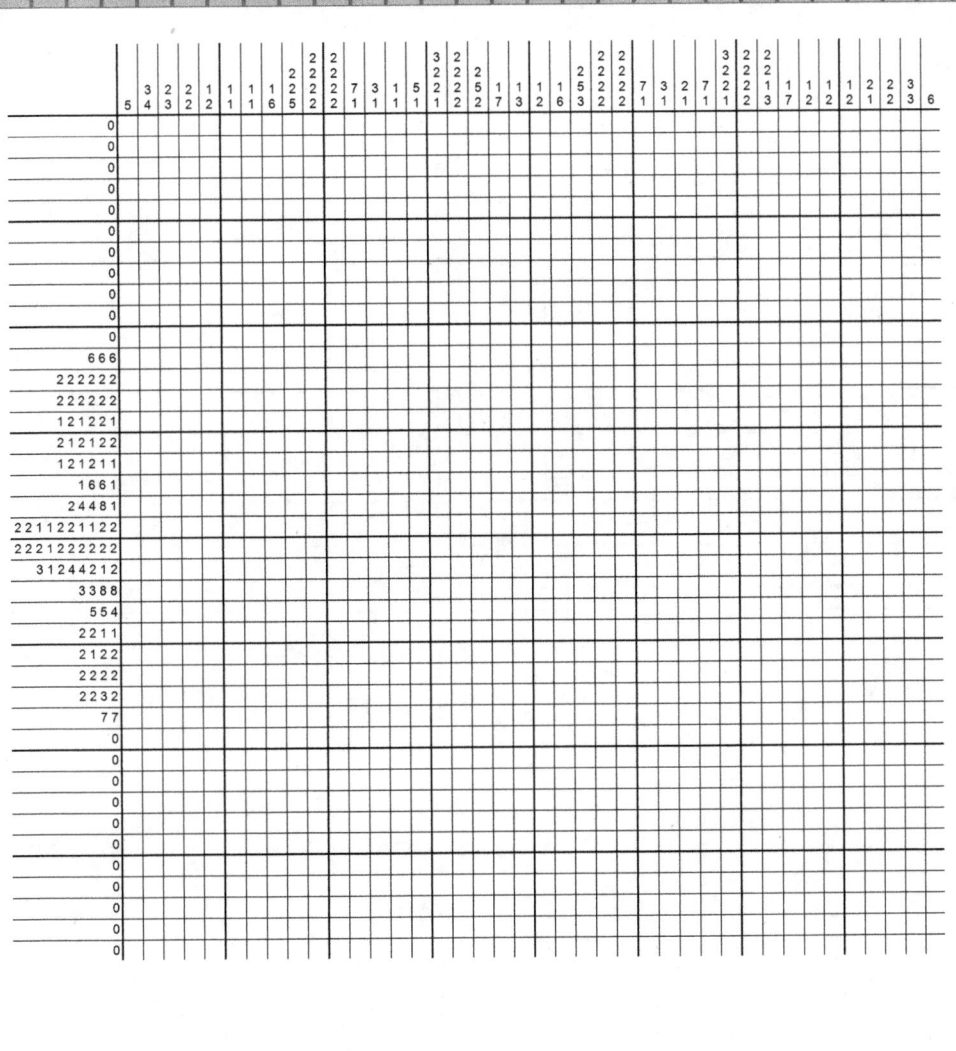

Column clues (left to right, top to bottom in each column):

| 1 | 2 | 3 | 4 | 5 | 6 | 7 | 8 | 9 | 10 | 11 | 12 | 13 | 14 | 15 | 16 | 17 | 18 | 19 | 20 | 21 | 22 | 23 | 24 | 25 | 26 | 27 | 28 | 29 | 30 | 31 | 32 | 33 | 34 | 35 | 36 | 37 | 38 | 39 | 40 |
|---|---|---|---|---|---|---|---|---|---|---|---|---|---|---|---|---|---|---|---|---|---|---|---|---|---|---|---|---|---|---|---|---|---|---|---|---|---|---|---|
| 5 | 3 4 | 2 3 | 2 2 | 1 2 | 1 1 | 1 1 | 1 6 | 2 2 5 | 2 2 2 2 | 2 2 2 2 | 7 1 | 3 1 | 1 1 | 5 1 | 3 2 2 1 | 2 2 2 2 | 2 5 2 | 1 7 | 1 3 | 1 2 | 1 6 | 2 5 3 | 2 2 2 2 | 2 2 2 2 | 7 1 | 3 1 | 2 1 | 7 1 | 3 2 2 1 | 2 2 2 2 | 2 2 1 3 | 1 7 | 1 2 | 1 2 | 1 2 | 2 1 | 2 2 | 3 3 | 6 |

Row clues (top to bottom):

0
0
0
0
0
0
0
0
0
0
0
6 6 6
2 2 2 2 2 2
2 2 2 2 2 2
1 2 1 2 2 1
2 1 2 1 2 2
1 2 1 2 1 1
1 6 6 1
2 4 4 8 1
2 2 1 1 2 2 1 1 2 2
2 2 2 1 2 2 2 2 2 2
3 1 2 4 4 2 1 2
3 3 8 8
5 5 4
2 2 1 1
2 1 2 2
2 2 2 2
2 2 3 2
7 7
0
0
0
0
0
0
0
0
0
0
0

Column clues (left to right, read top to bottom):

1. 1 12
2. 1 11
3. 3 10
4. 4 9
5. 6 7
6. 7 2
7. 7
8. 10 8
9. 15 8 4
10. 18 6 1
11. 21 5
12. 24 2
13. 17 4 1
14. 15 3 6
15. 12 4 10
16. 13 2 1 1 1 6
17. 10 1 4 1 7
18. 11 3 2 1 10
19. 12 5 2 2 1 7
20. 13 3 1 1 2 8
21. 12 1 4 2 5 1
22. 12 2 2 1 2 4 1
23. 12 3 1 1 2 2
24. 10 4 1 1 3
25. 10 3 1 1 1 2 1 1
26. 9 3 1 5 3
27. 9 3 3 1 3
28. 9 3 1
29. 11 3 1
30. 11 1
31. 2
32. 2
33. 3
34. 4
35. 4
36. 5
37. 5
38. 6
39. 7
40. 7

Row clues (top to bottom):

1. 10
2. 14
3. 15
4. 17
5. 19
6. 20
7. 20
8. 22
9. 22
10. 23
11. 9 13
12. 9 5 4
13. 7 2 1 3
14. 7 2
15. 7 2
16. 6 5 6 2
17. 20 2
18. 7 4 5 2
19. 4 4 2 1 1
20. 4 2 2 1
21. 3 3 1
22. 3 1 1
23. 3 2 1 1
24. 3 1 4 1 1
25. 4 1 2 1
26. 6 3 1 1
27. 7 2 5 1 1
28. 9 6 1
29. 1 15 3 1
30. 2 8 10 1
31. 3 7 4 3
32. 4 6 5 3 2
33. 4 4 8 1 2
34. 5 2 7 1 10
35. 5 5 1 1 9
36. 6 5 1 1 8
37. 6 1 4 1 1 7
38. 5 1 2 1 1 5
39. 5 1 1 1 1 3
40. 5 2 4 2 2

| 9 3 7 | 10 5 2 | 6 5 2 | 1 3 4 4 1 | 1 3 5 4 2 | 1 3 5 1 2 2 | 6 1 3 5 2 4 | 10 1 3 4 3 10 | 19 19 | 4 1 2 4 4 10 | 3 1 1 2 3 1 11 | 3 1 1 1 4 1 1 11 | 3 2 2 1 3 3 2 12 | 3 4 1 2 5 3 4 3 | 3 1 13 3 4 2 | 5 5 5 8 2 | 7 1 5 6 11 | 1 4 3 14 | 6 18 | 1 2 3 14 | 1 2 10 5 | 1 2 5 | 1 2 4 5 | 2 1 10 | 7 2 5 | 2 1 2 6 | 1 2 4 | 2 2 1 2 | 5 2 1 | 2 2 3 | 4 1 | 1 3 2 | 5 2 | 1 3 2 | 3 1 2 | 9 | 2 | 2 | 2 | 2 |
|---|---|---|---|---|---|---|---|---|---|---|---|---|---|---|---|---|---|---|---|---|---|---|---|---|---|---|---|---|---|---|---|---|---|---|---|---|---|---|---|

6
8
10
3 2
3 1 2
11
3 1 1
3 3 1
3 3 1
3 1 2
2 5
3 2
8
1 7
7 2 1 1
2 1 1 1 3
11 4 1 2
11 6 2
11 7 1
3 2 9 1
2 3 12 2
2 7 4
2 18 1
2 7 9 1 6 2
2 7 10 9
1 2 1 6 1 1 1 2
4 2 8 12 1
4 2 8 1 10
5 2 4 5 1 1 3 5
6 1 14 1 2 5
3 6 11 8
9 12 1 5
13 4 9
3 6 4 5
1 6 4 2
1 6 5
1 8 5
1 9 5
1 15
15

| Column | Clues |
|---|---|
| 1 | 1 3 2 1 |
| 2 | 1 3 6 |
| 3 | 1 3 1 4 |
| 4 | 1 3 1 3 |
| 5 | 1 3 6 2 |
| 6 | 12 3 2 4 1 |
| 7 | 13 3 1 3 |
| 8 | 11 3 4 2 |
| 9 | 6 1 2 3 1 |
| 10 | 3 5 3 |
| 11 | 2 1 8 3 |
| 12 | 1 1 11 3 |
| 13 | 1 1 14 2 |
| 14 | 1 2 18 1 |
| 15 | 1 2 1 27 1 |
| 16 | 1 2 30 |
| 17 | 1 2 8 16 4 |
| 18 | 1 2 23 1 1 1 |
| 19 | 1 2 4 5 1 1 1 2 |
| 20 | 1 2 3 2 1 1 1 3 |
| 21 | 3 2 1 1 3 4 |
| 22 | 1 2 1 1 1 3 4 |
| 23 | 5 2 2 2 2 4 |
| 24 | 7 6 2 4 |
| 25 | 4 11 1 4 |
| 26 | 2 1 13 4 |
| 27 | 1 5 16 |
| 28 | 1 6 8 7 |
| 29 | 2 3 2 3 19 |
| 30 | 2 33 |
| 31 | 2 17 10 |
| 32 | 17 9 1 |
| 33 | 5 8 1 |
| 34 | 6 2 |
| 35 | 2 2 |
| 36 | 2 3 |
| 37 | 5 1 |
| 38 | 1 2 |
| 39 | 6 |
| 40 | 2 1 |

| Row | Clues |
|---|---|
| 1 | 2 5 2 |
| 2 | 2 2 1 1 |
| 3 | 2 1 1 2 |
| 4 | 3 1 8 2 |
| 5 | 2 1 7 1 1 1 |
| 6 | 3 1 1 1 1 |
| 7 | 3 1 5 2 1 |
| 8 | 3 7 1 1 |
| 9 | 3 5 1 3 |
| 10 | 3 5 1 3 |
| 11 | 3 3 3 |
| 12 | 3 4 3 |
| 13 | 3 4 3 |
| 14 | 3 6 1 8 |
| 15 | 2 6 11 |
| 16 | 2 2 2 2 2 4 |
| 17 | 2 5 10 |
| 18 | 2 5 1 7 |
| 19 | 1 4 1 6 |
| 20 | 3 5 2 3 |
| 21 | 3 6 2 5 |
| 22 | 5 2 5 |
| 23 | 6 2 4 |
| 24 | 10 8 |
| 25 | 1 8 10 |
| 26 | 14 8 |
| 27 | 8 9 1 7 |
| 28 | 7 9 8 |
| 29 | 4 18 4 |
| 30 | 10 3 7 |
| 31 | 5 7 4 2 9 |
| 32 | 6 1 8 7 6 5 |
| 33 | 2 1 1 5 3 9 1 2 |
| 34 | 1 1 2 5 9 1 1 |
| 35 | 1 2 1 5 8 2 1 |
| 36 | 2 2 2 5 8 1 1 |
| 37 | 2 2 2 5 14 1 1 |
| 38 | 2 2 3 3 13 1 1 |
| 39 | 3 2 3 13 2 1 |
| 40 | 1 3 2 4 5 3 1 1 |

Column clues (left to right, top to bottom):

1. 0
2. 0
3. 1
4. 3 1
5. 8
6. 5 11 1
7. 1 20 2
8. 24 5
9. 26 6
10. 9 17 6
11. 8 1 8 3 4
12. 7 3 5 1 1 3
13. 7 2 7 2 3
14. 7 4 1 6 1 2
15. 7 4 1 4 2 2
16. 6 3 1 1 8
17. 6 4 2 2 6 1
18. 6 5 7 6
19. 6 1 1 1 4 1 6
20. 5 3 1 7
21. 5 3 1 6
22. 5 1 1 1 4 1 5
23. 5 5 2 3 5
24. 4 4 1 2 3 1
25. 4 3 1 4 2
26. 3 4 2 1 2
27. 3 4 2 2
28. 4 2 2 1
29. 4 3 1 6
30. 4 1 3 4 8
31. 6 17 3
32. 23
33. 22
34. 20
35. 19
36. 15
37. 4 1
38. 0
39. 0
40. 0

Row clues (top to bottom):

1. 14
2. 17
3. 21
4. 25
5. 25
6. 12 6
7. 9 6
8. 6 6
9. 5 6
10. 4 6
11. 4 6
12. 5 6
13. 4 7
14. 4 6
15. 5 1 1 6
16. 5 6 6 6
17. 6 7 7 7
18. 15 14
19. 7 1 2 3 3 2 1 6
20. 8 6
21. 7 2 7
22. 7 1 1 7
23. 8 1 1 6
24. 7 2 2 5
25. 7 4 1 5
26. 7 6 5
27. 7 8 4
28. 5 8 2
29. 3 1 1 1 2
30. 3 4
31. 3 1
32. 5 1 3
33. 1 6 4 1
34. 1 11 1
35. 5 10 2
36. 3 11 1 2
37. 4 9 3 2
38. 6 10 3
39. 10 2 1 3
40. 10 1 1 4

| | 35 | 34 | 33 | 32 | 31 | 30 | 5 5 7 | 8 1 8 | 10 3 6 | 13 5 1 | 13 4 | 11 2 5 4 | 11 6 6 4 | 9 5 1 4 3 | 9 5 1 5 1 3 | 9 3 1 1 6 1 3 | 6 6 1 7 2 3 | 6 6 1 6 1 3 | 5 5 2 5 1 3 | 5 5 7 4 | 6 2 1 7 4 | 6 2 9 2 5 | 6 4 13 | 6 3 1 4 8 | 5 5 1 2 8 | 4 2 1 1 2 8 | 6 4 1 4 8 | 6 6 7 8 | 7 5 8 2 5 | 8 1 10 1 2 4 | 8 12 1 2 3 | 17 1 2 3 | 13 3 2 | 10 1 1 1 | 8 2 | 3 | 0 | 0 | 0 | 0 |
|---|---|---|---|---|---|---|---|---|---|---|---|---|---|---|---|---|---|---|---|---|---|---|---|---|---|---|---|---|---|---|---|---|---|---|---|---|---|---|---|---|
| 0 | | | | | | | | | | | | | | | | | | | | | | | | | | | | | | | | | | | | | | | | |
| 9 | | | | | | | | | | | | | | | | | | | | | | | | | | | | | | | | | | | | | | | | |
| 13 | | | | | | | | | | | | | | | | | | | | | | | | | | | | | | | | | | | | | | | | |
| 18 | | | | | | | | | | | | | | | | | | | | | | | | | | | | | | | | | | | | | | | | |
| 21 | | | | | | | | | | | | | | | | | | | | | | | | | | | | | | | | | | | | | | | | |
| 1 23 | | | | | | | | | | | | | | | | | | | | | | | | | | | | | | | | | | | | | | | | |
| 2 10 12 | | | | | | | | | | | | | | | | | | | | | | | | | | | | | | | | | | | | | | | | |
| 3 9 7 | | | | | | | | | | | | | | | | | | | | | | | | | | | | | | | | | | | | | | | | |
| 4 9 7 | | | | | | | | | | | | | | | | | | | | | | | | | | | | | | | | | | | | | | | | |
| 5 9 6 | | | | | | | | | | | | | | | | | | | | | | | | | | | | | | | | | | | | | | | | |
| 6 8 6 | | | | | | | | | | | | | | | | | | | | | | | | | | | | | | | | | | | | | | | | |
| 13 6 | | | | | | | | | | | | | | | | | | | | | | | | | | | | | | | | | | | | | | | | |
| 13 6 | | | | | | | | | | | | | | | | | | | | | | | | | | | | | | | | | | | | | | | | |
| 12 6 5 | | | | | | | | | | | | | | | | | | | | | | | | | | | | | | | | | | | | | | | | |
| 11 8 6 | | | | | | | | | | | | | | | | | | | | | | | | | | | | | | | | | | | | | | | | |
| 7 2 9 5 | | | | | | | | | | | | | | | | | | | | | | | | | | | | | | | | | | | | | | | | |
| 6 6 5 6 | | | | | | | | | | | | | | | | | | | | | | | | | | | | | | | | | | | | | | | | |
| 6 1 9 5 5 | | | | | | | | | | | | | | | | | | | | | | | | | | | | | | | | | | | | | | | | |
| 6 1 1 2 3 11 | | | | | | | | | | | | | | | | | | | | | | | | | | | | | | | | | | | | | | | | |
| 6 1 1 1 4 7 | | | | | | | | | | | | | | | | | | | | | | | | | | | | | | | | | | | | | | | | |
| 6 1 1 1 10 | | | | | | | | | | | | | | | | | | | | | | | | | | | | | | | | | | | | | | | | |
| 6 4 2 1 5 | | | | | | | | | | | | | | | | | | | | | | | | | | | | | | | | | | | | | | | | |
| 7 2 2 3 | | | | | | | | | | | | | | | | | | | | | | | | | | | | | | | | | | | | | | | | |
| 7 1 3 3 | | | | | | | | | | | | | | | | | | | | | | | | | | | | | | | | | | | | | | | | |
| 7 1 1 1 4 | | | | | | | | | | | | | | | | | | | | | | | | | | | | | | | | | | | | | | | | |
| 7 7 1 4 | | | | | | | | | | | | | | | | | | | | | | | | | | | | | | | | | | | | | | | | |
| 8 11 3 | | | | | | | | | | | | | | | | | | | | | | | | | | | | | | | | | | | | | | | | |
| 6 1 13 4 | | | | | | | | | | | | | | | | | | | | | | | | | | | | | | | | | | | | | | | | |
| 6 1 13 3 | | | | | | | | | | | | | | | | | | | | | | | | | | | | | | | | | | | | | | | | |
| 6 1 1 15 | | | | | | | | | | | | | | | | | | | | | | | | | | | | | | | | | | | | | | | | |
| 6 2 1 6 7 | | | | | | | | | | | | | | | | | | | | | | | | | | | | | | | | | | | | | | | | |
| 6 2 4 3 | | | | | | | | | | | | | | | | | | | | | | | | | | | | | | | | | | | | | | | | |
| 6 3 13 2 | | | | | | | | | | | | | | | | | | | | | | | | | | | | | | | | | | | | | | | | |
| 10 3 11 1 | | | | | | | | | | | | | | | | | | | | | | | | | | | | | | | | | | | | | | | | |
| 7 3 6 6 | | | | | | | | | | | | | | | | | | | | | | | | | | | | | | | | | | | | | | | | |
| 7 3 8 | | | | | | | | | | | | | | | | | | | | | | | | | | | | | | | | | | | | | | | | |
| 7 4 11 | | | | | | | | | | | | | | | | | | | | | | | | | | | | | | | | | | | | | | | | |
| 7 22 | | | | | | | | | | | | | | | | | | | | | | | | | | | | | | | | | | | | | | | | |
| 7 22 | | | | | | | | | | | | | | | | | | | | | | | | | | | | | | | | | | | | | | | | |
| 7 1 23 | | | | | | | | | | | | | | | | | | | | | | | | | | | | | | | | | | | | | | | | |

| 0 | 1 | 3 | 4 | 4 | 4 1 | 4 3 | 2 2 6 | 1 11 | 4 6 1 9 | 4 4 2 8 | 6 10 | 4 2 8 | 4 2 1 1 8 3 | 3 1 2 2 10 | 3 2 2 1 2 2 10 1 | 2 5 2 2 3 9 2 | 2 4 6 2 10 | 2 3 6 13 | 2 1 1 21 | 2 2 2 20 | 2 3 18 | 2 3 17 | 2 5 16 2 | 2 2 3 15 1 | 3 1 3 16 3 | 3 2 4 17 2 | 4 8 16 3 | 5 15 6 4 1 | 22 2 4 3 | 20 5 2 | 17 3 2 | 14 2 2 | 11 3 1 | 6 5 | 2 | 2 | 2 | 1 | 0 |
|---|---|---|---|---|---|---|---|---|---|---|---|---|---|---|---|---|---|---|---|---|---|---|---|---|---|---|---|---|---|---|---|---|---|---|---|---|---|---|---|

| |
|---|
| 18 |
| 19 |
| 4 8 |
| 2 7 |
| 2 6 |
| 2 5 |
| 1 6 |
| 1 6 |
| 2 3 8 |
| 2 5 9 |
| 1 2 19 |
| 1 2 4 5 8 |
| 1 2 3 8 |
| 1 11 |
| 1 1 10 |
| 1 1 9 |
| 1 1 4 |
| 1 5 5 |
| 1 5 5 |
| 1 4 6 |
| 1 5 6 |
| 1 16 |
| 1 16 |
| 1 9 |
| 1 4 9 |
| 1 14 |
| 1 1 13 |
| 1 3 11 |
| 2 19 |
| 22 |
| 21 1 |
| 22 2 |
| 22 4 |
| 2 19 6 |
| 22 3 1 |
| 20 3 3 |
| 3 5 10 4 2 2 |
| 3 4 3 6 3 3 3 |
| 3 3 1 1 3 2 1 2 |
| 3 3 1 2 1 2 2 2 |

| | | | | | | | | | | | | | | | | | | | | | | | | | | | | | | | | | | | | | | | |
|---|---|---|---|---|---|---|---|---|---|---|---|---|---|---|---|---|---|---|---|---|---|---|---|---|---|---|---|---|---|---|---|---|---|---|---|---|---|---|---|
| 30 | 31 | 32 | 33 | 35 | 36 | 37 | 38 | 39 | 10 8 16 | 10 5 15 | 11 5 14 | 12 4 13 | 12 4 12 | 12 4 12 | 12 1 12 | 5 2 2 2 12 | 4 2 2 3 11 | 4 2 1 4 10 | 3 2 1 2 10 | 3 2 1 2 1 9 | 2 3 1 2 1 8 | 2 1 1 1 3 1 8 | 3 3 2 3 2 9 | 3 3 1 11 | 3 1 1 3 4 | 4 1 1 3 1 | 4 1 3 2 | 4 2 2 3 | 4 1 5 | 4 2 1 2 | 5 2 1 2 4 | 7 2 1 2 | 11 2 | 27 | 29 2 | 31 | 28 | 21 | 15 |

| |
|---|
| 19 |
| 22 |
| 14 9 |
| 13 7 |
| 12 5 |
| 12 5 |
| 16 4 |
| 20 4 |
| 14 2 4 |
| 15 1 5 |
| 10 7 1 1 4 |
| 9 7 1 2 4 |
| 9 5 7 |
| 10 6 |
| 10 1 1 5 |
| 11 2 2 4 |
| 12 1 4 |
| 13 5 1 4 |
| 15 5 4 |
| 15 6 5 |
| 10 4 5 |
| 9 2 1 5 |
| 9 1 3 5 |
| 9 8 5 |
| 10 3 3 5 |
| 11 1 7 |
| 12 9 |
| 13 1 6 |
| 17 1 6 |
| 18 2 6 |
| 20 2 1 6 |
| 21 2 2 1 6 |
| 25 1 1 5 |
| 28 1 5 |
| 27 2 5 |
| 27 2 5 |
| 26 1 4 |
| 25 2 4 |
| 25 3 1 5 |
| 25 4 1 5 |

| Column | Clue |
|---|---|
| 1 | 13 1 1 1 |
| 2 | 17 1 1 1 |
| 3 | 19 1 1 1 |
| 4 | 8 13 1 1 1 |
| 5 | 3 3 11 1 1 1 |
| 6 | 1 3 1 11 1 1 |
| 7 | 2 2 2 10 1 1 1 |
| 8 | 2 1 1 1 5 9 2 1 |
| 9 | 1 4 2 5 8 2 2 |
| 10 | 1 5 1 6 7 2 1 |
| 11 | 1 7 2 6 8 |
| 12 | 2 3 2 1 7 6 |
| 13 | 2 1 2 9 3 |
| 14 | 2 5 2 11 3 |
| 15 | 3 2 1 12 2 |
| 16 | 3 1 1 16 2 |
| 17 | 3 4 1 17 1 |
| 18 | 2 2 2 1 20 1 |
| 19 | 1 1 1 1 2 1 1 6 1 |
| 20 | 1 4 1 1 1 3 1 1 3 1 |
| 21 | 1 1 3 3 7 1 3 1 |
| 22 | 1 1 3 7 7 1 1 |
| 23 | 2 3 9 3 1 1 |
| 24 | 2 2 10 2 1 1 |
| 25 | 2 1 16 1 1 1 |
| 26 | 2 1 2 18 2 2 2 |
| 27 | 4 1 2 19 3 1 |
| 28 | 4 1 8 3 3 |
| 29 | 7 16 1 5 |
| 30 | 7 2 1 1 1 |
| 31 | 4 2 2 3 |
| 32 | 3 2 8 1 1 |
| 33 | 1 2 4 1 1 |
| 34 | 1 3 1 2 |
| 35 | 7 1 3 1 |
| 36 | 3 1 3 |
| 37 | 2 3 |
| 38 | 6 |
| 39 | 0 |
| 40 | 0 |

| Row | Clue |
|---|---|
| 1 | 17 |
| 2 | 10 7 |
| 3 | 2 3 4 |
| 4 | 3 1 1 5 |
| 5 | 1 5 3 4 |
| 6 | 1 4 1 1 4 |
| 7 | 2 4 4 14 |
| 8 | 1 3 2 4 2 2 1 |
| 9 | 3 3 1 2 1 2 1 2 1 |
| 10 | 4 2 1 4 2 2 1 |
| 11 | 7 6 2 2 |
| 12 | 3 1 2 2 6 2 |
| 13 | 4 1 1 2 1 5 2 |
| 14 | 4 1 1 13 |
| 15 | 3 7 4 |
| 16 | 3 1 9 3 |
| 17 | 4 5 12 2 |
| 18 | 4 8 3 9 1 |
| 19 | 4 11 8 1 |
| 20 | 5 11 8 1 |
| 21 | 6 10 7 1 1 |
| 22 | 7 9 7 1 1 |
| 23 | 8 7 1 4 1 1 |
| 24 | 9 7 2 3 1 |
| 25 | 10 6 2 3 2 |
| 26 | 10 6 2 3 1 |
| 27 | 11 5 3 3 1 |
| 28 | 10 5 1 1 3 1 |
| 29 | 10 6 1 4 |
| 30 | 9 4 3 9 |
| 31 | 8 5 1 3 1 1 |
| 32 | 2 2 1 4 2 4 1 |
| 33 | 3 2 1 5 3 1 1 1 |
| 34 | 2 1 3 2 1 1 1 |
| 35 | 1 3 1 1 4 1 1 1 1 |
| 36 | 3 1 2 4 4 1 2 |
| 37 | 2 1 7 2 1 2 |
| 38 | 1 1 1 1 3 |
| 39 | 3 1 2 2 1 1 |
| 40 | 2 2 1 7 2 1 |

| Column | Clue |
|---|---|
| 1 | 3 6 |
| 2 | 7 5 |
| 3 | 8 5 |
| 4 | 5 2 6 |
| 5 | 7 7 |
| 6 | 11 4 5 |
| 7 | 6 5 1 2 5 |
| 8 | 7 4 1 10 |
| 9 | 7 18 |
| 10 | 7 4 5 6 |
| 11 | 7 4 2 3 6 |
| 12 | 7 7 11 |
| 13 | 7 3 3 12 |
| 14 | 8 4 8 4 |
| 15 | 7 14 1 4 |
| 16 | 7 13 1 4 |
| 17 | 2 2 9 1 1 4 |
| 18 | 1 2 2 1 1 1 1 4 |
| 19 | 1 2 1 1 1 1 6 |
| 20 | 1 6 1 1 1 1 6 |
| 21 | 1 6 1 1 1 1 9 |
| 22 | 1 1 3 2 1 12 |
| 23 | 1 1 2 21 |
| 24 | 1 4 21 |
| 25 | 1 5 2 16 |
| 26 | 1 5 2 1 16 |
| 27 | 7 1 16 |
| 28 | 4 1 1 1 16 |
| 29 | 2 4 1 11 4 |
| 30 | 2 3 2 1 1 11 4 |
| 31 | 2 3 4 9 1 4 |
| 32 | 2 3 10 1 1 4 |
| 33 | 2 4 1 4 1 1 6 |
| 34 | 2 4 1 1 1 1 6 |
| 35 | 1 5 2 1 1 1 9 |
| 36 | 8 1 1 1 1 9 |
| 37 | 2 3 3 7 7 |
| 38 | 1 2 6 7 |
| 39 | 2 2 7 |
| 40 | 5 7 |

| Row | Clue |
|---|---|
| 1 | 0 |
| 2 | 0 |
| 3 | 0 |
| 4 | 0 |
| 5 | 0 |
| 6 | 4 |
| 7 | 4 2 |
| 8 | 2 1 1 |
| 9 | 2 2 1 |
| 10 | 2 4 2 |
| 11 | 2 8 |
| 12 | 14 2 7 |
| 13 | 5 3 6 |
| 14 | 6 4 4 4 |
| 15 | 8 2 8 |
| 16 | 9 2 7 |
| 17 | 15 5 1 |
| 18 | 24 |
| 19 | 9 3 2 |
| 20 | 7 2 5 5 |
| 21 | 5 5 10 3 |
| 22 | 3 8 2 2 2 |
| 23 | 1 16 1 1 1 7 |
| 24 | 7 4 3 2 1 |
| 25 | 9 3 11 1 |
| 26 | 7 2 24 |
| 27 | 7 3 3 10 2 |
| 28 | 6 1 2 4 10 1 |
| 29 | 5 3 25 |
| 30 | 4 1 8 10 1 |
| 31 | 3 2 9 10 1 |
| 32 | 4 32 |
| 33 | 4 5 4 11 2 |
| 34 | 2 2 2 3 10 6 |
| 35 | 1 2 33 |
| 36 | 13 10 8 |
| 37 | 40 |
| 38 | 40 |
| 39 | 40 |
| 40 | 40 |

| | | | | | | | | | | | | | | | | | | | | | | | | | | | | | | | | | | | | | | | |
|---|---|---|---|---|---|---|---|---|---|---|---|---|---|---|---|---|---|---|---|---|---|---|---|---|---|---|---|---|---|---|---|---|---|---|---|---|---|---|---|
| 7 | 8 | 8 | 9 | 9 | 10 | 10 | 11 | 12 | 13 | 7 1 9 | 20 7 | 8 9 5 | 15 9 4 | 23 9 3 | 9 3 20 2 | 10 1 1 18 2 | 1 7 3 19 1 | 2 3 2 21 1 | 2 6 5 3 8 1 | 2 8 5 1 6 1 | 2 2 1 2 1 5 1 | 2 4 1 2 4 2 | 2 1 2 1 7 2 | 2 1 1 2 8 6 | 2 1 4 17 | 1 1 1 2 8 2 4 | 1 1 3 6 2 5 | 4 7 8 | 15 7 | 4 6 | 6 | 5 | 4 | 4 | 3 | 2 | 1 | 0 | 0 |

8
11
2 1
5 1
5 1
6 1
5 2
6 1
6 3 1
6 1 1 1 1
5 3 1
4 6 1
11 6 1
6 1 2 2 1 1 1
7 2 4 1
2 2 2 3 3
2 2 3 3
2 3 1 3
2 3 4 3
1 10 3
1 7 3
1 7 3
1 9 2
1 5 3 3
2 6 4
2 8 4
4 5 4
1 8 4
2 16
3 15
5 16
8 16
10 10 1 2
12 8 1 2
12 7 2 4
13 6 2 6
14 4 11
15 12
17 15
38

| Column | Clue |
|---|---|
| 1 | 40 |
| 2 | 40 |
| 3 | 40 |
| 4 | 40 |
| 5 | 40 |
| 6 | 9 2 1 14 |
| 7 | 7 2 2 13 |
| 8 | 5 11 |
| 9 | 3 8 |
| 10 | 2 1 2 4 7 |
| 11 | 1 4 4 2 6 |
| 12 | 1 3 1 9 4 |
| 13 | 3 1 3 3 4 |
| 14 | 5 3 2 3 |
| 15 | 4 1 1 1 2 |
| 16 | 3 1 1 1 1 |
| 17 | 1 5 2 2 3 |
| 18 | 3 12 4 |
| 19 | 21 5 |
| 20 | 20 6 |
| 21 | 1 20 5 |
| 22 | 2 21 6 |
| 23 | 9 22 |
| 24 | 10 2 19 |
| 25 | 14 18 |
| 26 | 15 17 |
| 27 | 15 18 |
| 28 | 1 35 |
| 29 | 1 34 |
| 30 | 2 34 |
| 31 | 4 29 3 |
| 32 | 5 25 4 |
| 33 | 6 26 3 |
| 34 | 35 1 |
| 35 | 37 |
| 36 | 40 |
| 37 | 40 |
| 38 | 40 |
| 39 | 40 |
| 40 | 40 |

| Row | Clue |
|---|---|
| 1 | 12 13 |
| 2 | 10 11 |
| 3 | 9 10 |
| 4 | 8 10 |
| 5 | 8 9 |
| 6 | 7 3 8 |
| 7 | 7 6 7 |
| 8 | 6 8 7 |
| 9 | 6 1 9 8 |
| 10 | 5 19 |
| 11 | 5 19 |
| 12 | 5 18 |
| 13 | 5 19 |
| 14 | 5 23 |
| 15 | 5 30 |
| 16 | 5 7 23 |
| 17 | 5 6 22 |
| 18 | 5 2 2 4 16 |
| 19 | 5 1 3 22 |
| 20 | 6 22 |
| 21 | 6 5 13 |
| 22 | 5 1 1 6 13 |
| 23 | 5 1 3 8 14 |
| 24 | 6 30 |
| 25 | 5 1 3 24 |
| 26 | 5 1 3 24 |
| 27 | 6 3 24 |
| 28 | 7 1 29 |
| 29 | 7 1 3 23 |
| 30 | 8 3 26 |
| 31 | 8 2 24 |
| 32 | 8 23 |
| 33 | 9 24 |
| 34 | 10 3 18 |
| 35 | 11 1 10 7 |
| 36 | 11 13 6 |
| 37 | 13 14 1 6 |
| 38 | 14 18 5 |
| 39 | 15 17 5 |
| 40 | 15 17 5 |

| | | | | | | | | | | | | | | | | | | | | | | | | | | | | | | | | | | | | | | | |
|---|---|---|---|---|---|---|---|---|---|---|---|---|---|---|---|---|---|---|---|---|---|---|---|---|---|---|---|---|---|---|---|---|---|---|---|---|---|---|---|
| 2 2 | 2 2 | 2 1 | 2 1 | 2 1 | 3 2 | 5 2 | 21 2 | 14 7 | 12 5 5 | 14 5 6 | 15 5 6 | 8 8 | 6 8 | 5 7 | 4 8 | 4 5 2 2 8 | 3 3 1 2 2 1 2 10 | 3 2 1 2 4 1 5 9 | 3 2 3 5 3 3 8 | 2 1 1 2 1 2 1 2 7 | 2 7 3 1 4 10 | 2 3 2 4 1 1 1 8 | 2 3 2 2 3 1 1 3 6 | 2 2 1 2 5 1 2 6 | 2 2 1 4 4 2 3 4 | 2 1 2 8 2 3 2 | 2 2 7 2 4 2 | 3 1 6 3 1 3 1 1 | 2 1 4 4 2 2 1 1 | 2 3 2 2 3 1 1 | 2 3 4 2 3 3 | 2 1 3 2 3 3 | 2 2 1 4 3 | 2 3 3 5 3 | 2 7 12 | 3 2 2 4 4 2 | 5 6 6 3 | 9 4 2 1 | 5 4 2 1 |

| |
|---|
| 16 |
| 20 |
| 10 5 |
| 8 3 |
| 7 2 |
| 6 2 |
| 6 2 |
| 6 6 1 |
| 6 4 5 2 |
| 5 2 7 1 |
| 5 4 1 1 |
| 5 1 1 7 2 |
| 5 1 2 3 3 2 |
| 5 2 2 1 2 |
| 5 1 2 1 3 |
| 2 2 4 6 4 |
| 3 3 10 5 |
| 4 2 2 8 2 3 |
| 1 3 8 6 5 |
| 1 3 2 9 5 |
| 1 3 1 3 6 1 1 |
| 2 2 1 4 4 2 1 |
| 2 2 1 2 4 5 |
| 9 2 2 2 4 |
| 7 1 3 4 3 3 |
| 9 4 6 2 |
| 7 5 2 9 |
| 7 2 7 |
| 16 1 2 3 |
| 2 12 1 2 |
| 8 1 1 10 |
| 7 1 1 3 4 2 |
| 7 2 4 3 1 |
| 9 1 9 2 |
| 10 8 2 |
| 10 4 3 |
| 10 1 6 |
| 9 7 |
| 11 4 |
| 17 |

| Column | Clues |
|---|---|
| 1 | 40 |
| 2 | 40 |
| 3 | 40 |
| 4 | 40 |
| 5 | 40 |
| 6 | 40 |
| 7 | 39 |
| 8 | 39 |
| 9 | 14 16 |
| 10 | 13 14 1 |
| 11 | 12 13 1 |
| 12 | 10 4 10 2 |
| 13 | 9 1 1 7 3 |
| 14 | 7 1 1 3 4 |
| 15 | 7 1 1 2 3 |
| 16 | 6 1 1 2 2 3 |
| 17 | 5 1 1 2 2 2 |
| 18 | 5 3 1 1 2 |
| 19 | 4 8 1 1 1 1 |
| 20 | 1 22 2 2 |
| 21 | 1 2 3 6 |
| 22 | 28 3 7 |
| 23 | 37 |
| 24 | 14 19 |
| 25 | 12 7 11 |
| 26 | 11 19 |
| 27 | 9 19 |
| 28 | 8 12 3 |
| 29 | 7 11 2 |
| 30 | 6 10 2 |
| 31 | 14 2 |
| 32 | 12 2 |
| 33 | 11 2 |
| 34 | 2 |
| 35 | 1 |
| 36 | 1 |
| 37 | 0 |
| 38 | 0 |
| 39 | 0 |
| 40 | 0 |

| Row | Clues |
|---|---|
| 1 | 22 |
| 2 | 19 1 |
| 3 | 19 1 |
| 4 | 19 2 |
| 5 | 18 3 |
| 6 | 16 5 |
| 7 | 15 2 6 |
| 8 | 13 2 7 |
| 9 | 13 2 8 |
| 10 | 12 2 9 |
| 11 | 11 2 9 |
| 12 | 11 2 9 |
| 13 | 10 2 10 |
| 14 | 9 2 12 |
| 15 | 8 1 12 |
| 16 | 8 4 1 5 3 |
| 17 | 8 1 1 1 4 3 |
| 18 | 8 1 1 1 3 3 |
| 19 | 8 1 1 1 2 3 |
| 20 | 8 2 1 1 2 4 |
| 21 | 8 4 1 2 6 |
| 22 | 8 1 12 |
| 23 | 8 1 12 |
| 24 | 9 1 12 |
| 25 | 10 1 11 |
| 26 | 11 1 10 |
| 27 | 11 11 |
| 28 | 12 15 |
| 29 | 12 2 2 5 |
| 30 | 13 11 |
| 31 | 13 10 |
| 32 | 14 8 |
| 33 | 15 5 |
| 34 | 16 6 |
| 35 | 13 2 7 |
| 36 | 13 11 |
| 37 | 12 1 8 |
| 38 | 11 4 8 |
| 39 | 9 7 14 |
| 40 | 6 10 16 |

| Column | Clue |
|---|---|
| 1 | 0 |
| 2 | 0 |
| 3 | 1 |
| 4 | 1 |
| 5 | 2 |
| 6 | 3 |
| 7 | 2 3 4 |
| 8 | 11 1 1 4 |
| 9 | 18 5 |
| 10 | 21 7 |
| 11 | 17 5 8 |
| 12 | 6 1 2 4 9 |
| 13 | 4 3 1 5 9 |
| 14 | 3 1 5 9 |
| 15 | 3 1 7 3 2 |
| 16 | 4 1 6 4 1 |
| 17 | 4 7 1 1 |
| 18 | 3 5 1 1 1 |
| 19 | 3 4 2 2 2 |
| 20 | 3 3 5 2 2 |
| 21 | 3 3 2 2 1 2 |
| 22 | 3 4 1 1 2 |
| 23 | 3 6 1 1 |
| 24 | 4 1 5 1 1 |
| 25 | 3 1 6 4 1 |
| 26 | 2 1 5 4 1 |
| 27 | 3 1 5 8 |
| 28 | 3 3 2 4 8 |
| 29 | 3 9 4 8 |
| 30 | 21 7 |
| 31 | 16 5 |
| 32 | 12 4 |
| 33 | 2 2 3 |
| 34 | 3 |
| 35 | 2 |
| 36 | 2 |
| 37 | 1 |
| 38 | 0 |
| 39 | 0 |
| 40 | 0 |

| Row | Clue |
|---|---|
| 1 | 0 |
| 2 | 9 |
| 3 | 12 |
| 4 | 16 |
| 5 | 7 5 |
| 6 | 4 3 |
| 7 | 5 3 |
| 8 | 4 2 |
| 9 | 4 2 |
| 10 | 4 1 1 2 |
| 11 | 4 1 1 2 |
| 12 | 4 1 1 3 |
| 13 | 5 4 |
| 14 | 4 4 |
| 15 | 10 10 |
| 16 | 5 7 5 |
| 17 | 4 15 4 |
| 18 | 27 |
| 19 | 13 12 |
| 20 | 11 10 |
| 21 | 1 9 10 |
| 22 | 4 2 1 4 |
| 23 | 1 2 1 3 |
| 24 | 4 1 1 2 |
| 25 | 2 3 2 |
| 26 | 3 3 2 |
| 27 | 2 1 2 |
| 28 | 3 3 2 |
| 29 | 3 5 1 |
| 30 | 3 1 1 2 |
| 31 | 3 4 2 |
| 32 | 3 2 2 |
| 33 | 6 4 |
| 34 | 7 6 |
| 35 | 2 4 6 |
| 36 | 3 2 2 4 3 |
| 37 | 5 1 6 1 1 4 |
| 38 | 6 1 4 1 6 |
| 39 | 7 1 1 8 |
| 40 | 9 1 1 9 |

Column clues (left to right, each read top to bottom):

| | |
|---|---|
| 1 | 0 |
| 2 | 2 |
| 3 | 3 |
| 4 | 2 4 |
| 5 | 3 2 1 2 |
| 6 | 7 3 |
| 7 | 7 3 4 |
| 8 | 9 2 8 |
| 9 | 2 6 2 2 10 |
| 10 | 1 5 2 1 3 1 3 |
| 11 | 1 1 5 3 1 2 2 |
| 12 | 1 1 3 2 3 2 2 |
| 13 | 2 4 2 3 2 2 |
| 14 | 1 2 4 4 2 2 |
| 15 | 12 5 2 3 1 3 |
| 16 | 4 2 2 4 2 10 |
| 17 | 2 2 1 3 8 10 |
| 18 | 1 1 1 4 4 4 4 |
| 19 | 1 1 1 1 1 1 5 10 |
| 20 | 12 8 5 |
| 21 | 4 1 1 1 1 8 5 |
| 22 | 1 2 1 1 5 9 |
| 23 | 1 1 1 5 4 4 4 |
| 24 | 5 1 3 7 10 |
| 25 | 4 2 4 4 2 3 1 3 |
| 26 | 9 12 2 2 |
| 27 | 1 1 3 4 2 2 |
| 28 | 7 2 6 2 |
| 29 | 3 3 1 1 4 2 |
| 30 | 1 1 5 3 1 2 2 |
| 31 | 2 5 2 1 3 1 3 |
| 32 | 1 6 5 8 |
| 33 | 9 4 |
| 34 | 5 4 |
| 35 | 7 3 |
| 36 | 3 3 2 |
| 37 | 3 |
| 38 | 3 |
| 39 | 2 |
| 40 | 0 |

Row clues (top to bottom):

2
4
2
4
2 1 3
2 3 2
1 1 2
14
3 1 3
1 3 1
1 1 1
3 5 12 5 2
6 4 5 1 4
4 2 2 1 3 4
5 1 1 4 2 1 5
6 1 12 1 5
8 1 11 1 7
3 8 1 10 6 5
4 6 1 6 1 5 4
2 2 2 1 1 2 1 1 2 2 2
4 2 2 1 2 1 2 1 4
3 1 5 3 5 1 3
2 1 6 1 1 5 2 2
1 1 5 5 1 1 1
1 1 5 5 1 1
1 1 1 8 2 1 1
1 20 1
2 5 4 4 1
4 6 5
8 2
11 10
11 10
3 3 2 2
3 3 2 2
4 4 3 3
3 3 2 2
3 3 2 2
3 3 2 2
10 9
8 7

| |
|---|
| 7 5 |
| 6 5 |
| 6 6 |
| 6 7 |
| 5 1 7 |
| 6 1 1 1 4 1 |
| 6 2 1 6 |
| 6 3 1 1 3 2 |
| 6 2 1 1 1 3 |
| 17 3 2 3 1 1 |
| 3 8 5 2 1 1 1 1 |
| 2 12 2 6 1 |
| 2 13 8 1 |
| 11 6 8 1 |
| 2 1 5 2 11 |
| 2 1 2 2 2 5 1 |
| 2 1 4 2 5 |
| 2 1 4 2 5 |
| 2 1 3 2 3 |
| 2 1 3 2 3 |
| 2 1 4 2 2 |
| 2 1 2 1 2 2 |
| 1 1 5 2 1 3 |
| 1 1 5 2 3 3 1 |
| 2 2 8 2 3 1 |
| 2 13 2 6 1 1 |
| 10 3 11 |
| 16 2 1 5 2 |
| 6 1 1 2 6 |
| 5 1 3 7 |
| 4 3 3 8 |
| 3 4 2 7 |
| 2 5 7 |
| 9 2 6 |
| 9 1 6 |
| 9 1 5 |
| 8 2 5 |
| 7 6 |
| 7 4 4 |
| 12 4 |

| |
|---|
| 0 |
| 0 |
| 0 |
| 8 |
| 13 |
| 4 2 |
| 2 1 2 |
| 2 1 1 |
| 1 1 2 |
| 2 1 2 |
| 3 1 3 |
| 5 3 |
| 5 4 |
| 19 |
| 5 3 |
| 4 10 3 |
| 4 10 1 1 |
| 1 2 1 5 2 1 6 |
| 5 2 4 4 1 8 |
| 8 2 2 2 1 5 3 |
| 9 3 2 4 4 |
| 10 15 3 5 |
| 11 14 2 8 |
| 11 2 1 2 10 |
| 4 1 1 1 1 10 |
| 2 2 2 2 3 11 |
| 1 8 1 3 1 7 |
| 1 3 3 2 1 1 5 |
| 2 4 1 4 3 |
| 3 7 2 1 2 1 1 |
| 2 11 5 1 1 |
| 2 12 3 1 1 1 1 2 |
| 2 9 5 1 1 1 2 |
| 2 6 2 2 3 4 1 2 |
| 8 1 3 1 13 3 |
| 8 2 1 1 1 14 |
| 9 1 1 2 14 |
| 7 2 2 12 |
| 5 3 1 1 14 |
| 8 1 15 |

0 | 0 | 0 | 0 | 0 | 0 | 0 | 5 | 4 5 | 2 3 1 | 1 5 1 | 6 2 1 | 6 1 1 | 1 2 1 1 | 1 2 | 5 5 | 3 2 1 9 | 1 1 4 20 | 8 2 17 3 | 5 2 12 4 | 10 8 3 4 | 4 11 1 2 1 | 1 1 1 10 2 1 1 | 2 2 3 1 4 1 1 | 1 2 3 6 1 | 2 6 2 1 1 | 2 7 2 1 1 | 2 7 1 2 1 | 7 1 2 1 | 2 1 2 1 | 7 1 | 2 1 | 5 | 0 | 0 | 0 | 0 | 0 | 0 | 0

2
3
7
1 4 1
8
1 2
1 1 1
1 1 1
2 2
1 2
6 1
2 7
2 1 4
3 1 3
3 4 3
2 6
1 1 6
1 1 11
1 12
2 3 1 1
1 3 1 1
2 4 7
2 12
1 1 4 6
1 1 4 5
1 3 4 3 1
4 4 3 1
3 3 1 2 1
1 4 2
1 4 1 4 1
1 4 5 1
1 4 3 4
9 9
2 1 2
2 1 1
6 1
3 1
2 2
1 2
8

Column clues (left to right, each read top to bottom):

0 | 0 | 0 | 0 | 0 | 0 | 1 | 2 | 15 2 | 4 6 2 | 13 6 2 | 13 4 3 | 8 9 12 | 6 1 3 8 9 | 2 4 1 3 17 | 1 6 3 16 | 8 1 1 1 11 | 9 3 3 1 8 | 9 1 1 4 1 7 | 9 3 1 3 1 7 | 9 3 6 2 2 3 | 9 7 3 5 4 | 9 2 5 4 | 9 3 2 2 4 | 9 4 4 1 2 4 | 9 1 2 2 3 1 1 5 | 10 3 2 2 1 5 | 9 1 1 3 2 6 | 8 3 2 5 | 7 1 3 2 | 9 2 3 1 | 10 4 | 17 4 | 5 14 | 3 2 3 2 | 3 | 0 | 0 | 0 | 0

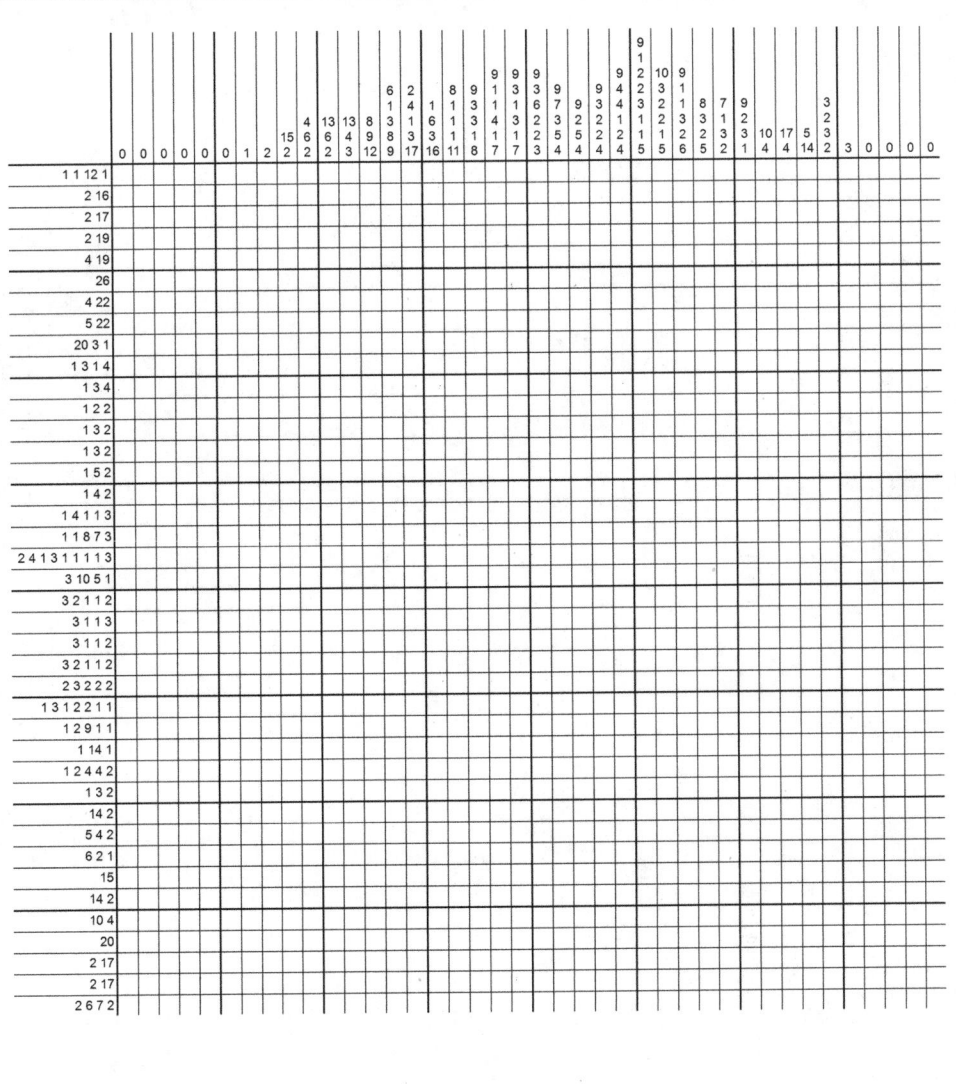

Row clues (top to bottom):

1 1 12 1
2 16
2 17
2 19
4 19
26
4 22
5 22
20 3 1
1 3 1 4
1 3 4
1 2 2
1 3 2
1 3 2
1 5 2
1 4 2
1 4 1 1 3
1 1 8 7 3
2 4 1 3 1 1 1 1 3
3 10 5 1
3 2 1 1 2
3 1 1 3
3 1 1 2
3 2 1 1 2
2 3 2 2 2
1 3 1 2 2 1 1
1 2 9 1 1
1 14 1
1 2 4 4 2
1 3 2
14 2
5 4 2
6 2 1
15
14 2
10 4
20
2 17
2 17
2 6 7 2

| Column | Clue |
|---|---|
| 1 | 16 16 |
| 2 | 15 4 7 |
| 3 | 14 6 |
| 4 | 13 4 |
| 5 | 8 2 2 |
| 6 | 7 2 13 2 |
| 7 | 6 1 25 |
| 8 | 5 27 |
| 9 | 5 28 |
| 10 | 5 29 |
| 11 | 4 30 |
| 12 | 3 4 2 22 |
| 13 | 2 3 1 1 15 |
| 14 | 2 9 13 |
| 15 | 2 11 11 |
| 16 | 1 12 10 |
| 17 | 1 7 4 9 |
| 18 | 1 3 5 4 8 |
| 19 | 1 3 5 8 8 |
| 20 | 1 4 3 9 7 |
| 21 | 1 7 2 5 7 |
| 22 | 1 6 3 2 3 7 |
| 23 | 1 3 5 1 2 1 6 |
| 24 | 1 8 1 2 2 6 |
| 25 | 1 1 1 4 1 2 2 6 |
| 26 | 3 1 5 1 1 2 2 5 |
| 27 | 2 2 7 2 1 2 1 4 |
| 28 | 2 2 4 2 2 1 4 |
| 29 | 2 5 3 4 4 3 |
| 30 | 9 3 4 1 3 3 |
| 31 | 10 4 3 6 2 |
| 32 | 11 7 3 2 |
| 33 | 11 3 6 |
| 34 | 11 3 10 |
| 35 | 12 2 15 |
| 36 | 12 14 |
| 37 | 12 1 2 |
| 38 | 12 3 1 |
| 39 | 17 4 1 2 3 |
| 40 | 15 7 12 |

| Row | Clue |
|---|---|
| 1 | 11 16 |
| 2 | 13 15 |
| 3 | 13 2 11 |
| 4 | 12 12 |
| 5 | 10 7 12 |
| 6 | 7 3 16 |
| 7 | 6 3 14 |
| 8 | 5 3 12 |
| 9 | 4 2 2 2 11 |
| 10 | 6 1 3 10 |
| 11 | 5 2 4 9 |
| 12 | 4 2 7 5 6 |
| 13 | 4 3 10 7 2 |
| 14 | 3 4 10 7 2 |
| 15 | 2 4 4 4 3 2 3 |
| 16 | 1 6 3 2 4 2 2 2 2 |
| 17 | 6 9 1 8 3 |
| 18 | 6 9 1 7 |
| 19 | 7 8 2 4 1 |
| 20 | 7 5 3 1 2 |
| 21 | 7 7 1 2 |
| 22 | 8 6 1 1 2 |
| 23 | 1 7 2 5 1 1 2 |
| 24 | 2 7 2 1 1 1 |
| 25 | 2 7 2 8 1 1 |
| 26 | 2 9 5 5 1 |
| 27 | 1 9 4 5 4 3 |
| 28 | 1 9 15 3 |
| 29 | 1 9 5 1 2 1 |
| 30 | 1 10 6 2 2 |
| 31 | 1 10 4 3 1 |
| 32 | 4 11 2 3 1 |
| 33 | 4 13 4 1 |
| 34 | 4 16 5 2 |
| 35 | 4 30 2 |
| 36 | 3 25 4 1 |
| 37 | 3 24 4 1 |
| 38 | 2 22 4 2 |
| 39 | 1 21 3 2 |
| 40 | 20 3 3 |

| 0 | 3 | 2 4 | 4 2 1 | 1 4 3 2 | 1 1 6 2 | 2 3 2 | 7 2 | 3 4 | 2 2 3 | 3 2 3 | 3 4 5 | 2 7 4 | 2 9 4 | 3 12 1 4 | 2 4 5 3 | 3 4 5 1 3 | 6 6 6 5 1 3 | 2 4 7 8 6 1 3 | 1 2 11 8 7 2 | 1 2 2 6 4 3 6 1 2 | 2 3 6 3 5 1 4 | 5 8 8 4 | 3 14 1 3 | 3 12 3 | 2 10 1 3 | 3 6 3 | 2 4 1 4 | 3 2 4 | 2 2 4 | 3 5 | 6 2 | 3 3 2 | 2 6 1 | 1 1 4 2 2 | 1 4 4 | 4 4 | 2 3 | 0 | 0 |
|---|---|---|---|---|---|---|---|---|---|---|---|---|---|---|---|---|---|---|---|---|---|---|---|---|---|---|---|---|---|---|---|---|---|---|---|---|---|---|---|

| |
|---|
| 4 |
| 2 2 |
| 2 2 1 |
| 2 2 2 |
| 4 3 |
| 1 8 |
| 1 5 1 |
| 1 2 1 |
| 1 1 1 |
| 1 2 1 |
| 1 3 1 |
| 1 5 1 |
| 1 5 1 |
| 1 7 1 |
| 1 8 1 |
| 2 9 1 |
| 1 4 4 1 |
| 1 2 3 3 1 |
| 2 1 2 9 1 2 |
| 5 3 9 6 |
| 1 2 3 10 3 1 |
| 1 1 2 4 3 5 2 1 1 |
| 3 1 4 4 6 1 3 |
| 4 1 5 4 7 1 4 |
| 5 6 3 7 6 |
| 3 1 5 5 1 4 |
| 2 2 13 2 3 |
| 1 1 12 1 1 |
| 1 3 1 9 1 3 1 |
| 1 5 7 4 1 |
| 1 1 4 1 5 4 1 1 |
| 1 1 4 3 1 3 1 1 |
| 1 1 4 1 3 1 1 |
| 1 1 3 1 1 3 2 |
| 1 1 3 1 1 3 3 |
| 1 1 3 1 1 4 2 |
| 2 3 4 1 |
| 2 3 3 2 |
| 1 6 1 |
| 1 4 1 |

|  | 2 1 | 4 1 | 6 1 | 7 1 | 6 2 1 | 6 4 1 | 10 1 1 | 5 4 3 | 5 4 2 1 | 6 4 2 2 | 6 4 2 2 | 5 4 2 3 | 6 4 2 3 | 6 4 2 3 | 6 4 2 2 | 6 4 2 2 | 12 2 2 | 12 2 1 | 11 2 2 | 14 2 | 16 2 | 3 14 | 3 2 12 | 2 2 12 | 2 2 12 | 1 3 4 7 | 1 1 3 5 | 1 4 5 | 1 2 5 | 1 2 4 | 1 2 4 | 1 2 3 | 1 2 3 | 1 2 2 | 1 2 2 | 1 1 2 1 | 2 3 1 | 3 1 1 | 5 | 3 |
|---|---|---|---|---|---|---|---|---|---|---|---|---|---|---|---|---|---|---|---|---|---|---|---|---|---|---|---|---|---|---|---|---|---|---|---|---|---|---|---|---|
| 3 | | | | | | | | | | | | | | | | | | | | | | | | | | | | | | | | | | | | | | | | |
| 1 3 | | | | | | | | | | | | | | | | | | | | | | | | | | | | | | | | | | | | | | | | |
| 1 1 3 | | | | | | | | | | | | | | | | | | | | | | | | | | | | | | | | | | | | | | | | |
| 1 1 2 | | | | | | | | | | | | | | | | | | | | | | | | | | | | | | | | | | | | | | | | |
| 1 4 | | | | | | | | | | | | | | | | | | | | | | | | | | | | | | | | | | | | | | | | |
| 2 2 1 | | | | | | | | | | | | | | | | | | | | | | | | | | | | | | | | | | | | | | | | |
| 2 2 1 | | | | | | | | | | | | | | | | | | | | | | | | | | | | | | | | | | | | | | | | |
| 2 2 1 | | | | | | | | | | | | | | | | | | | | | | | | | | | | | | | | | | | | | | | | |
| 1 2 1 | | | | | | | | | | | | | | | | | | | | | | | | | | | | | | | | | | | | | | | | |
| 4 2 1 | | | | | | | | | | | | | | | | | | | | | | | | | | | | | | | | | | | | | | | | |
| 4 2 2 2 | | | | | | | | | | | | | | | | | | | | | | | | | | | | | | | | | | | | | | | | |
| 4 2 1 2 2 | | | | | | | | | | | | | | | | | | | | | | | | | | | | | | | | | | | | | | | | |
| 5 2 3 1 | | | | | | | | | | | | | | | | | | | | | | | | | | | | | | | | | | | | | | | | |
| 5 2 4 2 | | | | | | | | | | | | | | | | | | | | | | | | | | | | | | | | | | | | | | | | |
| 8 4 1 | | | | | | | | | | | | | | | | | | | | | | | | | | | | | | | | | | | | | | | | |
| 8 4 2 | | | | | | | | | | | | | | | | | | | | | | | | | | | | | | | | | | | | | | | | |
| 13 2 | | | | | | | | | | | | | | | | | | | | | | | | | | | | | | | | | | | | | | | | |
| 13 3 | | | | | | | | | | | | | | | | | | | | | | | | | | | | | | | | | | | | | | | | |
| 14 4 | | | | | | | | | | | | | | | | | | | | | | | | | | | | | | | | | | | | | | | | |
| 19 | | | | | | | | | | | | | | | | | | | | | | | | | | | | | | | | | | | | | | | | |
| 5 13 | | | | | | | | | | | | | | | | | | | | | | | | | | | | | | | | | | | | | | | | |
| 5 13 | | | | | | | | | | | | | | | | | | | | | | | | | | | | | | | | | | | | | | | | |
| 4 13 | | | | | | | | | | | | | | | | | | | | | | | | | | | | | | | | | | | | | | | | |
| 4 4 8 | | | | | | | | | | | | | | | | | | | | | | | | | | | | | | | | | | | | | | | | |
| 4 4 8 | | | | | | | | | | | | | | | | | | | | | | | | | | | | | | | | | | | | | | | | |
| 6 4 2 5 | | | | | | | | | | | | | | | | | | | | | | | | | | | | | | | | | | | | | | | | |
| 6 4 2 3 | | | | | | | | | | | | | | | | | | | | | | | | | | | | | | | | | | | | | | | | |
| 7 4 2 3 | | | | | | | | | | | | | | | | | | | | | | | | | | | | | | | | | | | | | | | | |
| 7 4 2 2 | | | | | | | | | | | | | | | | | | | | | | | | | | | | | | | | | | | | | | | | |
| 7 4 2 2 | | | | | | | | | | | | | | | | | | | | | | | | | | | | | | | | | | | | | | | | |
| 11 2 3 | | | | | | | | | | | | | | | | | | | | | | | | | | | | | | | | | | | | | | | | |
| 4 4 2 2 | | | | | | | | | | | | | | | | | | | | | | | | | | | | | | | | | | | | | | | | |
| 2 4 2 2 | | | | | | | | | | | | | | | | | | | | | | | | | | | | | | | | | | | | | | | | |
| 1 5 2 2 | | | | | | | | | | | | | | | | | | | | | | | | | | | | | | | | | | | | | | | | |
| 1 3 2 1 | | | | | | | | | | | | | | | | | | | | | | | | | | | | | | | | | | | | | | | | |
| 1 1 2 2 | | | | | | | | | | | | | | | | | | | | | | | | | | | | | | | | | | | | | | | | |
| 1 2 2 | | | | | | | | | | | | | | | | | | | | | | | | | | | | | | | | | | | | | | | | |
| 1 1 3 | | | | | | | | | | | | | | | | | | | | | | | | | | | | | | | | | | | | | | | | |
| 1 4 | | | | | | | | | | | | | | | | | | | | | | | | | | | | | | | | | | | | | | | | |
| 1 1 | | | | | | | | | | | | | | | | | | | | | | | | | | | | | | | | | | | | | | | | |

| Column | Clue |
|---|---|
| 1 | 0 |
| 2 | 0 |
| 3 | 0 |
| 4 | 0 |
| 5 | 0 |
| 6 | 5 |
| 7 | 1 8 7 |
| 8 | 10 12 |
| 9 | 10 6 6 |
| 10 | 9 4 3 3 2 |
| 11 | 3 8 5 8 |
| 12 | 1 13 1 1 6 |
| 13 | 2 10 1 4 |
| 14 | 1 11 1 1 3 |
| 15 | 1 5 3 1 2 |
| 16 | 2 4 3 2 2 |
| 17 | 2 2 2 1 1 2 3 |
| 18 | 1 2 1 2 2 |
| 19 | 1 1 2 1 1 3 2 2 |
| 20 | 1 6 1 1 2 |
| 21 | 1 6 3 3 2 2 |
| 22 | 1 1 2 1 2 2 |
| 23 | 1 2 2 2 3 2 |
| 24 | 2 2 2 2 3 |
| 25 | 2 4 3 2 2 |
| 26 | 1 6 3 2 3 2 |
| 27 | 1 7 2 2 3 |
| 28 | 2 11 1 3 2 4 |
| 29 | 1 14 6 |
| 30 | 3 9 4 3 8 |
| 31 | 10 4 4 2 |
| 32 | 10 7 7 |
| 33 | 10 11 |
| 34 | 1 8 4 |
| 35 | 5 |
| 36 | 0 |
| 37 | 0 |
| 38 | 0 |
| 39 | 0 |
| 40 | 0 |

| Row | Clue |
|---|---|
| 1 | 10 |
| 2 | 5 5 |
| 3 | 3 3 |
| 4 | 1 1 |
| 5 | 2 2 |
| 6 | 1 1 |
| 7 | 8 9 |
| 8 | 9 9 |
| 9 | 11 2 11 |
| 10 | 11 4 11 |
| 11 | 11 2 11 |
| 12 | 10 2 10 |
| 13 | 9 10 9 |
| 14 | 21 8 |
| 15 | 5 5 11 |
| 16 | 3 5 1 1 1 1 4 4 |
| 17 | 3 1 1 1 1 3 |
| 18 | 3 1 1 2 3 |
| 19 | 3 1 3 |
| 20 | 4 1 3 |
| 21 | 2 2 3 |
| 22 | 2 1 2 2 |
| 23 | 3 1 2 2 |
| 24 | 2 2 2 3 |
| 25 | 2 1 1 1 7 1 1 1 3 |
| 26 | 2 1 1 2 2 1 1 1 2 |
| 27 | 2 1 1 1 3 1 1 1 3 |
| 28 | 3 2 |
| 29 | 3 1 2 |
| 30 | 2 1 2 |
| 31 | 2 3 |
| 32 | 2 2 |
| 33 | 3 3 |
| 34 | 3 1 1 1 3 |
| 35 | 3 1 1 1 3 |
| 36 | 4 1 1 4 |
| 37 | 7 7 |
| 38 | 20 |
| 39 | 3 8 3 |
| 40 | 2 2 |

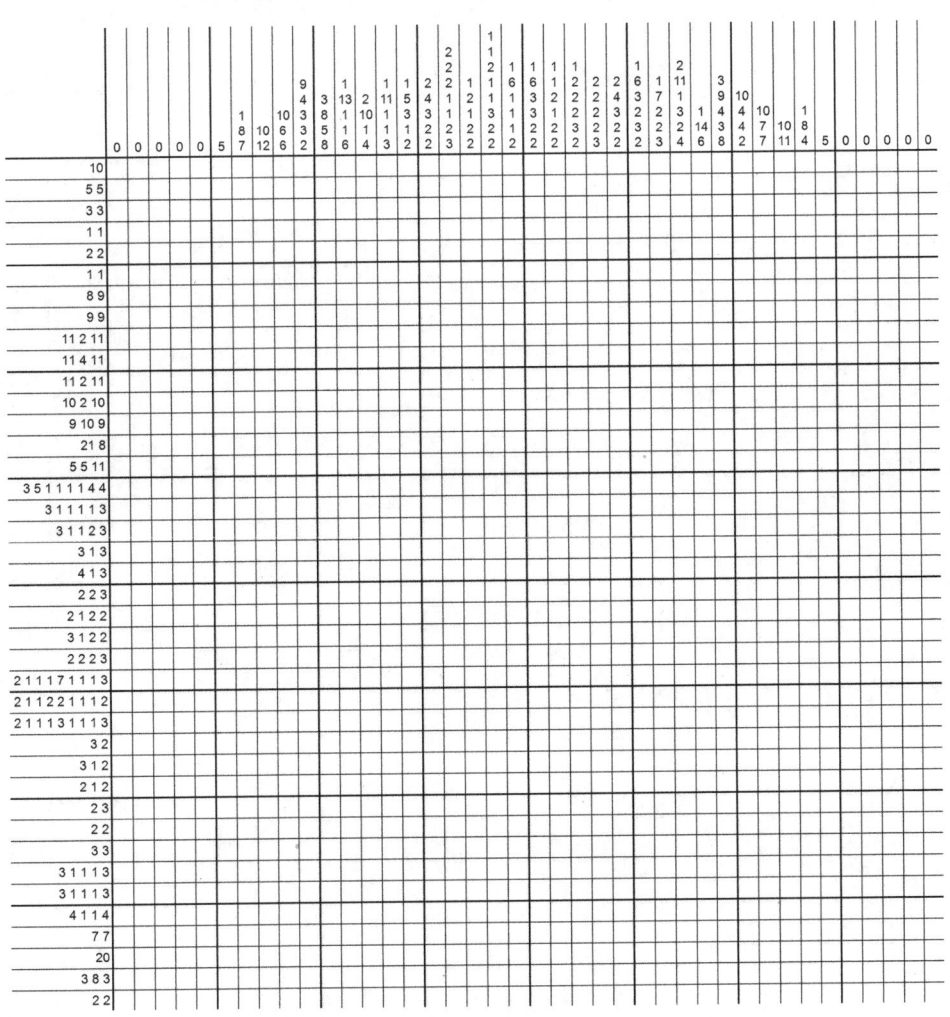

2 1 2 9 6
1 1 1 10 6
1 1 12 6
1 1 11 6
1 2 10 7
1 2 9 7
1 2 1 5 8
2 1 3 1 1 8
5 1 5 2 1 8
1 4 2 6 3 2 4
4 2 3 5 6 2
4 4 15
15 7
10 6
15 6 2
8 5 4
6 1 1 1 10
2 3 3 3 4 10
2 2 2 1 2 3 12
3 3 3 3 11
4 2 2 3 7 1
2 1 10 5
3 9 4
4 8 1 3
3 1 3 3 11
2 2 12
3 11
4 10
7 9
4 2 1 3 4
3 1 1 3 1 2
3 3 2 2 1 1
3 1 10 2 1 1
3 1 8 5 1 1
2 1 1 2 1 4 1 1
2 1 2 2 1 5 1
1 4 2 1 4 1
2 3 2 2 1
5 1 5
2 5

2 5 1
2 10 3
4 3 16
9 1 12
10 1 7
9 1 1 3
5 2 1
10 4 1 1
1 7 2 7
7 5 3 3
2 6 4 3 2 2
8 4 1 1
3 3 2 4 2 3
1 3 1 1 3 2 3
1 1 1 1 3 4 1 2 3
2 1 1 1 2 6 1 5
3 2 1 8 3
13 1 3 3
6 4 3 2
7 3 1 4 3
7 2 8 2
7 2 6 2 2
8 1 4 1 2
7 1 1
6 2 1
6 4 5
3 5 4
4 2 3 2
5 1 7 3 1
6 2 6 4 2
10 5 3 2
11 5 5
3 27
7 16 1
11 15 1
10 6 13
10 6 5
9 5 4
9 6 2
9 7 1

| Column | Clue |
|---|---|
| 1 | 6 |
| 2 | 5 3 6 |
| 3 | 13 7 |
| 4 | 4 16 7 |
| 5 | 1 23 8 |
| 6 | 4 22 8 |
| 7 | 27 1 9 |
| 8 | 40 |
| 9 | 40 |
| 10 | 23 13 |
| 11 | 14 3 9 |
| 12 | 13 8 |
| 13 | 13 1 1 2 |
| 14 | 14 1 1 1 |
| 15 | 14 1 1 1 |
| 16 | 14 1 2 1 |
| 17 | 14 1 2 1 1 |
| 18 | 14 1 1 1 1 |
| 19 | 14 1 3 1 1 |
| 20 | 14 2 1 1 |
| 21 | 13 1 1 1 1 |
| 22 | 15 1 1 2 2 |
| 23 | 15 1 5 2 |
| 24 | 13 1 9 10 |
| 25 | 14 1 10 11 |
| 26 | 16 23 |
| 27 | 19 20 |
| 28 | 40 |
| 29 | 22 13 |
| 30 | 19 3 14 |
| 31 | 23 15 |
| 32 | 30 9 |
| 33 | 29 9 |
| 34 | 1 27 9 |
| 35 | 7 19 8 |
| 36 | 5 13 2 8 |
| 37 | 3 11 2 1 8 |
| 38 | 6 8 1 8 |
| 39 | 4 10 7 |
| 40 | 6 6 |

| Row | Clue |
|---|---|
| 1 | 27 |
| 2 | 28 1 |
| 3 | 31 |
| 4 | 32 |
| 5 | 1 32 |
| 6 | 2 31 |
| 7 | 2 31 |
| 8 | 32 1 |
| 9 | 1 30 4 |
| 10 | 37 |
| 11 | 37 |
| 12 | 38 |
| 13 | 37 |
| 14 | 10 7 2 13 2 |
| 15 | 9 4 15 |
| 16 | 10 2 16 |
| 17 | 9 5 14 |
| 18 | 10 15 |
| 19 | 9 5 17 |
| 20 | 9 1 2 2 3 2 6 2 |
| 21 | 8 2 16 |
| 22 | 7 2 12 3 |
| 23 | 7 5 7 1 |
| 24 | 6 5 7 |
| 25 | 6 5 4 |
| 26 | 5 5 5 |
| 27 | 5 5 6 |
| 28 | 6 11 |
| 29 | 1 3 2 9 |
| 30 | 4 10 |
| 31 | 3 8 |
| 32 | 5 16 |
| 33 | 8 16 |
| 34 | 11 19 |
| 35 | 12 1 19 |
| 36 | 12 1 18 |
| 37 | 12 1 17 |
| 38 | 12 1 17 |
| 39 | 13 1 19 |
| 40 | 13 5 16 |

| Column | Clue |
|---|---|
| 1 | 10 |
| 2 | 11 |
| 3 | 12 |
| 4 | 12 |
| 5 | 13 |
| 6 | 5 14 |
| 7 | 1 3 15 |
| 8 | 2 1 1 1 15 |
| 9 | 2 3 1 1 16 |
| 10 | 3 1 1 11 2 |
| 11 | 2 6 3 1 7 1 |
| 12 | 1 1 1 3 4 1 |
| 13 | 2 2 4 |
| 14 | 2 3 5 1 |
| 15 | 2 2 1 1 10 3 |
| 16 | 1 3 1 1 9 |
| 17 | 1 3 1 1 3 |
| 18 | 1 3 1 1 15 |
| 19 | 2 1 1 16 |
| 20 | 4 1 1 5 8 |
| 21 | 4 1 2 4 7 |
| 22 | 4 2 4 5 7 |
| 23 | 4 4 8 7 |
| 24 | 7 7 9 |
| 25 | 1 5 7 9 |
| 26 | 5 7 10 |
| 27 | 2 1 6 10 |
| 28 | 2 1 6 10 |
| 29 | 2 1 6 10 |
| 30 | 7 7 10 |
| 31 | 8 7 9 |
| 32 | 5 1 8 8 |
| 33 | 6 1 3 5 8 |
| 34 | 3 2 1 1 2 4 8 |
| 35 | 1 4 1 1 8 9 |
| 36 | 2 4 1 18 |
| 37 | 4 5 1 14 |
| 38 | 10 2 1 11 |
| 39 | 15 1 3 8 |
| 40 | 14 1 2 13 |

| Row | Clue |
|---|---|
| 1 | 1 6 |
| 2 | 1 5 |
| 3 | 1 4 |
| 4 | 1 4 |
| 5 | 1 3 |
| 6 | 2 4 3 |
| 7 | 3 6 4 |
| 8 | 1 5 7 |
| 9 | 1 2 12 16 |
| 10 | 1 1 1 12 1 11 |
| 11 | 1 1 1 1 3 14 3 2 |
| 12 | 3 1 1 8 5 3 |
| 13 | 1 1 1 3 3 11 |
| 14 | 1 2 2 2 1 2 |
| 15 | 1 1 3 1 1 1 |
| 16 | 1 1 3 2 |
| 17 | 2 5 4 3 3 |
| 18 | 1 2 1 |
| 19 | 1 2 1 1 |
| 20 | 1 1 2 2 |
| 21 | 1 1 3 2 |
| 22 | 1 1 1 2 1 1 |
| 23 | 1 1 1 4 3 2 1 |
| 24 | 1 1 16 1 |
| 25 | 2 1 18 1 |
| 26 | 5 1 19 1 |
| 27 | 7 1 20 1 |
| 28 | 8 1 3 12 3 1 |
| 29 | 10 1 3 10 3 1 |
| 30 | 11 1 2 3 1 |
| 31 | 11 1 2 5 3 1 |
| 32 | 11 1 2 8 4 1 |
| 33 | 10 1 3 17 |
| 34 | 10 1 23 |
| 35 | 9 1 23 |
| 36 | 9 1 23 |
| 37 | 9 2 23 |
| 38 | 9 26 |
| 39 | 10 27 |
| 40 | 12 25 |

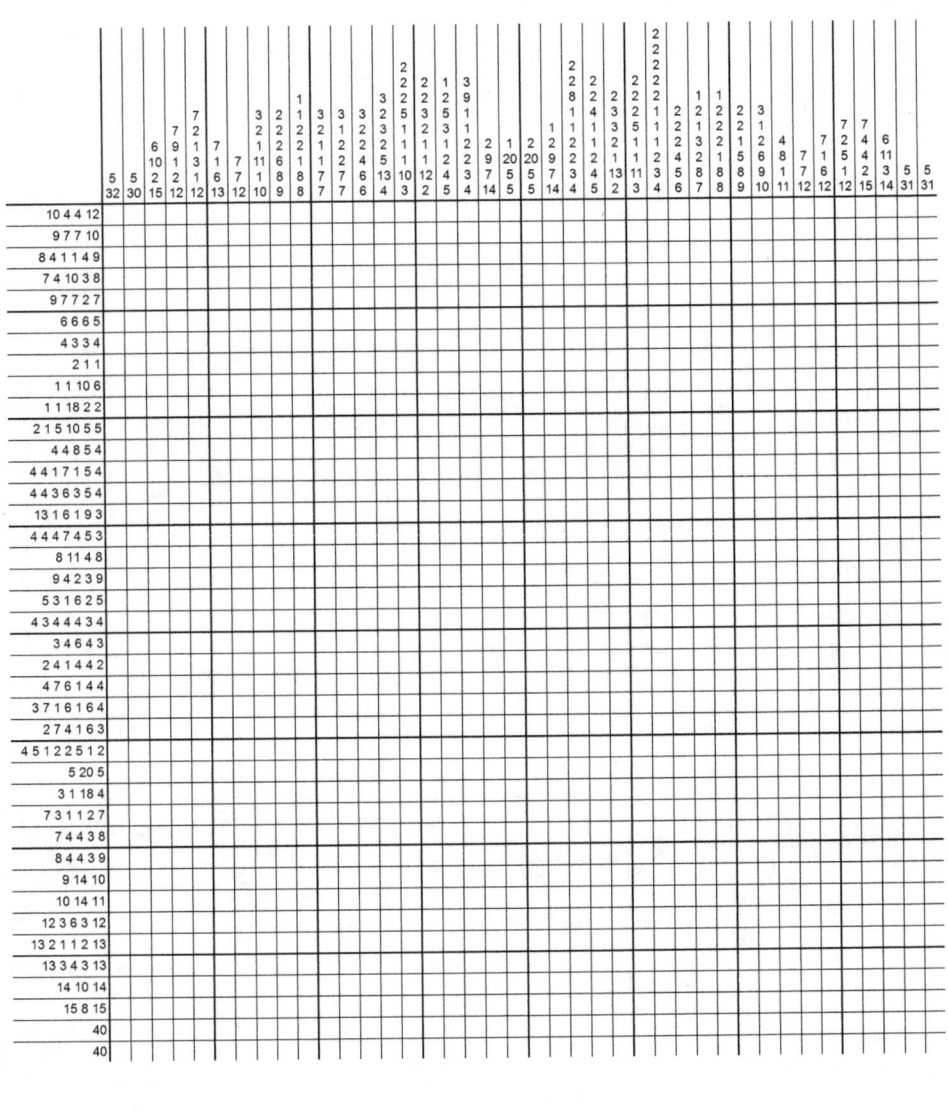

| | | | | | | | | | | | | | | | | | | | | | | | | | | | | | | | | | | | | | | | |
|---|---|---|---|---|---|---|---|---|---|---|---|---|---|---|---|---|---|---|---|---|---|---|---|---|---|---|---|---|---|---|---|---|---|---|---|---|---|---|---|
| 5<br>32 | 5<br>30 | 6<br>10<br>2<br>15 | 7<br>9<br>1<br>2<br>12 | 7<br>2<br>1<br>3<br>1<br>12 | 7<br>1<br>6<br>13 | 7<br>7<br>12 | 3<br>2<br>1<br>11<br>1<br>10 | 2<br>2<br>2<br>6<br>8<br>9 | 1<br>1<br>2<br>2<br>1<br>8<br>8 | 3<br>2<br>1<br>1<br>7<br>7 | 3<br>1<br>2<br>2<br>7<br>7 | 3<br>2<br>2<br>4<br>6<br>6 | 3<br>2<br>3<br>2<br>5<br>13<br>4 | 2<br>2<br>2<br>5<br>1<br>1<br>1<br>10<br>3 | 2<br>2<br>3<br>2<br>1<br>1<br>12<br>2 | 1<br>2<br>5<br>3<br>1<br>2<br>4<br>5 | 3<br>9<br>1<br>1<br>2<br>2<br>3<br>4 | 2<br>9<br>7<br>14 | 1<br>20<br>5<br>5 | 2<br>20<br>5<br>5 | 1<br>2<br>9<br>7<br>14 | 2<br>2<br>8<br>1<br>1<br>2<br>2<br>3<br>4 | 2<br>2<br>4<br>1<br>1<br>2<br>4<br>5 | 2<br>3<br>3<br>2<br>1<br>13<br>2 | 2<br>2<br>2<br>5<br>1<br>1<br>11<br>3 | 2<br>2<br>2<br>2<br>2<br>1<br>1<br>2<br>3<br>4 | 2<br>2<br>2<br>4<br>5<br>6 | 1<br>2<br>1<br>3<br>2<br>8<br>7 | 1<br>2<br>2<br>2<br>1<br>8<br>8 | 2<br>2<br>1<br>5<br>8<br>9 | 3<br>1<br>2<br>6<br>9<br>10 | 4<br>8<br>1<br>11 | 7<br>7<br>12 | 7<br>1<br>6<br>12 | 7<br>2<br>5<br>1<br>12 | 7<br>4<br>4<br>2<br>15 | 6<br>11<br>3<br>14 | 5<br>31 | 5<br>31 |

| |
|---|
| 10 4 4 12 |
| 9 7 7 10 |
| 8 4 1 1 4 9 |
| 7 4 10 3 8 |
| 9 7 7 2 7 |
| 6 6 6 5 |
| 4 3 3 4 |
| 2 1 1 |
| 1 1 10 6 |
| 1 1 18 2 2 |
| 2 1 5 10 5 5 |
| 4 4 8 5 4 |
| 4 4 1 7 1 5 4 |
| 4 4 3 6 3 5 4 |
| 13 1 6 1 9 3 |
| 4 4 4 7 4 5 3 |
| 8 11 4 8 |
| 9 4 2 3 9 |
| 5 3 1 6 2 5 |
| 4 3 4 4 4 3 4 |
| 3 4 6 4 3 |
| 2 4 1 4 4 2 |
| 4 7 6 1 4 4 |
| 3 7 1 6 1 6 4 |
| 2 7 4 1 6 3 |
| 4 5 1 2 2 5 1 2 |
| 5 20 5 |
| 3 1 18 4 |
| 7 3 1 1 2 7 |
| 7 4 4 3 8 |
| 8 4 4 3 9 |
| 9 14 10 |
| 10 14 11 |
| 12 3 6 3 12 |
| 13 2 1 1 2 13 |
| 13 3 4 3 13 |
| 14 10 14 |
| 15 8 15 |
| 40 |
| 40 |

| Column | Clue |
| --- | --- |
| 1 | 0 |
| 2 | 0 |
| 3 | 0 |
| 4 | 3 |
| 5 | 3 2 1 |
| 6 | 1 15 1 |
| 7 | 1 4 1 8 |
| 8 | 2 4 5 2 |
| 9 | 3 2 1 2 8 |
| 10 | 5 1 2 6 1 4 3 |
| 11 | 2 5 2 1 1 9 7 |
| 12 | 1 7 1 3 5 2 7 |
| 13 | 1 2 3 1 12 1 6 |
| 14 | 1 4 2 1 1 9 2 6 |
| 15 | 1 2 3 3 4 6 5 |
| 16 | 3 5 2 8 4 1 5 |
| 17 | 1 2 4 2 1 5 2 1 5 |
| 18 | 2 2 2 1 4 5 5 |
| 19 | 2 8 9 2 1 1 5 |
| 20 | 1 2 5 2 1 6 1 2 2 5 |
| 21 | 1 1 9 1 6 6 5 |
| 22 | 5 2 11 1 5 |
| 23 | 2 6 2 1 10 2 6 |
| 24 | 2 6 2 2 11 6 |
| 25 | 2 6 10 2 7 |
| 26 | 1 2 4 1 1 9 2 8 |
| 27 | 1 4 5 3 10 8 |
| 28 | 1 3 4 1 9 3 9 |
| 29 | 2 8 1 1 10 10 |
| 30 | 6 1 2 1 5 2 8 |
| 31 | 3 2 16 4 |
| 32 | 5 13 8 |
| 33 | 1 27 |
| 34 | 14 8 |
| 35 | 7 6 3 |
| 36 | 5 3 |
| 37 | 7 2 |
| 38 | 5 1 |
| 39 | 2 |
| 40 | 1 |

| Row | Clue |
| --- | --- |
| 1 | 3 |
| 2 | 2 2 1 2 |
| 3 | 1 14 2 |
| 4 | 2 1 1 4 1 1 |
| 5 | 1 3 3 2 4 |
| 6 | 1 4 3 1 2 5 |
| 7 | 3 3 1 1 5 2 |
| 8 | 4 1 2 3 3 1 2 |
| 9 | 1 3 3 3 4 2 1 |
| 10 | 2 7 3 7 1 |
| 11 | 1 8 3 10 |
| 12 | 1 5 5 2 |
| 13 | 1 4 4 1 1 1 |
| 14 | 1 2 2 9 |
| 15 | 1 3 1 6 |
| 16 | 1 3 1 2 3 |
| 17 | 1 3 3 1 9 |
| 18 | 1 1 1 2 7 5 5 |
| 19 | 5 5 1 4 2 5 |
| 20 | 9 2 2 1 2 8 |
| 21 | 2 1 2 8 10 |
| 22 | 3 2 22 |
| 23 | 1 27 |
| 24 | 1 27 |
| 25 | 1 1 6 11 4 |
| 26 | 1 2 4 7 6 |
| 27 | 1 1 4 1 6 5 |
| 28 | 2 3 4 2 3 4 3 |
| 29 | 1 1 1 5 4 2 4 1 |
| 30 | 1 2 3 7 2 3 2 1 3 |
| 31 | 1 2 1 2 1 2 3 3 1 4 |
| 32 | 2 2 3 1 1 3 4 1 5 |
| 33 | 1 2 5 4 5 9 |
| 34 | 1 3 4 6 7 |
| 35 | 1 5 8 4 1 |
| 36 | 1 20 4 |
| 37 | 1 19 4 |
| 38 | 1 20 6 |
| 39 | 2 20 7 |
| 40 | 1 20 8 |

| Column | Clue |
|---|---|
| 1 | 4 2 |
| 2 | 6 4 |
| 3 | 2 14 |
| 4 | 3 18 |
| 5 | 21 1 |
| 6 | 20 4 |
| 7 | 27 1 |
| 8 | 28 1 |
| 9 | 1 30 1 |
| 10 | 32 2 |
| 11 | 33 3 |
| 12 | 40 |
| 13 | 20 17 |
| 14 | 17 2 3 5 |
| 15 | 12 3 3 6 |
| 16 | 12 3 3 9 |
| 17 | 12 2 2 12 |
| 18 | 13 6 3 2 7 |
| 19 | 13 5 2 3 2 7 |
| 20 | 13 2 1 1 2 2 7 |
| 21 | 13 1 1 2 2 7 |
| 22 | 13 1 3 2 3 7 |
| 23 | 12 5 19 |
| 24 | 12 9 16 |
| 25 | 13 2 2 18 |
| 26 | 13 2 3 15 |
| 27 | 16 3 16 |
| 28 | 17 3 17 |
| 29 | 40 |
| 30 | 40 |
| 31 | 33 1 1 |
| 32 | 34 |
| 33 | 34 |
| 34 | 29 1 |
| 35 | 30 1 |
| 36 | 2 29 |
| 37 | 2 28 |
| 38 | 1 28 |
| 39 | 1 19 3 |
| 40 | 18 |

| Row | Clue |
|---|---|
| 1 | 26 |
| 2 | 30 |
| 3 | 26 1 |
| 4 | 1 28 |
| 5 | 1 32 |
| 6 | 36 |
| 7 | 35 |
| 8 | 35 |
| 9 | 35 |
| 10 | 38 |
| 11 | 38 |
| 12 | 37 |
| 13 | 12 5 16 |
| 14 | 14 14 |
| 15 | 18 17 |
| 16 | 20 18 |
| 17 | 14 3 3 13 |
| 18 | 13 2 2 5 12 |
| 19 | 19 18 |
| 20 | 17 2 15 |
| 21 | 10 1 13 |
| 22 | 11 3 12 |
| 23 | 12 7 12 |
| 24 | 13 1 2 1 13 |
| 25 | 13 2 3 14 |
| 26 | 3 8 2 18 |
| 27 | 1 8 22 1 |
| 28 | 8 23 |
| 29 | 9 2 17 |
| 30 | 9 2 15 5 |
| 31 | 1 27 3 |
| 32 | 12 12 4 |
| 33 | 9 11 |
| 34 | 19 2 |
| 35 | 2 17 |
| 36 | 2 16 |
| 37 | 2 15 |
| 38 | 3 14 |
| 39 | 4 13 |
| 40 | 6 14 |

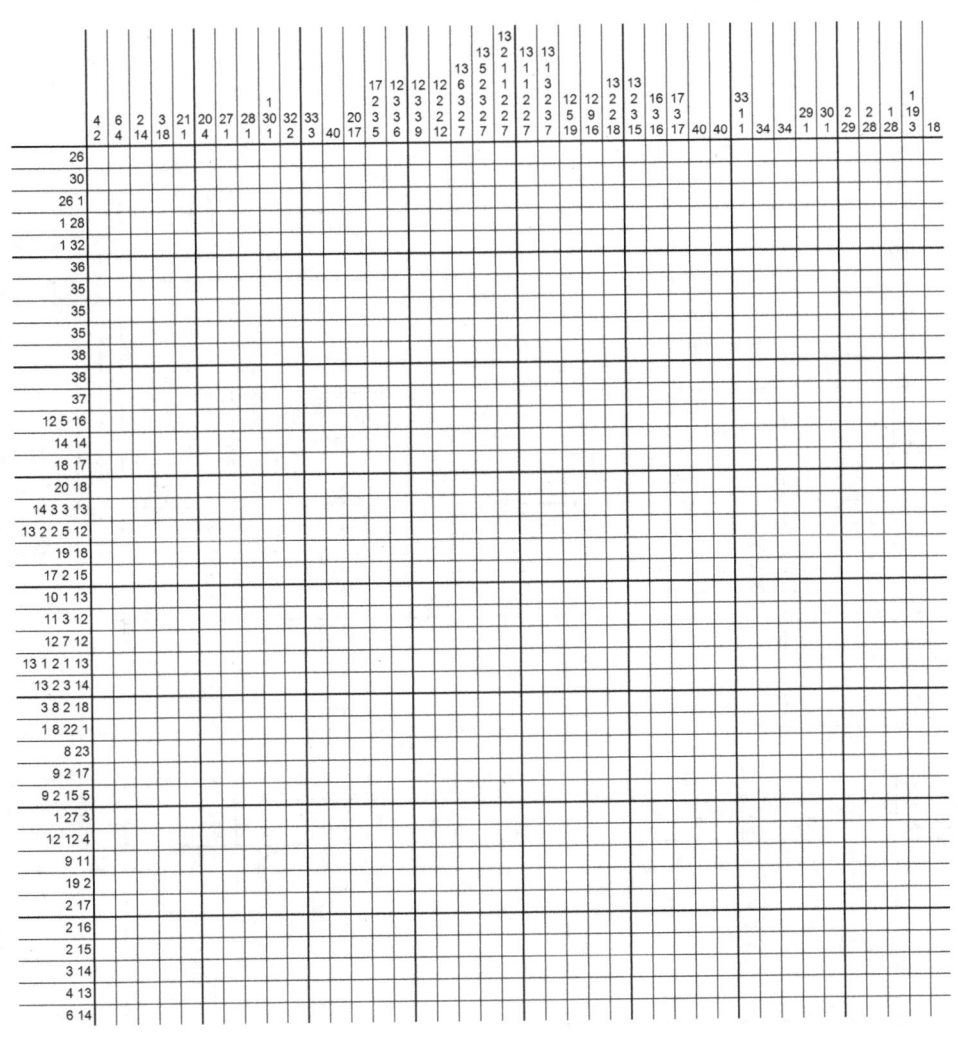

| | | | | | | | | | | | | | | | | | | | | | | | | | | | | | | | | | | | | | | | |
|---|---|---|---|---|---|---|---|---|---|---|---|---|---|---|---|---|---|---|---|---|---|---|---|---|---|---|---|---|---|---|---|---|---|---|---|---|---|---|---|
| 40 | 31 7 | 25 6 4 | 24 7 3 | 15 3 6 | 14 3 2 5 | 7 7 5 4 | 6 4 4 6 3 | 4 3 3 1 2 2 3 | 2 3 1 1 2 1 2 2 2 | 1 4 1 2 1 2 | 5 1 3 2 1 | 7 1 1 2 1 1 | 8 1 9 1 | 8 6 4 1 | 5 1 5 3 | 3 4 | 3 | 2 | 2 4 1 | 5 3 6 1 | 8 2 | 0 | 0 | 0 | 0 | 0 | 0 | 0 | 0 | 0 | 0 | 0 | 0 | 0 | 0 | 0 | 0 | 0 | 0 |

11 1
10 1
9 1
9 1
8 1
8 1
7 1
6 8 1
16 1
17 1
8 7 1
7 2 6 1
9 4 1
10 3 3
5 2 3 3
4 3 2
4 4 1
4 1
4 1
4 1
6 4 1
12 1
9 1 1
4 2 2 1
3 3 6 1
2 4 6 1
2 3 7
3 3 4
4 5
4 2
4 1
1 2 1
1 2 1
2 1 1
2 2 1
2 2 1
3 3 1
9 1
11 1
15

| 9 | 1 7 | 1 7 | 4 10 | 2 13 | 3 4 8 | 3 4 8 | 2 5 7 | 2 6 3 1 | 2 4 3 2 | 2 3 3 3 | 2 2 5 2 | 1 3 3 2 | 3 2 5 | 4 3 3 7 | 11 12 | 3 1 1 1 19 5 | 3 1 26 4 | 3 2 26 4 | 2 2 27 4 | 1 3 20 2 5 | 5 20 2 4 | 2 1 16 9 | 1 1 14 8 4 | 1 1 1 9 13 4 | 4 1 6 16 | 4 6 17 | 5 8 1 8 | 6 7 1 1 5 1 | 8 5 1 2 3 2 | 6 2 1 2 4 1 1 | 6 6 1 1 2 1 1 | 4 9 1 2 1 1 | 4 5 1 4 | 3 7 9 6 | 3 4 5 13 | 7 3 2 2 7 | 14 | 4 | 0 |
|---|---|---|---|---|---|---|---|---|---|---|---|---|---|---|---|---|---|---|---|---|---|---|---|---|---|---|---|---|---|---|---|---|---|---|---|---|---|---|---|

2
1 1 2
2 3 4
2 3 6
3 2 1 7
3 2 1 8
3 2 1 1 7
2 2 2 2 7
3 5 7
4 8 4 3
1 1 11 3 2
2 1 1 12 1
1 1 15 1
1 1 2 13 1
1 2 2 16 3
1 2 1 18 3
2 1 2 9 2 1 2 2
1 2 1 1 9 6 2
1 2 1 10 2 1 1
1 2 2 9 1 2 1 1
2 2 1 9 3 1 3
1 2 1 9 3 2 1 1
1 2 2 9 3 6
1 2 2 10 3 3
1 2 2 9 4 8
1 2 1 9 4 2 2 1
1 2 1 8 5 5 2
5 1 8 7 3 2 1
1 3 1 2 5 8 4
1 1 2 2 2 6 16
5 2 1 5 8 2 1
8 2 4 9 1 1
8 1 4 2 5 1 1
9 4 7 3
8 3 3 3 5
8 1 1 2 1 2 6
2 4 5 2 1 2 6
1 4 5 1 8
3 5 1 5
2 5 4

| | | | | | | | | | | | | | | | | | | | | | | | | | | | | | | | | | | | | | | | |
|---|---|---|---|---|---|---|---|---|---|---|---|---|---|---|---|---|---|---|---|---|---|---|---|---|---|---|---|---|---|---|---|---|---|---|---|---|---|---|---|
| 0 | 0 | 0 | 0 | 0 | 7 | 2 7 | 9 1 2 | 21 | 8 13 | 3 1 8 1 | 2 1 4 12 | 2 4 1 6 3 | 3 2 1 5 2 | 3 1 2 1 8 1 | 5 4 1 4 3 | 6 2 2 3 4 | 7 2 2 4 7 | 8 3 3 7 | 8 1 2 6 | 8 3 1 6 | 8 12 6 | 7 3 2 3 7 | 6 2 2 4 4 | 5 4 1 4 3 | 5 1 2 1 10 | 3 2 1 6 1 | 2 2 1 7 2 | 2 2 4 7 3 | 2 1 1 13 | 4 13 1 | 22 | 8 2 2 | 2 8 | 1 6 | 3 | 0 | 0 | 0 | 0 |

| |
|---|
| 6 |
| 11 |
| 14 |
| 16 |
| 18 |
| 2 11 2 |
| 2 8 2 |
| 2 4 2 |
| 2 2 |
| 2 2 |
| 3 2 |
| 3 2 |
| 3 2 |
| 3 2 |
| 2 2 |
| 3 3 |
| 4 1 2 5 |
| 1 2 6 6 2 1 |
| 1 2 2 3 3 2 1 3 |
| 2 2 2 2 1 1 2 1 2 2 |
| 2 4 2 5 2 4 2 |
| 2 2 1 1 2 1 5 |
| 5 1 2 3 1 5 |
| 1 2 1 2 3 1 2 2 |
| 4 4 1 4 4 |
| 4 1 4 |
| 3 1 2 |
| 3 1 3 |
| 4 1 1 1 4 |
| 4 4 4 3 |
| 4 6 5 4 |
| 4 12 4 |
| 6 6 |
| 5 2 1 5 |
| 4 6 5 |
| 1 2 6 3 1 |
| 1 15 1 |
| 3 13 3 |
| 3 11 3 |
| 4 8 5 |

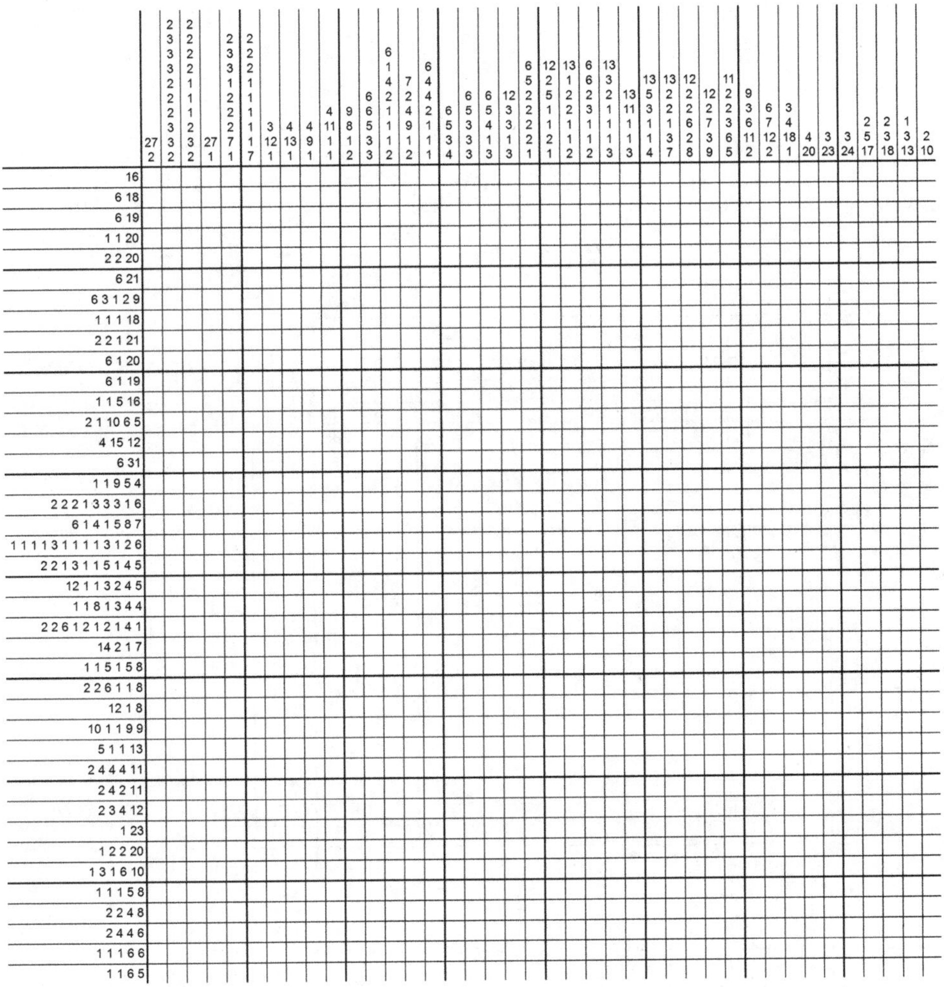
27 2
2 3 3 3 2 2 2 3 3 2
2 2 2 2 1 1 1 2 3 2
27 1
2 3 3 1 2 2 2 7 1
2 2 2 1 1 1 1 1 7
3 12 1
4 13 1
4 9 1
4 11 1 1
9 8 1 2
6 6 5 3 3
6 1 4 2 1 1 1 2
7 2 4 9 1 2
6 4 4 2 1 1 1
6 5 3 4
6 5 3 3 3
6 5 4 1 3
12 3 3 1 3
6 5 2 2 2 2 1
12 2 5 1 1 2 1
13 1 2 2 1 1 2
6 6 2 3 1 1 2
13 3 2 1 1 1 3
13 11 1 1 3
13 5 3 1 1 4
13 2 2 1 3 7
12 2 2 6 2 8
12 2 7 3 9
11 2 2 3 6 5
9 3 6 11 2
6 7 12 2
3 4 18 1
4 20
3 23
3 24
2 5 17
2 3 18
1 3 13
2 10
16
6 18
6 19
1 1 20
2 2 20
6 21
6 3 1 2 9
1 1 1 18
2 2 1 21
6 1 20
6 1 19
1 1 5 16
2 1 10 6 5
4 15 12
6 31
1 1 9 5 4
2 2 2 1 3 3 3 1 6
6 1 4 1 5 8 7
1 1 1 1 3 1 1 1 1 3 1 2 6
2 2 1 3 1 1 5 1 4 5
12 1 1 3 2 4 5
1 1 8 1 3 4 4
2 2 6 1 2 1 2 1 4 1
14 2 1 7
1 1 5 1 5 8
2 2 6 1 1 8
12 1 8
10 1 1 9 9
5 1 1 13
2 4 4 4 11
2 4 2 11
2 3 4 12
1 23
1 2 2 20
1 3 1 6 10
1 1 1 5 8
2 2 4 8
2 4 4 6
1 1 1 6 6
1 1 6 5

| Column | Clue |
|---|---|
| 1 | 19 2 2 2 1 9 |
| 2 | 16 2 2 2 1 1 7 |
| 3 | 13 2 2 2 2 1 1 7 |
| 4 | 8 1 2 2 2 2 2 1 1 7 |
| 5 | 8 1 2 2 2 2 2 2 1 1 1 1 2 |
| 6 | 6 3 2 2 2 2 2 2 1 2 1 1 2 |
| 7 | 5 4 2 2 2 2 2 1 5 1 2 1 |
| 8 | 4 1 2 2 5 2 2 1 5 1 2 1 |
| 9 | 4 1 5 4 3 2 1 5 1 2 1 |
| 10 | 4 2 11 3 1 6 1 1 1 |
| 11 | 3 1 4 1 1 4 2 6 1 1 1 |
| 12 | 3 3 2 1 1 5 3 2 1 1 1 |
| 13 | 2 8 2 2 6 1 1 |
| 14 | 1 3 1 1 1 3 |
| 15 | 8 2 3 3 |
| 16 | 3 2 1 1 1 1 2 |
| 17 | 1 2 1 1 3 1 2 |
| 18 | 4 3 2 2 2 3 2 |
| 19 | 4 1 1 1 1 1 2 1 3 2 2 1 |
| 20 | 11 1 1 1 3 2 2 |
| 21 | 10 1 1 2 1 4 2 2 |
| 22 | 1 1 1 1 1 3 5 2 2 |
| 23 | 1 9 2 2 1 3 |
| 24 | 2 3 1 1 1 1 2 |
| 25 | 2 2 2 1 1 3 2 |
| 26 | 2 3 2 1 1 3 |
| 27 | 3 4 2 2 3 1 2 1 1 |
| 28 | 4 4 2 1 5 1 2 1 1 1 |
| 29 | 4 1 3 4 1 3 3 1 2 1 2 1 |
| 30 | 4 3 3 2 5 2 2 1 1 2 2 1 |
| 31 | 6 1 2 4 3 1 2 3 2 2 1 |
| 32 | 7 2 2 5 2 1 2 3 2 2 1 |
| 33 | 8 2 2 2 2 2 1 1 3 2 2 1 |
| 34 | 8 2 2 2 2 2 2 1 3 1 1 2 |
| 35 | 8 2 2 2 2 2 2 2 2 1 2 2 |
| 36 | 11 2 2 2 2 2 2 1 2 5 |
| 37 | 14 2 2 2 2 2 1 2 5 |
| 38 | 17 2 2 2 2 1 8 |
| 39 | 20 2 2 2 1 8 |
| 40 | 23 2 2 1 8 |

| Row | Clue |
|---|---|
| 1 | 14 2 1 19 |
| 2 | 13 2 1 2 17 |
| 3 | 12 3 1 2 1 14 |
| 4 | 10 3 1 2 4 13 |
| 5 | 7 2 2 3 4 10 |
| 6 | 3 2 1 1 3 2 1 2 10 |
| 7 | 5 1 4 1 1 3 1 2 1 9 |
| 8 | 9 1 1 2 3 1 1 4 8 |
| 9 | 4 1 1 2 1 2 1 1 4 5 |
| 10 | 7 1 3 1 2 1 1 1 10 |
| 11 | 3 2 2 10 1 9 |
| 12 | 10 1 1 2 1 4 |
| 13 | 8 2 6 18 |
| 14 | 2 1 1 2 2 2 10 |
| 15 | 10 4 3 2 3 |
| 16 | 10 1 1 2 1 1 1 12 |
| 17 | 1 3 8 7 10 |
| 18 | 11 4 2 |
| 19 | 8 1 1 11 |
| 20 | 2 1 1 1 9 |
| 21 | 11 1 2 1 |
| 22 | 9 1 2 2 12 |
| 23 | 3 1 10 |
| 24 | 12 2 2 3 |
| 25 | 10 1 7 1 11 |
| 26 | 3 1 1 3 7 |
| 27 | 13 3 6 |
| 28 | 6 1 14 |
| 29 | 9 1 1 6 |
| 30 | 19 14 |
| 31 | 7 12 10 |
| 32 | 11 1 4 9 |
| 33 | 1 8 3 3 5 |
| 34 | 4 4 1 1 11 |
| 35 | 9 3 7 3 |
| 36 | 4 4 3 6 |
| 37 | 9 1 1 14 |
| 38 | 4 7 3 5 5 |
| 39 | 6 3 7 |
| 40 | 12 1 1 13 |

Column clues (left to right):

| Column | Clue |
|---|---|
| 1 | 28 |
| 2 | 30 |
| 3 | 31 |
| 4 | 32 |
| 5 | 32 |
| 6 | 30 |
| 7 | 29 |
| 8 | 29 |
| 9 | 19 5 |
| 10 | 20 1 2 |
| 11 | 18 3 1 |
| 12 | 16 3 1 |
| 13 | 14 3 1 |
| 14 | 13 5 |
| 15 | 11 4 2 |
| 16 | 10 3 1 |
| 17 | 4 6 2 |
| 18 | 4 2 2 1 1 |
| 19 | 3 2 3 1 1 |
| 20 | 3 2 1 1 1 1 |
| 21 | 2 1 3 1 1 |
| 22 | 2 2 2 1 1 |
| 23 | 2 2 2 2 1 1 2 |
| 24 | 2 2 1 2 2 3 |
| 25 | 2 1 10 |
| 26 | 3 12 |
| 27 | 3 14 |
| 28 | 3 2 14 |
| 29 | 4 1 2 17 |
| 30 | 4 5 19 |
| 31 | 6 2 25 |
| 32 | 9 29 |
| 33 | 39 |
| 34 | 26 3 |
| 35 | 24 |
| 36 | 10 3 |
| 37 | 3 3 |
| 38 | 0 |
| 39 | 0 |
| 40 | 0 |


| Row | Clue |
|---|---|
| 1 | 29 |
| 2 | 31 |
| 3 | 17 11 |
| 4 | 16 8 |
| 5 | 14 7 |
| 6 | 15 7 |
| 7 | 15 6 |
| 8 | 15 5 |
| 9 | 19 6 |
| 10 | 22 5 |
| 11 | 15 1 2 5 |
| 12 | 14 2 2 5 |
| 13 | 14 6 1 5 |
| 14 | 13 1 1 3 8 |
| 15 | 12 4 1 1 1 5 |
| 16 | 12 9 |
| 17 | 11 7 |
| 18 | 11 6 |
| 19 | 10 5 |
| 20 | 8 1 5 |
| 21 | 8 1 5 |
| 22 | 8 1 2 1 6 |
| 23 | 9 1 3 6 |
| 24 | 11 1 2 7 |
| 25 | 12 16 |
| 26 | 9 1 11 |
| 27 | 9 2 9 |
| 28 | 8 2 12 |
| 29 | 8 4 11 |
| 30 | 6 4 10 |
| 31 | 5 6 11 |
| 32 | 5 2 14 |
| 33 | 5 2 11 |
| 34 | 4 1 9 |
| 35 | 2 7 |
| 36 | 1 6 |
| 37 | 1 6 |
| 38 | 6 |
| 39 | 1 5 |
| 40 | 2 4 |

Column clues (left to right):

1. 15 1 1
2. 16 1 1 1
3. 19 3 2
4. 20 2 1 2
5. 21 4 1 3
6. 23 1 4 1 3
7. 28 4 5
8. 30 3 4
9. 31 3 2
10. 32 3
11. 33 1
12. 34
13. 19 12
14. 20 11
15. 21 2 6
16. 11 2 3 1 1 3 5
17. 10 2 2 1 2 1 6
18. 7 1 1 2 1 2 2 6
19. 4 2 6 5
20. 3 4 2 3 1 5
21. 2 4 6 1 4
22. 1 3 3 1 4
23. 2 2 1 5
24. 2 2 5
25. 2 2 2 2 2
26. 3 3 1 6 2
27. 4 1 2 1 2 1 3
28. 4 1 2 1 10
29. 5 3 1 6 2 2
30. 6 4 5 4
31. 7 3 1 3
32. 24 1 3
33. 19 1 2
34. 19 1 2
35. 19 1 1
36. 19 1 1
37. 18 1
38. 18 1
39. 13 3 2
40. 12 4

Row clues (top to bottom):

1. 40
2. 21 18
3. 20 15
4. 19 14
5. 18 12
6. 18 11
7. 18 10
8. 17 9
9. 18 9
10. 17 9
11. 16 9
12. 15 9
13. 16 8
14. 16 7
15. 15 8
16. 16 2 8
17. 18 4 8
18. 15 3 1 2 7
19. 13 2 3 4 1 5
20. 9 5 3 4 1
21. 8 1 2 1 1
22. 7 3 3 1
23. 7 1
24. 7 1 1 1
25. 7 4 3 1
26. 8 3 1 6
27. 11 1 1 1 4
28. 11 4 6
29. 1 7 11 3
30. 4 7 7 3
31. 7 7 3 2
32. 1 3 6 4 2 4
33. 1 3 6 2 1
34. 1 3 6 1 1 1
35. 1 3 6 2 1 1
36. 1 3 7 3 1 1
37. 2 1 9 1 1
38. 4 8 3 1
39. 7 9 6 1
40. 9 8 8 1

| | | | | | | | | | | | | | | | | | | | | | | | | | | | | | | | | | | | | | | | |
|---|---|---|---|---|---|---|---|---|---|---|---|---|---|---|---|---|---|---|---|---|---|---|---|---|---|---|---|---|---|---|---|---|---|---|---|---|---|---|---|
| | | | | | | | | | | | | | 2 | | 2 | 1 | | | | | | | | | | | | | | | | | | | | | | | |
| | | | | | | | | | | | | 2 | 1 | 2 | 2 | 4 | 1 | | | | | | | | | 3 | | | | | | | | | | | | | |
| | | | | | | | 4 | | | | 2 | 1 | 1 | 6 | 2 | 2 | 3 | 1 | | 1 | 1 | | | 2 | 2 | 3 | 4 | | | | | | | | | | | | |
| | | | | | | 1 | 2 | 10 | 3 | 2 | 1 | 1 | 1 | 2 | 4 | 2 | 1 | 2 | 1 | 2 | 1 | 1 | 1 | 2 | 5 | 1 | 1 | 11 | | | | | | | | | | | |
| | | | | | 3 | 5 | 1 | 7 | 4 | 1 | 1 | 1 | 2 | 2 | 2 | 4 | 3 | 5 | 4 | 2 | 6 | 13 | 14 | 6 | 4 | 4 | 5 | 5 | | 28 | 24 | | | | | | | | |
| 5 | 5 | 5 | 5 | 5 | 6 | 6 | 7 | 8 | 9 | 8 | 7 | 6 | 5 | 4 | 2 | 1 | 7 | 10 | 10 | 10 | 10 | 10 | 10 | 15 | 14 | 12 | 17 | 19 | 37 | 4 | 2 | 22 | 17 | 5 | 0 | 0 | 0 | 0 | 0 |

| |
|---|
| 11 |
| 2 3 |
| 2 3 |
| 2 5 |
| 2 5 |
| 2 6 |
| 2 5 |
| 2 6 |
| 2 6 |
| 1 6 |
| 1 6 |
| 2 7 |
| 2 6 |
| 2 5 |
| 3 3 9 |
| 1 1 1 5 13 |
| 2 1 6 13 |
| 2 1 1 2 2 1 8 |
| 2 4 13 |
| 3 2 3 6 |
| 1 1 3 6 |
| 2 4 6 |
| 1 6 6 |
| 1 3 14 |
| 1 1 6 8 |
| 1 3 4 7 |
| 1 11 6 |
| 1 12 5 |
| 1 2 8 |
| 1 1 5 7 |
| 1 13 |
| 1 1 13 |
| 3 2 13 |
| 5 2 14 |
| 8 16 |
| 14 15 |
| 15 15 |
| 15 14 |
| 16 14 |
| 17 9 |

| | | | | | | | | | | | | | | | | | | | | | | | | | | | | | | | | | | | | | | | |
|---|---|---|---|---|---|---|---|---|---|---|---|---|---|---|---|---|---|---|---|---|---|---|---|---|---|---|---|---|---|---|---|---|---|---|---|---|---|---|---|
| 3 4 | 1 6 | 1 13 | 1 15 2 1 | 1 3 2 5 2 2 3 | 1 2 9 | 3 10 | 2 3 9 | 2 1 1 7 | 2 4 1 5 | 5 1 2 2 | 4 3 1 2 | 9 1 2 | 9 1 2 2 | 8 6 5 5 | 8 5 2 2 5 | 7 1 1 2 2 5 | 9 2 2 2 6 | 8 3 3 3 6 | 2 4 3 4 8 | 4 5 9 9 | 5 16 10 | 6 17 11 | 36 | 36 | 1 8 27 | 1 8 27 | 2 8 27 | 1 8 27 | 9 27 | 2 4 2 25 | 3 2 3 24 | 3 4 16 3 | 11 14 5 | 19 8 | 11 9 | 9 10 | 11 11 | 12 | 12 |

| |
|---|
| 2 2 |
| 1 1 |
| 1 2 |
| 1 1 1 |
| 1 2 12 |
| 1 23 |
| 23 4 |
| 12 11 3 |
| 3 9 11 3 |
| 1 1 10 10 3 |
| 1 1 2 7 8 4 |
| 1 3 7 8 6 |
| 1 1 7 1 4 8 |
| 1 1 3 1 18 |
| 2 3 1 11 5 |
| 1 3 6 13 5 |
| 1 3 2 16 4 |
| 1 2 24 |
| 4 2 17 |
| 3 2 14 2 |
| 3 2 15 1 |
| 4 17 1 |
| 4 17 1 |
| 4 19 |
| 3 3 14 |
| 3 2 15 |
| 1 1 1 16 |
| 1 1 1 16 |
| 1 1 5 11 2 |
| 4 4 12 3 |
| 4 1 13 4 |
| 3 13 5 |
| 5 13 6 |
| 6 1 14 6 |
| 4 22 6 |
| 6 21 7 |
| 6 18 7 |
| 6 26 |
| 1 2 26 |
| 1 1 21 |

| Column | Clues |
|---|---|
| 1 | 2 |
| 2 | 1 |
| 3 | 1 |
| 4 | 2 |
| 5 | 11 1 |
| 6 | 14 2 |
| 7 | 18 4 |
| 8 | 15 5 8 |
| 9 | 15 7 11 |
| 10 | 16 20 |
| 11 | 17 1 14 |
| 12 | 20 13 |
| 13 | 20 11 |
| 14 | 8 6 9 |
| 15 | 7 6 9 |
| 16 | 6 4 1 8 |
| 17 | 7 3 1 4 |
| 18 | 6 3 1 1 4 |
| 19 | 6 3 1 2 1 4 |
| 20 | 6 3 2 2 1 4 1 5 |
| 21 | 5 4 6 7 1 5 |
| 22 | 5 4 6 2 1 7 |
| 23 | 1 1 1 4 6 2 2 6 |
| 24 | 2 2 4 3 1 2 6 |
| 25 | 1 1 1 4 2 1 1 1 2 1 6 |
| 26 | 4 5 1 1 2 2 6 |
| 27 | 4 5 4 4 2 2 7 |
| 28 | 3 5 6 5 2 1 5 |
| 29 | 3 6 6 7 2 4 |
| 30 | 3 5 6 9 7 |
| 31 | 1 12 3 3 2 |
| 32 | 7 3 3 2 |
| 33 | 7 13 1 |
| 34 | 6 1 |
| 35 | 4 1 |
| 36 | 1 |
| 37 | 1 |
| 38 | 0 |
| 39 | 0 |
| 40 | 0 |

| Row | Clues |
|---|---|
| 1 | 9 |
| 2 | 11 1 2 |
| 3 | 13 5 |
| 4 | 13 1 5 |
| 5 | 22 |
| 6 | 13 2 |
| 7 | 11 9 |
| 8 | 9 16 |
| 9 | 9 19 |
| 10 | 9 21 |
| 11 | 13 10 |
| 12 | 12 7 |
| 13 | 11 4 5 |
| 14 | 11 7 6 |
| 15 | 11 5 5 |
| 16 | 10 6 7 |
| 17 | 9 6 7 |
| 18 | 9 3 7 |
| 19 | 9 1 4 1 |
| 20 | 4 2 1 1 |
| 21 | 2 2 2 1 1 1 1 |
| 22 | 5 2 3 1 |
| 23 | 4 2 8 1 |
| 24 | 5 2 5 1 |
| 25 | 3 2 5 1 |
| 26 | 3 2 7 1 |
| 27 | 3 5 2 1 |
| 28 | 3 1 1 4 1 1 |
| 29 | 3 1 6 1 |
| 30 | 5 2 1 |
| 31 | 5 1 4 2 |
| 32 | 8 1 2 1 |
| 33 | 9 1 1 |
| 34 | 9 4 1 1 |
| 35 | 11 9 |
| 36 | 13 11 |
| 37 | 27 |
| 38 | 4 26 |
| 39 | 1 9 11 5 |
| 40 | 8 9 1 3 |

| Column | Clue |
| --- | --- |
| 1 | 40 |
| 2 | 40 |
| 3 | 40 |
| 4 | 40 |
| 5 | 40 |
| 6 | 40 |
| 7 | 16 12 6 |
| 8 | 14 2 8 5 |
| 9 | 13 1 5 |
| 10 | 12 5 |
| 11 | 10 3 |
| 12 | 8 1 3 |
| 13 | 5 4 3 |
| 14 | 2 1 5 2 |
| 15 | 2 2 3 7 2 |
| 16 | 1 2 3 5 1 2 |
| 17 | 1 2 2 1 3 1 2 2 |
| 18 | 1 2 2 2 2 2 4 2 |
| 19 | 1 3 3 1 2 2 6 1 |
| 20 | 4 3 1 2 2 5 1 |
| 21 | 1 10 2 3 3 5 |
| 22 | 1 9 4 2 2 5 |
| 23 | 1 9 5 2 3 4 1 |
| 24 | 1 7 7 2 2 3 2 |
| 25 | 1 4 6 3 3 3 |
| 26 | 1 6 8 4 |
| 27 | 2 21 |
| 28 | 2 4 21 |
| 29 | 3 7 5 13 |
| 30 | 4 4 5 4 11 |
| 31 | 4 4 4 3 10 |
| 32 | 5 3 5 11 |
| 33 | 7 3 5 10 |
| 34 | 8 4 5 11 |
| 35 | 10 9 16 |
| 36 | 40 |
| 37 | 40 |
| 38 | 40 |
| 39 | 40 |
| 40 | 40 |

| Row | Clue |
| --- | --- |
| 1 | 19 20 |
| 2 | 15 14 |
| 3 | 13 12 |
| 4 | 13 11 |
| 5 | 13 9 |
| 6 | 12 4 8 |
| 7 | 12 8 8 |
| 8 | 12 10 7 |
| 9 | 11 1 6 6 |
| 10 | 11 5 6 |
| 11 | 10 11 5 |
| 12 | 10 12 3 5 |
| 13 | 9 2 6 5 5 |
| 14 | 8 2 4 7 5 |
| 15 | 7 4 1 13 |
| 16 | 7 2 8 |
| 17 | 6 2 7 |
| 18 | 7 1 5 6 |
| 19 | 8 5 11 |
| 20 | 8 8 11 |
| 21 | 7 19 |
| 22 | 7 1 8 9 |
| 23 | 8 3 8 7 |
| 24 | 8 9 7 5 |
| 25 | 8 12 5 6 |
| 26 | 8 5 5 2 1 6 |
| 27 | 8 4 5 1 6 |
| 28 | 8 1 5 1 6 |
| 29 | 8 6 4 1 6 |
| 30 | 6 1 6 5 1 7 |
| 31 | 6 1 4 15 |
| 32 | 6 2 2 15 |
| 33 | 6 5 16 |
| 34 | 6 24 |
| 35 | 7 8 14 |
| 36 | 10 6 14 |
| 37 | 10 5 15 |
| 38 | 13 1 16 |
| 39 | 18 17 |
| 40 | 20 18 |

| Column | Clues |
|---|---|
| 1 | 23 14 |
| 2 | 20 14 |
| 3 | 19 1 6 6 |
| 4 | 13 2 1 3 7 |
| 5 | 12 1 1 1 2 9 |
| 6 | 11 2 1 2 1 11 |
| 7 | 10 3 2 1 4 4 |
| 8 | 10 3 2 1 1 7 |
| 9 | 13 1 1 1 1 2 |
| 10 | 6 2 1 2 1 1 1 |
| 11 | 6 1 2 1 1 |
| 12 | 3 1 1 1 1 1 2 1 1 4 |
| 13 | 2 1 6 1 1 2 1 6 |
| 14 | 2 6 1 1 1 1 1 2 |
| 15 | 2 6 1 1 6 3 1 |
| 16 | 2 6 12 2 |
| 17 | 2 4 14 3 |
| 18 | 1 4 1 2 10 2 4 |
| 19 | 1 3 1 14 6 |
| 20 | 1 3 1 12 5 2 |
| 21 | 1 3 1 12 3 3 |
| 22 | 1 1 3 6 1 1 1 |
| 23 | 4 14 2 2 1 |
| 24 | 4 1 2 4 1 2 |
| 25 | 2 1 1 7 1 3 |
| 26 | 1 4 1 7 4 |
| 27 | 1 2 1 5 1 1 6 |
| 28 | 1 1 5 3 4 |
| 29 | 2 2 2 1 2 5 |
| 30 | 2 1 1 1 3 6 |
| 31 | 2 1 4 1 1 8 |
| 32 | 4 1 4 2 14 |
| 33 | 5 1 4 2 11 |
| 34 | 6 6 1 3 6 |
| 35 | 6 8 1 1 1 7 |
| 36 | 6 10 1 8 |
| 37 | 6 21 |
| 38 | 7 22 |
| 39 | 9 25 |
| 40 | 40 |

| Row | Clues |
|---|---|
| 1 | 22 15 |
| 2 | 17 12 |
| 3 | 12 9 |
| 4 | 11 5 1 9 |
| 5 | 12 5 2 8 |
| 6 | 11 6 7 |
| 7 | 9 13 2 3 |
| 8 | 9 4 4 5 2 2 |
| 9 | 16 3 4 1 2 |
| 10 | 10 1 2 1 1 |
| 11 | 6 1 3 4 1 1 |
| 12 | 5 4 3 2 1 |
| 13 | 4 4 8 1 |
| 14 | 3 3 17 1 |
| 15 | 5 2 6 3 1 |
| 16 | 4 7 1 4 1 2 |
| 17 | 3 2 24 2 |
| 18 | 4 22 2 |
| 19 | 3 18 7 3 |
| 20 | 2 6 14 10 |
| 21 | 1 4 1 11 2 7 |
| 22 | 1 1 1 1 2 8 2 7 |
| 23 | 1 1 1 7 1 1 2 6 |
| 24 | 1 1 3 5 1 3 5 |
| 25 | 2 1 1 3 1 1 6 |
| 26 | 3 2 1 1 5 |
| 27 | 4 1 2 1 1 5 |
| 28 | 4 1 1 1 1 4 |
| 29 | 3 1 1 1 1 4 |
| 30 | 3 2 1 2 5 |
| 31 | 3 2 3 4 |
| 32 | 2 3 1 1 4 4 |
| 33 | 2 2 1 2 1 4 5 |
| 34 | 2 3 1 1 2 1 3 6 |
| 35 | 6 1 2 2 1 1 1 11 |
| 36 | 6 1 1 2 1 1 1 12 |
| 37 | 8 2 3 1 15 |
| 38 | 8 2 3 3 16 |
| 39 | 9 2 6 17 |
| 40 | 10 2 25 |

| Column | Clue |
|---|---|
| 1 | 1 7 4 2 |
| 2 | 1 1 2 4 5 2 |
| 3 | 1 4 5 3 |
| 4 | 1 1 1 1 4 4 3 |
| 5 | 1 3 5 4 3 |
| 6 | 1 1 10 2 2 |
| 7 | 1 1 10 2 2 |
| 8 | 1 1 2 3 5 1 4 |
| 9 | 1 1 6 1 1 |
| 10 | 1 1 8 1 |
| 11 | 1 1 9 1 |
| 12 | 1 1 1 2 8 1 |
| 13 | 1 2 2 1 6 1 |
| 14 | 1 3 3 5 1 |
| 15 | 1 4 2 7 |
| 16 | 1 4 2 7 1 |
| 17 | 5 1 10 1 |
| 18 | 10 8 1 |
| 19 | 9 1 4 2 |
| 20 | 1 1 7 2 4 1 |
| 21 | 1 1 1 10 3 2 |
| 22 | 2 17 1 2 |
| 23 | 1 18 1 1 |
| 24 | 19 2 1 |
| 25 | 1 18 |
| 26 | 1 1 7 5 1 3 |
| 27 | 2 4 5 7 |
| 28 | 2 2 2 5 2 4 |
| 29 | 1 1 1 1 1 4 3 |
| 30 | 1 2 1 4 3 2 |
| 31 | 1 1 1 4 5 |
| 32 | 4 2 2 3 2 4 |
| 33 | 1 1 3 2 3 |
| 34 | 1 1 4 1 3 |
| 35 | 1 2 2 4 7 |
| 36 | 1 1 3 6 |
| 37 | 2 1 1 2 3 7 |
| 38 | 1 1 1 3 4 1 |
| 39 | 2 1 2 3 5 |
| 40 | 2 1 1 2 2 4 |

| Row | Clue |
|---|---|
| 1 | 1 2 1 1 1 |
| 2 | 2 1 |
| 3 | 2 1 1 1 |
| 4 | 3 1 1 1 1 |
| 5 | 1 1 1 1 1 |
| 6 | 1 1 1 1 1 |
| 7 | 1 2 5 1 1 |
| 8 | 1 1 8 1 2 1 |
| 9 | 2 2 11 1 1 2 |
| 10 | 2 16 1 |
| 11 | 15 1 2 |
| 12 | 14 2 1 1 1 |
| 13 | 1 1 13 1 1 1 1 |
| 14 | 9 1 1 1 1 1 1 |
| 15 | 1 1 3 6 2 1 2 |
| 16 | 1 1 2 1 6 1 1 1 |
| 17 | 2 6 2 |
| 18 | 2 2 1 1 4 |
| 19 | 2 3 1 1 5 4 |
| 20 | 1 4 1 1 6 5 |
| 21 | 1 3 1 2 7 |
| 22 | 4 3 11 |
| 23 | 3 4 4 6 6 |
| 24 | 7 4 6 6 |
| 25 | 18 4 |
| 26 | 15 5 |
| 27 | 14 6 1 |
| 28 | 2 11 7 1 |
| 29 | 5 8 6 3 |
| 30 | 7 4 5 1 |
| 31 | 9 1 6 |
| 32 | 5 6 |
| 33 | 1 1 3 |
| 34 | 1 3 2 1 1 |
| 35 | 1 2 1 1 4 |
| 36 | 1 1 1 2 2 7 |
| 37 | 1 1 1 3 3 6 |
| 38 | 3 2 1 1 2 4 10 |
| 39 | 8 1 1 2 11 2 |
| 40 | 6 3 1 5 12 |

| Column | Clue |
|---|---|
| 1 | 0 |
| 2 | 1 |
| 3 | 1 |
| 4 | 4 2 |
| 5 | 2 2 |
| 6 | 2 1 1 |
| 7 | 2 2 3 |
| 8 | 3 1 3 |
| 9 | 9 3 2 3 |
| 10 | 5 3 2 2 |
| 11 | 4 3 2 3 |
| 12 | 3 2 2 3 |
| 13 | 5 2 2 |
| 14 | 8 2 2 |
| 15 | 10 2 2 |
| 16 | 14 2 |
| 17 | 16 |
| 18 | 3 5 10 |
| 19 | 4 3 6 2 1 |
| 20 | 2 6 9 |
| 21 | 2 4 9 |
| 22 | 4 3 6 2 1 |
| 23 | 3 5 10 |
| 24 | 16 |
| 25 | 16 |
| 26 | 9 4 |
| 27 | 8 2 2 |
| 28 | 5 2 3 |
| 29 | 3 2 2 3 |
| 30 | 4 3 2 2 |
| 31 | 5 3 2 3 |
| 32 | 9 3 2 2 |
| 33 | 3 2 2 |
| 34 | 2 2 2 |
| 35 | 2 3 3 |
| 36 | 2 2 3 |
| 37 | 4 |
| 38 | 0 |
| 39 | 0 |
| 40 | 0 |

| Row | Clue |
|---|---|
| 1 | 1 1 1 |
| 2 | 1 1 1 |
| 3 | 1 1 1 |
| 4 | 1 1 1 |
| 5 | 1 1 1 |
| 6 | 1 1 1 1 1 |
| 7 | 1 1 4 1 1 |
| 8 | 1 2 6 2 1 |
| 9 | 2 2 9 2 2 |
| 10 | 1 1 11 1 1 |
| 11 | 1 2 3 3 2 1 |
| 12 | 2 2 5 5 2 2 |
| 13 | 2 2 6 6 2 2 |
| 14 | 2 9 9 2 |
| 15 | 3 8 8 3 |
| 16 | 3 6 6 3 |
| 17 | 8 8 |
| 18 | 20 |
| 19 | 14 |
| 20 | 10 |
| 21 | 11 |
| 22 | 17 |
| 23 | 5 14 |
| 24 | 3 3 2 4 3 |
| 25 | 3 2 6 4 2 |
| 26 | 3 2 6 3 2 |
| 27 | 2 3 1 1 2 2 |
| 28 | 1 2 1 1 2 1 |
| 29 | 1 2 2 1 |
| 30 | 1 1 1 1 |
| 31 | 2 2 1 |
| 32 | 2 2 1 |
| 33 | 1 1 1 |
| 34 | 2 1 |
| 35 | 1 2 |
| 36 | 2 1 |
| 37 | 1 1 |
| 38 | 1 1 |
| 39 | 1 |
| 40 | 1 1 |

| | | | | | | | | | | | | | | | | | | | | | | | | | | | | | | | | | | | | | | | | |
|---|---|---|---|---|---|---|---|---|---|---|---|---|---|---|---|---|---|---|---|---|---|---|---|---|---|---|---|---|---|---|---|---|---|---|---|---|---|---|---|---|
| | 15 | 9 4 | 8 1 2 1 | 7 2 2 1 | 6 5 2 | 4 11 | 2 13 | 1 20 | 17 16 | 22 15 | 17 21 | 14 17 | 12 2 2 10 | 8 4 4 4 5 | 8 1 1 1 3 1 3 | 7 1 1 1 4 6 1 | 8 1 1 1 4 8 2 | 8 1 1 2 4 1 9 | 8 1 1 5 2 1 6 | 8 1 1 7 2 2 6 | 8 1 2 1 8 5 | 9 1 1 7 5 | 9 1 2 1 7 5 | 9 5 1 4 2 5 | 10 1 4 3 1 6 | 11 1 4 1 9 | 10 1 2 5 2 8 | 9 1 1 4 8 | 10 1 2 3 3 9 | 12 4 3 11 | 13 1 16 | 13 8 7 1 | 17 5 3 2 | 14 5 3 | 1 5 4 | 5 4 | 9 | 8 | 7 | 6 |
| 14 | | | | | | | | | | | | | | | | | | | | | | | | | | | | | | | | | | | | | | | | |
| 16 | | | | | | | | | | | | | | | | | | | | | | | | | | | | | | | | | | | | | | | | |
| 22 | | | | | | | | | | | | | | | | | | | | | | | | | | | | | | | | | | | | | | | | |
| 22 | | | | | | | | | | | | | | | | | | | | | | | | | | | | | | | | | | | | | | | | |
| 24 | | | | | | | | | | | | | | | | | | | | | | | | | | | | | | | | | | | | | | | | |
| 25 | | | | | | | | | | | | | | | | | | | | | | | | | | | | | | | | | | | | | | | | |
| 26 | | | | | | | | | | | | | | | | | | | | | | | | | | | | | | | | | | | | | | | | |
| 7 18 | | | | | | | | | | | | | | | | | | | | | | | | | | | | | | | | | | | | | | | | |
| 5 13 | | | | | | | | | | | | | | | | | | | | | | | | | | | | | | | | | | | | | | | | |
| 5 1 10 | | | | | | | | | | | | | | | | | | | | | | | | | | | | | | | | | | | | | | | | |
| 5 1 2 9 | | | | | | | | | | | | | | | | | | | | | | | | | | | | | | | | | | | | | | | | |
| 5 2 2 7 | | | | | | | | | | | | | | | | | | | | | | | | | | | | | | | | | | | | | | | | |
| 4 1 5 | | | | | | | | | | | | | | | | | | | | | | | | | | | | | | | | | | | | | | | | |
| 4 1 4 1 3 6 | | | | | | | | | | | | | | | | | | | | | | | | | | | | | | | | | | | | | | | | |
| 3 1 1 4 | | | | | | | | | | | | | | | | | | | | | | | | | | | | | | | | | | | | | | | | |
| 3 1 1 3 | | | | | | | | | | | | | | | | | | | | | | | | | | | | | | | | | | | | | | | | |
| 3 4 1 2 4 3 | | | | | | | | | | | | | | | | | | | | | | | | | | | | | | | | | | | | | | | | |
| 4 3 3 5 1 2 | | | | | | | | | | | | | | | | | | | | | | | | | | | | | | | | | | | | | | | | |
| 2 2 3 3 2 2 | | | | | | | | | | | | | | | | | | | | | | | | | | | | | | | | | | | | | | | | |
| 3 17 2 | | | | | | | | | | | | | | | | | | | | | | | | | | | | | | | | | | | | | | | | |
| 4 7 6 1 | | | | | | | | | | | | | | | | | | | | | | | | | | | | | | | | | | | | | | | | |
| 1 2 4 1 3 1 | | | | | | | | | | | | | | | | | | | | | | | | | | | | | | | | | | | | | | | | |
| 1 2 3 1 3 1 | | | | | | | | | | | | | | | | | | | | | | | | | | | | | | | | | | | | | | | | |
| 4 3 1 1 1 3 | | | | | | | | | | | | | | | | | | | | | | | | | | | | | | | | | | | | | | | | |
| 6 5 1 1 4 | | | | | | | | | | | | | | | | | | | | | | | | | | | | | | | | | | | | | | | | |
| 6 7 1 1 4 | | | | | | | | | | | | | | | | | | | | | | | | | | | | | | | | | | | | | | | | |
| 6 5 1 3 2 1 3 | | | | | | | | | | | | | | | | | | | | | | | | | | | | | | | | | | | | | | | | |
| 5 6 1 5 4 | | | | | | | | | | | | | | | | | | | | | | | | | | | | | | | | | | | | | | | | |
| 5 6 1 4 4 | | | | | | | | | | | | | | | | | | | | | | | | | | | | | | | | | | | | | | | | |
| 4 7 1 4 1 6 | | | | | | | | | | | | | | | | | | | | | | | | | | | | | | | | | | | | | | | | |
| 4 9 2 3 1 2 4 | | | | | | | | | | | | | | | | | | | | | | | | | | | | | | | | | | | | | | | | |
| 3 10 3 5 1 4 4 | | | | | | | | | | | | | | | | | | | | | | | | | | | | | | | | | | | | | | | | |
| 3 29 4 | | | | | | | | | | | | | | | | | | | | | | | | | | | | | | | | | | | | | | | | |
| 2 15 3 8 5 | | | | | | | | | | | | | | | | | | | | | | | | | | | | | | | | | | | | | | | | |
| 1 11 6 9 5 | | | | | | | | | | | | | | | | | | | | | | | | | | | | | | | | | | | | | | | | |
| 2 10 17 4 | | | | | | | | | | | | | | | | | | | | | | | | | | | | | | | | | | | | | | | | |
| 4 9 16 6 | | | | | | | | | | | | | | | | | | | | | | | | | | | | | | | | | | | | | | | | |
| 4 9 15 7 | | | | | | | | | | | | | | | | | | | | | | | | | | | | | | | | | | | | | | | | |
| 2 10 15 8 | | | | | | | | | | | | | | | | | | | | | | | | | | | | | | | | | | | | | | | | |
| 1 12 15 9 | | | | | | | | | | | | | | | | | | | | | | | | | | | | | | | | | | | | | | | | |

| Column | Clue |
|---|---|
| 1 | 7 |
| 2 | 8 |
| 3 | 8 |
| 4 | 8 |
| 5 | 8 |
| 6 | 8 |
| 7 | 9 |
| 8 | 7 9 |
| 9 | 23 9 |
| 10 | 35 |
| 11 | 19 16 |
| 12 | 10 8 3 8 |
| 13 | 4 1 4 4 8 |
| 14 | 4 1 2 1 6 7 |
| 15 | 4 3 8 5 |
| 16 | 4 13 2 5 |
| 17 | 4 1 3 5 1 4 |
| 18 | 3 3 2 1 1 4 |
| 19 | 2 2 1 1 1 4 |
| 20 | 1 4 2 1 4 |
| 21 | 1 4 1 1 1 4 |
| 22 | 1 2 4 2 1 4 |
| 23 | 1 1 1 2 2 1 5 |
| 24 | 2 1 3 2 5 |
| 25 | 3 1 1 2 6 |
| 26 | 3 1 1 6 |
| 27 | 3 2 6 |
| 28 | 4 6 |
| 29 | 5 2 7 2 |
| 30 | 7 3 5 7 4 |
| 31 | 14 5 6 6 |
| 32 | 35 |
| 33 | 13 1 12 |
| 34 | 11 12 |
| 35 | 6 12 |
| 36 | 12 |
| 37 | 11 |
| 38 | 11 |
| 39 | 10 |
| 40 | 10 |


| Row | Clue |
|---|---|
| 1 | 10 |
| 2 | 6 5 |
| 3 | 6 5 |
| 4 | 6 4 |
| 5 | 6 4 |
| 6 | 4 4 |
| 7 | 4 4 |
| 8 | 4 4 |
| 9 | 4 4 |
| 10 | 5 4 |
| 11 | 5 3 |
| 12 | 5 3 |
| 13 | 5 4 |
| 14 | 4 5 |
| 15 | 4 6 |
| 16 | 7 1 4 6 |
| 17 | 4 1 3 2 5 |
| 18 | 6 1 4 1 5 |
| 19 | 9 6 4 |
| 20 | 5 2 3 3 5 |
| 21 | 9 3 2 1 |
| 22 | 4 2 3 3 1 |
| 23 | 4 2 3 1 |
| 24 | 2 1 5 |
| 25 | 3 2 2 1 |
| 26 | 3 2 1 1 1 |
| 27 | 9 4 2 |
| 28 | 12 3 3 |
| 29 | 10 2 8 |
| 30 | 2 5 1 10 |
| 31 | 2 2 6 12 |
| 32 | 5 3 13 |
| 33 | 12 4 4 9 |
| 34 | 14 5 9 |
| 35 | 14 5 10 |
| 36 | 16 6 10 |
| 37 | 28 11 |
| 38 | 27 11 |
| 39 | 26 12 |
| 40 | 25 12 |

| | | | | | | | | | | | | | | | | | | | | | | | | | | | | | | | | | | | | | | | |
|---|---|---|---|---|---|---|---|---|---|---|---|---|---|---|---|---|---|---|---|---|---|---|---|---|---|---|---|---|---|---|---|---|---|---|---|---|---|---|---|
| 3 | 6 | 7 | 8 | 9 | 9 | 10 3 | 11 4 | 11 4 | 14 6 | 16 1 9 | 23 4 | 5 17 6 4 | 1 2 7 4 4 3 | 2 2 6 3 5 2 | 3 2 6 1 4 5 1 | 3 3 5 2 9 1 | 4 4 5 1 1 1 1 4 | 4 6 4 1 2 1 1 4 | 3 6 4 1 2 1 1 4 | 3 7 4 2 1 1 1 4 | 2 8 4 2 1 1 2 4 | 1 9 5 2 4 3 1 | 12 5 2 3 7 1 | 12 5 16 2 | 12 9 4 8 3 | 13 11 13 | 13 8 16 | 12 24 | 10 11 8 | 8 5 1 | 7 3 2 | 6 5 | 6 | 6 | 6 | 6 | 7 | 6 | 6 |

| |
|---|
| 11 |
| 7 5 |
| 7 6 |
| 6 7 |
| 1 9 |
| 1 10 |
| 1 12 |
| 2 13 |
| 18 |
| 5 16 |
| 11 14 |
| 15 12 |
| 17 4 |
| 26 2 |
| 28 3 |
| 40 |
| 39 |
| 11 18 |
| 9 15 |
| 6 3 15 |
| 4 1 1 13 |
| 4 6 9 |
| 4 1 2 1 2 1 3 |
| 3 6 |
| 4 6 |
| 3 2 3 |
| 4 1 2 2 |
| 2 2 1 5 3 |
| 1 2 1 7 |
| 3 2 6 |
| 3 2 5 6 |
| 5 3 8 |
| 7 1 11 |
| 3 5 11 |
| 4 6 9 |
| 5 19 |
| 1 4 11 5 1 |
| 2 4 9 5 1 |
| 1 4 4 5 2 |
| 1 5 5 3 |

| Column | Clue |
|---|---|
| 1 | 1 1 2 2 |
| 2 | 1 1 2 1 |
| 3 | 1 1 2 1 |
| 4 | 1 8 |
| 5 | 1 1 4 |
| 6 | 2 1 4 |
| 7 | 3 2 1 1 1 |
| 8 | 5 1 2 1 1 |
| 9 | 4 1 3 1 2 1 |
| 10 | 3 1 1 3 3 1 1 1 |
| 11 | 2 1 1 5 3 2 3 2 |
| 12 | 2 1 1 7 2 1 1 1 |
| 13 | 1 1 14 1 2 1 |
| 14 | 1 8 7 1 2 1 |
| 15 | 1 1 1 1 4 2 1 1 1 |
| 16 | 1 1 1 10 3 1 1 1 |
| 17 | 1 1 1 1 3 2 1 1 1 |
| 18 | 1 2 6 1 1 1 1 |
| 19 | 1 3 7 2 1 1 1 1 |
| 20 | 1 1 1 7 1 1 1 1 2 2 |
| 21 | 1 1 1 8 1 1 1 1 1 |
| 22 | 1 1 1 7 1 1 1 1 1 1 |
| 23 | 1 2 5 1 1 1 1 1 1 1 1 |
| 24 | 1 3 4 3 1 1 2 1 1 |
| 25 | 1 1 1 3 4 2 3 5 |
| 26 | 1 1 1 15 4 1 1 |
| 27 | 2 1 1 15 7 3 |
| 28 | 8 2 12 11 |
| 29 | 8 1 9 10 1 |
| 30 | 7 2 6 3 4 1 1 |
| 31 | 6 1 8 2 1 1 |
| 32 | 5 1 4 2 1 1 1 |
| 33 | 4 2 3 1 1 1 |
| 34 | 3 1 3 |
| 35 | 9 |
| 36 | 8 |
| 37 | 7 |
| 38 | 6 |
| 39 | 5 |
| 40 | 4 |

| Row | Clue |
|---|---|
| 1 | 12 |
| 2 | 2 1 |
| 3 | 1 2 |
| 4 | 1 2 |
| 5 | 1 3 |
| 6 | 2 3 |
| 7 | 1 4 |
| 8 | 2 5 |
| 9 | 1 5 |
| 10 | 1 2 3 4 10 |
| 11 | 1 1 1 2 2 5 |
| 12 | 1 1 16 3 |
| 13 | 1 4 3 1 |
| 14 | 3 15 3 |
| 15 | 1 2 1 12 1 |
| 16 | 1 3 1 16 |
| 17 | 1 3 1 7 7 |
| 18 | 1 6 6 7 |
| 19 | 1 5 8 7 |
| 20 | 6 2 4 6 |
| 21 | 5 2 1 1 6 |
| 22 | 4 1 6 1 |
| 23 | 2 2 1 1 6 1 |
| 24 | 4 1 1 7 1 |
| 25 | 7 1 4 1 |
| 26 | 1 1 1 1 3 3 1 |
| 27 | 8 1 2 1 2 1 |
| 28 | 3 3 1 1 2 2 3 1 |
| 29 | 2 1 1 4 4 |
| 30 | 1 2 1 2 8 |
| 31 | 1 1 1 9 3 |
| 32 | 1 3 1 2 7 3 |
| 33 | 1 1 3 1 1 2 5 3 |
| 34 | 2 3 3 1 3 5 3 |
| 35 | 1 1 4 3 7 |
| 36 | 1 2 5 1 1 2 5 5 |
| 37 | 1 6 1 1 1 1 1 1 3 6 |
| 38 | 3 2 1 1 3 8 |
| 39 | 1 3 2 1 1 2 7 |
| 40 | 5 1 2 5 9 |

| | | | | | | | | | | | | | | | | | | | | | | | | | | | | | | | | | | | | | | | |
|---|---|---|---|---|---|---|---|---|---|---|---|---|---|---|---|---|---|---|---|---|---|---|---|---|---|---|---|---|---|---|---|---|---|---|---|---|---|---|---|
| 40 | 40 | 9 19 | 1 4 1 16 | 4 3 14 | 3 4 14 | 3 5 14 | 3 2 2 15 | 2 3 1 15 | 3 3 1 16 | 3 3 1 12 | 3 2 1 14 | 3 3 2 15 | 7 1 1 6 9 | 6 1 1 10 6 | 6 8 3 1 4 | 6 6 4 1 2 | 1 2 5 6 | 2 5 6 | 1 5 7 | 1 1 5 7 | 2 3 5 8 | 2 2 5 7 | 7 6 7 | 9 7 6 | 6 1 7 5 1 | 3 2 2 8 4 1 2 | 4 3 17 5 | 3 4 1 10 8 | 3 2 1 3 17 | 3 3 1 2 14 | 3 3 1 5 10 | 2 4 1 5 10 | 2 3 2 17 | 2 5 15 | 6 5 14 | 11 14 | 12 15 | 40 | 40 |

| |
|---|
| 4 5 |
| 3 5 |
| 3 5 |
| 3 6 5 |
| 8 1 13 |
| 14 2 3 7 7 |
| 18 7 4 |
| 5 8 4 8 |
| 3 5 6 13 |
| 2 13 19 |
| 2 12 1 1 6 3 6 |
| 2 4 3 3 2 2 2 3 3 |
| 2 4 1 1 4 2 |
| 2 6 1 2 |
| 2 1 2 |
| 2 1 2 |
| 2 1 2 2 |
| 2 1 4 2 |
| 2 1 1 2 2 |
| 2 1 1 2 2 |
| 2 3 4 1 2 |
| 3 2 6 1 2 |
| 3 15 2 2 |
| 3 16 3 2 |
| 4 1 17 3 2 |
| 4 3 18 3 3 |
| 10 20 8 |
| 10 5 5 7 |
| 15 4 7 |
| 16 1 5 7 |
| 13 26 |
| 28 11 |
| 14 24 |
| 14 11 12 |
| 15 10 12 |
| 15 9 13 |
| 16 5 13 |
| 16 13 |
| 17 14 |
| 17 15 |

| Column | Clues |
|---|---|
| 1 | 1 |
| 2 | 1 |
| 3 | 2 |
| 4 | 2 |
| 5 | 2 |
| 6 | 3 |
| 7 | 2 3 |
| 8 | 1 2 3 |
| 9 | 16 4 |
| 10 | 11 4 5 |
| 11 | 6 3 5 |
| 12 | 5 1 2 3 5 |
| 13 | 5 3 1 1 1 5 5 |
| 14 | 4 3 2 1 8 |
| 15 | 4 2 2 1 9 |
| 16 | 5 2 1 1 3 3 |
| 17 | 5 1 1 2 4 |
| 18 | 4 1 1 1 1 4 |
| 19 | 4 2 1 1 1 5 |
| 20 | 4 2 1 1 2 4 |
| 21 | 4 4 1 2 4 |
| 22 | 4 1 4 1 2 4 |
| 23 | 4 3 5 1 1 5 |
| 24 | 5 4 1 6 1 6 |
| 25 | 5 1 3 1 6 6 |
| 26 | 5 1 3 1 3 7 |
| 27 | 5 2 2 1 1 12 |
| 28 | 5 2 4 13 |
| 29 | 5 5 13 |
| 30 | 11 3 13 |
| 31 | 11 12 |
| 32 | 20 1 |
| 33 | 12 2 |
| 34 | 4 1 1 1 |
| 35 | 3 1 2 |
| 36 | 1 3 |
| 37 | 4 |
| 38 | 3 |
| 39 | 2 |
| 40 | 1 |

| Row | Clues |
|---|---|
| 1 | 11 |
| 2 | 16 |
| 3 | 18 |
| 4 | 20 |
| 5 | 8 8 |
| 6 | 4 5 |
| 7 | 4 4 |
| 8 | 3 3 |
| 9 | 3 3 |
| 10 | 2 3 |
| 11 | 2 4 |
| 12 | 2 4 |
| 13 | 2 4 |
| 14 | 2 2 2 4 |
| 15 | 2 4 6 3 |
| 16 | 1 6 2 2 2 |
| 17 | 2 8 4 |
| 18 | 1 1 6 9 4 |
| 19 | 1 1 1 2 1 2 2 4 |
| 20 | 2 1 2 3 |
| 21 | 2 3 3 2 |
| 22 | 1 4 |
| 23 | 1 3 |
| 24 | 1 3 4 |
| 25 | 1 8 6 |
| 26 | 1 1 7 5 |
| 27 | 1 1 11 |
| 28 | 1 17 |
| 29 | 3 3 8 |
| 30 | 4 6 5 |
| 31 | 4 1 5 |
| 32 | 3 4 5 |
| 33 | 3 4 8 |
| 34 | 2 5 2 |
| 35 | 5 7 1 |
| 36 | 10 7 1 |
| 37 | 6 13 1 |
| 38 | 8 11 3 |
| 39 | 11 9 5 |
| 40 | 12 7 7 |

| Column | Clue |
|---|---|
| 1 | 4 12 |
| 2 | 1 4 1 12 |
| 3 | 6 2 13 |
| 4 | 6 1 5 1 1 1 |
| 5 | 3 1 2 1 1 1 |
| 6 | 8 5 1 6 2 1 4 |
| 7 | 5 3 5 1 1 5 2 2 1 1 |
| 8 | 13 3 2 5 |
| 9 | 2 9 8 |
| 10 | 6 8 14 |
| 11 | 17 3 1 6 |
| 12 | 1 8 2 3 3 5 |
| 13 | 14 6 3 5 |
| 14 | 24 6 |
| 15 | 35 |
| 16 | 22 12 |
| 17 | 19 1 1 9 |
| 18 | 6 12 3 8 |
| 19 | 7 12 3 9 |
| 20 | 3 2 9 3 1 10 |
| 21 | 3 2 5 2 5 7 2 |
| 22 | 3 2 5 1 1 5 1 1 2 |
| 23 | 4 2 4 1 3 1 1 2 |
| 24 | 4 2 4 1 2 1 1 1 |
| 25 | 3 2 2 1 1 1 1 1 |
| 26 | 1 1 3 1 4 7 |
| 27 | 1 1 3 1 2 1 2 5 |
| 28 | 3 3 2 4 3 5 |
| 29 | 1 2 4 5 6 |
| 30 | 5 24 |
| 31 | 26 |
| 32 | 1 9 |
| 33 | 7 |
| 34 | 1 1 1 |
| 35 | 6 |
| 36 | 1 1 1 |
| 37 | 5 |
| 38 | 1 1 |
| 39 | 3 |
| 40 | 3 |

| Row | Clue |
|---|---|
| 1 | 1 6 |
| 2 | 1 10 |
| 3 | 1 1 1 10 1 |
| 4 | 1 1 1 4 3 |
| 5 | 1 1 1 7 1 |
| 6 | 2 1 1 2 12 1 |
| 7 | 2 1 1 2 5 3 2 |
| 8 | 3 3 3 4 3 1 |
| 9 | 1 3 1 11 |
| 10 | 1 3 1 16 |
| 11 | 2 1 1 1 18 |
| 12 | 2 1 1 1 12 5 |
| 13 | 2 1 1 1 8 1 |
| 14 | 2 1 2 1 8 1 |
| 15 | 1 7 12 2 |
| 16 | 2 17 7 1 |
| 17 | 3 10 4 |
| 18 | 3 10 2 3 |
| 19 | 1 10 1 3 |
| 20 | 1 11 1 2 |
| 21 | 1 8 2 3 2 |
| 22 | 1 13 4 2 |
| 23 | 1 2 4 2 2 1 1 1 2 |
| 24 | 2 1 2 9 5 2 |
| 25 | 2 1 5 2 2 |
| 26 | 4 1 3 1 2 |
| 27 | 5 3 2 3 |
| 28 | 8 4 1 3 |
| 29 | 4 2 5 3 1 3 |
| 30 | 4 1 5 3 1 4 |
| 31 | 7 2 3 6 3 |
| 32 | 8 1 2 3 3 1 3 |
| 33 | 3 3 2 9 2 3 |
| 34 | 3 2 2 6 3 4 |
| 35 | 7 3 13 8 |
| 36 | 3 17 8 1 1 |
| 37 | 3 1 13 13 |
| 38 | 20 8 1 1 2 |
| 39 | 3 1 11 16 |
| 40 | 18 8 1 1 2 |

Column clues (left to right):

1 4
3 1 1 1
9 6
1 9 2 2
4 11 2 1
6 11 4 1
1 5 15 1
2 5 15 1
3 5 5 10 1
4 4 7 2 5 2
1 4 3 8 2 2 3
1 4 3 12 2 2
2 7 15 1 1
4 3 18 2 2
4 2 15 1
6 13
3 13 2
3 1 13 1
1 1 14
1 1 2 13
1 1 2 3 13
1 1 2 3 1 13
1 1 1 3 1 16
3 1 3 1 4 11
3 6 8 9
3 5 2 3 2 1 10
2 4 1 2 3 1 11
1 1 1 2 3 1 10
1 3 4 5 8 1
2 5 3 4 7 1
5 2 2 1 3 4 9
2 3 11 1
5 18 1
6 2 5 3 2
3
2 1
1 1 2
1 1
1 1
1

Row clues (top to bottom):

3 5
6 4
18
1 5 1
4 1 1
9 1
9 1
1 4 1
4 1 1
9 2 2
9 6 4
9 3 2 1
7 1 6 6
1 2 8 6
5 4 6 1 3
13 1 1 1
13 3 2 1 1
13 1 1
12 1 2 1 1
13 4 1 2 1
6 6 2 7 1
6 7 1 8 1
6 6 3 1 2
14 3 4 2
15 9 1
3 9 1 9
4 11 1 6
4 11 4 4
5 10 3
2 4 11 4 4
2 4 20
2 2 22
3 1 20
1 1 20
1 2 21
1 3 19 2
4 2 1 13 1 1
1 5 1 11 3 1 1
1 1 1 10 1 1 1
2 1 1 1 1 1 1 1

Column clues (left to right):

| Column | Clue |
|---|---|
| 1 | 10 |
| 2 | 11 |
| 3 | 11 |
| 4 | 11 |
| 5 | 12 |
| 6 | 14 |
| 7 | 15 |
| 8 | 17 16 |
| 9 | 40 |
| 10 | 40 |
| 11 | 40 |
| 12 | 33 6 |
| 13 | 12 21 3 |
| 14 | 13 19 2 |
| 15 | 12 15 2 |
| 16 | 12 6 9 1 |
| 17 | 11 7 8 |
| 18 | 4 6 10 8 |
| 19 | 1 14 1 1 6 5 |
| 20 | 1 12 1 1 5 5 |
| 21 | 1 3 2 1 1 11 |
| 22 | 1 1 1 1 13 |
| 23 | 1 2 1 1 14 |
| 24 | 1 3 2 1 13 |
| 25 | 4 12 |
| 26 | 5 13 |
| 27 | 4 13 |
| 28 | 5 14 |
| 29 | 5 16 |
| 30 | 1 3 21 |
| 31 | 3 4 17 |
| 32 | 7 7 18 |
| 33 | 1 13 19 |
| 34 | 10 20 |
| 35 | 7 19 |
| 36 | 20 |
| 37 | 21 |
| 38 | 21 |
| 39 | 21 |
| 40 | 1 17 |


| Row | Clue |
|---|---|
| 1 | 16 4 |
| 2 | 10 2 |
| 3 | 11 3 |
| 4 | 11 3 |
| 5 | 10 3 |
| 6 | 10 4 |
| 7 | 12 4 |
| 8 | 12 3 |
| 9 | 13 3 |
| 10 | 14 1 3 |
| 11 | 22 4 |
| 12 | 9 4 8 4 |
| 13 | 5 1 2 7 3 |
| 14 | 6 2 5 2 |
| 15 | 6 3 1 2 2 |
| 16 | 7 3 2 |
| 17 | 7 4 2 2 |
| 18 | 7 6 1 1 4 |
| 19 | 7 9 1 4 |
| 20 | 12 1 5 |
| 21 | 10 1 7 |
| 22 | 13 1 8 |
| 23 | 10 2 1 9 |
| 24 | 7 4 1 11 |
| 25 | 8 12 |
| 26 | 9 12 |
| 27 | 11 1 13 |
| 28 | 11 3 15 |
| 29 | 15 19 |
| 30 | 39 |
| 31 | 40 |
| 32 | 40 |
| 33 | 40 |
| 34 | 11 28 |
| 35 | 12 3 20 |
| 36 | 12 24 |
| 37 | 12 22 |
| 38 | 13 19 |
| 39 | 15 16 |
| 40 | 16 16 |

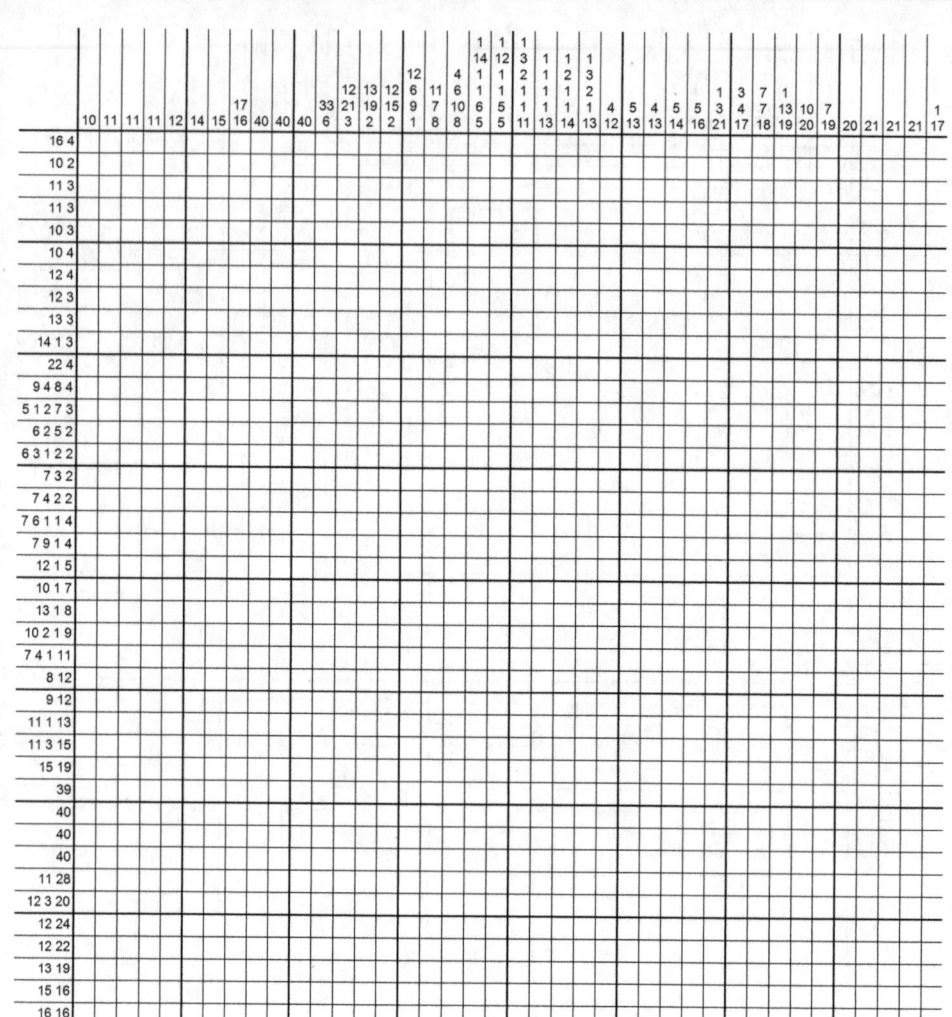

Column clues:

| Column | Clue |
|---|---|
| 1 | 2 |
| 2 | 4 1 1 |
| 3 | 1 5 1 1 2 |
| 4 | 1 4 1 1 3 |
| 5 | 1 1 4 3 1 1 2 |
| 6 | 2 3 4 4 1 2 |
| 7 | 2 1 3 4 5 3 |
| 8 | 1 4 3 8 4 |
| 9 | 1 2 4 3 6 4 |
| 10 | 1 3 4 8 1 4 |
| 11 | 1 1 3 4 7 1 4 |
| 12 | 1 2 3 4 7 4 |
| 13 | 1 4 3 4 6 1 4 |
| 14 | 1 1 4 3 12 3 5 |
| 15 | 1 3 16 4 5 |
| 16 | 1 4 13 3 4 |
| 17 | 1 17 2 4 |
| 18 | 1 12 2 4 |
| 19 | 1 4 8 2 5 |
| 20 | 1 16 3 5 |
| 21 | 1 16 3 5 |
| 22 | 1 4 8 1 2 5 |
| 23 | 1 12 1 2 4 |
| 24 | 1 17 1 2 4 |
| 25 | 1 4 13 2 3 4 |
| 26 | 1 3 16 4 4 |
| 27 | 1 1 4 3 12 3 5 |
| 28 | 1 4 3 4 6 1 4 |
| 29 | 1 2 3 4 7 4 |
| 30 | 1 1 3 4 7 1 4 |
| 31 | 1 3 4 8 1 4 |
| 32 | 1 2 4 3 6 3 |
| 33 | 1 4 3 8 4 |
| 34 | 2 1 3 4 5 3 |
| 35 | 2 3 4 3 1 2 |
| 36 | 1 1 4 3 1 2 |
| 37 | 1 4 1 1 3 |
| 38 | 6 1 1 2 |
| 39 | 4 1 1 |
| 40 | 2 |

Row clues:

| Row | Clue |
|---|---|
| 1 | 0 |
| 2 | 0 |
| 3 | 12 |
| 4 | 1 1 |
| 5 | 1 3 4 3 1 |
| 6 | 2 4 4 4 2 |
| 7 | 2 1 3 4 3 1 2 |
| 8 | 1 4 2 4 2 4 1 |
| 9 | 1 2 4 2 2 2 4 2 1 |
| 10 | 1 3 6 2 6 3 1 |
| 11 | 1 1 3 5 2 5 3 1 1 |
| 12 | 1 2 3 4 2 4 3 2 1 |
| 13 | 1 4 18 4 1 |
| 14 | 2 1 4 16 4 1 1 |
| 15 | 3 4 14 4 3 1 |
| 16 | 1 3 4 12 4 3 1 |
| 17 | 1 1 3 20 3 1 1 |
| 18 | 1 2 3 18 3 2 1 |
| 19 | 1 3 3 16 3 3 1 |
| 20 | 1 4 3 14 3 4 1 |
| 21 | 1 1 12 12 1 1 |
| 22 | 1 2 10 10 2 1 |
| 23 | 1 3 8 8 3 1 |
| 24 | 1 12 12 1 |
| 25 | 1 9 9 1 |
| 26 | 6 3 3 3 1 |
| 27 | 2 2 1 1 1 2 2 |
| 28 | 5 1 1 1 5 |
| 29 | 1 1 1 1 1 |
| 30 | 1 3 2 3 1 |
| 31 | 1 5 2 5 1 |
| 32 | 3 14 3 |
| 33 | 3 3 6 2 3 |
| 34 | 12 11 |
| 35 | 30 |
| 36 | 26 |
| 37 | 22 |
| 38 | 14 |
| 39 | 4 |
| 40 | 0 |

| Column | Clues |
|---|---|
| 1 | 3 |
| 2 | 14 |
| 3 | 5 9 |
| 4 | 6 3 4 |
| 5 | 7 1 1 2 |
| 6 | 5 1 5 2 1 3 |
| 7 | 5 7 4 2 1 1 |
| 8 | 6 1 6 3 1 1 1 |
| 9 | 2 4 1 3 3 4 1 1 |
| 10 | 3 1 3 1 1 3 3 1 1 |
| 11 | 2 2 5 1 1 4 3 2 1 1 |
| 12 | 3 2 6 12 1 1 3 |
| 13 | 2 1 2 18 1 1 1 4 |
| 14 | 2 2 1 2 1 13 2 1 5 |
| 15 | 4 3 13 3 4 |
| 16 | 4 2 3 17 1 |
| 17 | 2 2 1 1 5 7 1 1 |
| 18 | 2 3 1 2 6 4 |
| 19 | 3 1 1 2 6 3 |
| 20 | 4 1 7 5 3 |
| 21 | 2 4 4 2 2 3 2 |
| 22 | 2 2 2 1 3 2 2 |
| 23 | 1 2 1 1 2 3 1 |
| 24 | 2 2 7 3 2 |
| 25 | 2 1 5 1 1 1 1 1 |
| 26 | 1 1 5 1 2 1 2 |
| 27 | 6 3 3 1 2 1 3 |
| 28 | 2 1 2 2 1 2 2 1 3 |
| 29 | 2 2 4 1 1 2 5 |
| 30 | 3 4 1 1 2 1 4 |
| 31 | 4 2 4 1 2 5 |
| 32 | 9 2 2 1 3 4 |
| 33 | 7 2 1 2 2 |
| 34 | 7 3 |
| 35 | 5 4 5 |
| 36 | 1 7 10 |
| 37 | 3 |
| 38 | 3 |
| 39 | 2 |
| 40 | 2 |

| Row | Clues |
|---|---|
| 1 | 14 |
| 2 | 10 2 3 |
| 3 | 5 2 1 2 |
| 4 | 3 3 2 2 2 |
| 5 | 6 2 2 2 6 |
| 6 | 3 2 7 1 1 2 |
| 7 | 1 3 4 1 1 3 |
| 8 | 10 2 |
| 9 | 3 2 |
| 10 | 3 3 3 |
| 11 | 4 4 3 |
| 12 | 2 5 3 |
| 13 | 1 6 3 |
| 14 | 2 5 1 |
| 15 | 4 2 5 |
| 16 | 5 2 7 |
| 17 | 3 4 3 1 |
| 18 | 2 7 3 5 2 |
| 19 | 3 11 1 5 1 |
| 20 | 12 2 2 1 1 1 |
| 21 | 2 7 4 2 1 2 1 |
| 22 | 3 11 3 1 1 |
| 23 | 5 8 2 2 1 1 |
| 24 | 6 6 2 3 1 |
| 25 | 16 3 1 |
| 26 | 16 1 1 1 2 1 |
| 27 | 2 8 4 1 1 |
| 28 | 1 3 1 4 2 1 |
| 29 | 1 2 1 4 1 1 1 1 |
| 30 | 1 2 1 1 4 1 5 1 |
| 31 | 1 1 15 5 1 1 |
| 32 | 6 7 2 2 1 |
| 33 | 4 12 9 1 |
| 34 | 3 2 6 4 1 |
| 35 | 3 1 4 1 1 1 |
| 36 | 2 1 1 3 5 3 1 2 |
| 37 | 3 1 5 3 1 1 4 2 |
| 38 | 3 1 6 6 6 5 |
| 39 | 3 4 6 15 |
| 40 | 3 4 1 16 |

| 0 | 0 | 0 | 1 1 4 | 1 1 8 | 1 1 1 4 3 | 1 1 1 2 3 | 8 1 3 | 6 1 5 2 | 7 1 1 9 3 1 | 2 1 3 2 13 | 1 3 1 2 2 4 2 | 1 3 1 1 4 1 | 2 2 1 1 1 4 9 1 | 2 1 1 1 1 9 3 | 2 1 1 1 1 5 2 | 2 1 1 1 2 3 3 1 | 2 1 1 3 2 1 1 1 1 | 1 1 1 2 5 2 3 1 | 1 1 1 2 1 1 1 1 2 2 1 | 2 1 4 1 6 2 3 1 | 3 2 2 1 1 1 2 1 1 1 | 1 1 1 2 3 1 | 1 1 1 1 1 2 2 3 | 1 1 1 2 1 7 | 2 1 5 8 | 2 1 1 5 1 1 | 2 2 1 4 1 1 | 1 3 2 1 1 | 1 3 1 2 2 1 | 2 1 1 1 4 3 1 | 5 1 1 1 3 9 2 | 6 1 4 9 | 9 1 1 | 1 1 1 | 1 1 1 | 1 1 1 | 1 1 | 0 | 0 |
|---|---|---|---|---|---|---|---|---|---|---|---|---|---|---|---|---|---|---|---|---|---|---|---|---|---|---|---|---|---|---|---|---|---|---|---|---|---|---|---|

4 4
1 2 2 1
1 7 2 1
1 1 3 6 1 1
1 3 1 3 1
2 4 1 1 4 2
2 1 2 1 2
2 1
2 2
1 3 3 2
2 1 1 1 1 2
1 2 1
1 3 1
1 1 1
7 1 3 1 6
2 1 3 3 1 2
9 4
4 2 2 4
2 3 1 1 1 4 2
3 1 3 4
2 4 1 2 2
3 3 2
1 2 5 5
1 6 6 1
2 1 5 4 1
2 1 3 1 2 3 1
2 1 2 4 1 2 1
2 1 2 1 1 1 1 1
2 5 4 2 1
2 5 1 1 2 2
2 4 2 1 3
2 4 2 5
2 1 1 2 2 1 1 1 2
3 1 1 4 3 1
3 1 1 1 1 2 1
5 1 1 1 2 2 1
4 1 5 2 1
2 1 4 3 1
2 2 3 2

| Column | Clue |
|---|---|
| 1 | 2 |
| 2 | 3 2 |
| 3 | 1 1 3 2 3 1 |
| 4 | 2 4 2 2 1 1 1 |
| 5 | 2 2 1 5 1 3 |
| 6 | 1 1 1 1 2 1 4 |
| 7 | 2 1 1 1 1 2 1 4 |
| 8 | 2 1 1 1 1 2 1 1 1 |
| 9 | 2 1 1 1 3 1 3 |
| 10 | 2 1 1 1 1 4 1 1 |
| 11 | 2 1 5 1 3 1 |
| 12 | 5 1 2 1 1 2 1 |
| 13 | 1 1 3 1 1 |
| 14 | 2 2 1 1 1 |
| 15 | 2 3 1 |
| 16 | 2 3 1 |
| 17 | 2 1 2 |
| 18 | 3 1 |
| 19 | 2 2 2 |
| 20 | 4 2 1 |
| 21 | 2 3 1 |
| 22 | 7 1 2 |
| 23 | 2 2 1 1 |
| 24 | 2 5 1 2 |
| 25 | 2 3 1 1 |
| 26 | 1 2 6 |
| 27 | 3 2 6 |
| 28 | 2 1 1 1 4 |
| 29 | 2 1 1 2 5 |
| 30 | 1 2 1 2 5 |
| 31 | 1 2 1 1 5 |
| 32 | 1 1 1 5 |
| 33 | 2 1 1 2 2 |
| 34 | 1 1 2 5 |
| 35 | 1 1 2 4 |
| 36 | 1 2 2 1 |
| 37 | 2 1 1 1 |
| 38 | 1 1 1 1 |
| 39 | 3 2 |
| 40 | 1 1 |

| Row | Clue |
|---|---|
| 1 | 2 |
| 2 | 2 |
| 3 | 1 |
| 4 | 1 1 |
| 5 | 1 1 |
| 6 | 2 2 |
| 7 | 2 2 |
| 8 | 1 2 1 |
| 9 | 1 1 1 |
| 10 | 2 1 2 3 3 1 |
| 11 | 2 1 2 2 2 5 |
| 12 | 1 1 1 1 5 1 1 1 |
| 13 | 2 2 3 3 1 2 1 2 |
| 14 | 2 1 1 1 3 1 1 1 2 |
| 15 | 2 3 2 3 1 1 1 1 2 |
| 16 | 1 2 1 1 2 2 1 1 1 1 1 2 |
| 17 | 1 3 5 1 1 1 2 |
| 18 | 4 1 2 1 1 2 1 1 1 |
| 19 | 1 2 2 4 2 2 |
| 20 | 4 2 5 1 2 |
| 21 | 1 1 2 2 |
| 22 | 7 2 1 |
| 23 | 2 2 2 2 6 |
| 24 | 4 2 12 |
| 25 | 2 3 7 6 |
| 26 | 3 2 10 2 |
| 27 | 2 3 13 |
| 28 | 1 3 |
| 29 | 1 3 |
| 30 | 2 2 |
| 31 | 3 2 |
| 32 | 2 1 3 |
| 33 | 2 1 1 3 |
| 34 | 1 1 9 |
| 35 | 2 3 1 |
| 36 | 7 |
| 37 | 2 |
| 38 | 0 |
| 39 | 0 |
| 40 | 0 |

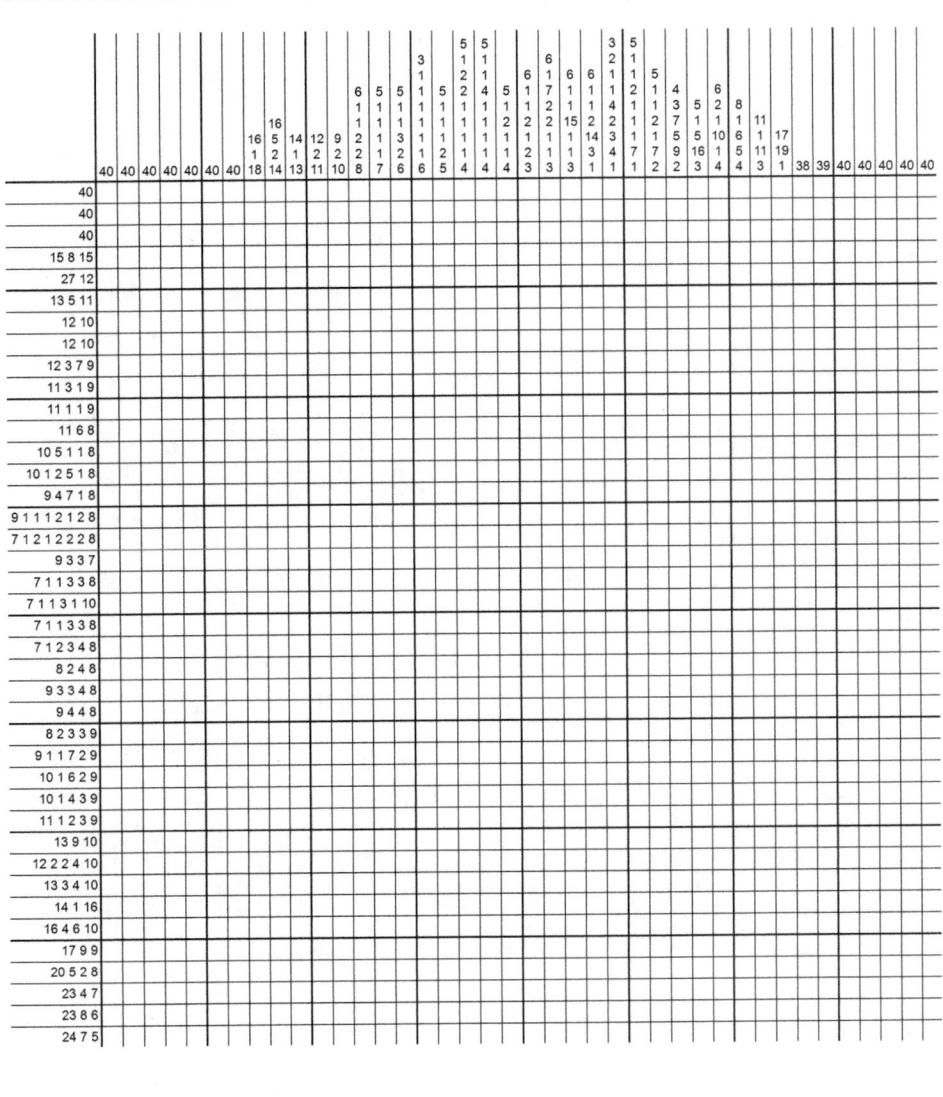

| Column | Clue |
| --- | --- |
| 1 | 40 |
| 2 | 40 |
| 3 | 40 |
| 4 | 40 |
| 5 | 40 |
| 6 | 40 |
| 7 | 40 |
| 8 | 16 1 18 |
| 9 | 16 5 2 14 |
| 10 | 14 1 13 |
| 11 | 12 2 11 |
| 12 | 9 2 10 |
| 13 | 6 1 1 2 2 8 |
| 14 | 5 1 1 1 1 7 |
| 15 | 5 1 1 3 2 6 |
| 16 | 3 1 1 1 1 1 1 6 |
| 17 | 5 1 1 1 2 5 |
| 18 | 5 1 2 2 1 1 1 1 4 |
| 19 | 5 1 1 4 1 1 1 1 4 |
| 20 | 5 1 2 1 1 4 |
| 21 | 6 1 1 2 1 2 3 |
| 22 | 6 1 7 2 2 1 1 3 |
| 23 | 6 1 1 15 1 1 3 |
| 24 | 6 1 1 2 14 3 1 |
| 25 | 3 2 1 1 4 2 3 4 1 |
| 26 | 5 1 1 2 1 1 1 7 1 |
| 27 | 5 1 1 2 1 7 2 |
| 28 | 4 3 7 5 9 2 |
| 29 | 5 1 5 16 3 |
| 30 | 6 2 1 10 1 4 |
| 31 | 8 1 6 5 4 |
| 32 | 11 1 11 3 |
| 33 | 17 19 1 |
| 34 | 38 |
| 35 | 39 |
| 36 | 40 |
| 37 | 40 |
| 38 | 40 |
| 39 | 40 |
| 40 | 40 |

| Row | Clue |
| --- | --- |
| 1 | 40 |
| 2 | 40 |
| 3 | 40 |
| 4 | 15 8 15 |
| 5 | 27 12 |
| 6 | 13 5 11 |
| 7 | 12 10 |
| 8 | 12 10 |
| 9 | 12 3 7 9 |
| 10 | 11 3 1 9 |
| 11 | 11 1 1 9 |
| 12 | 11 6 8 |
| 13 | 10 5 1 1 8 |
| 14 | 10 1 2 5 1 8 |
| 15 | 9 4 7 1 8 |
| 16 | 9 1 1 1 2 1 2 8 |
| 17 | 7 1 2 1 2 2 2 8 |
| 18 | 9 3 3 7 |
| 19 | 7 1 1 3 3 8 |
| 20 | 7 1 1 3 1 10 |
| 21 | 7 1 1 3 3 8 |
| 22 | 7 1 2 3 4 8 |
| 23 | 8 2 4 8 |
| 24 | 9 3 3 4 8 |
| 25 | 9 4 4 8 |
| 26 | 8 2 3 3 9 |
| 27 | 9 1 1 7 2 9 |
| 28 | 10 1 6 2 9 |
| 29 | 10 1 4 3 9 |
| 30 | 11 1 2 3 9 |
| 31 | 13 9 10 |
| 32 | 12 2 2 4 10 |
| 33 | 13 3 4 10 |
| 34 | 14 1 16 |
| 35 | 16 4 6 10 |
| 36 | 17 9 9 |
| 37 | 20 5 2 8 |
| 38 | 23 4 7 |
| 39 | 23 8 6 |
| 40 | 24 7 5 |

| Column | Clues |
|---|---|
| 1 | 40 |
| 2 | 26 12 |
| 3 | 25 2 3 7 |
| 4 | 20 5 8 |
| 5 | 14 4 3 10 |
| 6 | 12 2 12 |
| 7 | 7 1 1 12 |
| 8 | 6 3 12 |
| 9 | 6 7 11 |
| 10 | 5 6 5 10 |
| 11 | 4 24 |
| 12 | 3 24 |
| 13 | 3 18 |
| 14 | 2 1 1 1 1 19 |
| 15 | 2 29 |
| 16 | 2 29 |
| 17 | 2 1 10 12 |
| 18 | 2 2 2 4 11 |
| 19 | 2 2 2 2 1 1 6 |
| 20 | 2 2 2 1 2 7 |
| 21 | 2 3 1 1 6 |
| 22 | 2 5 4 5 1 |
| 23 | 2 4 1 4 3 1 |
| 24 | 3 11 4 1 |
| 25 | 4 8 3 1 |
| 26 | 4 1 3 3 1 |
| 27 | 4 3 1 1 1 |
| 28 | 4 2 2 1 1 1 2 2 |
| 29 | 5 2 2 1 2 1 3 |
| 30 | 6 3 4 |
| 31 | 7 4 7 |
| 32 | 8 13 |
| 33 | 10 1 2 12 |
| 34 | 11 2 1 11 |
| 35 | 12 18 |
| 36 | 14 1 1 13 |
| 37 | 18 7 1 9 |
| 38 | 29 10 |
| 39 | 40 |
| 40 | 40 |

| Row | Clues |
|---|---|
| 1 | 40 |
| 2 | 40 |
| 3 | 13 17 |
| 4 | 11 16 |
| 5 | 10 12 |
| 6 | 9 11 |
| 7 | 7 10 |
| 8 | 6 9 |
| 9 | 7 8 |
| 10 | 6 8 |
| 11 | 6 7 |
| 12 | 6 3 6 |
| 13 | 5 2 1 5 |
| 14 | 5 5 5 |
| 15 | 4 1 3 1 4 |
| 16 | 6 6 5 |
| 17 | 6 2 4 4 |
| 18 | 5 3 4 4 |
| 19 | 5 4 3 4 3 3 |
| 20 | 4 5 4 5 4 3 |
| 21 | 3 5 4 4 2 2 5 |
| 22 | 3 5 7 3 3 1 4 |
| 23 | 3 12 3 2 1 1 1 4 |
| 24 | 3 1 6 1 2 1 2 4 |
| 25 | 3 1 8 3 2 2 2 4 |
| 26 | 2 2 7 3 1 1 4 |
| 27 | 1 3 7 2 1 1 4 |
| 28 | 1 2 7 3 1 3 3 |
| 29 | 2 1 3 8 5 1 2 2 3 |
| 30 | 4 4 8 7 6 2 |
| 31 | 3 14 1 5 1 5 3 |
| 32 | 3 14 1 1 1 9 |
| 33 | 2 16 1 9 |
| 34 | 18 1 1 1 1 1 1 10 |
| 35 | 29 10 |
| 36 | 26 10 |
| 37 | 25 11 |
| 38 | 22 12 |
| 39 | 21 13 |
| 40 | 40 |

| |
|---|
| 0 |
| 1 |
| 2 |
| 3 3 |
| 12 |
| 7 13 |
| 16 3 15 |
| 9 18 6 |
| 4 3 10 1 4 |
| 3 7 6 1 4 |
| 1 12 3 1 4 |
| 2 9 1 4 |
| 2 6 1 2 |
| 2 4 1 2 |
| 3 3 |
| 10 |
| 9 1 1 |
| 8 3 3 1 |
| 7 4 2 2 |
| 6 1 2 1 3 |
| 6 1 3 1 4 |
| 6 3 2 1 1 2 |
| 6 3 1 5 |
| 5 4 1 1 |
| 6 1 5 1 |
| 8 1 1 |
| 6 1 4 2 |
| 9 5 1 |
| 9 1 2 1 |
| 8 1 4 1 2 1 |
| 3 4 3 1 3 3 2 1 |
| 3 5 2 1 5 2 2 1 |
| 2 5 4 7 |
| 2 6 1 5 1 2 |
| 1 6 12 |
| 3 27 |
| 5 13 6 |
| 6 9 |
| 11 |
| 6 |

| |
|---|
| 3 |
| 4 |
| 4 1 3 |
| 3 2 5 |
| 2 1 1 4 |
| 2 1 1 2 4 |
| 2 1 2 2 4 |
| 2 2 1 2 3 |
| 3 2 2 3 2 |
| 2 3 3 3 3 |
| 2 3 8 4 4 |
| 2 5 15 4 |
| 2 6 24 |
| 2 6 24 |
| 2 5 23 |
| 2 5 23 |
| 2 1 1 5 2 2 7 |
| 2 3 3 1 2 5 |
| 2 2 4 1 1 2 2 |
| 4 3 1 4 2 |
| 7 4 2 1 1 2 |
| 5 3 3 2 2 |
| 4 5 1 3 |
| 3 2 3 |
| 3 1 1 2 |
| 3 4 3 3 |
| 5 2 1 5 |
| 4 1 7 |
| 4 7 |
| 5 3 6 |
| 6 6 2 |
| 5 1 2 3 6 |
| 4 3 3 9 2 |
| 3 2 2 1 2 1 1 2 |
| 4 1 3 2 2 2 |
| 4 10 2 |
| 8 6 2 |
| 9 3 1 2 |
| 10 6 1 |
| 11 1 |

| Column | Clues |
|---|---|
| 1 | 5 |
| 2 | 4 |
| 3 | 2 |
| 4 | 8 |
| 5 | 9 |
| 6 | 9 |
| 7 | 7 9 |
| 8 | 15 2 12 |
| 9 | 35 |
| 10 | 21 14 |
| 11 | 1 1 17 12 |
| 12 | 1 14 8 |
| 13 | 1 16 2 7 |
| 14 | 1 14 1 1 5 |
| 15 | 1 1 13 3 1 4 |
| 16 | 1 2 13 1 1 1 2 1 4 |
| 17 | 1 3 13 2 1 1 2 1 3 |
| 18 | 2 10 2 2 3 1 2 |
| 19 | 4 1 8 3 1 1 5 1 |
| 20 | 7 7 1 1 1 2 1 |
| 21 | 6 6 3 1 4 1 |
| 22 | 7 6 2 1 1 2 1 |
| 23 | 7 7 4 1 4 1 |
| 24 | 9 2 5 3 1 1 1 2 |
| 25 | 12 5 3 3 2 3 |
| 26 | 12 4 3 1 1 1 4 |
| 27 | 11 4 4 1 1 5 |
| 28 | 1 2 8 5 3 1 5 |
| 29 | 3 11 4 3 1 6 |
| 30 | 2 3 13 3 2 8 |
| 31 | 1 2 4 9 2 10 |
| 32 | 4 3 14 5 8 |
| 33 | 2 4 20 8 |
| 34 | 1 3 17 7 |
| 35 | 2 2 16 7 |
| 36 | 5 14 7 |
| 37 | 16 5 |
| 38 | 11 3 |
| 39 | 1 3 |
| 40 | 5 |

| Row | Clues |
|---|---|
| 1 | 2 9 |
| 2 | 2 8 4 |
| 3 | 2 11 2 |
| 4 | 1 12 6 |
| 5 | 1 12 4 2 |
| 6 | 3 3 12 2 1 |
| 7 | 2 10 7 |
| 8 | 3 4 1 14 |
| 9 | 3 6 10 2 |
| 10 | 12 7 2 2 |
| 11 | 11 6 7 |
| 12 | 12 3 11 |
| 13 | 14 2 11 |
| 14 | 17 10 |
| 15 | 19 11 |
| 16 | 22 9 |
| 17 | 32 |
| 18 | 32 |
| 19 | 32 |
| 20 | 10 10 |
| 21 | 7 3 6 |
| 22 | 6 5 3 6 6 |
| 23 | 3 1 1 3 3 6 5 |
| 24 | 3 1 2 1 1 1 1 1 2 5 |
| 25 | 4 1 1 2 1 3 |
| 26 | 2 1 4 2 2 2 |
| 27 | 2 1 7 2 |
| 28 | 2 2 1 2 |
| 29 | 4 1 2 1 1 2 |
| 30 | 5 2 1 2 2 |
| 31 | 6 3 2 1 2 |
| 32 | 7 3 1 1 |
| 33 | 9 8 4 |
| 34 | 11 1 1 1 1 1 1 7 |
| 35 | 12 7 11 |
| 36 | 2 11 5 12 1 |
| 37 | 2 13 13 1 |
| 38 | 2 14 13 2 |
| 39 | 1 3 11 14 2 |
| 40 | 1 2 29 2 |

| | 0 | 0 | 0 | 8 | 12 | 11 2 | 14 1 | 10 5 2 | 11 4 2 | 1 12 3 2 | 1 14 4 2 | 19 4 1 | 11 7 3 1 | 11 6 3 1 | 11 5 4 | 1 9 5 3 | 1 15 4 3 | 1 19 6 | 1 23 3 3 | 33 3 2 | 11 11 5 1 | 11 1 3 1 | 11 6 4 1 | 1 8 14 2 2 2 | 1 23 6 | 1 19 5 | 1 16 3 2 | 13 5 3 | 10 5 4 | 10 6 3 | 1 7 7 4 | 16 4 | 13 5 | 10 5 | 15 | 11 | 0 | 0 | 0 | 0 |
|---|---|---|---|---|---|---|---|---|---|---|---|---|---|---|---|---|---|---|---|---|---|---|---|---|---|---|---|---|---|---|---|---|---|---|---|---|---|---|---|---|
| 10 | | | | | | | | | | | | | | | | | | | | | | | | | | | | | | | | | | | | | | | | |
| 3 4 2 | | | | | | | | | | | | | | | | | | | | | | | | | | | | | | | | | | | | | | | | |
| 5 4 4 | | | | | | | | | | | | | | | | | | | | | | | | | | | | | | | | | | | | | | | | |
| 1 19 1 | | | | | | | | | | | | | | | | | | | | | | | | | | | | | | | | | | | | | | | | |
| 1 19 2 | | | | | | | | | | | | | | | | | | | | | | | | | | | | | | | | | | | | | | | | |
| 27 | | | | | | | | | | | | | | | | | | | | | | | | | | | | | | | | | | | | | | | | |
| 28 | | | | | | | | | | | | | | | | | | | | | | | | | | | | | | | | | | | | | | | | |
| 29 | | | | | | | | | | | | | | | | | | | | | | | | | | | | | | | | | | | | | | | | |
| 30 | | | | | | | | | | | | | | | | | | | | | | | | | | | | | | | | | | | | | | | | |
| 32 | | | | | | | | | | | | | | | | | | | | | | | | | | | | | | | | | | | | | | | | |
| 32 | | | | | | | | | | | | | | | | | | | | | | | | | | | | | | | | | | | | | | | | |
| 17 12 | | | | | | | | | | | | | | | | | | | | | | | | | | | | | | | | | | | | | | | | |
| 10 4 4 5 | | | | | | | | | | | | | | | | | | | | | | | | | | | | | | | | | | | | | | | | |
| 9 4 4 5 | | | | | | | | | | | | | | | | | | | | | | | | | | | | | | | | | | | | | | | | |
| 9 4 3 6 | | | | | | | | | | | | | | | | | | | | | | | | | | | | | | | | | | | | | | | | |
| 4 4 4 4 3 2 | | | | | | | | | | | | | | | | | | | | | | | | | | | | | | | | | | | | | | | | |
| 4 4 4 4 3 2 | | | | | | | | | | | | | | | | | | | | | | | | | | | | | | | | | | | | | | | | |
| 5 3 4 4 3 2 | | | | | | | | | | | | | | | | | | | | | | | | | | | | | | | | | | | | | | | | |
| 5 4 3 4 3 3 | | | | | | | | | | | | | | | | | | | | | | | | | | | | | | | | | | | | | | | | |
| 1 3 3 3 3 2 3 | | | | | | | | | | | | | | | | | | | | | | | | | | | | | | | | | | | | | | | | |
| 1 2 3 3 3 3 3 | | | | | | | | | | | | | | | | | | | | | | | | | | | | | | | | | | | | | | | | |
| 1 3 3 4 3 2 3 | | | | | | | | | | | | | | | | | | | | | | | | | | | | | | | | | | | | | | | | |
| 1 3 2 3 2 3 3 | | | | | | | | | | | | | | | | | | | | | | | | | | | | | | | | | | | | | | | | |
| 1 3 3 3 2 2 3 | | | | | | | | | | | | | | | | | | | | | | | | | | | | | | | | | | | | | | | | |
| 1 2 2 3 2 2 3 | | | | | | | | | | | | | | | | | | | | | | | | | | | | | | | | | | | | | | | | |
| 2 3 3 3 3 2 3 | | | | | | | | | | | | | | | | | | | | | | | | | | | | | | | | | | | | | | | | |
| 2 3 2 2 2 5 | | | | | | | | | | | | | | | | | | | | | | | | | | | | | | | | | | | | | | | | |
| 2 5 2 2 2 2 | | | | | | | | | | | | | | | | | | | | | | | | | | | | | | | | | | | | | | | | |
| 2 2 2 2 2 1 2 | | | | | | | | | | | | | | | | | | | | | | | | | | | | | | | | | | | | | | | | |
| 1 2 4 1 5 | | | | | | | | | | | | | | | | | | | | | | | | | | | | | | | | | | | | | | | | |
| 15 | | | | | | | | | | | | | | | | | | | | | | | | | | | | | | | | | | | | | | | | |
| 6 3 | | | | | | | | | | | | | | | | | | | | | | | | | | | | | | | | | | | | | | | | |
| 2 1 1 | | | | | | | | | | | | | | | | | | | | | | | | | | | | | | | | | | | | | | | | |
| 2 1 1 | | | | | | | | | | | | | | | | | | | | | | | | | | | | | | | | | | | | | | | | |
| 7 | | | | | | | | | | | | | | | | | | | | | | | | | | | | | | | | | | | | | | | | |
| 6 | | | | | | | | | | | | | | | | | | | | | | | | | | | | | | | | | | | | | | | | |
| 4 | | | | | | | | | | | | | | | | | | | | | | | | | | | | | | | | | | | | | | | | |
| 1 1 | | | | | | | | | | | | | | | | | | | | | | | | | | | | | | | | | | | | | | | | |
| 1 1 | | | | | | | | | | | | | | | | | | | | | | | | | | | | | | | | | | | | | | | | |
| 5 | | | | | | | | | | | | | | | | | | | | | | | | | | | | | | | | | | | | | | | | |

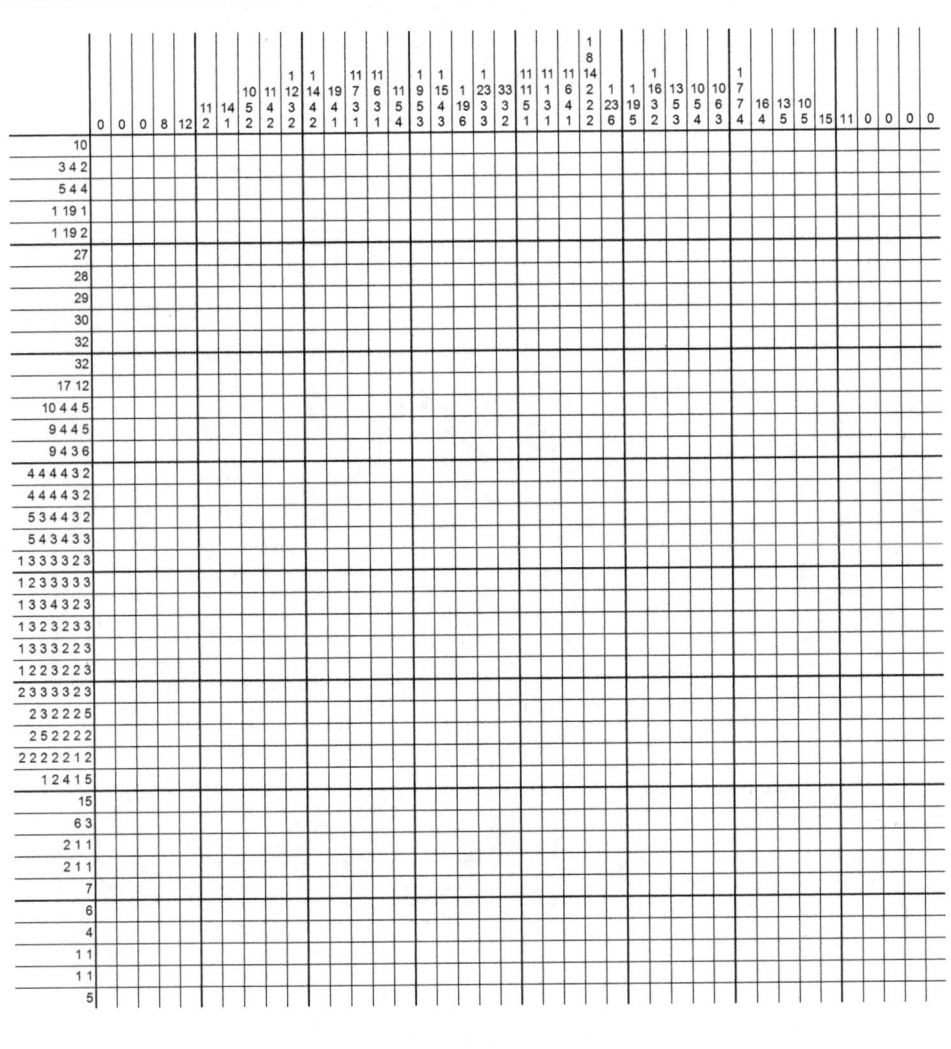

| | | | | | | | | | | | | | | | | | | | | | | | | | | | | | | | | | | | | | | | |
|---|---|---|---|---|---|---|---|---|---|---|---|---|---|---|---|---|---|---|---|---|---|---|---|---|---|---|---|---|---|---|---|---|---|---|---|---|---|---|---|
| 8 | 9 | 9 | 10 | 10 | 10 | 11 | 12 | 1 2 13 | 2 18 | 26 | 2 28 | 33 | 20 11 | 15 5 10 | 4 14 9 | 2 1 2 1 6 2 3 9 | 2 3 1 6 6 2 6 | 1 3 1 6 10 4 1 4 | 1 4 1 3 2 1 7 4 1 2 | 1 4 1 4 2 5 4 1 2 | 1 5 4 2 1 1 1 1 2 | 4 2 2 1 2 4 1 4 | 1 2 3 6 6 6 | 2 3 3 7 9 | 2 4 9 3 9 | 2 5 14 8 | 1 4 8 5 10 | 2 4 26 | 1 4 26 | 1 5 25 | 2 6 24 | 1 5 2 23 | 1 2 3 3 10 | 1 6 4 9 | 2 2 4 8 | 1 4 8 | 3 7 | 3 7 | 2 6 |

| |
|---|
| 1 1 1 1 |
| 2 2 1 1 |
| 1 2 2 1 |
| 2 4 1 2 |
| 2 6 1 1 1 |
| 9 2 1 1 1 |
| 2 6 3 1 1 1 |
| 3 4 3 1 |
| 3 5 4 1 1 1 |
| 4 7 1 2 |
| 11 6 2 1 |
| 13 5 4 |
| 16 4 1 |
| 8 2 4 2 2 |
| 10 5 2 2 |
| 21 2 2 |
| 6 12 4 |
| 10 10 2 |
| 11 10 |
| 5 1 3 10 |
| 1 11 12 |
| 1 12 2 1 5 |
| 12 11 |
| 7 3 12 |
| 6 3 11 |
| 4 2 2 8 |
| 4 1 1 6 |
| 5 2 1 5 |
| 6 6 5 |
| 8 3 2 5 |
| 12 6 7 |
| 18 4 8 |
| 18 14 |
| 17 3 15 |
| 19 18 |
| 18 17 |
| 19 18 |
| 40 |
| 40 |
| 19 18 |

Column clues (left to right, each read top to bottom):

| 1 | 2 | 3 | 4 | 5 | 6 | 7 | 8 | 9 | 10 | 11 | 12 | 13 | 14 | 15 | 16 | 17 | 18 | 19 | 20 |
|---|---|---|---|---|---|---|---|---|---|---|---|---|---|---|---|---|---|---|---|
| 0 | 4 1 | 7 1 | 4 2 5 | 7 4 | 3 4 4 | 1 2 6 3 5 | 12 1 4 5 | 1 3 1 4 | 2 2 5 1 | 5 4 2 1 | 9 2 7 | 5 4 6 | 2 6 6 3 | 11 4 7 | 4 8 2 7 | 3 1 2 1 2 2 | 3 4 1 1 1 4 | 1 5 7 1 1 1 4 | 2 1 1 9 4 2 1 5 1 |

| 21 | 22 | 23 | 24 | 25 | 26 | 27 | 28 | 29 | 30 | 31 | 32 | 33 | 34 | 35 | 36 | 37 | 38 | 39 | 40 |
|---|---|---|---|---|---|---|---|---|---|---|---|---|---|---|---|---|---|---|---|
| 1 5 12 1 2 3 1 1 | 3 6 2 9 4 1 1 | 5 1 1 1 1 | 3 1 2 4 1 1 | 7 7 1 1 | 3 8 | 6 | 5 | 10 | 5 6 | 1 5 2 2 | 3 1 1 6 | 1 2 2 1 1 1 6 | 15 1 2 4 2 | 1 4 1 1 2 1 | 3 1 1 5 | 4 1 2 | 2 1 4 | 1 2 | 4 |


| Row | Clue |
|---|---|
| 1 | 1 |
| 2 | 3 |
| 3 | 1 1 |
| 4 | 1 1 |
| 5 | 1 1 |
| 6 | 1 1 |
| 7 | 3 |
| 8 | 1 1 |
| 9 | 3 |
| 10 | 2 2 |
| 11 | 1 1 1 |
| 12 | 1 1 1 1 1 |
| 13 | 1 2 1 1 1 |
| 14 | 3 1 4 1 |
| 15 | 1 2 5 3 |
| 16 | 1 1 3 1 1 |
| 17 | 1 2 3 1 1 |
| 18 | 2 3 6 1 |
| 19 | 2 2 6 1 |
| 20 | 1 1 3 3 1 2 |
| 21 | 2 5 2 1 2 |
| 22 | 3 6 3 2 1 |
| 23 | 2 1 6 3 2 1 |
| 24 | 3 8 3 2 2 |
| 25 | 4 9 3 1 3 |
| 26 | 2 1 2 4 4 3 |
| 27 | 3 1 2 2 3 1 1 1 2 |
| 28 | 4 1 3 5 4 2 |
| 29 | 2 2 1 3 1 2 1 1 2 |
| 30 | 2 4 2 3 3 1 3 1 2 |
| 31 | 2 3 2 4 2 2 10 |
| 32 | 3 3 2 3 1 2 4 1 |
| 33 | 3 2 1 2 6 3 8 1 |
| 34 | 1 2 2 3 3 3 2 1 1 3 1 |
| 35 | 13 2 6 4 1 |
| 36 | 5 7 2 12 2 |
| 37 | 1 3 1 5 7 2 5 4 |
| 38 | 1 3 1 2 2 2 3 2 5 1 |
| 39 | 2 2 1 10 2 6 1 1 |
| 40 | 1 3 4 3 4 1 1 |

| Column | Clue |
|---|---|
| 1 | 0 |
| 2 | 1 |
| 3 | 1 |
| 4 | 2 |
| 5 | 2 |
| 6 | 3 |
| 7 | 4 2 3 |
| 8 | 7 5 2 3 |
| 9 | 19 4 |
| 10 | 21 5 |
| 11 | 24 9 |
| 12 | 9 15 4 |
| 13 | 1 1 4 15 2 |
| 14 | 1 2 3 12 |
| 15 | 1 2 1 11 |
| 16 | 2 1 1 8 3 |
| 17 | 1 3 1 11 1 |
| 18 | 6 1 4 7 1 |
| 19 | 10 1 3 8 1 1 |
| 20 | 4 2 3 8 2 2 |
| 21 | 5 1 2 15 |
| 22 | 3 1 2 5 8 |
| 23 | 1 2 2 1 3 4 6 |
| 24 | 2 1 1 1 2 3 1 3 |
| 25 | 2 2 1 2 1 1 |
| 26 | 1 2 2 8 |
| 27 | 1 1 1 7 |
| 28 | 1 4 |
| 29 | 1 7 |
| 30 | 2 3 9 |
| 31 | 21 6 |
| 32 | 11 1 5 |
| 33 | 8 4 |
| 34 | 3 |
| 35 | 2 |
| 36 | 2 |
| 37 | 1 |
| 38 | 1 |
| 39 | 0 |
| 40 | 0 |


| Row | Clue |
|---|---|
| 1 | 2 1 |
| 2 | 1 1 |
| 3 | 1 1 |
| 4 | 2 2 |
| 5 | 3 2 |
| 6 | 4 3 3 1 |
| 7 | 10 5 2 |
| 8 | 5 2 |
| 9 | 5 1 2 |
| 10 | 7 1 1 2 |
| 11 | 9 1 5 2 |
| 12 | 4 2 1 2 2 |
| 13 | 4 1 1 2 |
| 14 | 1 3 2 2 |
| 15 | 1 3 5 2 |
| 16 | 1 3 6 3 |
| 17 | 6 8 3 |
| 18 | 5 5 1 1 |
| 19 | 6 2 1 1 1 |
| 20 | 6 1 1 1 |
| 21 | 6 8 1 1 |
| 22 | 1 5 1 1 1 1 |
| 23 | 7 7 1 1 |
| 24 | 6 8 2 |
| 25 | 5 5 2 1 1 |
| 26 | 4 3 1 1 2 |
| 27 | 7 4 2 2 |
| 28 | 19 |
| 29 | 18 |
| 30 | 13 4 |
| 31 | 12 4 |
| 32 | 1 9 2 1 |
| 33 | 1 3 6 1 1 |
| 34 | 1 2 5 1 1 |
| 35 | 1 3 3 1 2 |
| 36 | 2 11 3 |
| 37 | 4 2 4 4 |
| 38 | 7 4 5 |
| 39 | 10 5 7 |
| 40 | 12 7 9 |

Column clues (left to right):

| Column | Clue |
|---|---|
| 1 | 40 |
| 2 | 40 |
| 3 | 19 20 |
| 4 | 19 19 |
| 5 | 19 19 |
| 6 | 40 |
| 7 | 38 |
| 8 | 9 27 |
| 9 | 4 3 1 14 |
| 10 | 4 4 11 |
| 11 | 3 4 10 |
| 12 | 3 2 1 3 1 8 |
| 13 | 3 2 1 6 13 |
| 14 | 3 2 1 6 4 12 |
| 15 | 3 1 2 5 6 10 |
| 16 | 5 6 2 10 3 1 |
| 17 | 12 2 10 3 |
| 18 | 7 2 1 3 2 6 |
| 19 | 3 2 1 4 1 3 1 |
| 20 | 5 1 5 1 3 |
| 21 | 3 2 5 1 3 |
| 22 | 2 1 5 1 3 |
| 23 | 2 2 1 5 2 2 |
| 24 | 5 3 1 7 2 |
| 25 | 3 2 1 2 5 2 2 |
| 26 | 3 2 11 1 |
| 27 | 2 2 8 1 |
| 28 | 1 2 3 |
| 29 | 1 1 6 |
| 30 | 4 2 |
| 31 | 4 12 |
| 32 | 4 3 15 |
| 33 | 5 2 17 |
| 34 | 12 19 |
| 35 | 11 2 2 19 |
| 36 | 11 28 |
| 37 | 40 |
| 38 | 40 |
| 39 | 40 |
| 40 | 40 |


| Row | Clue |
|---|---|
| 1 | 13 11 |
| 2 | 16 4 11 |
| 3 | 17 17 |
| 4 | 10 5 4 11 |
| 5 | 8 3 2 8 |
| 6 | 8 5 3 5 1 7 |
| 7 | 15 2 6 1 7 |
| 8 | 11 3 1 9 |
| 9 | 12 5 3 8 |
| 10 | 7 10 7 |
| 11 | 7 3 2 1 7 |
| 12 | 7 7 1 4 |
| 13 | 7 1 5 6 |
| 14 | 8 2 6 |
| 15 | 8 1 1 5 |
| 16 | 8 2 5 |
| 17 | 8 12 6 |
| 18 | 9 5 1 2 6 |
| 19 | 8 3 2 5 |
| 20 | 2 4 3 1 3 2 5 |
| 21 | 3 4 3 2 5 2 5 |
| 22 | 9 2 3 5 3 7 |
| 23 | 9 15 7 |
| 24 | 9 14 8 |
| 25 | 10 5 5 8 |
| 26 | 10 4 4 1 9 |
| 27 | 11 1 3 1 1 1 9 |
| 28 | 13 2 3 1 9 |
| 29 | 11 2 3 3 1 10 |
| 30 | 11 2 7 2 10 |
| 31 | 15 2 10 |
| 32 | 15 1 10 |
| 33 | 15 10 |
| 34 | 8 7 1 10 |
| 35 | 8 16 10 |
| 36 | 8 14 10 |
| 37 | 8 4 6 10 |
| 38 | 8 4 1 10 |
| 39 | 6 1 3 1 10 |
| 40 | 6 1 3 2 2 10 |

**Column clues (left to right):**

1. 30
2. 28
3. 27
4. 21 1
5. 19 1
6. 17 4
7. 16 1
8. 14 1
9. 13 2 5 3
10. 15 3 1 2 2
11. 13 2 4
12. 12 3 4
13. 1 13 2 1 1 1 3 2
14. 2 6 6 1 1 1 3 3
15. 4 25 4
16. 5 2 6 6 3 1
17. 7 6 2 4 1 2
18. 10 2 2 4 3 1 2
19. 11 1 1 4 2 3 1
20. 11 1 1 2 2 3 1 3
21. 11 2 2 2 1 4 1 3
22. 10 1 2 3 1 2 5
23. 10 1 2 4 2 2 2
24. 10 1 3 4 2 1
25. 11 1 1 1 5 2 1
26. 11 2 1 7 1 2
27. 11 1 9 6
28. 11 1 2 9 1 5
29. 11 1 1 3 2
30. 10 2 1 4 1
31. 10 1 5 3 3
32. 11 2 4 2 3 4
33. 10 2 2 6 5 2
34. 9 6 9 4 1 2
35. 6 8 5 2 1 1 2
36. 19 6 7
37. 33
38. 35 1 1
39. 40
40. 40

**Row clues (top to bottom):**

1. 40
2. 12 27
3. 13 26
4. 13 26
5. 13 25
6. 15 24
7. 15 18 5
8. 15 17 5
9. 15 17 5
10. 16 16 6
11. 16 3 5 1 7
12. 13 1 2 1 8
13. 11 7 1 1 1 1 8
14. 8 1 6 2 1 1 2 7
15. 7 2 7 2 2 1 1 7
16. 7 1 2 6 2 2 7
17. 6 1 2 5 2 1 1 1 6
18. 5 1 1 4 2 2 3 5
19. 6 2 1 4 4 2 1 5
20. 4 1 1 3 4 2 2 2 4
21. 4 1 2 2 2 3 3 2 4
22. 3 2 1 5 3 1 2 4
23. 3 2 8 2 5 4
24. 4 1 8 2 4 4
25. 3 1 2 4 3 2 5
26. 3 8 4 2 5
27. 3 7 2 5 1 6
28. 2 6 8 1 6
29. 1 3 1 6 1 5
30. 1 7 5 1 5
31. 4 3 2 4
32. 3 1 1 3 4
33. 1 5 5 4
34. 3 3 7 1 3
35. 2 1 2 3 1 2 3
36. 3 2 2 1 2
37. 1 1 3 2 5 3
38. 5 2 4 1 2
39. 3 4 2 2 3
40. 2 8 2 2

**498**

| | | | | | | | | | | | | | | | | | | | | | | | | | | | | | | | | | | | | | | | |
|---|---|---|---|---|---|---|---|---|---|---|---|---|---|---|---|---|---|---|---|---|---|---|---|---|---|---|---|---|---|---|---|---|---|---|---|---|---|---|---|
| 0 | 0 | 5 | 8 | 11 | 17 | 22 | 2 1 4 13 | 2 2 2 15 | 2 1 3 3 12 | 4 7 11 | 1 5 2 11 | 1 4 4 9 | 2 2 3 2 4 | 1 1 2 4 2 1 | 1 2 4 4 1 2 1 | 1 2 5 2 3 1 | 1 2 4 1 1 7 | 3 3 1 1 5 1 | 3 1 1 1 1 4 1 | 3 1 2 1 1 6 | 2 2 3 1 2 7 | 3 7 1 5 5 1 | 4 4 5 2 1 2 | 7 4 7 5 2 | 1 5 1 5 10 | 1 13 11 | 1 29 | 1 1 1 23 | 1 2 7 1 3 2 | 2 3 1 2 1 2 3 | 4 1 1 6 | 4 4 1 6 | 3 5 1 6 | 2 5 8 | 1 5 7 | 5 1 3 | 5 5 | 1 4 | 2 |

| |
|---|
| 4 2 |
| 4 2 |
| 4 3 |
| 4 4 |
| 1 1 5 |
| 1 1 5 |
| 1 7 |
| 1 2 3 |
| 3 1 1 2 |
| 1 3 1 1 |
| 1 10 1 |
| 2 14 |
| 1 1 6 |
| 1 2 5 |
| 2 2 4 |
| 3 1 3 |
| 2 1 1 6 2 2 |
| 1 1 1 5 8 |
| 1 1 2 6 4 3 |
| 1 1 2 3 3 3 |
| 2 3 1 1 4 |
| 1 4 2 4 |
| 5 7 5 |
| 3 4 1 11 |
| 3 8 3 3 |
| 5 4 8 3 |
| 2 2 1 2 1 3 3 |
| 4 2 3 2 2 |
| 5 2 1 2 |
| 8 3 3 |
| 8 2 4 |
| 9 1 6 |
| 13 5 3 |
| 12 13 2 |
| 10 8 14 |
| 11 8 12 1 |
| 12 6 6 8 |
| 12 2 3 4 9 |
| 13 1 3 17 |
| 12 4 15 2 |

| Column | Clues |
|---|---|
| 1 | 13 1 4 1 |
| 2 | 2 10 1 1 4 1 1 |
| 3 | 5 7 3 1 2 4 1 1 |
| 4 | 13 3 3 2 3 1 |
| 5 | 3 9 3 3 1 1 1 3 |
| 6 | 13 1 1 3 |
| 7 | 13 14 |
| 8 | 13 4 2 5 1 |
| 9 | 3 9 9 |
| 10 | 2 20 1 1 |
| 11 | 2 19 5 |
| 12 | 2 6 3 8 |
| 13 | 2 5 7 1 5 |
| 14 | 2 1 2 9 1 1 9 |
| 15 | 2 2 6 4 2 11 |
| 16 | 2 3 5 5 8 3 6 |
| 17 | 2 3 4 1 5 6 12 |
| 18 | 2 3 4 6 13 |
| 19 | 2 3 4 5 1 5 2 2 |
| 20 | 2 3 12 4 2 2 |
| 21 | 2 3 5 6 2 3 1 1 2 |
| 22 | 2 3 2 1 7 1 6 1 |
| 23 | 2 2 3 7 1 1 7 1 |
| 24 | 2 1 2 1 4 13 1 1 |
| 25 | 2 1 7 4 3 2 1 |
| 26 | 2 1 2 1 3 1 2 |
| 27 | 2 1 4 2 4 1 1 |
| 28 | 3 1 1 1 2 1 2 |
| 29 | 15 1 1 3 4 1 |
| 30 | 13 2 2 1 1 1 1 |
| 31 | 13 2 1 1 8 |
| 32 | 3 9 1 1 1 1 |
| 33 | 13 2 1 1 2 1 |
| 34 | 7 5 2 1 1 3 |
| 35 | 13 3 1 2 3 |
| 36 | 5 2 4 4 1 2 1 1 |
| 37 | 13 2 5 1 |
| 38 | 4 8 4 1 1 1 1 |
| 39 | 13 4 1 1 3 1 2 |
| 40 | 13 4 1 3 1 3 1 2 |

| Row | Clues |
|---|---|
| 1 | 40 |
| 2 | 40 |
| 3 | 1 7 13 |
| 4 | 4 3 4 7 3 8 |
| 5 | 8 4 9 9 2 |
| 6 | 2 5 15 1 7 4 |
| 7 | 8 5 1 12 |
| 8 | 8 4 9 1 5 6 |
| 9 | 8 3 11 1 7 4 |
| 10 | 8 2 9 3 1 12 |
| 11 | 8 2 10 1 1 12 |
| 12 | 8 2 4 2 3 1 12 |
| 13 | 8 2 3 1 1 2 1 12 |
| 14 | 2 2 1 6 1 |
| 15 | 2 13 2 3 |
| 16 | 3 2 13 2 4 |
| 17 | 5 2 11 2 2 4 |
| 18 | 3 3 9 1 1 1 3 |
| 19 | 4 7 2 1 2 |
| 20 | 1 2 4 1 1 2 2 3 |
| 21 | 4 3 1 1 1 1 |
| 22 | 2 4 2 2 2 3 2 |
| 23 | 3 2 2 2 1 1 |
| 24 | 4 4 2 2 3 1 1 1 |
| 25 | 2 3 2 1 1 6 2 2 |
| 26 | 1 1 2 1 3 1 1 1 |
| 27 | 3 3 1 1 2 2 1 |
| 28 | 3 3 2 10 1 1 |
| 29 | 5 1 1 5 5 1 |
| 30 | 4 3 1 3 3 2 1 |
| 31 | 4 3 1 5 3 1 2 |
| 32 | 1 3 7 3 1 3 2 |
| 33 | 4 3 7 5 6 3 |
| 34 | 3 4 3 6 1 1 2 |
| 35 | 1 1 8 2 1 1 |
| 36 | 2 4 5 3 1 3 |
| 37 | 2 4 2 5 1 4 2 |
| 38 | 2 4 5 3 1 4 |
| 39 | 1 2 13 1 2 3 |
| 40 | 1 2 8 1 2 |

# SOLUTIONS

001

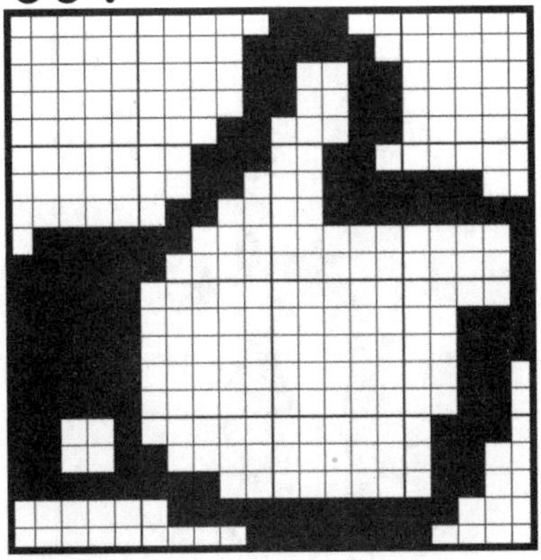

004

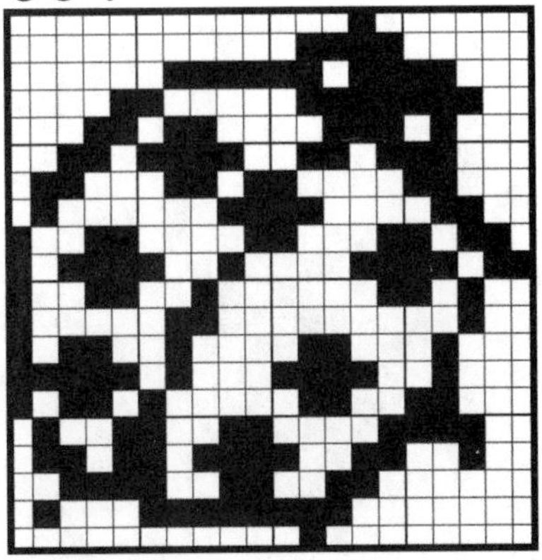

002

005

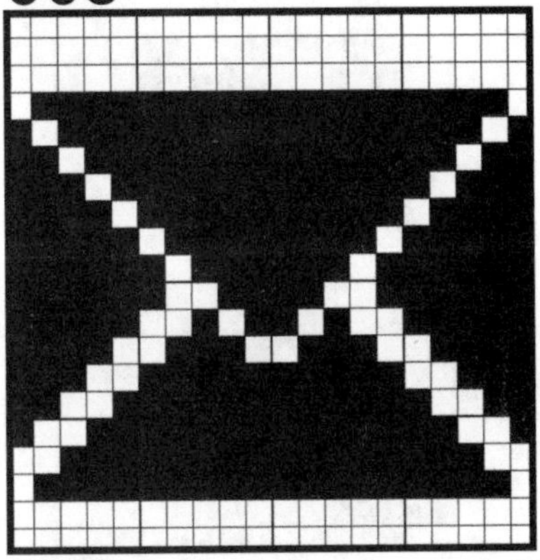

003

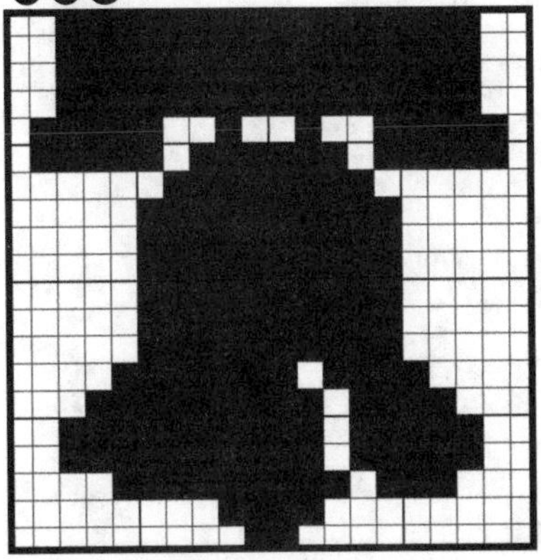

006

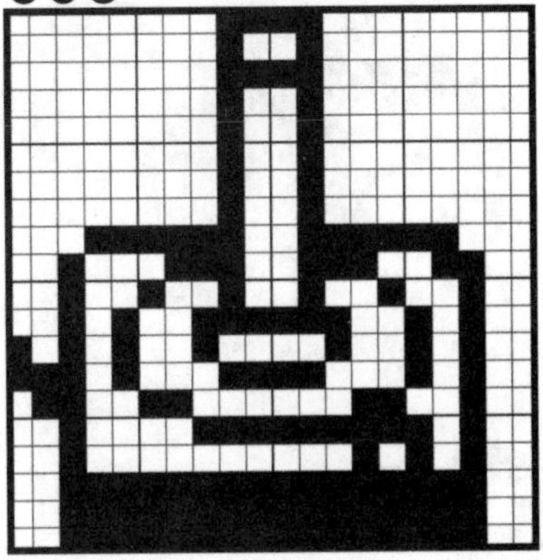

# SOLUTIONS

007

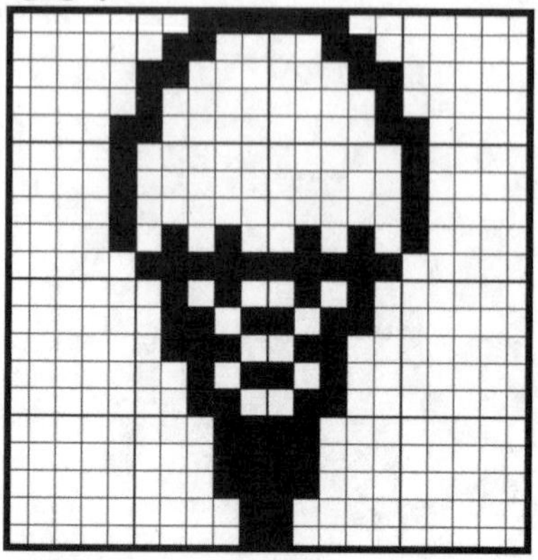

010

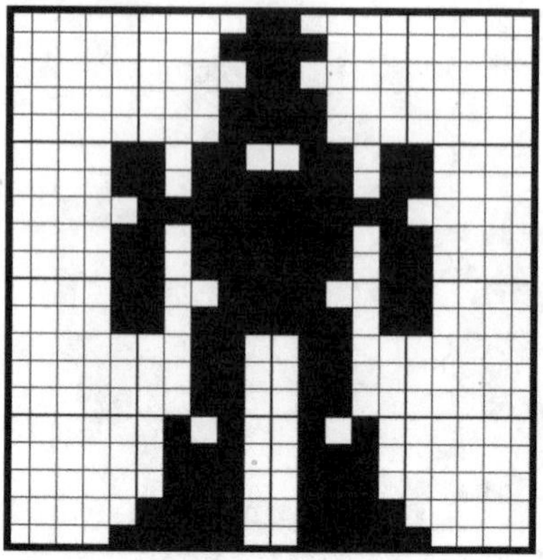

008

011

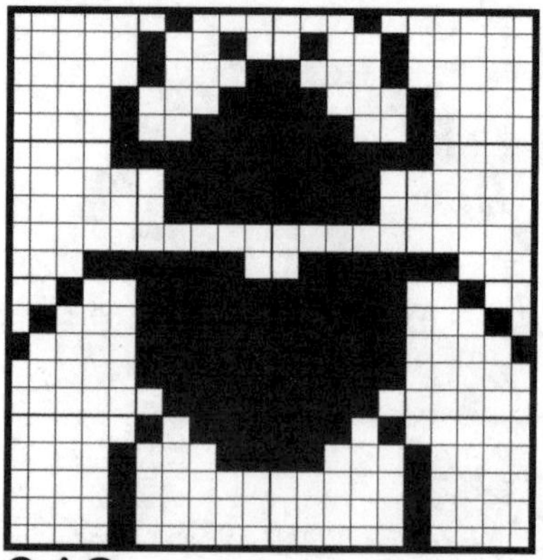

009

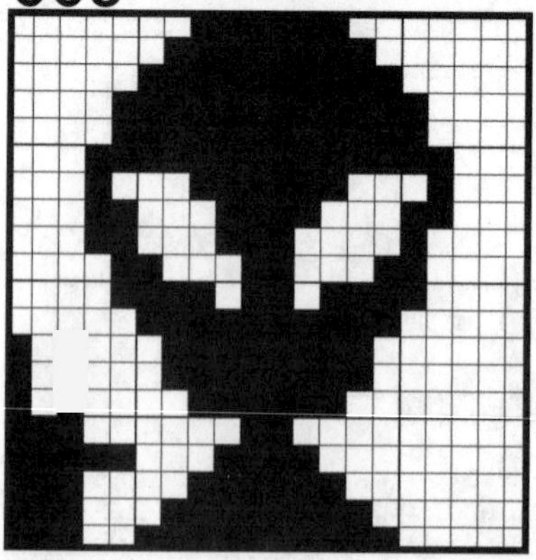

012

# SOLUTIONS

013

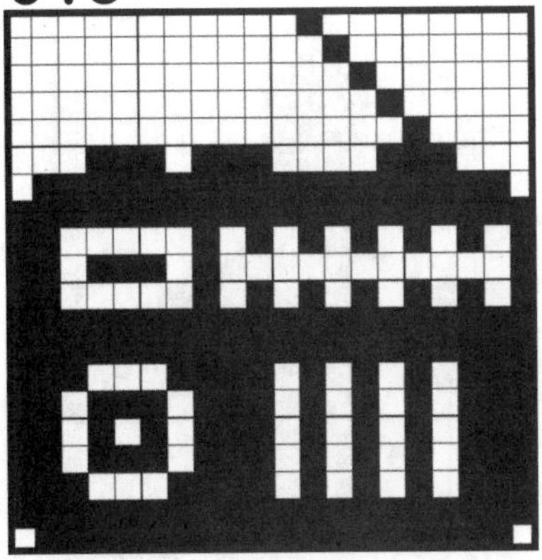

014

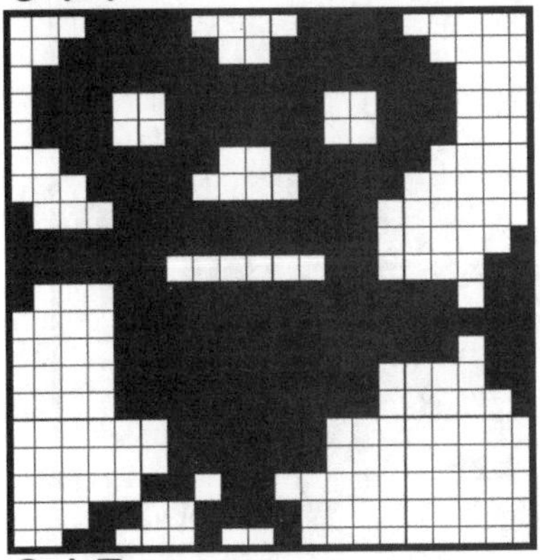

015

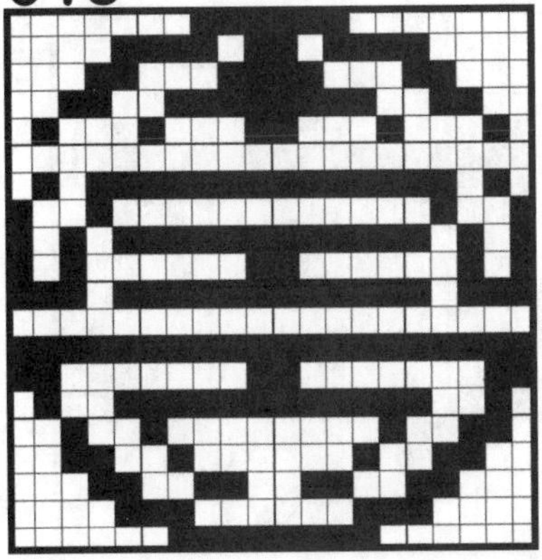

016

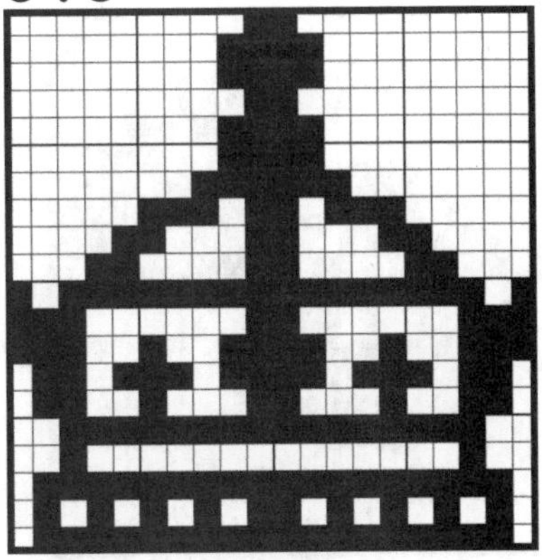

017

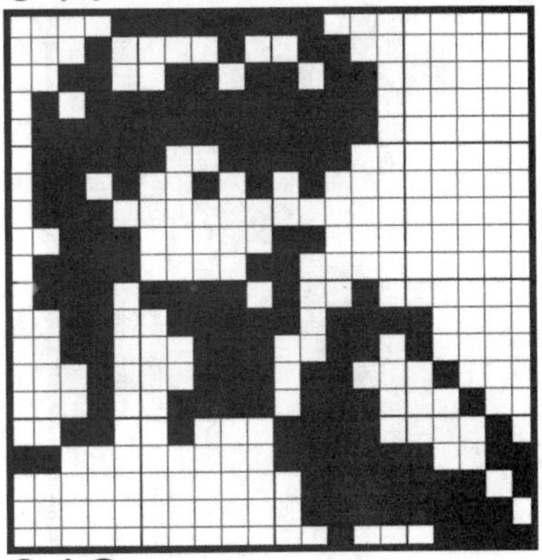

018

# SOLUTIONS

019

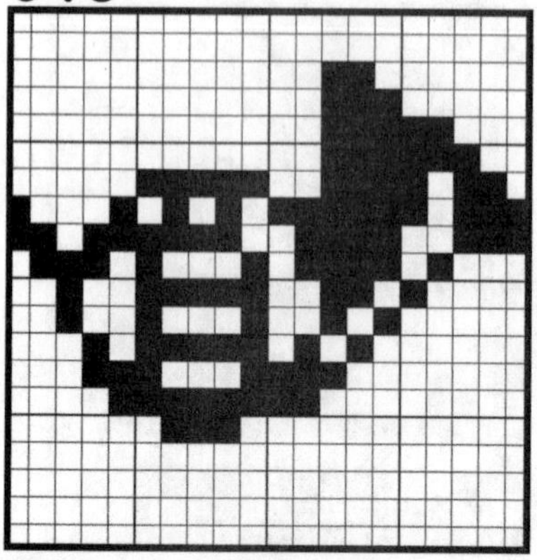

020

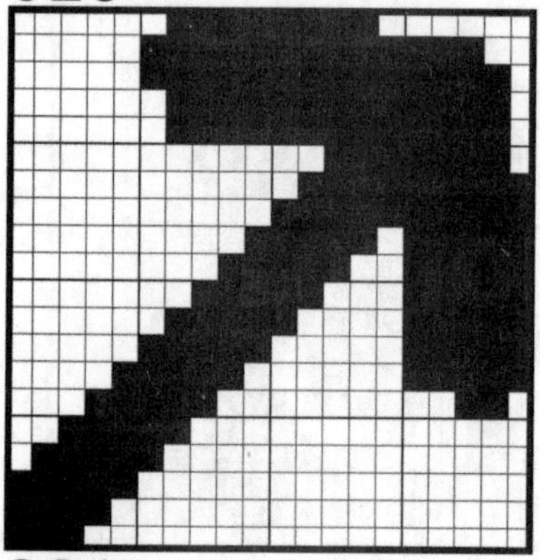

021

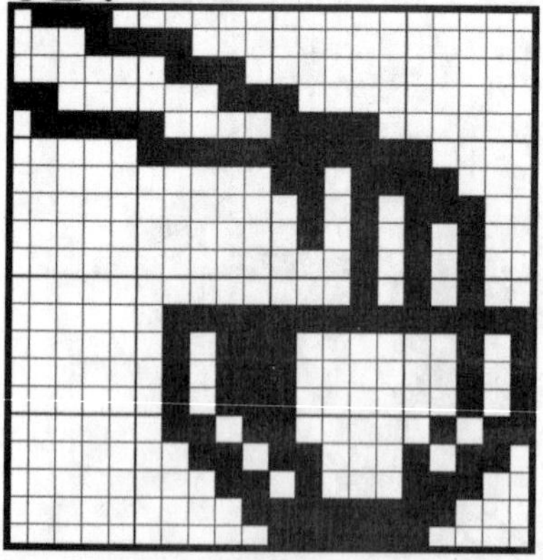

022

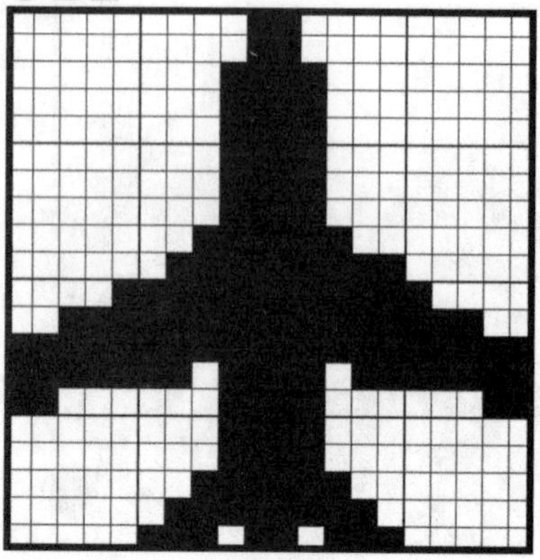

023

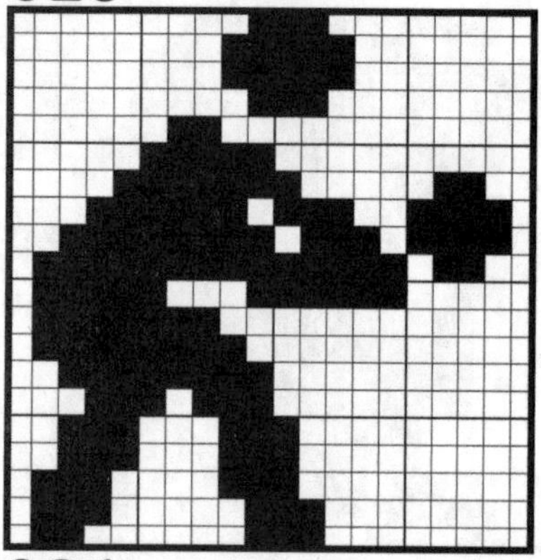

024

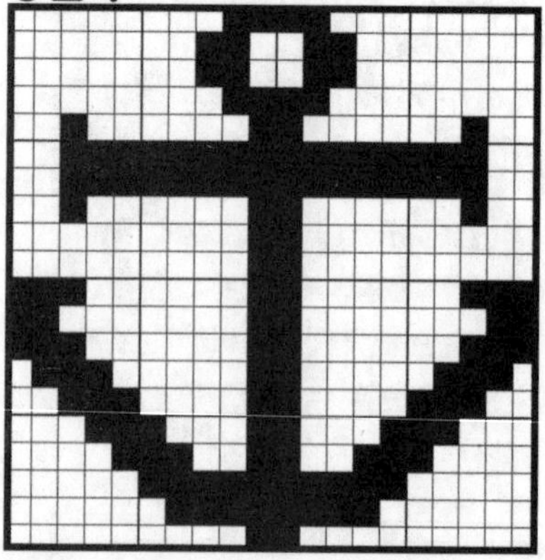

# SOLUTIONS

025

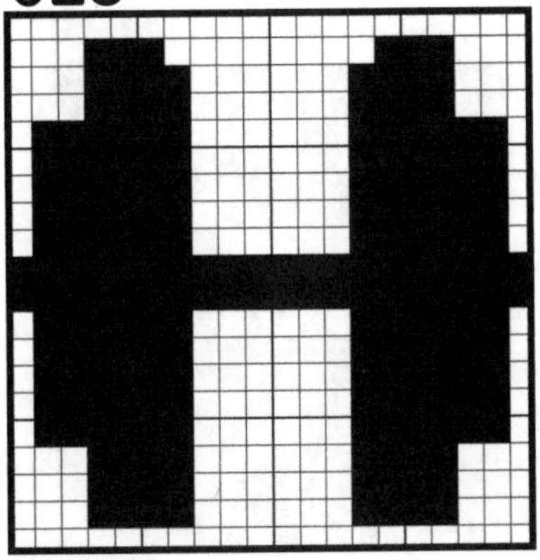

028

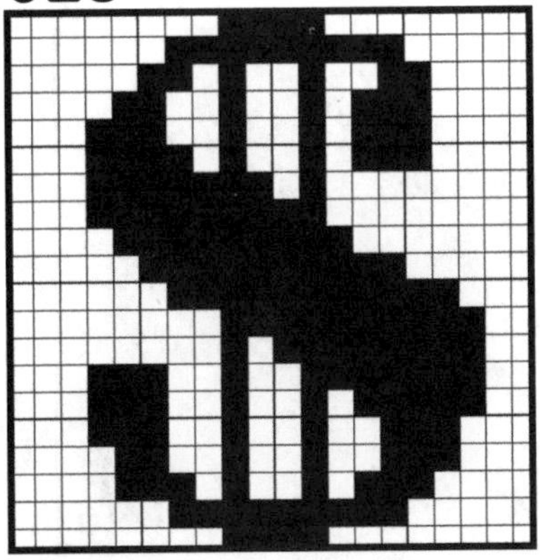

026

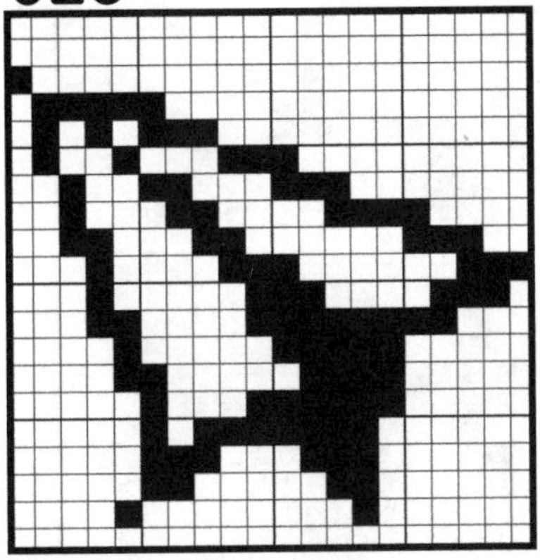

029

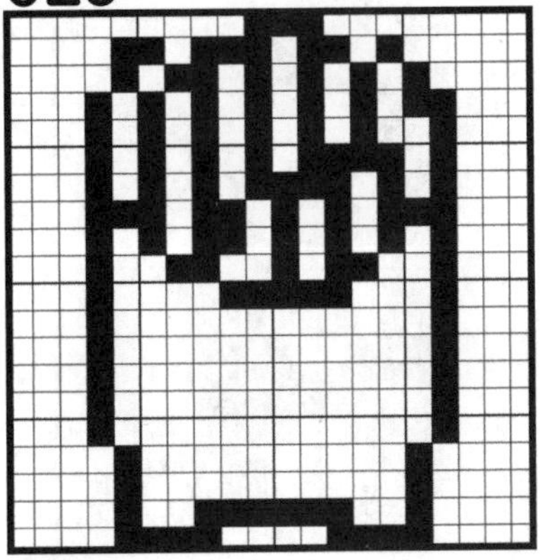

027

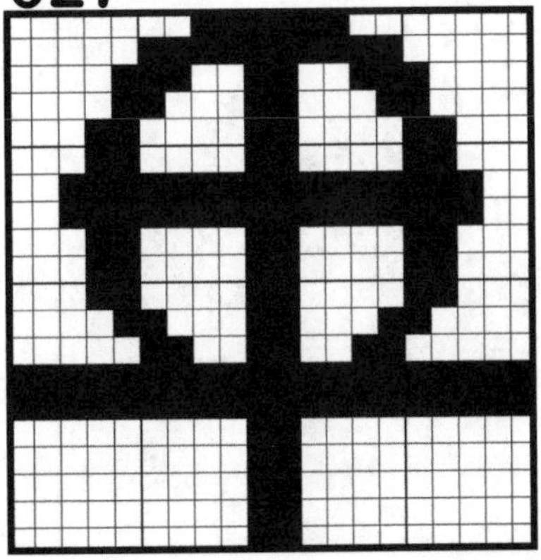

030

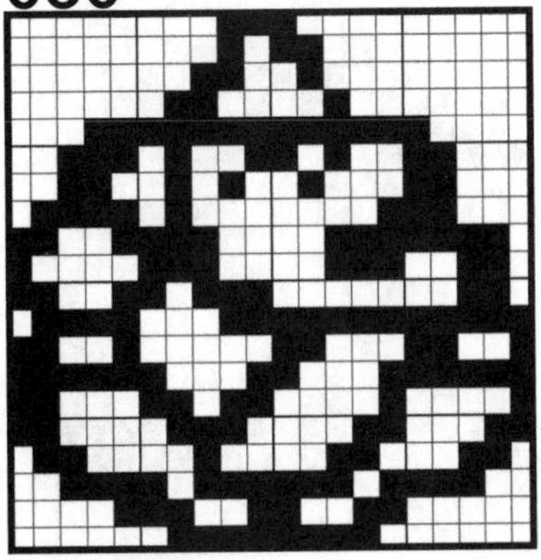

# SOLUTIONS

031

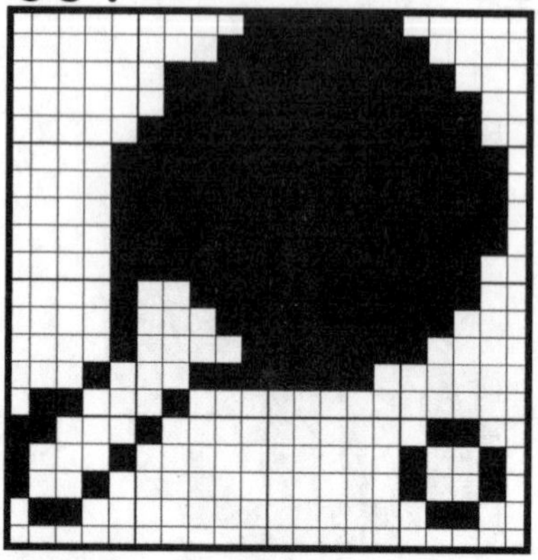

032

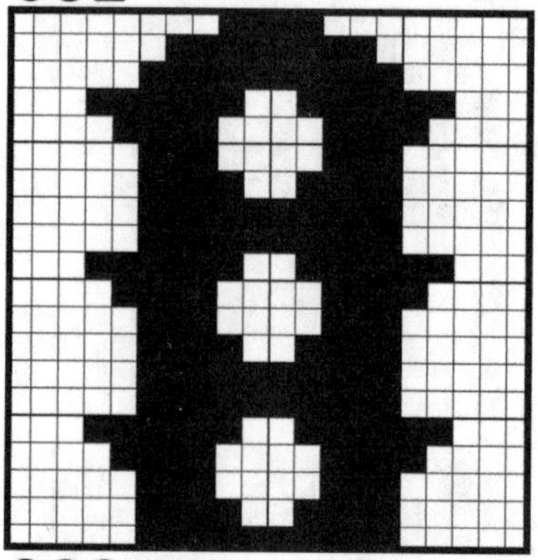

033

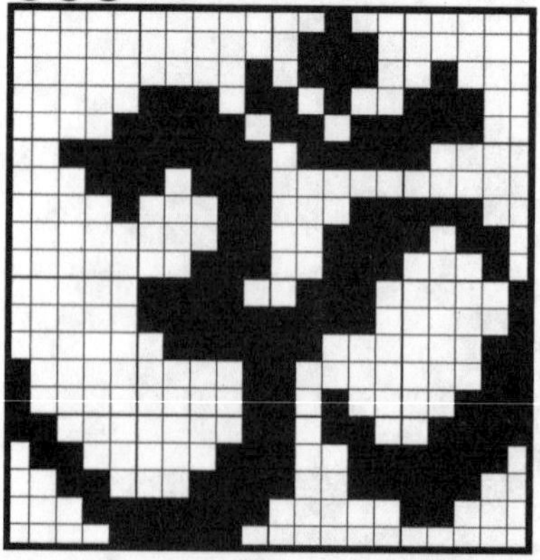

034

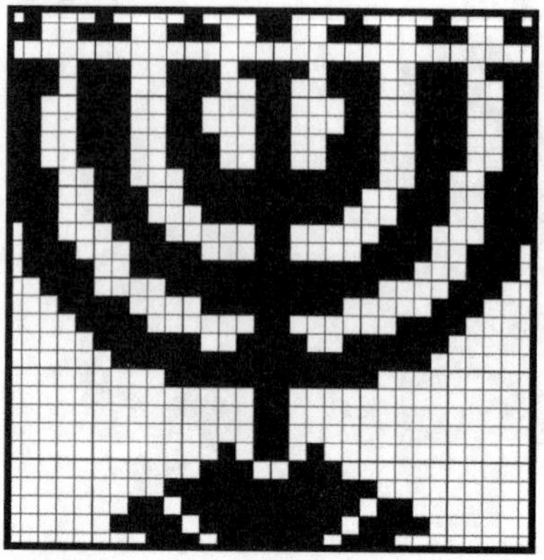

035

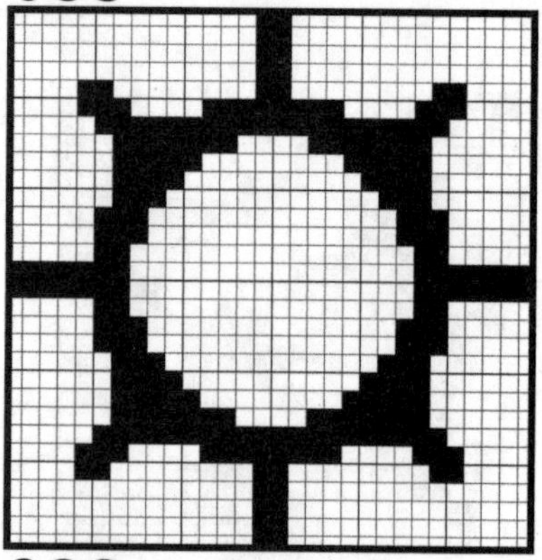

036

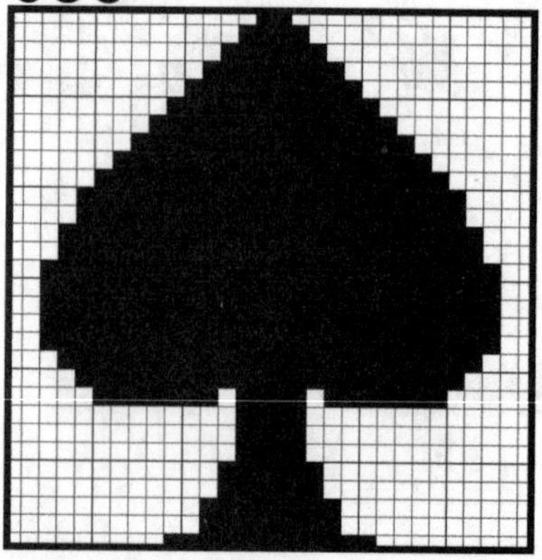

# SOLUTIONS

037

040

038

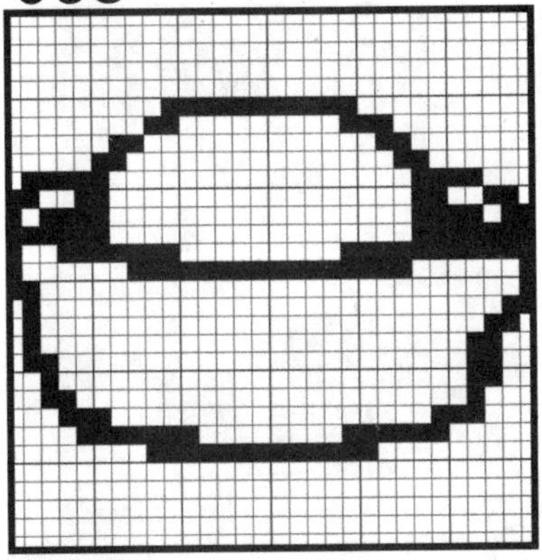

041

039

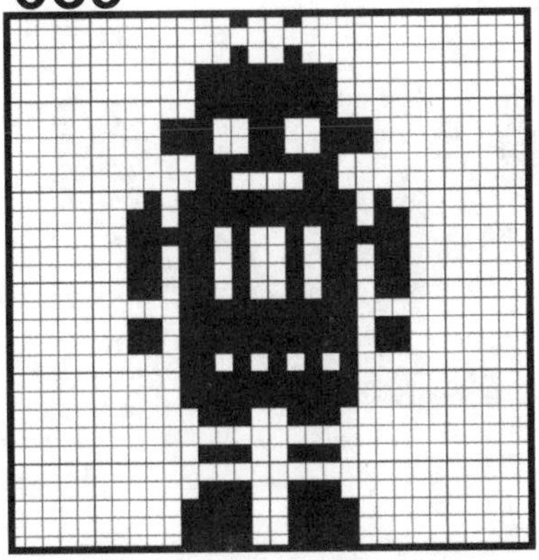

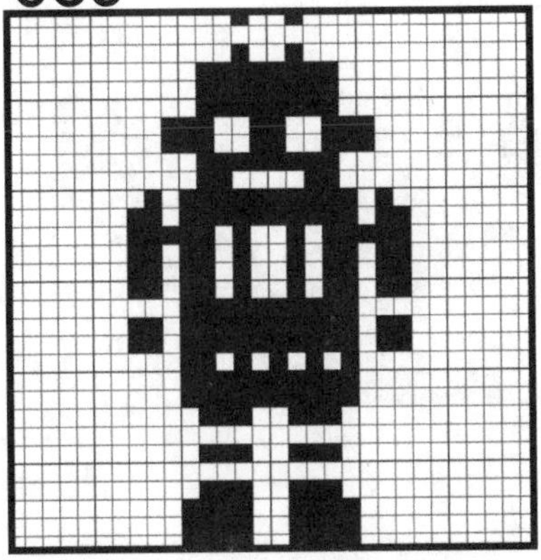

042

# SOLUTIONS

043

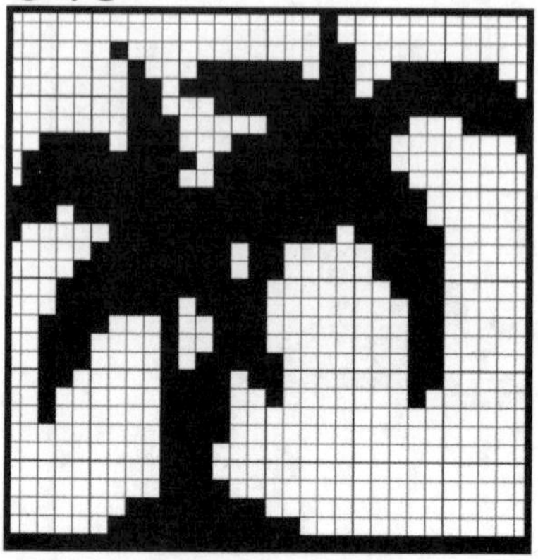

046

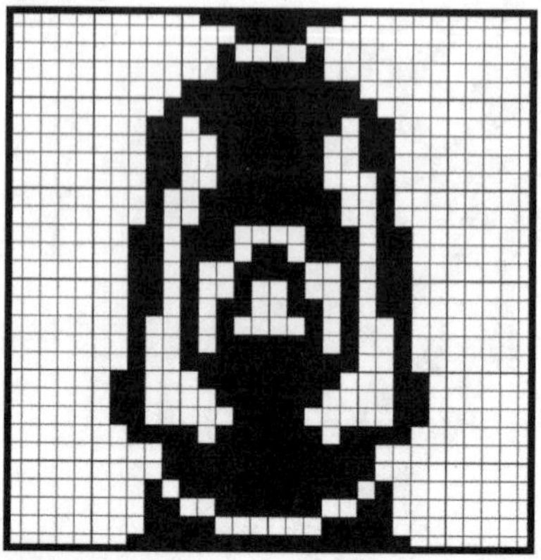

044

047

045

048

# SOLUTIONS

049

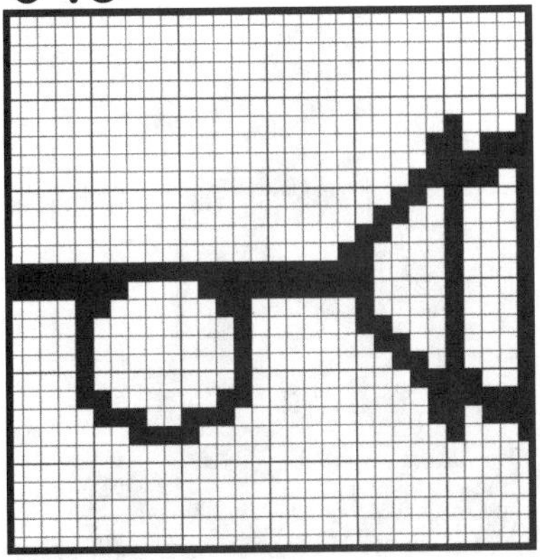

050

051

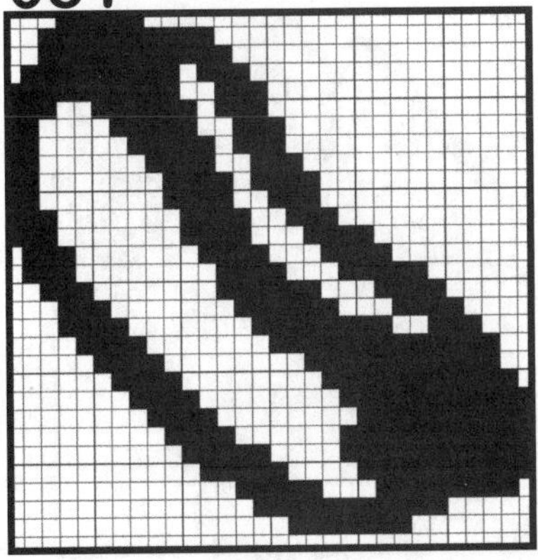

052

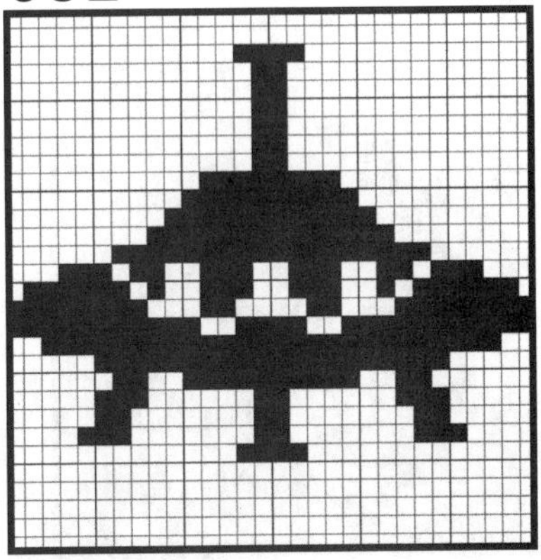

053

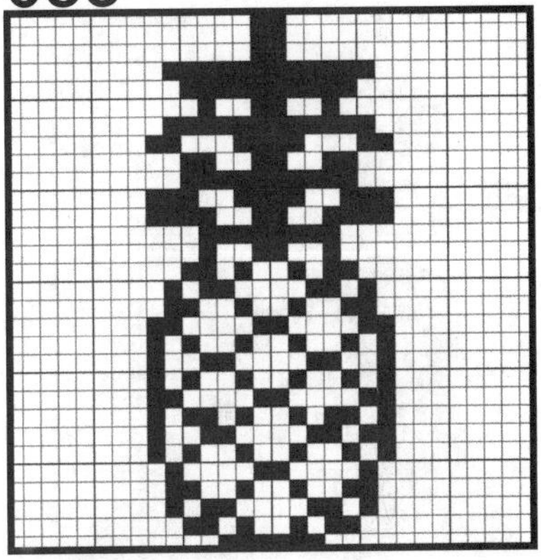

054

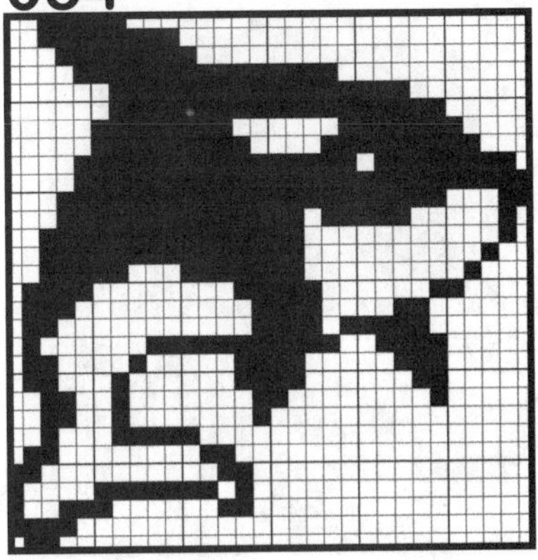

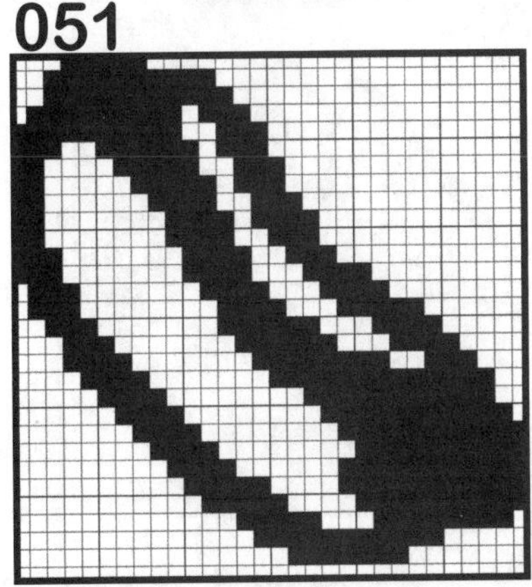

# SOLUTIONS

## 055

## 056

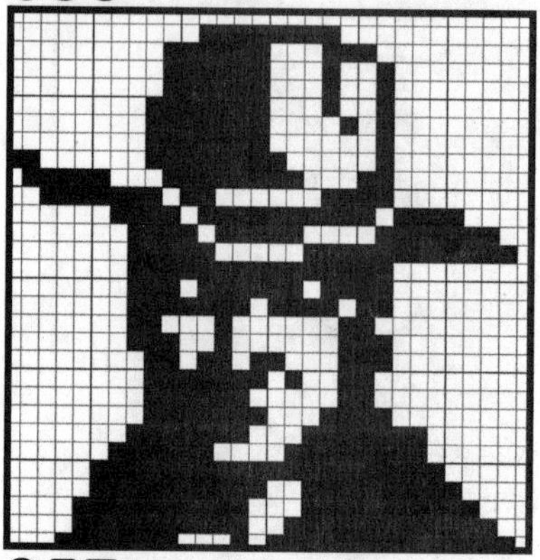

## 057

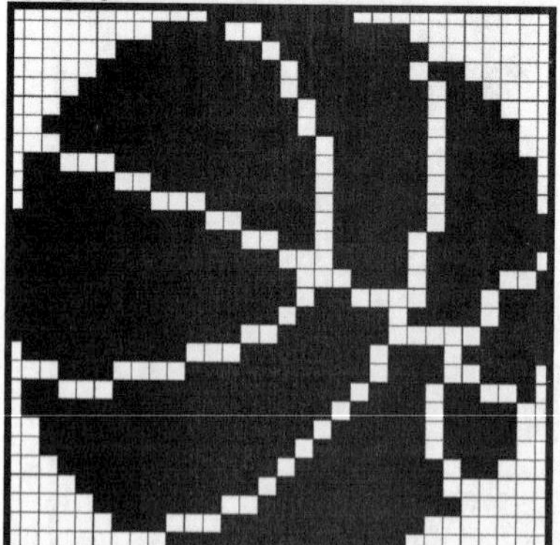

## 058

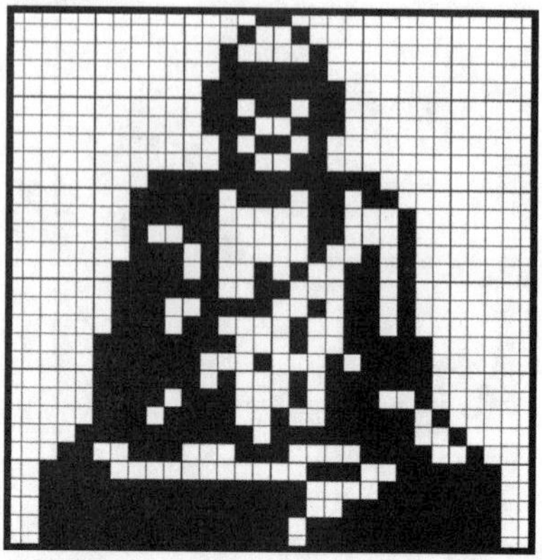

## 059

## 060

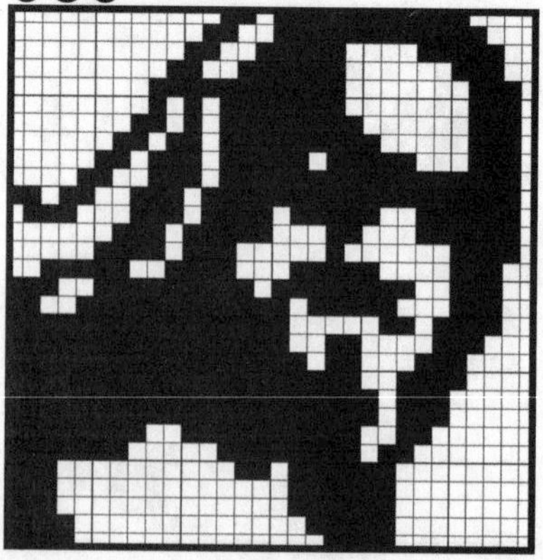

# SOLUTIONS

061

064

062

065

063

066

# SOLUTIONS

067

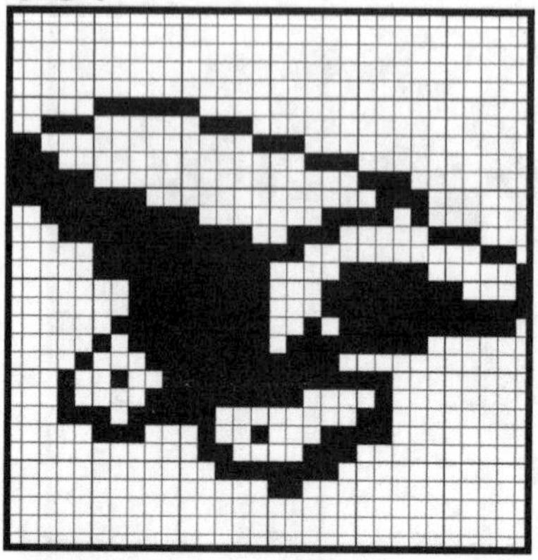

070

068

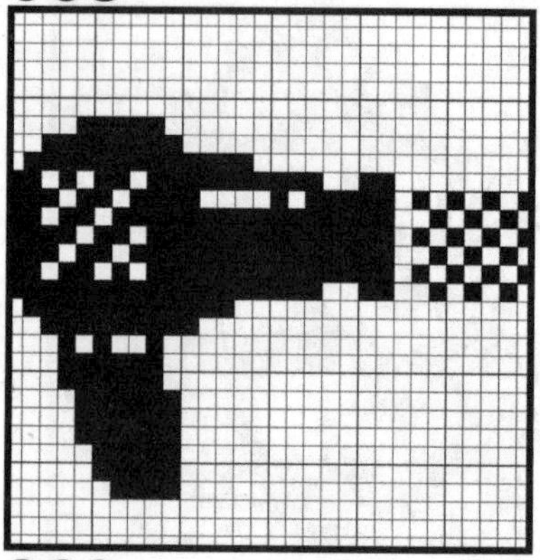

071

069

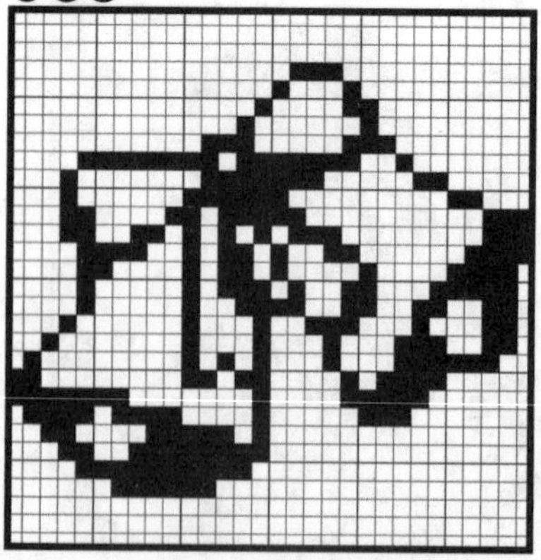

072

# SOLUTIONS

073

074

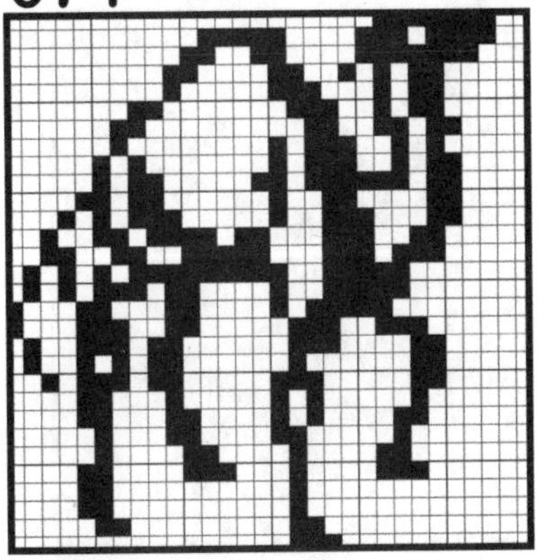

075

076

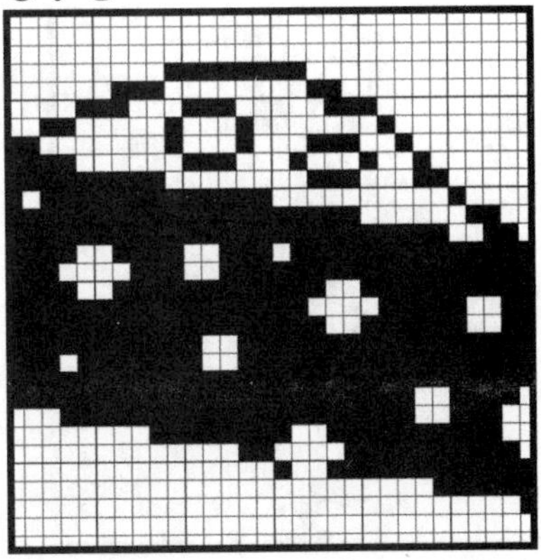

077

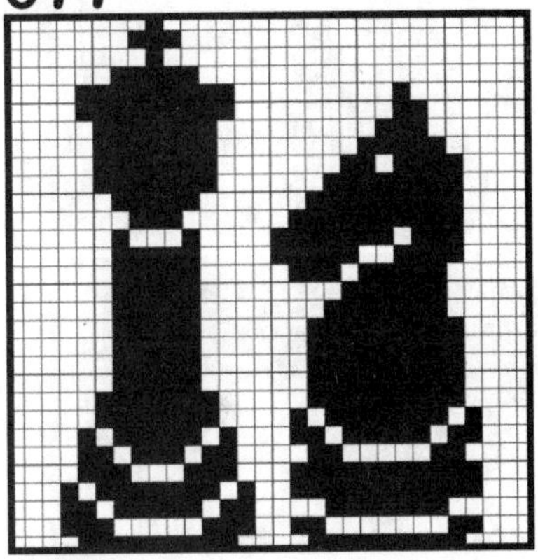

078

# SOLUTIONS

079

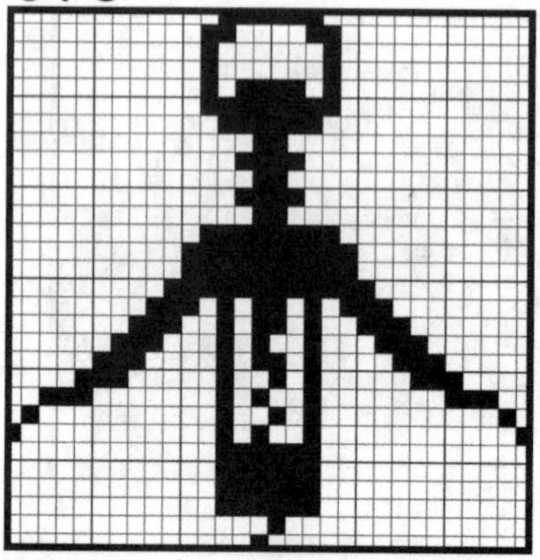

082

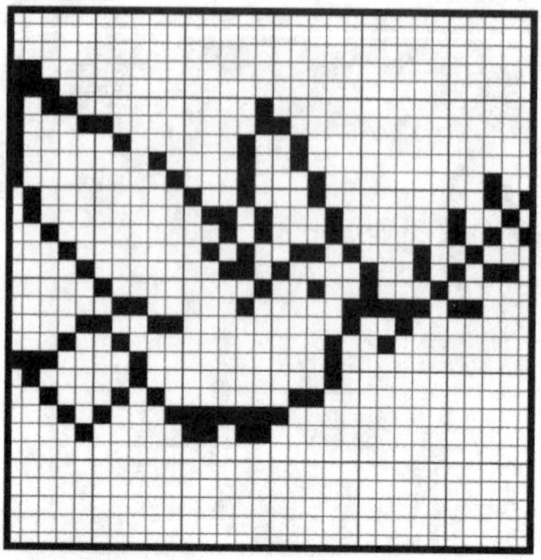

080

083

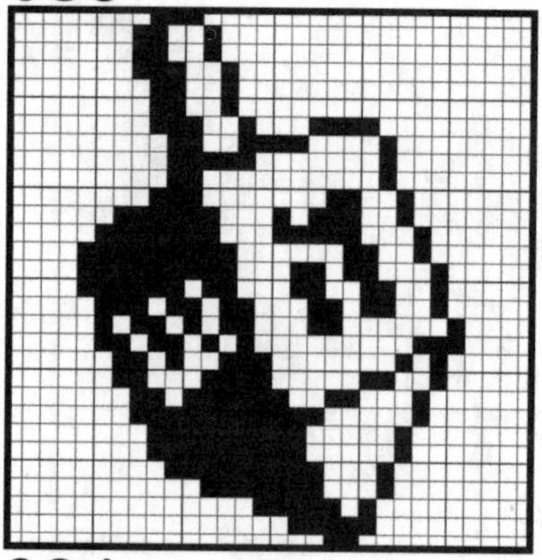

081

084

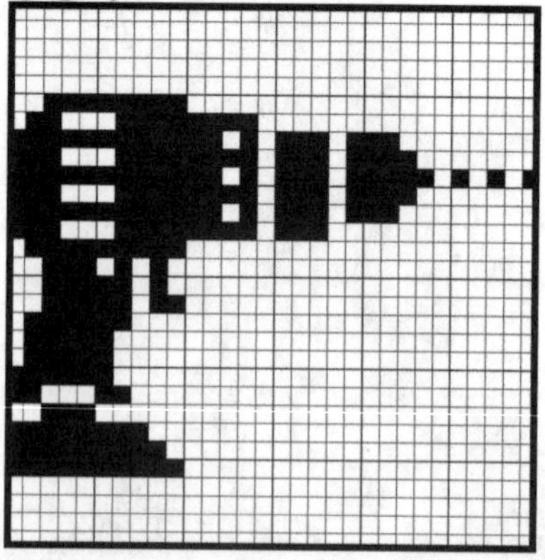

# SOLUTIONS

085

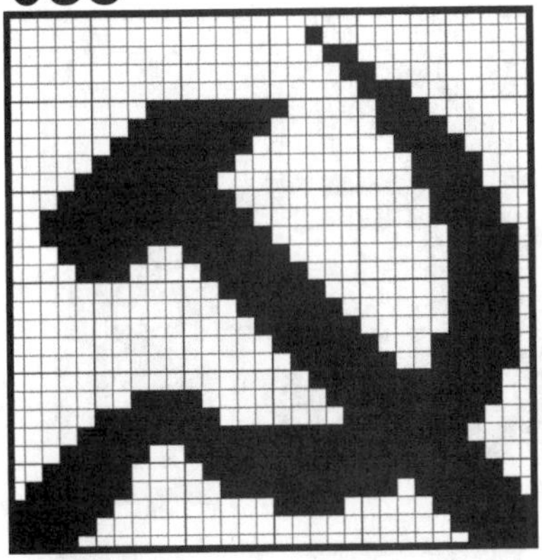

088

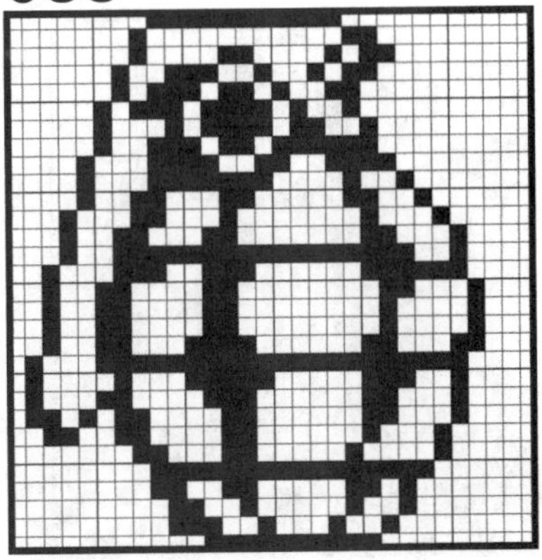

086

089

087

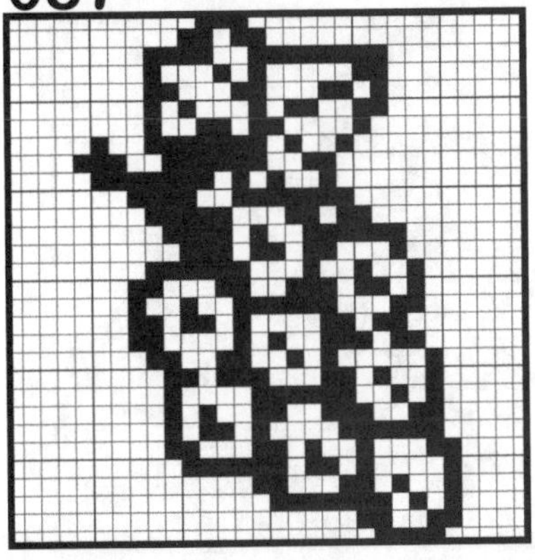

090

# SOLUTIONS

091

094

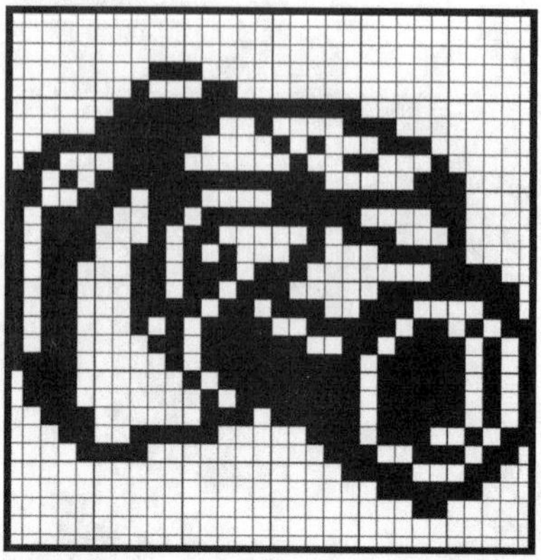

092

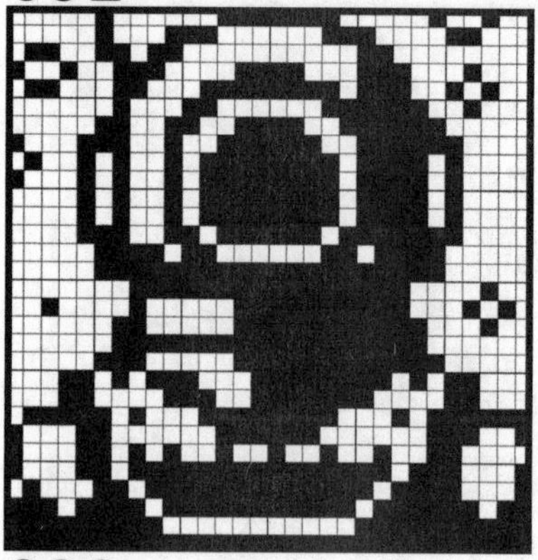

095

093

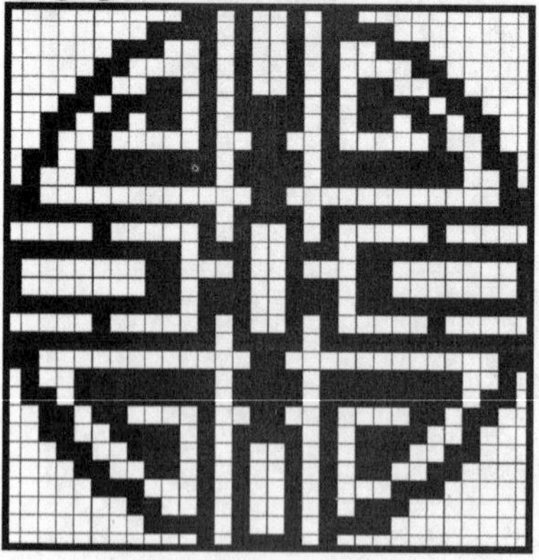

096

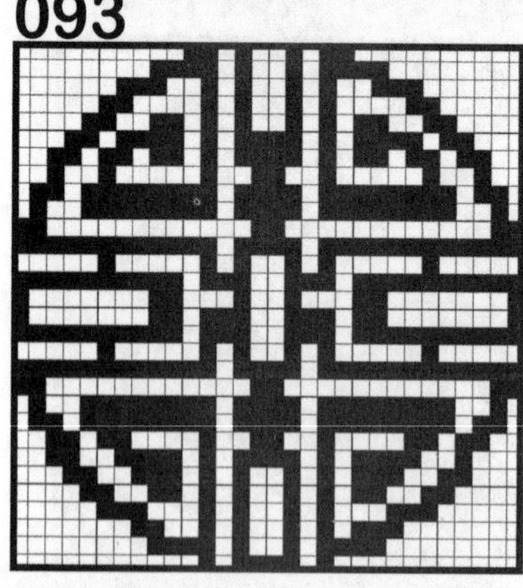

# SOLUTIONS

097

100

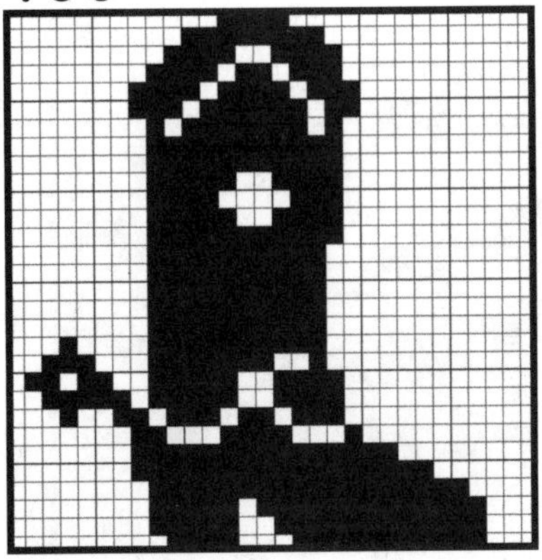

098

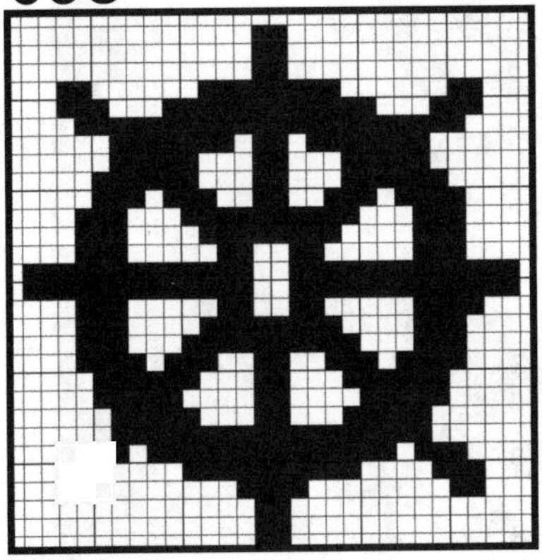

101

099

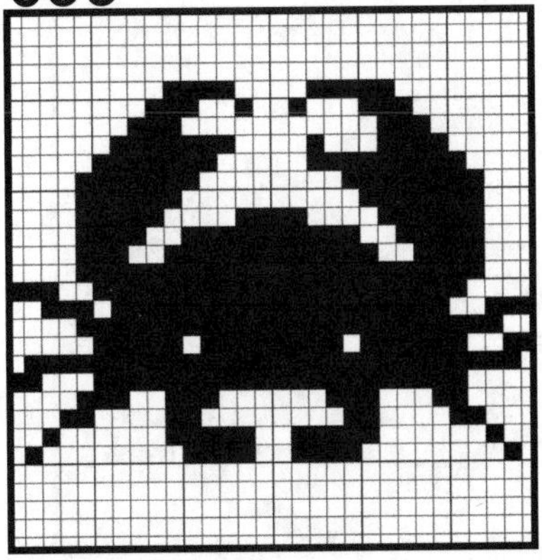

102

# SOLUTIONS

103

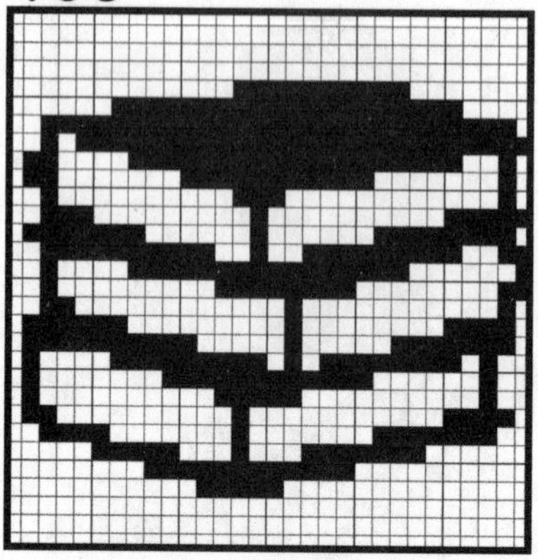

106

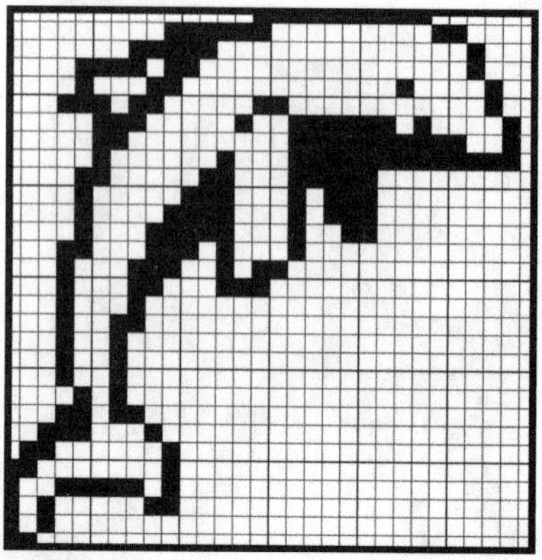

104

107

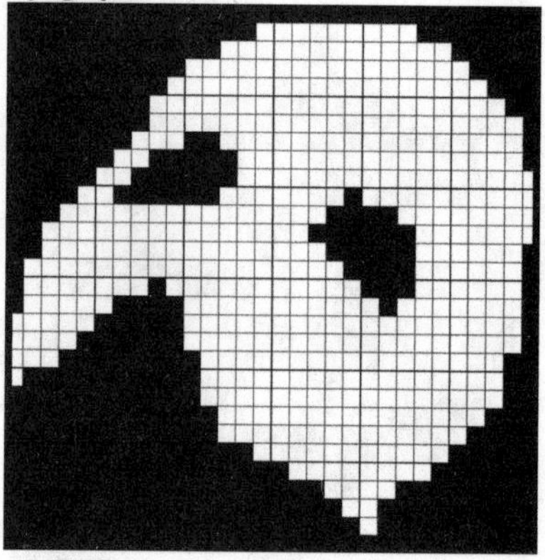

105

108

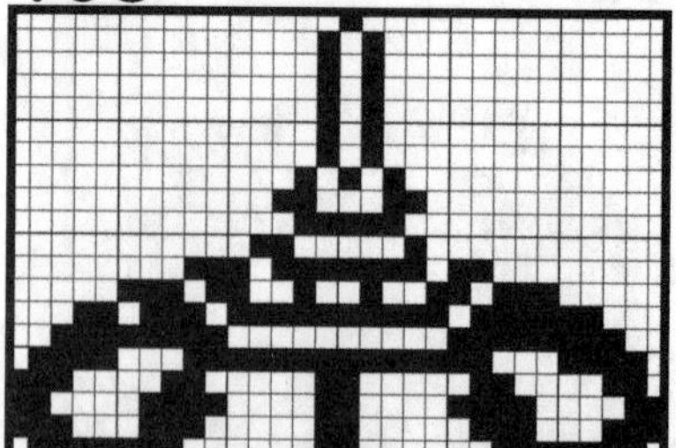

# SOLUTIONS

109

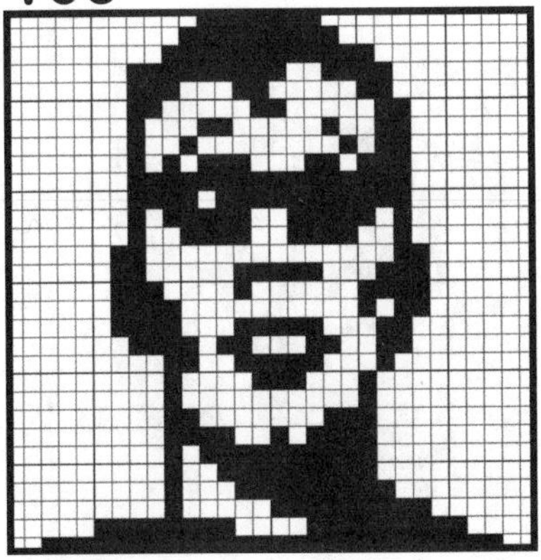

112

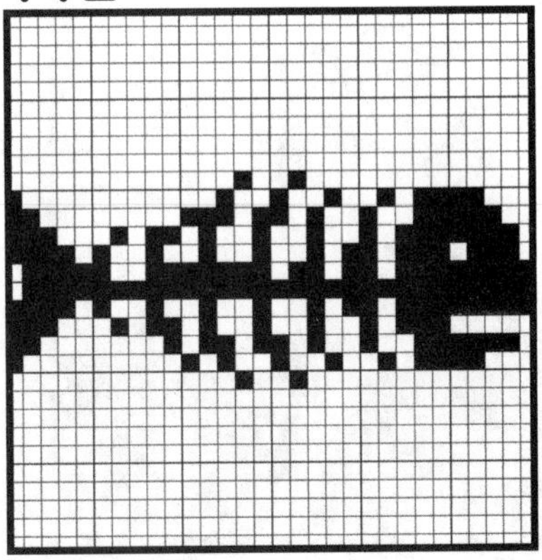

110

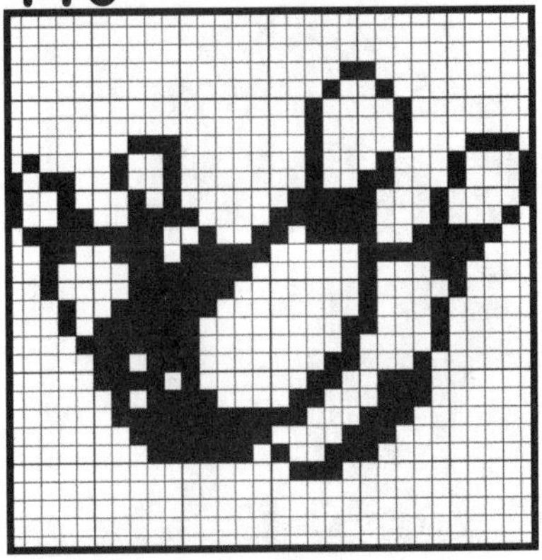

113

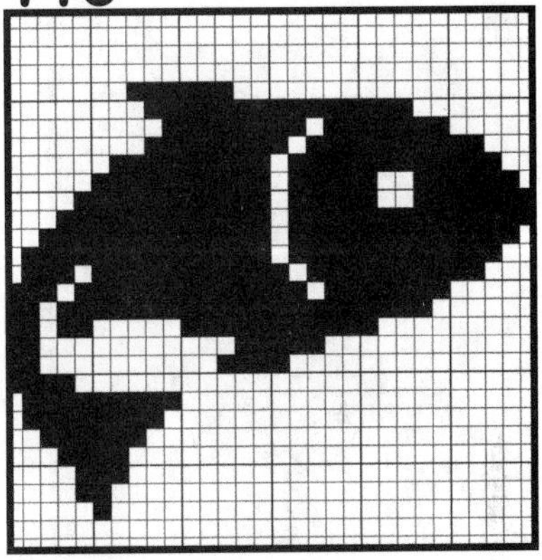

111

114

# SOLUTIONS

115

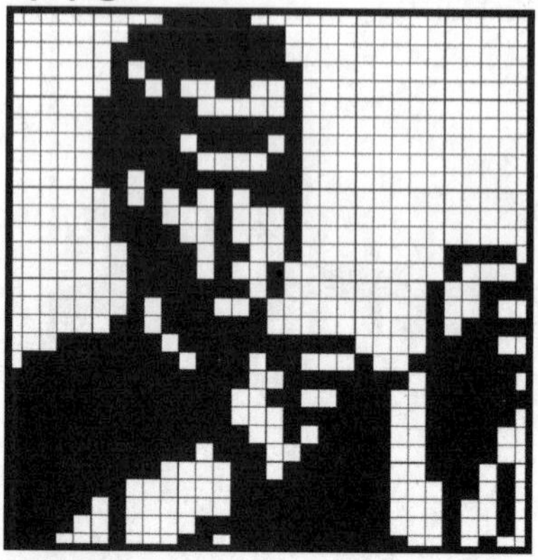

118

116

119

117

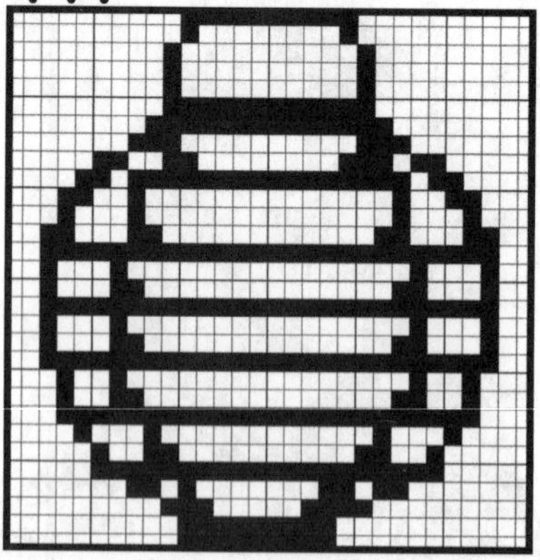

120

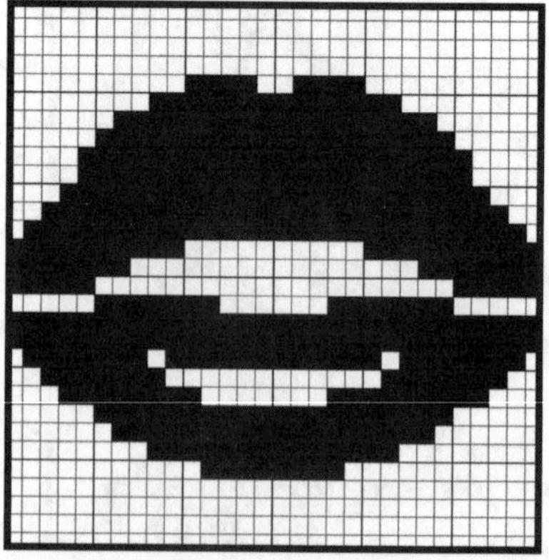

# SOLUTIONS

121

124

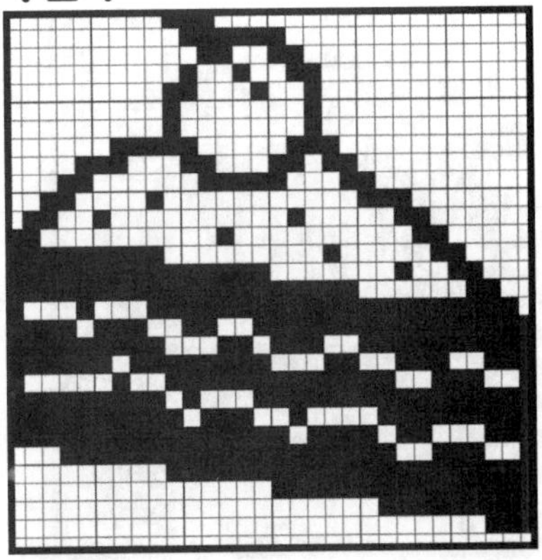

122

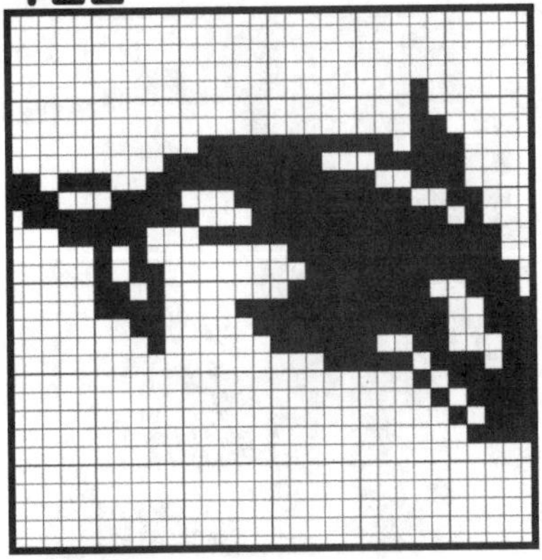

125

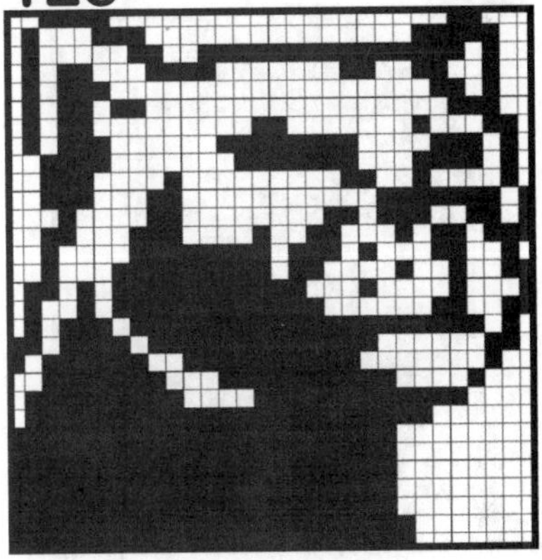

123

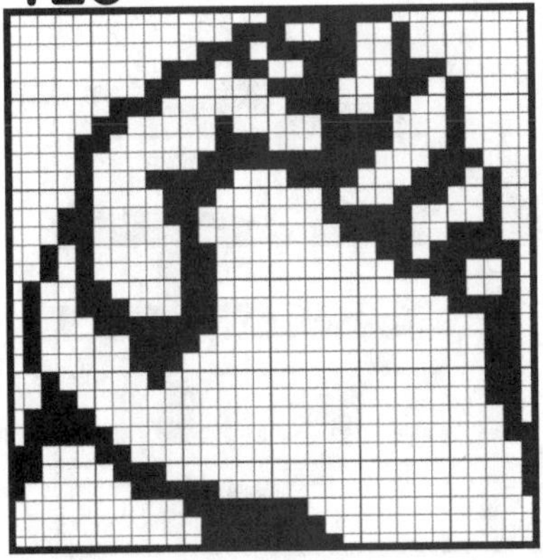

126

# SOLUTIONS

127

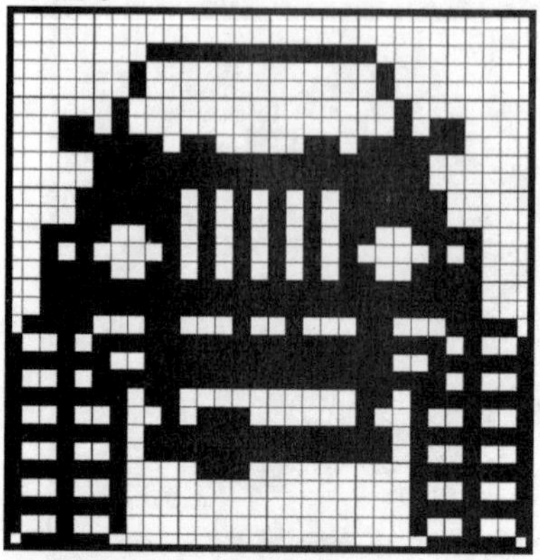

130

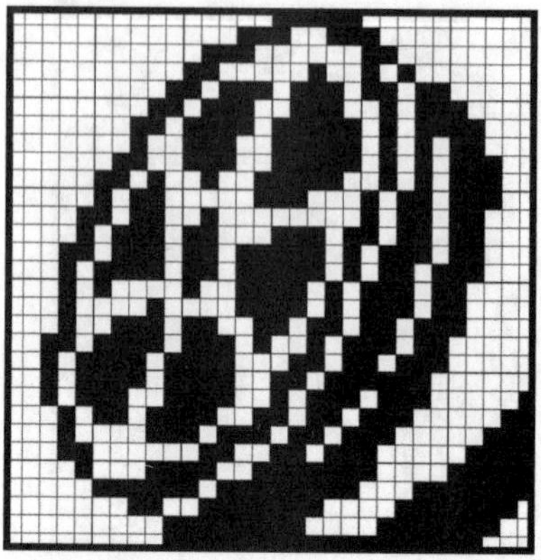

128

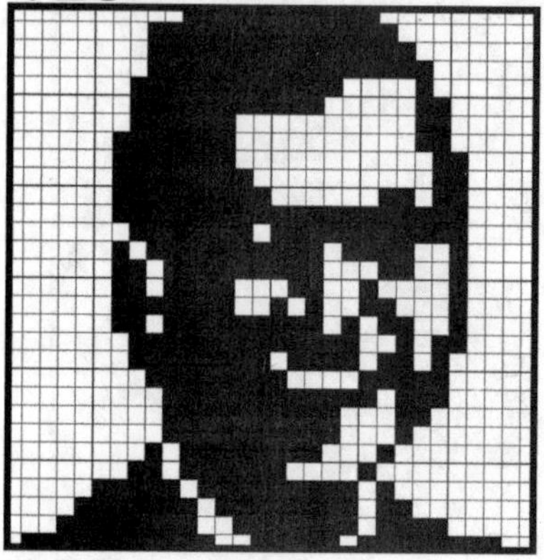

131

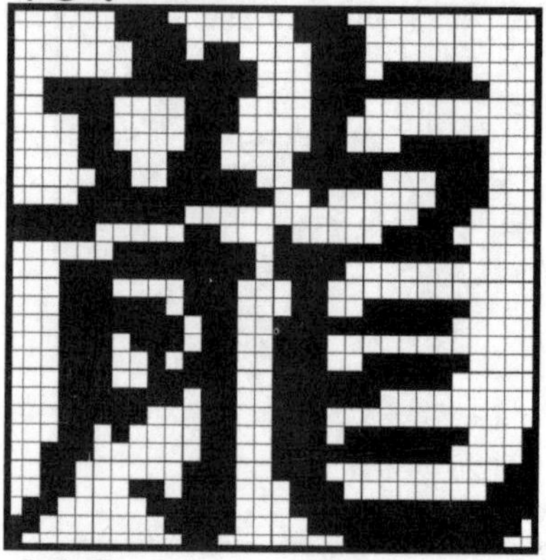

129

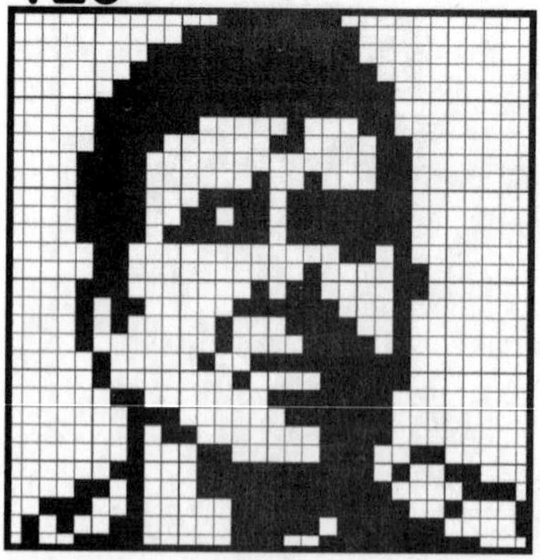

132

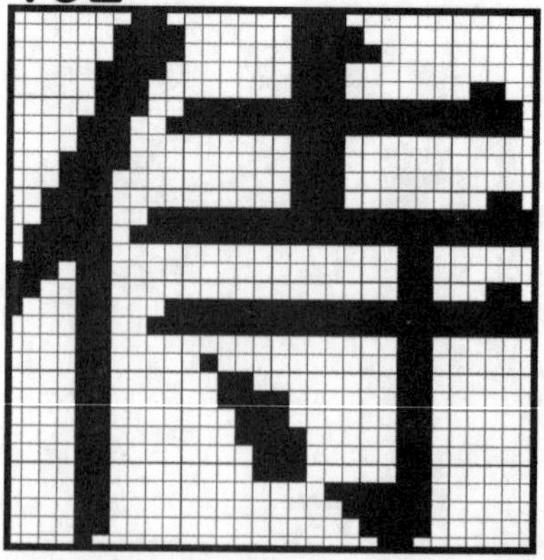

# SOLUTIONS

133

136

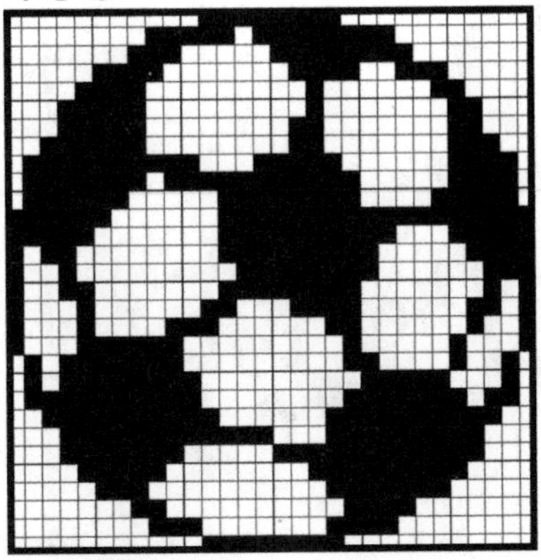

134

137

135

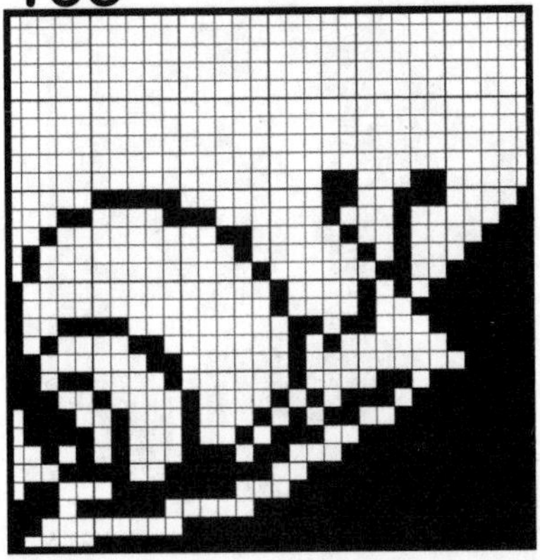

138

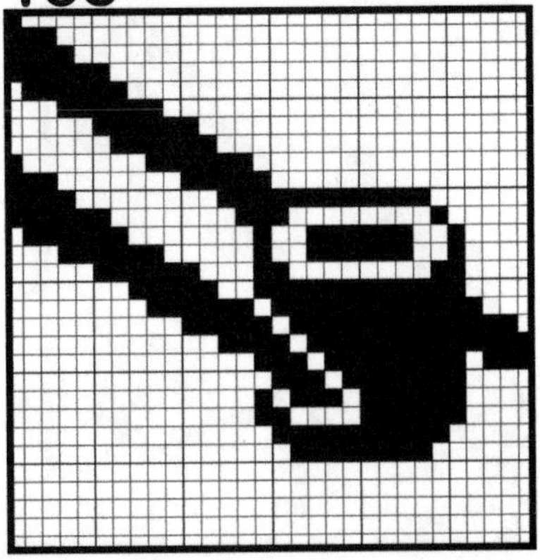

# SOLUTIONS

139

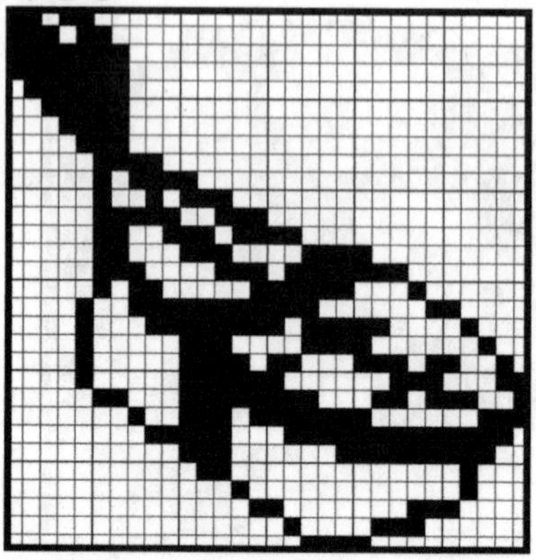

142

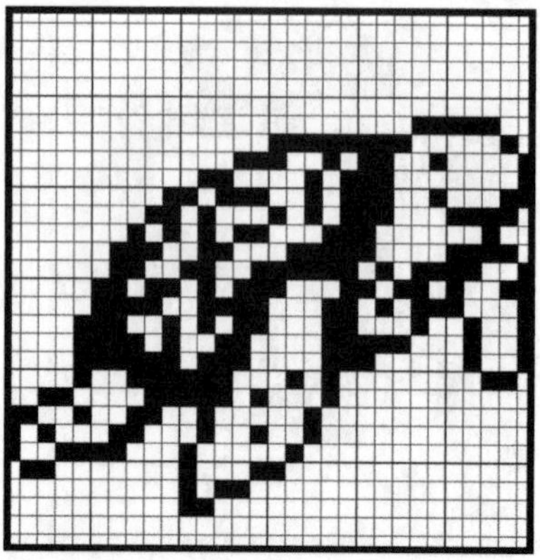

140

143

141

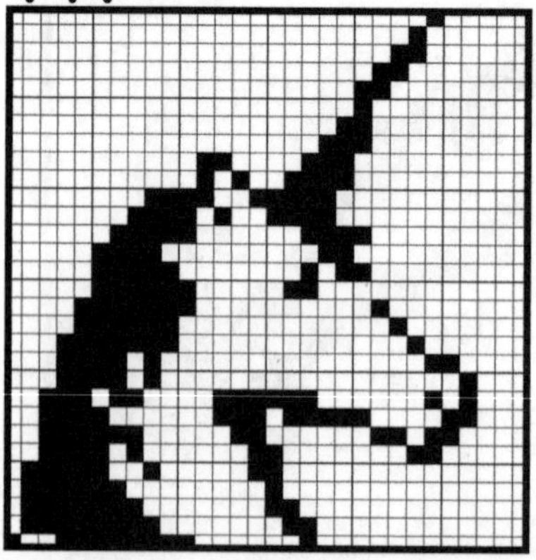

144

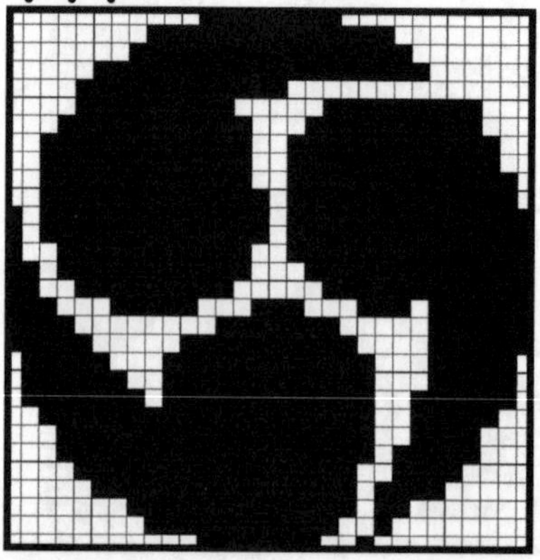

# SOLUTIONS

145

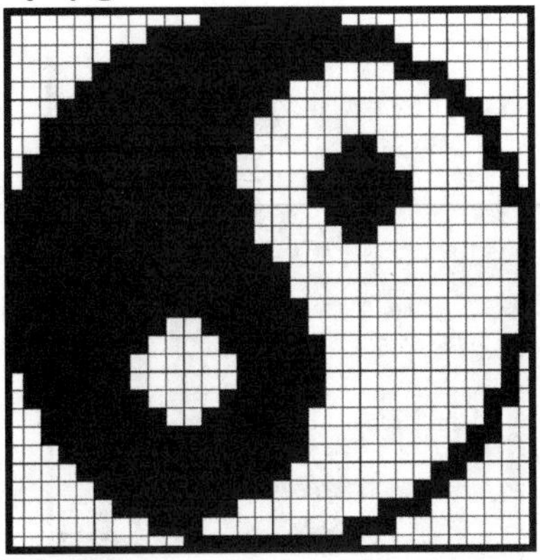

148

146

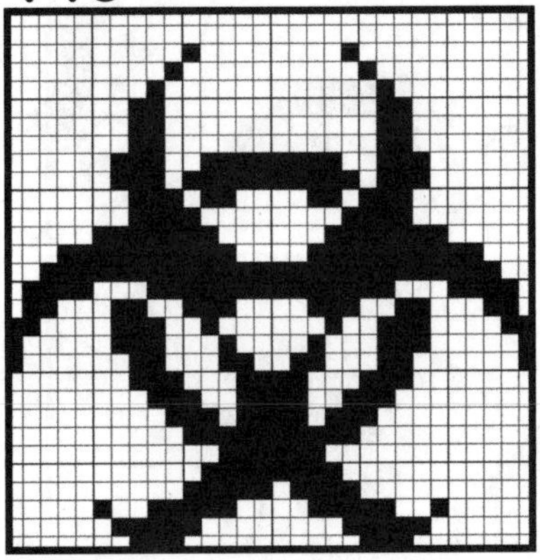

149

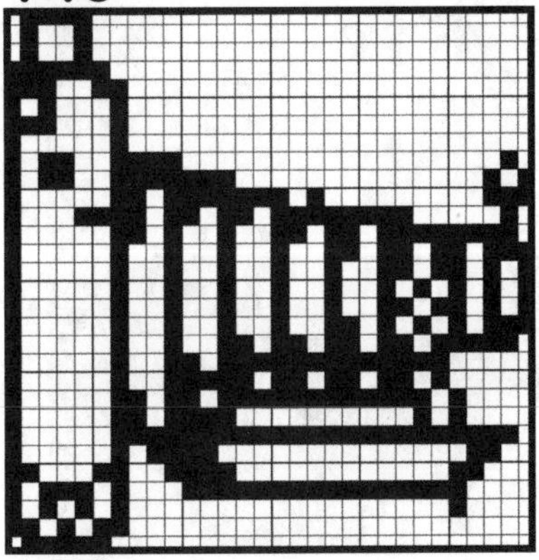

147

150

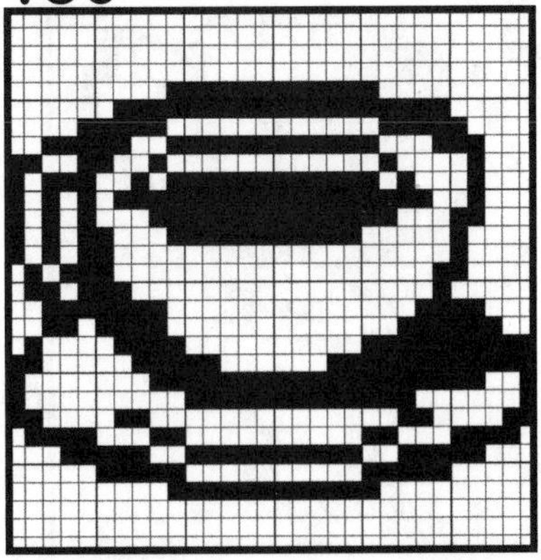

# SOLUTIONS

151

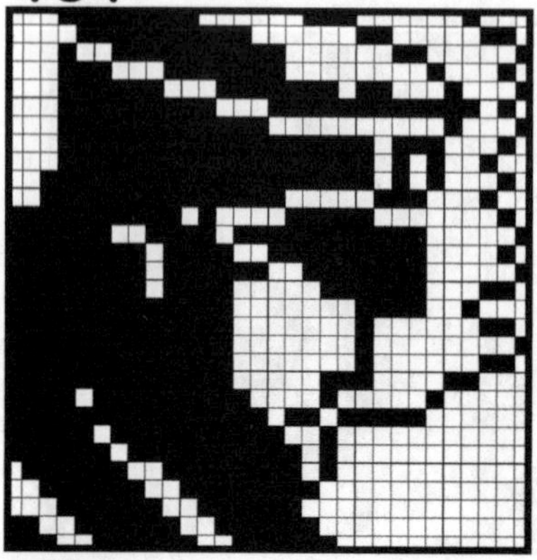

154

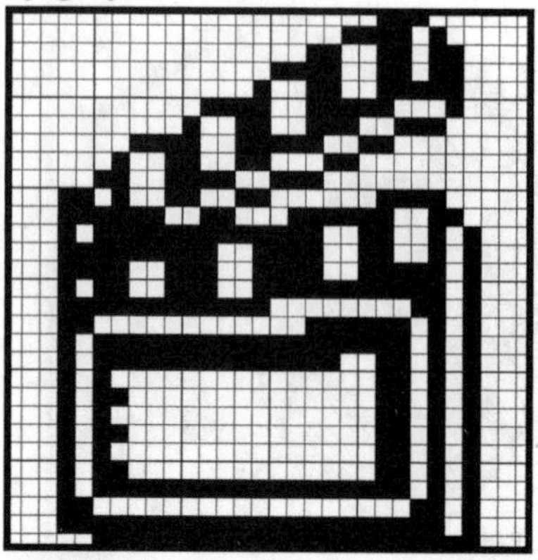

152

155

153

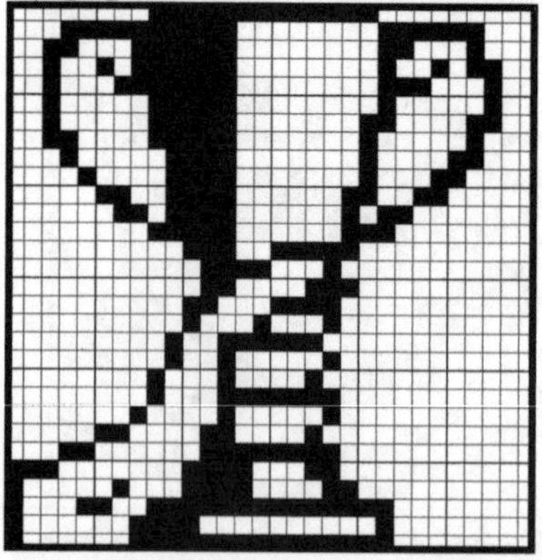

156

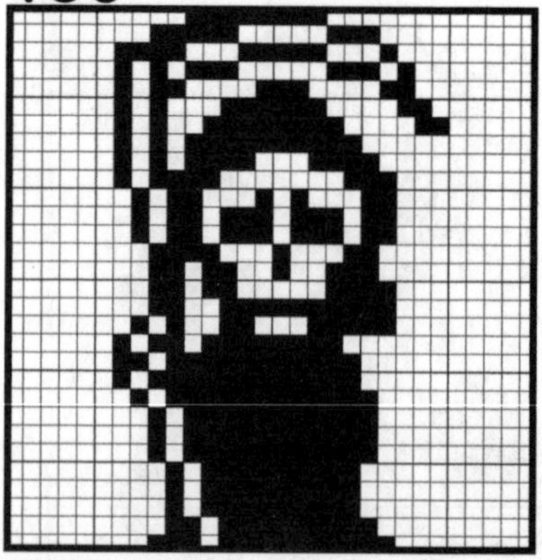

# SOLUTIONS

157

158

159

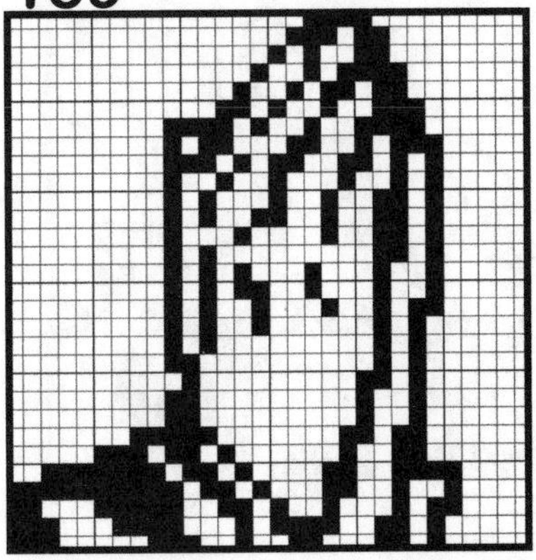

160

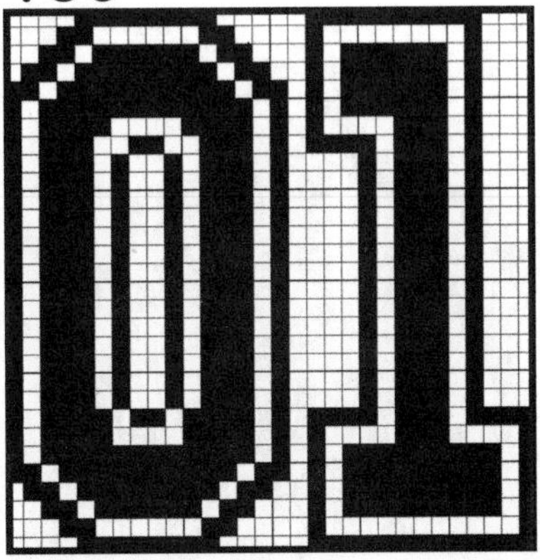

161

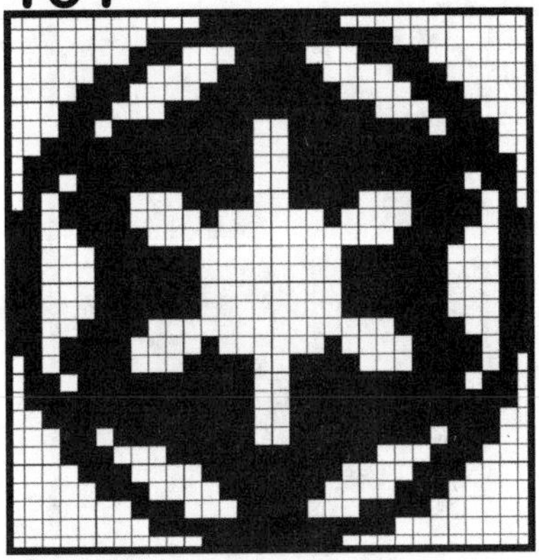

162

# SOLUTIONS

163

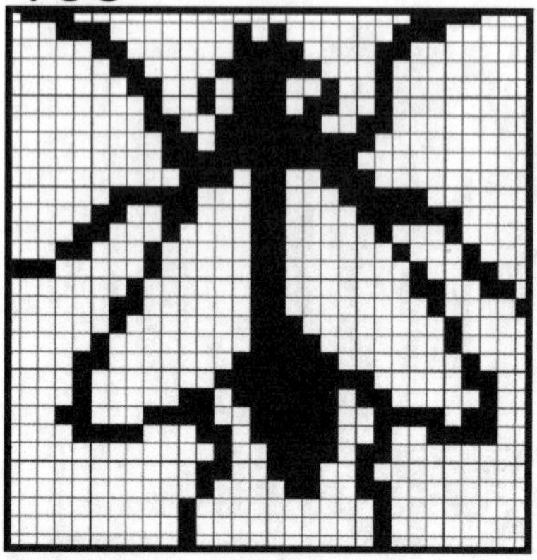

166

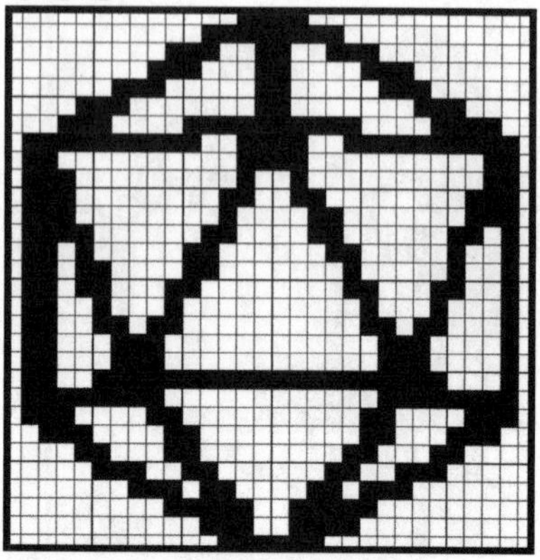

164

167

165

168

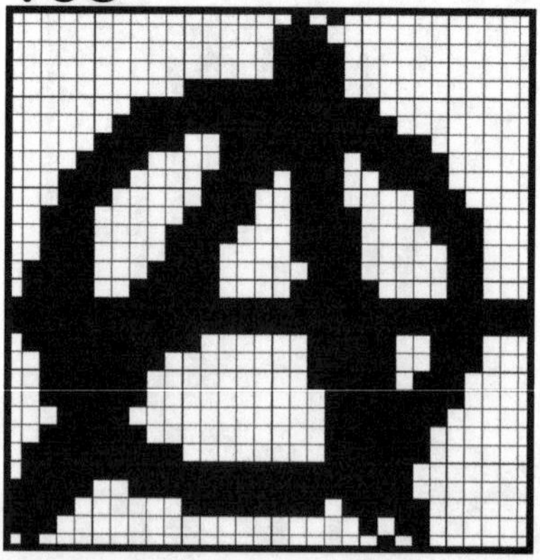

# SOLUTIONS

169

172

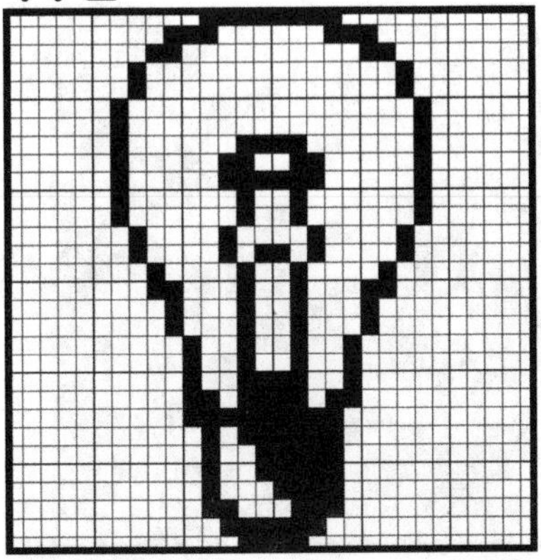

170

173

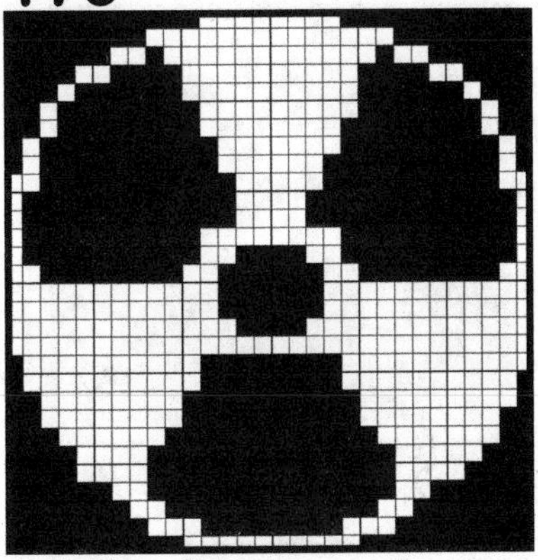

171

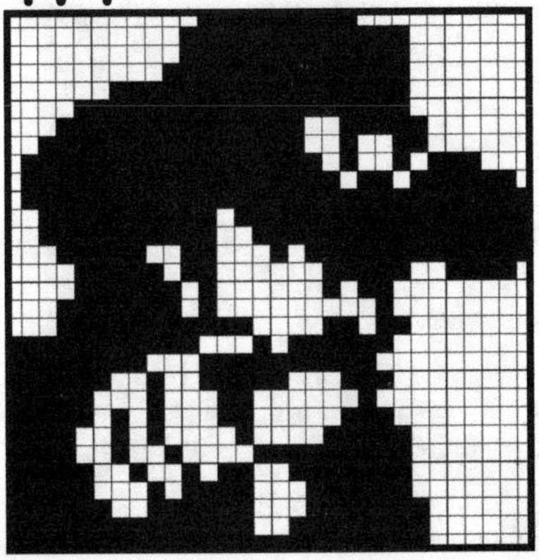

174

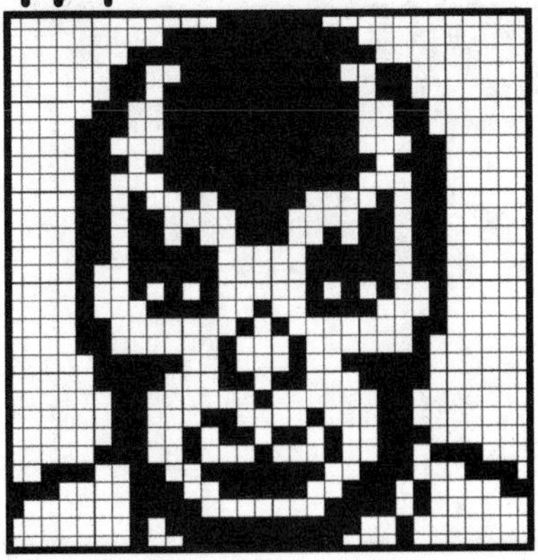

# SOLUTIONS

175

178

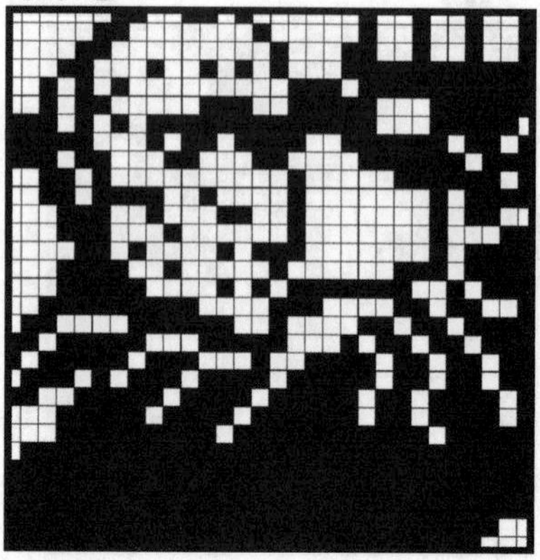

176

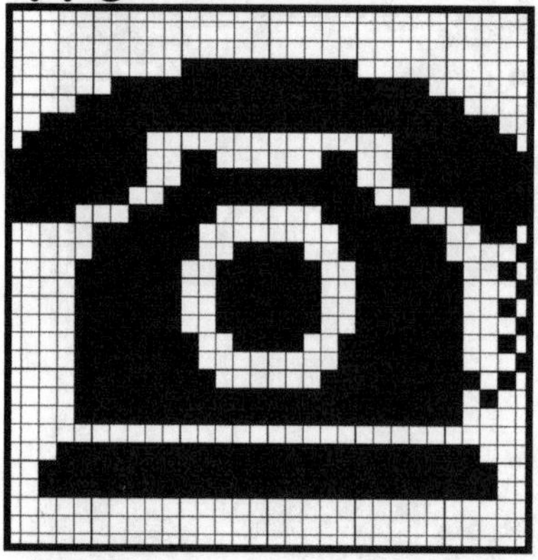

179

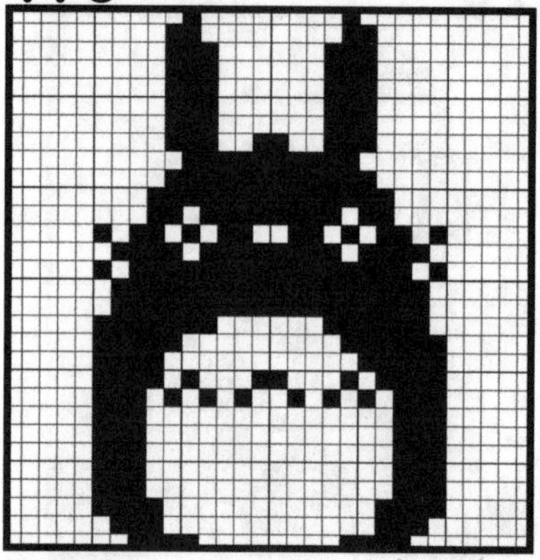

177

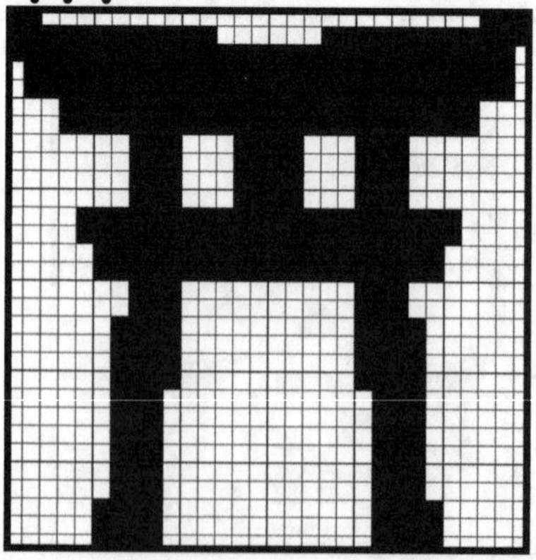

180

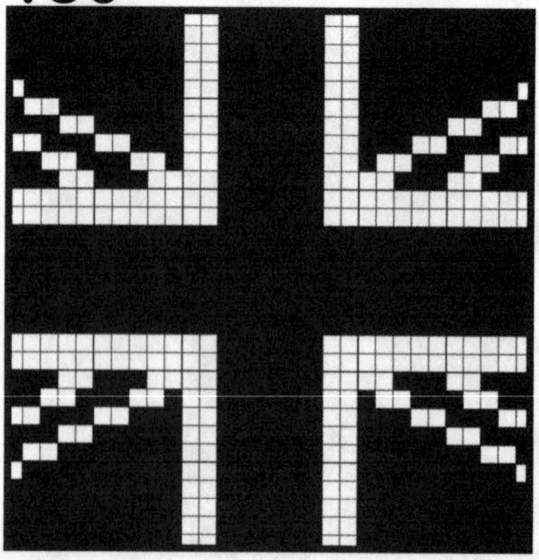

# SOLUTIONS

181

184

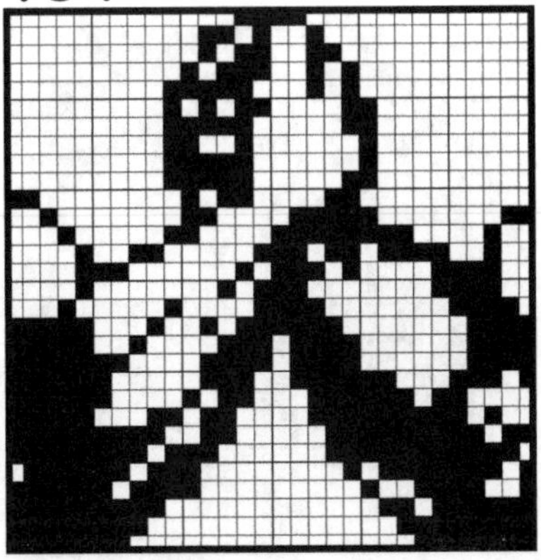

182

185

183

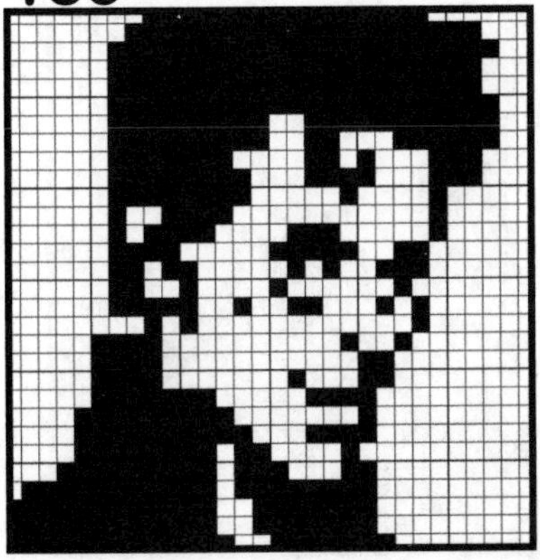

186

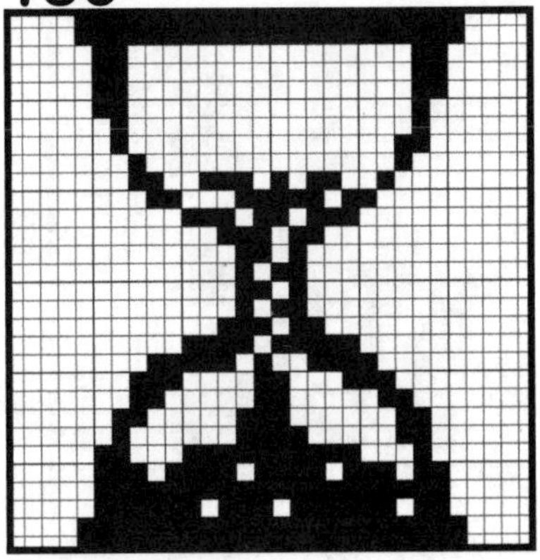

# SOLUTIONS

187

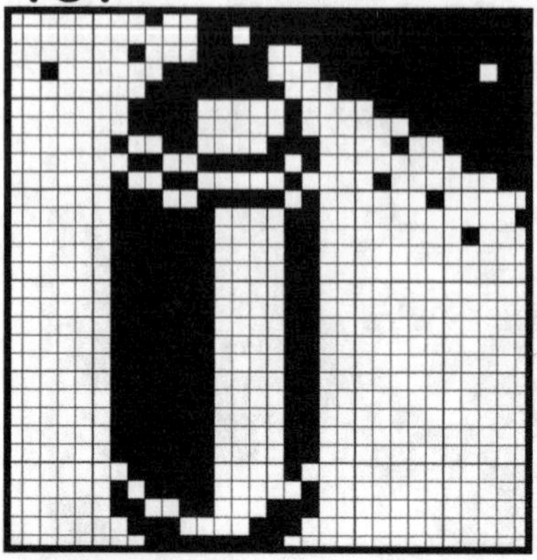

190

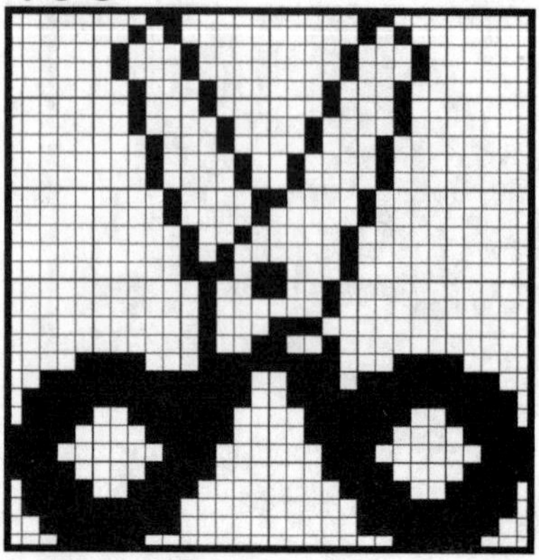

188

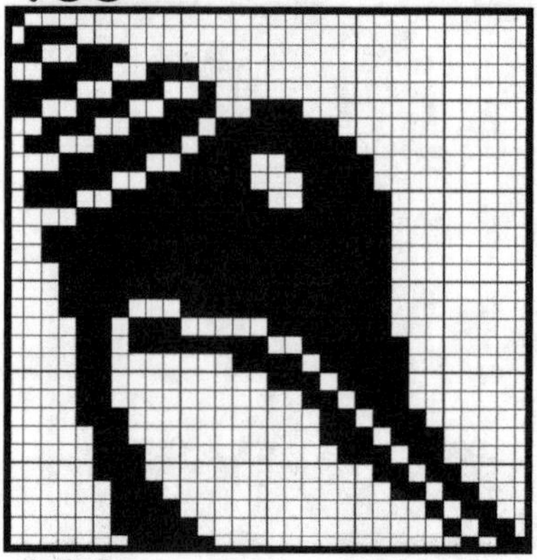

191

189

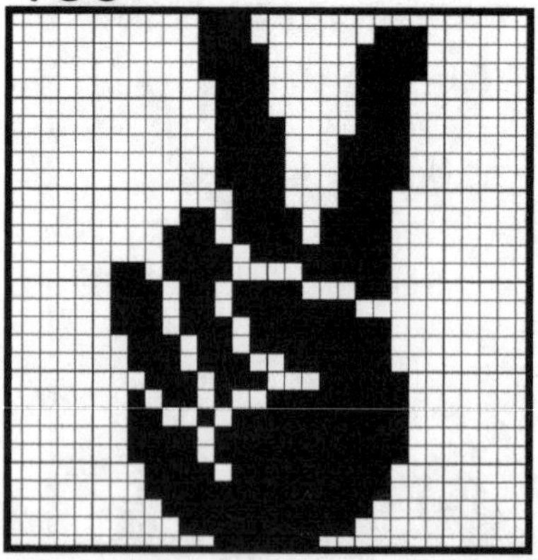

192

# SOLUTIONS

193

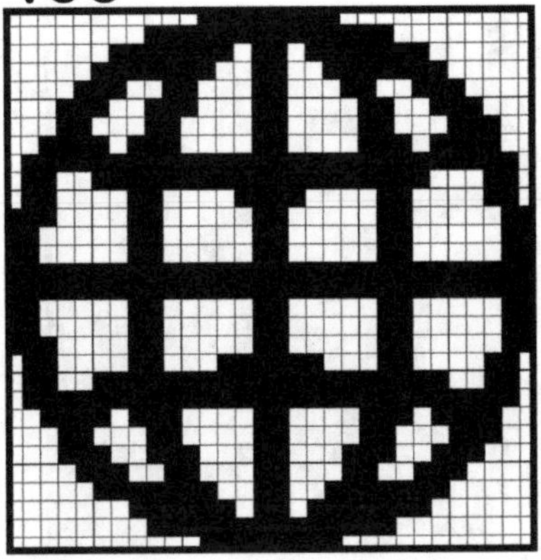

196

194

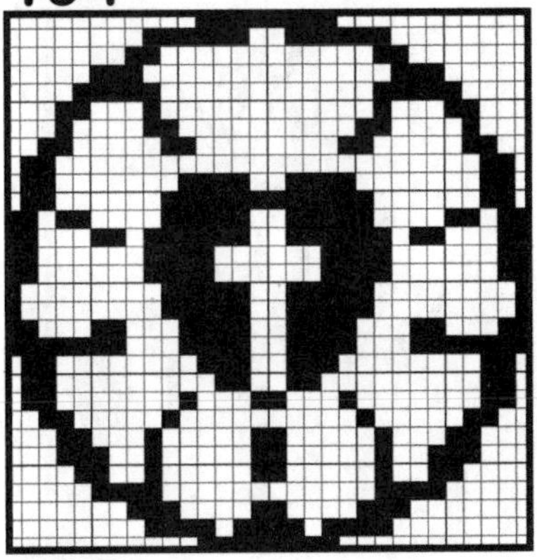

197

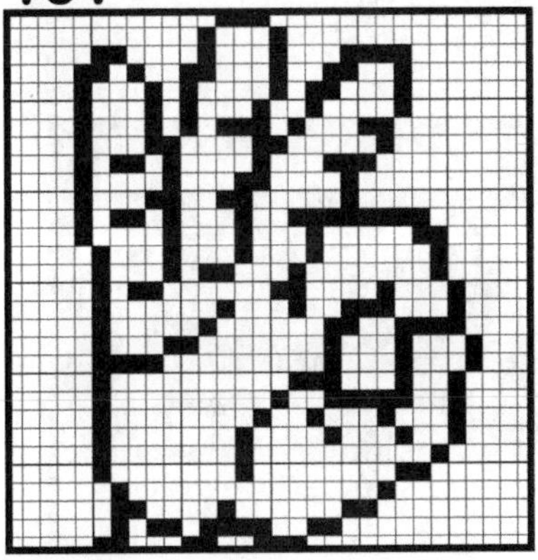

195

198

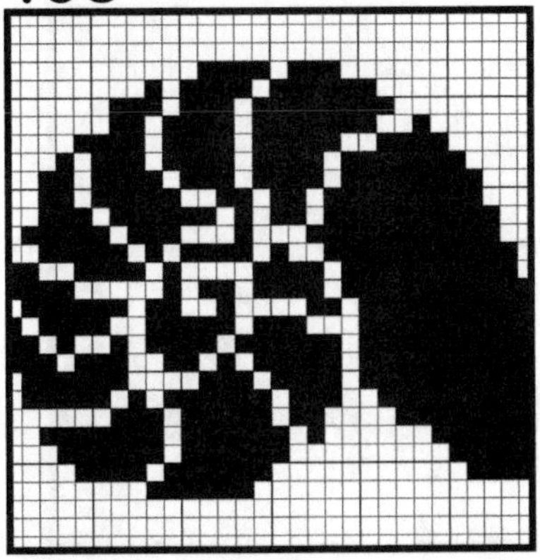

# SOLUTIONS

199

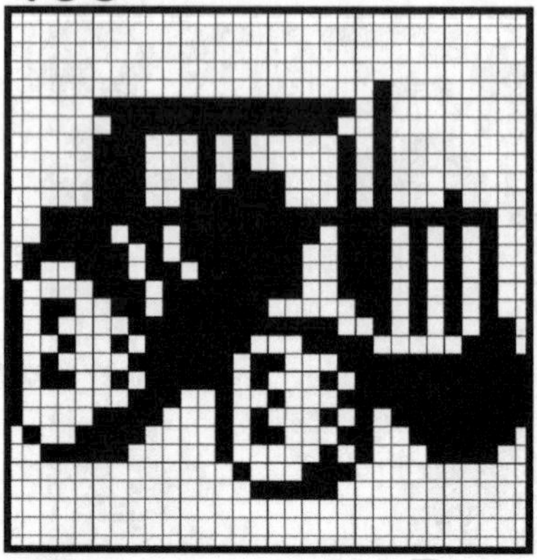

202

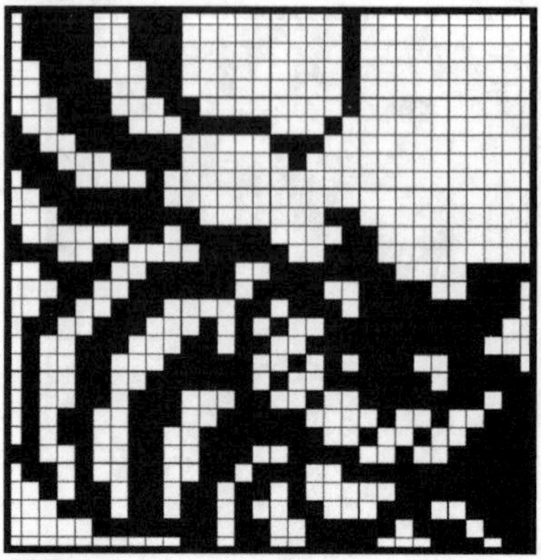

200

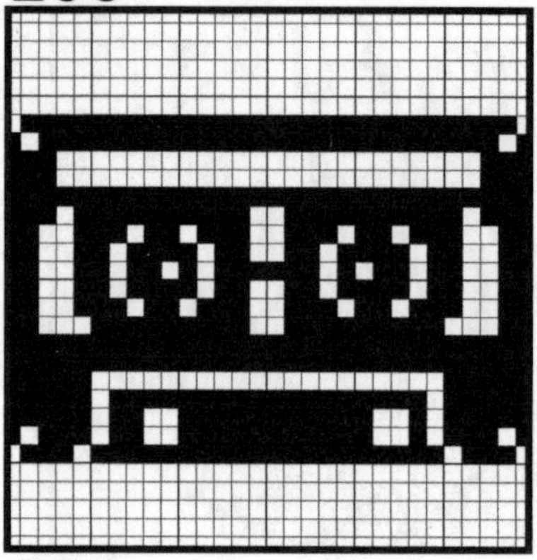

203

201

204

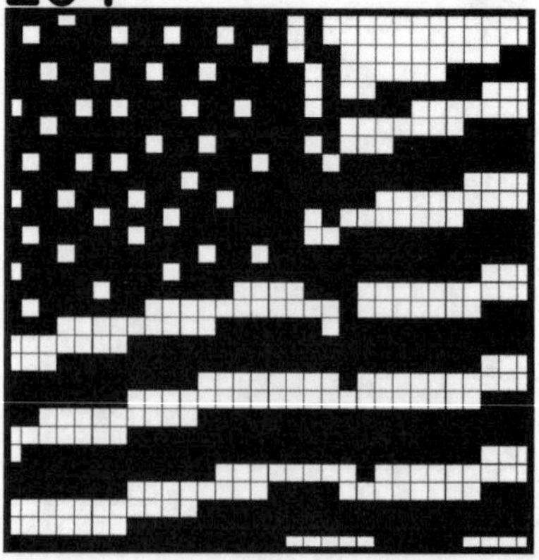

# SOLUTIONS

205

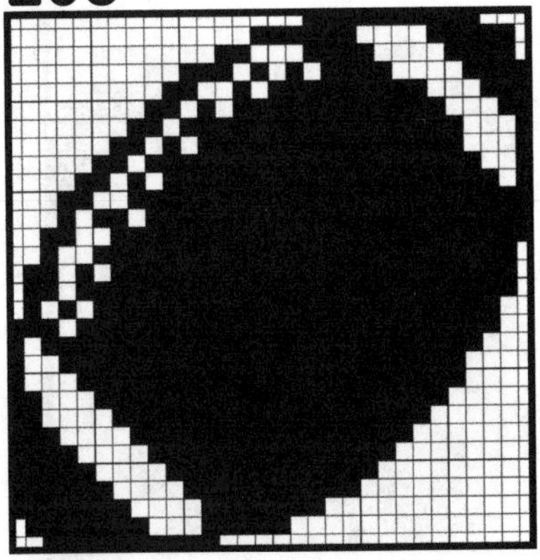

208

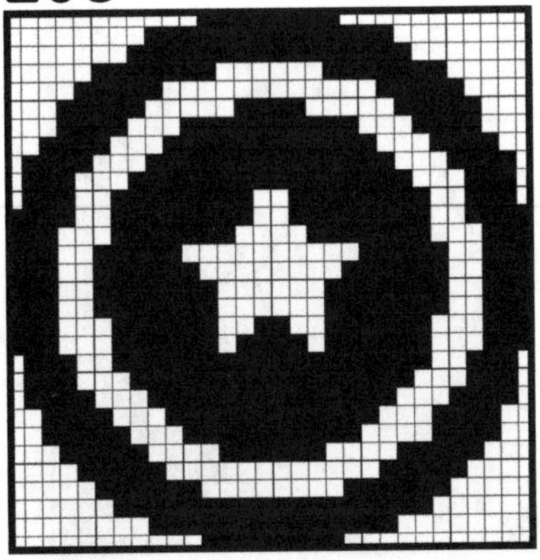

206

209

207

210

# SOLUTIONS

211

214

212

215

213

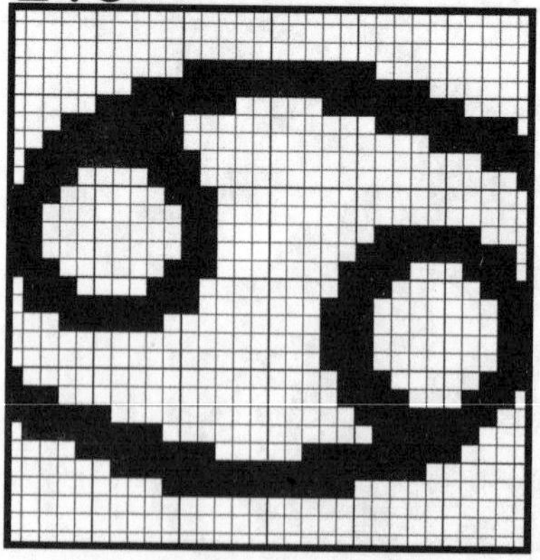

216

# SOLUTIONS

217

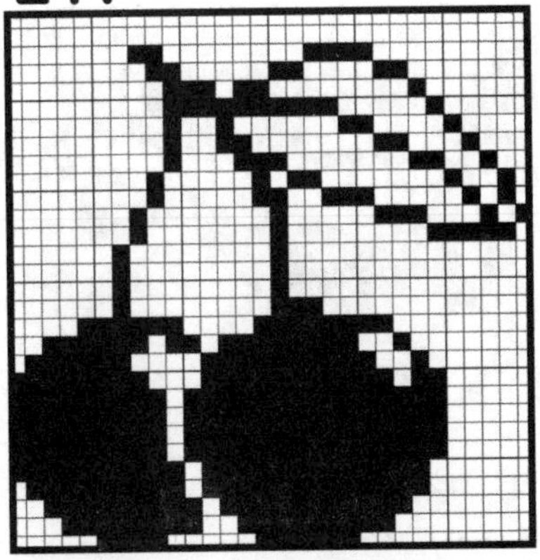

218

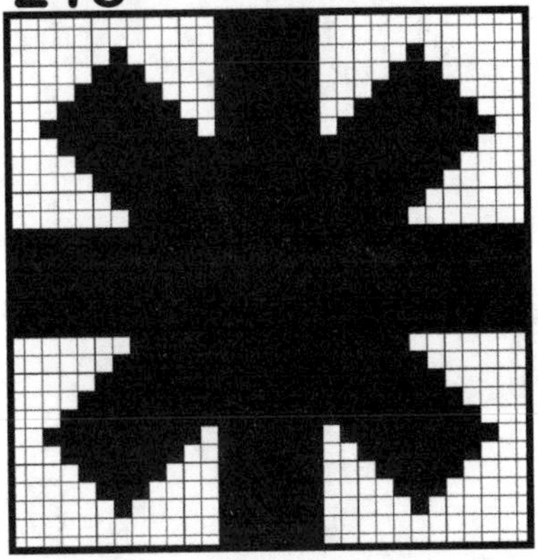

219

220

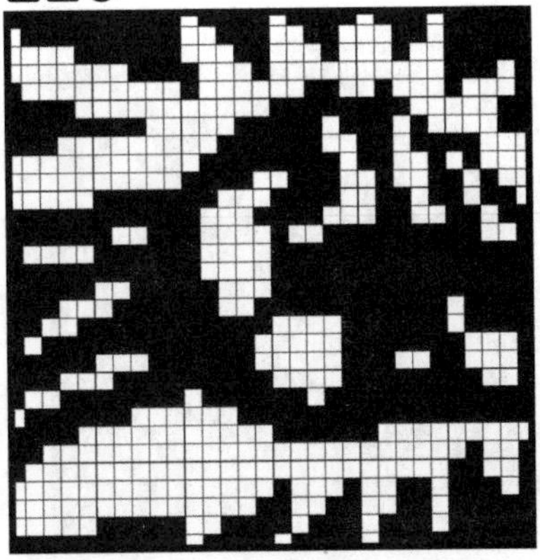

221

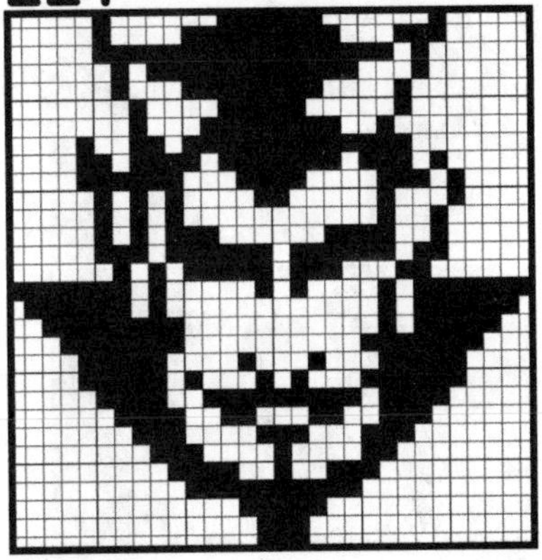

222

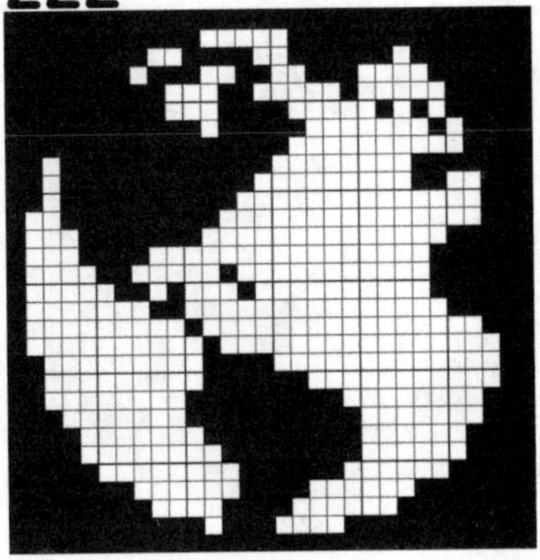

# SOLUTIONS

223

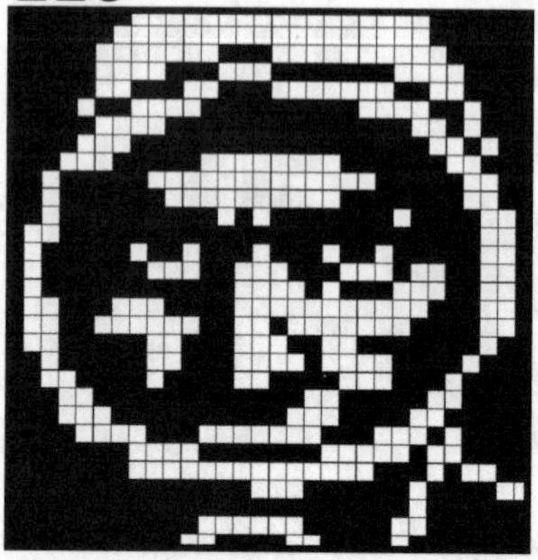

226

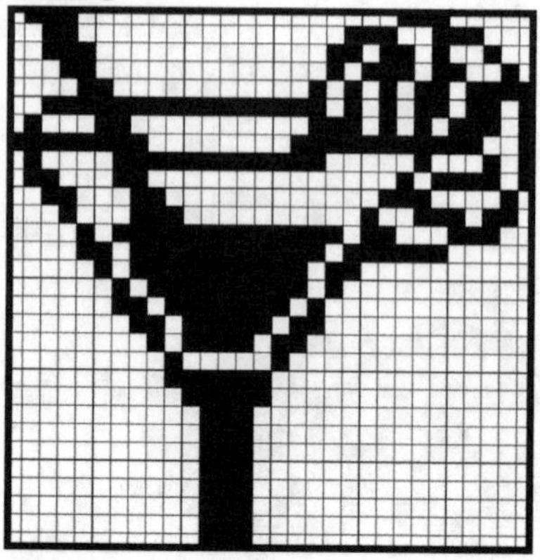

224

227

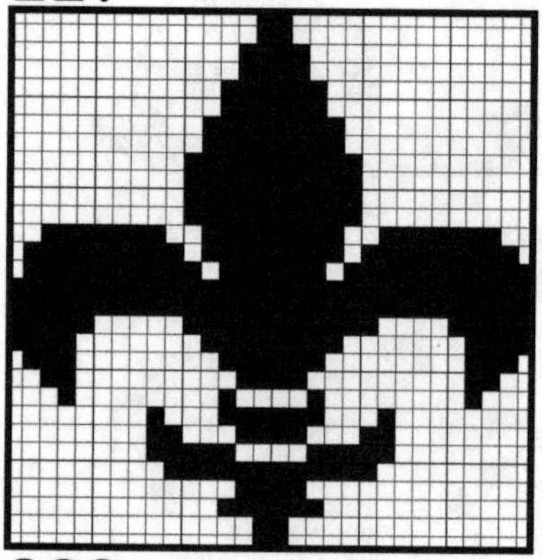

225

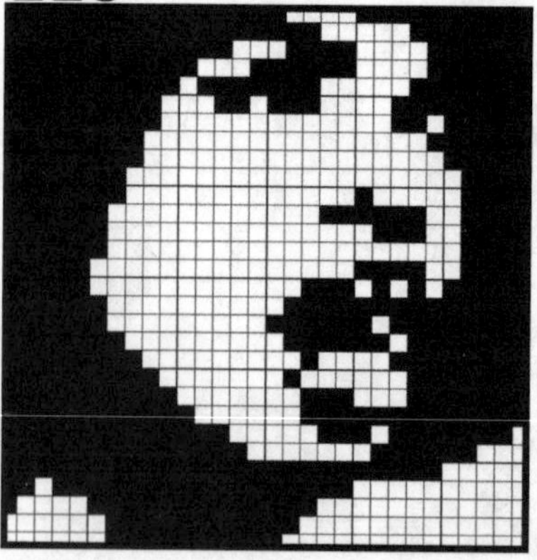

228

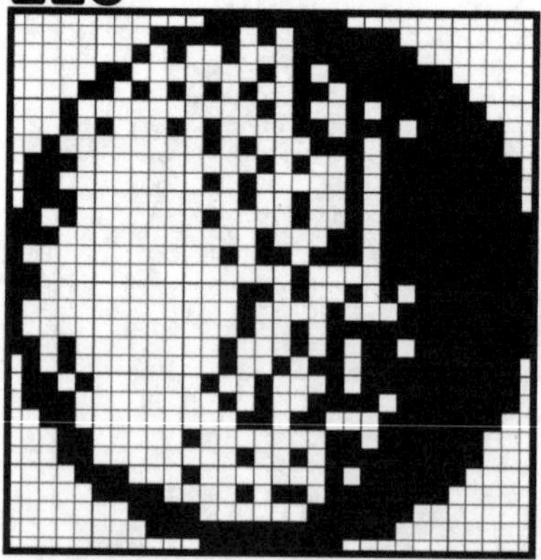

# SOLUTIONS

229

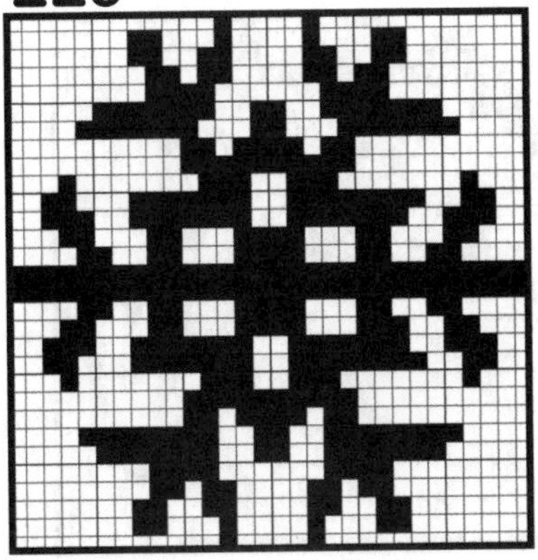

232

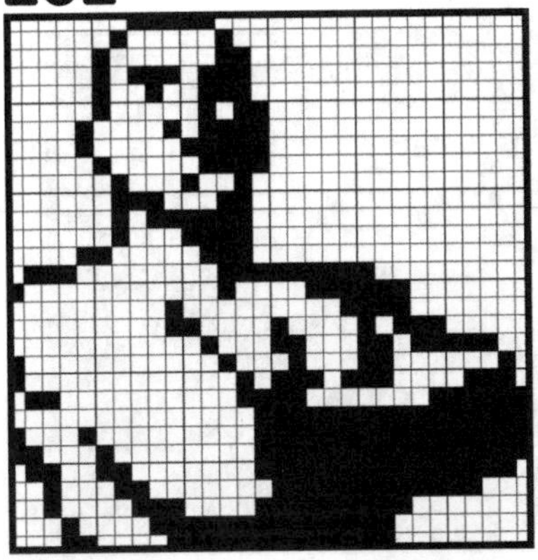

230

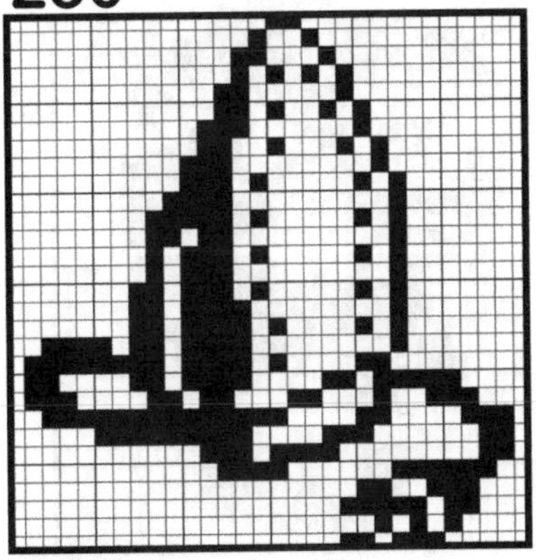

233

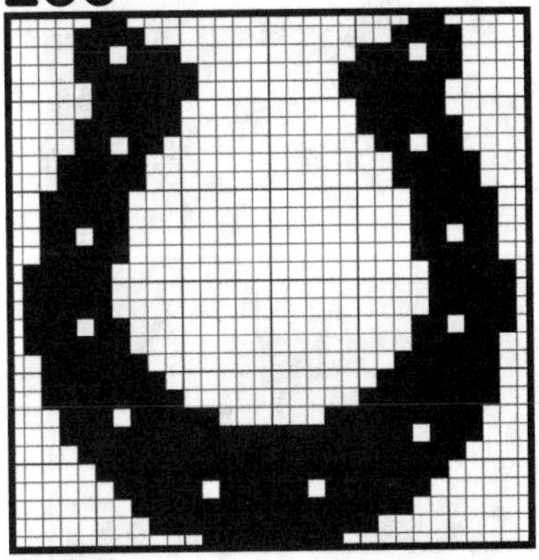

231

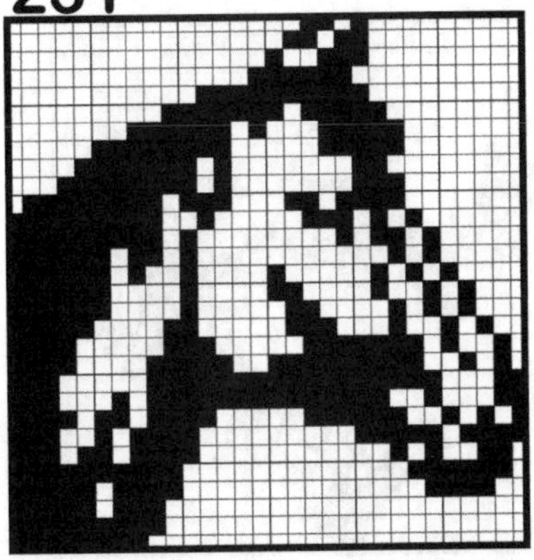

234

# SOLUTIONS

235

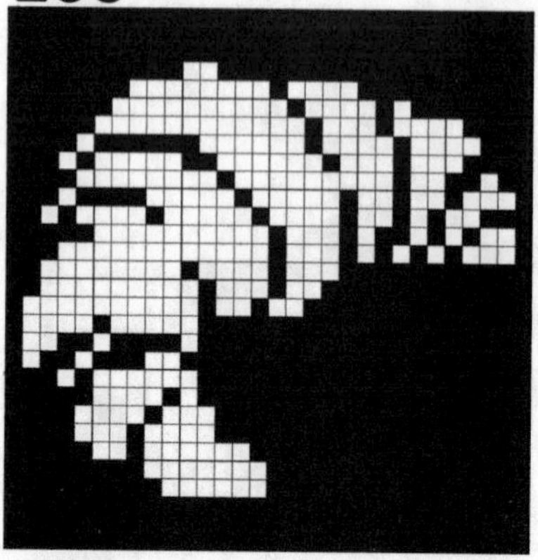

238

236

239

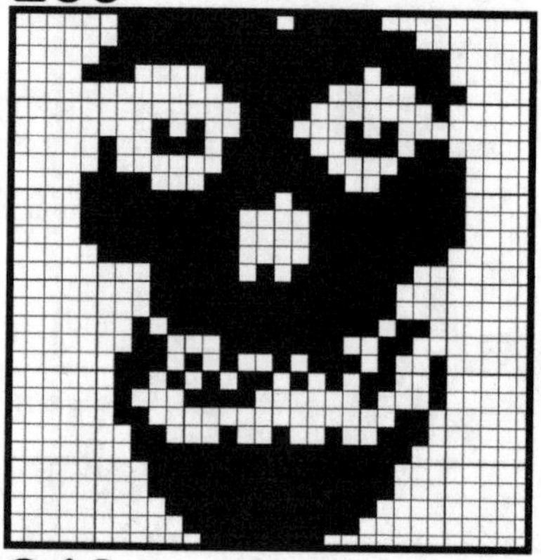

237

240

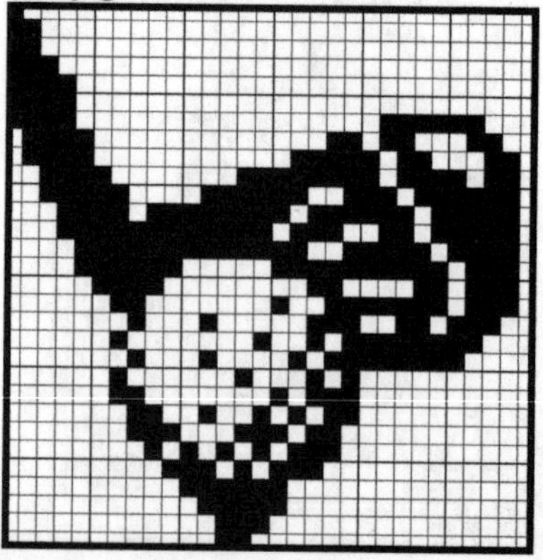

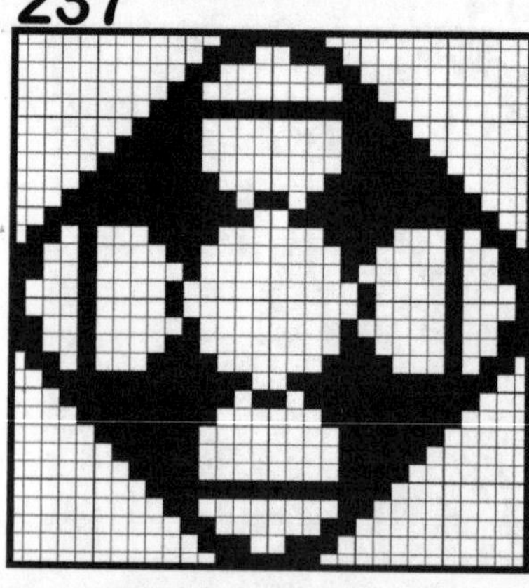

# SOLUTIONS

241

244

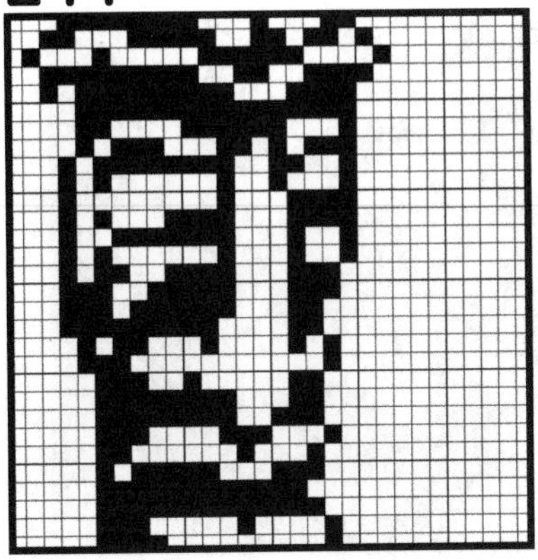

242

245

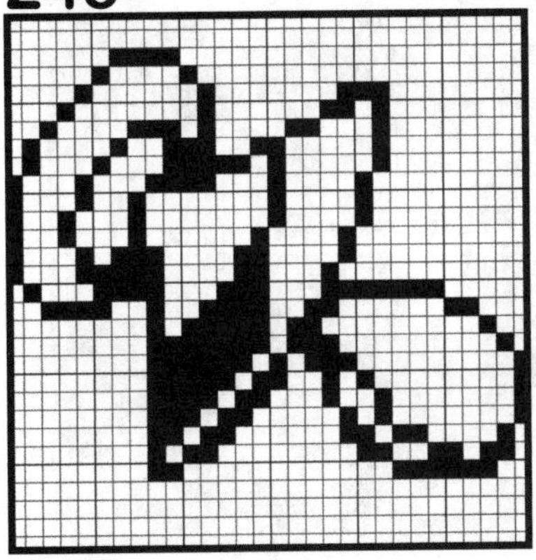

243

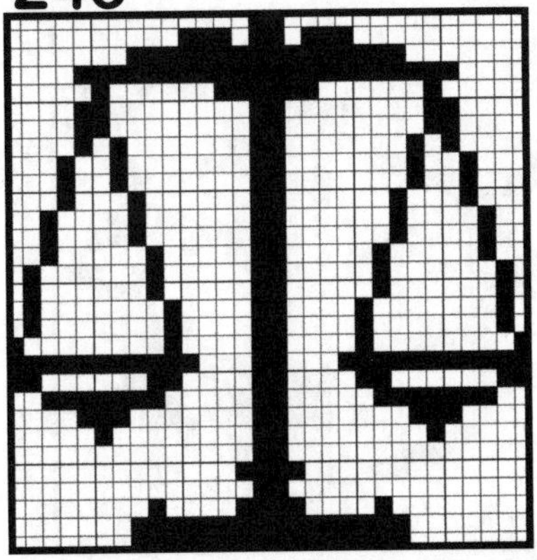

246

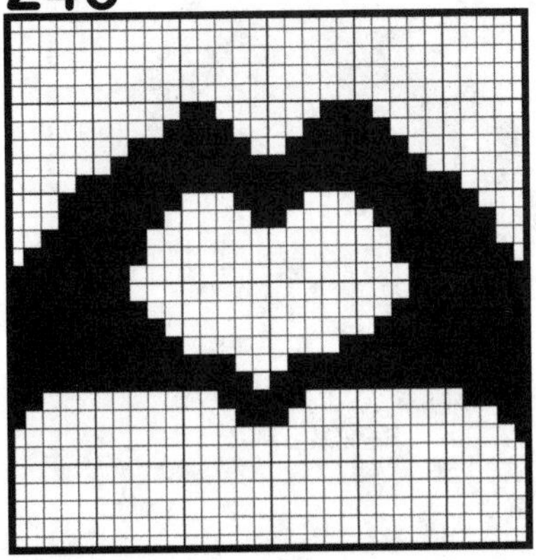

# SOLUTIONS

247

250

248

251

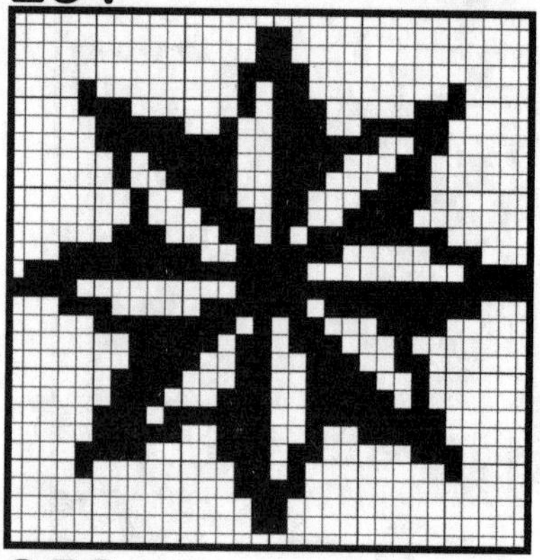

249

252

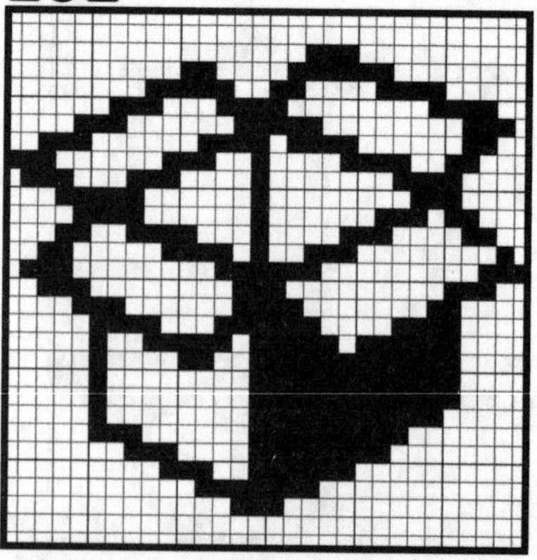

# SOLUTIONS

253

254

255

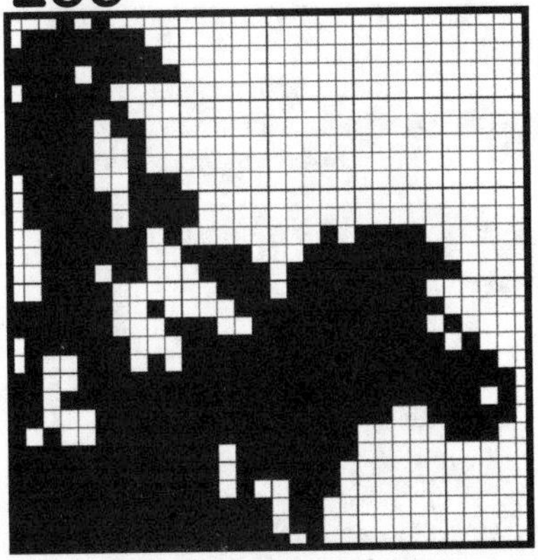

256

257

258

# SOLUTIONS

259

262

260

263

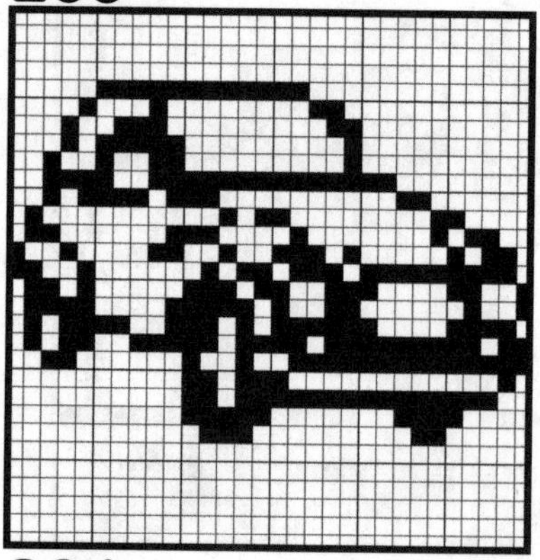

261

264

# SOLUTIONS

265

268

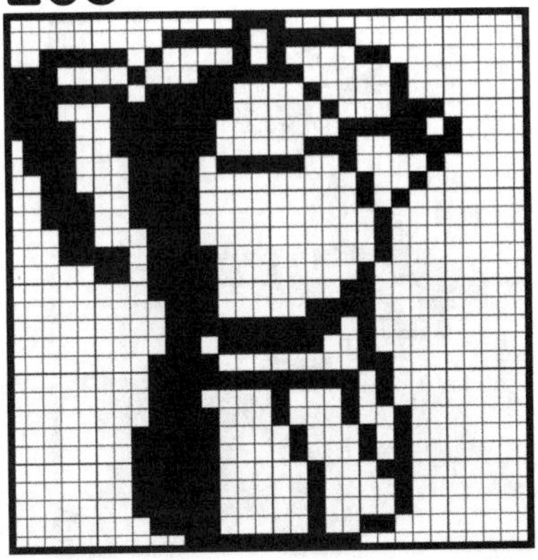

266

269

267

270

# SOLUTIONS

271

274

272

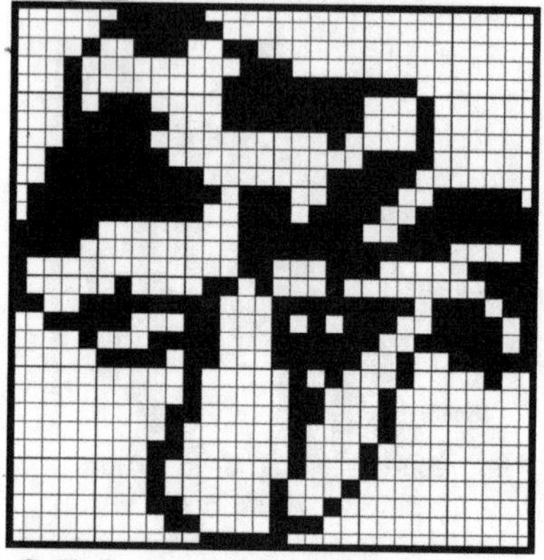

275

273

276

# SOLUTIONS

277

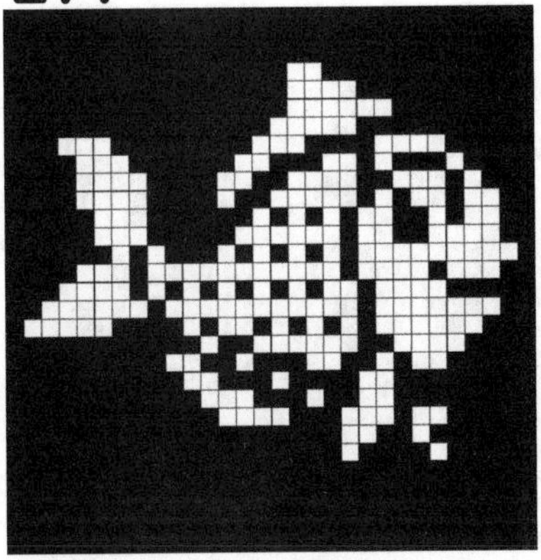

280

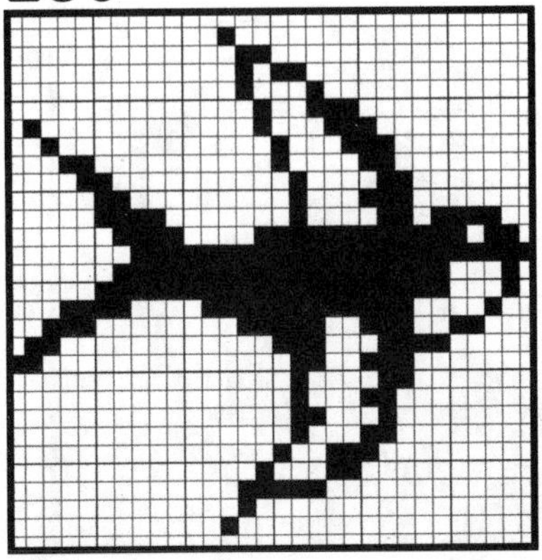

278

281

279

282

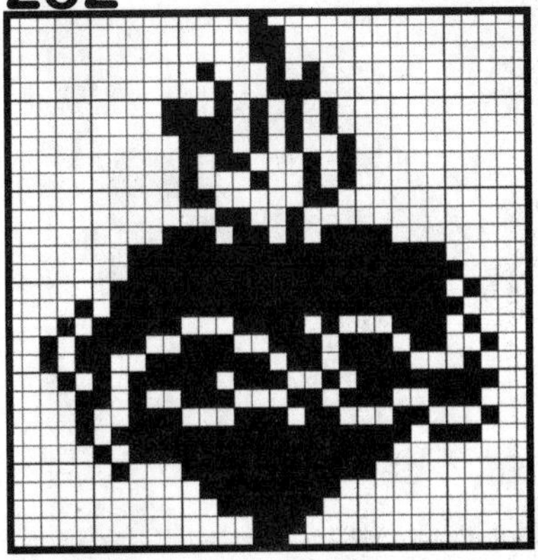

# SOLUTIONS

283

286

284

287

285

288

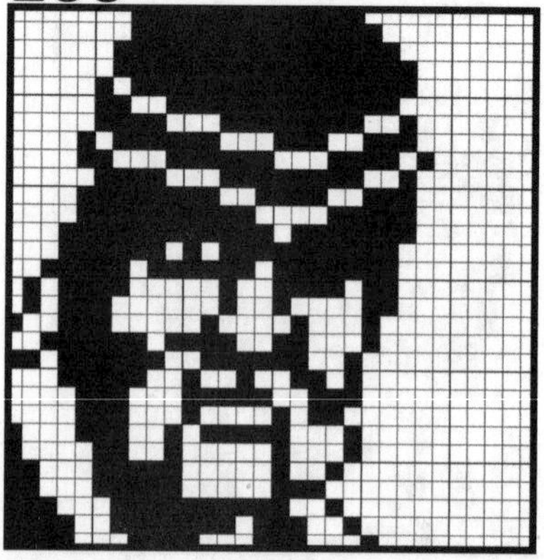

# SOLUTIONS

289

290

291

292

293

294

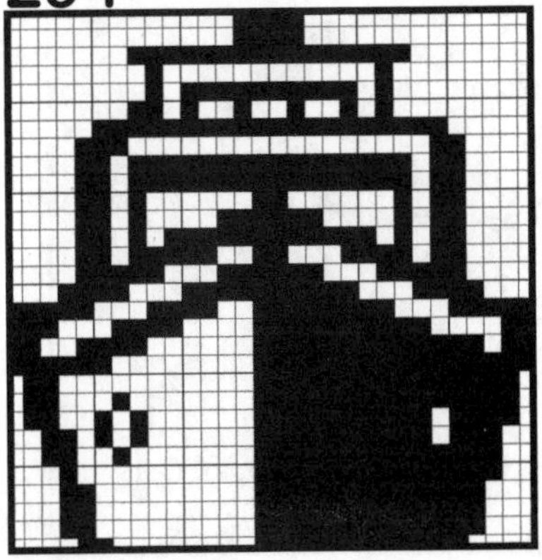

# SOLUTIONS

295

296

297

298

299

300

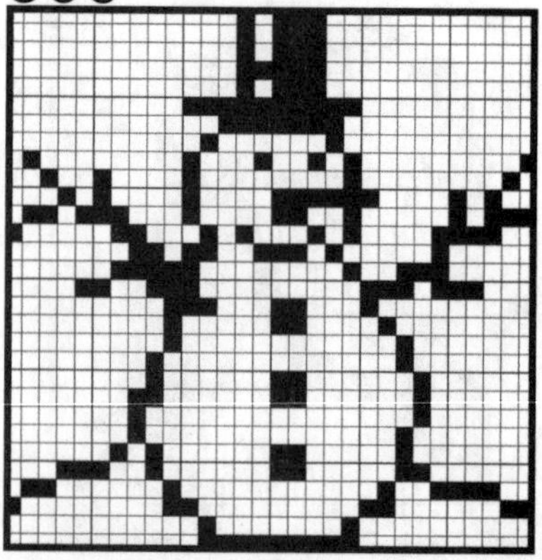

# SOLUTIONS

301

304

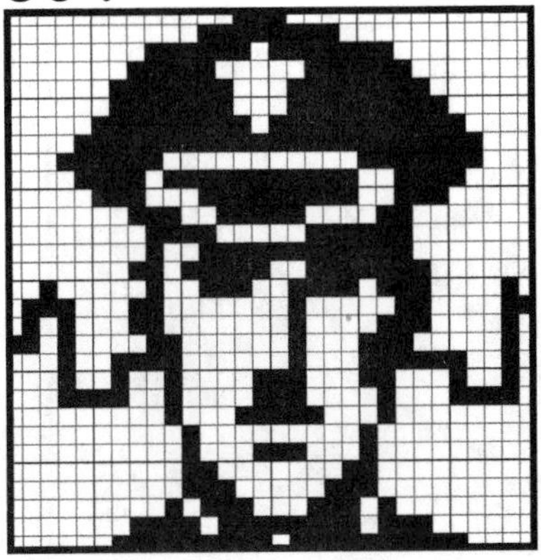

302

305

303

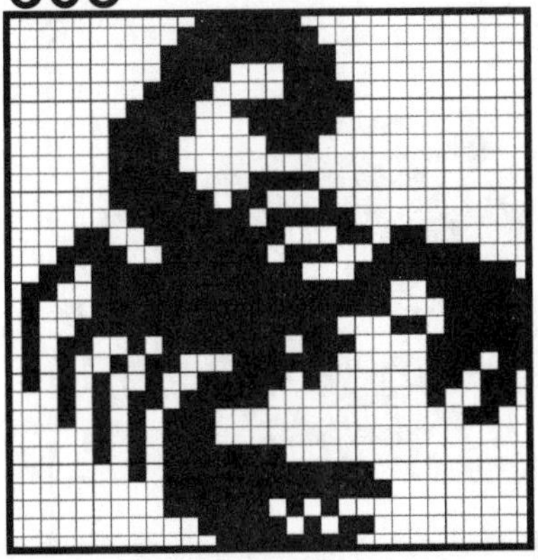

306

# SOLUTIONS

307

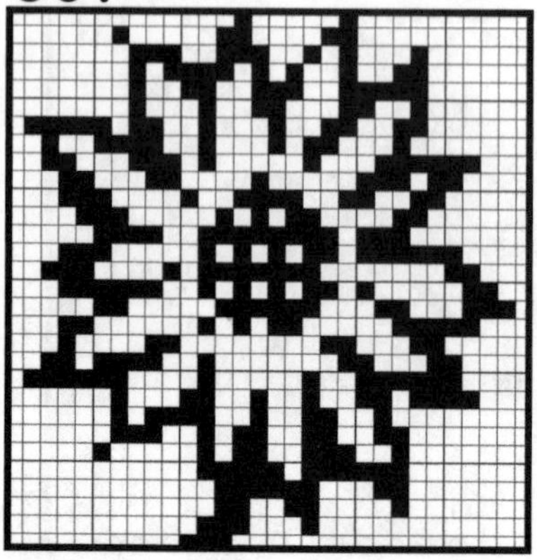

310

308

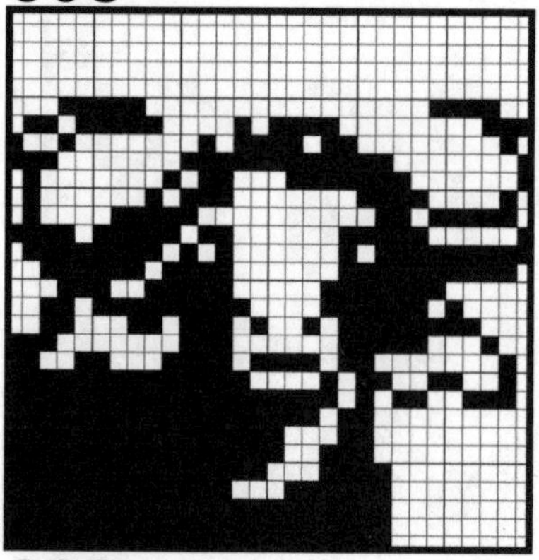

311

309

312

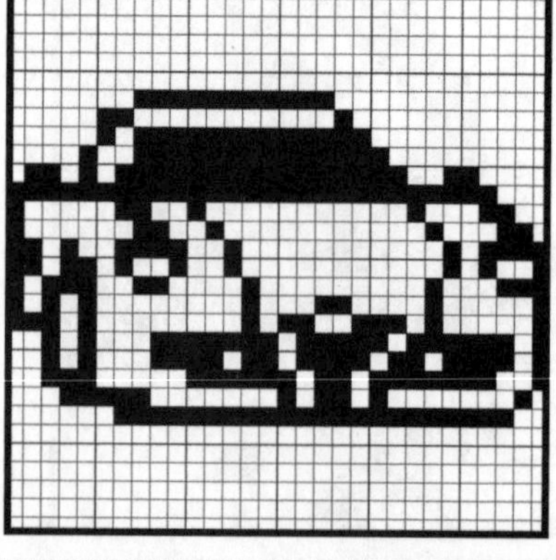

# SOLUTIONS

313

316

314

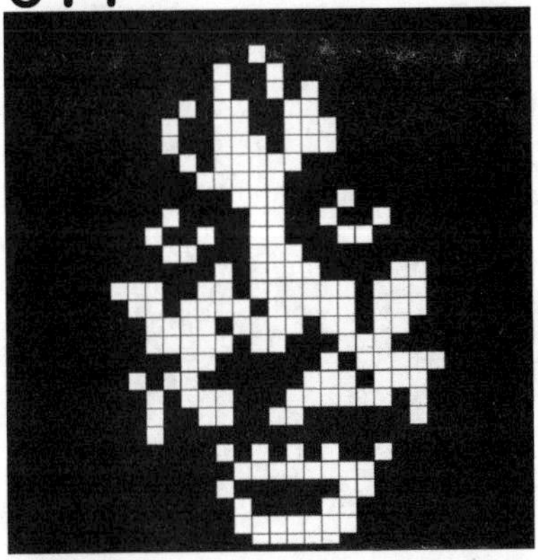

317

315

318

# SOLUTIONS

319

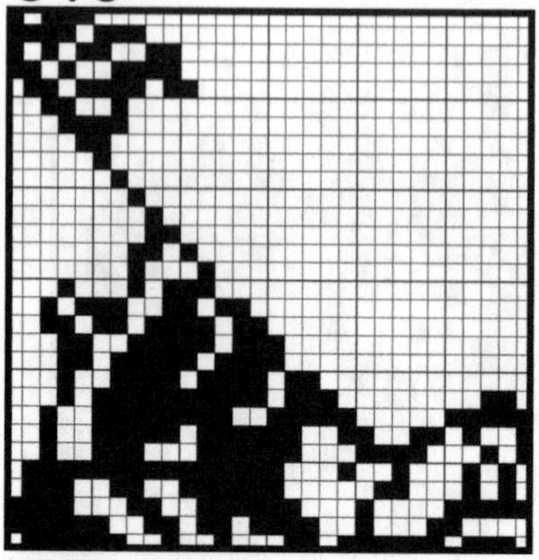

322

320

323

321

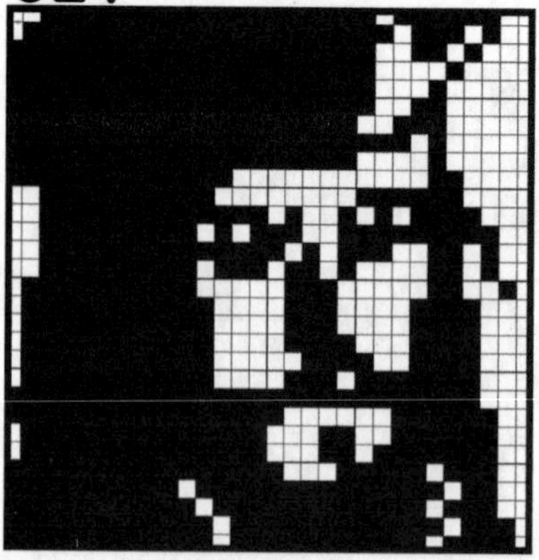

324

# SOLUTIONS

325

328

326

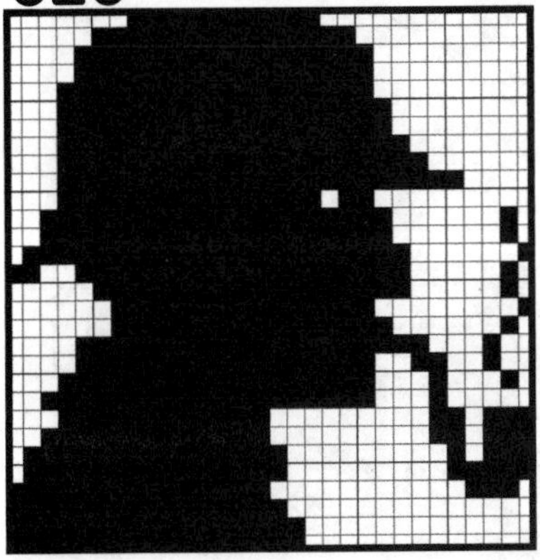

329

327

330

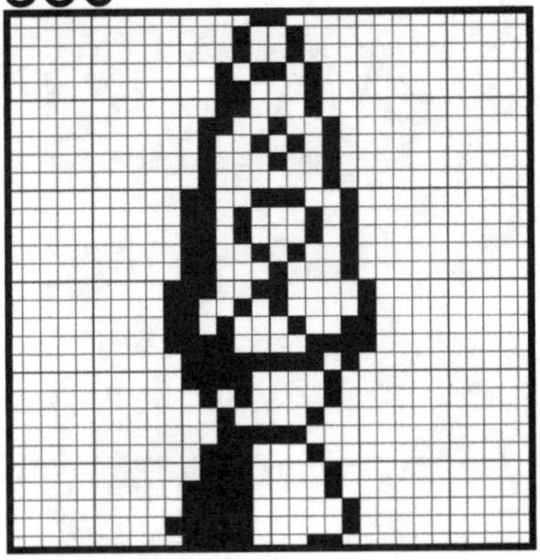

# SOLUTIONS

331

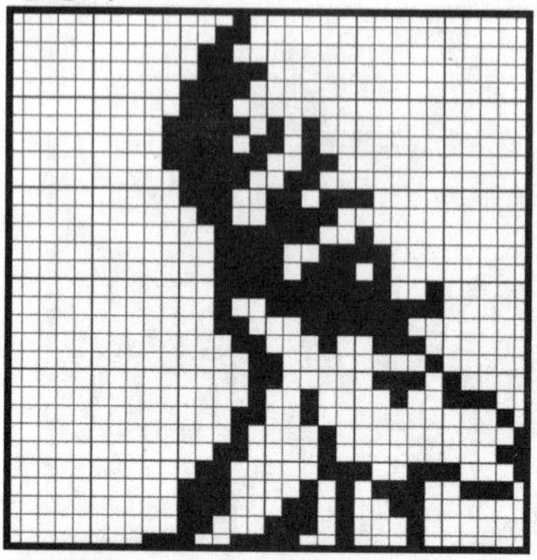

334

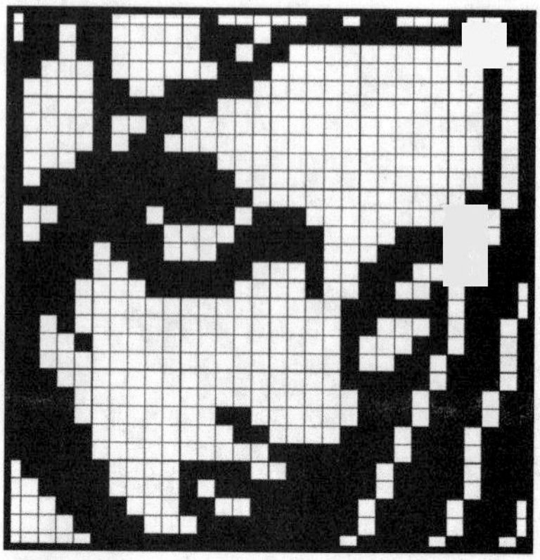

332

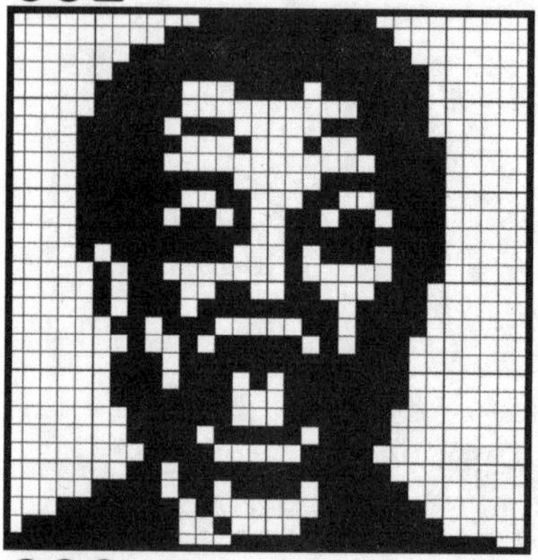

335

333

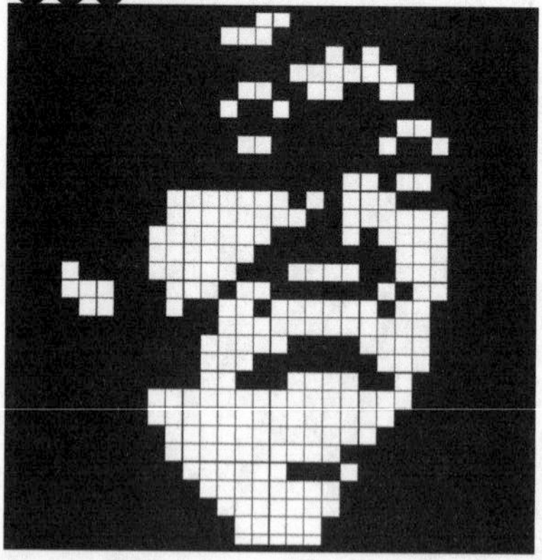

336

# SOLUTIONS

337

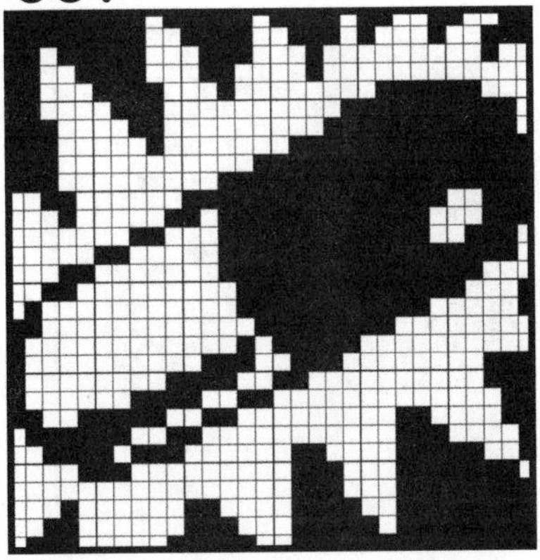

340

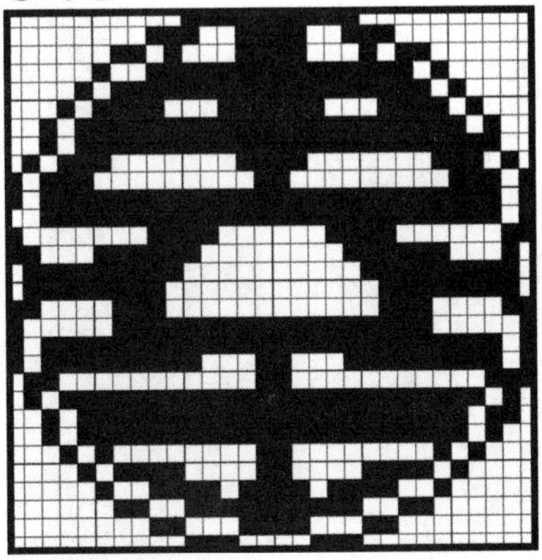

338

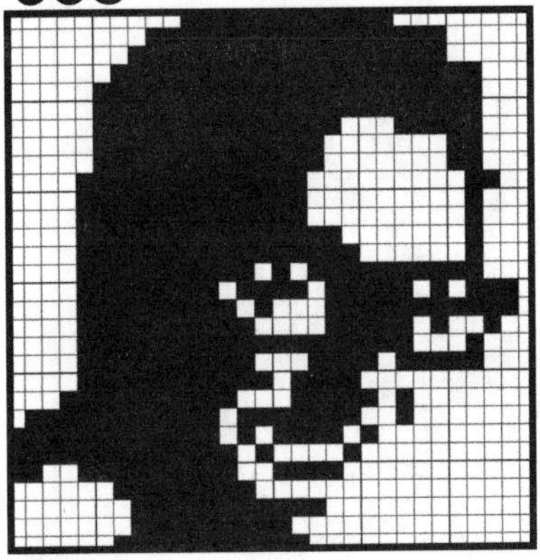

341

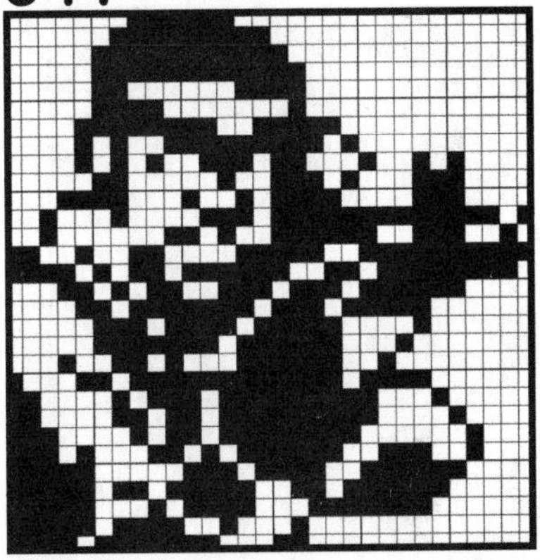

339

342

# SOLUTIONS

343

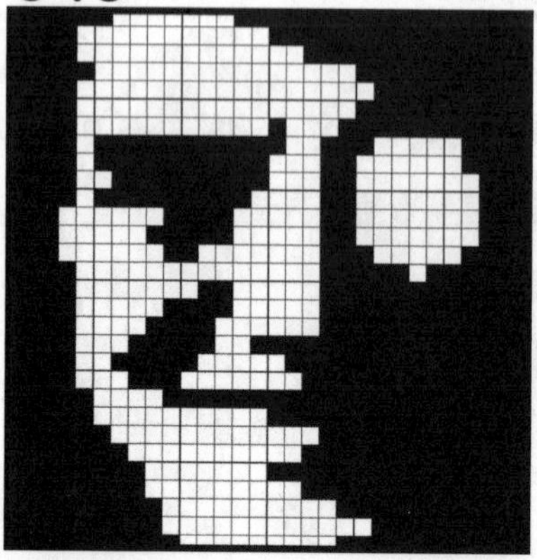

346

344

347

345

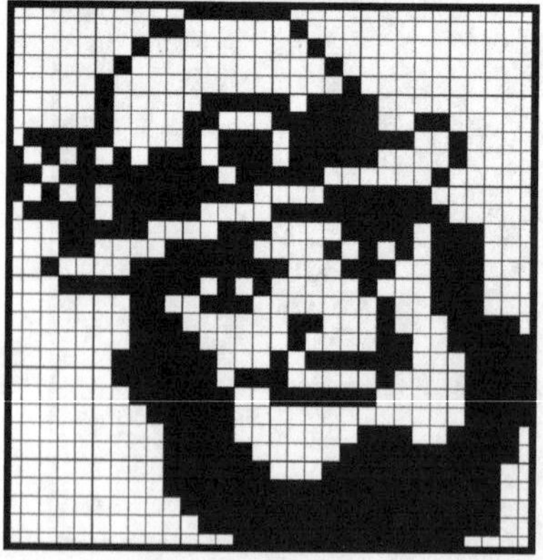

348

# SOLUTIONS

349

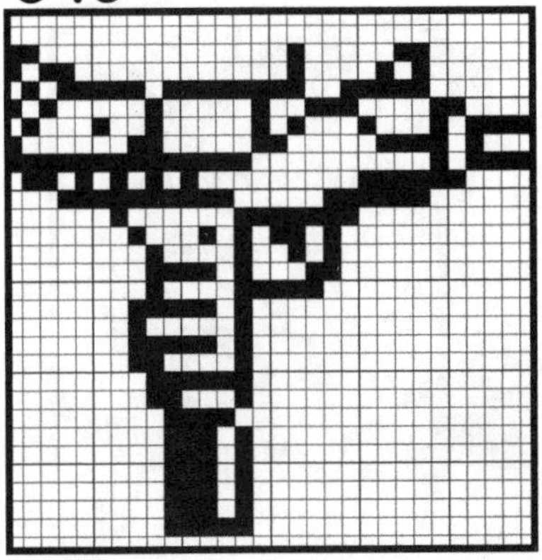

352

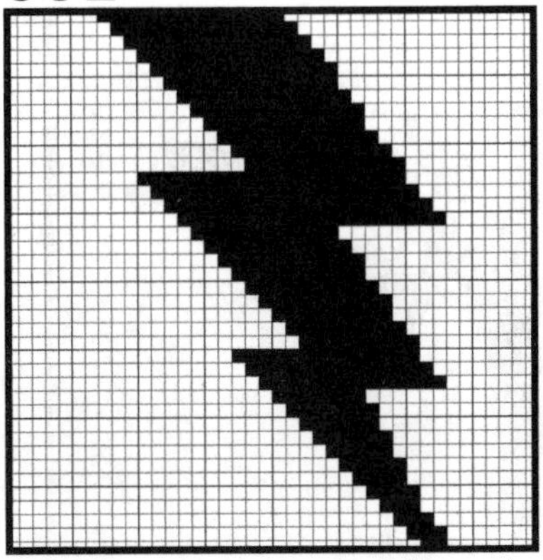

350

353

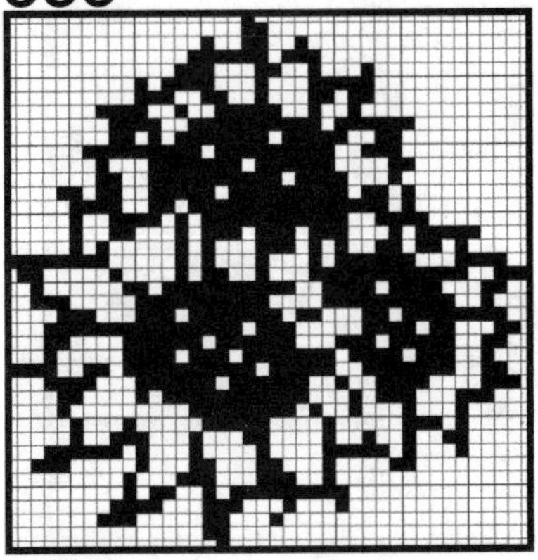

351

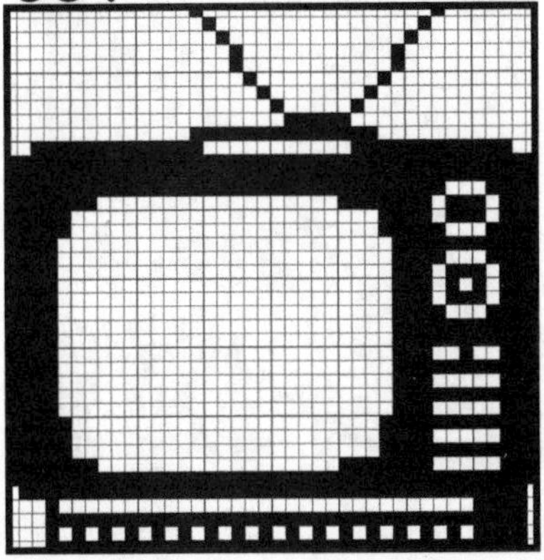

354

# SOLUTIONS

355

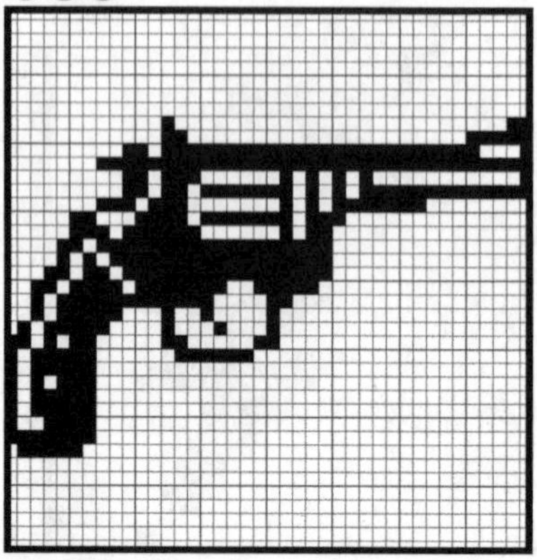

358

356

359

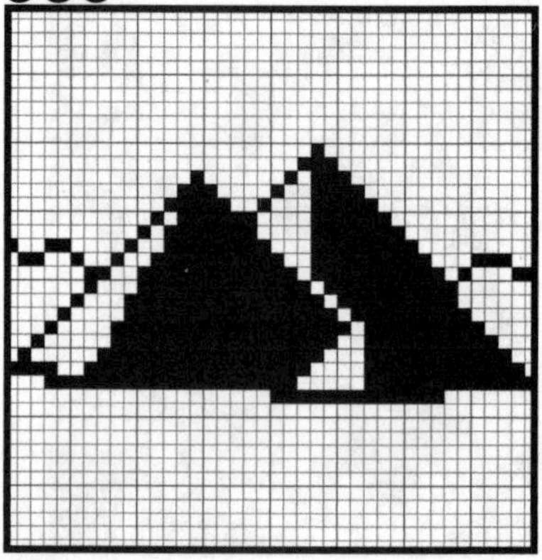

357

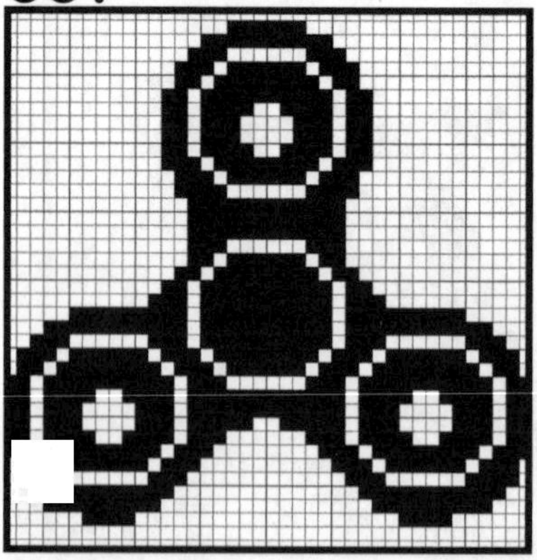

360

# SOLUTIONS

361

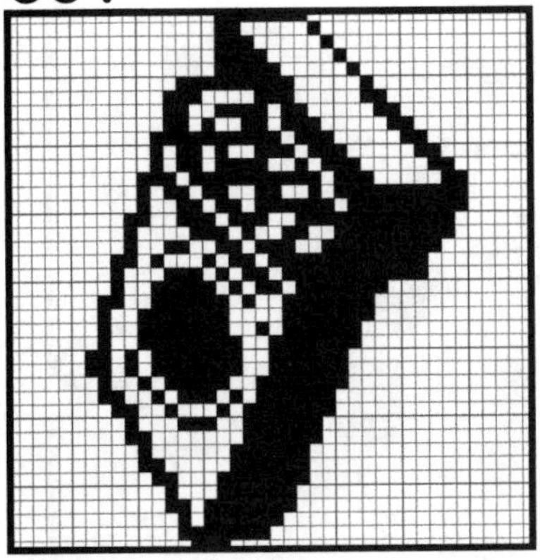

364

362

365

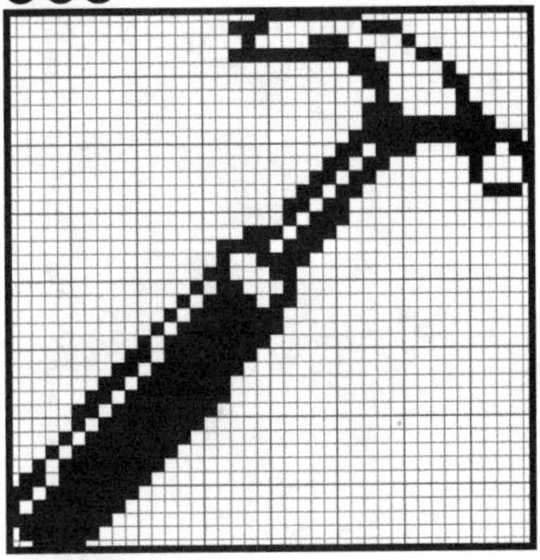

363

366

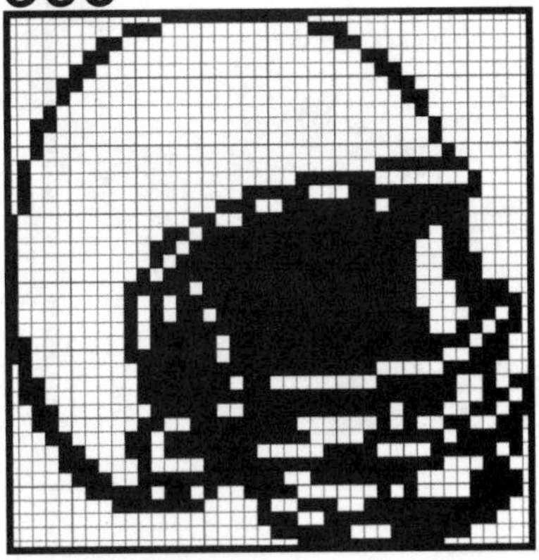

# SOLUTIONS

367

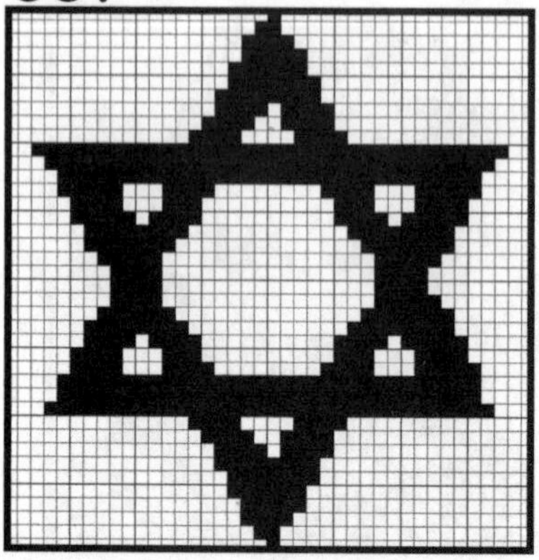

370

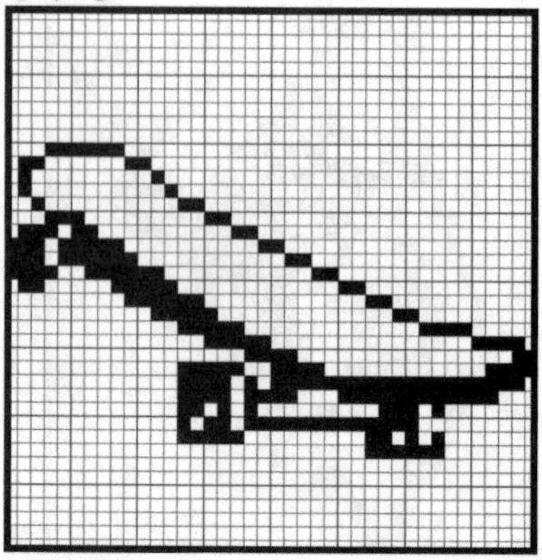

368

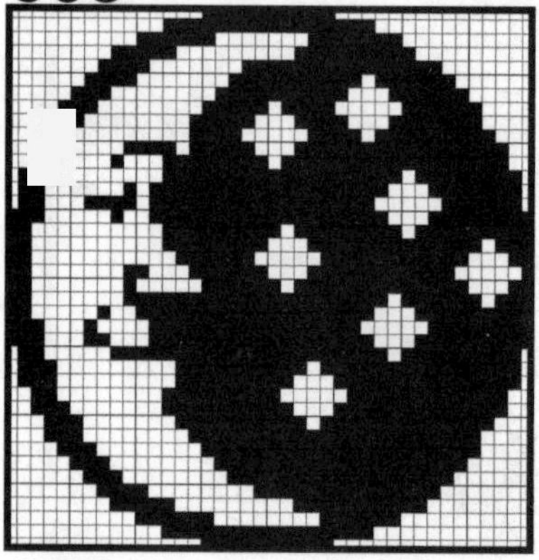

371

369

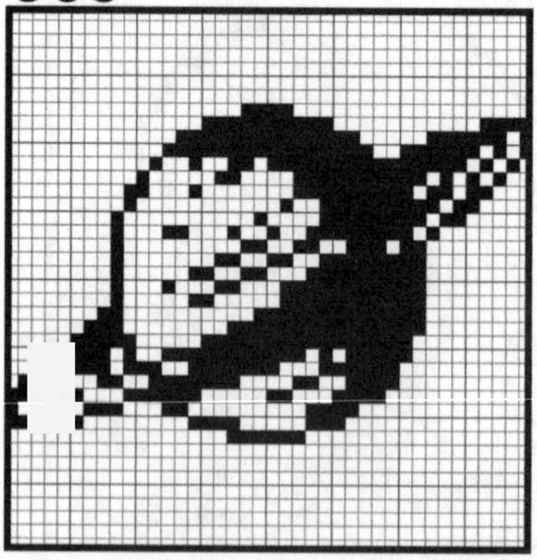

372

# SOLUTIONS

373

376

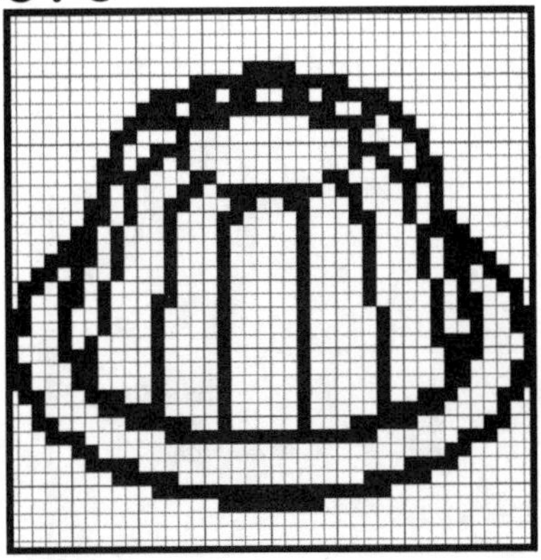

374

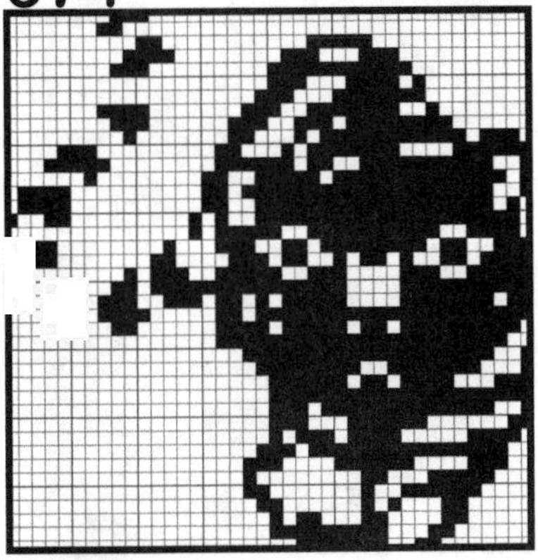

377

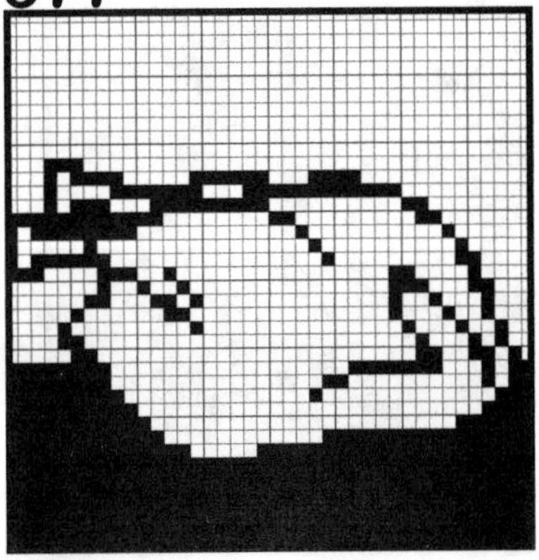

375

378

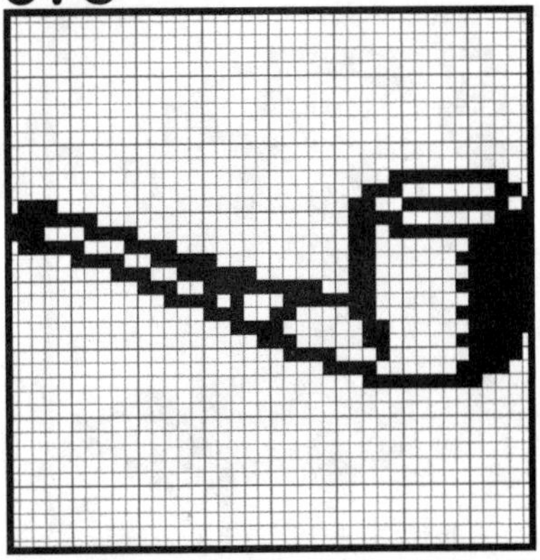

# SOLUTIONS

379

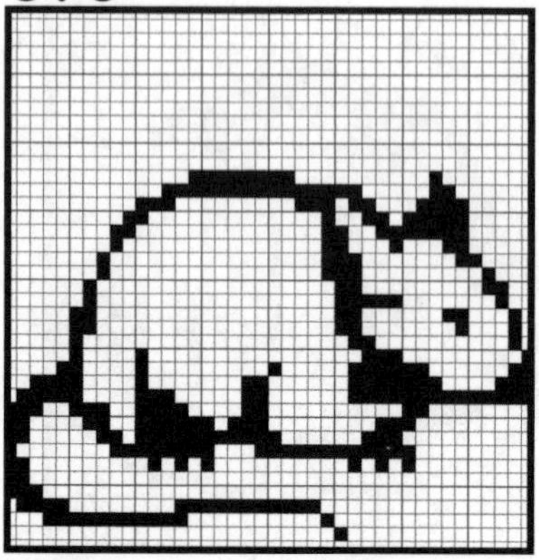

380

381

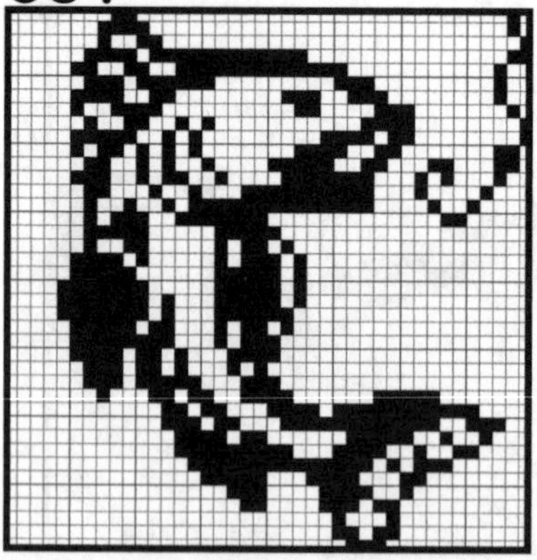

382

383

384

# SOLUTIONS

385

388

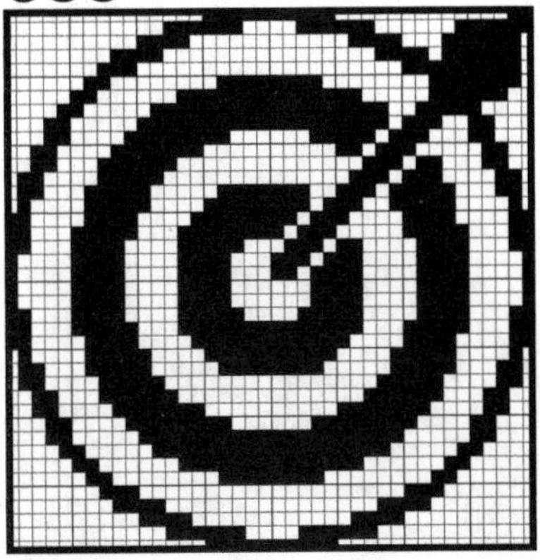

386

389

387

390

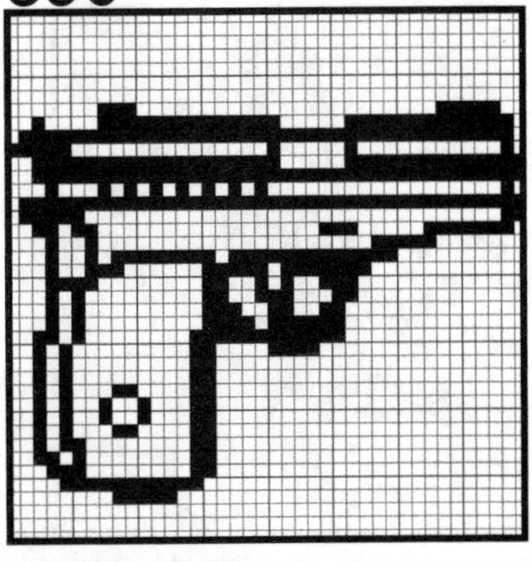

# SOLUTIONS

391

394

392

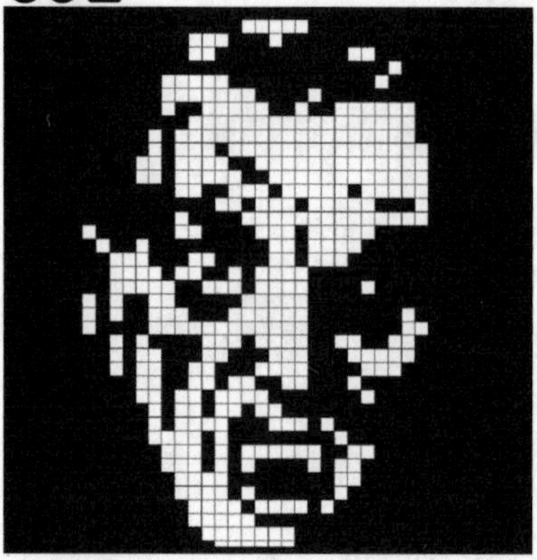

395

393

396

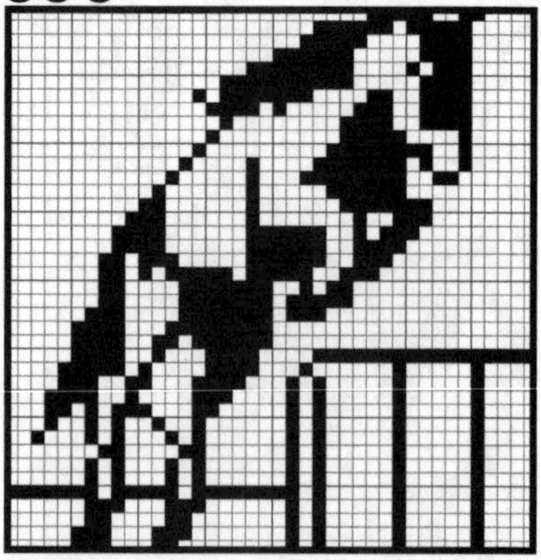

# SOLUTIONS

397

400

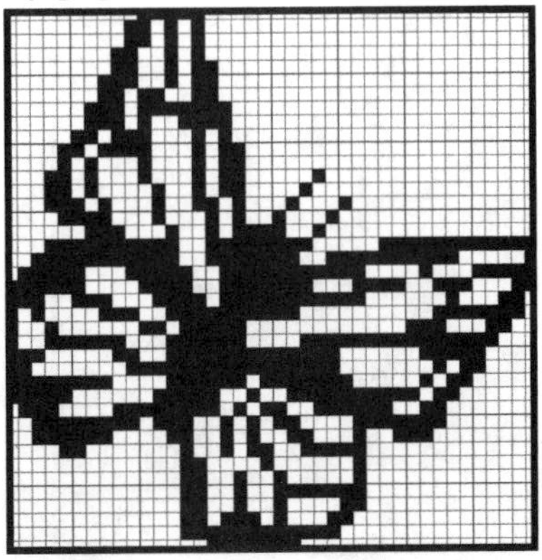

398

401

399

402

# SOLUTIONS

403

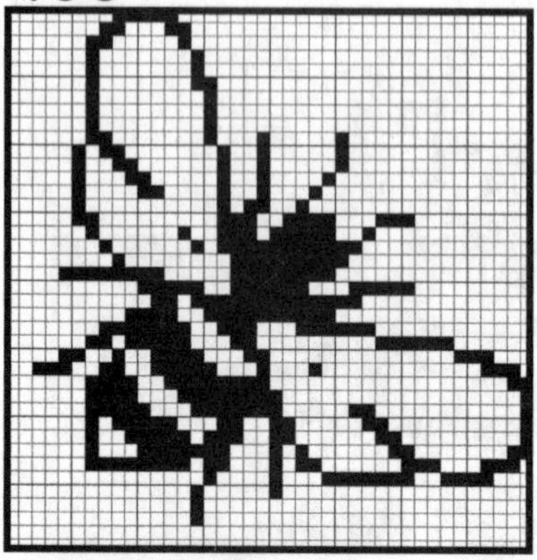

406

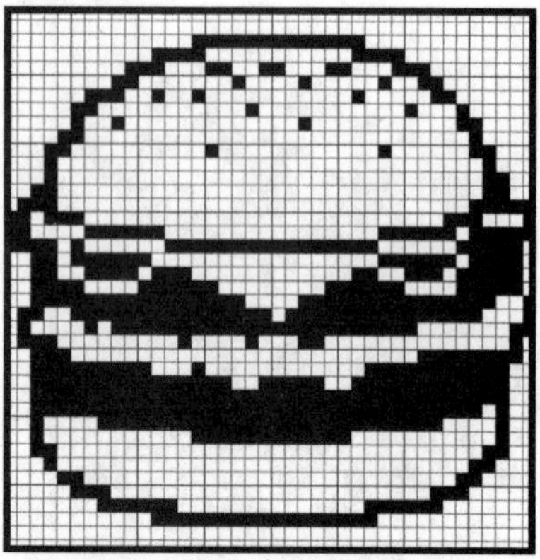

404

407

405

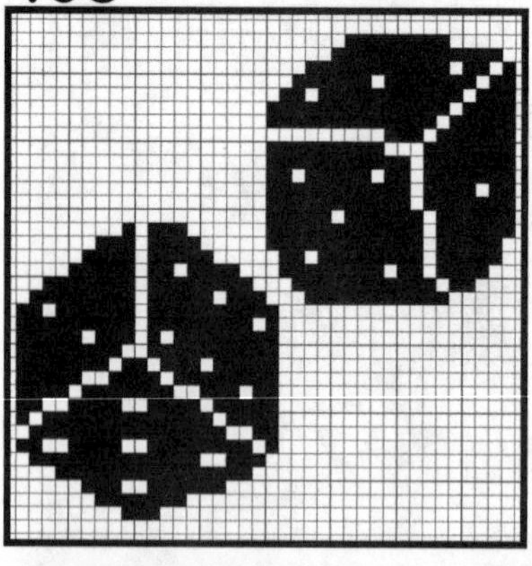

408

# SOLUTIONS

409

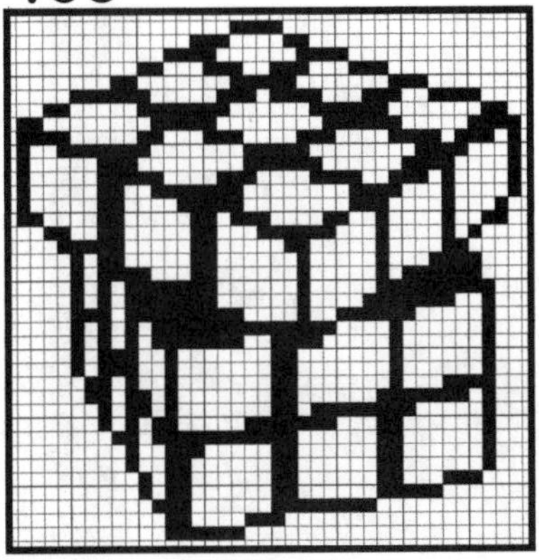

412

410

413

411

414

# SOLUTIONS

415

418

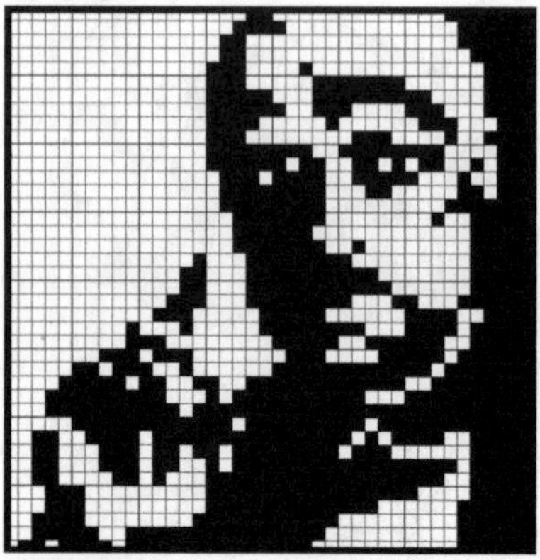

416

419

417

420

# SOLUTIONS

421

424

422

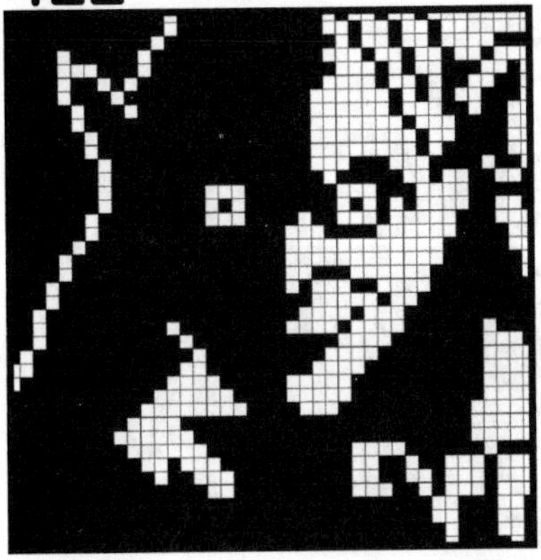

425

423

426

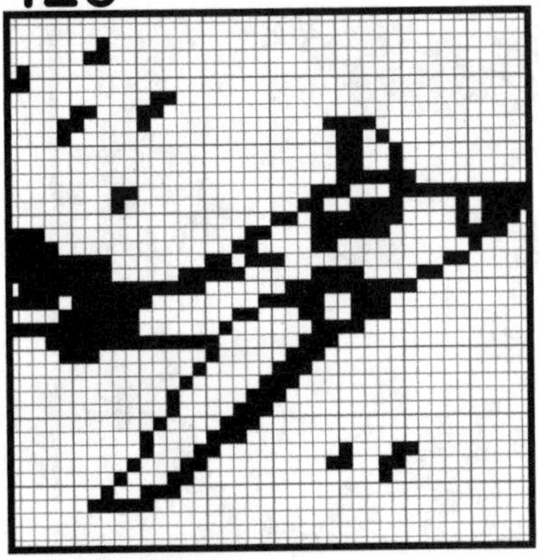

# SOLUTIONS

427

430

428

431

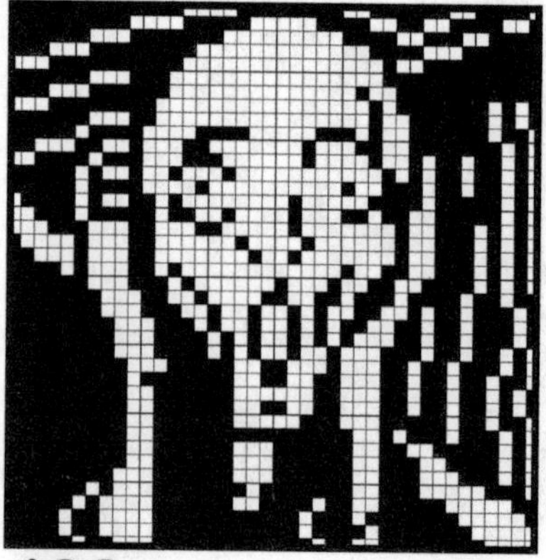

429

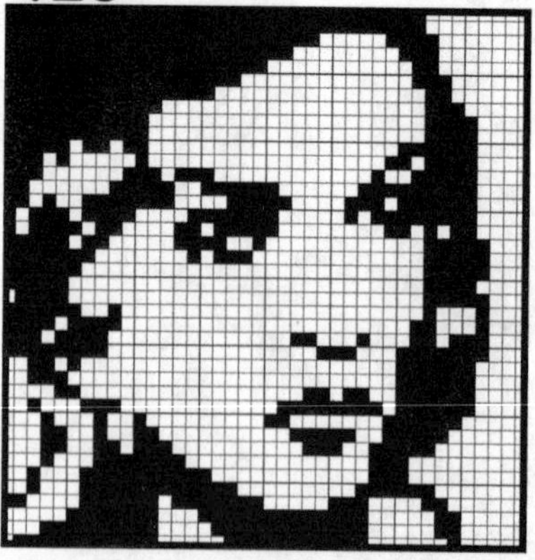

432

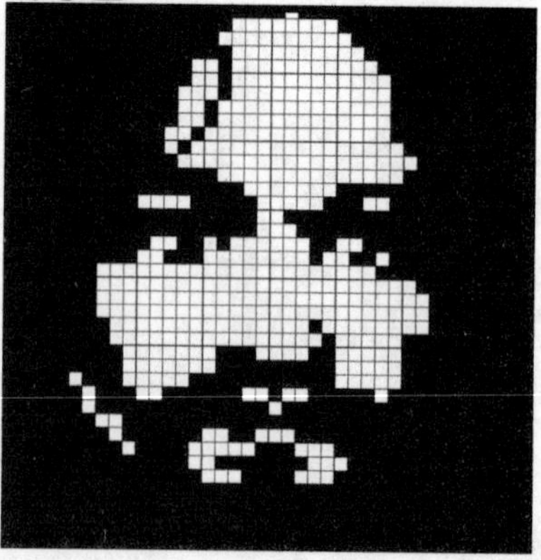

# SOLUTIONS

433

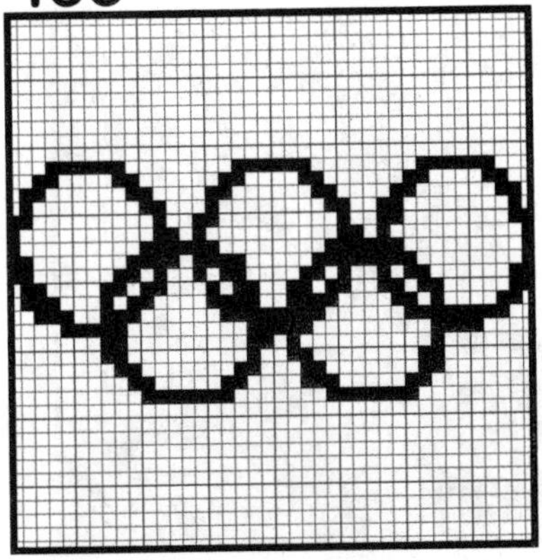

436

434

437

435

438

# SOLUTIONS

439

442

440

443

441

444

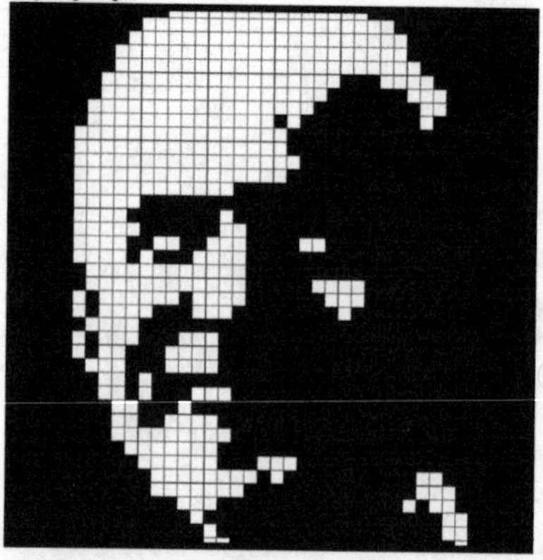

# SOLUTIONS

445

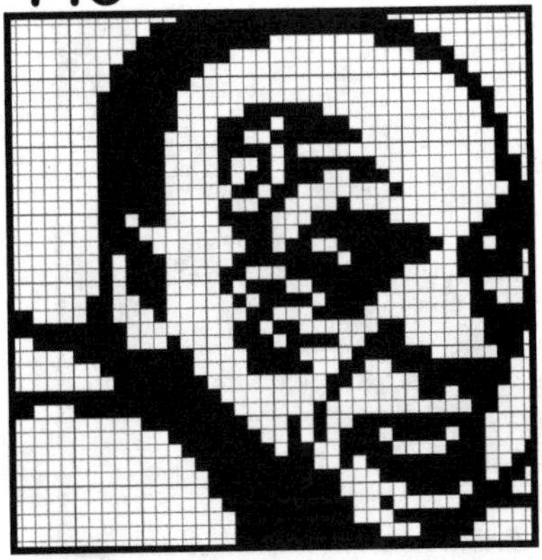

448

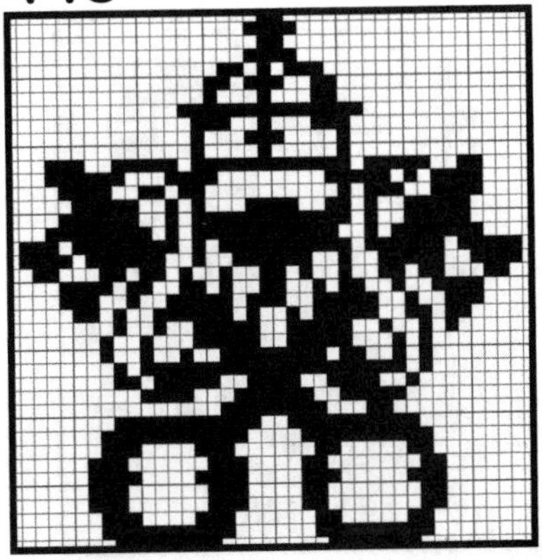

446

449

447

450

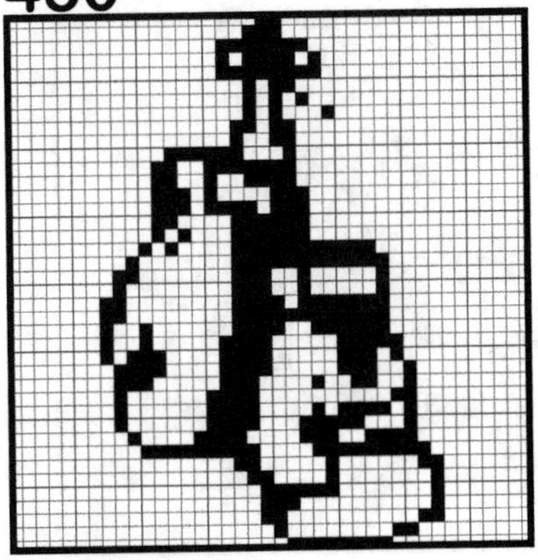

# SOLUTIONS

451

454

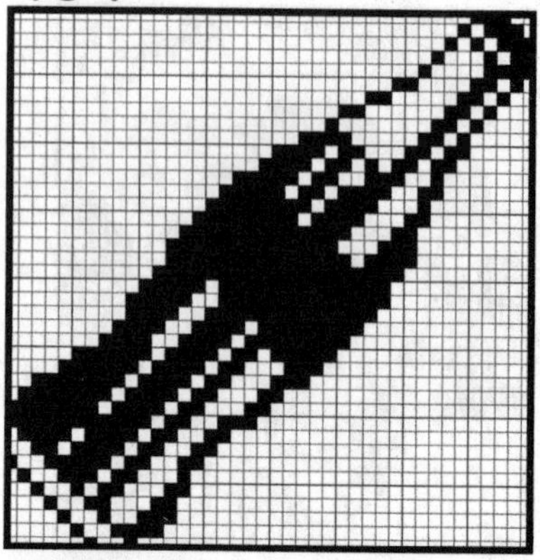

452

455

453

456

# SOLUTIONS

457

460

458

461

459

462

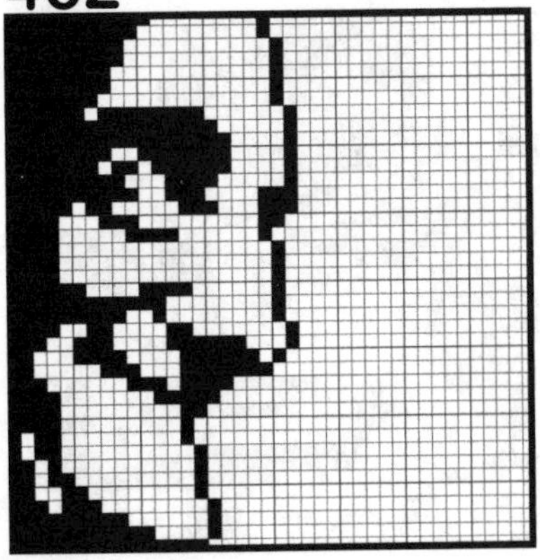

# SOLUTIONS

463

466

464

467

465

468

# SOLUTIONS

469

472

470

473

471

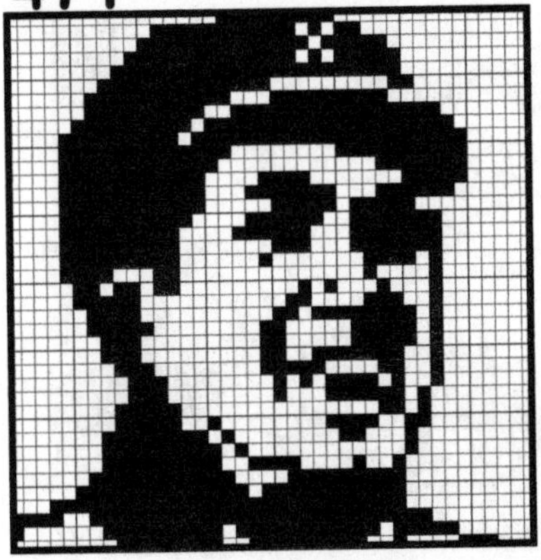

474

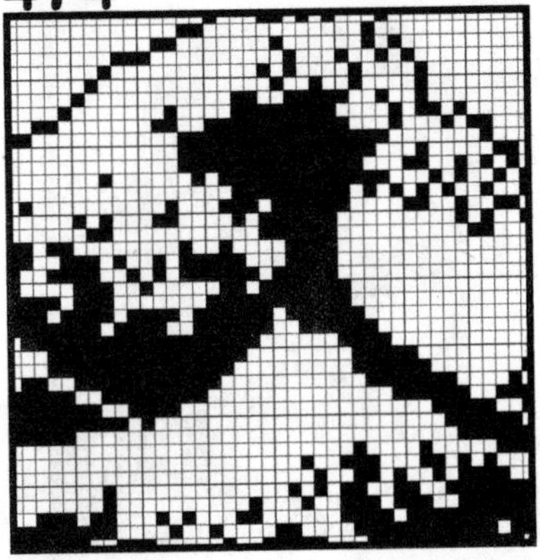

# SOLUTIONS

475

478

476

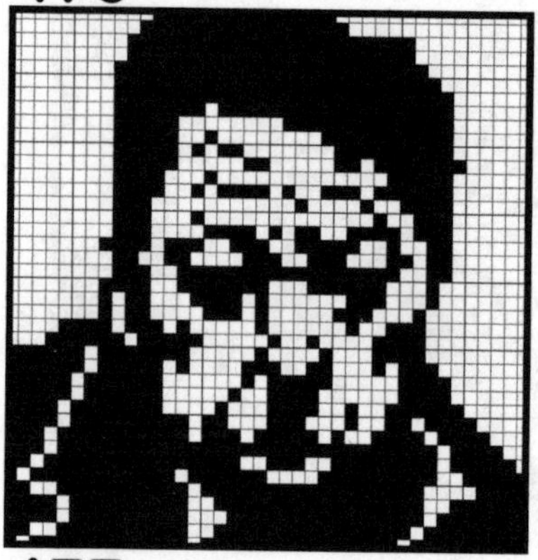

479

477

480

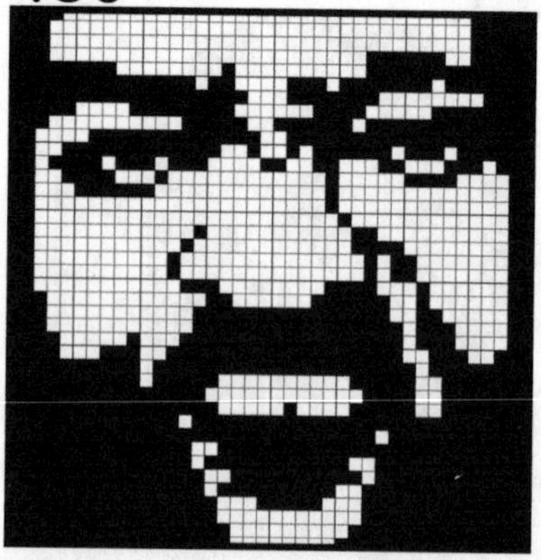

# SOLUTIONS

481

482

483

484

485

486

# SOLUTIONS

487

490

488

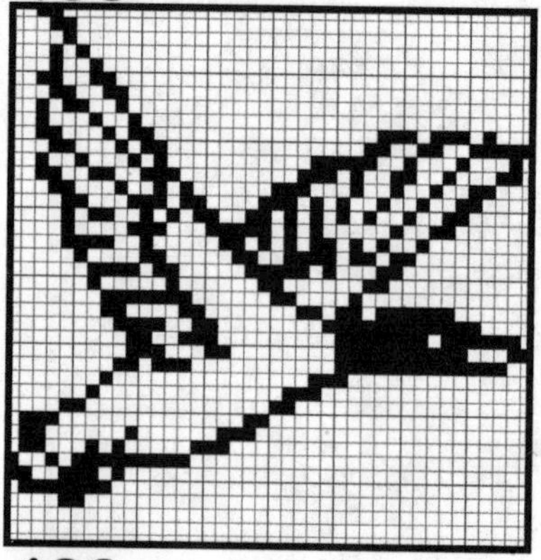

491

489

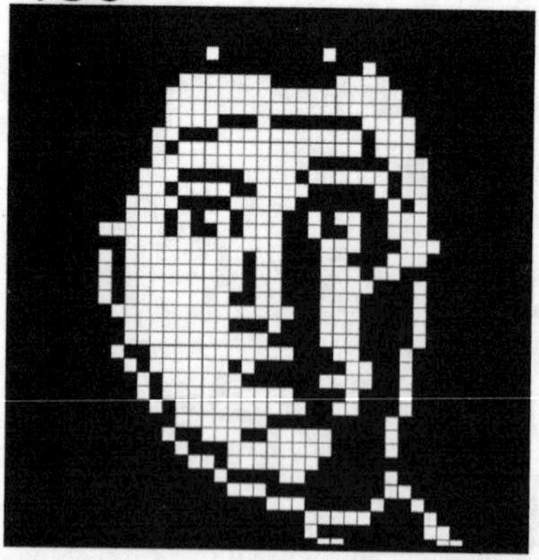

492

# SOLUTIONS

493

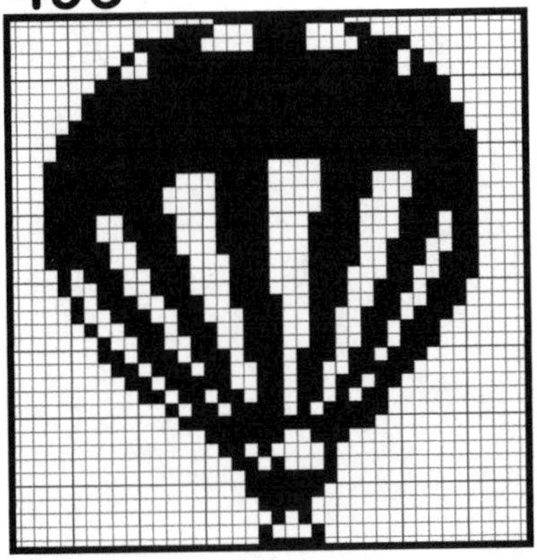

496

494

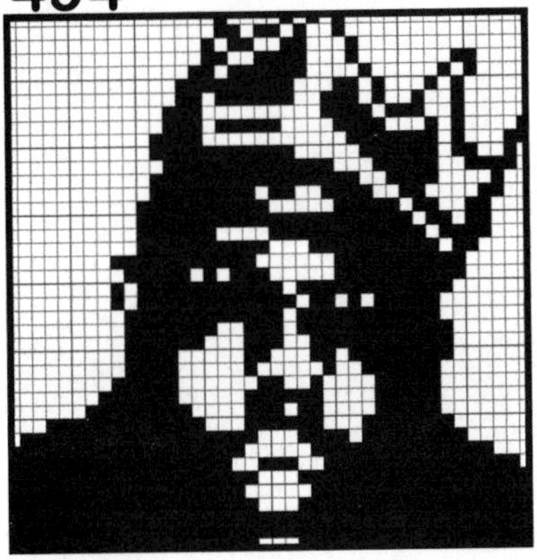

497

495

498

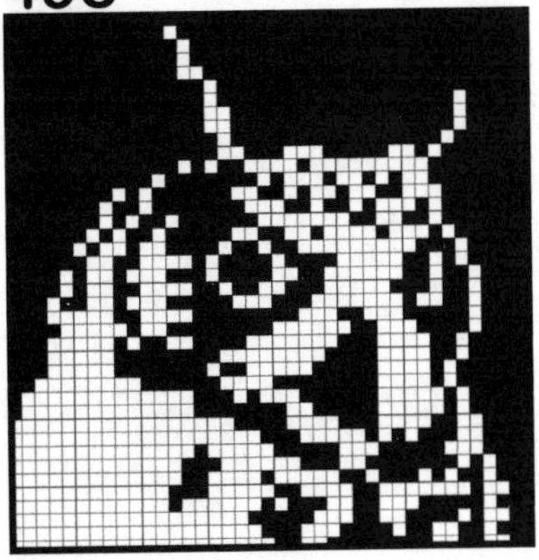

# SOLUTIONS

499

500

# ACKNOWLEDGMENTS

I'm very grateful to publisher Tony Lyons for thinking Pix-Cross a fitting follow-up to ***The Big Book of Brain-Boosting Puzzles***, and forever indebted to my editor, Jesse McHugh, for his continued enthusiasm and support.

A loving hug to Maritza "Icha" Mardones, for giving me many suitable image ideas for Pix-Cross puzzles, and for keeping me an honest judge of my own work.

Last but not least, a special salute to author Martin Gardner (1914-2010), whose books proved a lunkhead like me that Math and Logic can be fun!

# ABOUT THE AUTHOR

DIEGO JOURDAN PEREIRA is an author of puzzle and activity books with a background in illustration, comic-books, and graphic design. In addition to his own volumes for children and adults, he has worked on licensed properties such as Teenage Mutant Ninja Turtles, Transformers, Donald Duck, Grumpy Cat, LEGO, Mars Attacks!, Regular Show, Sesame Street, Star Wars, Toy Story, and WWE, for an international clientele including DC Comics, DC Thomson Media, Dover Publications, IDW Publishing, Skyhorse Publishing, and The Topps Company.

# ALSO AVAILABLE!

**FROM AUTHOR DIEGO JOURDAN PEREIRA**

# ALSO AVAILABLE!

FROM AUTHOR DIEGO JOURDAN PEREIRA

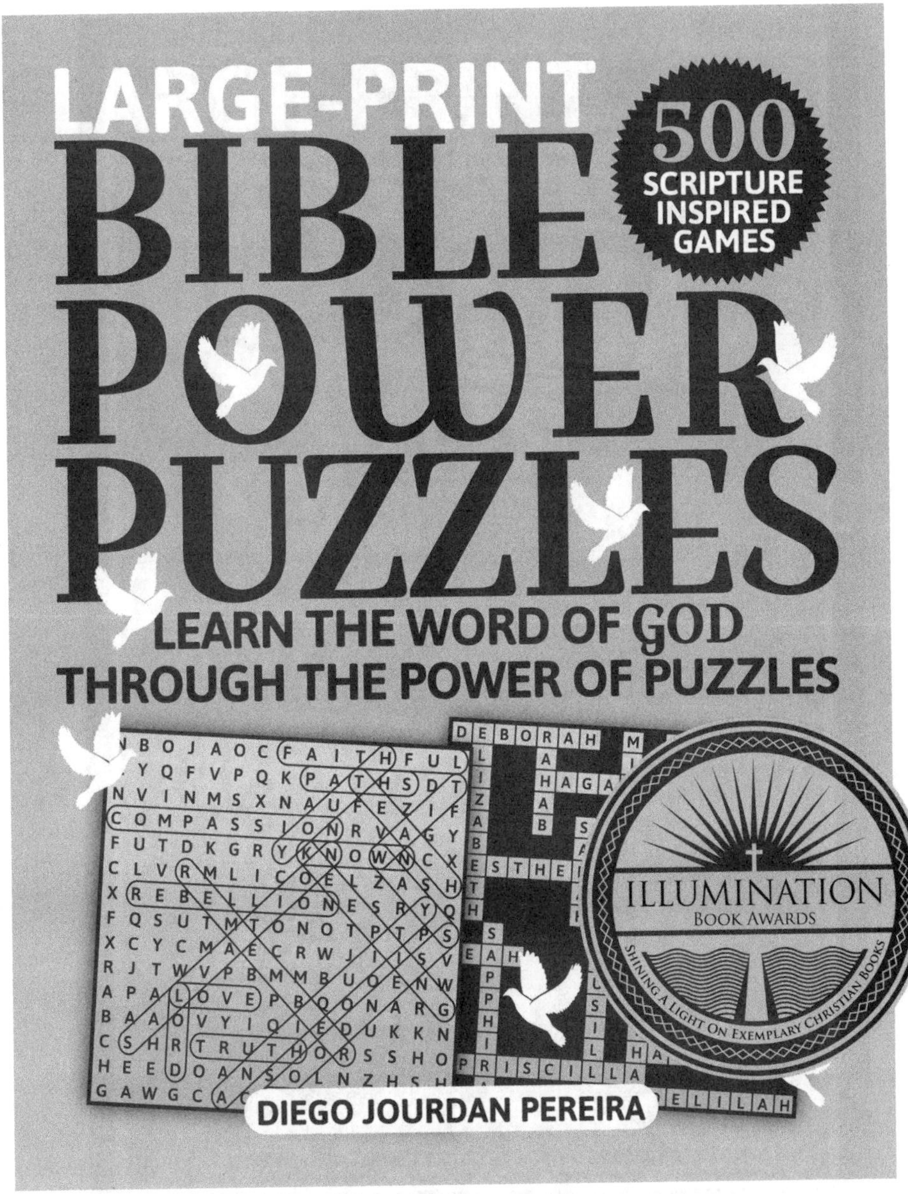

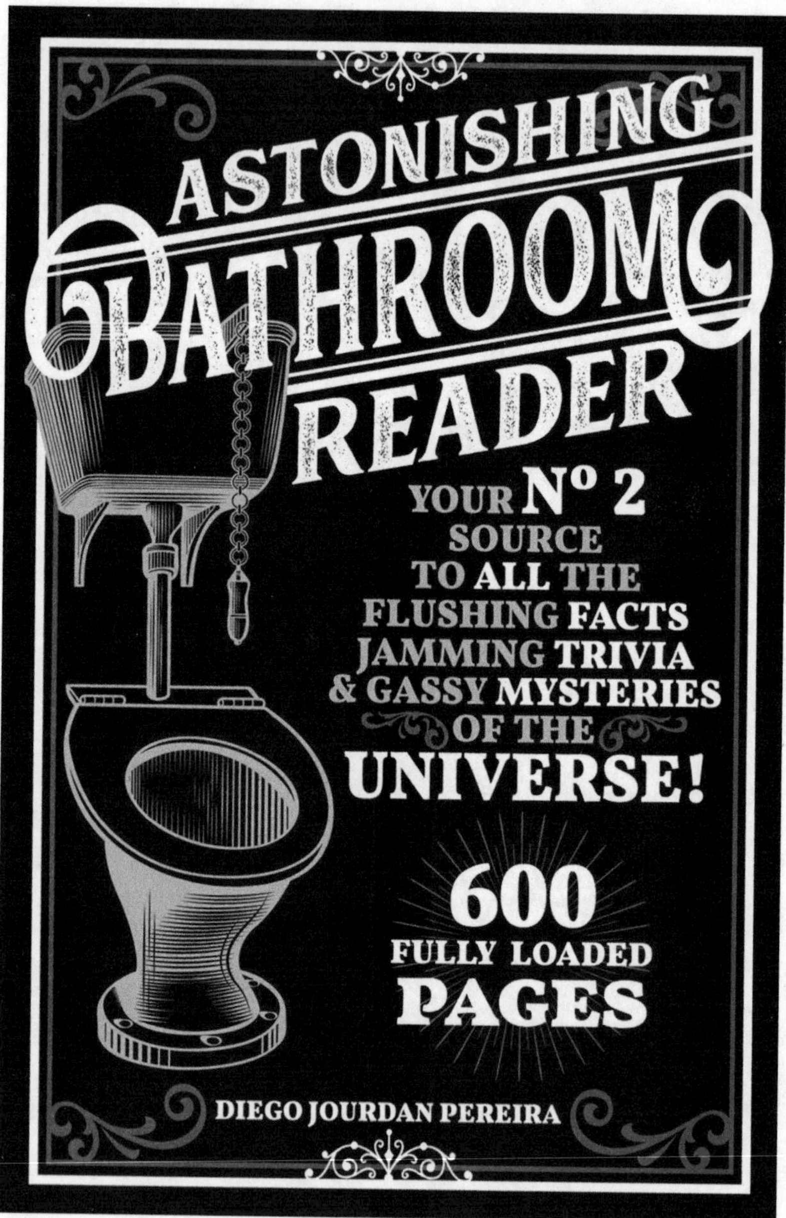